全国优秀教材二等奖
"十二五"普通高等教育本科国家级规划教材
普通高等教育"十一五"国家级规划教材
普通高等教育精品教材
财政部"十三五"规划教材

国民经济学(第三版)

林木西　黄泰岩　主编

中国财经出版传媒集团

经济科学出版社
Economic Science Press

图书在版编目（CIP）数据

国民经济学/林木西，黄泰岩主编 .—3 版 .—北京：
经济科学出版社，2018.1（2023.2 重印）
ISBN 978-7-5141-8984-1

Ⅰ.①国… Ⅱ.①林…②黄… Ⅲ.①国民经济-经济学
Ⅳ.①F20

中国版本图书馆 CIP 数据核字（2018）第 010572 号

责任编辑：于海汛
责任校对：杨晓莹
责任印制：李 鹏

国民经济学（第三版）
林木西 黄泰岩 主编
经济科学出版社出版、发行 新华书店经销
社址：北京市海淀区阜成路甲 28 号 邮编：100142
总编部电话：010-88191217 发行部电话：010-88191522
网址：www.esp.com.cn
电子邮件：esp@esp.com.cn
天猫网店：经济科学出版社旗舰店
网址：http://jjkxcbs.tmall.com
北京季蜂印刷有限公司印装
787×1092 16 开 28.75 印张 670000 字
2018 年 1 月第 3 版 2023 年 2 月第 3 次印刷
ISBN 978-7-5141-8984-1 定价：75.00 元
（图书出现印装问题，本社负责调换。电话：010-88191510）
（版权所有 侵权必究 举报电话：010-88191586
电子邮箱：dbts@esp.com.cn）

第三版序

本书为国民经济学学科全国第一部普通高等教育"十一五""十二五"国家级规划教材、国家精品教材。自2008年出版第一版、2010年修订出版第二版以来历经10年,得到国内同行专家的较高评价,被许多高校作为国民经济学专业指定教材,有的学校还将其作为国民经济学专业博士生入学考试和学习的指定用书。作为全国第一套《国民经济学系列丛书》中的一部,2011年被国家新闻出版总署列为"十二五"国家重点出版物出版规划项目。同时,还先后被评为"十二五"省级规划教材、辽宁省教学成果一等奖。

教材建设推动了学科建设。作为全国最早设置的专业之一(1952年)、在全国最早将"国民经济计划"改为"国民经济管理"(1986年)的专业和全国第三个本学科博士点(1990年),辽宁大学国民经济学学科2002年、2007年连续两届被评为国家重点学科,与中国人民大学、北京大学共列全国前三。多年来,连续创造了本学科16个"全国第一":编写出版了全国第一本《国民经济计划方法》(1982年),全国第一本《国民经济管理学》(1982年),全国第一部《社会主义宏观效益概论》(1984年),全国第一部经济计划干部培训教材《社会主义经济调节概论》(1986年),全国高校第一部《社会主义宏观经济学》(1989年),全国第一套《国民经济学系列丛书》(2005年)并成为被国家新闻出版总署列入"十二五"国家重点出版物的全国本学科第一套系列丛书(2011年),全国第一部连续两批("十一五"和"十二五")国家级规划教材、全国第一部本学科国家精品教材《国民经济学》(2009年),全国第一部本学科辞典《国民经济学辞典》(2014年);获得本学科第一个国家级教学成果奖"面向21世纪国民经济管理专业教学内容与课程体系改革研究"(2001年),全国第一个本学科全国高校特色专业建设点(2009年),全国第一个本学科"本科教学工程"地方高校本科专业综合改革试点(2011年);成为全国人文社科第一批"长江学者奖励计划"特聘教授设岗单位,获批全国本学科第一位长江学者特聘教授(2004年),全国新一轮"长江学者奖励计划"第一位本学科长江学者特聘教授(2011年),建成全国第一个由两位长江学者特聘教授领衔、连续两届同时具有本学科本科、硕士、博士和博士后的人才培养层次齐全的国家重点学科。

本书第二版出版以来，形势发生了很大变化，特别是2012年11月党的十八大、2013年11月十八届三中全会和2015年10月十八届五中全会的召开，围绕实现"两个一百年"奋斗目标、"十三五"全面建成小康社会、全面深化经济体制改革、经济发展新常态、五大发展理念、使市场在资源配置中起决定性作用和更好地发挥政府作用、不断创新宏观调控方式等重大问题，对国民经济学教材建设和学科建设提出了新的更高的要求。正是在这样的大背景下，经过充分吸收国内有关专家的建议和最新研究成果，通过广泛征求国内用书单位和校内教师、学生的意见，在充分讨论的基础上，决定修订出版第三版，以适应新时期新变化的需要。

与前两版相比，第三版的调整变化主要体现在以下方面：

第一，在研究对象上，对"国民经济系统"运动及其规律性做了进一步的阐述。关于国民经济学学科性质的讨论焦点在于研究对象的分析，本书前两版对此进行了分析，得到越来越多人的认同。在此基础上，本书第三版第一章明确提出，从世界来看我国的国民经济学是最具中国特色的经济学科，虽然这一学科从名字上看有些国外色彩，但实际上却具有鲜明的中国特色，其学科渊源与其从国外去寻找莫不如从自身挖掘，其学科边界、研究对象与其同其他学科去比较、界定，莫不如靠自己的努力和创新。如果国民经济学的研究和发展能够充分体现"中国特色"，用规范的经济学语言讲好"中国故事"，国民经济学学科理所当然地会成为"世界一流学科"。

第二，在体系结构上，在前两版"三篇结构"的基础上调整为"四篇结构"，将"国民经济发展战略与规划"单独作为一篇设置，将原来的第九章扩大为"国民经济发展战略"和"国民经济规划"两章，并新增"十三五"规划的有关战略和规划指标，以更加凸显"国民经济学"的特点，也更符合当今时代已进入战略管理时代的要求。

第三，在内容上，增加了"四个全面"、供给侧结构性改革等一些新内容。如在"国民经济系统环境"分析中，增加了"五大发展理念"与"四种生产的协调"，将"国民经济运行的需求动力"改为"国民经济运行的需求动力与需求管理"，将"国民经济运行的供给推力"改为"国民经济运行的供给推力及供给侧结构性改革"，并相应增加了新的内容；同时新增加了"国民经济预期管理"和"国民经济资产管理"两章。这样，由第二版的十二章增加为现在的十五章。

第四，在指标体系上，根据《中国国民经济核算体系（2002）》和国家统

第三版序

计局《关于改革研发支出核算方法修改国内生产总值核算数据的公告》，在"社会经济总量的衡量"指标中，删去"社会总产值""国民收入"，按新的国民经济核算体系进行改写，并按最新进展补充相关内容。

第五，在文献综述、资料数据分析上，力求体现学术界的最新研究进展，尽量使用最新的资料数据，以增强实证性和时效性。

非常令人遗憾和不幸的是，在本书修订的过程中，我国著名经济学家、管理学家、全国高校国民经济管理学科主要创始人、辽宁大学国民经济学学科奠基人张今声教授因病不幸逝世。在本书编写和修订过程中，张今声教授一直给予高度重视，不仅亲自为本书作序，而且始终参加编写大纲的制订，并坚持编写有关内容。为了纪念一代宗师张今声教授，本书仍保留了由他亲自撰写的"国民经济系统概论"一章，并以我们的实际行动告慰先生在天之灵。

在本书这三版的修订出版过程中，经济科学出版社自始至终给予大力支持和鼎力相助，并提出了一些很好的建议。

在本书出版修订和使用过程中，得到了国内同行专家的关注和支持，在不同场合以不同方式对本书出版给予很高的评价，同时提出一些建设性的意见，使我们深受鼓舞，也看到了自己的努力方向，对此一并表示感谢。

由于自身水平和时间所限，书中难免有不尽如人意之处，衷心希望得到各位专家学者和广大读者的斧正。

主编

2016年12月于辽宁大学蕙星楼

序

当今之世，经济学可以说是最令人瞩目的热门学科之一。上个世纪以来，在西方市场经济发展的不同阶段上，众多的经济学者从各自不同的角度阐述、解释现实经济问题，出现了名目繁多的甚至是观点对立的新学科、新学派和新理论，这说明经济学本身是一门不断发展变化的学科。尽管一些经典的经济学著作迄今仍有一定指导意义，值得我们借鉴，但面对不断变化的现实，以及面对不同的发展阶段和不同的趋势，也难免产生一定的局限性，无法完全解释和回答发展变化了的新情况和不断出现的新问题，因而需要对活生生的经济态势进行持续探索、研究和创新，以使理论更贴近实际。同时也说明，学术研究需要有一个宽松的学术生态环境，使不同的学术观点可以互相讨论，不同的学派可以在争鸣中存在。理论源于实践，理论的生命力也取决于实践的检验，这是学科盛衰的自然法则。

1978年党的十一届三中全会以后，神州大地开始推行一系列伟大而深刻的变革，改革、开放和发展已成为中国的主旋律。为了中华民族的伟大振兴，为了激发经济的生机和活力，调动亿万人民的积极性和创造力，就必须通过持续的改革，突破长期压抑生产力的传统体制和僵化的观念，建立新的经济体制和新的发展模式。与此同时，也必须突破传统经济理论（特别是引自原苏联的政治经济学和计划经济学）对人们思想的束缚，突破片面的、狭隘的、割裂的思维方式，研究中国新时期面临的新形势、新任务、新思路，回答改革与发展所提出的种种新问题，这是当代中国经济学者应该承担的历史使命和社会责任。

国民经济学正是在中国改革、开放与发展进程中产生的一门新学科。它是在马克思主义经济理论指导下，从中国国情和中国现代化建设的迫切需要出发，吸收借鉴众多学科的研究成果，从总体上研究国民经济内涵、特质、结构、功能及其运动规律的一门综合性、实用性的学科，也是正在发展和不断完善之中的应用经济学学科。

在我国，以国民经济整体运动作为研究对象的学科，曾出现两种并行不悖的名称：一是复旦大学、北京大学、山东大学、辽宁大学、中央党校等十多所院校合作编写、1982年出版的第一本《国民经济管理学》，这一新的著作，以突破传统经济理论、建立新的体系而引起较大反响，发行200多万册。其后，辽宁大学对这一学科进行了持续系统的研究，1984年由我主持编写了《国民经济管理原理》，1988年主编了《国民经济管理概论》，1990年接受教育部的任务，又主编了国家统编教材《国民经济管理学教程》，形成了相对稳定的国民经济管理学科体系框架。在这一时期，北京大学王永治教授（1986年）、厉以宁教授（1988年）也出版了具有一定特色的《国民经济管理学》。1993年以后，这一学科迅速发展，除辽宁大学、中央财经大学主持国家教育部重点课题、组织七所院校编写四部国民经济管理专业主干课"面向21世纪课程教材"外，中国人民大学王海平、吴春波教授（1994年）、刘瑞教授（2004年）、胡乃武教授（2007年）、中南财经大学江勇教授（1994年）、复旦大学苏东水教授（1998年）等著名学者，都相继出版了一些国民经济管理学著作，为这一学科的发展作出了各自的贡献。二是1986年著名统计学家、厦门大学钱伯海教授编写了全国第一本以《国民经济学》命名的著作。虽然西方国家的一些学者最早提出了"国民经济学"的概念，先后出版过几部以国民经济学命名的著作，但其研究内容、研究范围与中国学者的研究各不相同。钱伯海先生编写的《国民经济学》，则是从中国实际出发，以整个国民经济作为研究对象，"着重阐明国民经济运行机制，以及在社会主义条件下，运用经济杠杆对国民经济进行宏观调控的基本原理、原则和方法"。还应肯定，这本书在国民经济核算与数量分析方面也具有一定的特色。

虽然同一学科在我国出现两个名称，但仔细推敲起来，其研究对象甚至主要研究内容开始时似基本近似，并无大的差别。同时，二者都得到有关部门的认可：教育部将本科专业定为"国民经济管理"，研究生层次定为"国民经济学"。从一定的意义上说，其实叫什么名字似乎并不重要，重要的是研究国民经济的各位学术同仁应摒弃门户之见，齐心协力，真诚合作，扎扎实实系统深入地研究不断运动着的国民经济实际进程，研究我国改革与发展实践的经验、问题和趋势，通过科学的总结、概括、提炼、升华，探索其内在规律，使这门学科更加成熟，更有实用价值。

正是本着这一愿望，在认真研究国内外已有成就的基础上，一部《国民经济学》新作已经面世。这部著作既是"十一五"国家级规划教材，又是国家精品教材、国家"211工程"重点研究项目，由国家重点学科——辽宁大学国民经济学科带头人、国务院学位委员会应用经济学学科评议组成员（国民经济学学科唯一成员）林木西教授与全国文科首批长江学者特聘教授、也是目前我

序

国国民经济学学科唯一的一位长江学者黄泰岩教授两位著名学者主编,十多位本专业的教授、博士共同编写而成。我个人认为,这一新的研究成果,在研究内容上有所扩展,在学术观点上有所突破,在某些研究方面有所创新。其特点和创新之处主要是:

其一,运用系统理论对国民经济系统进行分析。关于国民经济学的研究对象,一直是本学科研究的重点,新版《国民经济学》把研究对象定义为"国民经济系统运动及其规律",这是一个重大创新。对于国民经济这一规模庞大、结构复杂、功能综合、因素众多的巨系统,运用传统的分析方法进行分析已显得软弱无力。只有把国民经济作为一个系统,作为诸多要素相互联系组成的有机整体,站在系统整体的高度,才能高屋建瓴,统观全局,进行总体协调,实现整体效应。整体性是系统论的核心,但系统又是由诸多要素组成的,因而还必须研究诸多要素、诸多子系统的相互关系,研究系统结构,研究子系统对国民经济系统整体的影响。用系统论研究国民经济,具有重大理论意义和实践意义:一是有利于我们更深刻地认识纷繁复杂的国民经济的真实面貌,更加明确国民经济学的研究对象。庞大的国民经济是经济部门与非经济部门的综合体,国民经济学作为综合性、实用性的学科,显然有别于一般意义上的理论经济学。由于国民经济学研究必然涉及到投资、消费、财政、货币等诸多问题,它们都是作为国民经济系统要素对国民经济运行产生影响,因而既与这些学科有所联系,又有所区别。二是对实际经济工作更有重要意义。因为在现实经济活动中,经常出现狭隘的片面的思维方式,只见树木、不见森林,只顾小局、不顾大局,头疼医头、脚疼医脚,甚至各自为政、各行其是、互相掣肘、互相抵触,严重影响了国民经济整体效能,因而树立系统的、整体的、全局的观念至关重要。

其二,关于四种再生产关系的研究。任何系统处于一定环境之中,受环境的制约,并对环境产生影响。国民经济系统的运行,必然涉及经济与社会的关系,经济与人口的关系,人与自然的关系,形成许多纵横交错的正负反馈回路。本书既研究了人口、经济、社会、资源、环境之间的相互制约关系,又从动态角度研究了人口再生产、物质产品再生产、精神文化再生产和生态环境再生产的相互影响,探索建立四种再生产相互促进、良性互动、协调发展的体系。从一定意义上说,这是一个更高层次的系统整合。

其三,形成相互联系的三大板块。第一板块即第一篇,旨在强化国民经济学的理论研究,以系统论为基础,综合运用经济学、社会学、人口学、生态学、管理学、控制论、信息论等多学科的知识,力求对复杂的国民经济活动进行条分缕析，厘清脉络，把握其特质、功能、结构、运行机制及其外部环境，这是研究国民经济学的理论基础和基本出发点；第二板块即第二篇，研究国民经济的运动过程，研究国民经济若干总量的变动及其相互关系，剖析在运动过程中供给与需求、总量与结构、投资与消费、速度与质量、效率与公平、稳定与震荡等诸多矛盾此消彼长的来龙去脉及化解途径，促进国民经济健康稳定地运行；第三板块即第三篇，对国民经济的管理进行研究，这也是这本书的一个重要特点。这里所说的"国民经济管理"既包括宏观调控，又包括微观规制，这在以往的教科书中是没有的。国民经济管理作为一个系统，其子系统是按管理逻辑顺序组成的，即目标—决策—实施—监测—调控—规制—综合评价。需要特别指出的是，之所以要对国民经济进行管理，是为了弥补市场经济的缺陷，同时也是为了有力促进我国经济体制模式和发展模式的快速转型，因而必须正确认识政府管理职能的有限性，力求实现"看得见的手"与"看不见的手"的合理结合。

其四，突出了国民经济运行的三个层次目标。西方有的经济学家曾经指出：困扰着经济学的一个突出问题，是其终极价值是什么、为什么。从我国现实来看，为发展而发展、为GDP而GDP的现象随处可见。本书把国民经济运行目标分为三个层次：第一个层次的目标，是通过宏观调控实现国民经济长期稳定的运行；第二个层次的目标，是真正实现发展方式的根本转变，按着科学发展的要求，实现"全面协调可持续发展"；第三个层次的目标，即国民经济发展的终极目标，归根结底，一切发展是为了人，为了满足人们多种多样的需求，为了促进人自由而全面的发展，为了人民得到真正的实惠，为了实现全体人民的共同富裕，实现民富而国强。这是科学发展观的核心，也是社会主义制度的本质要求。

其五，在强调技术创新的同时，强调了制度创新对国民经济运行的推动作用。系统阐述了制度的内涵、制度的形成、制度的变迁与创新，剖析了制度作为一种内生的激励机制，对于激发人的活力、企业活力和整个经济活力，对于促进资源优化配置、技术创新和促进国民经济有效增长，都有重大推动作用。同时指出，制度创新与深化改革密切相关，改革正是为了塑造充满生机和活力的良好机制和制度。

其六，宏观调控与微观规制相结合。上面已经提及，在现有的国民经济学和国民经济管理学著作中，主要探讨宏观调控，很少研究微观规制。但从实际出发，对自然垄断行业和信息不对称行业的规制（即经济性规制），对破坏市场竞争的非法经营行为，对某些企业为追求利润而污染环境、损害人民健康的

序

行为等，有必要进行微观规制（即社会性规制），这也是国民经济顺畅运行的必要条件。本书对这一问题进行了较系统的探索，堪称一个重要的创新。

总的来说，本书在拓展学科研究领域、明确研究方向、强化研究深度等方面，下了很大功夫，进行了一系列新探索，提出了一些新思路、新观点，为推进国民经济学学科的发展作出了应有的努力。当然，本书并非完美无缺，对某些领域的研究还不够系统、不够深透，某些观点可能会有所争议，这都是学术研究的正常现象，也正是通过推陈出新、百家齐鸣，才能共同推进国民经济学学科不断向前发展。

张今声
2010 年 4 月

目录

Contents

绪论　国民经济学的研究对象与方法 ……………………………………… 1
　第一节　国民经济学的建立与发展 ……………………………………… 1
　第二节　国民经济学的研究对象 ………………………………………… 10
　第三节　国民经济学的研究方法 ………………………………………… 14

第一篇　国民经济系统

第一章　国民经济系统概论 …………………………………………………… 19
　第一节　国民经济系统的构成 …………………………………………… 19
　第二节　国民经济系统的性质 …………………………………………… 26
　第三节　国民经济系统的功能与运行机制 ……………………………… 35

第二章　国民经济系统结构 …………………………………………………… 40
　第一节　产业结构 ………………………………………………………… 40
　第二节　区域结构 ………………………………………………………… 55
　第三节　城乡结构 ………………………………………………………… 62

第三章　国民经济系统环境 …………………………………………………… 73
　第一节　经济、社会、人口、资源与环境总体协调的必要性 ………… 73
　第二节　经济、社会、人口、资源环境系统的协调关系 ……………… 83
　第三节　国民经济系统与国际经济环境 ………………………………… 94

第二篇　国民经济运行

第四章　国民经济运行总体分析 …………………………………… 111
- 第一节　社会总产出与总供给 ……………………………………… 111
- 第二节　社会总需求及其形成 ……………………………………… 120
- 第三节　社会总供求的平衡与波动 ………………………………… 129

第五章　国民经济运行的需求动力与需求管理 ……………………… 137
- 第一节　投资需求与国民经济运行 ………………………………… 137
- 第二节　消费需求与国民经济运行 ………………………………… 148
- 第三节　净出口需求与国民经济运行 ……………………………… 157
- 第四节　国民经济需求管理 ………………………………………… 170

第六章　国民经济运行的供给推力与供给侧结构性改革 …………… 175
- 第一节　劳动力供给与国民经济运行 ……………………………… 175
- 第二节　资本积累与国民经济运行 ………………………………… 178
- 第三节　土地等自然资源供给与国民经济运行 …………………… 180
- 第四节　技术进步与国民经济运行 ………………………………… 183
- 第五节　制度供给与国民经济运行 ………………………………… 187
- 第六节　国民经济供给管理和供给侧结构性改革 ………………… 193

第七章　国民经济运行的周期波动 …………………………………… 200
- 第一节　国民经济运行中的周期波动 ……………………………… 200
- 第二节　周期波动的形成原因及传导机制 ………………………… 208
- 第三节　通货膨胀与通货紧缩 ……………………………………… 211

第三篇　国民经济发展战略与规划

第八章　国民经济与社会发展战略 …………………………………… 239
- 第一节　国民经济与社会发展战略的内涵、特征与功能 ………… 239

目 录

	第二节 国民经济发展战略体系与模式	242
	第三节 国民经济发展战略选择与制定	253
	第四节 新中国成立以来中国的主要发展战略	261

第九章 国民经济规划 267

第一节	国民经济规划的特征与功能	267
第二节	国民经济规划体系	270
第三节	国民经济规划指标体系	280
第四节	国民经济规划的编制	289

第四篇 国民经济管理

第十章 国民经济管理目标 297

第一节	国民经济长期稳定运行的一般目标	297
第二节	国民经济全面协调可持续发展的目标	301
第三节	国民经济管理的终极目标	306

第十一章 国民经济监测预警与综合评价 313

第一节	国民经济监测与预警	313
第二节	国民经济监测预警系统及指标体系	316
第三节	国民经济监测预警模型和方法	326
第四节	国民经济效益综合评价	331

第十二章 国民经济宏观调控 337

第一节	宏观调控目标和合理区间	337
第二节	宏观调控原理与手段	344
第三节	宏观调控政策与作用	351
第四节	创新和完善宏观调控方式	366
第五节	宏观调控的制度保障	373

第十三章 国民经济预期管理 378

| 第一节 | 国民经济预期管理与宏观经济调控 | 378 |

| | 第二节 预期管理理论模型与方法 | 384 |
| 第三节 我国预期管理体系的探索与发展 | 391 |

第十四章 国有经济资产管理 · 402

第一节 国有资产管理在国民经济管理中的地位和作用 · 402
第二节 国有资产管理的主要方式和基本理论 · 408
第三节 我国国有资产管理体制的历史沿革及其改革 · 412

第十五章 国民经济微观规制 · 417

第一节 微观规制及其分类 · 417
第二节 经济性规制 · 422
第三节 社会性规制 · 431
第四节 微观规制体系和规制改革 · 435

第一版后记 · 440
第二版后记 · 441
第三版后记 · 442

绪论　国民经济学的研究对象与方法

在中国，国民经济学是一门年轻的应用经济学学科。1998年，教育部对全国高校文科专业进行调整，正式将国民经济学列为应用经济学项下第一个二级学科①。根据国务院学位委员会第六届学科评议组《学位授予和人才培养一级学科简介》，国民经济学是"研究国民经济系统运行及其规律的学科。主要进行国民经济战略与规划、体制改革、政策设计、宏观经济运行模型、国民经济监测预警与综合评价、国民经济宏观调控为微观规制等方面的研究。它对于实现国民经济全面协调可持续发展，具有重要的作用"。②

从世界来看，我国的国民经济学是最具中国特色的经济学科。国家"双一流"建设方案提出建设中国特色、世界一流的学科，其中的"中国特色"一是国外没有中国有，二是国外虽有相同名称但与中国有本质区别，三是更重要的是具有鲜明中国特色的学科。正是从这个意义上说，国民经济学学科恰正符合这些特点。如果国民经济学的研究和发展能够充分体现"中国特色"，用规范的经济学语言讲好"中国故事"，国民经济学学科理所应当地成为"世界一流学科"。

第一节　国民经济学的建立与发展

一、国外国民经济学的创立与沿革

（一）"国民经济学"学科思想的缘起

在西方，"国民经济学"是一门古老的学科，但只是"政治经济学"的代名词，而不

---

① 1998年教育部对本科招生目录也进行了调整，将"国民经济管理"作为目录外专业，在全国7所大学继续招生（后扩大至8所）。在国内有关学者的呼吁下，2010年教育部再次对本科专业目录进行修订时，正式将国民经济管理专业纳入全国高校本科目录内专业（见林木西：《关于经济学科本科专业目录修订的几点意见》，载于《中国大学教育》2010年第1期，第33~34页）。但没有将"国民经济管理"统一改为"国民经济学"，以致造成本学科本科专业名称与研究生学科名称不统一的状况。

② 国务院学位委员会第六届学科评议组编：《学位授予和人才培养一级学科简介》，高等教育出版社2013年版，第9页。

是一个独立学科。按照瑞典经济学家K.维克塞尔（1911）的说法，"国民经济学这个名称出现在所谓'重商主义'时代。"① 但这是德国、奥地利和北欧学派一些学者的说法。在英国和法国，当时习惯地称之为"政治经济学"。1615年，法国重商主义的代表安徒安·德·孟克列钦（1575～1622）发表了《献给国王和王后的政治经济学》，在法国第一次提出了"政治经济学"这个名词，并用作自己著作的书名。② 之所以如此，主要想说明这本书已不是论述"家庭管理"（北欧学派称为"家计管理"），而是涉及整个"国家"的经济问题（北欧学派将其称为"财政学"问题），其目的在于挽救封建制度的危机。由此可见，早期的国民经济学与政治经济学比较接近，二者如出一辙。"在那时叫做国民经济学是很适当的。因为这个名称适当地表达了它所含有的概念。"③ 即适应了当时封建制度的发展。

关于"国民经济学"的起源，还有一些说法：一种观点认为这一词汇最早出现在18世纪的欧洲，由意大利人奥特斯首先使用，当时的"国民经济学"是指研究一国国内经济现象的学问，④ 但这种说法比维克塞尔的说法晚了一百年；另一种观点认为亚当·斯密1776年的《国富论》可以看作是国民经济学的先驱之作，国民经济学是19世纪才出现，且主要集中于德国、奥地利（这实际上也是马克思的提法），⑤ 如按这种说法，又比前一种说法晚了一百年。

然而在一些人的眼里，"国民经济学"与"政治经济学"还是有一定区别的。"这个名称（指与"政治经济学"等同意义上的"国民经济学"——作者注）的适当性却随着重农主义思想的出现与无限自由及自由贸易观念的胜利而减少"。⑥ 17世纪下半期，法国出现了反对重商主义、主张经济自由和重视农业的思潮，这时的国民经济学家主张"国家应当尽可能少地干预经济事务，而应该在某些明确规定的情况以外让各人自己料理他自己的事务，按照这种原理，国民经济学的基本原理，即关于它的主题，国民家计的原理就不存在了"。⑦ 这时的国民经济学主要与封建制度向资本主义制度转变相适应，与经济民主、自由发展相适应，而与原来意义上的"政治经济学"渐行渐远。但总体说来，还未完全脱离传统政治经济学的政策主张。

（二）马克思与"国民经济学"

谈到国民经济学不能不谈到卡尔·马克思，不能不谈到马克思主义政治经济学。众所周知，马克思主义政治经济学来源于英国古典政治经济学。但作为一个德国人，像其他德国经济学家一样，马克思在其早期著作中曾交替使用"国民经济学"和"政治经济学"

---

①③ ［瑞典］K.维克塞尔：《国民经济学讲义》，上海译文出版社1983年版，第7页。
② 鲁友章、李宗正主编：《经济学说史》（上册），人民出版社1979年版，第76页。
④ 王雅莉：《国民经济学学科意义、性质与建设的探讨》，引自林木西、张静主编：《科学发展观与国民经济学学科建设》，经济科学出版社2007年版，第475页；王雅莉：《中国国民经济学学科思想、理论渊源与发展前景》，引自国民经济管理系编：《中国人民大学国民经济学发展报告（2015）：新时代和新挑战下的国民经济学科发展》，中国人民大学出版社2016年版，第174页。
⑤ 顾海兵、齐心：《关于国民经济学学科建设的思考》，载于《经济学动态》2005年第4期，第69～70页。
⑥⑦ 维克塞尔：《国民经济学讲义》，上海译文出版社1983年版，第7页。

绪论 国民经济学的研究对象与方法

的概念。如马克思曾对恩格斯 1844 年在《德法年鉴》上发表的《国民经济学批判大纲》作过详细的摘要,并给予高度的评价,题目为《〈国民经济学批判大纲〉一文摘要》。① 在《1844 年经济学哲学手稿》中,马克思大量使用"国民经济学"和"国民经济学家"的提法,认为"国民经济学从私有财产的事实出发,但是,它没有给我们说明这个事实。……国民经济学没有给我们提供一把理解劳动和资本分离以及资本和土地分离的根源的钥匙"。② 在《詹姆斯·穆勒〈政治经济学原理〉一书摘要》中,马克思把国民经济学作为政治经济学的同义词,并加以评论:"国民经济学能够把这整个发展只作为某种事实,作为偶然需要的产物来把握。……在国民经济学家看来,生产、消费以及作为二者之间独有的交换和分配是孤立地存在的。"③ 仅在这里,他曾先后 12 处提到"国民经济学"、4 处提到"国民经济学家"、4 处提到"现代国民经济学"。而在评李斯特的《政治经济学的国民体系》中,马克思指出:"如果说亚当·斯密是国民经济学的理论出发点,那么它的实际出发点,它的实际学派就是'市民社会',而对这个社会的各个不同发展阶段可以在经济学中准确地加以探讨。"④ 在这里,马克思甚至把国民经济学和政治经济学并用,称之为"国民政治经济学",⑤同时还提出"现代经济学"的概念。⑥

由此可见,马克思的早期著作将"国民经济学"与"政治经济学"相提并论,认为二者并无本质区别。从这个意义上,诚如我国著名经济学家卫兴华教授所说,"所谓的'国民经济学'不过是'政治经济学'的另一种称谓。"⑦

(三)国民经济学在欧洲的发展

尽管如此,在欧洲,除了英国和法国之外,在德国、奥地利特别是北欧学派(也称瑞典学派,因其信徒遍布于北欧各国而得名)盛行的国家,还是可以看出国民经济学与政治经济学的一些分野,这部分是由于方法论和理论观点的不同,也与各国所处的环境有关。哈耶克(F. A. Hayek)在为奥地利学派的开山鼻祖卡尔·门格尔(1871)的《国民经济学原理》撰写的导言中说道:"没有一个地方象德国那样,古典经济学衰落得如此干净利落……这部分出于方法论的考虑,但更多则是对古典英国学派实际结论的强烈厌恶,因为这个学派阻碍了以'伦理学派'之名为荣的年轻团体的改革热情","古典学派之所以从未在德国根深蒂固,原因之一便是德国经济学家一直清醒地意识到任何成本或劳动价值理论中内在的矛盾。"⑧ 关于这一点,马克思在评李斯特的《政治经济学的国民体系》时也指出,德国的"资产者希望国家实行保护关税,以便攫取政权和财富,但是,既然[在德国]不象在英国和法国那样,他不掌握国家政权,因而不能随意支配它,而不得不诉诸请

---

① ⑤ ⑥ 马克思:《弗里德里希·恩格斯〈国民经济学批判大纲〉一文摘要》,引自《马克思恩格斯全集》第 42 卷,人民出版社 1979 年版,第 3 页。
② 马克思:《1844 年经济学哲学手稿》,引自《马克思恩格斯全集》第 42 卷,人民出版社 1979 年版,第 89 页。
③ 马克思:《詹姆斯·穆勒〈政治经济学原理〉一书摘要》,引自《马克思恩格斯全集》第 42 卷,第 30 页。
④ 马克思《评弗里德里希·李斯特的著作〈政治经济学的国民体系〉》,引自《马克思恩格斯全集》第 42 卷,第 249、252、260 页。
⑦ 卫兴华:《"国民经济学"与"政治经济学"》,载于《人民日报》2008 年 11 月 3 日,第 7 版。
⑧ [奥]卡尔·门格尔:《国民经济学原理》,上海世纪出版集团、上海人民出版社 2001 年版,第 3 页。

求，他就必须向国家……表明，他对国家的要求是他向国家作出的让步，而实际上他要求国家作出让步。"①

在维克塞尔（1911）看来，国民经济学与政治经济学不仅名称不同，而且研究对象也有所不同。如果说英法的古典经济学是"国家经济学"，那么，现代的国民经济学则是"国计民生"经济学，其意义是国家富强、百姓富裕。正如维克塞尔所说，国民经济学"这个名称指的是国民家计或国民家计的理论"，"而财政学虽应视为国民经济学的一部分（并且是一个重要部分），但它却绝对不是国民经济学的全部"。② 也就是说，国民经济学既论及"国"又涉及"民"，是国与民的经济学，因而其研究内容必然"涵盖了经济过程的宏观层面与微观层面"③。

如是观之，尽管在英法两国经济学家看来，国民经济学和政治经济学是一回事，而且在伦敦大英博物馆撰写《资本论》、深谙英法古典经济学的马克思实际上也认同这一点（尽管在他的手稿中仍然使用"国民经济学"这样的名词），且英国古典政治经济学成为马克思主义政治经济学的重要来源，但是，德国、奥地利、瑞典的一些经济学家仍将其称为"国民经济学"，并以此为名出版了一系列著作，如德国学者罗雪尔1843年出版了《历史方法的国民经济学讲义大纲》（1981年由朱绍文转译自日本岩波书店冈雄三译本），奥地利学者门格尔1911年出版了《国民经济学原理》（刘絜敖译，上海人民出版社2001年出版），我国于1914年翻译出版了德国学者付克斯所著《国民经济学》，1915年翻译出版了日本学者津村秀松所著《国民经济学原理》，1938年翻译出版了德国学者狄尔所著《国民经济学原理》，④ 1983年出版了瑞典学者维克塞尔于1946年出版的《国民经济学讲义》的中译本（刘絜敖译，上海译文出版社出版），等等。但总体来看，以上只是名称上的不同，其本质并无明显的区别，而且国民经济学并未成为一个独立的经济学科。

由上可知，随着封建制度的消亡，资产阶级和资本主义制度处于上升阶段，这就要求经济理论与之相适应，主张经济自由的国民经济学应运而生，甚至对"国民经济学"的名称也发生了冲击。"在现代，对于极端自由的原则的确有了抵制，可是在现实中，则仍然是个人主义的纯粹私有制度占优势。由于这个理由，所以许多现代作家都想抛离这个名词的形容词'政治'或'国民'，而只称为经济学……但由于缺乏一个较好的名称，我们或许仍然可以保持这个旧有名称国民经济学；只要我们注意不使其含有经济领域内的国家单位的概念就行"，"当我们从国民经济学的观点来批判一件事物是有利或有害时，这种说法本身就是根据伦理上的或哲学上的要求。"⑤ 由此可见，当由重商主义发展到重农学派，传统政治经济学的主流地位已开始发生一些变化，一些国民经济学家极力想划清与传统的或早期的政治经济学的界线，它不限于理论分析而更强调其实践性或应用性。"国民经济学作为一门实践科学，其定义就是满足人类需要的方法的理论"。从这个意义上可以认为

---

① 马克思：《评弗里德里希·李斯特的著作〈政治经济学的国民体系〉》，引自《马克思恩格斯全集》第42卷，第250页。
② [瑞典] K. 维克塞尔：《国民经济学讲义》，上海译文出版社1983年版，第7页。
③ 刘瑞主编：《国民经济管理学概论》总序，中国人民大学出版社2004年版，第2页。
④ 顾海兵、齐心：《关于国民经济学学科建设的思考》，载于《经济学动态》2005年第4期，第69~70页。
⑤ [瑞典] K. 维克塞尔：《国民经济学讲义》，上海译文出版社1983年版，第7~8页，第9页。

绪论　国民经济学的研究对象与方法

"早期的国民经济学接近于政治经济学,后来的国民经济学则接近于应用经济学"。①

综上所述,国民经济学这一名称17世纪在重商主义时代已经出现,17世纪下半期虽在英国和德国受到削弱,但在德国、奥地利特别是北欧学派所在国家(如瑞典)一直得到发展,然则与中国并无直接联系。如果说有联系,主要源于马克思的早期著作,严格意义上说主要是马克思主义政治经济学(国民经济学只是其同义词)在中国的传播。而从实践来看,国民经济学在中国的建立与发展更多地与原苏联的"国民经济计划"(也有人称之为"国民经济计划学")有一定的关系。

二、中国国民经济学的建立与发展

(一)"苏联模式"对中国国民经济学初期发展的影响

由于原苏联是世界上第一个社会主义国家,其发展(包括经济理论的发展)对中国不能不产生重要的影响。中国的经济发展模式与社会主义在原苏联的发展或"苏联模式"有很大的关系。换言之,在中国后来出现的"国民经济学"这一学科定位,在客观上很大程度是由于受"苏联模式"影响的结果。

由于众所周知的原因,社会主义并没有按照马克思当时的设想,在发达资本主义国家通过"平滑的方式"同时取得胜利,它不是建立在社会化大生产和高度发达的商品生产和商品交换的基础上,也没有做到个人全面自由发展、社会按比例分配社会劳动者于各个部门,而是在少数落后国家通过"强制的方式"首先取得胜利。囿于物资匮乏和商品交换不发达,全民所有制只能采取国家所有制的形式,国家计划在当时分配调节社会劳动分配唯一的或主要的手段。这一模式主要是建立在将整个社会视作一个"大工厂"的基础上,在这种模式下,企业只是其中的一个车间或某个零件。在这种情况下,国家计划(主要是指令性计划)无疑发挥着十分重要的作用。受斯大林模式或"苏联模式"的影响,改革开放前的中国实行计划经济体制。与此相适应,在我国一些高等学校一开始设立的是国民经济计划专业和统计专业(一说"计统专业")②。所以,那时的国民经济学专业其实就是"国民经济计划"和"统计学"以及后来又出现的"投资经济学"(也称"基建经济"或"基建财务")的代名词。如果说那时有所谓的"国民经济学"的雏形,也只是以政治经济学为指导或以其为理论基础的部门经济学或应用经济学。③

(二)改革开放后中国国民经济学发展的特殊性

随着由传统的计划经济转向"有计划的商品经济"、社会主义市场经济,以指令性计

---

① 顾海兵、齐心:《关于国民经济学学科建设的思考》,载于《经济学动态》2005年第4期,第70页。
② 如中国人民大学成立初就设立了包括国民经济计划系在内的"八大系",1950年3月设立国民经济计划、统计学、经济地理、农经专业并分别招生本科生、研究生和专修科学生;辽宁大学1950年最早设立的本科专业中,就有计划统计专业;厦门大学甚至在很长一段时间内仍保持计统系的名称,等等。
③ 这里是从与"部门经济学"等同意义上的所说的"应用经济学",与当下讨论的经济学学科分类没有直接的联系。

国民经济学（第三版）

划为主要特征的传统计划经济体制，乃至传统的国民经济计划专业及相关专业必然发生相应的变化。特别是由于实行"在国家宏观调控下市场对资源配置发挥基础性作用的经济经济管理制度"①，"使市场在资源配置中起决定性作用和更好发挥政府作用"②，我国高等学校适应时代发展的要求，积极学科调整和教育改革，将原来的"国民经济计划"专业改为"国民经济管理"专业，不断进行教材建设，就成为顺应历史潮流的必然选择。③

在此期间，我国的经济学科发生了很大变化。由于西方经济学原版教材的大量引进和课程开设，对政治经济学教学与研究提出了严峻的挑战，形成政治经济学与西方经济学"二分天下"的格局。而且由于西方经济学的引进，宏观经济学、微观经济学、国际经济学等新学科开始引入我国，对政治经济学产生了很大的冲击。这时的政治经济学本身也发生了一些新变化，如产生了生产力经济学、消费经济学等新的学科。④ 与此同时，诞生了许多新兴学科，包括国民经济学。

经济学科出现上述变化并不奇怪，这是适应现实经济发展的必然趋势。总体说来，早期的政治经济学是一个大的概念、总的概念，包括国家经济学、政府经济学甚至包括某些政治学的内容。但随着不断发展和分化，逐渐产生了新的学科，原来的无所不包的政治经济学已不复存在，尽管有人仍可把这些学科都归于政治经济学（它们的确是由政治经济学逐渐演化而来的），但确已不再是原来意义上的政治经济学。

对于国民经济学来说，它的确与政治经济学有些割舍不断的关系，至今仍与某些学科如与宏观经济学有着紧密的联系，而且与财政学、金融学、产业经济学、国际贸易学等有着千丝万缕的关系。虽然它的学科边界有待进一步廓清（这实际上是目前国内其他一些学科也需要做的工作），然则很难再回归到传统意义上的政治经济学，这也是事实。

如前所述，与国内其他经济学科相比，我国的国民经济学可以说是颇具特色的一个学科：它与政治经济学有联系，但现已不再是一回事；它似乎可从德国、奥地利、瑞典等国找到某些渊源，但二者并非同出一源；其在中国的初期发展虽然受到"苏联模式"的影响，然其现代发展显然与之相区别；国外有与其相近的学科（如美国经济学会的分类中与国民经济学相关的有 E 类、H 类、O 类、P 类），⑤ 但却没有完全相同的学科，等等。正如国内一些学者所说，国民经济学发展必须国际化，如建成"世界一流学科"；但更多是中国本土化的产物，即"中国特色"。因此，国民经济学学科建设要处理好"本土化与国际化的关系"。从这个意义上说，国民经济学既是一个"历史学科"，又是一个新兴学科。⑥

---

① 胡锦涛：《在纪念党的十一届三中全会召开30周年大会上的讲话》（2008年12月18日）。
② 《中共中央关于全面深化改革若干重大问题的决定》（2013年11月12日）。
③ 1982年，辽宁大学与北京大学、复旦大学等12所院校一起，编写了全国第一本《国民经济管理学》；1986年，又在全国率先将"国民经济计划"专业改为"国民经济管理"专业，并进行了学科体系的配套改革，"面向21世纪国民经济管理专业教学内容与课程体系改革研究"2001年获本学科第一个国家级教学成果奖。
④ "生产力经济学"的创始人是我国著名经济学家、黑龙江大学副校长熊映梧教授，"消费经济学"的创始人为著名经济学家、湘潭大学尹士杰教授。
⑤ 顾海兵、齐心：《关于国民经济学学科建设的思考》，载于《经济学动态》2005年第4期，第70页。
⑥ 1986年、1987年，厦门大学钱伯海教授先后出版了《国民经济学》上册、下册（中国财政经济学出版社出版）。1998年，国家教育部专业目录将国民经济学解释为：国民经济学是在国民经济计划和国民经济管理学基础上形成并以理论经济学为基础，与产业经济学、劳动经济学、贸易经济学和财政学、金融学等具有密切关系的应用经济学学科。它对于实现国民经济的持续稳定协调发展、正确进行宏观经济调控，具有重要的作用。

绪论　国民经济学的研究对象与方法

虽然从名义上看有某些国外色彩，但实际上却具有鲜明的中国特色，其学科渊源与其从国外去寻找不如从自身挖掘，其学科边界、研究对象与其同其他学科去比较、界定，不如靠自己的努力和创新。正因为如此，国民经济学可算是最具中国特色的经济学科之一，当下中国的国民经济学学者肩负着这一学科建设的光荣的历史使命。[①]

在这方面，习近平在哲学社会科学工作座谈会上的如下讲话对国民经济学的学科建设非常有启发："当代中国的伟大社会变革，不是简单延续我国历史文化的母版，不是简单套用马克思主义经典作家设想的模板，不是其他国家社会主义实践的再版，也不是国外现代化发展的翻版，不可能找到现成的教科书。我国哲学社会科学应该以我们正在做的事情为中心，从我国改革发展的实践中挖掘新材料、发现新问题、提出新观点、构建新理论。"[②] 国民经济学作为具有中国特色的年轻的应用经济学学科，只有"坚持问题导向"，不断发现、总结、探索中国国民经济发展中的重大问题、产生有影响的重要成果，才能找准本学科的学科定位，不断巩固和发展本学科的地位，产生更大的话语权。[③]

（三）国内对国民经济学研究对象的较早理解

有一种说法认为，国内最早出现"国民经济学"一词，来自于1936年国民经济建设运动委员会江苏分会所编的《国民经济建设》一书[④]。建国后，第一个提出"国民经济学"概念并进行系统研究且形成专著的当推厦门大学的钱伯海教授，并出版了上册、下册的《国民经济学》。根据钱伯海（1986）的阐述，"国民经济学是研究国民经济运动规律的科学，既研究生产力，也研究生产关系"，[⑤] "因此，有关马克思主义的社会主义政治经济学的基本原理，在本书的有关部分中，都要加以阐明和论述"。钱伯海教授的这本书，"以社会主义国民经济运行机制为研究对象，试图'把社会主义政治经济学和宏观经济学有机地结合起来'，正是创建社会主义经济学新体系的一个成果。"[⑥] 钱伯海教授的理论贡献在于主编并出版了国内第一部系统的《国民经济学》，并由此引伸出一个新的学科——国民经济学，但其理论阐述无疑留有较浓厚的政治经济学色彩，以及统计学的痕迹。为此，曾遭到来自政治经济学和统计学两个方面的非议，其根源在于其在国民经济学和政治经济学两个学科之间徘徊，既想创立一个独立的经济学二级学科，但囿于当时的背景又很难摆脱政治经济学的影响。此后，国内学者开始对此进行深入研讨，并陆续提出一些新的看法。如张今声（1990）认为，国民经济是一个由经济、社会、自然三者复合而成的系统，因此国民经济学需要研究复合系统如何相互协调和适用的问题，国民经济学是从总体

[①] 林木西、黄泰岩主编：《国民经济学》，经济科学出版社2008年版，第7页。
[②] 习近平：《在哲学社会科学座谈会上的讲话》（2016年5月17日）。
[③] 关于国民经济学的学科定位，比较相似的是关于经济学"帝国主义"的提法。其实不仅经济学，宗教学也有类似的情况，如杨慧林（2014）分析了三种典型的神学与经济学的关联方式：神学经济学、经济学教和宗教经济学（见杨慧林：《解析西方神学与经济学间对话》，载于《当代财经》2014年第1期，第8页）。
[④] 花冯涛：《国民经济学在中国的发展：一个文献回顾》，载于《东南学术》2011年第2期，第5页。
[⑤] 钱伯海主编：《国民经济学》（上册），中国财政经济出版社1986年版，第5、6页。
[⑥] 刘国光：《创建社会主义经济学新体系的尝试——读钱伯海主编的〈国民经济学〉》，引自《国民经济学》（下册），中国财政经济出版社1987年出版，第415页。

上研究国民经济内涵、特质、结构、功能及其运动规律的一门综合性、实用性的学科。① 这一主张从国民经济系统论的角度出发，紧密结合我国国民经济运行和管理的实践，从另一个崭新视角提出了国民经济学的研究对象。顾海兵（2005）认为，国民经济学应从属于应用（宏观）经济学、实证（宏观）经济学，是经济学一般原理（主要是宏观经济学理论）与行政管理学（政治学分支）及社会统计数据相结合的应用宏观实证经济学。② 这一主张虽然摆脱了政治经济学的束缚，但却强调与西方宏观经济学、计量经济学的联系，显然具有较强的西方经济学色彩。林木西、黄泰岩（2008）则仍强调将国民经济学作为一个独立的经济学二级学科（主要是应用经济学）来看待，并认为国民经济学的研究对象是国民经济系统运动及其规律，为此要研究国民经济系统、国民经济运行、国民经济管理及其关系，这是国内第一次明确将"国民经济系统运行及其规律"作为国民经济学的研究对象。③ 刘瑞（2009，2015）认为，"综合来看，国民经济学研究的对象是国民经济的运行，与宏观经济学的一个重要不同点是：国民经济学还要研究国民经济管理，国民经济学不仅以解说国民经济运行为己任，还要以研究调控国民经济运行为己任"，"国民经济学要研究的对象是指国民经济运行以及管理过程的规律性"。④ 杨大楷、杨晔（2009）认为，国民经济学是一门高度综合和多学科交叉的新兴学科。⑤ 刘伟（2012）认为国民经济学专业是一个具有中国特色的专业，并将其著作的研究主要定位于"对宏观经济运行状况的把握、数据的核算与管理"。⑥

（四）关于国民经济学研究对象的近期研究

1998年教育部将国民经济学列为应用经济学之后，国民经济学学科出现了长足的发展。截至2015年的不完全统计，已有国家重点学科4个、省级重点学科11个、博士点23个、硕士点84个，还有招收"国民经济管理"专业本科生的学校9个。但各高校对该学科的理解参差不齐，引发学界对国民经济学学科定位、研究对象等问题的热烈讨论，比较集中体现在2015年中国人民大学举办的"首届国民经济管理论坛"的发言上。陈璋认为，国民经济学应该是具有中国特色的宏观经济学，应以分析中国特色宏观经济学为己任，不追求所谓"统一的"宏观经济学。⑦ 董正信、朱长存认为，国民经济学的研究对象是国民经济运行及管理的规律。⑧ 方芳认为，国民经济学是一门应用经济学，是关于国民经济管

---

① 综合见张今声：《国民经济学》，经济科学出版社2010年版，序言第1~2页。
② 顾海兵、齐心：《关于国民经济学学科建设的思考》，载于《经济学动态》2005年第4期，第69~70页。
③ 林木西、黄泰岩：《国民经济学》，经济科学出版社2008年版，第7页。
④ 刘瑞主编：《国民经济学》，首都经济贸易大学出版社2009年版，前言第3页；《国民经济学科的发展》，载于《政治经济学评论》2015年第5期，第8页。
⑤ 杨大楷主编：《国民经济学》，复旦大学出版社2009年版，第1页。
⑥ 刘伟（上海财经大学）编著：《国民经济学》，上海财经大学出版社2012年版，序言第1页。
⑦ 陈璋：《关于国民经济学学科发展问题的思考》，引自《中国人民大学国民经济学发展报告（2015）》，中国人民大学出版社2016年版，第46页。
⑧ 董正信、朱长存：《关于国民经济学发展的思考》，引自《中国人民大学国民经济学发展报告（2015）》，中国人民大学出版社2016年版，第74页。

绪论　国民经济学的研究对象与方法

理的经济学。① 关思甲认为，国民经济学的研究对象主要是国家经济发展状况以及规律。② 蒋长法根据研究对象的不同，将国内学者分为三种主要观点："宽派"以钱伯海为代表，"窄派"以李华、刘瑞为代表，"中派"则以顾海兵为代表，并认为国民经济学应该是以马克思主义政治经济学为立足点，运用现代经济学的分析范式和方法研究中国的宏观经济运行和管理的一门应用性学科。③ 金乐琴认为，在社会主义市场经济体制下，国民经济学的定位应该是一门对国民经济运行和管理进行研究的具有鲜明特色的应用经济学学科。④ 李树、高昊认为，国民经济学的研究对象是国民经济运行及管理的规律。⑤ 王雅莉认为，国民经济学研究社会总产品的生产、分配、流通和使用的全过程，研究国民经济各个部门以及各个经济主体在经济运行中的相互关系和经济行为的经济理论，反映国民经济学运行的一般规律，目前无法被其他学科所替代。⑥ 张静认为，简单地说，国民经济学的研究对象就是国民经济运行过程及其管理过程的规律性，国民经济学独特的、不可替代的研究对象和特有概念，就是国民经济各构成要素之间的有机联系和运转方式，也就是国民经济各行各业各类经济活动子系统的界面及对界面活动的协调。⑦

经过近年来的讨论，学界已在将国民经济学与政治经济学区分开来方面达成了基本共识（尽管仍有人对此持不同意见），而且与国外所谓"国民经济学"进行了学科分割，即认为国民经济学更多的是"本土经济学"、"中国特色应用经济学"（二级学科），但仍存在一定分歧，主要在于"国民经济学"与"国民经济管理学"的关系。本书的主要观点认为，一是应该明确，国民经济学是经济学、应用经济学，而不是管理学；二是"国民经济管理"本科专业是一个历史发展过程，它对以往的"国民经济计划"专业无疑是一个历史进步，而且在1998年学科调整的大背景下，能在全国7所院校保留这一专业也是本学科主要创始人们的一大历史功绩（当时被列为"目录外"专业）。2010年，在本学科主要带头人等的强烈呼吁下，将本专业纳入"目录内"专业，这比12年前又进了一步，但仍有遗憾。下一步所要做的工作是将本科专业与研究生专业统一成为"国民经济学"。届时，围绕这一问题的争论似可平息。进一步分析，研究本学科的发展可不拘泥于名称之分，更重要是研究这一学科的内涵及其发展，这也是本书第三版所要深入探讨的话题。

---

① 方芳：《国家利益驱动下的国民经济学学科创新》，引自《中国人民大学国民经济学发展报告（2015）》，中国人民大学出版社2016年版，第83页。
② 关思甲：《中国国民经济学的演进》，引自《中国人民大学国民经济学发展报告（2015）》，中国人民大学出版社2016年版，第118页。
③ 蒋长法：《浅论国民经济学学科性质与意义》，引自《中国人民大学国民经济学发展报告（2015）》，中国人民大学出版社2016年版，第138页。这种关于"宽派、中派和窄派"的划分详见花冯涛：《国民经济学在中国的发展：一个文献回顾》，载于《东南学术》2011年第3期，第5页。
④ 金乐琴：《国民经济学的渊源、变革与创新》，引自《中国人民大学国民经济学发展报告（2015）》，中国人民大学出版社2016年版，第146页。
⑤ 李树、高昊：《建设和发展国民经济学学科的思考》，引自《中国人民大学国民经济学发展报告（2015）》，中国人民大学出版社2016年版，第158页。
⑥ 王雅莉：《中国国民经济学学科思想、理论渊源与发展前景》，引自《中国人民大学国民经济学发展报告（2015）》，中国人民大学出版社2016年版，第183页。
⑦ 张静：《国民经济学学科的发展》，引自《中国人民大学国民经济学发展报告（2015）》，中国人民大学出版社2016年版，第233~234页。

第二节 国民经济学的研究对象

一、国民经济系统是国民经济研究的出发点

根据国民经济学学科的特点，结合我国经济的具体实际，我们认为，国民经济学既不同于传统意义上的政治经济学，也不同于宏观经济学，同时也有别于应用经济学其他学科。因为政治经济学的研究领域过于宽泛，宏观经济学从某种意义上更多强调的是需求管理，应用经济学其他学科侧重从不同方面、不同部门或不同领域进行研究，都不能体现国民经济学的特点。同时应该看到，中国特色的国民经济学已突破了以往的单纯的国民经济计划或规划、统计的范围，也应该突破将国民经济局限于国民经济各部门的构成总称的现状，而应从更高层次、更宽领域、更广视角进行分析。从这个意义上说，"国民经济系统"应成为国民经济学研究的出发点。因此我们提出，国民经济学的研究对象是国民经济系统运动及其规律性。① 这一观点也得到国内有关学者的赞同，② 有的学者还对国民经济系统进行了分析。③

由于本书设有专章对"国民经济系统"进行分析，这里主要从总体上把握国民经济系统的内涵：

第一，国民经济系统是一个巨系统。根据张今声（2010），对于国民经济这一规模庞大、结构复杂、功能综合、因素众多的系统，运用传统的分析方法已显得软弱无力。只有把国民经济学作为一个系统，作为诸要素相互联系组成的有机整体，站在系统整体的高度，才能高屋建瓴，统观全局，进行总体协调，实现整体效应。从这个意义上说，把国民经济学的研究对象定义为"国民经济系统运动及其规律"，这是一个重大创新。④

第二，国民经济系统是国家、国民和市场共同构成的复合系统。从国民经济学缘起来看，最初的研究对象是从"国民"（也称家计管理）发展到"国家"（或称"财政学"问题），后来又从"国民家计"导向市场（如主张尽可能地减少国家干预）。从总体来看，国民经济学本质上是从系统论的视角研究"国民"。这里所说的"国民"既包括"国"又包括"民"，因为国家的一切行为归根到底都是为了国民，国家的一切发展都是"以人民为中心"，即发展为了人民、依靠人民，发展成果由人民共享，即国民经济学主要研究以"国"促"民"全面发展。而在社会主义市场经济下，国家与国民的发展都离不开市场，国民经济的运行是在发挥市场配置资源的决定性作用和更好发挥政府作用下的市场经济的

---

① 林木西、黄泰岩：《国民经济学》，经济科学出版社2008年版，第7页；林木西：《关于国民经济学学科建设的几个问题》，载于《广东商学院学报》2011年第1期，第4~11页。
② 胡超：《试论构建现代马克思主义国民经济学》，载于《经营管理者》2014年第14期，第194页。
③ 李欣广：《试论构建现代马克思主义的国民经济学》，载于《当代经济研究》2007年第5期，第34~38页。
④ 张今声：《国民经济学》，经济科学出版社2010年版，序言第3页。

绪论　国民经济学的研究对象与方法

运行，国民经济管理也是基于市场的管理。只不过国民经济学研究的国家、国民和市场三者的逻辑起点和终点都是国家如何在尊重市场规律的前提下促进国民经济的发展，同时运用市场和政府双重作用和多重手段，促进"国"与"民"共同发展、协调发展和可持续发展，这是国民经济学研究的核心问题。

第三，国民经济系统是由多部门、多地区、多环节相互联系而组成的网络系统。国民经济系统不是相互脱节的个别系统，而是多部门的集合体、各地区经济子系统的组合体和社会再生产各环节的经济综合体。国民经济系统不是众多部门的简单相加，各地区也不是完全独立毫无关联的，社会再生产过程是由生产、分配、交换和消费相互联系而组成的有机整体。国民经济学正是从国民经济系统诸多部门、诸多地区和诸多环节的相互联系、相互衔接和相互制约中，从子系统对国民经济经济系统的整体影响中，从整体上研究国民经济系统运行及其规律性，而不是单纯从某些方面、具体侧面或个别领域进行分析，从而使国民经济学有别于其他应用经济学学科。

第四，国民经济系统是由四种再生产构成的综合系统。物质资料的生产和再生产是人类最基本的生产活动，由此形成人们在生产、交换、分配和消费各个环节中的关系。与此同时，再生产也是人类生存、繁衍的过程，即人口再生产，并由此产生精神文化产品的再生产，人们所处的自然环境也对经济系统产生深刻的影响。因此，国民经济系统不是单纯的物质产品生产的运动，而是包括物质产品再生产、人口再生产、精神文化再生产和自然环境再生产四种再生产相互协调、相互促进，经济系统、人口系统、社会系统和自然系统有机组合的综合系统，从一定意义上说，这是一个更高层次的系统整合。

第五，国民经济系统是一个开放的和动态的系统。在全球化的背景下，任何一个国家的经济发展必然与外部环境发生多种多样的联系，成为整个世界经济的一个组成部分。尤其对中国来说，既是一个发展中大国，又已成为世界第二大经济体，要由经济大国走向经济强国，由工业大国走向工业强国，由贸易大国走向贸易强国。由此决定了所研究的国民经济系统不是封闭的而是开放的系统，不是固定不变的静态系统，而是不断改革创新的动态系统。正是由于国民经济系统开放性和动态性的鲜明特征，给国民经济学提供了丰富的研究内容和广阔的发展空间。

将国民经济系统作为国民经济学研究的出发点，可以站在系统整体的高度俯瞰国民经济，具有重要的理论意义和现实意义：

一是从理论意义上看，有利于更深刻地认识纷纭复杂的国民经济现象，把握国民经济运动的本质，更加明确国民经济的研究对象。国民经济学作为综合性、实用性的学科，显然有别于一般意义上的理论经济学。由于国民经济涉及诸多部门、诸多地区以及产业、区域、财政、金融、国际贸易等诸多方面，它们都是作为国民经济的子系统对国民经济运行产生影响，因而使国民经济学与应用经济学其他学科既有联系、又有区别。将国民经济学作为一个巨系统进行分析，有助于更好地把握与其他子系统的关系，也有利于进一步厘清国民经济学与应用经济学其他学科之间的关系。

二是从现实意义来看，有利于对国民经济运行进行全局性、综合性、战略性、前瞻性和对策性分析，促进全面深化改革、发展更高层次的开放型经济和全面建成小康社会。全球金融危机后,国际经济形势复杂多变,世界经济增长仍然乏力,增长动力不足,世界各国越来越重视中国的经济发展。① 在经济新常态下,人们越来越关注中国经济运行整体的问题,越来越关心宏观经济层面,从而为国民经济学研究提供了不可多得的机遇。正是在这样一个大背景下,促使国民经济学从国民经济系统运动的角度更好地为现实经济服务。

二、国民经济学的研究对象是国民经济系统运行及其规律

既然国民经济系统是一个多部门、多地区、多环节、多层次相互交织,诸多子系统相互交错,多目标、开放型、动态化的巨系统,那么,对国民经济系统这样一个规模宏大、结构紧密、目标多元、影响因素复杂的巨系统如何进行研究呢?十分明显,国民经济学的研究对象没有必要更没有可能事无巨细、无所不包,因为其中任何一个子系统或分系统都内容丰富,抑或可以构成一个独立的学科甚至学科体系。之所以将"国民经济系统"作为国民经济学的研究对象,是由于在经济全球化的背景下,一国的经济活动不可避免地必然与国际经济运动联系在一起;国民经济要想顺利运行、取得更好的宏观经济效益,不仅经济系统本身,而且与人口、社会和自然等其他系统相互制约;另外就国民经济系统运动的本质而言,其目的并非只是经济总量的增长和增速的提升,还有质的提高和经济结构的优化,说到底是为了人的全面发展,经济运动的实质是人而不是物。因此,分析国民经济系统运动及其规律性必须抓住重点,即对影响国民经济系统运动的主要方面、主要因素进行分析。从大的方面来说,研究国民经济系统运行及其规律,主要包括以下内容。

(一)国民经济系统

国民经济系统既是国民经济学的研究对象,也是国民经济学分析的前提或基础。对此可从国民经济系统总体、国民经济系统结构和国民经济系统环境三个方面加以把握其运动规律:

一是分析国民经济系统总体。主要是要准确把握国民经济系统内部各方面、各环节、各层次之间的内在联系和相互关系,正确处理各方面的关系,引伸来说,就是要正确处理国民经济学与其他学科之间的关系。如上所述,国民经济学研究的国民经济系统涉及多部门、多地区,但如果不把他看作一级学科而是作为一个独立的二级学科②,它毕竟不同于产业经济学和区域经济学;它研究四种再生产的相互协调和相互促进,但它不是自然科学也不是社会学、人口资源环境经济学等社会科学;国民经济系统是多层次经济活动组成的

---

① 国家主席习近平在 G20 工商峰会发表的主旨演讲的题目为《中国发展新起点,全球经济新蓝图》,强调二十国集团要推动建设创新、开放、联动、包容的世界经济。

② 为贯彻落实《国家中长期教育改革和发展规划纲要(2010~2020年)》,适应我国学位与研究生教育事业的改革和发展,国务院学位委员会、教育部决定对《授予博士、硕士学位和培养研究生的学科、专业目录(1997年)》进行修订,当时有一种观点建议增设"国民经济学"一级学科,但在 2011 年 3 月颁发的《学位授予和人才培养学科目录(2011年)》中,仍将"应用经济学"作为一级学科,并延续国民经济学作为其项下第一个二级学科,参见国务院学位委员会第六届学科评议组《学位授予和人才培养一级学科简介》,高等教育出版社 2013 年版。

绪论　国民经济学的研究对象与方法

网络系统，但如果作为二级学科的研究对象，它不能简单等同于宏观经济学、中观经济学和微观经济学；国民经济系统是一个开放的系统，但国民经济学不能取代世界经济、国际经济学、国际贸易学的全部内容，等等。研究国民经济系统的性质及其功能，主要是为了进一步说明国民经济学这门学科（二级学科）如何与其他二级学科相互联系又相区别，但绝不是说国民经济学可以包括所有学科，更不可能取代其他学科。

二是分析国民经济系统结构。但不是研究所有的子系统、分系统，而主要研究其中与国民经济运行关系最为密切的一些结构。如国民经济系统结构中的产业结构、区域结构和城乡结构。然则在开始对国民经济系统结构进行分析时，主要是分析"三大结构"本身及其相互关系，而对如何实现"结构优化"主要在国民经济管理的分析中进行论述。

三是分析国民经济系统环境。对国民经济系统（即四种再生产的统一）与国际经济环境的分析是国民经济学研究不可缺少的重要组成部分。因为国民经济运行不能脱离一定的国际经济环境，国民经济管理的目标也是为了实现经济社会协调发展，做到人口、资源、环境和谐共生，即实现科学发展、统筹发展和可持续发展。与此同时，必须牢固树立创新、协调、绿色、开放、共享的发展理念，做到"四种再生产"与"五大发展理念"的相互协调。

（二）国民经济运行

国民经济运行是国民经济学研究的重要内容，也是国民经济管理的客体。对此主要从国民经济运行总体、需求动力、供给推力和周期波动四个方面进行分析：

一是"国民经济运行总体分析"。主要研究社会总产出或总供给如何产生，社会总需求如何形成，社会总需求变动如何对社会总产出产生影响，以及社会总供求的平衡关系。相对来说，这里主要分析的是经济总量、社会总供求的静态平衡关系。这是运行分析所必需的，也是运行分析的前提。

二是"国民经济运行的需求动力与需求管理"。主要分析投资需求、消费需求和净出口需求三大需求或拉动经济增长的"三驾马车"，这是国民经济分析中常用的方法。这里既涉及需求总量又涉及需求结构。为了进一步说明问题，还将汇率对社会总供求平衡影响考虑在内，因为它对国际收支具有重大影响。

三是"国民经济运行的供给推力及供给侧结构性改革"。主要研究劳动力供给、资本供给、土地等自然资源供给、技术供给和制度供给与国民经济运行的关系。与此同时，结合我国当前经济的特点，还要对供给侧结构性改革进行分析。

四是"国民经济运行的周期波动"。主要分析周期波动的表象、成因及其传导机制，以及我国从1978年至今曾出现的通货膨胀和通货紧缩及其成因，从而为后面分析宏观经济调控提供理论依据和鲜活的素材。

（三）国民经济发展战略与规划

国民经济发展战略和国民经济规划是国民经济学研究的重要内容和主要特色。对此主要从两个方面进行分析：

一是国民经济发展战略。主要研究国民经济发展战略的内涵、基本特征和主要功能，国民经济发展战略体系、类型和作用，国民经济发展战略的选择与制定，以及我国确定的主要发展战略。

二是国民经济规划。主要研究国民经济规划的含义、特征、功能及其与发展战略的关系，国民经济规划体系，国民经济规划的指标体系，以及国民经济规划的编制。

（四）国民经济管理

国民经济系统的动态运行客观上需要进行国民经济管理。对于这个道理，人们的认识越来越清楚，行动越来越坚定，2007～2008年的全球金融危机给整个世界都上了生动的一课。问题在于如何认识其在国民经济学中的地位和作用。我们认为，关键在于如何把握"国民经济管理"的内涵。如果是只谈"国民经济管理目标"、"国民经济发展战略和规划"，这是现在的"国民经济管理学"的内容的一部分；如果把"国民经济管理"等同于"宏观经济调控"，这实际上是宏观经济学的研究内容之一。但问题并不仅限于此。在我们看来，"国民经济管理"包括国民经济管理目标、国民经济预期管理、国民经济监测预警与综合评价、国民经济宏观调控、国民经济微观规制和国民经济资产管理等六个部分的内容。

以上，是我们所分析的国民经济学的研究对象、基本框架和主要内容，这是我们对中国国民经济学学科建设的进一步探索。

第三节 国民经济学的研究方法[①]

关于国民经济学的研究方法，从"国民经济计划与统计"的角度来看，主要有国民经济计划、统计方法；从国民经济核算体系的调整角来看，又增加了国民经济核算、投入产出法；引入西方经济学尤其是宏观经济学后，其方法更是五花八门、可谓"十八般武艺"，由于每位经济学家擅长使用的兵器各不相同，如线性代数、数理统计、应用统计乃至运筹学、博弈论等，使人目不暇接。很显然，如果将所有这些方法都引入国民经济学分析当然很好，但不现实。毕竟国民经济学不是统计学更不是数学。因此，这里仅从主要方面进行分析。

一、国民经济理论分析

国民经济理论分析主要是运用辩证唯物主义和历史唯物主义、马克思主义经济理论和现代经济理论及其方法，对国民经济系统运动及其规律进行分析。主要有马克思主义政治

[①] 参见马树才：《论宏观经济数量分析模型、方法及其运用》，引自林木西、张静主编：《科学发展观与国民经济学学科建设》，经济科学出版社2007年版，第498～499页。

绪论 国民经济学的研究对象与方法

经济学、宏观经济学、产业经济学、财政学、金融学、国际贸易学、人口资源环境经济学、比较经济学、新制度经济学、规制经济学等，并运用应用数学、统计学、计量经济学等分析工具为国民经济学研究提供帮助。

二、国民经济数量分析

国民经济数量分析主要是运用经济学、数学和统计学等方法对国民经济总量进行数量分析，即对总产出、中间投入、增加值、国内生产总值、国民总收入、社会总供给、社会总需求、总消费、总投资、经济增长、就业状况、物价总水平、税率、利率、汇率等宏观经济总量指标的总体与平均水平、增长速度、变化趋势、波动规律等进行数量分析，以便从国民经济总体上把握经济发展状况。

三、国民经济结构分析

国民经济结构分析主要是对经济结构进行数量分析，即对国民经济一些指标或变量结构之间的关系进行数量分析，以便从宏观总体上把握这些指标或变量之间的相互依存关系。常用的数量分析方法有：边际分析、效用分析、弹性分析、乘数分析、投入产出分析、比较静力学分析等。此外还包括在时间和空间上、在国民经济各组成部分、各子系统中，从数量上对宏观经济结构所进行的数量分析，如宏观经济结构分析、产业结构分析、地区结构分析、投资结构分析和消费结构分析等。

四、国民经济静态分析与动态分析

静态与动态是相对的，有时是为了分析的需要：分析社会总需求与社会总供给的平衡关系，看起来是静态分析，因为暂时抽象掉了二者之间及其内部复杂的变动关系；而"社会总需求变动对社会总产出的作用机制"则既有静态又有动态，但为了分析的需要，只是分析二者之间的相互关系，而不分析具体如何变动。但对经济增长率、经济周期、通货膨胀和通货紧缩以及宏观经济调控政策的具体运用等，则是典型的动态分析。

五、国民经济比较分析

任何事物都是相比较而存在、相联系而发展的，国民经济也不例外。在经济全球化背景下，分析国民经济系统及其子系统、分系统几乎都涉及国际比较。就一国经济来说，改革后与改革前是一种比较，改革的不同时期也是一种比较，改革开放和经济发展的具体内容都存在一个比较的问题。因此，可以说比较分析在国民经济学研究中会经常遇到。

六、国民经济案例分析

案例分析在管理学（特别是在工商管理硕士）中运用得比较普遍。实际上，在国民经济学分析中也经常涉及。从系统论的角度看，国民经济系统及其子系统、分系统都可以看作是"案例"：对于整个"系统"而言，"国民经济系统"是一个案例；相对于世界经济来说，中国的国民经济是一个"案例"；对于中国经济改革来说，农村改革、城市改革是一个"案例"；而城市改革的每一个步骤、每一个环节也都可以视为一个"案例"，等等。在国民经济学分析中引入案例分析方法，是为了在分析国民经济系统运动的过程中，通过个性寻找共性，通过分析"特色"从中更好地把握其运动的规律性。

七、国民经济预期管理和监测预警分析

自从 2007 年中国政府把稳定预期作为治理通货膨胀的政策方针以来，预期管理开始成为宏观经济调控的重要内容之一。现代预期管理侧重对公众预期的塑造与引导，强调"语言"比"行动"更重要，进一步考虑预期管理与预期形成之间的相互影响，考虑政府与公众之间的博弈过程，在实证方面，预期管理较多运用于对经济危机（停滞）和提高货币效率的应用之中，也可以进一步拓展为经济增长预期、供给和需求预期、经济政策预期等。主要分析方法有博弈论、新凯恩斯的一般均衡模型、多变量数据的统计方法（因子分析法）等。国民经济监测预警则是对国民经济运行状况及即将发生重大波动或偏离时及时进行分析和预警。具体可采用定性分析法，如德尔菲法（专家意见）和定量分析法，如系统聚类分析法、模糊聚类分析法和因子分析法等。

【复习思考题】

1. 国民经济学的建立与发展。
2. 国民经济学的研究对象。
3. 国民经济学的研究方法。

第一篇

国民经济系统

国民经济是指一个国家社会经济活动的总和，其内涵丰富，结构复杂，诸多经济活动相互交织、相互依存、相互促进、相互融合渗透，影响着国民经济的整体运行。运用现代系统理论对国民经济进行系统剖析，对深刻认识国民经济的本质特征及其运动规律，具有重要意义。

本篇运用系统理论对国民经济系统进行了概括性分析，主要包括三章：第一章主要研究国民经济系统的构成要素，全面分析国民经济系统的性质，阐述国民经济系统的主要功能；第二章分析国民经济系统的结构，重点研究产业结构、区域结构和城乡结构，分析系统结构如何影响系统功能，并对系统结构之间的协同效应进行分析；第三章阐述国民经济系统如何与国民经济系统运行的外部环境相适应，从而建立相互促进、相互协调的良性循环体系。

本篇是研究国民经济学的重要出发点和理论基础。

第一章 国民经济系统概论

将国民经济系统作为国民经济学的研究对象,必须对国民经济系统本身进行深入的剖析。本章主要分析国民经济系统的构成、国民经济系统的性质和国民经济系统的功能。

第一节 国民经济系统的构成

关于国民经济的内涵,一般将其视为"一国或一个地区范围内生产部门、流通部门和其他非生产部门的总体"。[①] 或"一国各种经济活动的总称",并认为"有时使用国民经济一词,是从总体角度说的……在这种情况下,国民经济一词与宏观经济一词具有相同的含义。"[②] 但仔细进行分析可以看出,上述概括过于简单、过于狭窄也不够确切,没能揭示出国民经济的丰富内涵与基本特征,以及国民经济组成要素的内在联系及其与外部环境诸多领域的相互关联。根据系统理论,国民经济是一个规模庞大、结构复杂、功能综合、目标多样、影响因素错综复杂的巨系统,它由一系列紧密联系的系统要素或子系统组成,主要有以下几方面。

一、诸多部门相互依存的社会经济综合体

国民经济是多部门的集合体。按照我国统计部门对国民经济部门的划分,共有20个门类、95个大类、396个中类和913个小类。20个门类即农、林、牧、渔业,采矿业,制造业,电力、燃气及水的生产与供给业,建筑业,交通运输、仓储和邮政业,信息传输、计算机服务和软件业,批发和零售业,住宿和餐饮业,金融业,房地产业,租赁和商业服务业,科学研究、技术服务和地质勘查业,水利、环境和公共设施管理业,居民服务和其他服务业,教育,卫生、社会保障和社会福利业,文化、体育和娱乐业,公共管理与社会组织,国际组织。需要指出的是,随着经济发展和科技进步,还会不断涌现出一系列新的产业,成为国民经济系统的新成员,如信息技术产业、生物技术产业、航空航天产业、新材料、新能源等高技术产业,以及知识产业、网络产业、创意产业、动漫产业、高端服务

[①] 夏征农主编:《辞海》,上海辞书出版社1979年版,第17~59页。
[②] 中国社会科学院编:《现代经济辞典》,凤凰出版社和江苏出版社2005年版,第390页。

业等。可见国民经济系统部门结构的极其复杂性。

国民经济系统不是众多部门的简单相加，而是各部门的有机结合。每一个部门、每一个行业，作为国民经济系统的组成要素和子系统，都有自己的活动范围、活动特点和独立功能，但又不是孤立的，而是国民经济系统整体的有机组成部分。各部门、各行业之间相互依存、相互联系，包括各种直接联系和间接联系。例如，房地产业发展需要钢材、水泥、木材、玻璃、装饰材料、卫生洁具、能源等许多部门的支持与协作，直接影响和涉及上下游50多个行业，如果房地产投资过热，就会引起许多部门投资过热。又如，生产一台汽车需要近万件零件、部件和材料，需要数百家企业、数十个行业与之协作，要求各部门提供足够数量的煤炭、电力、橡胶、机械、仪表、仪器、钢材、木材等，同时，汽车厂生产出一定数量、质量和型号的汽车，满足各方面的需要，也会促进和影响国民经济其他部门的发展。如果电力部门发展滞后，电力供应不足，影响将更为广泛，可谓牵一发而动全身。系统结构在很大程度上决定系统功能，国民经济系统结构中，产业结构最为重要，因而要求各产业部门之间必须互相配合，协调并进，实现产业结构的优化组合。

二、各区域经济组成的综合体

国民经济各部门的活动总是在一定的空间进行的，即分布于各地区之中。因此，从空间上考察国民经济系统，它是若干相互联系的地区经济子系统的组合。

区域经济有两种划分方式：一是依据政治、经济、民族、文化以及历史沿革，把全国划分为若干行政区，按行政区组织经济，其中又分为省、市、县、乡若干层次；二是着重考虑经济协作和经济联系而形成的若干经济区，如长江三角洲经济区、珠江三角洲经济区、京津冀经济区、东部经济区、西部经济区、中部经济区和东北经济区等。

区域经济总是处于一定的地理位置和外部环境之中。由于种种原因，各地区发展条件和发展水平会有很大差别：一是自然条件的差别。如各地区的气候、雨量、地形、地貌、土壤会具有很大差异性，各地拥有的矿产资源、能源、森林、草原、耕地、水域、野生动植物等的数量、质量及其开发利用价值也各不相同，这是天赋的客观条件，不容易改变；二是社会经济条件的差别。各地区经济基础、已有发展水平、交通运输条件、市场条件、科学与教育发展水平等也各有不同；三是技术因素和管理因素的差别。主要指生产技术工艺水平、科技发展水平和管理能力，劳动者的技能和文化素质，以及对各种资源开发利用能力，这三方面共同发挥作用，影响区域经济发展。区域经济作为国民经济系统的组成要素，具有综合性和相对独立性。从一定意义上说，它是国民经济的缩影，但不是封闭的，而是开放的，它不可能也不应自成体系。所以，应力求避免各地区经济结构和发展模式雷同，每一地区应从本地区实际条件出发，因地制宜，充分发挥各自的比较优势，明确区域合理分工与专业化方向，发展特色经济和优势产业，形成自己独具特色的产业体系，最终实现地区之间相互依存和优势互补。

第一章 国民经济系统概论

三、再生产各环节相互联系、相互制约的经济综合体

马克思的经济理论把纷繁复杂的社会经济活动科学地概括为社会再生产过程，从国民经济总体上分析了经济总量之间的相互适应关系，又从动态上分析了国民经济运动过程，即以持续的生产经过分配和交换进入不断消费的过程。所谓再生产，就是指整个社会经济活动周而复始、循环往复的运行过程。社会再生产过程是由生产、分配、交换、消费相互联系的四个要素组成的有机整体，其中：

生产是社会再生产的起点，是人类社会存在和发展的基础，也是人类最基本的经济实践活动，居于支配和主导的地位。人类要生存，就需要吃、穿、住、用，就有多种多样的需求，为了提供人们需要的各种物质资料和多种多样的服务，生产必须不间断地进行。

分配是在生产的基础上，对社会在一定时期（如一年）内所创造出来的物质产品和社会财富进行分配。生产的水平决定着分配的数量和质量，分配的公平性、合理性和有效性反过来也会影响人们的积极性，对生产产生重要的影响。

交换是生产与消费的中介环节、连接生产与消费的纽带，市场经济下人们在等价的基础上通过市场进行商品交换与商品流通。商品能否顺畅流通、交易能否公平进行，市场交换的广度、深度和流通方式等，都会对交换产生促进或阻碍的作用。

消费是社会再生产的终点。人类具有求生存的本能，饥思食、寒思衣、渴思饮，无此不能延续生命。人类为了生存进而为了生活的改善，以及追求更高层次的人的全面发展，会产生种种需求，维持持续不断的消费。生产从一定意义上决定着消费，决定着消费品的数量、质量、品种和消费方式，但生产的目的归根结底是为了消费，是为了满足人的需要，所以人们越来越重视消费对生产的导向作用，重视消费需求的变化趋势。

由此可见，生产、分配、交换和消费四个环节各有其独特的作用，它们之间相互依存、相互影响，构成不可分割的社会再生产整体。社会再生产过程，实际上就是国民经济系统运动的过程，它既阐释了在生产各环节的内在联系，又论证了社会总生产、社会总需求、社会公平分配、市场活动的组织等国民经济活动的重大问题，对有效组织国民经济系统的运行具有重要意义。

综上所述，国民经济系统是由各部门、各地区、再生产各环节相互联系组成的整体，三者纵横交织、形成立体交叉的三维结构，如图1-1所示。

四、四种再生产的组合

社会再生产，一般理解为物质产品的再生产，这是社会生产的基础。但随着时代的进步，知识、技术日益成为推动经济社会前进的主要因素，人们对精神文化的需求也在迅速增长，成为人们生活不可或缺的主要方面，精神文化再生产与物质资料再生产必然相辅相成。同时，人类作为经济活动的主体，也有一个自身生产和再生产的问题。自然生态环境既是人类生存的环境，也是国民经济系统运行的环境，所以还有一个自然生态环境再生产

问题。因此，只有人口再生产、物质产品再生产、精神文化再生产、自然生态环境再生产四种再生产相互协调、相互促进，在更高层次上统筹协调人口系统、经济系统、社会系统、自然生态系统的关系，形成良性互动、和谐发展的体系，才能有效实现科学发展和可持续发展。

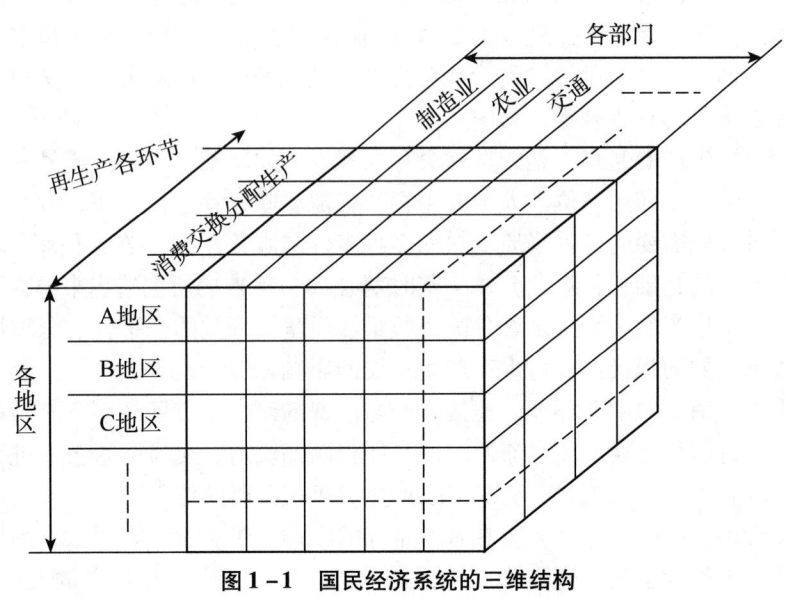

图1-1 国民经济系统的三维结构

四种再生产、四大系统相互制约的关系如图1-2所示。

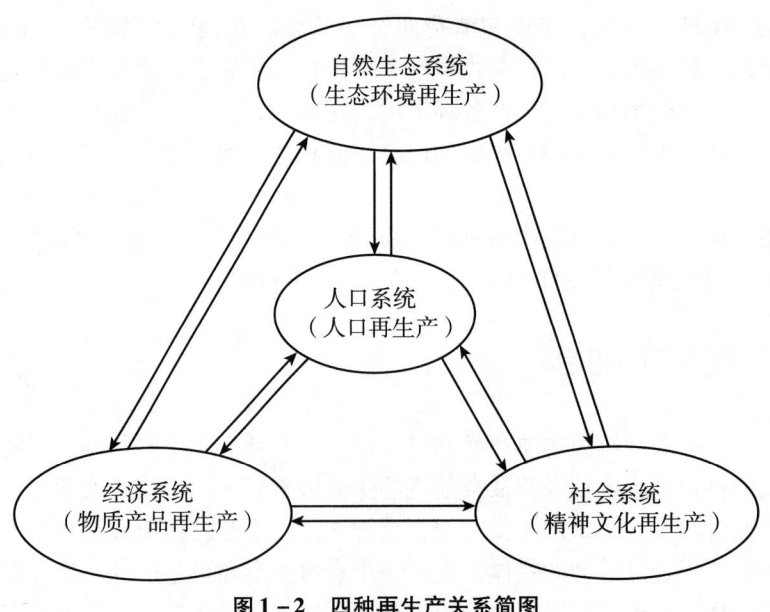

图1-2 四种再生产关系简图

第一章　国民经济系统概论

五、多层次经济活动组成的网络系统

（一）国民经济系统是三个层次经济活动的融合

国民经济活动包括相互联系的各个部门、各个地区、各个环节和各个层次。从层次上说，国民经济可分为三个基本层次，即宏观经济、中观经济和微观经济。著名科学家钱学森曾指出，从系统论来看，宏观经济、中观经济、微观经济不过是整个经济系统的层次结构。可见，三个层次的经济活动，都是国民经济系统的组成要素。国民经济学应当从更高的角度，从巨系统总体和综观经济的高度，研究宏观经济、中观经济、微观经济三者之间的相互联系、相互影响和相互促进关系。

所谓宏观经济，侧重考察国民经济的运动，它通过反映整个经济活动各项总量，如总供给、总需求、总投资、总消费、总货币发行量、总财政支出、总物价水平等，以及其结构变化。所谓微观经济，侧重考察个人、家庭、企业在市场中的经济行为，如企业生产活动，企业技术研发与产品选择，经营销售活动，企业投资与收入分配，个体经营者经营行为，个人消费与投资行为等。在宏观经济与微观经济之间，还存在一个中观经济层次。中观经济主要是指地区经济、城市经济与行业经济。与宏观经济不同，中观经济侧重研究地区经济，但不是从总体上研究生产力布局和地区间协调发展，而主要研究地区本身如何发展问题。对于我国这样一个地域辽阔、人口众多、各地差异较大的国家来说，在宏观经济与微观经济之间开拓一个新的领域，研究中观经济，是十分必要的。研究宏观经济活动不能离开对微观经济和中观经济的分析，同样也不能离开宏观经济大环境孤立地研究中观和微观经济活动。

（二）企业是国民经济系统的基本元素

微观经济活动的主体主要是企业，企业的生产经营活动是国民经济活动的基础，这主要体现在：

（1）企业是社会生产活动、建设活动的直接承担者，是直接提供产品和服务的经济实体。发展社会生产力，创造物质财富，归根到底是在企业间进行的。离开企业的生产经营活动就没有整个国民经济的活动，离开企业的生产力就谈不上整个经济的实力，谈不上人民生活的改善和国家的富强。

（2）企业是构成国民经济肌体的细胞，必然对国民经济肌体产生种种影响。企业的活力直接关系到国民经济的竞争力，企业的效率和效益直接关系到国民经济的效率和效益，企业的自主创新能力直接关系到整个国家的创新能力，企业的生产技术和经营管理水平直接关系到国民经济的水平和质量。

（3）企业是宏观调控的微观基础。宏观经济调控是宏观经济层次的重大活动，但有效的宏观调控，必须塑造相应的微观基础，只有企业真正成为市场经济的主体，成为既有自己利益又承担风险、既有自我增殖能力又有自我约束能力的经济实体，实行自主经营、自负盈亏、自我约束、自我发展，才能对市场信号与宏观调控信号做出灵敏的反映，进而及时调整自身的经济行为。可见，宏观调控必须与微观搞活相结合。

（三）宏观经济是微观经济运行的大环境

在社会主义市场经济条件下，企业运行主要靠市场机制，政府并不直接干预企业内部的生产经营活动。但宏观经济活动并不是悬空漂浮的，而是由无数微观经济活动组成的，微观经济活动影响宏观经济，宏观经济活动也影响微观经济。因此，研究宏观经济必须充分考虑宏观经济与微观经济的相互制约关系，研究宏观经济活动对微观经济的影响和导向作用。具体来说，主要是：

（1）为企业创造良好的宏观经济环境。宏观经济的主要任务，在于实现经济总量与结构的平衡，保证国民经济健康稳定运行，实现经济、社会、资源和环境全面协调可持续发展，这也意味着为企业正常运营创造了良好的宏观经济环境。

（2）对微观经济活动予以必要的指导。从总体协调的要求出发，一方面，要通过改革激发企业的积极性、主动性和创造精神，使企业所蕴含的内在潜力和巨大能量释放出来，推动社会生产力的发展；另一方面，又要把千千万万个企业导入活而有序的轨道，通过宏观调控、制度、政策、法规等，规范企业的行为，使企业以及整个经济有序运行，符合健康稳定发展和可持续发展的要求。

（3）为企业创造国际化的营商环境。除上面提到的创造稳定的宏观经济大环境外，还要努力为企业有效运营提供下述环境：一是通过深化改革，努力提供一个使所有企业潜力、活力、创造力得以充分发挥，企业家才能得以充分施展的广阔空间；二是进一步完善市场机制，为所有企业创造一个公平、公正、平等的竞争环境；三是强化企业创新意识，激励企业自主创新，提高企业自主创新能力；四是积极为企业创造基础设施支撑环境和良好的服务环境。

（4）使微观经济活动符合宏观经济调控的总体目标。企业的目标是追求利润，这是无可非议的。但作为宏观经济调控主体的政府，则必须使企业摆脱狭隘的追求利润的经济目标，使企业行为符合社会整体意志和整体效益，在发展经济的同时，关注社会公平、社会福利、社会保障和社会就业等一系列重大民生问题。

（四）充分发挥中观经济的效能

中观经济这一概念，是20世纪70年代中叶，由德国爱登堡大学国民经济学教授汉斯·鲁道夫·彼德斯博士首次提出的，这是对传统的西方经济学理论的重大突破。随着经济理论研究的深化，人们逐渐认识到，无论是宏观经济对总量运动的研究，还是对微观经济和市场的研究，都不能囊括所有经济领域，一种新的研究领域被提了出来，即介于宏观经济与微观经济之间的中观经济层次。中观经济无论是地区经济、城市经济还是产业经济在地区层次的实现，都有其自身特点和规律，有其自身独特的功能，并与宏观经济、微观经济紧密相连。以地区经济为例，其突出作用表现在：

（1）地区是若干经济活动的重要载体。总的来说，各部门、各行业的经济活动，都是

第一章 国民经济系统概论

在一定空间、一定地域范围内进行的,而对于某些经济活动而言,地区更具有不可替代的作用。如公共交通、市政建设、供水供暖、园林绿化、住宅建设等直接关系到人民生活的许多实际问题,只能由地区具体组织实施,中小学教育、卫生保健、商业、生活服务业以及环境的治理等,也只能由地区或城市具体组织安排。

(2) 地区是宏观调控系统的重要环节。有效的宏观经济控制体系,必须是统一控制与分级控制相结合。对于国民经济这一多层次的复杂系统的活动,完全实行集中统一控制,事实上是不可能的,必须实行分级控制体系,并且尽可能地使每一层次有控制能力,以便根据形势的变化和出现的新情况、新问题,及时进行有效的调节,从而增强宏观调控的功能,使之符合国民经济协调而有效运转的总体调控的要求。

(3) 地区也是宏观调控的重要对象。由于地区经济在国民经济活动中具有重要作用,同时按照分权管理的原则和分税制体制,地区既有一定的经济权限,又有一定的财力,加之各地区在经济发展中往往出现互相攀比,追求GDP增长,容易产生盲目扩大投资,从局部利益出发的一些非理性行为,从而有可能违背国民经济整体运行的要求。因而在宏观调控中,关注地区的经济行为,正确处理局部与整体的关系,是国民经济宏观调控的一项重要任务和重大课题。

(4) 区域经济居于宏观经济与微观经济之间,具有承上启下的作用。一方面,宏观经济的重大方针政策和重大决策,需要通过地区去贯彻执行;另一方面,通过地区可以及时了解企业生产经营活动状况,发现企业发展中遇到的困难和问题,更好地为企业服务,为企业排忧解难,更具体、更有针对性地帮助企业有效运营,成为把宏观经济调控与微观经济活动连接起来的重要桥梁和纽带。

(5) 区域经济对我国经济体制改革和经济发展方式转变具有重要作用。我国地域广阔,各地条件不尽相同,无论是体制变迁还是经济发展方式转变,都是一个不断探索和创新的过程,一般都需要先在局部地区进行试验,取得成熟经验以后再逐步进行大面积推广,其中一系列重大改革措施,大多数都经过了从试点到推广的过程。近年来,我国先后在上海浦东新区、天津滨海新区、深圳经济特区、成渝、武汉、长株潭城市群、沈阳经济区等地建立了具有不同特点的全国综合配套改革试验区,就是承担这样的功能。从一定意义上说,区域试验对于中国改革的成功做出了积极的贡献。

总之,宏观经济、中观经济、微观经济三者各司其职,各安其位,相互联系,相互衔接,促使整个国民经济稳定有效地运行。宏观经济、中观经济、微观经济的关系,如表1-1所示。

表1-1 宏观经济、中观经济、微观经济划分及其关系简表

国民经济系统层次结构	层次划分	研究范围	主要任务	地位	三者的融合与衔接
	宏观经济	总量运动	宏观经济协调	宏观层次	
	中观经济	地区、部门、城市	中观经济发展	中介、纽带	
	微观经济	企业、市场	增强企业活力	基本元素	

第二节 国民经济系统的性质

一、目的性

任何经济活动都有明确的目的性，都是为实现一定目标而进行的。国民经济作为复杂的巨系统，是一个多目标的系统，用任何一个单一目标，都难以概括国民经济发展的多方面要求，即使某一目标十分重要，也不能以偏概全，忽视其他目标。在我国现实经济生活中，一些地区、一些部门，出于追求任期内短期政绩的需要，习惯于高投入、高消耗、高污染、高增长、低效益的传统增长模式，热衷于片面地追求速度，追求 GDP 总量增长。为此，已经付出了沉重的代价，造成资源过度消耗与严重浪费，环境严重污染与自然生态系统的破坏，这不是造福千秋万代，而是贻害子孙后代。还有一些地区和城市，不求真务实，不讲实效，一方面，以城市改造为名，大肆破坏几百年、几千年流传下来的象征着中华民族优秀文化的文物古迹；另一方面，不惜花费纳税者缴纳的大量钱财，大搞"形象工程"、"面子工程"和复制"现代文物"。所有这些，显然都是片面理解国民经济系统的目标。在总结我国几十年经济社会发展经验教训的基础上，党的十六届三中全会着眼于丰富发展内涵，创新发展观念，开拓发展思路，确立了新的科学发展观，即"坚持以人为本，树立全面、协调、可持续发展观，促进经济社会和人的全面发展"。这是对已有经验的提炼和升华，是对经济社会发展规律认识的深化，是发展观念的质的飞跃，这也是对国民经济系统运行提出的全面要求和目标。

根据科学发展的要求，国民经济系统的目标可以概括为：一是由片面追求速度的粗放型发展模式，转变为追求速度、质量、效益与结构优化的统一，不断提高经济发展水平，实现国民经济又好又快地发展。二是保持合理适度的经济增长率基础上，协调国民经济总量的关系，努力保持总供给与总需求的平衡，避免出现大的经济波动和震荡，保证国民经济平稳较快发展。三是由急功近利、不惜以牺牲环境、牺牲未来为代价追求短期绩效，转变为追求长期可持续发展，使经济发展与自然生态系统的承载能力相适应，经济、人口、社会、资源、环境相协调。四是由片面重视经济建设，转变为经济发展与社会进步相互促进、相互配合。从系统总体出发，统筹城乡发展、区域发展、经济社会发展、人与自然的和谐发展、国内发展与对外开放的关系。五是由片面追求 GDP，转变为追求以人民为中心、全面发展，这是国民经济发展最高层次的终极目标。以人民为中心的科学发展观的提出，是发展观念的重大突破，也是经济理论的重大突破。经济发展归根结底是为了人，为了解决人民群众面临的民生问题和实际困难，满足人的多样化需求，实现人们生活质量的不断提高，为了人的自由而全面发展，让亿万人民的才能、智慧、创造力充分迸发出来，让经济社会永续发展。

第一章 国民经济系统概论

二、整体性

国民经济系统是由相互依存、相互联系的诸多子系统组成的有机整体。各子系统、各组成要素既有相对独立性和特殊性，有自己的独特功能，又作为系统有机整体的组成部分，具有对系统整体的依赖性。离开系统整体，其独立机能和作用也将失去意义。例如，一架由许多零部件构成的准确走动的钟表，有其独特作用，如果把它拆开，每一个拆下来的零件，则作用不大。又如，国民经济系统按部门划分，包括农业、制造业、建筑业、商业、交通运输业、服务业等许多部门，每个部门各有自己的功能，但它们只有协调在国民经济系统之中时，才能发挥应有的作用，离开了系统整体，任何部门都不能孤立存在。

深刻认识系统的整体性，具有重要的现实意义，这要求我们研究任何问题，不能只见树木、不见森林，头疼医头，脚疼医脚，就事论事地研究问题。随着国民经济活动日益复杂化，国民经济系统各组成要素之间的相互依赖性和相互制约性越来越显著，对作为系统组成部分之间的相互适应、相互匹配的要求越来越高。为此，中国系统理论奠基人著名科学家钱学森教授曾多次提出建议，建立国民经济总体协调部和总体设计部，统筹协调国民经济大系统的多种复杂关系。世界是一个整体，国民经济系统也是一个整体。但在经济生活中，一些人常常只看到片面，看到支离破碎的片断，习惯于按分割式的思维模式思考问题和解决问题。例如，我国政府行政管理体制，在改革之前最多时曾有70多个常设部级机构，可谓部门林立，政出多门，时常出现互相抵触、互相掣肘、互相扯皮现象。经过前后几次改革，曾有所改进。十七大进一步提出探索实行职能有机统一的大部制体制，但仍然存在一些问题。党的十八大之后提出"放管服"改革，切实转变政府职能，建设公共服务型政府、法治政府，就是要进一步解决这些问题。

三、相关性

国民经济作为极其复杂的系统，就其本身来说，是一个多部门、多地区、多环节、多层次相互交织的系统，诸多子系统、组成要素之间，关系错综复杂。研究其相互影响、互相依赖、互相制约、互相促进关系，研究系统组成要素之间的关联性，形成良性互动有机结合的合理结构，构造一个协调运转、有序运行、性能良好、机动灵活、功率大、效能高的体系，才能大大提高国民经济系统整体的功能和水平。以部门为例，由于各部门互为条件，每一部门都需要其他一系列部门的支持，同时又为其他一些部门发展提供条件，一些表面看来不相关的部门，实际上却存在间接联系和间接影响，因而必须从产业部门之间错综复杂的相关性出发，使各部门协调配合。这种相互依存关系表明，当某一子系统行为扭曲不能正常发挥作用时，或子系统之间互相脱节、互不协调时，将使整个系统的运行受到严重阻碍。所以，必须高度重视产业关联。美国著名经济学家列昂惕夫创造性地运用投入产出分析理论和方法，以精确的定量分析，深刻揭示了各产业部门作为不可分割的既是动态也是静态的统一体，相互之间的直接联系与间接联系、影响力系数与感应度系数、关联度与依存度，并且运用这一理论，建立地区投入产出模型，在一定程度上揭示了地区之间互相依存的经济联系。显然，相关性作为国民经济系统的重要特性，对系统运行具有重要的意义。

相关性不仅指国民经济系统组成要素之间的关联，还应扩展研究影响国民经济系统运行的其他相关因素。当今时代，诸多领域高度融合，经济、政治、社会、文化、科学、教育、资源、环境相互渗透、相互影响，随着经济社会发展和科学技术的急剧进步，这一趋势和特征越来越明显。在这一新形势下，不能孤立地就经济研究经济，就技术研究技术，必须充分考虑影响国民经济运行的复杂多变的多种因素，充分考虑诸多领域相互制约的相关性，对诸多相关因素进行全面综合的分析。

四、开放性

国民经济系统是一个开放的系统，在特定环境下运行，受外部环境的制约，并与外部环境发生多种多样的联系。国民经济系统的外部环境，主要包括：自然生态环境、社会人文环境、政治环境、国际经济环境等。

按照系统论的观点，当一个系统处于大系统之中时，大系统就是它的环境。例如，企业本身是一个系统，但又是国民经济系统的组成要素，这时国民经济系统就是企业的环境。同样道理，国民经济作为经济活动，它与生态环境、社会、政治相互制约、相互影响，如果把经济、政治、社会、资源、生态作为一个整体，这实际上是一个更高层次的巨系统。从世界范围看，一国国民经济不过是世界经济巨系统的组成部分，它与世界经济形成多方面复杂的联系。

由于国民经济系统处于一定的环境之中，必然产生多方面的相互影响：一是必须充分考虑环境对国民经济活动的制约，研究环境的承载能力。以自然生态环境来说，它是人类生存的环境，是经济活动的环境，但在一定时期自然资源探明的储量是有限的，人们不能掠夺性地开发资源，更不能竭泽而渔，对于经济活动力求避免造成对环境的污染，则必须充分考虑自然生态环境的承载力。二是研究环境所赋予的种种条件，包括有利条件和不利条件。力求避开不利条件，善于利用有利条件加快经济发展，如利用自然条件的某些优势，利用政治稳定、民心振奋良好的政治环境，利用国际经济态势提供的发展机遇等，促进国民经济更好更快地发展。三是研究国民经济发展对环境的积极影响，积极改善环境，创造更有利的发展环境。比如，经济发展是社会进步的基础，社会进步既是经济发展的目的，又是促进经济发展的条件，在经济发展的同时，积极推进社会进步，大力发展科学、教育、文化，就会极大提高国民的素质，提高整个国民经济的质量和发展水平。

关于国民经济系统与资源、环境、社会、人口的相互促进关系，将在第三章具体阐述，这里简单分析国民经济系统与国际经济环境的关系。经济系统本质上是开放系统，如果处于封闭状态，就会出现发展缓慢、相对停滞甚至衰退现象，我国改革开放以前就是如此。而一个与外界相互联系的开放系统，通过物质、能量、信息的交换，将受到外界的积极影响，将产生经济发展的加速度。其速度与经济开放程度成正相关关系。所以，1978年

第一章 国民经济系统概论

以来,我国积极实行对外开放,尤其是加入 WTO 以后,与国际经济联系更加密切,更加重视世界经济及其变动趋势对我国的影响。

跨越两个世纪的世界经济发展大趋势,主要有两个方面:一是经济全球化。这意味着各国不再是互相封闭、互相割裂的,而是逐步走向相互融合,而且依存度越来越高。不管人们是否意识到,一个"地球村"的时代正在到来。世界范围内的市场一体化,使我们直接面对全球性竞争:由于生产经营国际化,使跨国公司日益成为世界经济舞台的主角,规模经营、企业集团化成为一种趋势;资源配置空间扩大化,使我们有可能利用全世界范围内的人才、技术、市场、物质资源,实现资源要素的广泛交流与优化组合。我国当前面临的突出问题是,如何大力提高融入世界经济的能力,努力提高我国的国际竞争能力。二是经济的信息化、知识化和网络化。以信息技术为核心的新技术革命,一浪高过一浪地推动着科学技术日新月异,不断向深层次、高层次进展,冲击着社会经济生活的诸多领域,引起一系列重大变革。由于知识、技术日益成为推动经济社会发展的决定性因素,高技术产业日益成为最重要的主导产业,对优化产业结构、转变经济发展方式、解决资源环境问题等,必将产生积极效应。同时,由于科学技术的作用日益突出,当代世界经济的竞争,更主要的是科学技术的竞争,如何尽快提高我国的技术创新能力,成为国民经济发展面临的一项重大课题。

五、动态性

国民经济系统不是固定不变的静态系统,而是不断变化着的动态系统。整个国民经济的运行,犹如滔滔不尽的江河,奔流而下,持续不断,永不停止。所以,研究国民经济运行的过程,必须对其进行动态分析。国民经济的动态运动过程,可以从以下几个方面进行分析。

(一) 国民经济系统运动过程是社会再生产过程

国民经济系统的动态性质,如前所述,首先是由再生产的连续性所决定的。经济活动按其本来意义,是人类谋取生存资料的活动,人类每天要消费,要吃、穿、住、用,所以要不间断地从事经济活动。国民经济运动过程,实际上就是以持续的生产经过分配和交换进入不断消费的过程,它是往复循环、永不停止的。"任何一个民族,如果停止劳动,不用说一年,就是几个星期,也要灭亡,这是每一个小孩都知道的。"[①]

把国民经济运动作为再生产过程进行研究,不仅要研究如何高效地组织生产,合理地进行分配,有效地组织交换,积极地组织和引导消费,更要研究再生产各环节活动紧密衔接、顺畅有序地进行,并从再生产过程本身,寻求增强积累能力和发展能力、实现良性循环的有效途径。

---

① 《马克思恩格斯选集》第 4 卷,人民出版社 1972 年版,第 368 页。

（二）国民经济系统运动是从低到高不断发展的过程

国民经济的运动过程，不是在原有基础上的简单循环，而是一个由低级到高级不断发展不断提高的过程。纵观人类社会经济发展的实践，随着时代前进的步伐和工业化、信息化进程，从纺织工业和蒸汽机发明开始，煤炭、钢铁、机械、轻工业、石油、电力等产业部门不断涌现，产业结构不断变化。特别是20世纪中叶以来的新技术革命浪潮，极大地推动了科学技术迅猛发展，新技术、新工艺、新产品、新设备层出不穷，形成了以信息技术为核心的信息技术、生物技术、航天技术、海洋技术、新材料、新能源等高技术群体和高技术产业群体。信息技术作为高技术群体的先导与核心，发展尤为迅猛，包括高精确度、高可靠性、高效率的传感技术，遥测、遥感技术，光导纤维通讯技术，卫星通讯技术，高速度、高智能、多功能的智能计算机、光计算机、网络技术等。可见，产业升级以及国民经济不断走向更高层次，关键在于科学技术的不断创新。我国提出以高新技术改造传统产业，以信息化带动工业化，必将不断注入新的活力，对我国生产技术体系、产业结构以及对整个国民经济系统产生深远的影响，促进产品和产业不断更新换代，促进整个国民经济机体新陈代谢和经济发展水平不断提高。国民经济运动水平不断提高不断升华的过程，实际上就是不断现代化的过程。

（三）国民经济系统运动是不断进行改革创新的过程

邓小平曾强调指出：社会主义初级阶段的根本任务，就是发展生产力。发展生产力必须解放生产力，改革不适应生产力发展的那部分生产关系和上层建筑。改革开放30年，中国国内生产总值年均增长率达9.8%，这是世界半个世纪以来一切大国从未有过的高速发展，被认为是中国经济奇迹，是"世纪之谜"。实际上，破解这一谜团的唯一解释，就是改革开放。1978年12月，安徽省凤阳县小岗村农民突破重重阻力，冒着生命危险签订第一个包产到户契约，开始了中国农村体制改革的进程。1984年之后，从农村改革进入到城市改革，从国有企业改革到推进私营经济、个体经济发展，从政府职能转变到宏观经济管理体制改革，从分配制度改革到社会保障制度改革，从市场经济改革目标的确立到市场机制的不断完善，从经济领域改革延伸到政治、文化、社会领域改革，取得了实质性的进展，取得了世人瞩目的成就，不断为国民经济注入新的活力。党的十八大以来，以习近平同志为核心的党中央做出我国经济进入"新常态"的重大战略判断，2015年提出实行供给侧结构性改革，与此相适应对宏观经济调控体系进行一系列创新发展，实行全面深化改革的一些重大举措，从而促进社会主义市场经济的进一步发展。

（四）国民经济系统运动是实物运动与价值运动相统一的过程

在社会产品生产阶段，产品的实物形态与价值形态是统一的，实物生产过程同时也是价值形成过程。生产过程一结束，实物产品作为物流、商品流进入市场，用于生活消费或生产消费；价值形态的货币流、资金流的流向则比较复杂，企业收入的一部分发给员工工资，员工除消费外一部分作为储蓄进入银行；企业发放工资后的净收入，除企业家消费

第一章 国民经济系统概论

外,则用于投资或存入银行;另外,企业和员工都要纳税,这部分进入各级财政。如果各环节都能量入为出,则价值总量与实物总量可能达到平衡。但在现实经济生活中,企业和政府都可能出投资过热,出现超出自身支付能力的投资,其结果或导致信用膨胀,或出现财政透支,从而出现总需求膨胀,导致总需求与总供给失衡。当然这只是一个极简单的描述,排除了国际经济往来,排除了一系列偶然因素和心理因素,这一简单分析旨在表明:一是从动态上分析国民经济运行,应看到其实物运动与价值运动的流向和流动渠道,考察其每个环节资金流、商品流的状况,以使更深入地研究国民经济总体协调及总量失衡的来龙去脉;二是从深入分析中可以看到,影响国民经济总量运动的因素错综复杂,常常是各个层次各个环节综合作用的结果;三是从根本上说,导致过度投资、过度消费常常是由于得到银行与财政的支持,因而货币政策与财政政策是控制总供求的两个主要阀门,也是两个最重要的宏观调控政策手段。

六、能动性

国民经济系统的能动性,主要在于经济活动是以人为主体的活动,人是经济活动中最活跃的因素,充满活力和能动性。人的主观能动性、创造性和活力,会使国民经济系统充满生机,这是它与宇宙天体系统、自然生态系统、机械系统的根本区别。国民经济学作为一门经济科学,不能只研究国民经济增长和种种经济现象,必须研究复杂经济现象背后的人,研究人的目的、人的追求、人的动机、人的行为、人的观念、人的心理倾向和偏好,才能发现经济活动的规律性,比较深入地说明经济运行过程中的因果关系。

(一) 国民经济活动是人们有目的、有动机的活动

人们从事经济活动,都受一定目的和动机的驱使。从根本上说,主要是为了满足多种多样不断变化着的需求,满足不断增长并日益提高的需求,包括生存的需求、发展的需求和享受的需求,物质的需求和精神文化的需求。研究人的需求及其行为动机,研究人们需求的变化,是使国民经济蓬勃向前发展的基本出发点。

(二) 国民经济活动受人们思想观念的支配

所谓思想观念,是人们在长期社会经济生活中对事物的基本判断和思维模式。比如发展观,就是对为什么发展、追求什么样的发展和怎样发展的基本认识。实践充分证明,观念、文化,是经济活动的灵魂,是国民经济发展的重要驱动力,是国民经济系统能动性的源泉。从一定意义上说,中国改革开放30多年的伟大成就是思想解放的成就,是思想观念深刻变革的结果,我国正在积极落实和贯彻科学发展观,是又一次思想观念的深刻变革。

(三) 国民经济系统的潜力和活力在于人的活力和创造力

人是经济社会发展的决定性因素,人力资源是最重要的资源。人力资源的主要特征,

一是可再生性，二是主观能动性，三是智能潜在性，四是可成长性，五是社会性。生命有限，智慧无穷。实际上每个人身上都蕴藏着巨大的潜在的才能和智慧，问题在于如何通过深化改革、激励机制等，充分发掘其巨大潜能，充分发挥其积极性和主观能动性，使之转化为现实生产力，使国民经济机体充满朝气和生机。企业的活力在于人的活力，国民经济的活力也在于人民群众聪明才智的充分发挥。在经济社会发展进程中，人们逐步认识到，决定一个企业、一个地区、一个国家发展的首要因素，不仅在于资本，不仅在于机器设备，而主要在于人的才能、智慧、创造力、能动性及其发挥程度，在于人们驾驭资本、驾驭现代技术装备的能力。

（四）国民经济活动是人有组织的活动

一般来说，人们从事经济活动，不是一个人的个体行为，而是社会性的群体活动，是通过一定的组织形式进行的，如家庭、企业、集团或临时性的经济活动群体。国民经济活动，则是一个多层次的庞大的组织体系。组织是人的集合，也是一个融合过程，即把众多的个体融合、凝聚为一个整体，形成一种新的力量，形成一种群体的意识和文化，对组织行为产生影响。国民经济系统虽是多层次的庞大组织体系，同样是人的集合，同样要重视众多成员的群体意识，积极提高全体公民的科学素养、文化素质、文明程度和伦理道德水平，提高对国民经济整体活动的关切度、参与度和对整体目标的认同感，增强国民的向心力、凝聚力、创造力、自豪感和民族自信心，培育国民的积极进取精神、开拓创新精神和拼搏奋斗精神，建立良好的和谐的人际关系和社会人文环境。这些都是构成国家软实力的重要因素，是提高国民经济综合实力和国际竞争力的重要源泉。

七、不确定性

由于国民经济系统受复杂多变的内部外部诸多因素影响，国民经济系统运行既要按一定的规律循序向前发展，同时又面临着许多或然性、随机性、不确定性因素。所谓不确定性，是指难以准确把握和预见的因素。随着时代发展和社会进步，世界处于急剧变革之中，经济和社会日益显示出更多的相对性、无序性、或然性和不确定性。未来的世界，是一个充满风险和变数的世界。对于国民经济系统来说，影响其运行的不确定性因素主要有。

（一）国际经济形势的不确定性

国际经济形势变化多端，始终必须予以高度关注。在经济全球化的今天，有些变化更为迅速、更为剧烈，很多变化影响范围广，影响深度强。例如，2007~2008年，美国次贷危机引发的金融市场动荡和特大金融危机，对世界经济造成重大影响，导致全球经济发展放缓，也直接影响中国的对外贸易，直接影响国内一些政策的调整，这一重大危机的未来走向和影响，一时难以预料。

第一章　国民经济系统概论

（二）自然系统变化的不确定性

德国科学家威纳·海森堡通过物理学研究，提出不确定性原理，对人们的世界观产生深远影响。其实，不仅仅是物理现象，自然界许多神奇而奥妙的现象，由于科学发展和人的认知能力的局限，人们有时既无法解释，也无法准确地进行预测和控制。比如，突如其来的龙卷风、飓风、海啸，超乎寻常的南方雨雪冰雹灾害，具有极大破坏力的汶川大地震等。由于人类不理智的经济行为导致的物种灭绝、气候恶化、沙漠化等生态环境恶化的严重后果，也是人们始料不及的。

（三）市场变化的不确定性

需求的多样性，消费的时尚，瞬息万变的市场，激烈的市场竞争，具有明显的不确定性。不断增长的新需求，不断涌现的新产品，使市场更加扑朔迷离。为什么许多企业在竞争中失败甚至遭受灭顶之灾，最重要的原因就在于不能准确把握和预见市场的变化。正如许多经济学人所引用的："关于市场，唯一确定的就是不确定。"不仅是商品市场，作为虚拟资产的期货市场、股票市场，作为极其复杂的博弈系统，其不确定性更为突出。

（四）人的经济行为的不确定性

人作为经济行为的主体和经济活动的直接参与者，其选择行为、决策行为和判断行为，经常受到自身知识、经验、智能、情感、心态、信息以及有限理性限制，对自己经济行为的后果及其对社会、环境所造成的一系列影响，难以预见，因而时常出现违背预期目标的多种后果，如 20 世纪 90 年代美国长达 10 年的"非理性繁荣"和随后爆发的金融危机。

经济系统作为人直接控制的系统，加之外部环境的复杂性，必然存在随机性和不确定性。问题在于如何深刻认识：一是努力搜寻和尽可能地掌握相关信息，提高科学预见的能力，即充分考虑随机性因素，在定性分析的基础上进行认真的定量分析，实行定性分析与定量分析相结合，力求把握大体趋势；二是提高对外部环境变化的适应能力，在剧烈变动的环境中灵活应对，寻求机遇，积极创新，超越混沌，走出一条新路，既要重视风险、积极防范风险，又要有一定的冒险精神、积极开拓创新；三是面对可能出现的突发事件，必须建立有效的应急系统和必要的财力、物力的储备，以防患于未然。

八、可控性

国民经济系统既有许多不确定性因素，有难以控制的一面，也有一定的规律和确定性，有一定自我调整恢复稳态的功能。同时，作为宏观经济调控主体的政府，也会对国民经济运行偏离目标的状态进行必要的干预，对国民经济系统运行进行必要的控制。

这里所说的控制，主要是指对国民经济系统的宏观调控。宏观经济控制与工程控制、机械控制等不同，它是人直接参与其中的活动，因而更为复杂。宏观经济调控是以经济控制理论为基础,运用当代科学方法分析国民经济运动过程,对国民经济系统进行有效控制的活动。

(一) 预期目标是调控的标准

控制总是围绕着一定的目标和标准进行的。一般说来,宏观经济调控的目标主要包括:经济增长、物价稳定、充分就业和国际收支平衡。在经济新常态下,还要着力提高经济增长的质量和效益,实现经济增长成果的全民共享和生态环境质量总体改善。总之,经济新常态下宏观调控要实现的新目标,可以大体归结为稳增长、调结构、转方式和惠民生。

(二) 信息反馈是控制的灵魂

国民经济系统是由无数因果关系环与信息正负反馈相互交织组成的复杂系统,如果只停留在线性分析和逻辑分析,难以解释复杂的经济现象。系统动力学创建人福勒斯特的贡献,在于把信息反馈的控制原理与因果关系分析巧妙地结合起来。在国民经济运动过程中,与有形物质运动并行的一个国民经济信息系统,反映着国民经济运行状态,不断进行信息反馈,即不断把系统输出的反映国民经济运行状态的信息再传回输入,反作用于系统的输入,对系统运行产生影响。信息反馈包括正反馈与负反馈。正反馈对原有经济行为起强化作用,负反馈则对原有经济行为起抑制作用,发现问题和偏差,以修正系统行为。信息反馈是经济控制的主要依据,信息反馈的效率、灵敏度、准确性和质量,直接关系到宏观经济调控的效率和效能。

在现实经济生活中,一些人对正反馈比较感兴趣,总是追求过高过快的增长和过强的开发。但控制论和经济理论告诉我们两个重要的原则:一是任何发展都有一个"度",不是越快越好,当然也不是越慢越好,过犹不及,欲速则不达;二是任何发展都可能产生两种效应,积极效应和消极效应,而消极效应往往是片面追求过快发展的结果。信息反馈对控制的作用,如图1-3所示。

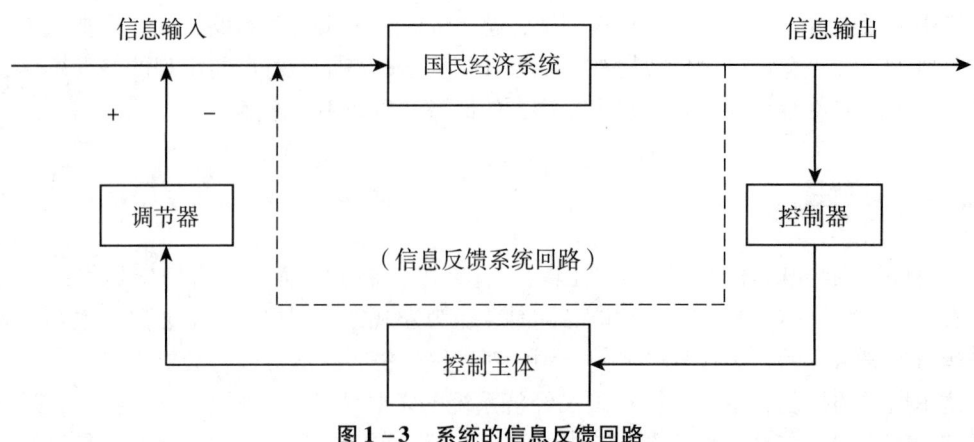

图1-3 系统的信息反馈回路

第一章 国民经济系统概论

（三）正确应用宏观经济调控的工具

依据国家中长期发展规划目标和总供求格局实施宏观调控，必须选好政策工具，实行合理组合和措施，当前主要是完善以财政政策、货币政策为主，产业政策、区域政策、投资政策、消费政策和价格政策等协调配合的政策体系，强化政策工具之间的有机组合，形成调控合力，确保宏观调控目标的总体实现。同时，使前馈控制、过程控制与反馈控制互相配合，以提高宏观经济调控效果。

第三节　国民经济系统的功能与运行机制

一、系统转换功能

国民经济系统作为一个多功能的系统，其首要功能是系统转换，即把系统输入转换为系统输出。系统输出大于系统输入就会产生经济效益，这是研究转换功能的主要目的，也是经济活动的根本性问题。国民经济系统从输入到输出的转换，应当达到以最少的投入实现最大的产出，实现国民经济系统既适应生态环境的要求，又满足市场、社会和公民多样化需求的目标。

开放性的国民经济系统，输入转换为输出的过程，如图1-4所示。

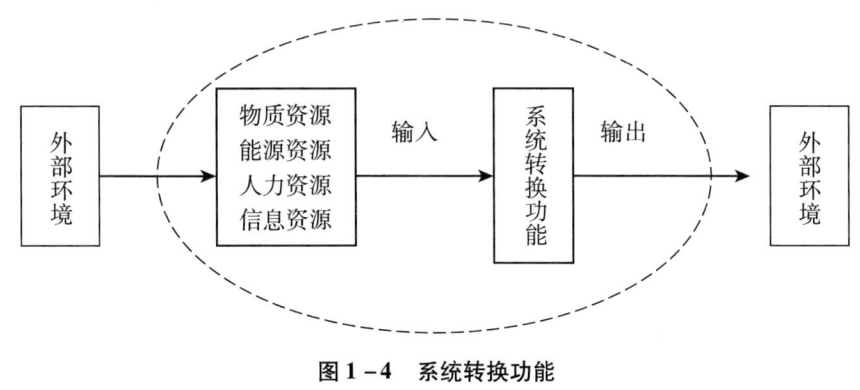

图1-4　系统转换功能

如何实现输出大于输入的国民经济系统转换功能，是一个涉及面较大的问题，这里只从系统转换过程的三个环节进行简要分析。

（一）整合资源要素

传统的经济社会发展，由于对自然资源长期掠夺性的开发，高消耗、低效率的运用，使许多资源日渐枯竭。由于资源过度开采和生产技术的滥用，使生态环境遭到严重破坏，说明单纯依靠大量资源投入和以牺牲环境为代价的发展已难以为继，未来发展只能更多地依靠技术创新和知识更新。事实上，技术、知识已经日益成为经济社会发展的主要驱动力，创新驱动将强于要素驱动大大提高各种资源利用效率，从而提高全要素生产率。因此，在发展动力转换的形势下，必须把发展基点放在创新上，塑造更多依靠创新驱动、更多发挥先发优势的引领型发展。

（二）优化系统转换环节

在系统输入转变为输出的过程中，转换功能是系统输入有效地转变为输出的关键环节，问题在于如何转换、以什么方式转变，才能使国民经济系统获取最大的效能。主要有：

一是优化结构。结构作为国民经济系统组成要素，其相互依存、相互促进的方式和结合状况，直接关系到系统的性质和功能。有什么样的结构就有什么样的功能，系统结构越合理，系统功能发挥得越好，就会产生最佳的功能。举例来说，产业结构是国民经济系统结构的一个重要方面，产业结构的状况，反映着国民经济整体素质和发展水平，也直接影响着国民经济系统输入转换为输出的效率和效益。优化产业结构，促进产业升级，大力发展高新技术产业，以高新技术改造传统产业，发展现代服务业，会显著减少资源、能源的消耗，减少环境污染，提高产品的技术含量及附加价值与经济效益。

二是优化系统转换方式与发展方式。为此应转变经济发展思路，提升国民经济系统的组织管理水平，由外延型粗放式发展转为内涵型集约式发展，努力降低消耗、降低成本，积极提高经济效率和经济效益。

三是优化系统运行方式。主要是由不良循环走向良性循环，主要应实现：（1）速度、质量和效益的良性循环。即在保持一定速度的前提下不断提高质量和效益，做到又好又快发展。（2）生产、生活、生态的良性循环，即在发展生产的同时提高人民的生活水平和质量，建设资源节约型和环境友好型社会。（3）经济、社会、科技三位一体的良性循环。科学技术是不断注入经济肌体的新鲜血液和最活跃的因素，是提高国民经济发展质量、现代化水平、国际竞争力的主要推动力量，社会进步是经济发展的必要条件，也是经济发展的目标，只有三者相互协调和统一，才能做到人的全面发展。

（三）协调系统输出与环境

从一定意义上说，系统输出就是对环境的输出，所以必须适应环境，并与环境形成一种共同演化协调并进的良性互动关系。主要有：一是与市场环境的协调。无论是企业还是整个国民经济，各个部门生产的各种产品与市场对各种产品的需要相适应，就是资源的最佳配置和经济系统的最理想的状态，为此应力求适应市场，了解市场动态、市场需求及其变化，作为反馈信息，又成为国民经济运行的新起点。二是与自然环境协调。经济活动不应只是向大自然不断索取，更应予以积极补偿，努力改善自然环境，增强自然系统的再生功能、抗逆功能、净化功能和自调节功能，只有这样才能实现可持续发展。三是与世界经济大环境的协调。国民经济系统输出作为整体，是国民经济发展的总

第一章　国民经济系统概论

成果和综合经济实力,必然与世界经济体系产生多种多样的联系,应做到适应对外开放的要求,适应全球经济发展大趋势,并通过广泛的物质、能量、信息的交换,促进国民经济更好更快地发展。

二、系统协调功能

国民经济系统作为一个极其庞大复杂的巨系统,方方面面的关系盘根错节,相互交织,在其运行过程中,不协调、不均衡、不和谐的现象时有发生,往往影响和阻碍系统的正常运转。因而保证国民经济系统有效运行的一个突出问题,就是持续不断地进行协调,具体包括:一是系统组成要素的协调。如部门之间、区域之间、城乡之间、经济与社会各项事业之间,国有企业与民营企业之间等的协调发展。二是发展目标的协调。即分清并正确处理主要目标与从属目标、长期目标与近期目标、整体目标与局部目标、宏观调控目标与经济体制改革目标等的关系。三是调整经济利益关系。主要协调整体利益与局部利益、地方利益与中央利益、政府利益与广大人民群众利益、社会各阶层之间的利益等,杜绝一切非法利益,实现公平分配。四是协调经济社会与人口资源环境的关系。通过系统协调和能量转换,促进可持续发展。五是协调国内经济发展与国际经济的关系。通过物质、能量、信息的转换,提高国民经济的整体发展水平。

三、整体优化功能

主要是通过系统协调实现国民经济系统的整体优化。系统要素相互联系方式与结合方式,直接关系到系统总功能,但系统总功能并不是各组成要素功能的简单相加,而在于系统要素协调与结合的状况。一个结构合理互相协调的系统,就会产生一种新的更加完备的叠加的功能,产生一加一大于二的整体优化功能。马克思在分析协作时就曾经深刻地指出,多数力融合为一个总的力量时,将会产生新的力量,"这种力量和它的一个个力量的总和有本质的区别"[1]。但要实现国民经济系统整体优化功能,并非易事。在现实经济生活中,各个局部领域、各级经济组织,常常从自身利益和自身政绩出发,不顾国民经济整体的效益和整体发展的要求,不顾自身在国民经济系统中应有的地位和作用,甚至违背整体效益,去追求本单位局部的利益和局部的业绩,这是需要不断协调才能逐步解决的问题。

四、创新功能

当今之世,是科学技术不断进步、市场需求瞬息万变、市场竞争全球化的时代,是新知识、新思想、新理论、新技术、新工艺、新产品、新服务形式不断涌现的时代,也是全

---

[1] 《马克思恩格斯选集》第3卷,人民出版社1972年出版,第166页。

面创新的时代。面对严峻的挑战，必须与时俱进，勇于创新，在不断新陈代谢中向前发展。

（一）创新机制

国民经济系统作为经济系统，其本身就有自我发展、自我升华、自我创造的功能，具有推动创新的内在机制。主要体现在：一是市场需求的拉力。经济活动目的是为了人的需求，创新也是以市场需求为导向的。随着经济社会发展和人民生活水平的不断提高，需求日益增长，不断产生多样化、个性化的需求，因而要求不断创新。二是市场竞争的压力。面对国内外市场的激烈竞争，每个企业、每个经济组织只有不断创新，才能在竞争中生存和成长。国家为了推动国民经济的发展，也需要竞争力，主要提高是科学技术的竞争力，即不断提高自主创新能力，建设创新国家，这是国家发展战略的核心，是提高综合国力和国际竞争力的关键。三是创新型人才的推力。所谓创新型人才，是指站在学科前沿阵地积极开拓探索，具有强烈创新意识和创新能力，不断创造出新技术、新知识的高层次人才。一批创新型人才的涌现与成长，是推动创新的重要力量。

（二）创新重点

创新是国民经济系统活力的源泉。国民经济系统的创新重点主要体现在：一是技术创新。技术创新是企业生命力之源，是创造新的核心产品与核心竞争力的基础。从宏观层次说，是转变经济发展方式、优化产业结构、实现节能减排的主要途径，是提高国民经济整体素质和发展水平的关键因素，因而是创新的重中之重。二是制度创新。制度创新主要是指通过经济体制改革，做出新的制度安排，充分激发人的活力、企业的活力和创新的动力。在僵化的体制下，企业不思进取，停滞不前，就谈不上创新，只有通过改革，才能把企业的创造力释放出来。有的学者提出"制度高于技术"，正是从这个意义上说的。三是管理创新。技术创新过程也是组织管理过程，技术创新呼唤管理创新，管理创新促进技术创新，二者相辅相成，密不可分。四是观念与文化创新。观念、文化、价值观等属于非正式制度，渗透于经济活动各个环节之中，成为经济活动的航标。陈腐的观念、落后的文化会成为创新的阻力，而体现时代精神、领先时代潮流的创新思维、创新理念、创新文化是创新活动的巨大驱动力。面对滚滚向前的时代潮流，企业、产业和整个国民经济，都必须不断创新。技术创新无止境，产品创新无止境，管理创新无止境，观念创新也无止境。

（三）国民经济创新体系

国民经济创新体系主要应以企业为主体，以市场为导向，以人才为支撑，以制约经济社会发展的关键技术为突破点，深化科技体制改革，整合科技资源，推进产学研相结合，建立完善的鼓励创新和科技成果产业化的法律保障、政策体系、激励机制、市场环境和有利于创新的社会人文环境。

第一章 国民经济系统概论

五、自调节功能

自调节功能是只存在于经济机体之中的，既能维系国民经济系统正常运行，又能按预定目标协调前进的内在功能。国民经济系统运动，有其内在动力的推动，也有其调节和协调功能，二者紧密结合：

动力机制是推动国民经济发展的力量。有动力才能有生机和活力，动力主要表现为三个层次的追求：一是社会成员对基本生存资料需要以及对精神文化需要的追求；二是对良好的制度、体制和社会环境的追求；三是企业自我增殖、自我完善的内在追求。国民经济整体发展的动力，是上述三个方面的融合。

自调节功能首先是指社会主义市场经济的自我调节机制。市场机制是价格机制、供求机制、竞争机制的统一体。但市场机制不是万能的，也会出现"市场失灵"，因而还需要国家（或政府）的宏观经济调控。宏观调控机制是基于国民经济系统运行状态的信息反馈，主要运用利益导向的经济手段进行调控，是基于对宏观经济运行规律的把握，基于对市场机制的自觉运用，而不是人们的主观任意行为。

需要指出的是，调节和控制是为了经济协调、稳定、有序运行，但协调和稳定只是相对的，不是绝对的。在现实经济生活中，经常出现不协调、不稳定和无序的状态。这是因为：一方面，由于人们急功近利的短期行为，追求力所不及的过高目标、过高速度破坏了经济系统组成要素的相互制约关系，这是应力求避免的；另一方面，国民经济系统不是永远处于稳态的固定不变的僵化系统，而是不断运动着的"活"的系统，不断产生着新技术、新产品、新产业、新规则，不断进行新陈代谢，有时会突破原有的结构和相互联系，出现一定的无序和暂时的混乱，需要建立新的协调关系。例如，实行经济体制改革，以新体制代替旧体制，在体制交替过程中，会出现一定的混乱，出现一些矛盾，需要逐步调整。国民经济运动过程，实际上就是从稳态到变革、从无序到有序、从冲突到协调、从平衡到不平衡的过程，走出混乱和无序，就会使国民经济发展进入一个新的更高的层次。

【复习思考题】

1. 国民经济的内涵。
2. 国民经济的构成。
3. 国民经济系统的性质。
4. 国民经济系统的功能与运行机制。

第二章 国民经济系统结构

国民经济系统由若干个互相联系、互相影响的子系统构成,并对国民经济系统功能的发挥产生影响。国民经济系统结构中包括众多结构,本章主要研究产业结构、区域结构和城乡结构。主要分析产业结构演进规律和产业结构优化对国民经济增长的影响,区域结构优化与国民经济协调发展的关系,以及城乡结构变化及推进城乡一体化协调发展。

第一节 产业结构

在现代经济增长中,产业结构和经济增长紧密联系、相互促进,即产业结构的演进会促进经济总量的增长,经济总量的增长也会促进产业结构的加速演进。产业结构的调整和优化,对国民经济系统结构的总体优化具有重要的作用,从而对实现国民经济系统的功能产生重要的影响。

一、产业结构的含义

产业是社会分工的产物,它随社会分工的产生而产生,并随社会分工的发展而发展。具体来说,产业是指具有相同社会经济职能的社会经济单位组成的群体,随着社会生产力水平的不断提高,产业的内涵不断充实,外延不断扩展。结构一词则是指某个整体的各个组成部分的搭配和排列状态。

从系统论的角度分析,产业结构是一个动态结构,是指国民经济各产业部门之间以及各产业部门内部的构成,以及部门之间相互促进、相互制约的经济联系和数量对比关系。

从国民经济学的角度分析,主要通过研究产业结构演化的规律,分析产业结构调整和优化的路径,探索其对国民经济系统功能发挥的影响。

二、产业结构的划分

划分产业结构的方法有很多,至今仍在讨论之中,归纳起来主要有以下几种。

(一) 三次产业分类法

三次产业分类法是由新西兰经济学家费歇尔(1935)首先创立的。费歇尔认为,在世界经济发展史上,人类经济活动有三个发展阶段:第一阶段即初级生产阶段,人类的主要

第二章 国民经济系统结构

生产活动是农业和畜牧业；第二阶段开始于18世纪60年代的英国第一次产业革命，以机器大工业的迅速发展为标志，纺织、钢铁及机器等制造业迅速崛起和发展；第三阶段始于20世纪初，大量的资本和劳动力流入非物质生产部门，包括商业、旅游、运输、贸易、娱乐、文化艺术、教育、科研、保健和政府的活动。此后克拉克在此基础上进行了大量的实证研究，之后三次产业分类方法被各国普遍接受，具体划分为：

（1）第一产业指农业，包括林业、种植业、畜牧业和渔业，2015年我国第一产业占GDP比重为4.6%、就业占28.3%。

（2）第二产业指工业和建筑业，其中工业包括采掘业、制造业、电力、蒸汽、自来水、煤气的制造与供给。2015年我国第二产业占GDP比重为41.7%、就业占29.3%。

（3）第三产业指除第一产业、第二产业以外的其他行业。包括运输业、通信业、金融业、商业贸易、旅游业、饮食业、文化、教育、科学、新闻、传播、公共行政、国防、娱乐等15个门类，2015年我国第三产业占GDP比重为53.7%、就业占42.4%。

（二）国际标准分类法

国际标准产业分类法是联合国为了统一世界各国的产业分类，于1971年编制和颁布的《全部经济活动的国际标准产业分类索引》。这一分类法实际上同三次产业分类法是一致的，但更细致。例如，第一大项为第一次产业；第二至第五大项为第二次产业；第六至第十大项为第三次产业。国际标准产业分类法将全部经济活动分为大、中、小、细四个层次，并规定了相应的统计编码。它先将全部经济活动分成10个大项，再将各个大项细分为若干个中项，然后将各个中项细分为若干个小项，最后将各个小项细分为若干个细项。其10个大项是：

（1）农业、狩猎业、林业和渔业；
（2）矿业和采石业；
（3）制造业；
（4）电力业、煤气业、供水业；
（5）建筑业；
（6）批发与零售业、餐馆和旅店业；
（7）运输业、仓储业和邮电业；
（8）金融业、不动产业、保险业和商业性服务业；
（9）社会团体、社会及个人的服务业；
（10）不能分类的其他活动。

例如，它又将第三大项"制造业"细分为9个中项，它们是：

3-1 食品、饮料、烟草；
3-2 纺织、服装、制革；
3-3 木材与木制品；
3-4 造纸与纸制品、印刷与出版；
3-5 化工产品和药品、石油加工、煤炭加工、橡胶制品、塑料制品；

3-6 非金属矿产品（除石油、煤炭加工产品以外）；

3-7 冶金工业；

3-8 金属制品、机械和工业设备；

3-9 其他制造业。它还把以上各中项继续细分下去，直至细项为止。

（三）国家标准分类法

国家标准分类法是指一国（或地区）政府为了统一本国（或本地区）产业经济研究的统计和分析口径，以便科学地制定产业政策和有效进行国民经济宏观调控，根据本国（或本地区）的实际而编制和颁布的划分产业的一种国家标准。这种分类法具有整体性、广泛性、权威性、明确的目的性等特征，它也具有较高的科学性，能够较好地反映该国或该地的产业发展和变化情况，也比较能适应其产业发展和变化的需要。

根据中华人民共和国国家质量监督检验检疫总局、中国国家标准化管理委员会颁布的《国民经济行业分类》（GB/T 4754—2011），把中国全部的国民经济划分为 20 个大的门类。这 20 个门类依次是：

A 农、林、牧、渔业；

B 采矿业；

C 制造业；

D 电力、热力、燃气及水生产和供应业；

E 建筑业；

F 批发和零售业；

G 交通运输、仓储和邮政业；

H 住宿和餐饮业；

I 信息传输、软件和信息技术服务业；

J 金融业；

K 房地产业；

L 租赁和商务服务业；

M 科学研究和技术服务业；

N 水利、环境和公共设施管理业；

O 居民服务、修理和其他服务业；

P 教育；

Q 卫生和社会工作；

R 文化、体育和娱乐业；

S 公共管理、社会保障和社会组织；

T 国际组织。

根据《中国统计年鉴（2016）》对主要统计指标的解释，第一产业是指农、林、牧、渔业（不含农、林、牧、渔服务业）；第二产业是指采矿业（不含开采辅助活动），制造业（不含金属制品、机械和设备修理业），电力、热力、燃气及水生产和供应业，建筑业；

第二章 国民经济系统结构

第三产业是指除第一产业、第二产业以外的其他行业。

(四) 生产要素集约度分类法

生产要素集约度分类就是按照资源、劳动、资本、知识等生产要素的比重或对各生产要素的依赖程度对产业进行分类的方法。由于不同种类的产品其原料构成、技术要求、特征和性能不同，其所投入的生产要素的比重也不同。根据所需投入生产要素的不同比重和对不同生产要素的不同依赖程度，可以将社会生产划分为：

(1) 资源密集型产业，亦称"土地密集型产业"。主要是指在生产要素的配置比例中需要使用较多的土地等自然资源才能进行生产的产业。土地资源作为一种生产要素泛指各种自然资源，包括土地、原始森林、江河湖海和各种矿产资源。与土地资源关系最为密切的是农矿业，包括种植业、林牧渔业、采掘业等。

(2) 劳动密集型产业。主要是指在生产要素的配置比例中，劳动力投入比重较高，而资本、知识的有机构成水平较低的产业。例如，纺织、制革、服装、食品、零售、餐饮等产业属比较典型的劳动密集型产业。

(3) 资本密集型产业。主要是指在生产要素的配置比例中活劳动、知识的有机构成水平较低，资本的有机构成水平较高，产品物化劳动所占比重较大的产业。例如，交通、钢铁、机械、石油化工等基础工业和重化工业是典型的资本密集型产业。

(4) 知识密集型产业。主要是指在生产要素的配置比例中对知识的依赖程度大，即知识含量高、脑力劳动所占比重比较大的产业。这里的"知识"是指广义的知识，包括技术等在内。例如，生物、高分子材料、信息、电子计算机等属于这种类型的产业。

生产要素分析法能比较客观地反映一国的经济发展水平：劳动密集型产业的比重越大，说明该国的经济发展水平越低；知识密集型产业的比重越大，说明该国的经济发展水平越高。一般的发展趋势是由资源、劳动密集型产业占主导地位，向资本密集型产业占主导地位，最后过渡到知识密集型产业为主导的产业结构。由于这种分析方法有利于政府根据产业结构变化的趋势制定相应的产业和技术发展政策，所以开始得到广泛的应用。

(五) 产业发展阶段分类法

产业发展阶段分类法是按照产业发展所处的不同阶段进行产业分类的一种方法。哈佛大学教授弗农（1966）首先提出了产品生命周期理论，以此为基础，把产业分为幼稚产业、新兴产业、朝阳产业、夕阳产业、衰退产业、淘汰产业等不同阶段。由于没有一个权威、统一的划分产业发展阶段的标准，所以处于不同发展阶段的产业的界限并不是很明确，只是一个大概的划分：

(1) 幼稚产业。主要是指在发展初期因生产规模过小、成本过高、技术不成熟而不能享受规模经济的好处，基础和竞争力薄弱，但经过适度保护能够发展成为具有潜在比较优势的产业。有些幼稚产业经过一定时期的政府保护，能够安全度过幼年生命危险期而成为具有发展前景的新兴产业；有些幼稚产业因为技术、资金、需求、原料等方面的缺陷或其他原因，即使经过政府一定时期的保护和扶持，也不能安全度过其幼年生命危险期而夭折。

(2) 新兴产业。主要是指由于科技的发展和生产力水平的提高，那些已经度过了幼年生命危险期的幼稚产业发展迅速，形成新的细分产业。新兴产业的产品在技术工艺、用途、生产方式、用料或其他方面与原有产业的产品有较大的改进和提高。

(3) 朝阳产业。主要是指具有强大生命力的新兴产业，由于技术上的突破创新带动企业的平均成本不断下降、产业规模不断扩大、市场需求不断增加，处在这一发展时期的产业称为朝阳产业。朝阳产业一定条件下可演变为主导产业甚至支柱产业。

(4) 衰退产业。主要是指由于技术逐渐老化、需求增长减速、平均成本不断上升引起规模收益逐渐下降、产业规模逐渐缩小的产业。导致一个产业进入衰退期的主要原因是需求已得到充分满足甚至需求出现下降，或是出现替代产品，抑或由于原材料或其他关键生产要素出现长期供给不足导致产出受限。衰退产业的出现与产业的不断升级有直接的关系。一般来说，产业的每一次升级，都会使一些朝阳产业变成衰退产业。但这类产业如果出现某些技术的重大突破也会重新获得新生，进入另一产业生命周期。

(5) 夕阳产业。主要是指整个产业的增长长期落后于国民经济增长或长期处于负增长状态的产业。如果衰退产业得不到政府的有关扶持，或没有某项技术的重大突破来改变原有的技术条件，就会沦为夕阳产业，逐渐退出市场。但是，夕阳产业也可以在出现重大技术突破的条件下重新焕发青春，进入另一产业生命周期。政府对夕阳产业往往会采取产业转移政策，将此类产业转移到更有成本等竞争优势的产业中去。

(6) 淘汰产业。主要是指产业发展到一定阶段，由于技术老化、需求萎缩、成本上升、长期亏损及不能适应市场的需要而退出市场的产业。

值得指出的是，上述产业划分是相对的而不是绝对的。例如，新兴产业是与传统产业相对而言的，新兴产业是指有发展前途的产业，而传统产业并非全都没有发展前途，在任何时候都有新兴产业和传统产业之分，关键在于各国处于不同的发展阶段，各产业的重要程度不尽相同；另如朝阳产业通常是指高新技术产业，但高新技术产业发展通常也受各种因素的限制或制约，有时发展过快也会出现一定的问题，如21世纪之初美国曾出现"互联网危机"（也叫"科网危机"）。

三、产业关联

（一）产业关联的含义

在再生产过程中，各个产业部门之间必然发生相互关系或相互联系。产业关联是指产业间以各种投入品和产出品为连接纽带的技术经济联系。在这里，各种投入品和产出品可以是各种有形或无形产品，也可以是实物形态或价值形态；技术经济联系和联系方式也可以是实物或价值形态的联系和联系方式。由于实物形态的联系和联系方式难以用计量方法准确衡量，而价值形态的联系和联系方式可以从量化比例的角度来进行研究，所以，在产业关联分析的实际应用中，使用更多的是价值形态的技术经济联系和联系方式。表2-1为价值型投入产出表。

第二章 国民经济系统结构

表2-1 价值型投入产出表

供给部门 \ 需求部门	中间使用（中间需求）				固定资产更新与大修	最终产品 Y（最终需求）						总计：总产值（总产出）
	部门1	部门2	...	部门n	小计		积累 K			消费 W		
							生产性积累	非生产性积累	小计	个人消费	社会消费	小计	合计	
部门1	x_{11}	x_{12}	...	x_{1n}	$\sum_{j=1}^{n} x_{1j}$	G_1	$K_1①$	$K_1②$	K_1	$W_1①$	$W_1②$	W_1	Y_1	X_1
部门2	x_{21}	x_{22}	...	x_{2n}	$\sum_{j=1}^{n} x_{2j}$	G_2	$K_2①$	$K_2②$	K_2	$W_2①$	$W_2②$	W_2	Y_2	X_2
...	...	...	...	...	...	...	...	...	...	...	...	...	...	...
部门n	x_{n1}	x_{n2}	...	x_{nn}	$\sum_{j=1}^{n} x_{nj}$	G_n	$K_n①$	$K_n②$	K_n	$W_n①$	$W_n②$	W_n	Y_n	X_n
物质消耗 小计（不包括折旧）	$\sum_{i=1}^{n} x_{i1}$	$\sum_{i=1}^{n} x_{i2}$	...	$\sum_{i=1}^{n} x_{in}$	$\sum_{i=1}^{n}\sum_{j=1}^{n} x_{ij}$	$\sum_{i=1}^{n} G_i$	$\sum_{i=1}^{n} K_i①$	$\sum_{i=1}^{n} K_i②$	$\sum_{i=1}^{n} K_i$	$\sum_{i=1}^{n} W_i①$	$\sum_{i=1}^{n} W_i②$	$\sum_{i=1}^{n} W_i$	Y	X
固定资产折旧合计	D_1	D_2	...	D_n	D									
新价值创造 劳动报酬	V_1	V_2	...	V_n	V									
社会纯收入合计	M_1	M_2	...	M_n	M									
合计	N_1	N_2	...	N_n	N									
总计：总产值（总投入）	X_1	X_2	...	X_n	X									

其中，纵列数字是各个产业的投入结构，即各产业为了进行生产，从包括本产业在内的各个产业购进了多少中间产品（原材料），以及为使用各生产要素支付了多少费用，包括工资、利息等。因此，每一纵列反映了相应产业部门的投入构成，其总计就是总投入。

横行数字是各行业的产出结构，包括中间产品和最终产品的产出，并反映了这些产品的销路或分配方向。每一横行的总计即为相应产业部门一定时期内（一年）的总产出。

（二）基本均衡关系

价值型投入产出表，可以按行、按列，以及在行与列之间分别建立起平衡关系。

1. 各行的平衡关系

各行的平衡关系是：各行的中间产品 + 各行的最终产品 = 各行的总产品。其数学表达式为：

$$\begin{cases} x_{11} + x_{12} + \cdots + x_{1j} + \cdots + x_{1n} + Y_1 = X_1 \\ x_{21} + x_{22} + \cdots + x_{2j} + \cdots + x_{2n} + Y_2 = X_2 \\ \cdots \\ x_{n1} + x_{n2} + \cdots + x_{nj} + \cdots + x_{nn} + Y_n = X_n \end{cases}$$

即：$\sum_{j=1}^{n} x_{ij} + Y_i = X_i \ (i = 1, 2, \cdots, n)$

这些平衡关系反映了各产业部门产品的流向。

2. 各列的平衡关系

各列的平衡关系是：各列的生产资料转移价值 + 各列新创造价值 = 各列的总产值。其数学表达式为：

$$\begin{cases} x_{11} + x_{21} + \cdots + x_{i1} + \cdots + x_{n1} + D_1 + N_1 = X_1 \\ x_{12} + x_{22} + \cdots + x_{i2} + \cdots + x_{n2} + D_2 + N_2 = X_2 \\ \cdots \\ x_{1n} + x_{2n} + \cdots + x_{in} + \cdots + x_{nn} + D_n + N_n = X_n \end{cases}$$

即：$\sum_{i=1}^{n} x_{ij} + D_j + N_j = X_j \ (j = 1, 2, \cdots, n)$

各列的平衡关系说明了各产业部门的价值形成的产出过程，反映了每一产业部门的产出与各产业部门为之投入的平衡关系。

3. 行与列之间的平衡关系

第一，横行各产业部门的总产出等于相对应的同名称的纵列各产业部门的总投入。其数学公式为：

$$\sum_{i=1}^{n} x_{i'j} + D_{j'} + N_{j'} = \sum_{j=1}^{n} x_{i'j} + Y_{i'} \ （当 i' = j' 时）$$

第二，最终产品总量等于国民收入总量和固定资产折旧总量之和，即最终需求部分和毛附加价值部分相等。其数学表达式为：

第二章 国民经济系统结构

$$\sum_{j=1}^{n} D_j + \sum_{j=1}^{n} N_j = \sum_{i=1}^{n} Y_i$$

(三) 直接消耗系数与完全消耗系数

1. 直接消耗系数

直接消耗系数又叫投入系数，其经济含义是生产单位 j 产品所直接消耗的 i 产品的数量。其计算方法是依据投入产出表的数据，将各产业部门的总产品去除它所消耗的各种投入要素分量。直接消耗系数的计算公式为：

$$a_{ij} = \frac{x_{ij}}{X_j} \quad (i, j = 1, 2, \cdots, n)$$

用矩阵形式表示则为：

$$A = Q\hat{X}^{-1}$$

式中：

$$A = \begin{bmatrix} a_{11} & a_{12} & \cdots & a_{1n} \\ a_{21} & a_{22} & \cdots & a_{2n} \\ \vdots & \vdots & \vdots & \vdots \\ a_{n1} & a_{n2} & \cdots & a_{nn} \end{bmatrix}$$

$$Q = \begin{bmatrix} x_{11} & x_{12} & \cdots & x_{1n} \\ x_{21} & x_{22} & \cdots & x_{2n} \\ \vdots & \vdots & \vdots & \vdots \\ x_{n1} & x_{n2} & \cdots & x_{nn} \end{bmatrix}$$

$$\hat{X}^{-1} = \begin{bmatrix} \frac{1}{X_1} & 0 & \cdots & 0 \\ 0 & \frac{1}{X_2} & \cdots & 0 \\ \vdots & \vdots & \vdots & \vdots \\ 0 & 0 & \cdots & \frac{1}{X_n} \end{bmatrix}$$

矩阵 A 就是直接消耗系数矩阵，反映了投入产出表中各产业部门间技术经济联系和产品之间的技术联系。直接消耗系数是建立模型的最重要、最基本的系数。

2. 完全消耗系数

由于各产业的产品在生产过程中除了与相关产业有直接联系外，还与有关产业有间接联系，从而各产业的产品在生产中除了直接消耗外，还存在着间接消耗，完全消耗系数则是这种直接消耗联系与间接消耗联系的全面反映。完全消耗系数在投入产出分析中起着重要的作用，它能深刻地反映一个部门的生产与本部门和其他部门发生的经济数量关系，因此它比直接消耗系数更本质、更全面地反映部门内部和部门之间的技术经济联系，这对正确地分析国民经济、产业结构十分重要。除此之外，它对经济预测和计划制定也有很大的作用。

完全消耗系数的经济含义是指某产业部门单位产品的生产,对各产业部门产品的直接消耗量和间接消耗量的总和。也就是说,完全消耗系数等于直接消耗系数与间接消耗系数之和。用公式表示为:

$$b_{ij} = a_{ij} + \sum_{k=1}^{n} b_{ik} a_{kj} \ (i, j = 1, 2, \cdots, n)$$

式中,b_{ij}——完全消耗系数,表示生产单位 j 产品所直接和间接消耗 i 产品数量之和 $(i=1, 2, \cdots, n)$;

a_{ij}——直接消耗系数,其含义如前述;

$\sum_{k=1}^{n} b_{ik} a_{kj}$——间接消耗系数,其中 k 为中间产品部门,$\sum_{k=1}^{n} b_{ik} a_{kj}$ 表示通过 k 种中间产品而形成的生产单位 j 产品对 i 产品的全部间接消耗量。

(四) 波及效应分析

任何一个产业部门的生产活动通过产业间的联系方式,必然要影响或受影响于其他产业的生产活动,其相互影响产生波及效应。我们把一个产业影响其他产业的"程度"叫作该产业的影响力,把受到其他产业影响的程度叫作该产业的感应度。不同产业的影响力和感应度各异。产业的影响力和感应度的大小,可分别用影响力系数和感应度系数来表示:

1. 感应度系数

感应度系数的公式为:

$$S_i = \frac{\frac{1}{n}\sum_{j=1}^{n} A_{ij}}{\frac{1}{n^2}\sum_{i=1}^{n}\sum_{j=1}^{n} A_{ij}} \ (i, j = 1, 2, \cdots, n)$$

式中,S_i——i 产业部门受其他产业部门影响的感应度系数;

A_{ij}——$(I-A)^{-1}$ 中的第 i 行第 j 列的系数。

该公式的文字表述是:

$$某产业的感应度 = \frac{该产业横行逆阵系数的平均值}{全部产业横行系数的平均值的平均}$$

某产业的感应度系数若大于 1 或小于 1,表明该产业的感应度系数在全部产业中居于平均水平以上或以下。

2. 影响力系数

影响力系数公式为:

$$T_j = \frac{\frac{1}{n}\sum_{i=1}^{n} A_{ij}}{\frac{1}{n^2}\sum_{i=1}^{n}\sum_{j=1}^{n} A_{ij}} \ (i, j = 1, 2, \cdots, n)$$

第二章 国民经济系统结构

该公式用文字表述为:

$$某产业的影响力系数 = \frac{该产业纵列逆阵系数的平均值}{全部产业纵列逆阵系数的平均值的平均}$$

某产业的影响力系数大于1或小于1,表明该产业的影响力在全部产业中居平均水平以上或以下。

四、产业结构的演进

(一) 产业结构演进的含义

产业结构演进是指产业结构由一个较低层次向较高层次不断成长或高级化的过程。判断产业层次高低的依据是看生产对资源和科学技术的依赖程度,大体可分为三个层次:一是低层次结构。主要由资源禀赋决定,产业设置取决于该国所拥有或有权支配的自然资源种类及数量,产业增长速度和规模取决于资源的储量、质量和开发成本;二是中层次结构。主要由资源和技术双重决定,但技术主导型产业所占比例逐步高于资源主导型产业所占比例;三是高层次结构。主要由技术水平决定,生产效率的提高促使产品生产过程缩短,其发展趋势是技术含量高的最终制成品占据社会生产的主体地位。

(二) 影响和决定产业结构演进的因素

产业结构演进的过程受多种因素的影响,既有本国因素又有国外因素,既有自然演进又有来自外部的产业转移因素,主要有以下几方面。

1. 需求结构变化

由于不同国家人均收入水平不同,或者同一个国家不同时期人均收入水平的不同,需求结构就会不同。一般来讲,随着人均收入水平的提高,需求结构的演进可分为三个阶段,即从以生存资料为主的需求结构,发展到以发展资料为主的需求结构,再到以享受资料为主的需求结构。需求结构的演进会对产业结构的升级产生拉动作用。相对来说,人均收入水平越高,需求结构的升级速度越快,产业结构的演进速度也越快;反之则相反。

2. 技术创新水平

技术创新是一个从产生新产品或新工艺的设想到市场应用的完整过程,包括新设想的产生、研究、开发、商业化生产到扩散的一系列活动,其本质是一个科技、经济一体化过程,主要包括技术开发和技术利用两大环节。技术创新始终是产业结构演进的决定性因素,但在产业结构演进的不同阶段,对技术的依赖程度有所不同:在以"数量型"经济为主要特征的发展阶段,经济增长主要靠水平较低的同质技术的广泛应用来实现,同质性产品占市场主导地位,产品的更新换代速度较慢,产业的生命周期较长;在全面追求生活质量提高的发展阶段,异质性产品占市场主导地位,产品的更新换代速度加快,产业的生命周期缩短,产业结构的演进主要靠加快技术创新来实现。

3. 资本积累的规模和速度

在经济发展的不同阶段，形成单位生产力所需要的资本积累的规模是不同的。从一定意义上说，资本积累的规模和速度决定着工业化的进程和产业结构的升级。在工业化初期，主要是以劳动密集型产业为主；在工业化中期，产业呈资本密集型；在后工业化阶段，产业主要呈知识技术密集型，人力资本对产业结构演进起决定作用，但资本积累仍然是人力资本积累赖以实现的坚实基础。

4. 参与国际分工的深度和广度

随着经济全球化速度的加快，国际经济联系对一国经济发展和产业结构演进的影响日益增大。参与国际分工的广度和深度，一方面是衡量一国经济发展潜力的重要标志，另一方面是国家制定和实施长期发展战略的基本支撑点。参与国际分工的深度和广度影响产业结构的演进主要因为：一是由于各国的资源禀赋不同，单靠本国难以形成支持经济长期持续发展的完备的产业体系；二是各国的经济成长存在着阶段性差异，参与国际分工可以充分利用发达国家的技术、管理和资本的溢出效应，推动本国经济发展和产业结构演进；三是能够发挥比较优势，寻找更多的发展机会，促进国内幼小和新兴产业较快成长。

（三）产业结构演进的主要特点

从许多发达国家和新兴工业化国家的实践来看，产业结构的高级化和合理化，推动着经济不断向前发展。综合来看，产业结构的演进主要有以下特点。

1. 主导产业的更替

在产业结构演进过程中，很多产业曾经占据过主导地位，大体经历了以下阶段：

第一，以在农业为主导的阶段，这一阶段农业占绝大比重，第二、第三产业的发展均很有限。

第二，以轻纺工业为主导的阶段，这时由于手工业与农业相分离，劳动力便宜，使得轻纺工业得到较快发展，轻纺工业取代农业成为主导产业。

第三，以原料和燃料动力等基础工业为重心的重化工业化阶段，这时轻纺工业虽继续发展，但速度有所放慢，而以原料、燃料、动力、基础设施等基础工业为重心的重化工业得到较快发展，并逐渐取代轻纺工业成为主导产业。

第四，以加工组装型工业为主导高加工度化的阶段，由于技术创新速度加快，对技术要求较高的精密机械、精细化工、电子计算机、飞机制造、航天器、汽车及机床等高附加值组装型工业有较快发展，成为推动国民经济增长的主要推动力。

第五，以第三产业为主导的阶段，这时第二产业在国民经济中的比重有所下降，但新兴第三产业特别是高新技术产业、金融保险业、物流业、信息业等生产性现代服务业的发展速度明显加快，逐渐成为国民经济的主导产业。

目前，我国的产业结构呈现"三、二、一"的发展格局，如表2-2所示。

第二章 国民经济系统结构

表 2-2　　　　　　　　中国三次产业产值占 GDP 的比重　　　　　　单位：%

年份 \ 项目	第一产业	第二产业	第三产业
1978	27.7	47.7	24.6
1981	31.3	46.0	22.7
1986	26.6	43.5	29.8
1991	24.0	41.5	34.5
1996	19.3	47.1	33.6
2001	14.0	44.8	41.2
2002	13.3	44.5	42.2
2003	12.3	45.6	42.0
2004	12.9	45.9	41.2
2005	11.6	47.0	41.3
2006	10.6	47.6	41.8
2007	10.3	46.9	42.9
2008	10.3	46.9	42.8
2009	9.8	45.9	44.3
2010	9.5	46.4	44.1
2011	9.4	46.4	44.2
2012	9.4	45.3	45.3
2013	9.3	44.0	46.7
2014	9.1	43.1	47.8
2015	8.9	40.9	50.2

资料来源：《中国统计年鉴（2016）》，中国统计出版社 2016 年版。

2. 工业化的发展

如前所述，2014 年以前，我国第二产业（工业和建筑业）在三次产业结构中占绝大比重。工业结构演进从一定意义上说就是工业化的发展过程。总体说来，工业化经历了以下阶段：前工业化时期，这时第一产业占主导地位，第二产业有一定发展，第三产业微乎其微；工业化初期，第一产业地位不断下降，第二产业地位逐渐上升，第三产业开始发展；工业化中期，工业重心由基础工业向高加工度工业转变，第三产业逐渐上升；2014 年之后，第二产业比重继续下降，第三产业快速发展，在国民经济中占有支配地位；而到后工业化阶段，则以信息化、知识化为主要特征。

3. 三次产业内部结构的变动

在三次产业之间结构不断变化的同时，三次产业的内部结构也发生相应的变化：在第一产业内部,从技术水平低下的粗放型农业,向技术要求较高的集约型农业,再向生物、环境、生化、生态等技术含量较高的绿色农业、生态农业发展,从种植型农业向畜牧型农业、从野外型农业向工厂型农业方向发展;在第二产业内部,工业结构的演进沿着轻纺工业→重化工业→加工型工业方向发展,要素结构沿着资源密集型→劳动密集型产业→资本密集型产业→知识(技术)密集型产业方向,以及封闭型→进口替代型→出口导向型→市场全球化方向演进;在第三产业内部,产业结构将沿着传统服务业→多元化服务业→现代服务业→信息产业→知识产业的方向演进。

五、产业结构优化

产业结构在整个经济结构中居于主导地位,其变动对经济增长有着决定性的影响。当资本、劳动和技术一定,不同的产业结构对经济增长的贡献有所不同。

(一) 产业结构对经济增长的影响

产业结构是经济结构最重要的组成部分。对此可从两个角度来考察:一是从"质"的角度,动态地揭示产业间技术经济联系与联系方式不断发展变化的趋势,揭示居主导或支柱地位的产业部门不断替代的规律及其相应的"结构"效益;二是从"量"的角度,静态地分析一定时期内,各产业投入与产出的经济数量比例关系。产业结构通过产业间质的组合和量的规定,构成产业间经济资源的分布结构和产出分布结构,形成产业间的有机联系。

产业结构对经济增长具有重要的影响,主要有:

1. 经济增长在一定程度上取决于产业结构的状态

经济增长主要取决于各种资源(如劳动力、资金、技术等)的动员及其有效配置,产业结构在很大程度上决定了资源配置效率。资源配置合理、均衡,适合国内外的需求状况,与技术发展水平相适应,就能促进和保证经济的增长;反之,经济增长必然缓慢或者不能持续稳定。

2. 经济增长依赖于产业结构优化

这主要体现在经济增长越来越依靠技术进步和技术创新。经济增长依赖于产业结构优化的结构效应与经济增长依靠技术进步的趋势是一致的。当今世界技术创新所引起的产业结构优化,已深刻地揭示了其对经济增长的巨大影响。究其原因,主要有:

一是产业结构优化能够使资源得到更合理有效的配置。从社会需求结构变动来看,当需求结构变化使供给结构不再与其适应时,产业结构如能及时得到调整,稀缺资源在社会生产各部门各行业重新得到更有效的配置,就可以提高单位资源的产出效益,从而促进经济增长;反之则相反。从资源的供给和需求两个方面来看,在社会生产中,各个产业部门之间资源的供给条件不同,由此造成各部门生产增长对资源的依赖程度和所需资源的种类也不一样。在这种状态下,如能及时调整产业结构,建立新的产业部门替代生产资源短缺的部门或提高这些部门的资源利用效率,扩大资源供给较为丰裕的产业部门的生产规模,

第二章 国民经济系统结构

就可以促进经济增长；反之亦相反。由此可见，虽然大量资源的投入是经济增长的必然条件，但其投入的效率往往在很大程度上取决于产业结构的状态。

二是主导产业的更替是促进经济增长的重要因素。现代经济增长实质上是部门的增长过程，经济增长总是先由某一产业部门率先采用先进技术开始，并通过多种方式的影响带动整个国民经济的增长。主导产业部门是经济增长的驱动力，但它并不是一成不变的，其形成和发展以及被新的主导部门所替代的过程，是与经济增长紧密联系的。当新的主导产业取代原来的主导产业时，就会以更新的技术和更高的劳动生产率促进国民经济更快地增长。

三是社会分工和科学技术发展引起的产业结构转变是经济增长的动力。随着经济的增长，社会分工日益细化，产业之间的关联度日益增强。科学技术的发展对产业结构优化和经济增长的促进作用主要通过两种方式进行：一是由创新技术的发展和使用导致新产业的出现和迅速增长，并向其他产业不断扩散实现经济总量的增长；二是由改良技术的使用导致现有产业的改造更新和发展，从而促进资源的更有效配置，提高劳动生产率。这两种方式的合力不仅推动了产业结构的变动，而且也推动了整个经济的迅速增长。

（二）我国产业结构的优化

结合我国当前国情，"十三五"规划明确提出进行产业结构优化的重点在于改造提升传统产业，培育壮大新兴产业，振兴实体经济，推进供给侧结构性改革，对产业结构进行深度调整，加快构建创新能力强、品质服务优、协作紧密、环境友好的现代产业新体系，主要有以下几方面。

1. 实施制造强国战略

《中国制造2025》是中国政府实施制造强国战略第一个十年的行动纲领。深入实施《中国制造2025》，以提高制造业创新能力和基础能力为重点，促进制造业朝高端、智能、绿色、服务方向发展，培育制造业竞争新优势，其主要途径：

一是全面提升工业基础能力。工业基础能力直接决定着产品的性能和质量，是建设制造强国的重要基础和支撑。实施工业强基工程，重点突破关键基础材料、核心基础零部件（元器件）、先进基础工艺、产业技术基础等"四基"瓶颈。支持全产业链协同创新和联合攻关，系统解决"四基"工程化和产业化关键问题。

二是推动传统产业改造升级。传统产业主要是指已经处于产业生命周期成熟阶段以后的产业。用高新技术改造升级传统产业，是加快经济发展方式转变、促进产业结构优化升级的重要途径。实施制造业重大技术改造升级工程，完善政策体系，实现重点领域向中高端的群体性突破。鼓励企业并购，形成以大企业集团为核心，集中度高、分工细化、协作高效的产业组织形态。

三是降低实体经济企业成本。政府从各个方面切实开展降低实体经济企业成本行动。通过进一步简政放权、清理规范各种收费和完善相关机制，逐步降低实体经济的制度性交易成本、人工成本、税费负担、财务成本、能源成本和物流成本等。

四是加快发展新型制造业。实施高端装备创新发展工程，明显提升自主设计水平和系统集成能力。加强工业互联网设施建设、技术验证和示范推广,推动"中国制造+互联网"取得实质性突破。实施绿色制造工程,推进产品全生命周期绿色管理,构建绿色制造体系。推动制造业由生产型向生产服务型转变,引导制造企业延伸服务链条、促进服务增值。

2. 支持战略性新兴产业发展

战略性新兴产业是以重大技术突破和重大发展需求为基础,代表未来科技和产业发展的新方向,对经济社会全局和长远发展具有重大引领带动作用,具有知识技术密集、物质资源消耗少、成长潜力大、综合效益好等特点的产业。

在"十三五"时期,我国支持新一代信息技术、新能源汽车、生物技术、绿色低碳、高端装备与材料、数字创意等领域的产业发展壮大。加强前瞻布局,在空天海洋、信息网络、生命科学、核技术等领域,培育一批战略性产业。支持产业创新中心、新技术推广应用中心建设,支持创新资源密集度高的城市发展成为新兴产业创新发展策源地。发挥产业政策导向和促进竞争功能,构建有利于新技术、新产品、新业态、新模式发展的准入条件、监管规则和标准体系。"十三五"时期将要重点发展的战略性新兴产业详见专栏2.1。

专栏2.1:

战略性新兴产业发展行动

◆ 新一代信息技术产业创新

培育集成电路产业体系,培育人工智能、智能硬件、新型显示、移动智能终端、第五代移动通信(5G)、先进传感器和可穿戴设备等成为新增长点。

◆ 生物产业倍增

加速推动基因组学等生物技术大规模应用,建设网络化应用示范体系,推进个性化医疗、新型药物、生物育种等新一代生物技术产品和服务的规模化发展。推进基因库、细胞库等基础平台建设。

◆ 空间信息智能感知

加快构建以多模遥感、宽带移动通信、全球北斗导航卫星为核心的国家民用空间基础设施,形成服务于全球通信、减灾防灾、资源调查监管、城市管理、气象与环境监测、位置服务等领域系统性技术支撑和产业化应用能力。加速北斗、遥感卫星商业化应用。

◆ 储能与分布式能源

实现新一代光伏、大功率高效风电、生物质能、氢能与燃料电池、智能电网、新型储能装置等核心关键技术突破和产业化,发展分布式新能源技术综合应用体,促进相关技术装备规模化发展。

◆ 高端材料

大力发展形状记忆合金、自修复材料等智能材料,石墨烯、超材料等纳米功能材料,磷化铟、碳化硅等下一代半导体材料,高性能碳纤维、钒钛、高温合金等新型结构材料,可降解材料和生物合成新材料等。

第二章 国民经济系统结构

◆ 新能源汽车

实施新能源汽车推广计划,鼓励城市公交和出租汽车使用新能源汽车。大力发展纯电动汽车和插电式混合动力汽车,重点突破动力电池能量密度、高低温适应性等关键技术,建设标准统一、兼容互通的充电基础设施服务网络,完善持续支持的政策体系,全国新能源汽车累计产销量达到500万辆。加强新能源汽车废旧电池回收处理。

3. 加快推动服务业优质高效发展

开展加快发展现代服务业行动,扩大服务业对外开放,优化服务业发展环境,面向社会资本扩大市场准入,加快开放电力、民航、铁路、邮政、市政公用等行业的竞争性业务,扩大互联网、金融、教育、医疗、商贸物流等领域开放,开展服务业扩大开放综合试点。

一是促进生产性服务业向专业化和价值链高端延伸。以产业升级和提高效率为导向,大力发展工业设计和创意、工程咨询、法律会计、信用评级、售后服务、检验检测认证、现代保险、人力资源服务等产业,实施高技术服务业创新工程。深化流通体制改革,促进流通信息化、标准化、集约化,大力发展第三方物流和绿色物流,推动传统商业加速向现代流通转型升级。引导生产企业加快服务环节专业化分离和外包。建立与国际接轨的生产性服务业标准体系,提高国际化水平。

二是促进生活性服务业向精细和高品质转变。首先,加快教育培训、健康养老、文化娱乐、体育健身等领域发展;其次,大力发展旅游业,深入实施旅游业提质增效工程,支持发展生态旅游、文化旅游、休闲旅游、山地旅游等;再次,积极发展家庭服务业,促进专业化、规模化和网络化发展;最后,推动生活性服务业融合发展,鼓励发展针对个性化需求的定制服务,同时实施生活性服务业放心行动计划,推广优质服务承诺标识与管理制度,培育知名服务品牌。

第二节 区 域 结 构

任何一个国家的国民经济,都是由部门、空间和时间要素构成的三维系统。从空间维度看,国民经济是由异质的区域经济有机耦合而成,因而可将区域结构看作是国民经济的子系统。

一、区域结构的分类与性质

(一) 区域结构的分类

区域是人类从事社会经济活动的一定的空间范围。区域经济既有其相对完整的结构和相对独立的功能,又是国民经济系统的有机组成部分。

研究区域结构,可以从不同角度进行分类:

一是按自然因素进行分类。如按地理位置划分为东部地区、中部地区、西部地区和东北部地区;按与海洋的距离划分为沿海地区、内陆地区、边境地区;按水资源划分为黄河流域、长江流域等。由于自然因素对区域经济发展具有相当影响,这种划分具有一定意义。

二是按行政区划进行分类。包括省(直辖市、民族自治区)、市、县、乡(镇)四个层次。在中国目前条件下,各级政府在组织、指导和调控经济活动中起到重要的作用,考核与评价经济绩效,也主要按行政区进行。

三是按经济功能进行分类。大体可分为:第一,技术经济协作区。主要是指在相邻区域产业关联比较紧密、优势互补比较明显的前提下,按照平等互利的原则,实行区域经济的整合与协作,统筹规划、合理分工,促进协调发展,如珠江三角洲经济协作区、长江三角洲经济协作区、京津冀经济协作区以及多种多样不同层次的经济联合体、经济技术协作区等。第二,按照经济发展水平不同划分。可以划分为发达地区、欠发达地区、老少边穷地区。第三,按赋予政策不同划分。可分为经济特区、沿海开放城市、沿海经济开发区和各种类型的开发区。第四,按资源环境承载能力、经济开发密度和未来潜力划分。可分为优先开发区、重点开发区、限制开发区和禁止开发区等主体功能区。第五,按区域问题的性质和需要关注的程度划分。可分为贫困落后地区、结构单一的资源型地区、财政包袱沉重的粮食主产区、严重衰退的老工业基地、各种矛盾交融的边境地区等。

(二) 区域结构的性质与特点

(1) 差异性。每一区域由于其自然条件、资源禀赋、地理位置、经济基础、市场容量、文化底蕴和人员素质等各不相同,并由此形成地区的优势与劣势,直接影响到经济发展水平和产业结构。

(2) 开放性。区域结构是国民系统结构的缩影,但它绝不是独立的封闭的经济系统,而是国民经济系统的有机组成部分,需要与其他区域进行物质、能量、信息的广泛交换,形成区域间相互依存、相互制约、相互促进的有机结合的国民经济地区结构系统。

(3) 层次性。不论经济区也好,行政区也罢,其中都包括若干层次,因而在经济活动中,各层次间相互协调、分工协作关系相当复杂。所以,研究区域结构,必须处理好巨系统、子系统和分系统之间的关系。

(4) 动态演变性。由于每一地区的发展以及区域之间的相互关系必然受诸多因素的影响,所以区域经济的发展层次以及在国民经济系统中的地位,都会不断发生变化,先进地区不一定永远先进,后进地区也可能快速赶上。造成这些变化的主要因素包括技术、管理的重大创新,新资源的重大发现,体制的重大改革,发展环境的建设等。

上述区域结构系统的特性,是研究国民经济地区结构系统的重要出发点,也是促进地区结构不断完善的重要依据。

第二章　国民经济系统结构

二、区域结构相关理论与方法

为了研究作为国民经济系统结构组成部分的区域结构，首先需要从国民经济大系统的高度，运用系统理论和系统分析方法，研究诸多区域之间相互依存、相互促进、协调并进和有机结合的关系；其次还要研究区域结构的形成及其变化，由于受技术、经济、资源、环境、人口、社会、政治、文化等诸多因素的制约，因而研究区域经济结构需要综合运用多学科的理论和方法，主要有以下几方面。

（一）区域分工理论

这方面主要是运用国际贸易分工理论研究区域经济分工，具有代表性的有比较利益理论和资源要素禀赋理论。该理论认为，由于各地区资源禀赋和诸多条件的差异，投入同样劳动，生产同样产品，其生产成本和经营效益会有很大差别。所以，一个地区没有必要什么都生产，应当充分利用本地区的有利条件和比较优势，进行合理区域分工，以提高生产效率，取得最大的经济效益。

（二）增长极理论

"增长极"是由物理学的"磁极"概念引申而来，认为受力场的经济空间中存在着若干中心或极。根据这一理论，在经济还不够发达、资金力量有限的条件下，为促进经济发展，首先应加快条件较好的地区或产业发展，将其培育成经济增长极，再通过经济增长极的极化效应（也称集聚效应）和扩散效应（也称辐射效应），影响和带动其他地区发展。增长极的极化效应，主要表现为资金、技术、人才等生产要素向极点聚集；扩散效应主要表现为向外地转移。当增长极发展到一定程度后，极化效应将逐步减弱，扩散效应将日益增强。

（三）点轴开发理论

点轴开发理论是增长极理论的延伸与发展，即在重视增长极、增长点的同时，强调把"点"与"点"联系起来的"轴"，主要通过重大交通干线，如铁路干线、重大河流航线、海岸线经济轴线等，对轴线上的原有增长极、中心城市进行重点开发，形成产业密集、紧密联系的新的经济带。经济轴线的开发，对于带动腹地经济以及全国经济，都具有重大的促进作用。

随着经济增长极和经济轴线的实力的增强和影响的不断扩大，将会在较大空间领域内形成商品流、资金流、人才流、信息流顺畅的流动网和交通、通讯网，形成经济网络体系，推动整个区域内资源要素交流的广度、深度与有效配置，促进地区经济一体化。

增长极开发、点轴开发和网络理论，对区域经济发展水平不断升华、区域结构不断优化，乃至国民经济系统功能的发挥，具有重要的指导意义。

（四）城市圈理论

城市以其集聚功能、辐射功能、导向带动功能，在区域经济发展中起核心作用。随着城市的发展与城市化进程的加快，城市以圈域状的空间分布为特点，逐步向外扩散，与周边城市相接，形成城市圈（城市群）。城市圈大体由三部分组成：一是有 1~2 个辐射能力强、发展水平较高的中心城市；二是有若干周边城镇腹地；三是中心城市与周边城镇和腹地之间形成"极化—扩散"效应的紧密经济联系网络。城市圈（城市群）的形成与发展，有利于推进区域经济协调发展和城乡经济一体化。

（五）区域趋同理论

该理论主张，在国家经济发展初期阶段，为加快整体经济的增长，公共投资将相对集中于条件好的地区，即实行非均衡增长。在此期间，地区差距将会扩大。随着经济的不断发展，国家的经济实力以及发达地区的扩散效应、带动效应将不断增强，而发达地区由于人工、土地、水资源等成本的提高出现资本转移，区域间的差距将会逐步缩小，区域经济逐步走向协调发展。从长期趋势看，区域经济发展表现为一个从非均衡到趋于均衡的过程。这一理论虽与梯度转移理论的分析角度不同，但其结论基本一致。

研究区域经济和区域经济结构的方法，既包括定量分析方法，也包括数学模型的广泛应用，如地区投入产出模型、区域空间均衡模型、区域经济增长模型、环境影响模型等。

三、区域结构的演进

（一）影响区域结构演变的主要因素

（1）自然禀赋。其对区域结构演变具有重要影响。由于自然要素分布的不均衡，使区域之间客观上存在着资源禀赋的差异，从而影响区域经济结构的形成和变化。虽然随着改革的深化，资金、劳动力、技术、原材料等要素可在区域之间流动，但还有一些要素如土地、矿山、水域、地理位置等是无法改变的，这是区域分工和区域结构形成不可忽视的因素。

（2）体制机制。区域间经济增长的差异，与经济体制改革的程度、市场机制完善的程度密切相关。一般说来，欠发达地区多是经济体制改革比较滞后的地区，同时也是激发人们积极推进改革的地区。加快推进体制改革，激发人的活力和企业的活力，把被压抑的潜在的生产力充分释放出来，将会大大加快这些地区的发展。

（3）技术进步。当今时代，科学技术日新月异，已经成为推动经济社会发展的关键性因素，技术的迅速扩散，先进技术的引进与广泛应用，以及努力提高本地区的自主创新能力，提高区域经济的竞争能力，必将大大加快后进地区赶上先进地区的进程。从宏观上说，技术更新速度加快，产业不断升级，也必将大大提升区域经济发展水平，推进区域经济结构的不断优化。

第二章 国民经济系统结构

(4) 社会文化。文化是在人类社会经济活动实践中逐步形成的思想观念、价值准则、精神追求、道德规范、社会风尚等的总称。任何经济活动,都受精神文化和思想观念的支配,从这个意义上说,文化是经济活动的灵魂,也是区域经济发展的重要推动力量。例如,广东、浙江等省的快速发展,是与粤商文化、浙商文化直接相关。所以,每一个区域只有着力培育符合时代精神和现代市场经济的区域文化,转变观念,拓展视野,开阔思路,大胆创新,才能有效地推进区域经济的发展。

(5) 政府支持力度。政府的战略意图、政策取向、扶植措施、财政资金投向等,必然对不同地区发展产生不同的影响。政府从全局出发,根据每一时期经济社会发展水平、国家战略任务以及区域经济结构存在的突出问题等,确定不同的区域政策和支持重点,赋予不同的优惠政策。从我国目前来看,政府的政策取向和支持力度,是推动区域经济发展、促进区域经济结构演变和逐步优化的一项最重要的因素。

(二) 我国区域结构演进历程及其趋势

改革开放以来,我国区域经济发展经历了从不平衡发展到趋于协调发展的战略转变,大体可分为三个阶段:

(1) 向东部地区倾斜的不平衡发展阶段(1979~1990年)。1978年党的十一届三中全会确定了对外开放、对内搞活经济的重大战略方针。为加快对外开放步伐,相继建立了深圳等5个经济特区、14个沿海开放城市、14个沿海经济技术开发区,实行特殊的政策。同时,区域经济发展和资金投向也向沿海地区倾斜,并提出积极利用沿海地区的现有基础,充分发挥它们的特长,带动内地经济进一步发展。1985~1988年,全国基建投资地区分配比例,沿海与内地之比由1.07:1增加到1.36:1,1990年为1.29:1。重点区域开发形成了珠江三角洲、长江三角洲两个经济增长极,以及向北移动,出现了环渤海经济区第三个经济增长引擎。

(2) 区域协调发展战略的形成阶段(1991~1998年)。20世纪90年代以来,随着我国经济实力不断增强,面对着东西部地区差距不断扩大,确立了地区协调发展的指导方针,1991年3月,首次提出"促进地区经济的合理分工和协调发展",1995年再次明确把"坚持区域经济的协调发展,逐步缩小地区发展差距"作为未来必须贯彻的重要方针之一。与此同时实施新的区域经济发展战略:一是实行全方位对外开放;二是调整国家投资和产业布局政策,增加中西部地区投资比重;三是完善国家扶贫政策和民族地区政策。

(3) 全面实施区域协调发展战略阶段(1999年以后)。1999年以来,为促进区域经济协调发展,国家先后制定并实施了西部大开发、东北地区等老工业基地振兴和中部地区崛起战略。目前,全国已形成了较为完整的区域经济发展格局:在对外开放方面,除上海、深圳、天津滨海新区外,还有广西北部湾经济区、江苏沿海经济区、福建海峡西岸经济区、辽宁沿海经济带和长吉图开发开放先导区;在沿海经济带与腹地经济面互动发展方面,形成了成渝城乡一体化全国综合配套改革试验区,武汉、长株潭"两型社会"全国综合配套改革试验区,沈阳经济区"新型工业化"全国综合配套改革试验区等,从而形成了沿海、沿江、沿边开发开放，东、西、中、东北老工业基地互动发展的崭新发展格局。党的十八大以来，在"四大板块"的基础上实施"新三大战略"，即"一带一路"、长江经济带和京津冀协同发展战略。

由此可见，逐步缩小区域经济差距，实现区域协调发展，是区域结构演变的必然趋势，也是一项经过持续努力才能完成的长期任务。

四、区域结构优化

国民经济系统结构不仅与产业结构及其优化关系密切，而且与区域结构及其优化有着密切的关系。生产要素在地区间的分布与配置，在很大程度上决定经济增长的水平与质量，从而影响国民经济的运行，以至国民经济系统结构功能的发挥。

（一）区域结构优化的目标

在对内开放的背景下，构成国民经济系统的每一个地区，不是孤立的，而是相互联系的。所以，既要充分发挥每一地区发展经济的积极性，又要使之适应系统整体发展的要求。但在现实经济生活中，也经常会出现一些不协调的现象，如某些地区互相封锁，盲目竞争，重复建设，结构趋同，出口竞相降价，引资优惠政策互相攀比，为追求 GDP 而忽视安全和生态环境等，产生一系列负面影响。可见，促进区域结构优化是一项重要课题。简言之，优化区域结构，应在充分发掘地区优势、潜力的基础上，促进区域间资源要素自由流动、优化配置和区域协调发展，形成相互依赖、相互促进、相互协作、良性互动的国民经济区域结构体系，实现系统整体最佳的经济效益、社会效益和生态效益。

具体地说，主要应做到：一是分工合理，特色明显，各展所长，发挥优势；二是相互促进，广泛合作，优势互补，协调并进，共同发展，逐步缩小地区差距；三是统筹协调人与自然、经济与社会、公平与效率、国防建设与民族和谐，实现全面协调可持续地发展。

（二）"十三五"区域结构优化战略

2016 年 3 月通过的"十三五"规划纲要明确了我国区域经济结构协调发展的新格局：以区域发展总体战略为基础，以"一带一路"建设、京津冀协同发展、长江经济带发展为引领，形成沿海沿江沿线经济带为主的纵向横向经济轴带。

1. 深入推进西部大开发

把深入实施西部大开发战略放在优先位置，更好发挥"一带一路"建设对西部大开发的带动作用。自 2000 年西部大开发政策实施以来，基础设施建设成效显著，投资环境逐步改善，贫困人口不断减少，在此基础上：一是大力发展绿色农产品加工、文化旅游等特色优势产业；二是设立一批国家级产业转移示范区，发展产业集群；三是依托资源环境承载力较强地区，提高资源就地加工转化比重；四是健全长期稳定资金渠道，继续加大转移支付和政府投资力度，加快基本公共服务均等化；五是强化生态环境保护，提升生态安全

第二章 国民经济系统结构

屏障功能。

2. 大力推动东北地区等老工业基地振兴

东北地区等老工业基地的振兴,关键是要提升老工业基地的发展活力、内生动力和整体竞争力。一是加快市场取向的体制机制改革和服务型政府建设,积极推动结构调整,改善营商环境,加快发展民营经济;二是使创新真正成为东北地区发展的强大动力,就要大力开展和积极鼓励创业创新,支持建设技术和产业创新中心,吸引人才等各类创新要素集聚;三是促进传统优势产业提质增效,建设产业转型升级示范区,推进先进装备制造业基地和重大技术装备战略基地建设;四是要支持资源型城市转型发展,组织实施好老旧城区改造、沉陷区治理等重大民生工程。

3. 促进中部地区崛起

制定实施新时期促进中部地区崛起规划,完善支持政策体系,推动城镇化与产业支撑、人口集聚有机结合,把中部地区打造成重要战略支撑区:一是根据区位优势,加快建设贯通南北、连接东西的现代立体交通体系和现代物流体系,培育壮大沿江沿线城市群和都市圈增长极;二是根据产业特点,有序承接产业转移,加快发展现代农业和先进制造业,支持能源产业转型发展,建设一批战略性新兴产业和高技术产业基地,培育一批产业集群;三是根据水资源特点,加强水环境保护和治理,推进鄱阳湖、洞庭湖生态经济区和汉江、淮河生态经济带建设。

4. 支持东部地区率先发展

为了进一步增强东部地区对全国经济发展的支撑引领、辐射带动作用:一是加快实现东部地区创新驱动发展转型,打造具有国际影响力的创新高地;二是加快推动产业升级,引领新兴产业和现代服务业发展,打造全球先进制造业基地;三是加快建立全方位开放型经济体系,更高层次参与国际合作与竞争。在区域内部重点发展方面,一是支持珠三角地区建设开放创新转型升级新高地,加快深圳科技、产业创新中心建设;二是深化泛珠三角区域合作,促进珠江—西江经济带加快发展,成为带动中国经济增长的大增长极。

5. 推动京津冀协同发展

推动京津冀协同发展,主要是构建"一核、双城、三轴、四区、多节点"的空间格局:"一核"是指北京,即建设以首都为核心的世界级城市群;"双城"是指北京、天津,这是京津冀协同发展的主要引擎;"三轴"指的是京津、京保石、京唐秦三个产业发展带和城镇聚集轴,这是支撑京津冀协同发展的主体框架;"四区"分别是中部核心功能区、东部滨海发展区、南部功能拓展区和西北部生态涵养区,每个功能区都有明确的空间范围和发展重点;"多节点"则包括石家庄、唐山、保定、邯郸等区域性中心城市和张家口、承德、廊坊、秦皇岛、沧州、邢台、衡水等节点城市,重点是提高其城市综合承载能力和服务能力,有序推动产业和人口聚集。根据京津冀的各自特色制定协同发展方向:北京市重点发展知识经济、服务经济、绿色经济,加快构建高精尖产业结构;天津市优化发展先进制造业、战略性新兴产业和现代服务业,建设全国先进制造研发基地和金融创新运营示范区;河北省积极承接北京非首都功能转移和京津科技成果转化,重点建设全国现代商贸物流重要基地、新型工业化基地和产业转型升级试验区。

6. 推进长江经济带发展

长江经济带横跨我国东中西三大区域，是我国经济稳增长的重要支撑。推动长江上游、中游、下游协同发展，促进东部、中部、西部互动合作，把长江经济带建设成为我国生态文明建设的先行示范带、创新驱动带和协调发展带，主要目标：一是建设沿江绿色生态廊道。主要是推进全流域水资源保护和水污染治理，长江干流水质达到或好于Ⅲ类水平；实施长江防护林体系建设等重大生态修复工程，增强水源涵养、水土保持等生态功能；加强流域重点生态功能区保护和修复；创新跨区域生态保护与环境治理联动机制，建立生态保护和补偿机制。二是构建高质量综合立体交通走廊。依托长江黄金水道，统筹发展多种交通方式：优化港口布局，大力发展江海联运、水铁联运；加快高速铁路和高等级公路建设；强化航空枢纽功能，完善支线机场布局。三是优化沿江城镇和产业布局。主要是提升长三角、长江中游、成渝三大城市群功能，发挥上海"四个中心"引领作用，发挥重庆战略支点和联接点的重要作用。根据资源环境的承载能力，引导产业合理布局和有序转移，培育壮大战略性新兴产业，建设集聚度高、竞争力强和绿色低碳的现代产业走廊。

第三节　城乡结构

在经济发展过程中，产业结构和区域结构都有一个城乡分布问题。城乡结构是产业结构和区域结构的具体体现，同时也对产业结构和区域结构从而对国民经济系统结构产生影响。从一定意义上说，城乡结构是一国（地区）工业化、城市化和现代化水平的一个缩影。

一、城乡的基本特征与城乡结构的主要内容

一国的国民经济系统结构从大的方面可分为产业结构和区域结构两个方面，也可以进一步细分。城乡结构属于区域结构，但由于城市和农村是两个具有特定含义的区域，它们在产业构成、发展水平、影响因素和发展趋势，以及由此形成的关系上，明显不同于一般的区域结构，因而应具体进行分析。

概括起来，城市是人口集中、工商业发达、以非农业人口为主的地区。在空间载体上，城市体现出环境的高组织化和物质设施的集聚化：前者是指对自然环境的人为改造，其目的是使环境适合人的需求；后者则表现为各种工作、居住场所和交通设施在市区内的高度密度分布；在人口上，其人口集中程度远高于乡村，而且绝大多数人口从事非农产业；在经济上，其产业结构以第二、第三产业为主，经济门类相对齐全。

乡村则是相对于城市的一个范畴，主要是指以农业生产为主的人口聚集场所和农业生产区域。与城市相比，乡村的特征主要表现为：在空间载体上，呈现环境的低组织化和物质设施的分散化；在人口上，集中程度较低，且大多数人从事农业生产；在经济上，产业

第二章 国民经济系统结构

结构较为单一,通常以第一产业为主。

城乡结构是根据城市与乡村的特点,按城乡自然地理区域并结合行政管理区域进行划分的。城乡结构不同于一般的区域结构:从城乡区域的产业布局来看,主要涉及农业与非农业的关系;从城乡区域经济活动主体的角度来看,主要涉及农民与市民的关系;从城乡结构发展趋势分析,主要涉及城乡人口分布。

因此,城乡结构研究的主要内容包括:一是反映产业布局的城乡产业结构。主要是农业与非农产业结构。二是反映农民与市民关系的城乡收入分配结构。主要指城镇居民可支配收入和农民人均纯收入的水平。三是反映城乡结构发展趋势的城乡人口结构。主要指人口在城市与农村的分布等。

人类文明的发展历史,表现为城市进化的历史。当今世界的发达国家,无不是城市化率较高的国家,其发展都经历了由农业向工业、农村向城市的发展历程。城市化是人类生产和生活方式由乡村型向城市型转化的历史过程,主要表现为农村人口向城市人口转化以及城市不断发展和完善。其本质特征为:以人口转移和集中为前提、以经济活动的集聚为主要内容、以社会经济结构转变为核心、以农村和城市互动为基本方式[①]。迄今为止,发达国家大都完成了工业化与城市化的历史任务,随着科技进步和经济发展,城市和乡村在经济发展水平与社会文明程度上的差距已基本消除。但对于发展中国家来说,其工业化进程中明显地存在着城乡二元结构,破解二元结构是发展中国家从理论到实践亟待解决的核心问题。

二、研究发展中国家城乡结构的相关理论

(一)二元经济结构理论

二元经济结构是发展中国家经济发展过程中所出现的一种特殊的结构形态,即现代产业部门(工业)与传统产业部门(农业)并存的经济结构或城乡结构。自20世纪50年代刘易斯二元经济理论模式问世以来,发展中国家的二元经济结构吸引了许多经济学家的关注,他们从不同的角度、在不同程度上考察和分析了国民经济二元结构特征的表现形式、二元经济结构产生的原因和破解二元经济结构的途径,从而形成了发展经济学的二元经济结构理论。

20世纪80年代前,传统二元经济理论的主要代表是刘易斯、费景汉—拉尼斯、乔根森及托达罗二元经济结构模型。刘易斯把发展中国家的经济结构概括为以城市工业为主的现代部门与传统农业部门并存的二元经济结构,并在此基础上建立了两部门经济模型,其主要学术观点是通过农业剩余劳动力向城市现代工业部门转移,使城市现代部门与农村传统农业部门的边际劳动生产率和收入水平趋于相等,从而实现由二元结构向现代化的一元

---

① 参见中国社会科学院新型城市化研究课题组:《中国新型城市化道路——城乡双赢:以成都为案例》,社会科学文献出版社2007年版,第4~5页。

经济结构的转换。这一理论强调现代城乡工业部门与农村传统农业部门的结构差异，与总量发展模型相比，更接近发展中国家的现实，其首创的二元结构分析方法，为人们研究发展中国家的城乡结构，提供了一个新的思路。在此基础上，美国耶鲁大学的两名经济学家费景汉和拉尼斯教授对其进行了改进，构建了费景汉—拉尼斯模型。这一模型研究了二元经济结构转换中劳动力转移的不同阶段及其特点，以及工农两大部门平衡发展问题，反映了发展中国家经济发展中城乡对立运动的一些客观规律。相对于刘易斯和费景汉—拉尼斯模式着重分析如何通过工业部门发展来吸收农业剩余劳动力，从而实现二元经济结构转换，乔根森模型则着重分析了农业剩余对工业扩张的作用，更注重农业的发展和技术进步。而托达罗模型是在刘易斯、费景汉—拉尼斯模型不能解释人口流动与城市失业并存的条件下产生的，其突出的特点是将发展中国家严重的城市失业问题作为研究的重点。

20世纪80年代以来，二元经济理论融合了凯恩斯主义、新兴古典经济学、新制度经济学的研究方法及分析工具，在研究内容上吸纳了需求约束、分工组织、工资制度、市场分割和收入分配等范畴与思想，取得了新的进展。

（二）统筹城乡发展理论

统筹城乡发展的思想最早可见诸于空想社会主义者对未来社会的构想当中，如圣西门的城乡社会平等观、傅立叶的"和谐社会"、欧文的"理性社会制度"与"共产主义新村"都体现了对统筹城乡发展的思考。恩格斯最早提出了"城乡融合"的概念，列宁和斯大林也曾阐述了社会主义条件下的新型城乡关系。国外对城乡关系理论研究经历了从20世纪50年代初期的朴素的城乡整体发展观到后来的带有"城市偏向"的城乡分割发展观，20世纪80年代以来则形成了注重城乡联系的城乡融合发展观。特别是进入21世纪，人们更加注重对区域网络及要素流动对城乡相互关系的影响①。

我国改革开放以来的城乡关系研究基本上经历了从城乡协调、城乡一体化到城乡统筹这样一个发展历程。城乡一体化理论是在城乡协调论的基础上发展起来的，而城乡统筹发展理论又是对前两者的进一步总结和升华，它们都是把城市与农村作为一个整体，强调二者的相互影响和相互作用②。统筹城乡发展理论的出发点是摆脱就"三农"论"三农"的思想束缚，把解决"三农"问题同工业化、城市化发展相结合；同经济增长与结构调整相结合；同制度变迁和宏观经济政策调整相结合，在国民经济总体协调发展中解决农业、农村和农民问题。统筹城乡发展要求把农村经济与社会发展纳入整个国民经济与社会发展全局，统筹解决城市与农村中出现的各种问题。统筹城乡发展理论的实质是给城乡居民平等的发展机会，强调通过制度创新打破城乡二元经济体制，促进城乡各种要素的合理流动与优化配置，缩小工农差距和城乡差距。

2002年，党的十六大第一次提出"统筹城乡经济社会发展"的重大战略部署。2003

---

① 柳思维等：《国外统筹城乡发展理论研究述评》，载于《财经理论与实践》2007年第6期。
② 张晓华：《乡村转型与城乡空间整合研究——基本"苏南模式"到"新苏南模式"过程的分析》，南京师范大学博士学位论文，第24~25页。

第二章 国民经济系统结构

年,十六届三中全会进一步明确将"统筹城乡"发展列入"五个统筹"之首。2004年,在时隔18年之后再次将"三农"(农业、农村、农民)问题作为中央一号文件下发。此后每年的中央一号文件,都围绕"三农"问题推出一系列重大政策措施,充分体现扭转城乡差距过大,逐步消除我国长期存在的城乡二元经济结构,实现城乡经济社会全面、协调、可持续发展的战略意图,从而将"统筹城乡"从理论层面上升到政策层面,成为国民经济协调发展的重中之重。

三、城乡结构的演进

根据国际经验,城乡结构演进大体经历以下三个阶段:

第一阶段,农业支援工业、农村支援城市阶段。这一阶段的主要特点表现为工业、城市的快速发展,而这是建立在牺牲农业、农村发展的基础之上的。许多国家特别是"二战"后独立的发展中国家,普遍采取了工业优先发展、特别是"重工业优先发展"的"城市偏向"发展战略,其实质是牺牲城乡"公平"来换取城市、工业的"效率",其结果是造成城乡差距扩大、城乡结构扭曲。这一阶段大体相当于工业化初期阶段。

第二阶段,工业反哺农业、城市反哺农村阶段。随着工业化和城市化的发展,工业和城市的经济实力不断增强,工业增加值在 GDP 中的比重不断扩大,城市化率逐渐提高,具备了工业反哺农业、城市反哺农村的实力和条件。这时各国政府普遍采取对农业、农村的财政转移支付,扩大对农村公共基础设施的投入,采取有效措施控制和缩小城乡之间、工农之间的发展差距,城乡公平发展成为优先考虑的目标之一。这一阶段大体上相当于工业化的中期阶段。

第三阶段,农业和工业、农村和城市平行发展的阶段。由于在这一时期城乡失衡、工业和农业差距扩大的局面开始扭转并得到有效控制,城乡之间的差距逐渐缩小,使农业和农村获得了更多的发展机会。同时,农村和农业的发展也有效的促进了城市和工业的发展,城乡发展在一定程度上兼顾了公平和效率,经济社会发展逐步走上城乡协调发展的轨道。这一阶段大体上相当于工业化后期或"后工业化时期"。

纵观人类工业化、城市化和现代化的发展历史,城乡结构中演进这三个阶段,先后出现两个转折时期:第一个转折是工业化初级阶段结束,开始进入工业化中期,其特征是农业劳动力份额减少(不超过55%)、城市化率提高(不低于35%)、人均 GDP 增加(不低于1 000 美元);第二个转折是工业化中期向工业化后期过渡时期,其结构特征是农业劳动力继续减少(在30%以下)、农业增加值占 GDP 比重不断降低(低于15%)、城市化率不断提高(50%以上)、人均 GDP 继续增加(2 000 美元以上)。[①]

---

① 宋洪远:《调整城乡关系:国际经验及其启示》,载于《经济社会体制比较》2004年第3期。

四、我国城乡结构的基本现状及变动趋势

(一) 我国城乡结构的现状

具体来说,城乡结构及其变化主要可从城乡产业结构、城乡收入分配结构和城乡人口三个方面进行考察。

1. 城乡产业结构

城乡产业结构主要是指农业与非农产业的比例或结构,人们通常用第一产业与第二、第三产业的增加值结构与就业结构进行考察。从农业与非农业产值结构来看,2014年,我国第一产业增加值占GDP的比重为9.2%;第二、第三产业增加值占GDP的比重为90.8%;从农业与非农业的就业结构来看,第一产业就业人员占全社会就业人员比重为27.3%;第二、第三产业就业人口占全社会就业人员比重为72.7%。可见无论是从产值结构还是从就业结构进行分析,我国城市的第二、第三产业都居于主导地位。

考察城乡产业结构有一个十分重要的问题值得关注,就是在城乡产业结构中,农业增加值占GDP的比重远低于农业就业人员占全社会就业人员的比重,二者之差为18.1个百分点。这说明在我国城乡结构的变迁过程中,农业就业结构的转换远远滞后增加值结构的转换。理论界通常用二元对比系数来衡量发展中国家的二元经济结构强度。所谓二元对比系数是农业和非农业比较劳动生产率的比率。农业与非农业比较劳动生产率则指农业与非农业的产值比重同其就业比重的比率。二元对比系数与二元经济结构强度成反方向变动:二元对比系数越大,二元结构强度越小;二元对比系数越小,二元结构强度越大。二元对比系数理论上最大值为1,通常总是低于1。2014年我国农业与非农业比较劳动生产率分别为0.307和1.290,相应地二元对比系数为0.2381[①]。而发达国家的二元对比系数一般在0.52~0.86之间,发展中国家一般在0.31~0.45之间[②],我国二元对比系数不仅远低于发达国家的二元对比系数,也远低于发展中国家的平均水平,说明从城乡产业结构角度来分析,我国城乡二元结构的特点还十分突出。

2. 城乡收入分配结构[③]

下面分别用城乡居民收入比、乡城居民收入比和城乡基尼系数测度我国城乡收入差距。城乡基尼系数是指城镇(或农村)居民收入占全国总收入的比重和城镇(或农村)居民人口占全国总人口比重之差的绝对值。城乡居民收入比值越大、乡城居民收入比值越小、城乡基尼系数越大,说明城乡收入分配差距越大。

计算表明,改革开放以来我国城乡居民收入分配差距经历了由缩小到扩大再到缩小的变动过程(见表2-3、图2-1)。1978年我国城乡居民收入比为2.5704、乡城居民收入比为0.3891、城乡基尼系数差值为0.1802;到20世纪80年代中期,我国城乡居民收入比

[①] 根据《中国统计年鉴(2015)》有关数据计算。
[②] 高帆:《交易效率、分工演进与二元经济结构转化》,上海三联书店2007年版,第225页。
[③] 张桂文:《二元经济结构转换的收入分配效应》,载于《经济学动态》2008年第9期,第73~76页。

第二章　国民经济系统结构

缩小到 1.8184、乡城居民收入比上升到 0.5502、城乡差值基尼系数降低到 0.1213（分别为 1983 年、1984 年、1985 年的平均值）；此后城乡居民收入差距又呈现出扩大趋势，进入 20 世纪 90 年代末期以来城乡收入差距明显增强，于 2007 年达到最高值，我国城乡居民的收入比上升到 3.3296、乡城居民收入比下降到 0.3003、差值基尼系数上升到 0.3196；从 2008 年开始到目前，城乡居民收入差距又呈现出缩小趋势。

表 2-3　1978~2014 年中国城乡收入差距变动情况

年份	相对收入差距（市民收入/农民收入）	相对收入差距（农民收入/市民收入）	差值基尼系数
1978	2.5704	0.3891	0.1802
1979	2.5080	0.3987	0.1802
1980	2.4966	0.4005	0.1813
1981	2.2023	0.4541	0.1558
1982	1.9511	0.5125	0.1320
1983	1.7624	0.5674	0.1109
1984	1.8338	0.5453	0.1239
1985	1.8589	0.5380	0.1291
1986	2.1227	0.4711	0.1629
1987	2.1665	0.4616	0.1703
1988	2.1681	0.4612	0.1719
1989	2.2871	0.4372	0.1861
1990	2.2005	0.4544	0.1771
1991	2.3999	0.4167	0.2001
1992	2.5849	0.3869	0.2200
1993	2.7967	0.3576	0.2410
1994	2.8634	0.3492	0.2480
1995	2.7147	0.3684	0.2359
1996	2.5123	0.3980	0.2193
1997	2.4689	0.4050	0.2173
1998	2.5093	0.3985	0.2232
1999	2.6485	0.3776	0.2377
2000	2.7869	0.3588	0.2506
2001	2.8987	0.3450	0.2599
2002	3.1115	0.3214	0.2754

续表

年份	相对收入差距 （市民收入/农民收入）	相对收入差距 （农民收入/市民收入）	差值基尼系数
2003	3.2310	0.3095	0.2824
2004	3.2086	0.3117	0.2794
2005	3.2238	0.3102	0.2786
2006	3.2784	0.3050	0.2805
2007	3.3296	0.3003	0.3196
2008	3.3149	0.3017	0.3114
2009	3.3328	0.3000	0.2738
2010	3.2285	0.3097	0.2636
2011	3.1258	0.3199	0.2541
2012	3.1029	0.3223	0.2490
2013	2.8068	0.3563	0.2279
2014	2.7499	0.3636	0.2213

资料来源：根据《中国统计年鉴（2015）》有关数据计算。

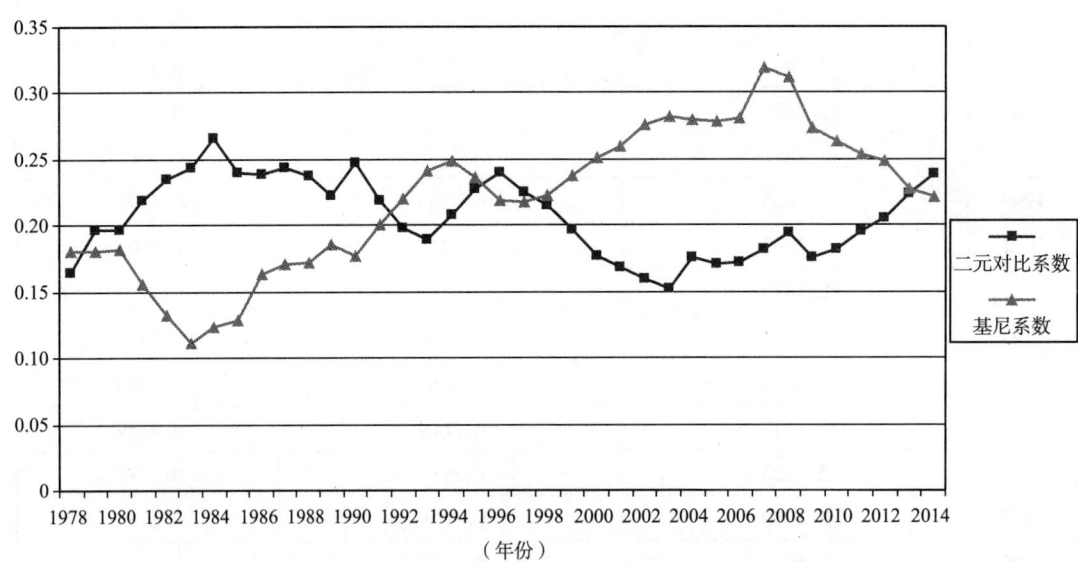

图 2-1 我国城乡二元对比系数与基尼系数变动情况

由中国社会科学院经济研究所收入分配课题组经过数年跟踪研究所做出的一份调查报告显示，如果仅看货币收入差距，中国城乡收入差距稍低于非洲津巴布韦；但如果把教

第二章 国民经济系统结构

育、医疗、失业保障等非货币因素考虑进去，中国城乡收入差距为世界最高①。

3. 城乡人口结构

第五次全国人口普查结果表明，2000年末我国人口约为12.66亿，其中城镇人口约为4.58亿，所占比例为36.18%；农村人口约为8.07亿，所占比例为63.74%。据《中国统计年鉴》的数据，2014年底我国总人口约为13.68亿，其中城镇人口为7.49亿，所占比例为54.77%；农村人口为6.19亿，所占比例为45.23%②。进入新世纪以来，我国的城市化率（城市人口占总人口的比重）有了较大幅度的增长，城市化水平不断提高。一般认为，城市化率与工业化率之比的合理范围在140%~250%之间③，2014年我国城市化率为54.77%，工业化率为35.8%，城市化率与工业化率之比为153%④，达到合理范围区间。根据世界银行的统计，2014年中国人均国民收入为7 380美元，属于中等收入国家行列中的上中等国家⑤。

（二）我国城乡结构的变动趋势

从世界发展经验来看，城乡结构的演变主要取决于经济发展水平和工业化进程。经过建国60多年的发展，我国已经进入工业化中期发展阶段，基本完成了由农业大国向工业大国的转变，综合国力和国家对经济的宏观调控能力显著增强。经过30多年来的改革开放，初步形成了适合我国国情和社会生产力发展的农村经济体制，主要农产品供给已由长期短缺向总量基本平衡、丰年有余转变；农产品市场需求日益旺盛和多样化，给农业带来了广阔发展前景；新的农业科技革命也为农业发展提供了强大的技术后盾。但也必须看到，我国城乡二元结构造成的深层次矛盾依然存在，"三农"问题仍然是制约我国经济健康发展及实现中国梦的关键环节。这说明，"我国总体上已进入以工促农、以城带乡的发展阶段，进入加快改造传统农业、走中国特色农业现代化道路的关键时刻，进入着力破除城乡二元结构、形成城乡经济社会发展一体化新格局的重要时期"⑥，即城乡结构演进的第二个阶段。可以预见，随着我国经济发展与体制转轨的不断深入，我国城乡二元经济结构强度将逐步弱化，逐渐向城乡一体化的方向转化。

促进我国城乡二元经济结构的转换，必须坚持科学发展观，统筹城乡工业化、城镇化、农业现代化建设，建立健全以工促农、以城带乡的长效机制；促进农村土地流转制度、社会保障制度及城乡户籍制度改革，加快城乡经济社会发展一体化体制机制建设，促进生产要素在城乡之间的合理流动及优化配置；调整国民收入分配格局，把国家基础设施建设和社会事业发展的重点放到农村，推进城乡基本公共服务均等化，使广大农民平等参与现代化进程、共享改革发展成果。

---

① 《中国社会科学院调查：中国城乡收入差距世界最高》，新华网，2004年2月25日。
②④ 《中国统计年鉴（2015）》，中国统计出版社2015年版。
③ 李善同：《对城市化若干问题的再认识》，载于《中国软科学》2001年第5期，第4页。
⑤ 《国际统计年鉴（2015）》，中国统计出版社2015年版。
⑥ 《中国共产党关于推进农村改革发展若干重大问题的决定》，2008年10月12日。

五、新型城镇化进程中的城乡发展一体化

2014年3月我国推出的《国家新型城镇化规划（2014～2020年）》和2016年3月通过的《"十三五"规划纲要》都明确提出，要坚持以人的城镇化为核心、以城市群为主体形态、以城市综合承载能力为支撑、以体制机制创新为保障，加快新型城镇化建设步伐，大力提高社会主义新农村建设水平，努力缩小城乡发展差距，推进城乡发展一体化。具体应做到：

（一）完善城乡发展一体化体制机制

由于体制机制不健全和不完善，阻碍了城镇化健康发展。我国当前要加快消除城乡二元结构的体制机制障碍，推进城乡要素平等交换和公共资源均衡配置，让广大农民平等参与现代化进程、共同分享经济发展的成果。

1. 推进城乡统一要素市场建设

主要有：一是加快建立城乡统一的人力资源市场，落实城乡劳动者平等就业、同工同酬制度；二是要建立健全有利于农业科技人员下乡、农业科技成果转化、先进农业技术推广的激励和利益分享机制；三是统筹发挥政策性金融、商业性金融和合作性金融的作用，保障金融机构农村存款主要用于农业农村，鼓励社会资本投向农村建设，引导更多人才、技术、资金等要素投向农业农村；四是要加快农业保险产品创新和经营组织形式创新，完善农业保险制度，给农民提供更安全的保障。

2. 推进城乡规划、基础设施和公共服务一体化

主要有：一是统筹规划城乡基础设施网络，健全农村基础设施投入长效机制，科学规划村镇建设、农田保护、村落分布、生态涵养等空间布局，促进水电路气信等基础设施城乡联网、生态环保设施城乡统一布局建设；二是加快公共服务向农村覆盖，推进公共就业服务网络向县以下延伸，全面建成覆盖城乡居民的社会保障体系，推进城乡社会保障制度衔接，扩大公共财政覆盖农村范围，加快形成政府主导、覆盖城乡、可持续的基本公共服务体系，推进城乡基本公共服务一体化。

（二）加快农业现代化进程

坚持走中国特色新型农业现代化道路，加快转变农业发展方式，提高农业综合生产能力、抗风险能力、市场竞争能力和可持续发展能力。

1. 发展特色县域经济

主要有：一是因地制宜，培育发展充满活力、特色化、专业化的县域经济，提升承接城市功能转移和辐射带动乡村发展能力，扩大县域发展自主权；二是依托优势资源，促进农产品精深加工、农村服务业及劳动密集型产业发展，提高产品附加值，积极探索承接产业转移新模式，融入区域性产业链和生产网络；三是制定优惠政策，积极引导农村第二、第三产业向县城、重点乡镇及产业园区集中。

第二章 国民经济系统结构

2. 提升现代农业发展水平

主要有：一是加快完善现代农业产业体系，积极发展具有高产、优质、高效、生态、安全等特点的农业；二是发挥科技在提升农业现代化水平中的作用，如提高农业科技创新能力、健全农技综合服务体系，做大做强现代种业以及鼓励农林牧渔科技人员深入农村，推广现代化农业技术；三是创新农业经营方式，在坚持家庭经营在农业中的基础性地位的同时，积极推进家庭经营、集体经营、合作经营和企业经营的多元化发展，鼓励和引导工商资本到农村发展适合企业化经营的现代种养业，向农业输入现代生产要素和经营模式；四是加快构建公益性服务与经营性服务相结合、专项服务与综合服务相协调的新型农业社会化服务体系。

（三）建设社会主义新农村

坚持遵循自然规律和城乡空间差异化发展原则，科学规划县域村镇体系，统筹安排农村基础设施建设和社会事业发展，建设农民幸福生活的美好家园。

1. 加快建设美丽宜居乡村

主要有：一是全面改善农村生产生活条件，加快农村宽带、公路、危房、饮水、照明、环卫、消防等设施改造；二是按照发展中心村、保护特色村、整治空心村的要求，在尊重农民意愿的基础上，科学引导农村住宅和居民点建设，方便农民生产生活；三是开展生态文明示范村镇建设行动和农村人居环境综合整治行动，在提升自然村落功能的基础上，加大对有历史、艺术、科学价值的传统村落和民族特色村镇的保护力度，传承乡村文明，建设田园牧歌、秀山丽水、和谐幸福的美丽宜居乡村。

2. 加快农村社会事业发展

主要有：一是合理配置教育资源，改善农村办学条件，推进义务教育学校标准化建设，提高农村义务教育质量和均衡发展水平，改善教师工作生活条件，加强农村教师队伍建设；二是加强基层医疗卫生机构和乡村医生队伍建设，优先建设发展县级医院，完善以县级医院为龙头、乡镇卫生院和村卫生室为基础的农村三级医疗卫生服务网络，向农民提供安全、价廉的基本医疗卫生服务；三是加强乡镇综合文化站等农村公共文化和体育设施建设，提高文化产品和服务的有效供给能力，丰富农民精神文化生活。

以上从产业结构、区域结构和城乡结构三个方面分析了国民经济系统结构，通过分析上述结构的制约因素和演进规律及趋势说明其对国民经济系统结构功能产生的不同作用和影响。但同时，国民经济系统结构的优化及其功能和作用的充分发挥，要求各子结构相互作用、相互促进、相互协调和相互衔接，形成整体的合力，才能实现更好的整体效益和综合效益。

【复习思考题】

1. 划分产业结构的三次产业分类法和国家标准分类法。
2. 产业结构演进及其制约因素。
3. 产业结构演进的主要特点。

4. "十三五"产业结构优化的重点。
5. 研究区域结构的主要理论与方法。
6. 影响区域结构演变的主要因素。
7. "十三五"区域结构优化战略。
8. 城乡的基本特征和城乡结构的主要内容。
9. 二元经济结构理论的主要内容。
10. 我国城乡结构的基本现状与变动趋势。
11. 新型城镇化进程中城乡发展一体化的主要内容。

第三章　国民经济系统环境

影响与制约国民经济系统运行的各种外部因素即为系统环境。国民经济系统的健康运行离不开系统环境的和谐状态。本章从对人类发展观的反思来研究国民经济系统环境的构成，从可持续发展的视角探讨国民经济系统与其运行环境保持协调关系的途径，从开放的格局论述国民经济系统与经济全球化的关系。

第一节　经济、社会、人口、资源与环境总体协调的必要性

一、国民经济发展观的演进

发展是国民经济永恒的主题。但在不同时代，人们对发展的本质、目的、内涵和要求的看法存在较大的差异，在回答为什么发展和如何发展的问题时给出的答案也不完全相同。然而，有什么样的发展观，就会有什么样的发展道路、发展模式和发展战略。发展观是发展模式的灵魂，是决定发展成效至关重要的因素。历史经验表明，坚持不同的发展观，对人类经济社会发展会产生不同的影响，从而导致不同的发展结果。迄今为止，颇具代表性的发展观主要有以下几种。

（一）传统的发展观

第二次世界大战以后，无论是战时卷入战争的国家，还是战后独立的民族国家，都面临着经济重建的任务。在当时的背景下，各国都努力探索经济增长的途径，尤其是发展中国家的经济增长问题，更成为发展经济学家关注的焦点。但许多人一开始并没有把经济增长与经济发展区别开来，而是把注意力集中在经济增长上，把发展归结为国民财富的增长，以工业化、特别是优先发展重工业做为经济发展的基本途径，由此形成一种以物质财富最大限度增长为中心的一维发展观，即传统发展观。其对经济发展比较有代表性的定义是，"经济发展问题实质上就是通过增加人均产出来提高国民收入水平，使每一个人都能

消费得更多"①,"经济发展可以定义为物质福利持续而长期地改善……,反映出产品和劳务流量的增加"。② 这种发展观在相当长一段时间内影响了世界经济的发展方向和进程。

20世纪50~60年代,世界经济增长较快,尤其是一些发展中国家,其国内生产总值的增长速度在1950~1960年达到4.8%,超出发达国家在大致相同的起飞阶段的年平均增长率,也高于同期发达国家的年平均增长率。③ 但是由于这种发展模式几乎不考虑经济发展对生态环境的影响,不重视经济发展成果的公平分配,偏离提高人们生活水平的基本需要,产生了一系列意想不到的后果,主要是收入分配不均,贫富差距悬殊,社会两极分化,失业加剧、环境污染、生态失衡、教育发展滞后等。这些问题的存在,几近淹没了经济快速增长带来的成就感,工业化进程面临着严重的挑战,因此被称之为"挫折的十年"。

(二) 经济社会协调发展观

面对上述挑战,人们开始进行反思,从经济发展和社会进步以及二者协调的角度重新探寻发展的内涵。美国经济学家金德尔伯格等首先提出了经济增长与经济发展的联系和区别,指出:"经济增长是指更多的产出,而经济发展既包括更多的产出,同时也包括产品生产和分配所依赖的技术和体制安排上的变革。……它还意味产出结构的变化以及生产过程中的各种投入量分布的变化。"④ 英国经济学家杜德利·西尔斯在1969年指出:"把发展与经济增长混为一谈是我们十分轻率的表现。"⑤ 库兹涅茨1971年在接受诺贝尔经济学奖时发表的演讲中,从广义的角度提出了对经济增长的理解:"一国的经济增长可以定义为向本国人民提供日益多样化的经济物品的能力的长期增长,这种长期不断增长的能力是以先进技术和所需要的制度与思想意识的调整为基础的。"⑥ 托达罗在《发展的含义》一文中对有关发展的认识进行了总结,认为发展必须既包括经济的加速增长、缩小不平等和消除绝对贫困,也包括社会结构、民众态度和国家制度的重要变化的多方面的进程。⑦ 正是由于传统发展观的嬗变更新了发展的理念和思路,将人的发展作为发展的主题和发展的核心,从而将发展从偏离的轨道上拉了回来,被称为变通的发展或经济社会协调发展观,这种发展观是二维的,其目光还只是局限于人类自身的经济和社会活动。

(三) 可持续发展观

随着工业文明进一步发展,环境污染、生态破坏愈演愈烈,不仅威胁到人类的发展,甚至威胁到人类的生存。人类发展面临的新挑战,重新唤起人们对发展问题更深刻的反思。1962年,美国生物学家蕾切尔·卡逊在《寂静的春天》一书中揭示了人类对化学杀

---

① [澳] 海茵茨·阿恩特:《经济发展思想史》,商务印书馆1997年版,第52页。
② [澳] 海茵茨·阿恩特:《经济发展思想史》,商务印书馆1997年版,第53页。
③ 万晓光:《发展经济学》,中国展望出版社1987年版,第14页。
④ 金德尔伯格:《经济发展》,上海译文出版社1986年版,第5页。
⑤ 杜德利·西尔斯:《发展的含义》,引自亨廷顿等:《现代化理论与历史经验的再探讨》,上海译文出版社1993年版,第50~51页。
⑥ 梁小明:《经济学发展轨迹》(第一辑),人民日报出版社1998年版,第40页。
⑦ 钟茂初:《可持续发展经济学》,经济科学出版社2006年版,第104页。

第三章 国民经济系统环境

虫剂的滥用导致鸟类的减少,并警告如果这种态势继续下去,将导致人类赖以生存的生态环境的毁灭性退化。20世纪60年代中期,美国经济学家肯尼斯·波尔丁提出"宇宙飞船经济观",认为人类赖以生存的最大生态系统地球不过是茫茫无垠太空中的一个小小的飞船,人口和经济的不断增长最终将使飞船内有限的资源开发完毕,人类生产消费所排出的废物最终将使飞船舱内完全被污染,那时整个人类社会就会崩溃。70年代,以人口、资源环境为主题,以探讨人类前途为中心议题的"罗马俱乐部"成立,随后发表了震动世界的报告《增长的极限》,该报告以整个世界为对象,研究世界人口、工业发展、污染、粮食生产和资源消耗五种因素之间的变动与联系,最后得出的结论是,包括人口在内的五种因素的指数增长都是有限的,一旦达到极限,增长就会被迫停止。1972年,联合国在瑞典的斯德哥尔摩召开了人类历史上第一次环境会议——联合国人类环境会议,大会通过了《人类环境宣言》。1980年,由世界自然保护同盟等组织和许多国家政府、专家参与制定的《世界自然保护大纲》第一次明确提出了"可持续发展"的概念及其实现的前景和途径。对可持续发展观形成和发展起到重要推动作用的是1983年创立的世界环境与发展委员会。该组织在挪威前首相布伦特兰夫人的领导下,于1987年向联合国提交了题为《我们共同的未来》的报告,对人类发展与环境问题进行了全面系统的评价,并对"可持续发展"的内涵作了明确的界定和深入的阐述,指出"可持续发展是既满足当代人的需要,又不对后代人满足其需要的能力构成危害的发展。"1992年在巴西里约热内卢召开的有183个国家的首脑和70多个国际组织参加的联合国环境与发展大会,会议通过了《里约环境与发展宣言》以及作为具体行动计划的《21世纪议程》等一系列有关可持续发展的文件,并提出了一个重要的口号:"人类要生存,地球要拯救,环境与发展要协调",充分体现了可持续发展的新思想被世界上绝大多数国家和组织承认和接受,也标志着可持续发展由理论走向行动。

随着对于发展的本质、目标、途径及可持续性的深入思考,人们对于可持续发展的内涵逐渐达成了共识:

第一,发展首先意味着一定经济规模的增长。把经济发展等同于经济增长或等同于国民生产总值的增长是片面的,但经济增长是经济发展的必要条件之一毋庸置疑。尤其是在经济发展的一定阶段上,经济增长是经济发展的主要内容。所以"二战"后的二三十年间,无论是经济理论还是经济发展的实践都更多地关注经济增长以及影响经济增长的关键因素——资本形成、技术进步、人力资本、需求促进等方面的问题。

第二,发展意味着社会经济结构一定程度的改进和优化。包含经济结构的改进,投入和产出结构与社会需求结构的变化相吻合,收入分配结构与社会公平的目标相一致,资源利用效率不断提高,经济增长稳定而可持续,以使整个经济运行质量提高。

第三,发展包含着一定的社会发展目标的实现。发展的最终意义在于社会的发展,主要体现在人民享有就业保障,消除贫困,生活水平的普遍改善,在社会政治和文化生活中享有平等的权力,满足物质和精神的基本需求,社会的整体福利得到增进,人与人之间的社会关系和谐。

第四,发展意味着社会成员有质量的物质和精神生活具有可持续性。这一切源于人类自觉地调控自身的经济和社会活动,使之与自然生态环境保持协调,将经济和社会活动的强度控制在自然生态系统可承受的阈值内,保持地球生命支持系统的完整性,使当代人和后代人在发展机会和权力方面具有平等性。

可持续发展观的问世是发展观新的飞跃,标志着人类对发展的认识已经从经济社会协调发展的二维发展观进化成为以人为中心,经济、社会与自然协调、可持续发展的三维发展观。其基本内涵可以概括为:以人的全面发展和社会进步为目标,以自然生态环境的永续利用为依托,注重协调人与人、人与自然之间的关系,注重当代人与后代人之间发展权的公平,是更为全面的、科学的发展。

(四) 科学发展观

在中国,人们对于发展内涵的认识不断深化,最终确立了科学发展观,但这一认识过程是一个渐进的过程。

党的十一届三中全会开创了中国改革开放的新时代。但在很长一个阶段,一直未摆脱传统发展观念的影响,其突出表现是,一些部门和地区片面追求GDP的增长,把"发展是硬道理"误解为"增长是硬道理",把"以经济建设为中心"视为"以速度为中心",把"GDP导向"作为评价官员政绩的主要尺度。在现实经济生活中,重GDP增长轻视环境保护、重效率忽视社会公平、重城市发展忽略乡村建设、重财富创造而忽略财富共享现象在不少地方不同程度地存在。2003年,十六届三中全会第一次提出坚持以人为本,树立全面、协调、可持续的发展观,促进经济社会和人的全面发展。2007年,党的十七大报告进一步明确提出,科学发展观的第一要义是发展,核心是以人为本,基本要求是全面协调可持续,根本方法是统筹兼顾。

科学发展观是立足中国社会主义初级阶段基本国情,总结中国发展实践,借鉴国外发展经验,适应新的发展要求提出来的,是未来时期中国经济社会发展的战略指导思想。其重要意义在于:

第一,科学发展观是对经济与社会发展规律认识的进一步深化。中国是一个人口与幅员双重大国,人口多,经济基础薄弱,区域经济发展不平衡。加快发展,消除贫困,实现人民的共同富裕,是一项长期而艰苦的任务。1956年,毛泽东撰写了著名的《论十大关系》,提出一系列关于社会主义建设的重要理论观点,初步探索符合当时中国国情的发展道路。中共八大在全面分析国内外形势的基础上,指出中国社会的主要矛盾是经济文化发展水平不能满足人民的需要,因此强调要集中力量发展社会生产力,实现国家工业化。后来由于种种复杂的原因,中国的发展走了弯路。1978年,中共十一届三中全会全面总结了过去20多年的经验教训,坚定地把党和国家的工作重点转移到社会主义现代化建设上来,强调社会主义的根本任务是发展生产力,制定了社会主义初级阶段"一个中心、两个基本点"的基本路线,明确提出建设中国特色的社会主义,实施现代化建设"三步走"发展战略,有力地推动了我国改革开放和现代化建设事业的迅速发展。中共十六大根据新的国际、国内形势,明确提出了科学发展观,把坚持以人为本和经济社会全面、协调、可持续发展统一起来,并强调按照"五个统筹"的要求推进改革和发展。这标志着对社会主义现

第三章　国民经济系统环境

代化建设规律的认识更加深化。

第二，科学发展观是针对当前我国经济、社会发展中存在的突出问题和矛盾提出来的。尽管发展是兴国之要，但是如何发展始终是一个没有得到正确答案的问题。虽然经济建设取得了举世瞩目的巨大成就，但同时也存在着科技创新能力不强，产业结构不合理，农业基础依然薄弱，资源环境约束加剧，制约科学发展的体制机制障碍较多，深化改革开放和转变经济发展方式任务艰巨；城乡区域发展差距和居民收入分配差距依然较大；社会矛盾明显增多，教育、就业、社会保障、医疗、住房、生态环境、食品药品安全、安全生产、社会治安、执法司法等关系群众切身利益的问题较多，部分群众生活比较困难等深层矛盾和问题。概括地说，就是发展不够全面，也不够协调，可持续发展能力较弱。中共十六届三中全会提出树立和落实全面、协调、可持续的科学发展观，具有很强的针对性和紧迫性。

第三，科学发展观是破解发展难题、应对各种风险和挑战的重大决策。十七大以来，在科学发展观的指引下，中国在妥善应对国际金融危机等一系列重大风险挑战，不断创新宏观调控方式，推动形成经济结构优化、发展动力转换、发展方式转变加快等方面取得了一系列重大进展。但是，发展不平衡、不协调、不可持续问题并没有得到根本解决。这一方面是因为多年积累起来的深层矛盾不是一朝一夕可以解决的，优化经济结构、转换发展动力、转变发展方式是一场经济领域的深刻革命；另一方面是由于转变发展观是一场深刻的观念变革，也不是一蹴而就事。因此，2012年党的十八大提出，必须把科学发展观贯彻到我国现代化建设全过程，必须更加自觉地把以人为本作为深入贯彻落实科学发展观的核心立场，必须更加自觉地把全面协调可持续作为深入贯彻落实科学发展观的基本要求，必须更加自觉地把统筹兼顾作为深入贯彻落实科学发展观的根本方法，努力形成全体人民各尽其能、各得其所而又和谐相处的局面。

（五）五大发展理念

2015年，十八届五中全会再次强调完善发展理念对于科学发展的重要性。在《中共中央关于制定国民经济和社会发展第十三个五年规划的建议》中提出，实现"十三五"时期发展目标，破解发展难题，厚植发展优势，必须牢固树立创新、协调、绿色、开放、共享的发展理念。其中：

（1）创新是引领发展的第一动力。创新发展居于国家发展全局的核心位置，为此必须不断推进理论创新、制度创新、科技创新、文化创新等各方面创新，让创新贯穿党和国家一切工作，让创新在全社会蔚然成风。

（2）协调是持续健康发展的内在要求。协调发展必须牢牢把握中国特色社会主义事业总体布局，正确处理发展中的重大关系，重点促进城乡区域协调发展，促进经济社会协调发展，促进新型工业化、信息化、城镇化、农业现代化同步发展，在增强国家硬实力的同时注重提升国家软实力，不断增强发展的整体性。

（3）绿色是永续发展的必要条件和人民对美好生活追求的重要体现。绿色发展要求必须坚持节约资源和保护环境的基本国策，坚持可持续发展，坚定走生产发展、生活富裕、生态良好的文明发展道路，加快建设资源节约型、环境友好型社会，形成人与自然和谐发展的现代化建设新格局，推进美丽中国建设，为全球生态安全做出新贡献。

（4）开放是国家繁荣发展的必由之路。开放发展是指必须顺应我国经济深度融入世界经济的趋势，奉行互利共赢的开放战略，坚持内外需协调、进出口平衡、引进来和走出去并重、引资和引技引智并举，发展更高层次的开放型经济，积极参与全球经济治理和公共产品供给，提高我国在全球经济治理中的制度性话语权，构建广泛的利益共同体。

（5）共享是中国特色社会主义的本质要求。共享发展要求必须坚持发展为了人民、发展依靠人民、发展成果由人民共享，作出更有效的制度安排，使全体人民在共建共享发展中有更多获得感，增强发展动力，增进人民团结，朝着共同富裕方向稳步前进。

综上所述，五大发展理念各自具有独特的含义，是对科学发展观的具体化，在五个方面对中国未来发展提出了要求，是未来尤其是"十三五"时期用来统一思想、协调行动、深化改革、开拓前进，推动我国发展迈上新台阶的战略指导思想。

二、国民经济发展的约束条件

从动态的角度看，发展是一个具有时间标识的动态过程。研究国民经济发展的可持续性，必须了解国民经济系统的内部条件和外部环境。

从系统的眼光来考察，国民经济系统不仅以自然界和人类社会为其运行环境，相互之间存在着作用与反作用的关系，而且又是经济—社会—自然这个大系统中具有特定功能的子系统，发挥特定的功能。

说到经济—社会—自然大系统，它是以人的行为为主导，以自然环境为依托，以资源流动为命脉，以社会体制为经络的人工与生态的复合系统，也是在地球表层的一定地域范围内的经济系统、社会系统和自然生态系统相互结合而成的具有一定结构和功能的有机整体。其实质，是一个由人的活动的社会属性及其与自然过程的相互关系构成的复合生态系统。

其中，自然子系统由土（土壤、土地和景观）、金（矿物质和营养物）、火（能和光、大气和气候）、水（水资源和水环境）、木（植物、动物和微生物）等五行相生相克的基本关系所组成，为生物地球化学循环过程和以太阳能为基础的能量转换过程所主导。

经济子系统由生产者、流通者、消费者、还原者和调控者等五类功能实体间相辅相成的基本关系耦合而成，由商品流和价值流所主导。

社会子系统由社会的知识网、体制网和文化网等三类功能网络间错综复杂的系统关系所组成，由体制网和信息流所主导，如图 3-1 所示。

上述经济子系统和社会子系统又可分为国内系统与国外系统两部分，国际经济、社会系统作为一国经济—社会—自然复合系统的运行环境，在对该复合系统施加影响的同时，也必然对其中的组成部分——国民经济子系统的运行产生制约作用。

第三章 国民经济系统环境

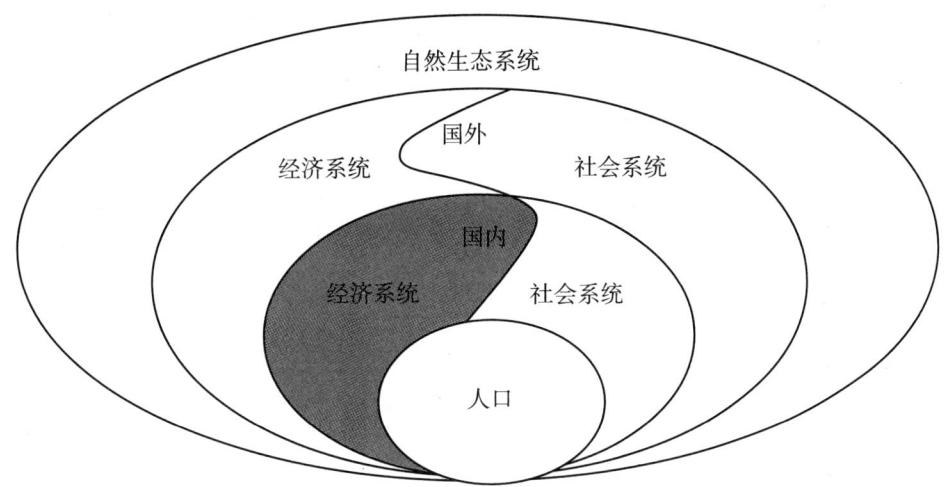

图 3-1 自然经济社会复合生态系统

由上述视角出发,研究国民经济可持续发展的约束条件,从宏观来看主要有以下几方面。

(一) 人口因素

人既是自然生态系统的重要成员,又是一国经济、社会活动的主体。人类经济活动是围绕着自身的生存与发展,在一定的地域空间环境中开发利用自然资源,将其转换成为生产和消费能够利用的各种产品的物质变换活动。

人既是消费者,又是生产者。作为消费者,人口的数量、人均消费水平、生活方式,决定社会总消费,从而决定社会总生产,为国民经济发展提供最终动力;作为生产者,适龄劳动人口是国民经济发展不可缺少的劳动力资源,人口的素质和人口结构决定社会劳动生产率,决定技术进步的前景,对国民经济发展具有深远影响。

人既是国民经济发展的要素,也是国民经济发展的目的。经济发展的根本目的是为了满足人的物质文化需求,提高人的社会福利;而要实现这个目的,必须信赖人,依靠人,调动人的积极性和创造性。在一定技术经济条件下,经济发展满足人的需求的能力是有限的,对劳动力的需求,在数量和质量上的要求也是一定的。因此,适度的人口规模是国民经济发展的必要条件,它可以满足国民经济发展对一定数量和质量的劳动力的需求,还能够最大限度地满足人口的物质文化需求。

(二) 经济因素

单纯从经济因素来考察,国民经济发展可持续性的制约条件,就是经济系统的收益必须大于其成本。实现这一目标的基本途径是降低成本,增加产出。凡是影响到成本和收益的因素都会影响到经济系统发展的可持续性。根据柯布—道格拉斯生产函数:

$$Y = A(t) L^{\alpha} K^{\beta} \mu$$

经济系统的主要投入要素有劳动力、固定资产和综合技术水平,包括经营管理水平、劳动力素质、引进先进技术等。根据劳动力产出的弹性系数 α 和资本产出的弹性系数 β 的组合情况，主要有三种类型：（1）$\alpha+\beta>1$，称为报酬递增型，表明按现有技术用扩大生产规模来增加产出是有利的；（2）$\alpha+\beta<1$，称为报酬递减型，表明按现有技术用扩大生产规模来增加产出是得不偿失的；（3）$\alpha+\beta=1$，称为报酬不变型，表明生产效率并不会随着生产规模的扩大而提高，只有提高技术水平，才会提高经济效益。

丹尼森通过对美国 1929~1957 年经济增长情况的统计分析，使用因素分析方法，把影响经济的要素归结为四个方面：一是要素投入的增长，包括劳动力数量和质量、土地和资本，如设备、非住宅性建筑、存货的投入；二是资源配置的改善，即劳动力由低效率部门向高效率部门转移的状况，如农村剩余劳动力的转移和独立经营者的再配置；三是规模节约，主要取决于市场范围的扩大；四是知识的进展，诸如教育、经验等对经济的促进作用。

（三）自然因素

制约国民经济发展的自然因素主要是指人类经济活动所依赖的生物资源、非生物资源和环境场，可以分为资源与环境两大类：前者包括土地、矿产、水、生物、气候、海洋等自然资源；后者主要指由岩石圈、生物圈和大气圈等构成的自然环境。自然资源是经济活动不可缺少的物质基础，人类的生产活动就是与自然界进行物质变换的过程。自然资源也是生态环境的一部分，生态环境除了为人类经济活动提供物质资源外，还为生产活动提供适宜的空间场所和生态服务，既有经济价值，又有生态价值。以上对经济因素的分析，实际上存在一个现实的或者潜在的假定，就是作为经济发展不可缺少的物质基础——自然资源和环境资源的供给完全能够满足经济发展的需要。但事实上，当代自然资源和环境资源已经成为稀缺的资源。随着人口的增长，人类的消费规模和生产规模不断扩大，加大了对自然环境和自然资源的开发利用强度，并且已经逼近了自然界能够承受的临界值，人类面临着环境污染和资源告罄的危机。因此，自然环境和自然资源已经成为经济发展突出的制约因素。如果考虑自然资源（R）素，生产函数可以表达为：

$$Y = A(t) L^{\alpha 1} K^{\alpha 2} R^{\alpha 3} \mu$$

从生态的角度来看，生态系统只有保持其生态功能循环的正常稳定，才具有可持续性。而这种可持续性恰恰是人类社会经济活动可持续发展的充分和必要条件。概括起来说，自然因素对经济发展的制约，主要取决于：不可再生资源的耗竭速度、替代资源的开发速度以及二者的对比速率；可再生资源的再生速度及人类对其开发利用的对比速率；人类生产和消费向自然排放的污染物的规模与自然界对此的吸纳能力等。

（四）社会因素

制约国民经济发展的社会因素主要指社会赖以正常运转的社会制度、法律体系、组织结构、文化凝聚力、道德水准、人际关系和共有信息等，它主要涉及上层建筑和生产关系等方面。据此可将上述诸多社会因素概括为制度与文化两大类，其对经济发展的影响途径存在以下区别：

第三章 国民经济系统环境

首先,"制度提供了一种经济的刺激结构,随着该结构的演进,它规划了经济朝着增长、停滞或朝衰退变化的方向。"① "没有恰当的制度,任何有意义的市场经济都是不可能的。"② "制度是一系列被制定出来的规则、守法程序和行为的道德伦理规范,它旨在约束追求主体福利最大化或效用最大化的利益的个人行为。"③ 制度可以具体化为国家的体制,即国家机关、企事业单位的机构设置、隶属关系和权责划分等方面的体系和制度的总称,尤其以政治体制、法律体制和经济体制最为重要。

其次,社会文化是人类社会生活中的主观意识范畴,是人们的信仰、理论、感情、情绪、评价和态度等历史和现实的总和。主要包括三个层次:一是意识。包括两种形态:一种是内在的心理形态,这是文化形态的基础和内化,也是一种潜在的社会力量,它通过一定社会实践主体起作用;另一种是外在的文化形态,主要指对心理形态的升华和外化,它对经济发展直接发生影响的是形成各种科学理论和科学思想,这些理论成为经济活动的行动指南。二是价值观。这是意识形态的核心内容,是社会主体对客观存在的社会价值关系和社会价值创造活动等的反映,价值观一经形成,就以相对定型的观念模式存在,规范和约束主体的行为。三是社会理想。主要是社会主体对社会体系、社会活动和社会发展所寄予的希望和对未来的设计,其在社会化的作用下转化为信仰,成为社会成员精神支柱,从而规定了经济行为的动机、基本目标、基本方向和指导原则。

(五)国际因素

全球化已成为不可逆转的一大趋势。所谓全球化是指世界各个分散的部分或因素形成紧密联系的世界性网络,它是一种客观的历史进程,即某种不以各国的具体环境、地域、制度、意识形态发展模式等为转移的趋势,其基本内容是各国(地区)的经济、政治、军事、科技和文化等方面密切联系和相互作用。

当下,全球化趋势最明显地表现在经济方面。主要表现在各国或地区之间的经济联系日益紧密,国际分工和相互依赖关系不断加强,各国或地区之间商品、资金、科技成果和人员等的交流正在急剧扩大;技术、通讯、运输、贸易的全球化趋势越来越突出;在全球化过程中形成了一些超国家范围和区域性经济集团,如欧盟、北美自由贸易区和亚太经济合作会议(APEC)等。

全球化的进程还体现在政治、科技和文化等方面:在政治上,国际组织以及非政府组织(NGO)的作用在不断加强,国际干预不断扩大,国与国的争端、国际冲突、全球性的问题日益依赖各国的合作及国际干预去解决;在文化及科技方面,文化、学术交流不断扩大,各种文化相互包容,研究项目和研讨会日益国际化,流行音乐、大众娱乐、商业文化向全球化扩展,等等。

当代世界的另外一个基本趋势是市场化。20 世纪末期世界出现的一个重大历史事件是占世界人口三分之一的计划经济国家向市场经济转轨,从而使市场化浪潮席卷整个世界。

---

① Douglass C. North, Institutional, *Journal of Economic Review*, September, 1992.
② Ronald Coase, The Institutional Structure of Production, *American Economic Review*, September, 1992.
③ [美] 道格拉斯·诺思:《经济史中的结构与变迁》,上海三联书店 1999 年版,第 225~226 页。

信息化是当代世界的第三个基本趋势。通讯技术和计算机技术的迅速发展，为21世纪全世界"信息化时代"的到来奠定了坚实的基础，当今世界正在经历一场以信息社会为特征的产业革命，致使世界经济从工业化阶段进入信息化阶段。

总之，在当代，国际环境成为各国经济发展的一个重要变数，离开国际环境，无视国际经济、政治、科技文化的发展趋势，经济发展要想取得预期的结果是不可想像的。

三、总体协调的必要性及其发展趋势

从国民经济发展的制约因素及其在自然—经济—社会复合生态系统的地位可知，国民经济发展不是孤立的，而是受到人口、经济、社会、自然、国际、国内多种因素的掣肘。国民经济要实现持续、健康发展，就必须与上述诸多因素保持和谐，也就是使自然—经济—社会复合生态系统保持总体协调。其具体要求是：

（一）物质资料生产与人口生产保持协调

根据马克思的社会再生产原理，社会再生产是物质资料再生产和人口再生产的统一，而人则是这两种生产的主体。人作为物质资料生产的主体，是物质资料再生产的一个要素，其先决条件是同生产资料相结合，才能从事物质资料的生产；人作为人口再生产的主体，也必须与物质资料再生产中生产的消费资料相结合，才能进行人口和劳动力的再生产。在一定的技术和经济条件下，物质资料的生产规模决定了能够吸纳就业和赡养的人口规模。因此，要保证社会经济可持续发展，就必须保持这两种生产的协调。

（二）经济的生产与自然的生产保持协调

所谓经济的生产是指人类为了满足自身的消费需求，从环境中索取自然资源，并通过人类的劳动将其转化为人口生产和物质生产所需物质的生产过程及其衍生的流通、分配等过程的综合。在这个过程中生产出来的生活资料用于满足人类的物质需求，同时生产过程中的废弃物返回环境。

所谓环境的生产是指在自然力和人力的共同作用下，对环境自然结构和状态的维护和改善。在这个过程中要消耗人类在生产过程和消费过程产生的废弃物，同时产生新的生产资源和生活资源。

由于自然环境对人类及其经济生产的承载力是有限的，因而从实现人口—资源环境—经济—社会大系统良性循环的目标出发，现实中存在一个人类的经济生产对自然资源和环境的利用在何种状态上更为合理、更符合可持续发展需要的问题。对此，1952年，美国经济学家西里阿西-旺特鲁普在《资源保护：经济学与政策》一书中，提出了"自然保护的最低安全标准"。1989年，美国经济学家戴利从资源的永续利用出发，进一步将最低安全标准具体化为三条标准：一是社会使用可再生资源的速度，不得超过可再生资源的更新速度；二是社会使用不可再生资源的速度，不得超过作为其替代品的开发速度；三是社会排放污染物的速度，不得超过环境对污染物的吸收能力。

第三章　国民经济系统环境

（三）经济发展与社会发展保持协调

社会发展是以社会正义为基本价值观，以不断改善和提高全体人民的生活质量、维护和促进社会总体利益的最大化为最终目标的各种实践活动的总称。广义的"社会发展"泛指以满足人的基本需要和全面发展而进行的各种实践活动，涵盖人类发展的各个领域，包括经济增长和社会进步；狭义的"社会发展"是指除经济发展以外的其他社会领域的进步和各项社会事业的发展，它注重体现人类自身的生存与发展状况，而不直接反映物质生产领域的活动，是与经济发展相对应的一个概念。常常对应于政府为解决社会问题、避免或减少贫富分化、阶层矛盾和社会动荡而实施的一整套社会政策，包括实现社会公平、正义和人权的达成，保护资源、发展教育、控制人口、社会保障、民主维护、缩减贫困、卫生保健等许多领域。

随着生产力水平的不断提高，温饱问题得到解决，社会剩余产品不断增多，人们的精神文化需求、自身全面发展的需求就会越来越迫切，经济发展本身也对科技、教育、社会环境提出了新的要求，同时也为社会发展提供了物质条件。在这种情况下，社会发展日益加快，经济社会协调发展将成为发展的主旋律。由于经济高速发展后社会发展的内容日益丰富，人们对全面发展提出越来越高的要求，经济发展将服从、服务于社会发展，实现社会全面进步。总的说来，在整个现代化建设过程中，社会发展的比重将不断增大，社会发展的地位将相应提高。

可见，经济与社会协调发展指的是两种发展相互促进、相辅相成。社会发展要经济发展所能提供的物质条件相适应，经济发展要以社会进步和人的全面发展为出发点和归宿。

第二节　经济、社会、人口、资源环境系统的协调关系

一、经济系统与人口系统——两种生产的协调

（一）两种生产协调的必要性

早在1884年，恩格斯就明确指出："生产本身又有两种。一方面是生活资料即食物、衣服、住房以及为此所必需的工具的生产；另一方面是人类自身的生产，即种的繁衍。"[①]

马尔萨斯在1789年出版的《人口原理》一书中，从土地肥力递减规律出发，断言人口增长将按照几何级数增长，而粮食等生活资料增长大致按照算数级数增长，因而人口的增殖力比生活资料的增长力是无限巨大的。在此基础上，他又推出了三个原理：一是抑制原理，即人口增加，必然受到生活资料的限制；二是增殖原理，即生活资料增加，人口也

[①] 《马克思恩格斯选集》第4卷，人民出版社1972年版，第2页。

增加；三是均衡原理，即占优势的人口繁殖力为贫困和罪恶所抑制，因而使现实的人口得以与生活资料保持平衡。同时又指出，任何国家的人口都存在两种抑制：一是积极的抑制，即由于客观原因，如疾病、赤贫、瘟疫和饥荒等人口被不断地自然减员；二是所谓道德的抑制，即在道德上限制生殖的本能。①

一百多年前，英国古典经济学家李嘉图也提出，在最有利的条件下，生产力虽然仍可能大于人口的增殖力，但是这种情况不会长期继续下去。因为土地有限，质量也各不相同，土地上所使用的资本每增加一份，生产率就会下降，而人口的繁殖力却是始终不变的。一般说来，人口超过对劳动的需求，也就是超过了其农业和制造业实际上可以经常雇佣的人数。在这种条件下，由于生产赶不上人口的增长，因此会造成较大的人口压力。②

按照马尔萨斯和李嘉图的观点，由于人口与经济增长遵循不同的规律，结果导致二者之间出现不平衡。现代发展经济学用"低水平均衡的人口陷阱模型"来说明发展中国家人口过快增长对经济增长的阻碍作用。人口增长与人均国民收入增长之间存在着这样的相关关系：当一国人均收入提高到最低生存水平之上时，可能引起比国民收入增长更快的人口增长，从而使人均收入下降，迫使其降到维持最低生存的水平；人均收入的下降会迫使人口增长率减慢，接着又因人口增长率减慢出现人均收入的增长，再引起人口的增长、人均收入的下降……如此循环，形成低水平的均衡陷阱。

(二) 两种生产协调的途径

根据古典和现代理论，解决物质资料生产和人口生产的不平衡、摆脱低水平均衡陷阱的途径有两条：一条是借助加大投资和技术进步大力推动经济增长，另一条是采取有力的措施控制人口增长。在人口学家寇勒和经济学家胡佛创建的模型中，最佳人口规模是动态的。他们以印度为例，说明出生率下降会从两个方面推动人均收入增长：第一，人口增长放慢将降低赡养率，从而在任何给定的收入水平上使消费减少、储蓄增加；第二，随着劳动力增长的减慢，大约在15年后，需要按照一定的比例给新增劳动力提供的社会公共投资总额将会下降，从而增加用于提高人均收入的投资份额。这样，无论是家庭层次还是社会层次，都可以从人口增长率下降中获益。③

根据上述理论，现实中存在一个人口在何种状态上更为合理，更能满足可持续发展需要，即最佳人口规模问题。一国在一定时期，当劳动以外的资源不变时，如果有一个能使人均收入最大化的人口规模，这个人口规模就是最佳的。图3-2显示，当人口水平低于 P 时，人口的增长将导致人均收入的增长；人口水平高于 P，将使人均收入水平下降。不过，新资源的发现，资本积累、技术进步和自然资源的开发，将使最佳人口规模的扩大成为可能，也就是代表最佳人口规模的曲线向上移动到 P'。

---

① 马尔萨斯：《人口原理》，商务印书馆1969年版，第6页。
② 《李嘉图著作和通信集》第1卷，商务印书馆1982年版，第82~83页。
③ [美] 吉利斯、罗默等：《发展经济学》，中国人民大学出版社1998年版，第198页。

第三章　国民经济系统环境

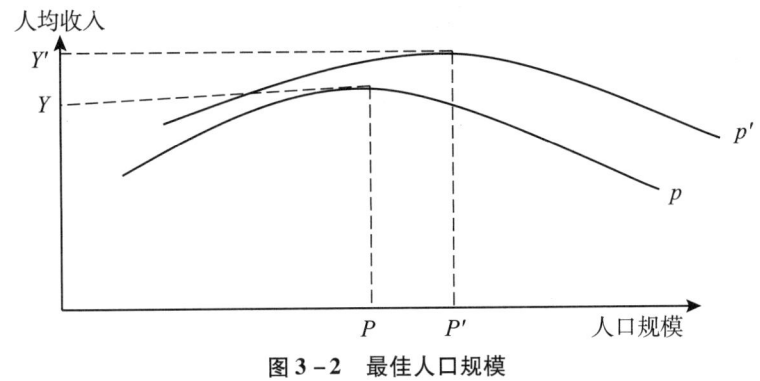

图3-2　最佳人口规模

需要指出的是，在人均收入水平较低的发展中国家，往往出现资本积累能力不足。受此影响，技术进步和自然资源供给条件改善不可能很快。因此，在发展中国家，当没有足够的条件和推动力来提高最佳人口规模，只能采取有效的措施来降低人口增长率，使之适应最佳人口规模。在现有人口规模过大的条件下，将人口规模调整到最佳人口规模有一个时滞。因为人口增长存在惯性，过去的高生育率造成了年龄结构的年轻化，现在即使采取控制生育（实行独生子女）政策，也要花上数十年时间才能使人口数量稳定，这个时间表尤其对争取起飞的发展中国家非常重要：关键的问题是死亡率下降和出生率由上升转为下降的时滞究竟有多少年，时间的长短决定了那些正在从过渡阶段和争取起飞进入自我持续增长的国家的近期前途。[①]

二、经济系统与人口系统和资源环境系统——三种生产的协调

（一）三种生产协调的必要性

"两种生产理论"的建立客观上蕴含着一个基本的假定，即自然环境可以供给无限的环境资源和消纳无限的废物。如果人类对环境的影响不会超过自然环境的承载能力，即环境生产能够无限满足人的生产与物质资料生产的需要，那么以"两种生产理论"为指导，协调好人口生产与物质资料生产之间的关系，就可以保证社会的可持续发展。而事实上，进入20世纪中期以后，社会生产尤其是大规模工业化和城市化建设无节制地消耗资源、排放废物，早已使这个假定不复存在。面对环境污染、生态破坏等恶果的逐渐凸显，面对环境资源从"无限"到"有限"的转变，仅注重"两种生产"的协调已经无法保证社会经济顺利发展。

由于在实际过程中，环境生产支持其他两种生产的能力是有一定限度的，尤其随着人口的增长和人们开发自然力度的增强，这种限度正近乎被突破，降低人类活动所需要消耗的与排放的物质量，已成为保证整个生产顺利进行的基本前提。因此，满足内生于两种生

[①] 吉利斯、罗默等：《发展经济学》，中国人民大学出版社1998年版，第198页。

产过程中的人与环境之间关系协调的要求，也就是协调好人口生产、物质资料生产和环境生产三者之间的关系，这才是当今社会持续发展的根本保证。

在三种生产中，环境生产处于最根本的地位。环境生产子系统的生产能力，是自然环境系统基本功能的表现，它主要源于存在于该系统内的能量和物质流动，是另外两种生产产生和发展的基础，更是生态系统向前发展的内在机制。它保证了地球上生命的产生和延续，为各种生物系统的进一步发展创造了良好的条件。由于人类必须通过与周围环境的物质联系来维持自身的生存和繁衍，因此，人类社会就必须保证自身的经济社会活动成为自然系统物质循环的良性环节，维护自然界的物质循环，从而保证环境系统中自然资源的再生产和对环境污染的消纳力，如图3-3所示。

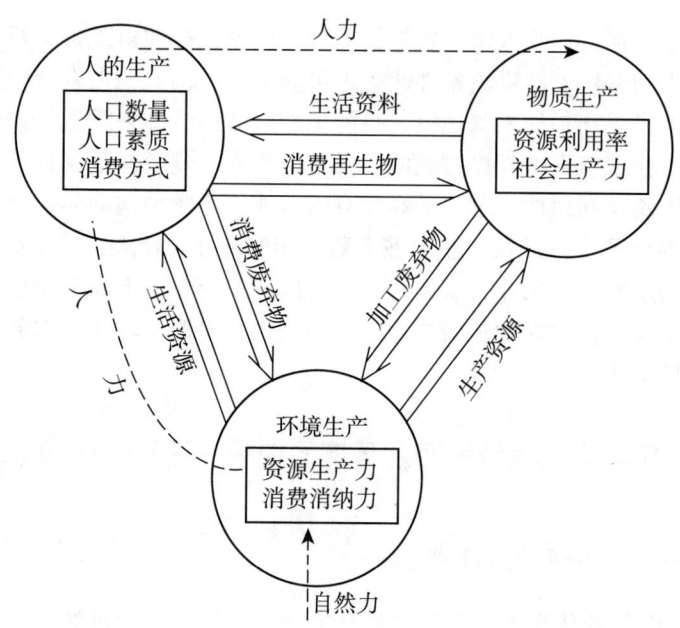

图3-3 三种生产关系的模型

（二）三种生产协调的途径

能否保持三种生产的协调，关键取决于人类所采取的生产方式和消费方式。人类有史以来的基本生产方式可以概括为：从自然界索取各类物质性资源，将这些资源加工为产品，通过流通分配给消费者，消费这些产品，最后将前述各环节产生的废物弃入环境，即"资源—产品—废物"的线性生产方式。这种生产方式正是人类社会陷入不可持续发展泥潭的根本原因，因为它使人类社会和自然环境之间物质交换的不均衡性日益严重。自工业革命以来，随着人口数量的膨胀，人们提高物质生活水平需求剧增，科技水平不断提高，物质在人类社会中的流动量和流动速度都在日益加大和提高。而在环境中，物质流及其分解、转化的速度和总量日益降低，结果是使环境的自然资源供给能力和对污染物的消纳能

第三章 国民经济系统环境

力都承受着无法承受的压力。

在社会分工上，对应于这种生产方式，人类的生产活动被分为三大类：从自然界获得资源的一次产业，将自然资源加工为产品的二次产业，以及为一次和二次产业服务、以提高它们的效率和效益为目标的三次产业。显然，这种产业门类划分，把极为重要的废物转变为资源，或将其安全地返回环境的活动排除在人类社会的经济活动之外。但是，环境的急剧恶化却表明，在当今的生产方式下，自然界中的分解者已完全不可能将人类社会制造的"废物"全部、及时地分解掉。如果人类再不很快地意识到这一点，并对自己的行为予以调整的话，那么在不久的将来，人类社会和自然之间这种不平衡的物质交换必将给人类社会的生存发展带来严重的灾难性后果。

消费作为人类最基本的行为活动，包括寻找、购买、使用、评价和处置用以满足其需要的产品和劳务活动，这些消费活动意味着资源消耗和废物排放过程，因此，消费者在各个阶段所采取的消费行为都对自然生态环境直接和间接地产生着巨大影响。

传统消费模式是一种"线性消费过程"。随着人们生活水平的提高，消费需求越高，生产的产品量越大，消耗的资源也就越多，排放废物也就越多，因而形成了一种消费需求—资源消耗—环境污染的"线性模式"。现行的消费模式是随着工业技术飞速发展而逐步形成的，技术的累积发展使得人们对产品服务的需求加速地提高，从而以加速度的方式促使资源消耗和环境污染，且技术的发展使人们产生这样的错觉：似乎物质稀缺的时代已一去不复返，人们可以在自己的收入范围内尽可能多地消费各种产品，仿佛技术可以解决任何资源的稀缺。也就是说，在"技术万能"的错觉下，传统消费模式形成了一种"加速消费"。随着人口增长和消费水平提高的叠加，使得人类消耗资源的速度大大超过了人口增长速度；在满足人类快速增长需求的过程中，生产和生活废弃物也随之大量增加，对环境的压力日趋沉重。因此，消费者消费行为的加总性和累积性是巨大资源环境问题的主因，严重影响到经济社会的可持续发展。

联合国环境与发展大会通过的《21世纪议程》指出："全球环境不断恶化的主要原因是不可持续的消费和生产模式，尤其是工业化国家的这种模式。"由此可见，传统的生产方式和消费模式是造成环境恶化的重要原因，而改变传统的生产方式和消费模式是协调三种生产的关系的根本途径：

首先，将传统"资源—产品—废物"的线性生产方式转换成为"资源—产品—资源"的循环经济生产方式。循环经济本质上是一种生态经济，它遵循生态学规律，把经济社会系统组织成一个具有物质多次利用和再生循环的网、链结构，形成"资源—产品—再生资源"的反馈流程，通过物质和能量梯次和闭路循环使用，最大限度地利用进入系统的物质和能量，最大限度地减少污染物排放，对自然资源的索取保持在自然的生产能力之内；对自然排放的垃圾和废弃物控制在自然环境的消纳能力之内，保持经济社会与自然的和谐，维护生态平衡，实现人类社会的可持续发展，如图3-4所示。

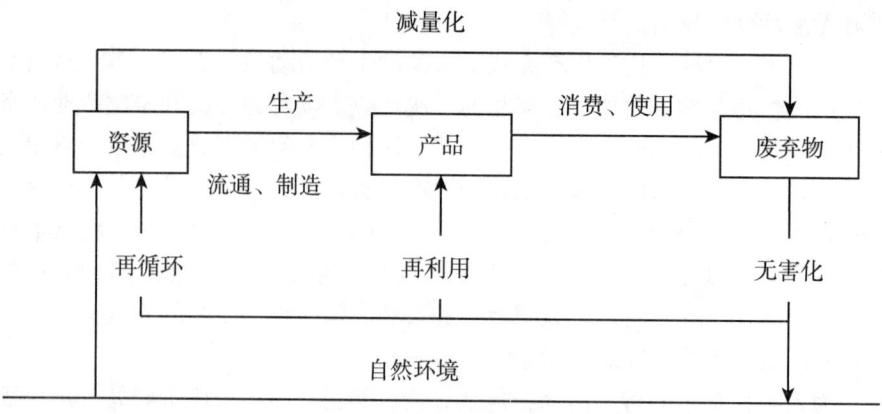

图 3-4 循环经济运行示意图

其次，将传统的不可持续的消费方式转变成为绿色的可持续的消费方式。从人与自然之间的关系上说，消费的"可持续性"主要是指当代人满足消费发展需要时不能超过生态环境承载力的限制，消费要有利于环境保护，有利于生态平衡。从人与人之间的关系上说，消费的"可持续性"主要是指公平和公正消费，即追求生活质量的权利对于当代与后代的每一个人应该同等地享有。任何人都不应由于自身的消费而危及他人的生存和消费（即代内公平），当代人不应该由于本代人的消费而危及后代人的生存与消费（即代际公平）。

在现实生活中，可持续消费，并不意味着对人类正常需求的抑制，只是改变不利于可持续发展的消费理念、消费方式和消费结构，树立文明的消费理念，主要有：一是适度消费理念。无论对国家还是个人来说，既要反对过度消费，也要反对过分节约，坚持以人的需要作为出发点，以人的健康生存作为目标，逐步减少无意义的消费和对人类健康无益甚至有害的愚昧消费；二是公正消费理念。在消费选择和消费过程中，不仅要考虑消费主体自身的利益，而且还要考虑不给他人、不给社会整体、不给生态环境带来负效用，在一定的条件下，同时应考虑能给他人、社会、生态环境带来正的效用；三是合理消费理念。消费由注重数量型转向注重质量型，追求消费需求的多样化，不断提高精神价值和精神享受在总消费中的比重，以此作为生活质量提高的目标。

三、经济系统与社会、人口、资源环境系统——四种生产的协调

（一）四种生产的理论依据

人类社会除了人口的生产、经济的生产和自然的生产之外，还有社会关系的生产和精神的生产，后两者可称为第四种生产。在《资本论》第三卷中，马克思指出："社会生产过程既是人类生活的物质生存条件的生产过程，又是一个在历史上经济上独特的生产关系中进行的过程，是生产和再生产着这些生产关系本身，因而生产和再生产着这个过程的承

第三章 国民经济系统环境

担者,他们的物质生存条件和他们的互相关系即他们的一定的社会经济形式的过程。"①由此可见,马克思研究社会再生产问题时,不只是研究物质资料的再生产以及人类自身的再生产问题,而且还把生产关系的再生产问题放在非常重要的地位上加以研究。另外,还可以看出,马克思不是把物质资料、人类自身和生产关系的再生产作为孤立的侧面分别加以研究,而是把它作为既互相区别又互相联系的有机整体加以研究的,这样有利于完整、全面、深刻地揭示出社会再生产的一系列规律性。

根据马克思的再生产理论,社会再生产过程是物质资料的再生产、人类自身的再生产和生产关系的再生产三者的完美结合与统一,由此构成社会再生产的全部内容。物质资料的生产和再生产是人类社会存在和发展的基础,人类自身的生产和再生产创造出新的社会成员,形成社会活动的主体,而社会生产关系的再生产则不断地规范出人们在物质资料生产过程中结成的相互关系,即一定的社会经济形式。三者互相依存、缺一不可。只有这三者有机地结合在一起,形成一个统一的整体,社会再生产才能顺利地进行下去。

"精神生产"作为一个范畴也是马克思最早明确提出来的,他在揭示资本原始积累对农奴制关系解体的作用时指出:"只要更仔细地考察,同样可以发现,所有这些关系的解体,只有在物质的(因而还有精神的)生产力发展到一定水平时才有可能。"② 在这里,马克思看到了生产关系的变化不仅取决于物质生产力的发展,而且也取决于精神生产力的作用,物质生产力与精神生产力相互依赖、相辅相成,共同推动着人类社会向前发展。其中包含了自然科学技术在促进社会生产力发展中的重大作用,并由此提出科学技术是生产力的论断。他在谈到产业革命后资本主义工业文明的发展时指出:"资产阶级在它的不到一百年的阶级统治中所创造的生产力,比过去一切世代创造的生产力还要多,还要大。"③其奥秘就在于科学技术精神生产力的加速发展。对此,恩格斯曾评价指出:"在马克思看来,科学是一种在历史上起推动作用的、革命的力量。"④ 马克思还指出:"一个生产部门,例如铁、煤、机器的生产或建筑业等等的劳动生产力的发展,——这种发展部分地又可以和精神生产领域内的进步,特别是和自然科学及其应用方面的进步联系在一起。"⑤马克思在这里提到的"精神生产领域内的进步"不仅包括自然科学,当然也包含着社会科学。他在很多地方还提到了分工协作、教育训练、运筹决策、经营管理等社会科学精神生产力转化为现实的物质生产力的作用。

根据马克思的上述论述,社会关系的生产和精神的生产就是社会制度结构的完善和精神文明的发展,是不同于人口生产和物质生产的另一种生产。

无独有偶,20 世纪 70 年代,在西方社会学界出现了"社会资本"的概念。此后,对社会资本的研究发展迅速,最新的研究成果把社会资本定义为:"存在于人们中间、能促使人们参加集体活动的规范、关系网络以及社会制度"⑥,如图 3-5 所示。

---

① 马克思:《资本论》第 3 卷,人民出版社 1975 年版,第 495~496、925 页。
② 《马克思恩格斯全集》第 46 卷上册,人民出版社 1975 年版,第 505、104 页。
③ 《马克思恩格斯选集》第 1 卷,人民出版社 1972 年版,第 277 页。
④ 《马克思恩格斯全集》第 19 卷,人民出版社 1975 年版,第 375 页。
⑤ 《马克思恩格斯全集》第 25 卷,人民出版社 1975 年版,第 97 页。
⑥ 李玉文:《社会资本在可持续发展中的作用》,载于《地球科学进展》2007 年第 6 期。

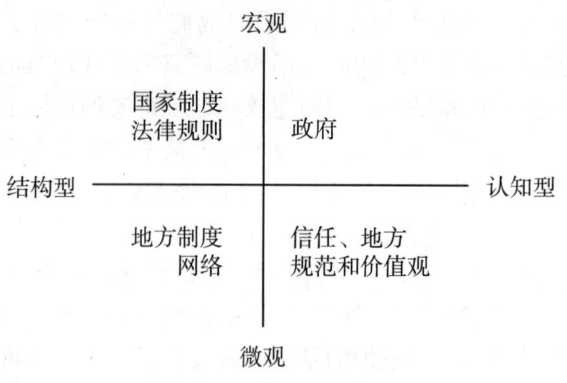

图 3-5 社会资本的结构

社会资本按照不同的层次，可以分为微观和宏观两个层面。微观层次的社会资本主要以一种关系的形式存在，如地缘、血缘、亲缘关系，朋友、同事、同学关系等，构成微观层次社会资本。这一层次的社会资本还强调个人之间关系网络的模式和特征，主要是以正式和非正式的制度、组织惯例、习俗、规则等形式存在。宏观层次的社会资本所涉及的是社会网络和组织是如何嵌入到更大的政治经济或文化、规范体系中去的，宏观社会环境、制度环境、文化环境、政策环境、政治环境、法律环境等便构成了宏观层次社会资本的内容。

按照功能的差别，社会资本还可以分为结构型和认知型两种类型。结构型社会资本涉及社会关系、网络、交互行为，而认知型社会资本涉及反映团结和互相信任的社会关系、特定规范、价值和态度。可见，社会资本是一种存在于社会组织和社会网络中的能够为它的主体带来收益的一种能力，凡是具有这种能力的存在于社会网络与组织中的关系、规范、习俗、规则、制度、环境等都应该看作是社会资本的内容之一。社会资本与上面提到的社会关系和精神文化范畴是一致的，是一种无形资本。

经济学家们多从创新、制度经济学、经济发展和国家政策等方面研究社会资本，高度肯定社会资本的经济学意义。譬如，将经济制度定义为规范人们行为和协调相互关系而制定的一套约束集，是经济和社会发展的激励结构，其基本功能包括：一是降低交易成本。有效的制度能够降低市场中的不确定性、抑制人们的机会主义行为，因此可以降低交易成本。二是为经济提供服务。市场经济中的相关制度安排是为经济活动服务的，如保险、教育、交易等制度规定为经济活动的开展提供了便利条件，打开了方便之门。三是为合作创造条件。市场经济中的相关制度安排为人们的相互竞争与合作提供了基本的框架和行动规范，保障合作的顺利进行。四是提供激励机制。制度化的设施可以给人们以激励，把个人追求经济利益的努力与群体利益一致起来，实现经济组织的目标，提高市场经济组织的运行效率。五是将外部性内在化。如通过建立排他性的产权制度将外部性内部化，等等。

（二）四种生产协调的必要性

生产关系一定要适应生产力，上层建筑一定要适应经济基础，这是人类社会发展的普

第三章　国民经济系统环境

遍规律，在社会发展的各个阶段、各个时期都起着重要的作用。从一定意义上说，生产关系一定要和生产力发展的性质和要求相协调的规律，是四种生产协调发展最基本的内涵之一。

根据马克思的思想，社会发展应是生产力与生产关系、经济基础与上层建筑构成的有机系统全面协调的整体发展，是政治、经济、文化及人自身等各方面的全面发展。所以，强调生产力在社会发展中的核心地位，强调物质资料的生产、经济因素对整个社会发展的基础性、决定性作用，但同时绝不能忽视社会其他非经济因素的发展，主要原因是：

首先，事实表明，现代社会影响经济发展的诸因素中，社会因素已占到十之七八，政治、文化、科技、教育、法律、文明等社会事业在经济发展中的作用日益明显。如果说经济发展是"形"，那么，社会制度结构的完善和科学文化的发展则是"神"，只有"形神兼备"，才是真正的发展，也才能实现真正的发展。具体来说，社会发展的经济功能主要体现在：一是为经济发展创造良好的社会环境。社会发展各个领域与人民群众的切身利益息息相关。通过促进社会发展，调节人与人的矛盾和利益关系，提高社会公平和文明程度。同时，民主法制建设和精神文明建设，则为经济建设提供有力的政治法律保障、精神动力、智力支持和文化氛围，保持社会稳定。二是经济发展的真实而持久动力和坚实基础。现代经济发展的基本途径就提高劳动生产率，提高科技成果转化率，提高管理效益，提高产业结构，提高国家经济质量和提高人力资本的素质，而这六个方面的提高无一不依靠科技、文化、教育、卫生等社会整体素质的提高，依靠的是科技、文化、教育等社会发展事业的发展。三是经济发展的出发点和归宿。经济发展倘若不能转化为社会发展，那就说明经济发展丧失了目的性，偏离了目的的经济发展，不管增长速度有多快，都是无效劳动。背离了社会发展的经济超高速增长，其中必有不正常的因素在起作用，或是竭泽而渔，或是以牺牲社会发展为代价；反之则相反。所以，保证经济社会协调发展，不仅是经济自身发展的需要，也是整个人类社会生存发展的需要。

其次，有利的社会制度和文化因素是建立可持续发展的人口再生产模式、有效控制人口规模、提高人口素质的基本保障。可持续发展的人口再生产模式的特点"低出生、低死亡、低增长"。发达国家人口再生产模式从高出生、低死亡、高增长类型转向低出生、低死亡、低增长类型经历了相当长的时间，在欧洲和北美，这一过程持续了150年之久。促成这一转变的动因是由于经济发展基础上的社会制度结构的完善和精神文明的进展。如社会收入分配制度的公平、社会保障制度的完善，文化教育事业的发展，医疗保健技术水平的提高，人口科学文化素养的提高，人们婚育观念的转变，使家庭产生了自我约束婚育行为的能力，使人口生育率降低，人口死亡率也大大降低，人口增长率保持在与环境生产和经济生产相适应的幅度内，推进了自然—经济—社会系统的可持续发展。

最后，在社会发展过程中，与资源、环境和生态相关的制度和观念，包括法律、规定、文化、伦理、社会习俗等所反映的生态文明水平的提高，是保护生态环境，提高生态生产效率，实现自然生产的可持续的必要条件。

关于人与自然之间关系的演进过程，如图3-6所示。

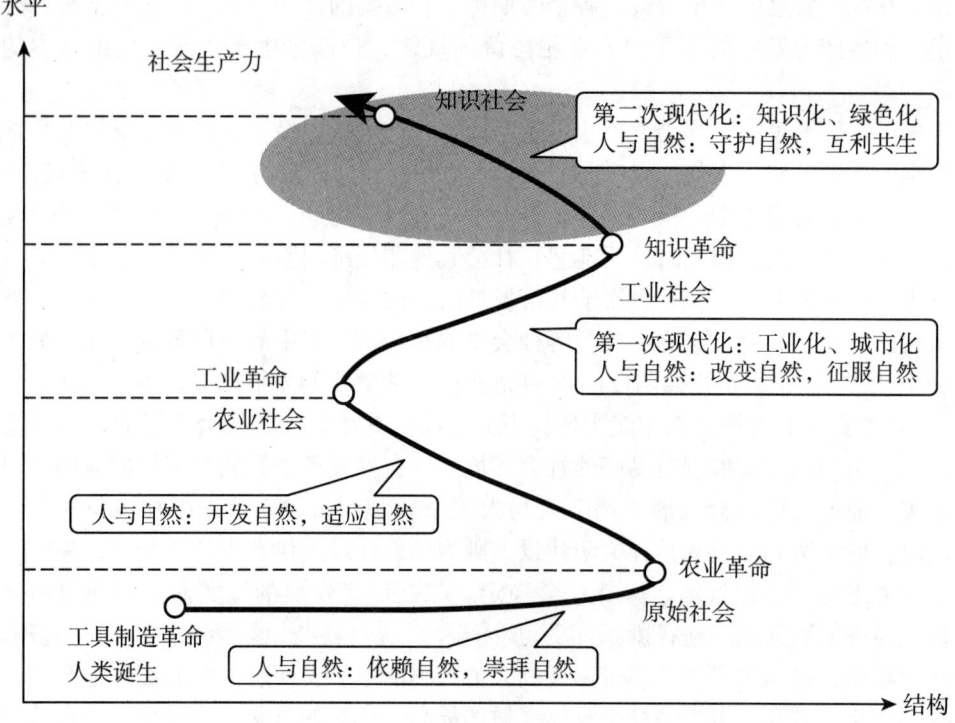

图 3-6　人与自然关系的演进过程

迄今为止，人类文明先后出现了四种基本形态：原始文明、农业文明、工业文明和正在兴起的知识文明。知识文明作为一种新文明，既包括文明的知识革命，也包括生态文明的崛起。在文明进程的不同阶段，人类的生产方式和消费方式是不同的，利用和消费的自然资源不同，产生的环境问题的性质、规模和后果也不一样。生态文明的崛起，意味人们的生态意识增强，生态伦理观念建立，生态文化得到发展，维护生态健康的技术和制度结构逐渐完善，环境友好型与资源节约型的生产和消费方式逐渐被确立起来，而这一切都意味着人与自然的关系较之以往时期更加和谐。

综上所述，社会关系的生产和精神的生产，或者说社会制度结构的完善和精神文明的进展，是一个国家人口的生产、物质的生产、自然的生产可持续进行的必要条件，也是一个国家赖以生存与发展所拥有的综合国力中的软实力。通过提高这一软实力，可以带动提高人口、经济和自然生产力等硬实力。由此可以推论，人口、资源环境、经济和社会协调发展，或者说四种生产协调发展，是一个国家可持续发展的根本保障。

（三）四种生产协调的途径

第一，为和谐社会建设提供制度保障。主要是根据人们物质文化方面的需求和自身全面发展的需求以及社会经济发展的需求，及时调整生产关系，不断完善上层建筑，使之适应经济发展，更好满足人民物质和精神需求。包括完善管理体制，健全法制，进行制度创

第三章 国民经济系统环境

新。在现代社会中,政府作为公共权威不仅是主要制度的创设者和维护者,更需要建立良好而完善的制度来约束自己,以更有效地发挥服务社会的职能,防止滥用公共权力。因此,制度创新首先要重视完善政府公共管理的制度,以确保各级政府更好履行社会管理和公共服务职能,改进管理,提高效能,从"政治人"转向"社会人",从"经济人"转变为"公共人"。从发达国家的经验来看,在市场经济、工业化和后工业化发展过程中会产生一系列的社会风险,主要表现为社会的贫富分化、阶级的对立和社会的动荡。经过长期的摸索,特别是经历了严重的阶级斗争之后,西方国家才逐步发展起社会制度与政策,解决上述的社会问题,包括收入分配调节制度、社会保障制度、教育、医疗保健制度、就业制度、公共财政制度等。此外,要使社会和谐发展,必须要有能够实现公平正义基本条件的制度保障,以保证社会成员在政治、经济、文化、社会等方面的权利和权益,而且可以为他们表达利益诉求、履行义务、处理相互间关系提供正式渠道和规范依据,建立人们对政府、对社会的基本信任,包括民主权利保障制度、法律制度和司法制度的建设。

第二,大力发展教育、科学、各种文化事业,加强社会的精神文明建设。精神生活是人所特有的现象,人对精神生活的本能追求,既是人的本质的表现,也是人类追求和实现幸福的表现。物质生活的富足仅仅是人所追求的幸福生活的一个方面,人对精神生活的追求和渴望不但不会随着物质生活的极大丰富而降低,反而更加强烈,要求也更加提高。正是由于这一根本原因,人的全面发展不仅包括物质文明的极大丰富,而且更在于精神文明的极大提高。社会主义是追求人的全面发展的社会,精神文明建设是其中应有之义。社会主义精神文明建设,包括弘扬和培育民族精神、思想道德建设和科学文化建设等,其中最为根本的是思想道德方面的建设。人类社会发展的实践表明,当社会经济发展到一定的阶段,人们的生活需求就会朝着提高品质方向发展,从注重满足物质需求,转向注重高质量的精神生活。当今时代,文化越来越成为民族凝聚力和创造力的重要源泉、越来越成为综合国力竞争的重要因素,丰富精神文化生活越来越成为人们的热切愿望。因此,要发展社会主义先进文化,兴起社会主义文化建设新高潮,激发全民族文化创造活力,提高国家文化软实力,使人民基本文化权益得到更好的保障,使社会文化生活更加丰富多彩,使人民精神风貌更加昂扬向上。

第三,大力发展社会事业,全面改善人民生活。社会事业是指为了社会公益目的,由各级政府机关、事业单位和其他组织利用国有资产举办的各种公共服务性行业,狭义的社会事业包括教育、卫生、科技、文化、体育、计划生育、广播电视等,广义的社会事业还包括收入分配、劳动就业、社会保障、公共安全、社会救济、环境保护、防灾救灾、人居服务、生活能源水源供应等。社会事业是社会制度结构完善和精神文明进步的重要载体和表现形式,社会事业的发展程度影响和制约着整个社会发展的总体水平。

第四,推进社会事业改革创新。建设一个和谐发展的社会,必须深化教育领域改革,努力完善现代国民教育体系和终身教育体系,提高全民受教育程度和创新人才培养水平;健全促进就业创业体制机制,积极扩大就业,使社会达到充分就业水平;建立更加公平可持续的社会保障制度,使人人享有基本生活保障;形成合理有序的收入分配格局,扩大中等收入者阶层的比重,基本消除绝对贫困现象;深化医疗卫生体制改革,使人人享有基本医疗卫生服务。

第三节　国民经济系统与国际经济环境

如果以一国国土为边界，该国的国民经济就是一个独立的系统，国民经济系统以外的国际经济体系就是该系统的环境。根据国民经济系统与国际经济环境是否存在联系，可将国民经济系统分为封闭系统和开放系统。对于一个系统来说，与外界不存在任何联系是不可能的，或者说，一般的经济系统都是开放系统。在开放经济条件下，一国的经济活动往往会打破国界，延伸到国外，如国际贸易、跨国生产、跨国投资等。实行对外开放，发展国际间的经济交往，是社会生产力发展的客观要求，是社会发展和人类进步的重要标志。

一、国际经济发展的沿革

从国际经济发展的历史可见，国家间的经济联系可以划分为两个大的发展阶段：一是以国际贸易形式为主的生产的国际分工阶段；二是以国际投资形式为主的生产要素的国际合作阶段。

（一）以国际贸易为主要形式的生产的国际分工阶段

国际贸易是各个国家（地区）在商品和劳务等方面进行的交换活动。以国际贸易为主要形式的国家间的经济联系主要是商品流通领域的经济联系，参与国际贸易的相关国家获得的是贸易利益。国与国之间最初经济联系就是以国际贸易为主要形式开始的，并根据贸易需求进行生产的国际分工。这个阶段国际贸易的发展经历了国别市场到区域性市场，从区域性市场发展到早期的世界市场，最终形成统一的世界市场的过程。

国别市场即相邻国家之间的贸易交换，主要存在于人类的中古时期。由于生产力水平低下，自给自足的自然经济占统治地位，货物运输以人力、畜力工具为主。因此，国家之间只能交换少量的香料、茶叶、丝绸和宝石等物品，贸易范围相当狭小，国际贸易主要是贵族满足自身消费的工具。

区域性市场存在于 16 世纪以前。主要通过贯穿欧亚大陆的"丝绸之路"得以实现。交易商品如中国的丝绸，中亚的皮毛、毛织品、玉和牲畜，波罗的海的琥珀，罗马的玻璃、珊瑚、珍珠、亚麻布、黄金，印度的香料、宝石等。中世纪西欧城市兴起，手工业和商业的发展推动了当地商品和货币关系的发展。欧洲国家之间的贸易增长，逐渐形成固定的国际集市，吸引其他国家和地区的参与，使区域性市场范围进一步扩大，国际贸易有了更大发展，贸易的目的主要是互通有无。

到了 16~18 世纪，早期的世界市场开始出现。当时，资本主义萌芽的产生和殖民政策的问世，以及交通运输工具的改进带来地理大发现等因素促使区域性市场结成一个相对统一的世界市场，形成太平洋和大西洋两大贸易圈：前者主要进行欧洲和亚洲国家的贸

第三章 国民经济系统环境

易,后者涵盖欧洲、美洲和非洲的贸易。交易商品的规模和范围都扩大了,早期较小的贸易规模使茶叶等商品成为奢侈品,这时由于贸易规模的扩大已经成为大众商品。从非洲输往美洲的奴隶贸易也是这时进行的。此时,国际贸易不再是贵族满足自身消费的工具,而是成为新兴资产阶级进行资本积累的手段,欧洲国家政府也开始将国际贸易作为发展本国经济的途径,推行重商主义政策,促进贸易和本国工业的发展。此时的国际贸易具有明显的掠夺性,西欧殖民主义者凭借先进武器对亚非拉国家进行掠夺。这一时期,出现宗主国与殖民地最初的分工形式,参与国际贸易的产品主要是以各国不同的自然条件为基础,出口本国特产,交换本国不生产或者产量少的产品。

统一的世界市场形成于19世纪中叶。爆发于18世纪末和19世纪初的欧美工业革命及初步建立的大机器生产方式,对此起到了决定性的作用,从而改变了市场的商品结构和价格机制。此前,手工生产方式导致商品生产能力小而成本高,而大机器工业的发展,创造了大量成本低廉的纺织品、金属制品、机器设备等工业制成品,瓦解了自给自足的自然经济。随着欧洲发达国家在殖民地建造港口、铁路,开采矿山,相应的机器设备成为欧洲重要的出口产品,与此同时,从殖民地输出到欧洲宗主国的商品则是这些国家生产工业制成品所需要的原材料和燃料。这种贸易结构的确立标志着统一的世界市场形成。另外,早期国际贸易主要是宗主国对殖民地的掠夺,商品价格不是由商品的价值和供求关系决定,而取决于宗主国的意志和武力。随着统一世界市场的形成,以国际价值为核心的等价交换机制也逐步确立。不过,由于工业制成品和原料价格不合理以及贸易条件不平等,统一世界市场不平等的交易也是大量存在的。世界市场形成之后,随着各个国家间贸易关系网络的形成,贸易范围空前的扩大。从工业革命到20世纪,大机器工业极大地开拓了世界市场,除了两次世界大战期间,国际贸易获得了飞速的发展。

(二) 以国际投资为主要形式的生产要素国际合作阶段

国际投资是跨国公司等投资主体,将其拥有的货币资本或产业资本,通过跨国界流动和营运,以实现价值增值的经济行为。这一阶段始于19世纪最后30年兴起的第二次技术革命。这次技术革命的成果包括铁路、汽车、海运、电报、电话和无线通信技术。这些新的交通工具和通讯工具使世界各国之间的时空距离大大缩短,为世界各地资本市场的连接和资本的国际流动奠定了技术基础。

技术革命和重化学工业的发展,增加了企业对资本的需求,进而推动了资本的集中和生产的集中,导致卡特尔、托拉斯等形式的垄断组织的出现,并且在发达国家经济中成为统治力量。但是,垄断在迅速聚敛其巨额资本的同时,也抑制了国内的投资机会,从而主要发达国家出现相对过剩的资本。过剩资本必然到海外寻找出路,因此,资本输出成为这一时期国际经济关系中的主要现象。当时各主要资本主义国家在全球瓜分市场,建立各自的殖民地,控制殖民地国家的政治经济命脉,使之成为自己的原料产地、投资场所和商品销售市场。在这一时期,资本输出和市场分割成为世界主要资本主义国家竞争的主要手段,也使资本主义国家的市场经济生产方式从欧美国家扩展到几乎全世界。

尽管从19世纪70年代起,国际投资逐渐成为发达国家国际经济活动的主要方式。但是直到第二次世界大战之前都是以国际间接投资为主,即发生在国际资本市场中的投资活动,包括国际信贷投资和国际证券投资。主要是一国政府、银行或者国际金融组织向第三国政府、银行、自然人或法人提供信贷资金,或者以购买国外股票和其他有价证券为内容,以实现货币增值为目标而进行的投资活动。国际直接投资仅占10%,资本的输入并未引起生产要素的跨国流动。

国际直接投资是指投资者以控制企业部分产权、直接参与经营管理为特征,以获取利润为主要目的的资本对外输出。可分为创办新企业和控制外国企业股权,也称为"绿地投资"和跨国购并两种形式:前者指投资者直接到国外进行投资,建立新厂矿或子公司和分支机构,以及收购外国现有企业或公司等,从事生产与经营活动;后者是指购买外国企业股票并达到一定比例,从而拥有对该外国企业进行控制的股权。发达国家的国际直接投资是从19世纪80年代开始的,但是直到第二次世界大战之后,才得到快速发展。20世纪70年代,国际直接投资发展速度超过国际贸易的增长速度。

跨国公司一般是国际直接投资的主体,且以"绿地投资"为主,尤其是对发展中国家的投资更是如此。因为这些国家的某些现代产业部门存在空白,而且市场增长前景良好,不似发达国家市场容量有限,获利艰难,因此外资纷纷进入发展中国家市场,新建企业。跨国并购是发达国家之间国际直接投资的主要形式,因为发达国家资本市场比较发达,自由化程度比较高。不过随着新兴经济体的崛起,涌现出跨国公司后,跨国兼并也出现在新兴经济体和发达国家之间。国际直接投资迅猛发展,深刻地改变了国际贸易的方式,扩大了国际贸易,而且形成了生产的跨国化和一体化。国际投资是以资本为载体的生产要素的国际流动,它改变了国家之间经济联系的方式,从以生产的国际分工和商品贸易联系为基础,转变为以生产要素的国际组合为基础的全球化经济。

20世纪70年代以来,国际直接投资规模不断扩大。首要原因是以原子能、电子计算机和空间技术为主要标志的第三次科技革命的推动,使生产资料发生了革命性的变化,推动了发达国家的经济发展和结构升级,更促进了国际分工从传统分工形式日益向现代分工形式过渡,即从工业制成品与初级产品之间的垂直分工转向工业制成品之间的水平分工;从不同经济部门之间的分工转向部门内部产品、零部件和工艺、工序专业化的分工;从商品流通领域的间接分工转向各国生产领域的分工;从少数发达国家强制落后国家的分工转向发展中国家积极参与国际分工。国际分工的改善以多层次、多形式将经济发展水平不同的国家联结在一起,获得各自的发展机遇。其中,不断涌现的跨国公司对于现代国际分工的发展起到重要的推动作用。跨国公司在全世界范围内组织生产和销售,使国际分工从国家之间的宏观层次深入到企业之间的微观层次,使生产国际化进入一个新的发展阶段,国际直接投资也进入到一个新的发展里程,强化了世界经济一体化趋势。

"二战"后国际金融市场扩展迅速,形成众多的跨国银行、证券交易所和投资机构集聚的大型交易中心和通过现代通讯设备构成的金融交易网络,为国际贸易、投融资提供了便利条件,使资本国际流动和跨国投资增长速度大大加快。

20世纪70年代以来,发达国家的政府为了鼓励国际贸易与投资,纷纷放松对国际贸易、投资与金融的管制,推行自由化政策来鼓励国际化的发展;发展中国家奉行改革开放

第三章　国民经济系统环境

的路线，确立市场经济体制，让市场在资源配置中起决定作用，适应了国际投资的要求，为国际直接投资提供了社会条件。

(三) 经济全球化及其特征

从商品的国际流通到生产要素的国际流动，改变了世界经济发展的基础和经济联系的纽带，赋予当今世界经济全球化的新特征：

(1) 降低或消除了国际贸易的障碍，使贸易数量、规模大大提升，贸易结构大大拓展。这一方面是因为国际直接投资，使投资国和东道国的过剩资本和闲置资源都得到充分利用，促进双方国家的经济增长，从而扩大了贸易规模；另一方面，国际直接投资将东道国纳入投资国的生产销售系统，构建价值链国际分工，从而创造出产品内贸易，使贸易总规模扩大。生产要素的流动使发展中国家获得了资本、技术等高级生产要素，成为资本和技术密集型产品出口国，还出现了加工贸易这一新的贸易方式，这些都使传统的国际贸易结构发生变化。

(2) 国际分工收益分配由产业结构差异决定转变为由要素收益规律决定，即要素稀缺性决定要素的价格，从而决定要素的收益。在经济全球化的格局下，决定国际分工收益不是产品市场而是要素市场。谁拥有更多的稀缺生产要素，谁就会获得更高的收益，当今世界最稀缺的生产要素就是原创的核心技术、自创品牌，这些稀缺要素可以提高生产率和产出水平。由于这类生产要素主要掌握在发达国家手里，因此，这些国家在国际分工收益分配中占据有利地位。

(3) 国家竞争力的标志不再是传统的出口规模、出口结构、国际市场占有率和贸易顺差规模，而是核心技术与品牌的拥有状况。因为当今世界各个不同发展水平的国家都成为国际价值分工链条的一个环节，发展中国家凭借廉价劳动力、土地以及自然资源的优势吸引大量发达国家的资本、技术、品牌，双方的生产要素在发展中国家结合起来进行生产，发展中国家是最终产品的生产国，也是产品有竞争力的出口大国。尽管如此，由于发展中国家只处于国际分工价值链低端的加工制造环节，技术、品牌都属于处于价值链高端的发达国家所有。而稀缺的技术、品牌等高级生产要素，是出口产品价值的构成主体[①]，其拥有者发达国家收益也远远高于处于产品加工环节的发展中国家。因此，是否拥有技术品牌等高级生产要素成为一个国家竞争力的标志。

(4) 国家核心能力演化成为要素的聚集能力和高级生产要素的生长创造能力。对于发展中国家而言，实施对外开放战略就是要充分利用国际资源，以弥补本国资本、技术、管理等高级生产要素之不足。因此，对国外资源的吸引聚集能力就成为国家的核心能力，而这又取决于国内制度体制的完善性，市场体系的健全程度，政府部门的服务效能，以及产

---

① 1990年，哈佛商学院的迈克尔·波特在《国家竞争优势》一书中，根据生产要素特征将其划分成初级要素和高级要素。前者包括自然资源、气候、地理位置、人口统计特征。后者包括通讯基础设施、复杂和熟练劳动力、科研设施以及专门技术知识。波特认为，高级要素对竞争优势具有更重要的作用。与自然赋予的初级要素不同，高级要素是个人、企业以及政府投资的结果。初级要素可以为一国提供某种初始优势，这些优势随着在高级要素方面的投资得到加强和扩展。反过来讲，初级要素方面的劣势地位会形成一种向高级要素方面投资的压力。

业和劳动力的配套能力等。对于发达国家来说，在经济全球化条件下，一个国家的核心能力体现在拥有高级生产要素的生长发育机制，如充满活力的市场，成熟的企业制度，雄厚的技术基础和庞大的人才队伍等，唯此才能够使技术、专利、品牌等高级生产要素不断地自我更新，为本国带来源源不断的要素收益。

（5）当代经济增长的主要原因是要素的国际流动从而增加了世界经济中生产要素投入总量。这是因为，发展中国家技术、管理等高级生产要素比较稀缺，而劳动力、土地、自然资源等要素比较丰裕，并且市场发展潜力巨大；发达国家恰恰相反，技术、管理等高级生产要素富裕而劳动力、土地、自然资源等要素不足，国内市场接近饱和。国际直接投资引起要素的国际流动，使发达国家的高级生产要素流入发展中国家，并且在那里与初级要素结合起来，双方的闲置或者尚未充分利用的生产要素得以有效配置，在经济发展方面得到双赢，从而大大促进了世界经济增长。不仅如此，生产要素流动并且大规模集聚，会产生企业和产业规模经济的效果，使要素生产率得到提高，也成为世界经济快速增长的助力因素。同时，国际直接投资产生的技术溢出和学习效应会大大促进发展中国家的技术创新和管理创新，从而提高生产率。

（6）世界经济增长格局的变化带来世界贸易的不平衡，即新兴经济体的国际贸易顺差与发达经济体的贸易逆差。这主要是因为发达经济体通过国际直接投资，将资金、技术、品牌等高级生产要素，从而将产业转移到新兴经济体，新兴经济体成为世界主要产品的生产者，而将生产的产品出口到发达经济体，发达经济体国家成为消费者。正是这种经济格局导致发展中国家与发达国家的贸易不平衡。但也应该指出，这里还存在着一个贸易结构的问题。因为发达国家从发展中国家进口低成本的产品，但对于高技术尤其是具有核心技术的产品一直进行封锁，致使贸易不平衡的产生。显然，这并非发展中国家的问题，而在于发达国家对高技术的保护。在这方面，中国与美国、欧盟与日本的贸易就是一个典型。

二、新兴市场与发展中经济体对外开放方式的转变

（一）根据要素禀赋和比较优势参与国际贸易

新兴市场或发展中经济体最初的对外经济联系，是以比较优势学说和要素禀赋学说为理论指导的。比较优势学说揭示了各国通过出口相对成本较低的产品、进口相对成本较高的产品就可能实现贸易的互利。自其创立的一百多年来，它一直被西方国际经济学界奉为经典，并成为国际贸易分工理论发展的主流。要素禀赋论用生产要素的丰缺来解释国际贸易产生的原因。奠定了现代国际贸易理论的基石。任何一国对外贸易的发展都会受到其国内资源禀赋和比较成本的制约。发展中国家在国际经济中的不利地位，源于它们要素禀赋结构的弱势地位。相对于发达国家来说，发展中国家经济发展初期拥有的只是初级的生产要素，缺乏资金、技术、先进管理经验等高级生产要素。因此，只能按照传统比较优势进行生产和贸易。

旧的国际经济秩序造成亚非拉广大发展中国家以出口初级产品为主的现象曾持续了几

第三章 国民经济系统环境

个世纪，形成了典型的殖民地经济特征。独立后的许多发展中国家曾试图通过继续发展农矿产品出口以带动经济发展，但无法克服因供求结构影响的贸易条件恶化的困难，不得不谋求新的发展战略。20 世纪 60 年代初期前后，不少发展中国家外贸发展战略出现第一次转折，即由出口初级产品的初级外向战略转向进口替代战略。但是，进口替代政策的局限性日益突出：在保护关税和进口限额等封闭性措施下建立起来的工业因技术落后、国内市场狭小，无法接受国际市场的挑战。同时，发展中国家工业所需的资金、设备、技术乃至大批中间性产品的原料仍须依赖进口，使采取该项战略的发展中国家外债和外贸逆差剧增。

基于上述情况，不少发展中国家外贸发展战略不得不实行第二次转变，出现了出口替代的新战略。该项战略的主要意义在于否定进口替代战略中的消极因素，在世界性的贸易自由化中，把促进工业制成品出口作为工业化的战略基地，实行外向型政策。该项战略通过出口部门的前后关联作用带动本国经济发展，有效地增加了就业、改善了产业结构和国际收支，其效益比较明显。70 年代发展中国家涌现出一批新兴工业化国家（地区），其成功之处莫不与上述战略有关。80 年代以来，发展中国家又出现了相对进口替代和立足国内经济、实行奖出限入相结合的多形式、多层次的发展战略。尽管各国由于经济发展阶段不同，外贸发展很不平衡，但其战略的开放性质却越来越明确。这既维护了本国经济发展的利益，又适应了战后世界经济和贸易发展的趋势。

（二）以简单劳动力、土地、自然资源等不易流动的要素参与国际经济合作

"二战"后，取得民族独立的发展中国家提出了经济自强的任务，为了充分利用本国资源丰富、地价便宜、劳动力充沛的有利条件，制定了一系列吸收外资的优惠政策和法令。例如减免外资企业税收，允许外资企业利润、利息、股息自由汇出，允许外币流入并自由使用，增大出口补贴和留成，实行进出口贷款和水、电能源优惠性政策，等等。

20 世纪 70 年代初期，发展中国家资本输入形式出现了二元结构，即政府投资和私人投资并行增长，大量低息、无息的政府间贷款或援助和跨国公司的私人直接投资大量涌进发展中国家，一批新企业逐渐建立，旧的产业结构和出口商品结构开始有了初步改观。由出口初级产品为主的农业、矿业国家，发展成为有一定的工业基础设施的劳动密集型工业品出口国，还有不少发展中国家积极建立以吸收外资为主的出口加工区，并在 60 年代形成了高潮。到 1973 年为止的 20 多年内，发展中国家吸收外资总额 2 200 多亿美元，其中私人直接投资比重约占 40% 多一点。发展中国家吸引外资从被动转向主动，从以借贷资本为主转向以生产资本为主，并基本围绕改变单一落后经济的总体目标制定决策，不同程度地体现了主权国的意愿，获得了较为显著的微观经济效益，这是发展中国家资本输入史上的重要转变。另外，外国直接投资的主体是跨国公司，通过垄断关键技术和经营管理，控制发展中国家工业部门，攫取高额垄断利润，仍是外国垄断资本的有力手段。同时，由于一些发展中国家靠牺牲农业来发展工业，单纯追求工业发展速度，埋下了产业结构畸型化的隐患。

70 年代中期以来，西方发达国家相继陷入"二战"后最深刻的危机之中，并且波及

到发展中国家,影响了发展中国家国民经济的稳定,发展中国家开始对吸收外资政策进行再调整,主要包括:改变吸收外资的单一流向及二元结构多渠道的吸收、利用外资;实行对外资又利用又限制的政策,维护国家经济独立与产业安全;加强利用外资的宏观管理,注重提高外资使用的社会经济效益;加强国家干预,实现国际金融领域的南南合作等。

70年代后期,发展中国家重新调整引进外资的战略,放松了一些管制与限制,纠正吸收外资和限制外资的盲目性和片面性,使一度下降的引进外资有所回升。这一时期,在新兴工业化国家(地区)中,东南亚等国家在吸收外资方面,从实际出发制定稳定经济增长方针,注意财政控制,防止通货膨胀,创造了较为成功的"亚洲经验"。而拉丁美洲的墨西哥、巴西等国片面依赖借贷资本,信用过分膨胀,背上了沉重的外债包袱,患上了"墨西哥病",从而陷入了新的困境之中。

(三) 以资本、技术、品牌、管理等易流动要素参与国际经济合作

1. 1980年以来迅猛发展的发展中国家国际直接投资(ODI)

1980年以前,国际直接投资似乎是发达国家特有的经济现象。由于发展中国家国内经济基础薄弱,资本稀缺,当时90%的国际直接投资都来自于发达国家。但是自20世纪80年代中期以来,发展中国家尤其是东亚新兴经济体对外直接投资增长迅猛。1980年,东亚新兴经济体对外直接投资占世界总量的2.6%,到了2009年,这一比例变成9.4%,占发展中国家国际直接投资总量的66.4%(World Investment Report,2010)。其中,来自东亚、南亚、东南亚和拉丁美洲的跨国公司是对外直接投资增长的主要驱动力量,而中国香港和中国内地是最大的对外直接投资来源地区,在全球排名中分别位居第四位和第五位。

与传统的国际投资方向和国际投资模式不同,一些发展中国家的对外直接投资倾向于制度质量和经济发展水平高的国家和具有比较优势的产业。为了积累所有权优势以应对激烈的国际市场竞争,一些发展中国家和地区的企业,试图通过在发达国家跨国并购,掌握专有技术、品牌和分销渠道等,进入全球生产链上附加值较高的生产环节。特别是全球金融危机之后,发达国家进行了新一轮产业结构调整,一些发展中国家也出台了一系列针对本国企业海外投资的优惠政策,从而为发展中国家企业在发达国家的前向或后向跨国兼并创造了有利条件。

近年来,东亚、南亚和东南亚的主要国家(地区)的企业,包括中国、印度、韩国和新加坡等国企业,不但在具有比较优势的制造业,而且还积极地在不具有竞争优势的服务业跨国收购发达国家的公司。南亚、东亚和东南亚服务业对外直接投资主要目标是房地产、酒店和旅游、电信、交通运输、金融服务。与此同时,金融服务的对外直接投资流量也有所回升,特别是在2010年金融交易额增加了一倍以上,达到390亿美元。从国际投资模式上看,在服务业的累计对外直接投资中,跨国并购的比例为70%,主要涉及金融、仓储、运输和通信、商务、批发和零售等;绿地投资不到30%,主要是房地产、酒店和旅游、运输、通信和金融。

2. 发展中国家国际直接投资的动因

(1) 邓宁的投资发展周期理论。根据邓宁的理论,对外直接投资倾向取决于该国经济

第三章 国民经济系统环境

发展阶段和所拥有的所有权优势、内部化优势和区位优势（即所谓的"OIL"理论）。这一理论从动态的角度解释一国的经济发展水平与国际直接投资的关系。邓宁根据人均国民生产总值将经济发展划分为四个阶段：第一阶段，人均GDP在400美元以下。此时，本国企业缺乏所有权优势、内部化优势和区位优势，没有直接投资输出，同时，由于本国经济条件不好，投资环境较差，外资流入很少；第二阶段，人均GDP在400~2 500美元。在这个阶段，由于国内市场扩大，对外资的吸引力增加，外资流入明显增多，主要是利用东道国原材料及劳动力成本低廉的优势，进行技术水平较低的生产性投资，但由于国内经济发展有限，对外投资仍然很小；第三阶段，人均GDP达到2 500~4 000美元。此时，本国所有权优势和内部化优势大大增强，对外直接投资大幅度上升，但外资流入仍然大于对外投资量，进入这一阶段标志着一国已走上国际生产专业化道路；第四阶段，人均GDP达到4 000美元以上。处于这一阶段的国家是发达国家，企业具备所有权优势、内部化优势和利用国外区位优势的能力，净对外投资额为正值并逐渐扩大。

（2）威尔斯的小规模技术理论。威尔斯认为，传统对外直接投资理论的最大缺陷是把竞争优势绝对化了。即使是发展中国家或地区，也有可能存在着对外投资的某种优势，这种竞争优势来自低生产成本，主要包括：一是拥有为小市场需要提供服务的小规模生产技术，这可以迎合低收入国家制成品市场需求量有限的特征；二是发展中国家民族产品在海外生产颇具优势，特别是当本国的海外移民数量较大时，这种类型的海外投资更有优势；三是低价产品营销战略。由于发展中国家对外投资企业的管理人员和技术人员的薪金收入远远低于发达国家对外投资企业的水平，为了降低原材料进口成本，可以采用采购当地原材料替代的策略。这一理论指出，世界市场是多元化、多层次的，即使对那些技术不够先进，经营和生产规模不够大，但具有明显的低成本优势的小企业，参与国际竞争仍有一定的竞争力。

（3）拉奥的技术地方化理论。印度经济学家拉奥在对本国跨国公司的竞争优势和对外投资动机进行了深入研究之后提出，发展中国家跨国企业特有优势的形成是由四个条件决定的：一是在发展中国家技术知识的当地化是在不同于发达国家的环境下进行的，这种新的环境往往与一国的要素价格及其质量相联系；二是发展中国家生产的产品适合于其自身的经济和需要，只要对这些企业对进口的技术和产品进行一定改造，这种创新活动就会形成竞争优势；三是发展中国家企业竞争优势不仅来自于其生产过程与当地的供给条件和需求条件紧密结合，而且来自创新活动中所产生的技术在规模生产条件下具有更高的经济效益；四是在产品特征上，发展中国家企业仍然能够开发出与名牌产品不同的消费品，特别是国内市场较大、消费品味和购买能力有很大差别时，来自发展中国家的产品仍有一定的竞争能力。

（4）技术积累—技术改变的演进理论。英国里丁大学坎特威尔教授与他的弟子托兰惕诺认为，发展中国家产业结构的升级，是其企业技术能力不断积累提高的结果；而技术能力的存在和积累不仅是国内生产活动模式和增长的重要决定因素，同时也是国际生产活动的重要结果；新兴工业化国家的竞争优势表现在工业产品、轻工业消费品的生产制造方面；这些企业的技术创新最初来自外国技术的进口，对技术的吸收、消化带来了技术创新；而技术创新优势又随着管理水平、市场营销水平的提高而得到加强。因此，发展中国家跨国公司的技术积累过程是建立在其"特有的学习经验基础上的"，这些国家的对外投资在产业分布上先是以自然资源开发为主的纵向一体化生产活动，然后以进口替代和出口导向的横向一体化为主；从海外经营的地理扩张上看，发展中国家在很大程度上受"心理距离"的影响，遵循周边国家—发展中国家—发达国家的渐进发展轨道。

（5）动态比较优势投资理论。20世纪90年代，日本学者小泽辉智提出，直接投资的发展及其模式完全遵循比较优势的动态变化，发展中国家的对外投资必须与其工业化战略相结合，最大限度地发挥现有比较优势。国与国之间经济发展阶段的差异性和动态比较优势的互补性为发展中国家通过直接投资实现经济转型和赶超创造了机会。为此，发展中国家应以增强比较优势为基准，以出口导向战略为条件实施对外投资。使本国比较优势不断增强从而保持经济竞争力的动机，是发展中国家从纯吸收外资进入的国家演变成向海外投资的国家的基本原因。

3. 发展中国家ODI效应分析

（1）经济效应。对于ODI所产生的经济效应，学界存在两种观点：一种观点认为，对外直接投资减少了母国的资本要素存量，可能会抑制母国经济的增长，即产生替代效应；另一种观点与之相反，认为对外直接投资可以促进母国经济增长，即存在补充效应。实际上，发展中国家通过对外直接投资，提升人力资本和技术水平，使发展中国家跨国企业的知识、管理、技术水平和国际化视野得到拓展，可以大大促进生产率的提高。而母国的跨国企业可以带动产业结构高级化，改善国际收支，有利于企业获得稳定的自然资源和市场空间，这些进步都会间接地促进母国经济发展。更重要的是，以寻求资源、开拓市场、获取技术、品牌和销售渠道等战略资产和追求效率为目的的发达国家的对外直接投资一旦取得成功，通过降低资源约束、扩大市场，技术进步和知名品牌的营销，增加母国海外资产等因素，可以获取丰厚的投资回报，直接促进本国的经济增长。对东亚国家大量实证分析表明，尽管不同国家之间存在着差异，但总体来看，发展中国家ODI对母国经济增长具有明显的补充效应。

（2）贸易效应。发展中国家ODI的贸易效应既包括贸易替代的负效应，也包括贸易创造的正效应：前者是指发展中国家对外直接投资抑制母国国际贸易的发展；后者是指发展中国家对外直接投资带动母国国际贸易的发展。对于贸易替代效应是否绝对存在，学者们持不同观点。东亚国家的经验证明，如果发展中国家跨国企业选择在发展中国家进行投资建厂，一般需要从母国进口产品和原材料，势必增加母国的出口规模；例如韩国电脑制造企业到东南亚和南美国家竞争生产，需要从韩国国内进口微处理器等核心部件；相反如果发展中国家的跨国企业在发达国家进行投资建厂，利用当地人才和技术优势进行核心部件的生产，再出口到母国，必然会增加母国的进口贸易额。另外，国际直接投资的贸易创造效益也与跨国企业投资期长短有关。一般，新设立的海外子公司需要更多的资本品，如机器设备、原材料等，需要向母国采购，会增加母国的出口规模；随着时间的推移，海外子公司对东道国市场环境越来越熟悉和适应，会加大在当地市场的采购，从减少对母国的依赖，贸易创造效应会相应减弱。从东亚国家的实践来看，总体而言，对外直接投资具有

第三章 国民经济系统环境

较大的贸易创造效应,当然具体到不同国家也会有较大的差异。

(3) 就业效应。一是就业替代效应。即拥有资本资源流出母国进入东道国投资设厂,从而增加东道国就业而减少母国的就业,如由于产品在海外生产而后销售到母国而引起工作机会的丧失;二是就业补充效应。即ODI所导致的国内就业机会的增加,如母国向海外公司提供零配组件、中间产品、提供服务以及本土工作人员所增加的工作机会。东亚国家现有的证据表明,在人均收入较高的新兴经济体(如中国台湾),对所有其他国家ODI创造的技术、管理工作岗位较多,而非熟练劳动力就业岗位有所减少。对于东亚地区,不同国家和地区的就业效应表现出较大差异,如中国香港、新加坡的补充效应明显,而泰国的替代效应突出。另外,不同产业也具有不同的就业效应,如商贸、金融业具有较大的补充效应,而制造业却具有很大的替代效应,建筑业的就业效应各国表现得不一致,中国具有突出的补充效应,而韩国与菲律宾则替代效应突出。

(4) 技术溢出效应。发展中国家对发达国家进行投资的目的之一是寻求先进技术和管理经验。为此,在发达国家设立研发中心,通过资本并购,更快地获取发达国家的先进技术。通过对外投资获取的先进技术可以通过逆向技术转移和外部溢出两种方式向母国传递:前者主要是跨国公司的子公司通过事先的商业约定等合法途径向投资国母公司转移;后者是指与投资企业存在前向或后向关联而形成的技术溢出或产业带动效应。技术溢出效应表现在三个层次上:一是通过投资建立合资企业,设立研发中心,参与当地技术创新网络,利用当地技术人员,接近创新源,学习、模仿、跟踪东道国企业的技术发展,提高本国母公司的技术创新能力;二是发展中国家的母公司获得先进技术,通过示范效应使其他企业学习和掌握新技术,然后再通过企业之间的技术关联、市场竞争带动产业技术创新和结构升级;三是通过对发达国家进行以获取技术为目的的投资,最终会通过技术溢出效应、产业关联效应和市场竞争效应,使母国的投资方向、技术资源状态、就业结构、劳动力水平与结构逐渐进步,最终使国家层次的技术水平得到提升。

(5) 产业结构效应。不可否认,发展中国家对外投资在促进本国产业结构升级具有重要作用,其传导机制一般是:一是生产要素从传统产业转移到新兴产业,从而促进产业升级;二是ODI促进母国企业技术进步,从而促进产业升级;三是投资到国外的企业提供学习效应促进母国产业结构升级;四是通过溢出效应促进产业结构升级。

三、中国在全球经济中的地位与"一带一路"倡议

(一) 中国在全球经济中的大国地位[①]

1. 经济贡献和影响

1979年,中国在世界经济总量中的比重不足1%(仅为0.92%)。2014年,中国国内生产总值已经突破10万亿美元,达到10.4万亿美元,占世界GDP的13.82%,是仅次于

---

① 数据来自UNCTAD数据库。

美国的世界第二大经济体。从自身的经济增长来看,中国在1980~2011年长达32年的时间内保持年均9.8%的增速,创造了世界经济增长的奇迹。从对世界经济的贡献和影响来看,中国经济对世界经济发挥着重要的影响力,在世界经济缓慢复苏的背景下,中国经济展现出强大的韧性,成为世界经济增长的重要引擎。2014年,中国经济对世界经济增长的贡献率为29.7%,是该年度对世界经济增长贡献最大的国家(美国为19.6%)。

2. 货物贸易和服务贸易规模

1978年,中国货物贸易出口和进口分别为99.5亿美元和111.3亿美元,占全球的比重分别为0.76%和0.82%。改革开放30多年来,中国对外贸易飞速发展,贸易规模大幅增长,在世界贸易中的比重不断提高:1978~2014年,中国货物贸易出口和进口的年均增速分别达到17.04%和16.49%,远高于世界同期的8.19%和8.07%;2013年,中国货物贸易总额首次突破4万亿美元,达到4.16万亿美元,超过美国(3.91万亿美元)成为世界第一大货物贸易国;2014年,中国货物进出口总额达到4.30万亿美元,出口占全球的比重达到12.37%,世界第一货物贸易大国的地位得到进一步巩固。

尽管与货物贸易相比,中国服务贸易规模还存在一定差距,但中国服务贸易在全球中的地位不断提升:1982年,中国服务贸易出口额和进口额分别为25.1亿美元和20.2亿美元,占全球的比重仅为0.63%和0.45%;2014年,中国服务贸易出口额和进口额分别为222.2亿美元和3 821.3亿美元,占世界的比重分别提升至4.50%和7.86%,是世界第五大服务出口国和第二大服务进口国。

3. 利用外资(FDI)和对外投资(ODI)

中国全球经济大国地位还表现在投资领域。1980年,中国利用外资(FDI)仅为0.57亿美元,占世界的比重仅为0.11%;2014年,中国利用外资总额达到1 280亿美元,占世界比重达到9.49%,成为全球外国投资的第一大目的国,也是中国自2003年成为吸引外资第一大的发展中国家以来首次超越美国,跃居世界第一。截至2014年,中国吸引外资存量达到10 847.9亿美元,占全球的比重为3.89%,居世界第六位。

在中国利用外资规模不断攀升的同时,中国对外投资(ODI)的高速增长更加引人注目。1982年,中国对外投资额仅为0.44亿美元;2003年达到28.5亿美元,占全球比重仅为0.49%。随后,伴随中国经济的快速崛起,中国对外投资进入快速发展阶段。2014年,中国对外直接投资达到1 400亿美元,占全球的比重提升至11.1%,超过日本成为亚洲最大和全球第二大海外投资国。2003~2014年,中国对外投资年均增速高达45.02%。截至2014年,中国对外直接投资存量达到7 535.85亿美元,占全球的比重为2.6%,居世界第十一位;中国外汇储备38 430亿美元,居全球第一位。

4. 制造业和金融实力

根据世界银行的统计,1990年中国制造业增加值仅为1 170亿美元,占全球制造业比重的2.6%;2010年达到19 249.6亿美元,占世界制造业的18.6%,超过美国成为全球制造业第一大国,同时也终结了美国连续114年作为制造业世界第一的历史。2013年,中国制造业增加值在世界占比达到23.2%,制造业出口占世界的比重达到18.4%,220多种制造业产品产量居世界首位,成为名副其实的制造业大国。

第三章 国民经济系统环境

中国的金融崛起几乎是与经济发展同步实现的。作为衡量国家金融实力的重要指标，人民币的全球影响力不断加强。近年来，中国积极推进人民币国际化，不断扩大区域多边与双边货币互换的范围和规模、拓展人民币跨境贸易结算和加强境外人民币离岸市场建设。截至2015年5月，中国已与32个国家和地区签订了双边本币互换协议，金额达到3.1万亿元。跨境贸易人民币结算自启动以来持续快速增长，2014年已达到6.55万亿元，同比增长41%，相当于全年贸易额的24.7%，同时人民币全球离岸市场在东亚和欧洲稳步开拓。目前，人民币已是全球第二大贸易融资货币、第五大支付货币和第六大外汇交易货币。

（二）国内外经济新变化

1. 世界经济新格局

2008年全球金融危机以来，世界经济格局开始发生新变化：一是两大板块发生位移。发达经济体地位下移，新兴经济体地位上升，发达经济体占世界经济的比重已从1992年的83.6%下降至2012年的61.9%，新兴经济体占比已从16.4%上升至38.1%；二是世界工业生产格局出现新变动。发达经济体工业生产减速，部分产业空心化，而新兴与发展中国家工业增长表现不俗，但作为工业增长引擎的制造业要想在全球工业生产格局中凸显领导力，仍尚待时日；三是世界资本流动格局发生逆转。发达资本输出国大幅减少境外投资，加速全球资本回流，新兴经济体扩大对外投资势头不减，已在一些领域对发达经济体提出挑战；四是世界贸易格局进一步分化。美国、欧盟、亚洲发展中国家在刺激政策的作用下商品出口增长较快，日本出口形势急剧恶化，商品进口方面亚洲发展中国家增长强劲，继续保持领先，美国、欧盟进口则持续乏力疲软。在此形势下，我国对外开放长期以来主要的对象是以西方经济发达国家为主体的格局，需要调整转向，与此同时，伴随着全球化步伐，区域经济一体化进程加快，中国周边的东盟、中亚、南亚等发展中国家和地区资源丰富，潜力巨大，亟须通过合作激发发展动力。

2. 中国经济进入新常态

目前，国内改革步入深水区，经济发展处于换挡期、阵痛期、消化期"三期叠加"的新阶段，社会改革和发展到了矛盾集聚、风险积压、需要攻坚克难、爬坡过坎的关键期。一方面，持续了30多年的"人口红利"逐渐消失，劳动力成本迅速上升，导致传统产业正在失去竞争优势；另一方面，由于过去十多年过于乐观的能力扩张，中国部分产业随经济增长放缓出现了严重的产能过剩。这部分产能技术上并不落后，只是供大于求，需要向外转移。此外，中国巨大的消费市场也孕育了一批大企业，正在成为具有跨国投资和全球运营能力的跨国公司。这些因素叠加促使中国正在进入大规模"走出去"的时期。正是在这样的背景下，党的十八大后，提出了改革开放再出发、深化改革、扩大开放新方略，重新定位经济发展"新常态"，实现国民经济从高速增长到常态平稳增长的"软着陆"，维持可持续发展和适度增长。这就需要统筹国内、国际两大资源和市场，寻求新的经济发展驱动力和增长点。

(三) 中国提出的"一带一路"发展倡议

1. "一带一路"发展倡议的内涵

"一带一路"是"丝绸之路经济带"和"21世纪海上丝绸之路"的简称。2015年3月28日,中国国家发展改革委、外交部、商务部联合发布了《推动共建丝绸之路经济带和21世纪海上丝绸之路的愿景与行动》,中国政府向沿路沿线及相关国家发出倡议,积极发展与沿线国家的经济合作伙伴关系,共同打造政治互信、经济融合、文化包容的利益共同体、命运共同体和责任共同体,促进经济要素有序自由流动、资源高效配置和市场深度融合,推动开展更大范围、更高水平、更深层次的区域合作,共同打造开放、包容、均衡、普惠的区域经济合作架构,从而塑造新时期中国对外开放的新格局。

其实从历史上看,陆上丝绸之路和海上丝绸之路就是中国同中亚、东南亚、南亚、西亚、东非、欧洲经贸和文化交流的大通道。"一带一路"贯穿亚欧非大陆,一头是活跃的东亚经济圈,一头是发达的欧洲经济圈,中间的广大腹地国家经济发展潜力巨大。丝绸之路经济带重点畅通中国经中亚、俄罗斯至欧洲(波罗的海);中国经中亚、西亚至波斯湾、地中海;中国至东南亚、南亚、印度洋。21世纪海上丝绸之路重点方向是从中国沿海港口过南海到印度洋,延伸至欧洲;从中国沿海港口过南海到南太平洋。根据"一带一路"走向,陆上依托国际大通道,以沿线中心城市为支撑,以重点经贸产业园区为合作平台,共同打造新亚欧大陆桥、中蒙俄、中国—中亚—西亚、中国—中南半岛等国际经济合作走廊;海上以重点港口为节点,共同建设通畅安全高效的运输大通道。无论是发展经济、改善民生,还是应对困难、加快调整,许多沿线国家都同中国有着共同利益。"一带一路"是对古丝绸之路的传承和提升,获得了沿线及相关国家的广泛认同。

2017年5月,中国在北京主办了有29个国家的元首和政府首脑、联合国秘书长等国际组织负责人以及130多个国家的约1 500名各界贵宾出席的"一带一路"国际合作高峰论坛,共商合作大计,共建合作平台,共享合作成果,为解决当前世界和区域经济面临的问题寻找方案,为实现联动式发展注入新能量,让"一带一路"建设更好造福各国人民。"一带一路"发展倡议的提出表明,中国期望在符合当前世界发展机制和趋势的前提下更深地融入全球经济体系,并在引领世界经济发展中发挥更积极的作用。

2. "一带一路"倡议下的全球经贸格局重构[①]

(1) "一带一路"倡议与全球贸易投资格局。"一带一路"倡议涉及65个国家,覆盖总人口数超过世界人口的60%,GDP总量约为全球的1/3。根据UNCTAD统计数据计算,1990~2013年,特别是在金融危机影响期间,这些国家的对外贸易和跨境投资年均增速高出全球平均水平。"一带一路"沿线国家经济互补性强,但目前的贸易状况却远未反映出这些国家的真正实力。通过实施这一战略,可以促进区域内基础设施的完善、贸易投资的自由化和便利化、供应链和价值链的深度融合,特别是将从根本上改变区域贸易状况,使沿线区域经贸合作迈上新台阶。"一带一路"上的中国西部和泛中亚经济圈形成了东亚和

---

① 李丹、崔日明:《"一带一路"战略与全球经贸格局重构》,载于《经济学家》2015年第8期。

第三章 国民经济系统环境

欧洲之间的一个经济凹陷区域。中亚是扼守亚欧大陆心脏地区,是影响世界格局枢纽地区。借助"一带一路"倡议,中亚国家不仅将打通出海通道,同时还将深度融入世界经贸合作体系,从整体上激发亚欧区域的经贸合作水平,一方面可以促进中国中西部地区及泛中亚经济圈的发展,拉平丝绸之路经济带的凹陷区域,另一方面可以形成区域的新兴增长极。目前,中欧之间的经贸合作主要依靠海陆通道。"一带一路"建设将拓展中欧合作的陆路通道,进一步扩大双方的经济贸易往来。随着这一战略的推进,世界将形成以亚欧为核心的全球第三大贸易轴心推动全球贸易重构。而且,中国将位于太平洋和亚欧两大贸易轴心的中间位置,在未来全球贸易格局中发挥引领性作用。

(2)"一带一路"倡议与亚洲产业分工体系。20世纪50~80年代,世界经历了三次产业转移,从美国到日本,从日本到亚洲"四小龙",再从亚洲"四小龙"到东盟和中国;这就是著名的"雁形模式"产业转移。东亚地区通过产业的梯度转移,大力发展外向型经济,创造了整个地区经济发展的"东亚奇迹"。20世纪90年代以来,尽管日本仍然扮演着东亚"领头雁"的角色,但其国内经济增长停滞,产业空心化导致产业升级以及向东亚区域产业转移的步伐明显放慢,带动东亚产业结构调整的能力大大减弱。目前,中国已经取代日本世界第二大经济体的位置,东亚和亚洲地区的雁形模式逐渐被打破。"一带一路"倡议下的沿线国家比较优势差异明显,国家间在产业结构、商品结构和贸易结构上的互补性较强。依据劳动分工理论,沿线国家具备当初东亚地区形成雁形分工模式的区位条件和产业基础,同时还具备当初东亚地区没有的政策利好,因此"一带一路"将改写东亚和亚洲的产业分工模式和格局。随着这一倡议的推进,中国的劳动密集型行业和优势性资本密集型行业将按照雁形分工模式,依次转移到沿线国家,带动沿线国家的产业结构调整和升级,推动沿线国家工业化水平的提升,这将改变沿线国家一直以来仅是作为世界贸易发展的过道而沦为经济凹陷地区的局面,超越以美日为主导的雁形模式所造成的亚洲地区发展不平衡的困境。同时,这也将构筑以我国为"领头雁"的新型雁形模式,推动亚洲地区的产业分工格局重构。

(3)"一带一路"倡议与全球治理模式。第二次世界大战后,以美欧为首的发达国家凭借其在世界经济中的影响力和主导地位,主要以WTO为平台推行和制定了各种有利于自身利益的全球治理规则和全球经贸规则。一直以来,新兴市场和发展中经济体始终没有恰当的、合乎身份的话语权和国际规则的制定权。而且,美欧主导的新一代全球经贸规则,为发展中国家参与国际竞争设置重重障碍和壁垒,削弱发展中国家的国际竞争力,限制发展中国家参与国际经济活动。因此,全球经贸规则的各方层次、体系结构和制度规则都亟需调整和变革。目前,广大发展中国家要求建立公平合理的全球经贸规则的呼声日益高涨。作为对世界经济增长贡献最大的国家,中国应该充分发挥不断提升的影响力,积极主动地推动全球经贸规则朝着合理化的方向发展。"一带一路"倡议的重点之一就是加快实施自贸区战略,这将推动中国与沿线的新兴市场和发展中经济体构建一套更加适用于广大发展中国家的经贸规则。随着自贸区的扩大,这些内容将逐渐扩展为多边经贸规则,将不仅有利于扭转沿线国家被现有规则体系排斥在外的局面,增加发展中国家在全球经贸规则的话语权,而且能够促进广大发展中国家深度参与和融入全球化,为发展中国家的和平发展创造有利的制度环境。

另外，经济危机在世界范围内的广泛传导凸显出以美元作为主要储备货币的国际货币体系存在严重的系统性缺陷。广大发展中国家迫切希望改革全球治理体系，特别是全球货币体系，使国际储备货币以币值稳定、供应有序、总量可调为原则进行调整和完善，从根本上维护全球经济稳定、保护各国经济利益。近年来人民币国际化速度较快，2010年初人民币国际化指数只有0.02%，2014年底已经达到2.35%。在"一带一路"倡议下，人民币在沿线国家使用机会将不断增加，沿线的大宗商品交易、基础设施融资、产业园区建设、跨境电子商务，以及亚投行、丝路基金、金砖国家开发银行、上合组织开发银行等多边金融机制都将成为人民币进一步国际化的突破口。国际货币体系和金融体系重建是改善资源配置的最基本途径。依据最优货币区理论，"一带一路"沿线国家在建成命运共同体的诉求下将有极大可能在沿线区域内形成人民币货币区，这将在推动中国和发展中国家在未来国际货币体系和金融体系中增加发言权，促进全球货币体系重构。

【复习思考题】

1. 国民经济发展观的演进。
2. 国民经济发展的主要约束条件。
3. 国民经济总体协调发展的必要性及其发展趋势。
4. 物质资料生产与人口生产相互协调的途径。
5. 物资资料生产、人口生产和环境生产协调的途径。
6. 物质资料生产、人口生产、环境生产和精神生产协调的途径。
7. 国民经济系统开放的合理性。
8. 发展中国家实行对外开放的发展阶段。
9. 中国在全球经济中的地位。
10. "一带一路"倡议的基本内涵与重要意义。

第二篇

国民经济运行

　　国民经济系统是经济运行的动态系统,即社会再生产的运动。这一过程既是资源配置的过程,也是通过物质资料生产形成社会总产品或总产出,更好地满足社会总需求,以实现社会总供求在总量和结构上相互平衡,实物构成和价值构成相互适应,实现国民经济长期持续协调发展的动态平衡过程。

　　国民经济运行之所以是一种动态平衡过程,是因为国民经济在实际运行过程中,不可能始终保持平衡,而总是在一定的周期波动状况下运行的。若要使国民经济平稳运行和发展,就要尽可能地避免使之产生剧烈的周期波动,否则,就会导致严重的通货膨胀或通货紧缩,影响着国民经济健康、可持续发展。

　　本章主要分析国民经济运行的动力和推力,国民经济运行的平衡条件,国民经济运行的周期波动的规律,以及如何避免国民经济出现剧烈的周期波动,防止出现严重的通货膨胀或通货紧缩,实现国民经济平稳、健康的动态运行。

第四章 国民经济运行总体分析

作为国民经济学研究对象的国民经济系统,是国民经济运行的动态系统。国民经济运行是国民经济学研究的重要内容,也是国民经济管理的客体。具体来说,国民经济运行是社会再生产的运动,即社会总产出(社会总供给)和社会总需求实物运动和价值运动的统一。社会总供求总量平衡和结构平衡是国民经济顺利运行的必要条件。本章将首先阐述国民经济运行中社会总供给与社会总需求的形成过程,然后揭示国民经济运行中的社会总供求之间的平衡关系及运动规律。

第一节 社会总产出与总供给

一、社会总产出与经济总量的衡量

物质资料的生产是人类社会生存和发展的基础,人们要满足物质生活需要,就必须进行生产,社会生产就是为满足日益增长、日益多样化的社会需要而进行的社会总产出的过程。

(一) 社会总产出的分类

1. 社会总生产

一个国家一定时期(通常为一年)内根据社会需求和生产资料供应状况,将全社会的各种生产要素结合起来进行供社会消费和使用的生产,即社会总生产。社会总生产通过生产、分配、交换、消费等环节,周而复始、不断地运行和发展,构成社会再生产过程。

2. 社会总产出

社会生产的总成果称为社会总产出,或社会总产品。社会总产出按成果形式可以分为物质产品(或货物)生产和服务两大类。物质产品生产具有以下特点:一是人们作用于物质和物质力量的一种活动;二是其活动的内容是改造自然界,实行人与自然之间的物质交换;三是其目的是直接利用物质和物质力量来满足人们的需要。可见,物质生产的含义是由生产活动成果的物质规定性引伸出来的,反映的是人与自然的关系。

社会总产出除物质产品外,还包括各部门提供的服务。服务是一种能够提供使用价值的活动形式以非物质形式存在的产品,同物质产品相比具有以下特点:一是不可分割性。服务的生产阶段和消费阶段,在空间上和时间上是结合在一起的,它的生产和流通是同时发生的。二是不可储存性。有些服务可供人们消费,但无法象货物一样在仓库里储存。三是非标准性。有些服务由于消费者的偏好不同,难以形成统一的标准。

需要说明的是,在国民经济核算中,并非一开始就将全部物质产品和服务纳入社会总产出,而且直到20世纪仍存在两种不同的生产观:一是限制性生产观(狭义生产观)。认为只有物质产品生产部门(如农业、工业和建筑业)才是生产部门。同时,只有直接与物质产品的生产、维修、运输和分配直接相关的服务部门(即商业、运输业和邮电业)才可以纳入社会总产出,除此之外的其他部门(非物质生产部门)不创造价值,不是生产部门,因而其提供的服务业不纳入社会总产出。二是综合性生产观(广义生产观)。认为货物与服务都是生产成果,二者均能创造价值。与此相对应,形成了两种不同的产出核算范围和国民经济核算体系:物质产品平衡表体系(MPS)和国民账户体系(SNA)。目前,我国已完成由MPS向SNA的全面转换,实现了与国际接轨。在SNA最新版本(SNA2008)中,将服务区分为三类:一是"变化促成服务"。主要指改变消费单位的状况,包括消费品状况的改变(如运输、销售、修理和清洁等)、消费者身体状况的改变(如客运、旅宿、医疗、卫生等)和消费者精神状况的改变(如教育、咨询和娱乐等)。二是"增值服务"。主要是为机构单位间所有权变更交易提供便利,其生产者为批发商、零售商和各类金融机构(如保险、金融中介、保护和担保等)。三是"知识载体产品",包括信息、新闻、咨询报告、电脑程序、电影和音乐等产出形式。正是因为有了光盘、磁盘等物质载体,才使服务的不可分离性和不可储存性发生了变化,使一部分服务能够像货物那样实施标准化生产。在我国目前应用的《中国国民核算体系(2002)》中,与SNA在省核算范围上保持了一致,将货物生产活动和服务生产活动都包括在内,由此覆盖了所有的产业部门。①

货物与服务的总和构成社会总产出。货物是社会总产出的主要构成部分,其种类繁多,按其用途,又可分为生产资料和消费资料两大类。与此相适应,马克思将物质产品生产分为生产资料生产(即第Ⅰ部类的生产)和消费资料生产(即第Ⅱ部类的生产)两大部类。但这种划分,在实践中也存在一些具体问题:①它是笼统地划分了两大部类之间的比例关系,但不易具体地显示社会生产过程的先后衔接和突出其中关键性的薄弱环节;②没能把一切物质生产领域包括进去,例如运输业、商业、服务业等服务部门,就没有归属于两大部类中的任何一类;③两大部类中的生产资料和消费资料,由于自然属性的多样性及由此决定的使用价值的多样性,新的使用价值不断发现,界限越来越难以确定,有相当部分的产品,具有生产资料和消费资料双重身份,在分类统计上难以付诸实施,如粮食既可以用作人们生存必需的食物,也可用作种子和工业生产原料。因此要使社会总产出适应社会总需求,实现生产协调发展,生产部类的划分尚需具体化。

与此相类似,苏联和我国也曾将生产消费划分为农、轻、重三大部门,它较两大部类

---

① 洪银兴主编:《现代经济学大典》,经济科学出版社2016年版,第782页。

第四章 国民经济运行总体分析

划分法具体和实用,但也有与之相类似的缺陷。随着国民经济的发展,特别是三大部门内部的复杂性和不平衡性,要求进行更精确的生产部类划分,以适应社会总供求平衡的需要。

正是在这样的背景下,1989年,我国著名经济学家宋则行教授提出了新的生产门类划分方法。① 主要是将物质产品按其在生产过程中完成的状况和相互衔接的程序,以及使用去向,分为初级产品、中间产品和最终产品三大类。由于现代科学技术的发展和运用,人们从自然界取得的任何资源和初级产品,绝大部分经过具体加工后才用作劳动资料或劳动对象。因此,确切地说,物质产品可分为中间产品和最终产品两大类。与此相联系,社会总生产可分为中间产品生产和最终产品生产两大门类。

3. 中间产品生产和最终产品生产

所谓中间产品生产,是指生产的产品并非直接供人们消费和使用,而是有待于加工或继续加工后才能供人们消费和使用的产品的生产。如农业、林业、能源、采掘、化工材料和建筑材料等,它们的产品都是供其他部门进一步加工用的,因此称为中间产品生产,这里的中间产品生产包括直接为生产服务的劳务。

最终产品生产是指所生产的产品不需要再加工,可直接供人们最终消费和使用的产品的生产。它又可分两类:一类是其产品可直接用于投资的最终产品生产,如设备、机器制造业、建筑业等,可称为投资品生产;另一类是其产品可直接用于消费的最终产品生产,如以农业原料为主的消费品工业和以金属、化工材料为主的消费品工业等,称为消费品生产。这里也包括直接为生活服务的劳务生产。

这种社会总生产的门类划分方法同两大部类的划分既有联系又有区别:

生产资料生产实际上包括两类不同性质的生产,即劳动对象的生产和劳动手段(劳动资料)的生产,前者包括原材料、燃料、动力等,后者包括机器设备、建筑物等,两者在社会再生产中具有不同的地位和作用。前者是在生产过程中一次消耗的产品,它们是中间产品,即由一个部门(或企业)生产后供另一个部门(或企业)在生产中加工耗用的,因而属于流动资产性质;后者在生产过程中投入使用后,可以在许多个生产周期中长期继续使用,它们是最终产品,即由一个部门(或企业)生产后供另一个部门(或企业)作为投资品在生产中长期使用的,因而属于固定资产性质。把社会产出划分为中间产品和最终产品,就可把这两类不同性质的生产资料生产区分开。在生产中一次耗用的原材料、燃料、动力等劳动对象的生产可称为中间产品生产;在生产中作为固定资产投资用并在生产中可长期使用的机器设备、建筑物等劳动手段(劳动资料)的生产,可称之为最终产品中的投资品生产。而消费资料或消费品生产,在两种不同的分类方法中是相同的,只是两大部类的划分是从产品的用途着眼,而中间产品和最终产品的划分,则既从产品的用途,也从社会生产过程的先后衔接的程序着眼,把消费品生产看作最终产品生产中的一个门类。这样把社会总生产划分为中间产品生产和最终产品生产,后者又划分为投资品生产和消费品生产,实际上是两大部类划分的具体化,即把生产资料生产进一步分解为投资品生产和

---

① 宋则行主编:《社会主义宏观经济学》,辽宁大学出版社1989年版,第38页。

中间产品生产,也就是把两大部类生产分解为投资品生产、消费品生产和中间产品生产三大部类。这样划分的必要性:一是固定资产投资在现代生产中具有重要的地位和作用,因此将投资品划分出来有利于对其进行单独分析;二是由于社会总需求包括投资需求和消费需求,广义地说,还包括由此两类需求引起的对中间产品的需求,因此将社会总生产划分为三大部类,有利于对社会总供给和总需求在总量和结构上的平衡和相互适应进行对应的分析研究;三是这种划分便于从社会生产过程的先后衔接程序发现产业结构(或生产部门结构)中的薄弱环节。

4. 出口品与进口品的生产

在开放经济条件下,社会总产出除了包括在国内销售的部分产品以外,还包括出口的产品。出口产品是构成社会总产出的必要组成部分,属于国内生产产品的范畴,因为以出口为目的生产的产品,是在国内已最终完成而不需要进一步加工的产品。

出口产品是社会总产品的组成部分,进口产品则是对社会总产品的补充。进口的原材料、燃料等,用作国内生产耗用的中间产品;进口的机器设备等则用来满足国内投资的部分需求;进口的消费品,则用来满足国内消费的部分需求。而所有这些进口产品,都需要用出口产品来抵补。因此,在开放经济条件下,计算社会总产品时,出口产品作为最终产品,必须减去进口产品额,即只能将净出口产品计入最终产品中。

(二) 社会总产出的结构

社会总产出的结构是指社会总产出的生产门类划分以及这些门类之间的内在联系,主要包括产业结构和区域结构。研究社会总产出的结构同研究其总量同样重要。

产业结构是通过社会生产门类的划分形成的,它是指各个产业部门之间和每个产业部门内部的构成,以及它们之间存在的相互促进、相互制约和互为条件的关系。或者可以说,它是各个产业部门之间质的组合和量的比例。

任何生产都是在一定区域内进行的。为了提高社会生产的宏观经济效益,满足社会需要,不仅要求各个部门之间保持一定的比例关系,形成合理的产业结构,而且要求社会总产出在地域、空间上的布局合理化,使产业结构在全国各个地区之间保持协调的发展关系,并保持和改善生态环境的质量。

社会总产出的区域结构,要求通过生产力诸要素在空间上的最佳组合,达到合理利用各种资源、节约社会劳动、增进社会福利的效果。它取决于生产诸要素在地域、空间上的分布状况,因而不能不受到自然、技术、经济、社会等因素的制约。各地区自然资源和自然条件的不同,同类资源自然丰度的地区差异,以及各地区现有发展水平和生产集中化、专业化所产生的不同效益,构成地区分工的经济基础。社会总产出的地区分布要有利于各种资源的合理开发和充分利用、保持生态平衡和克服全国各地区经济文化发展不平衡的状况。要实现社会总产出的地区合理分布,需要国家进行一定的宏观调控。

(三) 社会经济总量的衡量

对社会总产出的分析,涉及对一个国家一定时期国民经济活动水平的衡量问题。而要

第四章 国民经济运行总体分析

反映国民经济活动的总成果，必须分析社会总产出的价值构成，只有这样，才能准确地测定社会经济的发展水平、发展规模和经济实力，才能观察社会主义再生产运转的情况。分析总产出的价值构成，需要确定一系列衡量经济总量的宏观经济指标。目前，反映我国国民经济活动总量的价值指标主要有以下几方面。

1. 总产出

总产出是以货币单位计算的全社会产品总量，是一国常住单位（或居民）[①] 在一定时期（如一年）内生产的货物和服务的价值总和，既包括货物生产部门总产出，又包括服务部门总产出，既包括核算期内新创造的价值，又包括中间投入的转移价值，从而反映了各个部门生产活动的总规模。

全社会的总产出等于各生产部门总产出之和，主要包括：①农林牧渔业总产出；②工业总产出；③建筑业总产出；④交通运输业仓储和邮政业总产出；⑤批发和零售业总产出；⑥金融业总产出；⑦房地产业总产出；⑧其他服务业总产出。由于各生产部门的生产和经营方式不同，总产出的计算方法也有所差异。

总产出是衡量社会总生产水平的一个重要价值指标。它的优点在于包括了全部货物和服务的价值，因而比较全面地反映了社会总生产水平。但由于它包括了中间投入，即消耗的中间产品价值，有过多的重复计算，用这个指标衡量经济活动总量和增长速度不够准确，而且不利于降低消耗和提高经济效益。

2. 中间投入

中间投入，也称为中间产品或中间消耗，是指在一定时期（如一年）由所有常住单位在生产或提供货物与服务的经济活动过程中，消耗和转换的所有非固定资产的货物和服务的价值。中间投入一般按购买者价格计算。

在社会生产中，中间投入是指某产业对其他产业的中间产品或服务的消耗。中间投入占总投入的比重为中间投入率。中间投入率高则说明对应产业对其他产业的整体依存性强，参与的社会化分工程度深，是具有深加工性质的产业；反之则相反。从产业上划分，中间投入可以区分为工业中间投入、农业中间投入和第三产业中间投入。以工业中间投入为例，工业中间投入是指工业企业在报告期内用于工业生产活动所消耗的外购的原材料、燃料、动力及其他实物产品和对外支付的服务费用，具体包括：①直接材料、燃料、动力，如辅助材料、备品备件、外购的半成品等；②制造费用，如生产单位管理人员的工资、福利费用；③管理费用；④销售费用；⑤财务费用。

中间投入和增加值构成了总产出的价值量。作为总产出的一部分，中间投入占总产出的份额越小，相应地增加值的份额越大，意味着生产的最终产品越多，单位投入得到的产出越大，可以获得更高的经济效益。因此，中间投入对于计算增加值和经济效益具有重要的意义。

3. 增加值

增加值是常住单位在生产过程中创造的新增加值和固定资产转移价值。增加值有总增

---

① 常住单位（或居民）是指在该国（地区）居住一年以上不论任何国度（国籍）的任何单位（或个人）。

加值和净增加值之分：总增加值等于总产出减去中间投入价值；净增加值等于总产出价值减去中间投入价值和固定资本折旧。一般情况下，增加值主要以总增加值的形式出现。

增加值可按生产法和收入法计算：按生产法计算，等于总产出价值扣除中间投入价值的余额，主要反映增加值的形成过程；按收入法计算，等于劳动者报酬、生产税净额①、固定资产折旧和营业盈余之和，主要反映生产成果的分配关系。

增加值和总产出一样，都是我国用来计算国内生产总值的基础性指标。所不同的是，总产出包括了中间投入，即消耗的中间产品价值，有过多的重复计算；而增加值不包括中间投入或中间产品价值，主要反映生产单位或部门在一定时期新创造的价值和固定资产转移价值，反映本单位和部门对国内生产总值的贡献，因而是相对准确的一个指标。

4. 国内生产总值（GDP）与国民生产总值（GNP）②

国内生产总值（GDP）和国民生产总值（GNP）是反映社会生产活动的最终成果，衡量国民经济发展规模和水平，制定国民经济发展战略目标的重要指标。其中，GDP是目前国际上、也是我国主要使用的宏观经济指标。

国内生产总值与国民生产总值既有联系又有区别：

国内生产总值（GDP）是指一个国家（或地区）在一定时期（通常为一年）内所生产的用于最终使用的产品和服务的价值的总和。它是按国土原则计算的，即在本国（或地区）领土范围内生产的最终产品和服务，不论由谁生产、归谁所有，都要计入。我国国家统计局规定，一年的总产出（即一年生产的物质产品和服务的价值）减去中间投入（即在生产过程中消耗或转换的物质产品和服务的价值），即为国内生产总值。因此，国内生产总值实际上是各单位和各部门生产过程中产出的价值扣除中间投入后的"增加值"的总和。它反映一定时期内生产经营的最终成果。从收入角度看，国内生产总值由固定资产折旧、劳动者报酬、生产税净额和营业盈余四部分构成。

如果以 c_1 代表中间投入，以 c_2 代表固定资产折旧，以 v 代表劳动者报酬，以 m 代表生产税净额和营业盈余（利润），则一个单位的产值为 (c_1+c_2+v+m)，"增加值"为 (c_2+v+m)，而将各单位的"增加值"加总就形成国内生产总值。由于国内生产总值扣除了总产出中的中间投入，只是各单位增加值的总和，不存在重复计算的问题，能够比较准确地反映本期的经济发展水平和可供消耗及使用的经济实力，因而是计量和安排国民经济的比例和速度，进行国民经济综合平衡的最有用的综合指标。③

此外，国内生产总值作为"增加值"的加总，包括固定资产折旧。从国内生产总值最终使用的角度看，这是用于重置投资的部分。它与新增投资一起组成社会总投资，不像国

---

① 生产税净额是指一定时期内生产单位向政府支付的生产税与政府向生产单位支付的补贴相抵之后的差额。生产税是指在生产、销售或进出口中对货物和服务所征收的税金，以及因企业从事生产所征收的其他税金。换言之，生产税即通常所称的间接税。

② 20世纪90年代之前，西方各国主要采用国民生产总值（GNP）和人均GNP指标。1994年，联合国、世界银行、国际货币基金组织（IMF）、经济合作和发展组织及欧共体委员会共同颁布的《1993年国民经济核算体系》（1993SNA），用国民总收入（GNI）取代GNP。我国从2003年开始采用这一称谓。目前，世界各国不再统计和公布GNP指标，仅对外发布GDP和GNI数据。

③ 2016年7月，新修订的《中国国民经济核算体系（2016）》，调整了R&D支出的处理办法，将能够为所有者带来经济利益的R&D支出不再作为中间投入，而是作为固定资本形式计入GDP。

第四章 国民经济运行总体分析

民收入或国民净收入①那样只包括新增投资，因而更适宜于分析社会总供给与总需求的平衡关系。②

国内生产总值从本质上讲是一个生产概念，反映本国生产的可用于最终使用的物质产品和服务的价值。但就其使用而言，既可用于居民消费和社会消费，又可用于投资以形成固定资产或增加库存，还可用于出口。同时，国内使用的一部分物质产品和服务也来自于进口。故其间的关系应为：

GDP = 居民消费支出 + 社会消费支出 + 固定资产形成 + 库存增加 + 出口 − 进口

在开放条件下，国内生产总值并不是一国可用于消费和积累的所有收入，其中有一部分会流向国外，使实际可用于消费和积累的数量减小；也会有一部分收入从国外流入，使实际可用于消费和积累的数量变大。这就产生了国民生产总值的概念。

国民生产总值（GNP）是指一个国家（或地区）在一定时期（通常为一年）内本国常住居民在国内或在国外生产的最终产品和服务的价值的总和。它是按国民原则计算的，即只要是本国常住居民生产的最终产品和服务的价值，不论在国内生产还是在国外生产，都要计入。

国民生产总值与国内生产总值的区别在于：国内生产总值包括非常住居民在本国从事生产经营和投资活动所创造的"增加值"，但不包括常住居民在国外从事生产经营和投资活动的"增加值"；而国民生产总值则相反，包括常住居民在国外从事生产经营和投资活动的"增加值"，但不包括非常住居民在本国从事生产经营和投资活动的"增加值"。二者的关系是：

GNP = GDP + 常住居民在国外的要素收入 − 非常住居民在本国的要素收入

= GDP + 来自国外的要素收入净额③

国内生产总值和国民生产总值过去曾经常相互替代，用作反映一国经济发展水平的综合指标。对二者的统计、计量，一般按当年价格计算。但为了正确反映不同时期国民经济发展的规模、速度、比例和效益，则必须以某一基期的不变价格计算，以便消除不同时期内的价格变动因素，便于进行纵向的比较。在进行国与国之间的比较时，还应该考虑汇率和实际购买力的因素。

目前，GDP已成为我国最主要使用的宏观经济指标。④作为全球第二大经济体，我国

---

① 国民收入曾是我国常用的宏观经济指标。一定时期的国民收入，从其实物形式看是这一时期的消费品和净投资品（指主要用于新增投资的投资品），二者合称社会净产品；从其价值构成看，即 $v+m$，亦即物质产品净值。由于它是总产出减去中间投入（c_1）和固定资产折旧（c_2）之后的余额，即为一国物质生产部门劳动者在一定时期内新创造的全部价值（$v+m$）。2003年后，由于将GNP改为GNI，其扣除固定资产折旧后的剩余部分称为国民净收入（NDP），故停止使用国民收入这一指标。

② 当然，这并不是说国内生产总值丝毫不存在重复计算。由于国内生产总值包括固定资产折旧，因而只是一个"毛（Gross）值"，而扣除固定资产折旧后的国内生产总值被称为"国内生产净值"（NDP）。不过，由于历史和技术的多种原因，部分国家不单独计算固定资产折旧，或计算方法不尽统一，即使相同的生产设备在不同国家的折旧率也存在较大差异，从而导致国内生产净值的可比性较低。同时，由于固定资产折旧难以准确估算，因此实践中更多的是使用国内生产总值的指标。

③ 式中的"要素收入"指劳动收入和财产收入。

④ 需要说明的是，我国目前将地区经济核算的最终成果称为"地区生产总值"，以区别国民经济总体的"国内生产总值"。

的国民经济核算数据受到国际社会广泛关注。为更好地反映创新对经济增长的贡献,进一步推动我国国民经济核算与国际接轨①,国家统计局于 2016 年对研发支出核算方法进行改革②。实施研发支出核算方法改革,对我国 GDP 总量、速度、结构等指标均有一定影响。实施研发支出核算方法改革后,各年 GDP 相应增加。由于历年的 GDP 总量均有所增加,因此对 GDP 增速的影响较小。实施改革后,我国产业结构也有所变化,第二产业增加值占 GDP 的比重略有提高,第一、第三产业占比略有下降。

近年来,我国大力推动科技进步和创新发展,研发支出快速增长,研发活动对经济增长发挥了越来越重要的推动作用,传统的核算方法对研发在促进经济增长中的作用反映得不够充分,新的核算方法将能够为所有者带来经济利益的研发支出由原来作为中间投入,修订作为固定资本形成,体现了研发成果所具有的固定资产的本质属性,有利于更好地反映创新对经济增长的贡献,体现科技进步在经济发展中的作用。

必须指出的是,尽管国内生产总值在衡量社会总产出价值构成和经济增长方面具有不可替代的重要作用,但它不是万能的。因为国内生产总值指标只是经济核算但不能代替福利核算。如果单纯追求 GDP 而不考虑其他经济社会可持续发展指标,就会造成环境污染、资源浪费、重复建设、福利水平降低等不良后果,也会造成政府行为的短期化。因此,应科学理解和合理使用这一指标。

二、社会总供给及其形成

(一) 社会总供给的含义

社会生产的总成果,作为一定时期内生产的物质产品和服务的总和,绝大部分进入市场并且通过市场实现其价值,由此产生了社会总供给的概念。

根据不同分析的需要,社会总供给可以分为广义的总供给和狭义的总供给:广义的总供给,是包括中间产品、最终产品和服务在内的总供给,在国民经济统计中以"总产出"为代表,是指一个国家(或地区)在一定时期内可供全社会使用的物质产品和服务的价值总和。它反映一年内全部生产经营活动的总成果,既包括最终产品和服务的供给,又包括中间产品的供给,在开放经济条件下,广义的社会总供给除取决于总产出的价值外,还应加上进口值减去出口值(下同);狭义的社会总供给,在国民经济统计中可以国内生产总值(或国民生产总值),即"总产出"减去"中间投入"来代表。它反映一年内生产经营活动的最终成果,仅包括最终产品和服务的供给。

---

① 联合国等五大国际组织于 2009 年联合颁布了新的国民经济核算国际标准——《国民账户体系 2008》(2008 年 SNA),其中,研发支出资本化是新国际标准的重要修订内容之一。但对不同地区(城市)来说,将 R&D 支出计入 GDP 后能够带来 GDP 的多大变化,不仅取决其投入多少,还涉及资本化率,也就是说,R&D 支出只有给所有者带来经济效益部分才会计入,而没有带来经济效益的部分不会计入 GDP。因此,科技转化率、市场化程度十分重要。

② 详见国家统计局于 2016 年发布的《关于改革研发支出核算方法修订国内生产总值核算数据的公告》。此外,研发支出核算方法改革,暂时只在国家层面实施,深圳是国内唯一的试点城市。

第四章　国民经济运行总体分析

社会总供给和社会总产出是既相联系又有区别的一对概念：一国的生产是一国的供给的来源，但一国的供给并非全部来自一国的生产，或一国的生产并非全部形成一国的供给。凡是能够提供本国使用的物质产品和服务，不论是本国生产还是外国生产，都是社会总供给的构成内容；而本国享用不到的物质产品和服务，即使是本国生产的，也不包括在社会总供给之内。因此，在开放经济条件下，总供给的水平除了取决于总产出水平外，还取决于进口与出口差额，即 $(X-M)$。

社会总供给作为一个价值指标，可用价格来衡量。市场价格水平是影响社会总产出水平，从而影响社会总供给数量的因素。对应于不同的价格水平，可以有不同的总产出和总供给水平。无数种产品供给的加总构成了社会总供给。一般说来，价格与总供给水平呈同方向变化：如果整个社会的价格水平越高，社会总产出水平越高，则社会总供给水平也就越高；反之则相反。

（二）社会总供给的形成

在一定时期内，社会总供给总量的形成、增长速度的快慢是由多种因素综合作用的结果。从大的方面分析，决定社会总供给的因素主要有：

（1）经济增长水平和速度。一般说来，经济增长速度越快，由此决定的社会总供给水平越高。因而决定经济增长的一切因素如资本、劳动的投入量，科技进步水平以及劳动生产率的提高等，必然构成社会总供给的决定因素。

（2）经济结构的变动。社会总供给包括供给总量与供给结构两个方面。经济增长水平与速度主要决定于供给总量，而经济结构对社会总供给形成既影响于供给总量又影响供给结构。这里所说的经济结构变动的影响，既包括产业结构的变动，如产业结构的合理性、各种比例关系的协调性等的影响，还包括需求结构即投资结构和消费结构的影响，以及社会总产出的区域结构等。

（3）价格的变动。社会总供给作为一个价值指标，与货物和服务的价格必然存在着密切的联系。一般在其他因素不变的条件下，供给是价格的函数，且二者呈正相关关系，即社会总供给总量随货物和服务的价格上涨或下降而增加或减少，因此价格的变动也是决定社会总供给的一个重要因素。此外，价格的比例在一定程度上也影响着供给结构。

（4）对外经济联系的程度。一国社会总供给总量和结构也受该国对外经济联系（包括进口、出口贸易和国际收支状况）的影响。这主要表现在进口和出口两个方面：进口可以增加国内的社会总供给量，改善供给结构；而出口的直接影响是减少供给总量和改变供给结构，但间接地又会影响前后相联系的相关产业及产品的生产供给，从而引起整个社会供给总量和结构的变动。

此外，一个国家的自然资源的丰裕度、商品流通环节的管理等经济体制方面的因素对社会总供给也有着不可忽视的影响。

第二节 社会总需求及其形成

一、社会总需求的含义

社会总需求是与社会总供给相对应的概念。它是指在既定的生产发展水平和分配制度下，人们在其收入限度内所能支付、并且相对于一定的价格水平也愿意支付的对于全社会物质产品和服务的有效需求。一定的社会总需求总是和一定的社会总供给相联系的。同分析社会总供给一样，分析社会总需求也必须首先确定一些体现社会需求的基本范畴，由此出发，才能进一步说明社会总需求的基本内容或基本结构，以及它们与社会总供给之间的平衡关系。

（一）广义和狭义的社会总需求

根据需求的范围不同，可以将社会总需求分为广义和狭义的社会总需求两种：前者是对社会总产品（包括中间产品）的需求，后者是对社会最终产品（投资品和消费品）的需求。分析社会总需求的基本内容和基本结构，最重要的在于分析对社会最终产品的需求。

（二）投资需求和消费需求

在封闭条件下，社会总需求包括两部分：投资需求和消费需求。所以，分析社会总需求就是分析对投资品和消费品（包括货物和服务，下同）的需求。

投资需求（又称投资支出）是指整个社会在一定时期内通过货币资金的支出所形成的对投资品的需求。从构成上看，社会总投资既包括对固定资产的投资，即对建筑物（如厂房、住宅、公共建筑、码头、水坝等）和固定设备（如机器、仪器、器具等）的投资，又包括对流动资产（如增加各种库存品和国家物资储备等）的投资；从资金来源上看，社会总投资可以区分为重置投资（更新改造投资）和新增投资（净投资）两部分。所谓重置投资，是指用折旧费进行的投资，它主要用于重新购置、替换和更新已经报废的现有固定资产及企业的改建。由于这种重置、替换和更新通常与企业的改造结合在一起，因此又称这部分投资为更新改造投资。所谓新增投资，又称净投资，是指用社会积累资金进行的投资。它分为两部分：一部分用于新增固定资产，相当于通常所说的基本建设投资，其中又包括经营性的固定资产投资（如新建企业和进行国家重点工程建设以及企业新增固定资产投资）和非经营性的固定投资（如物质生产部门和服务部门进行的非经营性固定资产投资）两类；另一部分用于新增投资，主要用于增加企业库存品和国家物资储备。

消费需求（又称消费支出）是指整个社会在一定时期内通过货币资金的支出所形成的对消费品（包括服务）的需求。从消费形式上看，社会总消费包括居民个人消费和社会公共消费两部分。个人消费需求是指居民个人日常生活中对各种个人消费品和生活服务的需

第四章 国民经济运行总体分析

求。在个人消费需求中,小部分是自给性消费,如农民对农产品的自产自用、手工业者将部分产品留归己用等;绝大部分为商品性消费,即居民以个人的可支配收入从市场上购买所需要的消费品和服务。社会公共消费需求主要包括两部分:一是服务部门对公共消费品和服务的需求(如教育、文化、广播电视、科学研究、卫生、体育和社会福利事业部门对公共消费品和服务的需求以及国家各级权力机关、行政管理机关、社会团体和军队等对公共消费品和服务的需求等);二是物质生产部门为供集体消费之用而对消费品和服务的需求。

投资需求与消费需求之和,构成对社会最终产品的需求,这是狭义的社会总需求。它是社会在一定时期内基本上通过货币资金支出所形成的对最终产品(包括服务)的需求。

(三) 中间产品需求

对最终产品的需求必然间接地引起对中间产品的需求。包括中间产品需求在内的社会总需求,即为广义的社会总需求,是社会在一定时期内基本上通过货币资金支出所形成的、对包括中间产品和最终产品在内的社会总产出(社会总产品)的需求。

由于对中间产品的需求是间接地由最终产品的需求引起的,而对最终产品的需求又分为投资品需求和消费品需求两部分,因而有必要将中间产品进一步分为投资品生产所需的中间产品和消费品生产所需的中间产品两类。这样可以把中间产品生产同最终产品生产、中间产品需求同最终产品需求对应起来,从而有助于说明广义社会总供求之间的平衡。

但是,由于社会对生产的需求集中表现在对最终产品的需求上,对中间产品的需求是由对最终产品的需求所派生的需求,而且在一定时期的最终产品价值中,已经包括了它们在生产中所耗用的本期生产的中间产品的价值。所以,虽然我们要注意对中间产品需求的分析,但以下分析社会总需求的内容以及社会总供求之间的平衡关系,最重要的部分仍在于狭义的社会总需求。

二、社会总需求的形成

社会总需求是通过货币资金支出所形成的。研究社会总需求的形成,应首先分析社会总需求的资金来源。由于形成社会总需求的资金主要来自于社会再生产过程中所形成的资金,在一定时期内,社会再生产过程中形成的资金是这一时期国内生产的最终产品的销售值。假定这一时期最终产品能够全部销售出去,这个销售值就等于这一时期的国内生产总值。用上节使用的价值符号表示就是 (c_2+v+m)。国内生产总值经过分配和再分配,形成投资资金和投资需求、消费资金和消费需求。

(一) 再生产过程中形成的投资资金和投资需求

(1) 从社会产品生产和销售形成的资金中提取的固定资产折旧 (c_2)。折旧是对生产中使用的固定资产磨损的补偿。按一定年限逐年提取的,在折旧年限未到期之前沉淀下来的资金,就形成折旧资金。这是投资资金特别是重置投资资金的一个重要来源。折旧资金形成企业投资资金的一部分。它的用途是双重的：或者用作更新改造投资（相当于重置投资），或者用作基本建设投资（相当于新增投资和净投资）。

（2）税收和利润中用于投资的部分。通过社会产品的生产和销售形成的增值资金（m），在企业层次经过初次分配后分为两部分：一部分以税金、利润的形式上缴国家财政[①]；一部分是留给企业的利润。前者即集中于国家财政的部分，作为财政收入进行再分配，其中一部分作为国家投资资金，纳入国家预算支出；后者即留给企业的利润，由企业自主安排，其中一部分作为生产发展基金，即作为企业的投资资金。由上述两部分形成的投资资金，不论是由国家还是由企业支配，都可能用于两个方面：大部分作为固定资产投资；小部分用于增加流动资产投资，用来增加各种企业库存（原材料和产成品）和国家物资储备。

（3）农民所得的纯收入中用于投资的部分。在社会产品生产和销售过程中形成的资金中，农民所取得的纯收入（即扣除生产耗费之后的收入）中的一部分用于建造房屋（住宅、仓房等）、购置农业机具等，也属于全社会投资资金的一部分，同样形成对投资品的需求。

（4）居民收入中用于投资的部分。再生产过程中直接、间接形成的居民个人收入（工资、奖金、业主收入、租金、红利、利息、转移收入等）中，不用于现时消费的部分，除一部分沉淀在手头备用之外，可以通过各种途径转化为投资资金。例如，作为银行储蓄存款由银行将其转化为投资资金；或者用来购买国家债券，转化为国家投资资金；或者用来购买公司（企业）的债券和股票，则转化为企业投资资金。这些都会形成对投资品的需求。

总括以上各项，在社会再生产过程中形成的投资资金，可以下式表示：

$$投资资金 = 企业提取的固定资产折旧 + 由税金和上缴利润转化的国家投资资金 + 由企业留存利润转化的企业投资资金 + 农民纯收入中的投资资金 + 由居民个人收入转化的投资资金 \quad (4-1)$$

（二）再生产过程中形成的消费资金和消费需求

（1）职工工资中用于消费的部分。通过社会产品生产和销售取得的资金中，用以支付职工工资（v）部分，形成职工家庭的收入，成为全社会个人消费基金的一个重要组成部分。职工家庭收入不一定是全部，而只是部分地用于个人消费，形成个人消费支出；另一部分则用于储蓄（如存入银行的储蓄存款、购买国家或公司的债券等）。

（2）税收和利润中用于消费的部分。通过社会产品生产和销售形成的增值资金（m），经过初次分配，一部分成为国家财政收入（税金和上缴利润）。这种收入经过再分配，其中作为文教、科学、卫生事业以及行政机关经费和国防费的部分，部分转化为这些部门职工（包括军警人员）的工资收入，成为全社会个人消费资金的另一个重要组成部分；其他部分则用于日常开支，形成社会公共消费需求。增值资金（m）还有一部分是留在企业

---

① 为方便分析，这里财政不分中央和地方，统称国家财政。

第四章 国民经济运行总体分析

的,除用作生产资金外,另一部分则作为奖励资金和集体福利资金,其中有一部分转化为职工个人收入,另一部分形成社会公共消费需求。

(3) 农民纯收入中用于消费的部分。农民在生产中取得的纯收入,其中大部分用作日常消费开支,形成个人消费需求。

(4) 居民其他收入中用于消费的部分。居民(包括职工和农民)除劳动收入外,还可能从其他途径获得货币收入,如储蓄存款和各种债券的利息收入、股票的股息和红利收入、出租房屋的租金收入等,也都能形成个人消费需求①。这些都属于财产性收入,但归根到底,都来源于增值资金(m)。

综上所述,在社会再生产过程中形成的消费资金,可归结如下:

$$
\begin{aligned}
消费资金 &= 个人消费资金 + 公共消费资金 \\
&= \left(\begin{array}{c}企业与国家职工\\工资收入及各种奖金\end{array} + \begin{array}{c}农民纯收入\\中的消费资金\end{array} + \begin{array}{c}居民的其\\他收入\end{array}\right) \\
&\quad + \left(\begin{array}{c}企业的公共\\消费资金\end{array} + \begin{array}{c}事业单位机关的\\公共消费资金\end{array}\right)② \quad (4-2)
\end{aligned}
$$

消费资金绝大部分形成实际的消费支出,其余部分构成潜在的消费需求。

(三) 来自再生产过程之外的资金和需求

以上分析了社会再生产过程中由国内生产总值分配和再分配形成的投资资金和消费资金。在实际经济生活中,形成投资需求和消费需求的资金,还可以来自从再生产过程之外注入的资金。主要有两种情况:一是财政出现赤字后向银行透支,用赤字性拨款进行国家投资或用作非物质生产部门的开支;二是银行在集中再生产过程中游离出来的闲置资金之外扩张信用,贷款给企业进行的投资。

由于这两种资金来源于再生产过程形成的资金之外,是用增发超过正常增长需求的货币来提供的,因而在资源尚未得到充分利用和企业生产潜力较大的条件下,这种资金的注入可以带来经济总量的扩大;但在生产要素供应紧张或企业生产潜力很小,存在短期内不易克服的薄弱环节的情况下,这种资金的注入就可能引起生产要素供求关系失调,使经济的增长受到阻滞,从而产生不利的后果。

三、社会总需求变动对社会总产出的作用机制

(一) 社会总需求变动对社会总产出水平决定的作用

以下分析假定以 GDP 衡量的社会总产出水平一定,当社会总需求变动时,将会对社会总产出产生何种影响。

---

① 个人的劳动收入和其他收入,理应在扣除个人所得税后,才成为个人可支配收入,形成个人消费需求。
② 农村中的集体消费也可分解为农村企业的集体资金和农村事业单位和机关的集体消费资金。

一般来说，一定时期生产资源或生产能力的利用程度，从而实际达到的社会总产出水平取决于这一时期的社会总需求。因为在市场经济条件下，任何生产总是根据社会需求进行的，而且产品价值需要经过流通才能得到实现，再生产也才能继续进行。具体而言，在既定的生产资源或生产能力没有得到充分利用之前，社会总产出的实际水平是由社会总需求的强度来决定的。社会总需求减缩了，社会总供给也会随后缩减；社会总需求增长了，社会总供给也会随之增加，直到现存的生产资源或生产能力得到充分利用为止。这时，社会总产出水平便可以达到现存生产资源或生产能力制约下的最大可能的国内生产总值。若社会总需求仍在继续增加，虽然在生产能力过度利用的情况下，社会总产出水平可能得到暂时的提高，但社会总产出水平不可能持续随之增加下去。由此可见，社会总产出超过最大可能的国内生产总值这一限度后，就会出现社会总需求超过社会总供给的失衡现象。这时，经济生活中会出现物资短缺、劳动力不足、市场紧张、物价上涨等一系列的后果。

这一关系可以用45°线图示的方法来描述，如图4-1所示。

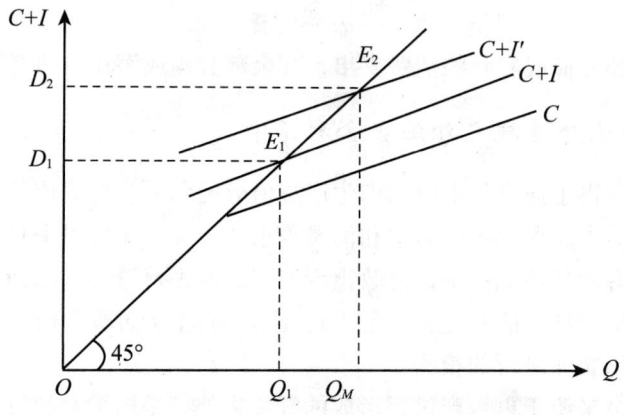

图4-1 增加投资需求对社会总产出的影响

在图4-1中，横轴表示社会总产出，此处用国内生产总值来衡量；纵轴表示社会总需求，它是由消费需求和投资需求之和组成；45°线则代表社会总需求与社会总产出相平衡的曲线，在此曲线上的每一点都表示社会总需求与社会总产出是相等的，即一定量的总需求总能引致等量的社会总产出与之相等，或社会总需求和总产出经过一定的变化之后，最终会回到平衡线上。45°线是一条设想出的曲线，以此代表总需求与总产出平衡的位置。

图中的 Q_M 代表生产资源或生产能力得到充分利用的情况下，国内生产总值所达到的最大量。理论上来说，生产能力指在一定的技术和管理水平下各种现存的生产资源经过最佳的社会组合所形成的综合生产能力。但实际上，各种现存的生产资源的任何合理组合都难以使各种资源都得到充分利用。若生产资源分为生产设备（如厂房、机器设备等）和劳动力，那么，实际情况是：生产设备能力能够得到充分利用时，劳动力资源不一定得到充分利用；或者劳动力资源全部得到充分利用（既达到充分就业）时，生产设备能力可能还有一部分闲置着。因此生产资源或生产能力是否得到充分利用有个标准选择问题，主要看

第四章　国民经济运行总体分析

哪类生产资源对社会总产出的增长起着关键的制约作用。在经济发达国家，生产设备的供给弹性大，一般来说，劳动力资源是从供给方面制约社会总产出增长的主要生产要素，因此劳动力是否得到充分就业，是生产资源或生产能力是否得到充分利用的标志。而对于发展中国家来说，劳动力资源一般比较丰富，但生产设备的供给弹性小，一般来讲，生产设备是从供给方面制约社会总产出增长的主要生产要素。因此，在发展中国家，生产设备能力是否得到充分利用，是生产资源或生产能力是否得到充分利用的标志。在我国，劳动力资源比较丰富，生产设备则是从供给方面制约社会总产出增长的主要生产要素，因此，生产设备能力得到充分利用时达到的国内生产总值最大量便是图中的 Q_M。

图中的 C 线是相应于不同的社会总产出水平的消费支出量。一般来说，社会总产出与消费支出之间的函数关系比较稳定，即在一定时期内，不同国内生产总值所形成的各种收入（居民收入、企业收入、政府收入）中用于消费支出部分的比率是比较稳定的：在收入低于某一水平时，全部收入用于消费；超过这一水平后，消费支出将随着收入的增长而增长，但小于收入的增长，即 $\frac{\Delta C}{\Delta Q} > 0$，但小于 1。图中用 C 线代表了这种关系。C 线是与 45°线相交于一点①的小于 45°向上倾斜的直线，表示上述消费支出与国内生产总值所形成的收入之间的函数关系，该线的斜率即是边际消费率。

投资需求（支出）I 是社会总需求的另一个构成部分，图中 $(C+I)$ 线与 C 线之间的距离表示投资需求（支出）。投资需求主要包括国家投资、地方投资与企业投资三个部分。国家与地方的投资支出，是根据国家与地方发展规划确定的，企业投资是在国家宏观调控下，企业根据自身发展计划决定的。国家、地方和企业作出投资决定时，要考虑各种因素，但它不直接是国内生产总值或国民收入的函数；它是本期的计划投资支出，一般不受本期国内生产总值或国民收入增长的影响，因此，可称为"自主"投资。在图中，I 是与 C 线保持等距离的一条直线，这个等距离代表这一时期的投资支出。由消费需求和投资需求构成的社会总需求曲线 $(C+I)$ 是在 C 线上面加上等距离的投资支出形成的曲线。

为便于分析，假定起初社会总需求与社会总产出在平衡点上。如图所示，假定社会经济出发点在 $(C+I)$ 线与 45°线相交点 E_1，E_1 表示本期的社会总需求与社会总产出是平衡的，因为 E_1 在横轴上对应的是 Q_1 点，在纵轴上对应的是 D_1 点，由于 E_1 位于 45°线上，因此 $OD_1 = Q_1 E_1$、$OQ_1 = D_1 E_1$ 相等，即社会总需求和社会总产出相等。但 Q_1 位于 Q_M 的左侧，$OQ_1 < OQ_M$，说明本期社会总需求虽然和国内生产总值是平衡的，但在平衡时所达到的国内生产总值还小于现有生产资源下可能达到的最大量。也就是说，现存的生产资源还没有得到充分利用，社会总需求还有扩大的余地，国内生产总值还有增长的潜力。这个平衡小于资源充分利用的平衡，只是暂时的平衡。社会总需求一旦扩大，平衡点将会向右移动，并逐渐接近于生产资源充分利用的平衡点。

现在假定下期的投资需求增加，由原来的 I 增加为 I'，$I' = I + \Delta I$。这样，总需求超过了原来的总生产。但由于生产资源还未充分利用，投资需求的增加，将促进投资品生产的

---

① 这一点代表全部收入都用于消费，此点之前代表入不敷出，之后代表有一定储蓄。

增加，而投资品生产增加所形成的收入又引起对消费品和生产的增长，从而形成新的一轮收入增长；新的一轮收入增长，又将引起又一轮对消费品需求和生产的增长。如此连锁扩张的过程，将使总需求曲线由 $(C+I)$ 线上移至 $(C+I')$ 曲线，后者与45°线相交于 E_2 点。这时，总需求由 OD_1 增加到 $OD_2 = Q_M E_2$；与此同时，国内生产总值由 OQ_1 增加到 $OQ_M = D_2 E_2$。由于 E_2 在45°线上，总需求 OD_2 与国内生产总值 OQ_M 是相等的，总需求与总产出在扩张中达到了新的平衡。同时，从图4-1中可以看出，总需求的增加量（即 $D_1 D_2$），从而总产出的增加量（即 $Q_1 Q_M$），都大于投资需求增加量 [$(C+I)$ 线与 $(C+I')$ 线之间的距离，即 ΔI]，这是由于投资需求的增加，除了本身增加了总需求和总产出外，还导致了消费品需求和生产的增加。

另外，为了简化分析，图中设计的投资需求的增加（ΔI）所导致的总需求和总产出的增加，恰好推进到生产资源得到充分利用的国内生产总值的最大量。然而，还有可能出现另外两种情况：一是下期增加的投资需求量所导致的总需求和产出的增长虽然比上期有所增加，但仍然没有达到生产资源得到充分利用的国内生产总值最大量（即 Q_M），说明投资需求从而总需求还有继续扩大的余地，社会总产出还有增长的潜力。这时所达到的平衡仍然是暂时的，若继续增加投资，总需求与总产出将逐渐达到生产资源充分利用的平衡点；二是下期增加的投资量所导致的社会总需求量，超过了生产资源充分利用时的国内生产总值 Q_M，这时就会产生生产设备能力过度利用或一部分总需求得不到满足的情况以及由此产生的一系列后果。

以上分析的是，在生产资源未充分利用的条件下，由增加投资需求促进总需求增加从而引致总产出增长的情况。还有另外一种情况，即不增加投资（维持上期的投资水平），而仅提高国内生产总值所形成的收入中的消费比率，即消费率的情况。在我国过去几次国民经济调整时期，曾采用调整农产品收购价格增加农民收入，提高职工平均工资率和奖金额等途径，增加消费支出在国内生产总值中的比率。仍用45°线进行说明，消费率的上升在图4-2中表示 C 线的上移。

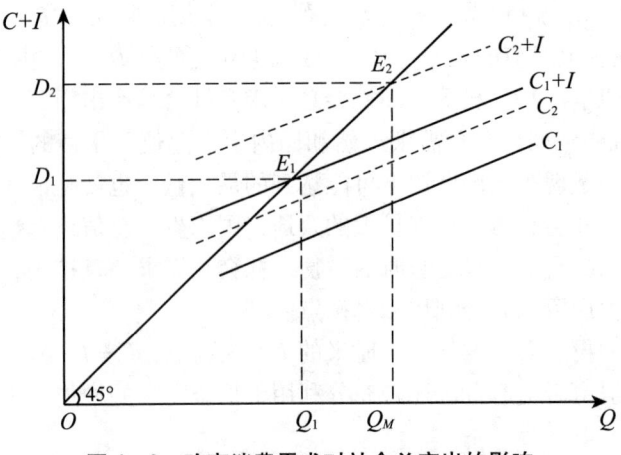

图 4-2　改变消费需求对社会总产出的影响

第四章 国民经济运行总体分析

在图 4-2 中，第一个时期的消费率由 C_1 线表示，投资额为 I，总需求线为 C_1+I，与 45°线相交于 E_1 点。第二年，由于国家采取特殊措施，消费率提高了（同样的国内生产总值水平，将比前期有较大比率的消费支出），C_1 线上移到 C_2 线，设投资额不变，总需求线相应地从（C_1+I）线上移到（C_2+I）线，与 45°线相交于 E_2 点。社会总需求由 $OD_1=Q_1E_1$，增加到 $OD_2=Q_ME_2$，社会总产出由 OQ_1，增加到 $OQ_M=D_2E_2$，两者在 E_2 点归于平衡。这就是说，在特定条件下，不增加投资，而提高消费率，也会促进社会总需求的增长，从而导致以社会总产值衡量的社会总产出水平的增长。它是否能促进社会总需求从而使社会总产出水平达到生产资源充分利用时的国内生产总值最大量，主要看消费率提高的程度而定。

（二）社会总需求变动与社会总产出增长关系的长期分析

在前面的分析中，我们假定在一定时期内一个国家可供利用的现存生产资源总量，即各个部门的生产设备能力和社会劳动力供应量都是既定的；这一时期的产业结构、技术水平和管理水平也是既定的；从而在这些条件下这一时期可能达到的以国内生产总值来衡量的最大社会总产出也是一个确定的量。在这样的前提下，即在生产资源供应为既定的条件下进行的分析，一般称作短期分析，它是宏观分析的一个步骤，是为长期动态分析作铺垫的。但在实际经济生活中，超过一定时期，可供利用的生产资源总量不是既定的，而是可变的。例如，本期的投资经过或长或短的时期完成投产后，就形成新的生产设备能力，使可供利用的生产资源总量得到增长；随着人口的增长，加上劳动效率的提高带来的剩余劳动力的增加，劳动力资源也将相应扩大；从较长时期观察，技术也是进步的，管理水平也是可以改进和提高的；产业结构随着投资的完成和生产的增长，也是可以调整、变化的。当我们着重考察在这些生产要素供应也在增长、变动的条件下的社会总需求与社会总产出增长之间的相互关系时，就要进行长期分析。

长期分析与短期分析的主要区别不在于经济活动经历的具体时间的长短，而在于分析的前提：当假定可供利用的生产资源等为既定时，研究社会总需求怎样决定社会总产出水平，这是短期分析；在可供利用的生产资源既定，但未达到充分利用的状况下，增加投资需求或改变消费需求怎样引起社会总需求的扩大，从而使社会总产出增长，甚至造成社会总需求超过总产出等，这仍然是短期分析；但在可供利用的生产资源变动时，本期比上期或下期比本期（依次推移）的社会总产出怎样在社会总需求的推动下得到提高，按什么样的比率增长，在增长过程中经历怎样的波动，则属于长期分析。当然这两种分析也不是绝对的，在对经济过程进行动态分析时，既要运用长期分析，也要结合必要的短期分析。

仍以国内生产总值作为经济增长的综合指标，分析长期经济增长的决定因素。这时一个国家一定时期（如一年）的国内生产总值，是这一时期劳动就业量与社会平均劳动生产率的乘积。社会平均劳动生产率是指每一单位劳动就业者（或使用的每一单位劳动量）平均生产的国内生产总值。以 Q 代表国内生产总值，L_d 代表劳动就业量，P 代表社会平均劳动生产率，则：

$$Q = L_d \cdot P \qquad (4-3)$$

可见，国内生产总值的增长直接取决于劳动就业量的增加和社会平均劳动生产率的提高。我们以 g 表示国内生产总值的增长率，l_d 代表劳动就业量的增长率，p 代表劳动生产率的提高率，则可以推出：

$$g = l_d + p + l_d \cdot p \tag{4-4}$$

由于 $l_d \cdot p$ 一般比较微小，所以可以忽略不计，则：

$$g = l_d + p \tag{4-5}$$

即经济增长率等于劳动就业量增长率加劳动生产率提高率。若投资率（i）等于储蓄率（s），将资金—劳动比率（t）引入该式，则国内生产总值的长期增长率就变为[①]：

$$g = s \cdot \frac{P}{t} + p \tag{4-6}$$

这就是可导致经济稳定增长的增长率决定公式。它是一个从劳动力使用量（就业量）及其使用效率（即劳动生产率）提出的经济增长模式。资金存量（体现生产设备能力）及其使用效率、技术进步、体制和管理等因素，都是作为制约 P、t、p 等变量的因素在背后起作用的。s（积累率）则是作为制约投资率（需求因素）这个决定实际经济增长率的关键变量的因素进入这个一般增长模式的。当投资率与积累率一致时，社会总生产将得到稳定的增长，即按稳定的增长率向前发展。这个增长率的大小则取决于 s、P、t、p 等变量。因此这个增长模式是一个可使经济保持稳定增长，即保持总需求与总供给平衡增长的一般模式，不是经济生活中实际经济增长的模式。实际增长率则是由 $\left(i \cdot \dfrac{P}{t} + p\right)$ 决定的增长率，但这个增长率能否保持稳定（即保持总需求与总供给平衡）而不发生波动，则要看投资率与积累率是否一致而定。

下面对社会总需求与社会总供给的长期关系进行分析：

假定社会总需求的变动主要是由投资率的变动决定的。由于一定投资量的增加，通过投资乘数起作用，会引起若干倍于投资量的社会总需求的增加，投资率的变动将会按照某种比例引起社会总需求的相应变动。这样，可把投资率变动作为总需求变动的启动因素。

若以 i_n 代表为达到充分就业的经济增长（即经济增长率为 $g_n = l_n + p$）所必需的投资率；以 i_a 代表为达到生产设备能力充分利用的经济增长（$g_a = \alpha + e$）所必需的投资率。由于 g_n 和 g_a 这两个经济增长率的最高限，在一般情况下是不一致的，即同时达到充分就业和生产设备能力充分利用的经济增长只能是偶然的，因而 i_n 和 i_a 是两个不同的投资率。

一般来说，在资金存量相对充裕，劳动力资源相对缺乏的国家，其经济增长达到劳动力充分就业时，生产设备能力未必大到充分利用；相反，在资金存量相对短缺，劳动力资源相对充裕的国家，生产设备充分利用时，劳动力资源未必达到充分就业。达到两个经济增长最高限所要求的投资率，i_n 要大于 i_a。

当实际投资率到达 i 时，如果继续提高投资率，超过 i 的水平，除非生产设备能力与资金产出效率进一步提高，否则经济增长率不会出现实际提高的情况。此时由于社会总需

[①] 为分析方便起见，以上分析省略了推导过程。

第四章　国民经济运行总体分析

求超过总供给，会出现物质短缺等情况，由于总产出达到极限，不能通过提高投资率实现充分就业。

通过宏观调控措施，使实际投资率不超过预期可达到的积累率，这样生产设备可以实现充分利用，同时保持社会总需求与总供给的平衡。由于可以按照生产设备能力的总量来预测该时期的积累率，可以在此基础上确定该时期的投资率，使投资率不超过积累率，这样可以实现总供求平衡下的经济增长，生产能力得到充分利用，经济将达到或接近由劳动力自然增长率决定的经济增长水平。

第三节　社会总供求的平衡与波动

一、社会总需求和总供给平衡的一般条件

分析国民经济运行，需要将社会总需求和社会总供给结合起来进行考察。为了分析的方便，这里首先考虑封闭条件下社会总需求和社会总供给的平衡条件。分析时，暂时不考虑中间产品供求的因素，单纯考察狭义的社会总需求和社会总供给的平衡条件。

由本章前两节的分析可知，在封闭条件下，社会总需求＝重置投资需求＋新增投资需求＋消费需求＝投资需求＋消费需求＝对社会最终产品的需求。由于对投资品和消费品的需求通过货币资金的支出而形成，因此上式又可以改写成：社会总需求＝重置投资支出＋新增投资支出＋消费支出＝投资支出＋消费支出。

在封闭条件下，狭义的社会总供给＝投资品＋消费品，其价值为：投资品产值＋消费品产值＝国内生产总值。

将社会总需求和社会总供给的分析结合起来，可以得出封闭条件下社会总需求和社会总供给平衡的一般公式：

$$投资支出 + 消费支出 = 投资品产值 + 消费品产值 = 国内生产总值 \quad (4-7)$$

这一平衡公式的实现条件是：(1) 投资支出和消费支出的唯一资金来源是本期的 (c_2+v+m)（即由国内生产总值直接或间接形成的收入，下同）；(2) 固定资产折旧 (c_2) 全部转化为重置投资支出；(3) $(v+m)$ 通过分配和再分配，全部转化为消费支出和投资支出。

但是，实际上经济生活中并不能完全满足上述条件。具体而言：(1) 投资支出和消费支出的资金来源不一定是本期的 (c_2+v+m)，还可以有其他资金来源。例如，重置投资支出的资金还可能来自上期积累的固定资产折旧，净投资支出和消费支出的资金，还可能有一部分来自上期的节余资金、财政赤字拨款和信贷的过度扩张等。(2) 当年的固定资产折旧 (c_2) 不是全部用于当年的重置投资支出，而是积累起来，等达到一定数量后再进行投资。(3) 本期的 $(v+m)$ 并不全部转化为消费支出和新增投资支出，$(v+m)$ 通过分配和再分配所形成的国家收入、企业收入和居民收入中，都可能有一部分被闲置起来。如

v 的所有者将其一大部分用于消费支出，一小部分作为储蓄，而后者不一定能间接地转化为投资支出和消费支出；同样 m 也不一定全部转化为新增投资支出和消费支出。考虑到这些情况，社会总需求和总供给的平衡公式可改写成：

$$\begin{matrix} 由(c_2+v+m)转化的\\ 投资支出和消费支出 \end{matrix} + \begin{matrix} 由其他资金来源转化的\\ 投资支出和消费支出 \end{matrix} = 国内生产总值 \quad (4-8)$$

这个平衡公式的实现条件是：(c_2+v+m) 未转化为投资支出和消费支出的部分，刚好为其他资金来源转化的投资支出和消费支出所补充，从而使平衡公式左端两项相加等于国内生产总值。

由上述社会总需求和总供给平衡的一般条件，还可以引出社会总需求和总供给平衡的其他复杂条件。

1. 引入财政收支后，社会总需求和社会总供给的平衡公式

我国的财政收入来源于 c_2+v+m，主要是税费收入。而财政支出主要用于：固定资产投资；增拨流动资产投资；国家物资储备；文教科研卫生事业费开支；行政机关经费；国防费用开支等。前三项一般都转化为投资支出，而后三项则大部分转化为职工的工资收入，这些收入除了留作储蓄的外，其余都转化为个人消费支出；后三项中还有一部分用于日常开支，即购置公共物品，成为公共消费支出。

这样，概括起来财政支出可分解为：预算内投资支出、个人消费支出和公共消费支出。而这些支出都属于总投资支出和总消费支出的构成因素，因而前述社会总供求平衡的一般公式仍然适用。投资总支出与消费总支出用公式可表示如下：

$$投资总支出 = 财政预算内投资支出 + 财政预算外投资支出（包括企业投资支出和个人投资支出①） \quad (4-9)$$

$$消费总支出 = 个人消费支出 + 公共消费支出 \quad (4-10)$$

由此，社会总需求就可以下列等式来表示：

$$社会总需求 = 财政预算内投资支出 + 财政预算外投资支出 + 个人消费支出 + 公共消费支出 \quad (4-11)$$

$$社会总需求 = (c_2+v+m) - 财政收入 + 财政支出$$
$$= (c_2+v+m) + 净财政支出 \quad (4-12)$$

而社会总需求和总供给的平衡公式就变为：

$$(c_2+v+m) + 净财政支出 = 国内生产总值 \quad (4-13)$$

在这一平衡公式的推导过程中，存在两个假定条件：一是科教文卫等事业单位、行政机关和国防费用等全部由国家财政开支；二是其开支一部分全部转化为公共消费支出，另一部分转化为个人收入，这些个人收入全部转化为个人消费支出，因此，这里没有考虑职工的个人储蓄和民办事业等复杂情况。

由上述平衡公式可见，总需求与总供给是否平衡，要看 (c_2+v+m) + 净财政支出是

---

① 这里的个人投资支出不包括个人购买股票或债券意义上的"投资"，而是指个人建造房屋等的投资。个人购买股票和债券仅仅是企业投资资金的一种来源。

第四章 国民经济运行总体分析

否等于国内生产总值。由于(c_2+v+m)与国内生产总值在总量上是相等的，因而社会的总需求与总供给是否平衡，要看财政收支是否平衡，即财政收支相抵是否等于零。如果净财政支出＝0，即财政收支平衡，则总需求＝总供给；如果净财政支出＞0，即支大于收，有财政赤字，总需求＞总供给；如果财政支出＜0，即收大于支，财政有结余，则总需求＜总供给。

这一结论也有两个假定条件：第一，(c_2+v+m)扣除转化为财政收入的部分外，全部转化为投资支出和消费支出，即无储蓄和闲置资金；第二，工农建运商等部门的投资和消费除了来自于本期的(c_2+v+m)中留归企业支配的部分除外，无其他资金来源。若这两个条件不能满足，就会出现下列情况：企业留存的(c_2+v+m)没有全部转化为投资支出和消费支出，这时即使财政收支平衡，也会出现总需求＜总供给；或者生产部门的投资和消费还有其他资金来源，则即使财政收支平衡，仍将会出现总需求＞总供给的不平衡情况。

不过，在上述两个假定条件都不能得到满足时，也有可能出现某一期各种因素互相抵消或互相补充，从而使本期来自生产部门的投资支出和消费支出与来自财政支出转化的投资支出和消费支出的总额，相当于(c_2+v+m)，从而与国内生产总值相等，保持社会总需求和总供给的平衡。

2. 引入信贷收支后，社会总需求和总供给的平衡公式

银行信贷收入的正常来源是社会再生产过程中游离出来的闲置资金，包括居民收入中暂时不用于消费和投资的部分、企业留存折旧费和税后留存利润中暂时不用于投资和集体消费的部分，以及国家集中的折旧费和社会纯收入中暂时不用于投资和公共消费的部分，这些构成社会总储蓄。由此可见，信贷收入也来自于(c_2+v+m)。而银行信贷支出方向主要包括：贷给企业进行投资（包括固定资产投资和流动资产投资）和贷给个人进行投资①。因此，信贷支出会直接引起对投资品的需求，间接引起对消费品的需求，信贷支出是社会总投资支出和总消费支出的构成因素，引入信贷收支后的社会总需求和总供给平衡的一般公式也仍然适用。这时，社会总投资支出可用下列等式来表示：

社会总投资支出＝直接来自(c_2+v+m)的投资支出＋来自信贷支出的投资支出

(4-14)

同样，社会总消费支出可用下列等式来表示：

社会总消费支出＝直接来自(c_2+v+m)的消费支出＋来自信贷支出的消费支出

(4-15)

由于国家、企业、个人的一部分收入暂时不用于投资支出和消费支出，而把它储蓄或闲置起来。若这部分闲置的收入全部转化为银行存款即信贷收入，那么，直接来自于(c_2+v+m)的投资支出和消费支出的数额就变为(c_2+v+m)－信贷收入。由信贷支出带来的投资支出和消费支出用信贷支出表示。在这种情况下，社会总需求的等式就可写成：

---

① 现代经济中，信贷支出有的也有用于事业单位投资的部分。

社会总需求 = 直接来自 (c_2+v+m) 的投资支出 + 来自信贷支出的投资支出
+ 直接来自 (c_2+v+m) 的消费支出 + 来自信贷支出的消费支出
$= (c_2+v+m) -$ 信贷收入 + 信贷支出 $= (c_2+v+m) +$ 净信贷支出①

(4 – 16)

由此社会总供求的平衡公式就变为：

$(c_2+v+m) +$ 净信贷支出 = 国内生产总值 　　(4 – 17)

同样，由于 (c_2+v+m) 在总量上与国内生产总值相等，因而社会的总需求与总供给是否平衡，取决于信贷收支是否平衡，即净信贷支出是否等于零。具体而言，若净信贷支出 = 0，即信贷收支平衡，则总需求 = 总供给；若净信贷支出 > 0，即出现信贷借差，则总需求 > 总供给；若净信贷支出 < 0，即出现信贷存差，则总需求 < 总供给。

这一结论也有两个假设条件：一是信贷收入、从而信贷支出，除了来自 (c_2+v+m) 中不用于投资和消费的部分外，无其他资金来源；二是 (c_2+v+m) 经过分配和再分配后，国家、企业和个人获得的这些收入暂时不用于投资和消费的部分，全部存入银行，转化为银行存款，即信贷收入。但是，如果上述假设条件不满足，就会出现以下情况：第一，若国家增发了货币或前期沉淀的资金转化为存款，那么信贷支出就有了其他资金来源。这时，投资支出和消费支出将大于 (c_2+v+m)，从而使总需求 > 总供给；第二，若 (c_2+v+m) 中暂时不用于投资和消费的部分，被其所有者留在手中一部分，成为手持现金，而不是全部存入银行。这时手持的部分货币虽然也是社会总储蓄的一个来源，但当时并不能转化为投资支出和消费支出，从而也不能形成当期的投资需求和消费需求，那么，就会出现总需求 < 总供给的情况。

不过，类似于引入财政收入时的情况，在这两个条件都得不到满足时，并不绝对会导致所有期间的社会总供求的不平衡。当在某一时期存在相互抵消或相互补充的因素时，也可能使当期来自于 (c_2+v+m) 的投资支出和消费支出与来自于信贷支出的投资支出和消费支出的总额，相当于 (c_2+v+m)，从而使其和国内生产总值相等，保持社会总需求与总供给的平衡。

3. 同时引入财政收支、信贷收支后，社会的总需求和总供给的平衡公式

根据前面两种情况的分析，在前述假设条件下，同时引入财政收支和信贷收支后，社会总需求可由下式表示：

社会总需求 = 投资总支出 + 消费总支出

$$= \begin{matrix} \text{直接来自} (c_2+v+m) \text{扣除转化为财政收入和} \\ \text{信贷收入的部分后的投资支出和消费支出} \end{matrix} + \begin{matrix} \text{由财政支出转化的} \\ \text{投资支出和消费支出} \end{matrix}$$

$$+ \begin{matrix} \text{由信贷支出转化的} \\ \text{投资支出和消费支出} \end{matrix}$$

(4 – 18)

---

① 净信贷支出指信贷支出与信贷收入相抵后的余额。信贷支出与信贷收入平衡，净信贷支出 = 0；信贷支出大于信贷收入，净信贷支出 > 0；反之则相反。

第四章 国民经济运行总体分析

或者可以简化为:
$$社会总需求 = (c_2 + v + m) - 财政收入 - 信贷收入 + 财政支出 + 信贷支出$$
$$= (c_2 + v + m) + 净财政支出 + 净信贷支出 \qquad (4-19)$$

这时社会总供求的平衡公式变为:
$$(c_2 + v + m) + 净财政支出 + 净信贷支出 = 国内生产总值 \qquad (4-20)$$

这时,社会的总需求和总供给是否平衡,同时取决于财政收支和信贷收支二者之间是否平衡。由于 $(c_2 + v + m)$ 与国内生产总值在总量上是相等的,若净财政收支和净信贷收支都等于零,或者净财政支出是正值(或负值)而净信贷支出是负值(或正值),且两者恰好在数额上相等,那么就可以相互抵消,则仍然是总需求 = 总供给;若净财政支出和净信贷支出都是正值,或一个为正一个为负但相抵后仍然为正值,则会出现总需求 > 总供给;若净财政支出和净信贷支出都是负值,或一个为正一个为负但相抵后仍然为负值,那么就会出现总需求 < 总供给的情况。

二、广义社会总供求平衡的条件

以上分析的社会最终产品(包括服务)的总需求和总供给的平衡条件,是封闭条件下狭义的社会总供求平衡,不考虑对中间产品的供求因素。如果把中间产品的供求因素包括在内,即分析封闭条件下广义的社会总需求和社会总供给的平衡条件,只需在前述平衡公式两端加上相应的部分即可,即在等式左端加上对中间产品的需求,等式右端加上中间产品的供给。这时,平衡公式就可变为:
$$社会总需求(广义) = 投资支出 + 消费支出 + 中间投入①$$
$$= (c + v + m②) + 净财政支出 + 净信贷支出 \qquad (4-21)$$

由于:社会总供给(广义) = 社会总产出③

因此广义的社会总需求和社会总供给的平衡公式为:
$$投资支出 + 消费支出 + 中间投入 = 社会总产出 \qquad (4-22)$$

或者:
$$(c + v + m④) + 净财政支出 + 净信贷支出 = 社会总产出 \qquad (4-23)$$

这一平衡公式的实现条件,以及实现条件得不到满足时社会总需求和总供给的相互关系,同前面分析狭义社会总供求平衡公式时的情况基本上是一样的。

三、社会总供求的总量平衡与结构平衡的关系

以上主要分析的是社会总供求的总量平衡问题。国民经济的协调稳定发展不仅要求社

---

① 中间投入即对中间产品的需求,相当于社会总产出价值构成中 c_1 的部分。
②④ 这里的 $c = c_1 + c_2$,其中 c_1 表示对中间产品的需求,其资金来源于中间耗用。
③ 社会总产出 = c_1 + 国内生产总值 = $c_1 + c_2 + v + m$。

会总供求在总量上保持平衡，而且还要求二者在结构上保持协调。社会总供求的总量平衡和结构平衡之间存在着相互依存、相互制约的关系。主要表现在：

首先，社会总供求的总量平衡是结构平衡得以实现的基础和国民经济协调发展的前提。在我国改革发展初期，总量平衡一直是矛盾的主要方面。这是因为，只有保持社会总供求的总量平衡，才能保持物价总水平的基本稳定，保持良好的市场秩序和市场供求状况，从而才有可能从财力和物力等方面，有力地促进社会总供求的结构平衡。否则，社会总供求的结构平衡难以实现，也会对国民经济的发展产生严重的影响。

其次，社会总供求的结构平衡是总量平衡的重要条件。强调总量平衡并不意味着可以忽视结构平衡。在现实经济生活中，总量与结构相互联系、相互影响并可以发生转化。如果社会生产结构与社会消费结构不相适应，首先直接影响到社会总供求的结构平衡，进而还会影响到社会总供求的总量平衡。例如有的产品生产出来之后，虽然已经形成了货币购买力，但由于有些产品不符合社会需求，转为库存积压或降价处理，这就会造成一部分货币购买力没有实物与之相对应，从而使这类产品的供给超过需求。如果这种结构不平衡继续发展，以致带有一定的广泛性，结构不平衡就会转化为总量不平衡。从这个意义上说，只有在结构合理的基础上，才能实现总量平衡，才能取得良好的宏观经济效益。

相对说来，社会总供求的总量平衡主要是价值平衡。在封闭条件下，主要包括财政收支、信贷收支、货币供求的平衡；在开放条件下，还包括进出口贸易、国际收支等方面的平衡。在总量平衡中，价值平衡具有特别重要的意义。这是因为，在一定时期内，生产能源和生产能力是既定的，而对于物质产品和服务的货币支付能力则可因财政赤字、信用扩张和货币的非经济发行等原因发生需求扩张，从而使流通中的货币超过正常的货币需要量，造成社会总需求超过总供给。因此，在总量平衡方面尤其要注意发挥财政政策、货币政策以及对外经济政策的作用，以实现价值平衡。社会总供求的结构平衡，则是从实物方面来考察的平衡，包括供给结构（如产业结构、地区结构等）与需求结构（如投资结构、消费结构）的相互平衡。实现实物平衡，则要求保持投资品供求的平衡、消费品供求的平衡和中间产品供求的平衡。在这方面，产业政策的制定和实施具有特别重要的意义。

四、社会总需求不平衡及其表现形式

在市场经济条件下，国民经济的正常运行要求实现社会总供求在总量和结构上的平衡。但是这种平衡并不是总供给与总需求的绝对相等，而只是一种趋势或大体平衡。事实上，社会总供求之间的不平衡是经常存在的，因此，不能把社会总供求之间任何程度上的不平衡都看作为失衡。在现实经济生活中存在着两种社会总供求不平衡的状态：一种是可以承受的不平衡，即虽然社会总供求之间存在着不平衡，但是这种不平衡并不会影响国民经济的正常运行，其不平衡程度是可以承受的，且具备趋向平衡的可能性，也是经济发展所需要的；第二种是不能承受的不平衡，即这种不平衡已经超过了可承受的程度，严重影

第四章　国民经济运行总体分析

响到国民经济的运行，导致经济运行的不稳定甚至无序，这种社会总供求的不平衡叫做失衡。

社会总需求与总供给在总量和结构上的不平衡表现形式不一。在我国，社会总供求在总量上的不平衡甚至失衡的形式主要有两类：一类是社会总需求大于社会总供给，也称为供给短缺或需求膨胀。在经济生活中的具体表现有经济过热、投资需求和消费需求"双膨胀"、信用过度扩张和市场秩序混乱，发展到一定程度可引发通货膨胀。另一类是社会总供给大于社会总需求，也可称为产能过剩或有效需求不足。在经济生活中的表现有经济增长乏力，投资不足，企业开工不足，失业、下岗人数增多，社会不稳定因素增加等，严重时可导致通货紧缩。

社会总供求在结构上的不平衡甚至失衡大体上有三类表现形式：一类是"同向性短缺"，即各部门供给均小于需求；第二类是"同向性过剩"或失衡，即各部门的供给均大于需求；第三类是"异向性不平衡"，即在需求膨胀或有效需求不足两种情况下，都存在着发展的"瓶颈"，或者短缺与过剩并存。

在市场经济条件下，造成社会总需求与总供给出现不平衡甚至失衡的原因很多：一是商品生产和商品交换中存在的内在矛盾。由于货币的出现，产生了供给和需求的分离，一些已经卖掉商品的货币持有者不一定立刻重新买进商品，而另一些急于卖掉商品的生产者难以换取货币，如果这种情况扩大至全社会，就会导致社会总供求之间的不平衡甚至失衡。二是微观层面的原因。由于市场经济下企业和个人的经济活动都是分散进行的，按照各自的利益和目标进行分散决策，其活动不可能与国民经济运行的整体目标完全一致，由此便产生了社会总供求不平衡甚至失衡的可能性。三是宏观层面的原因。在市场经济条件下，或者由于信息不对称及人们处理信息能力的局限性，或者由于宏观经济运行受主客观因素的影响而导致不确定性及宏观调控不力等原因，都会造成社会总供求的不平衡甚至失衡。在我国当前经济条件下，除了上述原因之外，还有体制因素这一重要原因。

对于社会总供求无论在总量上还是在结构上的不平衡甚至失衡，都应当采取有效措施。相对说来，总量平衡侧重于对国民经济运行的短期调节，而结构平衡主要涉及国民经济的中长期发展问题。因为总量平衡一般可以通过调节社会总供求在较短时期内得到实现，而结构平衡则需要相当长一段时间才能实现。只有协调社会总供求的平衡，才能促进国民经济持续快速健康发展。

【复习思考题】

1. 物质产品（货物）与服务的主要特点。
2. 社会总生产的门类划分方法同两大部类的划分方法的区别与联系。
3. GDP 与 GNP 的联系与区别。
4. 决定社会总供给水平的主要因素。
5. 投资需求和消费需求的主要内容。
6. 社会总需求变动对总产出水平的决定作用。

7. 社会总需求变动与社会总产出增长之间的相互关系的长期分析。
8. 引入财政收支和信贷收支后狭义社会总供求的平衡条件。
9. 社会总供求的总量平衡与结构平衡的关系。
10. 社会总供求失衡的主要表现。
11. 在市场经济条件下,造成社会总需求与总供给失衡的主要原因。

第五章 国民经济运行的需求动力与需求管理

国民经济运行是在经济增长前提下社会总供求趋于动态平衡的过程。从社会总需求的角度进行分析，以国内生产总值为标志的经济增长主要来自"三大需求"的拉动，具体地说，就是投资需求、消费需求和净出口需求这"三驾马车"。本章将分别考察这三个方面需求对国民经济运行产生的动力，以及国家对国民经济的需求管理。

第一节 投资需求与国民经济运行

在拉动经济增长的"三驾马车"中，投资需求（或资本积累）具有重要作用。在古典经济学家（如斯密）看来，资本积累是经济增长的最重要的源泉。对于东亚国家和广大发展中国家来说，投资需求具有举足轻重的作用。如前所述，狭义的社会总需求是对社会最终产品的需求，投资需求（又称投资支出）是社会总需求的重要组成部分，它是指整个社会在一定时期（如一年）内通过货币资金的支出所形成的对投资品的需求。对投资需求可从投资规模（总量）和投资结构及其二者之间的相互促进关系来分析。

一、投资规模及其决定

（一）投资规模的含义

投资规模是一个总量范畴，即社会在一定时期内通过货币资金支出表现出来的对投资品的需求。投资规模主要可从以下几个方面进行分类：

（1）从构成上看。由于社会总投资需求＝固定资产投资需求＋流动资产投资需求，其中的固定资产投资需求又包括重置投资需求和新增投资需求，社会总投资规模相应可分为：固定资产投资总规模和流动资产投资总规模，前者可以进一步分为重置投资规模和新增投资规模。

（2）从资金来源上看。由于形成投资需求的资金来自于折旧资金、积累资金和消费资金中暂不用于现实消费的部分，具体分为财政拨款、银行贷款以及地方、部门企业自筹资金和个人投资等渠道。据此，社会投资总规模可分为预算内投资规模和预算外投资规模两种形式：前者是指用国家预算内资金安排的，通过财政预算拨款或银行贷款形式进行的投资，具体又分为中央和地方（省、直辖市、自治区）两个层次；后者是指不列入国家预算而由各地区、部门、企业和个人通过其他形式安排的投资。

（3）从投资主体上看。在集中决策体制向分散决策体制转变后，投资主体呈现出多元化：国家（包括中央和地方）、企业和个人（包括农村个人建房投资等）。这样，投资规模便可分为国有单位（全民所有制单位）投资规模和全社会投资规模。

（4）从时间跨度上看。社会投资总规模可以分为年度投资规模和在建投资总规模两种形式。年度投资规模，狭义是指在一年内的固定资产投资额，广义是指在一年内的固定资产和流动资产的投资总额；在建投资总规模，是指当年施工的建设项目全部建成所需要的投资总额。以上仅仅是投资规模的几种主要分类方法，在实践中区分投资规模的方法还有很多，而且随着经济体制改革的进行，上述各种投资规模的内容也在不断变化。

（二）投资规模的决定

投资规模的决定取决于多种因素，主要有：

（1）社会总生产的增长。即社会在一定时期内的经济增长率是制约投资规模变动的重要因素，反过来，投资规模的增长又是决定经济增长的重要因素。如果以国内生产总值作为经济增长的综合指标，则社会在一定时期（如一年内）的投资规模，首先取决于这一时期能够提取的固定资产折旧资金的数量和国民净收入的数量及其增长率，即国内生产总值的数量及其增长率。

其中，固定资产折旧资金是国内生产总值的一个组成部分。固定资产因磨损而转移到新产品中去的价值，通过产品的销售得到实现，并以货币资金的形式累积起来，形成折旧资金。折旧资金在一定的折旧年限内是逐年提取的。折旧年限的长短，则取决于国家在一定时期内实行何种技术政策和由此决定的折旧政策。在单纯考虑生产能力补偿的条件下，折旧年限主要以技术设备的自然使用年限为依据，即实行直线折旧法；在注重技术进步和更新的条件下，折旧年限主要以技术设备的经济使用年限为依据，即实行加速折旧法。每年提取的折旧额一般是用固定资产原始价值乘以折旧率得出，这笔折旧资金既可以用作更新改造投资，又可以一并用于基本建设投资，由此构成年度投资规模的组成部分。由于我国固定资产拥有量将逐年增加，折旧资金的提取量也在逐年增加。

国民净收入[①]是指劳动者在一定时期内新创造的价值，是国内生产总值扣除固定资产折旧后的余额。在国民净收入分为积累资金和消费资金的比例一定的条件下，社会用于新增投资的规模，将取决于国民净收入的数量及其增长率。国民净收入数量越多，其中可用于投资的数量越多，投资规模越大；国民净收入增长率越高，投资增长幅度越大；反之则相反。因此，凡是影响国民净收入增长的因素，同时也是影响和制约投资规模变动的因素。

---

① 国民净收入（NDP）即我国以前曾使用的宏观经济指标国民收入，即为一国在一定时期内新创造的全部价值 $(v+m)$。

第五章 国民经济运行的需求动力与需求管理

(2) 消费率和积累率。消费率是指国内生产总值中用于现实消费的比率；积累率是指国内生产总值中用于现实积累的比率，是可供投资的资金来源。在国内生产总值既定的前提下，消费率和积累率二者之间是此消彼长的。在正常情况下，必须保证现有人口的人均收入水平和消费水平逐年有所提高。因此，一般应首先确定必要的消费率，然后在此基础上确定积累率。这样，一定时期内投资规模的大小必然受到消费率高低以及与之相对应的积累率高低的制约：积累率提高，投资规模增大；积累率下降，投资规模缩小。

需要指出的是，积累率和投资率不是等同的概念。积累率是国内生产总值中不用于现实消费的比率，它代表可供投资的资金来源；投资率代表社会总投资支出占国内生产总值的比率，它代表投资总需求。在无外资和国内其他资金来源（如上期折旧资金累积，上期财政、企业、个人资金结余，财政赤字拨款、信用过度扩张等）的条件下，本期投资资金只能来自本期的积累（国内生产总值中不用于现实消费的部分）。因此，在一般情况下，投资率不能超过积累率。如果投资率超过积累率，意味着对投资品的需求超过投资品供给，即表现为投资规模过大，在现有设备能力已经充分利用的条件下，必然导致需求膨胀，影响经济的稳定发展；反之，如果投资率小于积累率，即投资规模过小，需求不足，也不利于经济的增长。只有投资率等于积累率，才能促进国民经济的稳步增长，这时的投资规模才是合理和适度的。

(3) 社会在一定时期（短期和长期）内所能提供的物力和人力。由于投资支出终究要转化为现实的生产要素，即转化成投资品和进行投资品生产所必需的生产资料和劳动力才能发挥作用，因此国内生产总值划分为消费和积累的比率，必须同社会所能提供的物力和人力及其构成相适应。在物力方面，除了要考虑基本建设物资、能源、交通运输、机器设备等投资品，还要考虑中间产品和相应的消费品的供应能力。在人力方面，目前我国确实有大量的剩余劳动力，但普遍存在着文化、技术水平不高的问题，因此应特别注意对劳动力进行普遍的教育和培训，提高其素质，否则投资难以取得应有的经济增长效果。

(4) 投资效益的高低。投资规模与投资效益之间存在着密切的联系。表示投资效益的一个重要指标是投资效益系数。它是指一定时期内国内生产总值增加额与社会固定资产投资额的比例。其公式是：

$$投资效益系数 = \frac{国内生产总值增加额}{固定资产投资额} \quad (5-1)$$

这一指标为正数，投资效益系数越大，说明投资效益越好；反之则相反。在投资效益系数较低的情况下，国内生产总值的增长，必须依靠扩大投资规模或提高投资率；若投资效益系数较高，国内生产总值的增长主要依靠投资效益取得，就可以以等量的投资获得较高的效益，或者以较少的投资获得相同的效益，从而可以适当控制投资规模或降低投资率。由于我国目前存在着技术水平较低，产业结构不合理的情况，必然影响投资效益系数的提高，因而投资规模不得不维持在较高的水平上。

(5) 经济体制对投资主体行为的影响。以上分析的是制约投资规模的客观因素，但在实际经济生活中，影响投资规模的还有主观因素，其中主要是在一定经济体制下经济主体的投资行为。在以往的中央高度集权的体制下，投资活动中存在着投资风险与投资收益的不对称情况。企业作为国家行政机构的附属物，其投资决策主要由国家做出，并且投资资金主要通过财政拨款支付，企业完全不承担风险。另外，国家下达给企业的主要经济考核指标以及企业领导人晋升的主要依据，是看产值的增长，这种体制无疑会使企业具有强烈的投资冲动，从而导致投资规模的膨胀。

在社会主义市场经济体制下，通过建立现代企业制度和公司法人治理结构，企业拥有独立的投资决策权，投资规模主要取决于多元化的投资主体的投资决策，取决于投资主体对经济增长前景和未来投资收益的预期。这样，投资规模的大小将在很大程度上受到理性决策的影响，但有时容易更多地出于局部利益的考虑。所以在充分利用市场机制调节作用的同时，国家从整体利益出发，为了保持社会总需求和总供给在增长过程中的基本平衡，就有必要运用间接手段对社会投资规模进行宏观调控。

二、投资结构及其决定

国民经济的发展需要有资金等生产要素的投入。在投资规模一定的前提下，客观上存在一个如何合理分配和使用投资，即通常所说的投资方向或投资结构的问题。投资结构对产业结构、地区结构的形成具有重要影响，投资结构的合理化对国民经济协调发展具有重要意义。

（一）投资结构的含义

投资是指投资主体为获取一定的预期收益而进行投入以形成资产的经济活动，它是一个重要的经济范畴。投资结构是指投资在各种特定使用系统中所形成的数量比例关系，是经济结构中的一个重要的方面。广义的投资结构主要包括：

（1）投资的产业结构。主要反映投资的最终使用方向，即投资在三次产业之间或国民经济各部门之间的分配比例，以及基本建设投资和更新改造投资等比例关系。

（2）投资的区域结构。主要反映投资的空间组织状况，即投资在各地区之间的分配比例关系。

（3）投资的主体结构。主要反映投资主体的行为，包括政府（中央政府、地方政府）投资、外商投资、民间（企业）投资和个人投资之间的关系。

（4）投资的融资结构。主要反映投资的资金来源渠道，包括预算内投资和预算外投资、重置投资与新增投资、直接融资与间接融资及利用外资等的比例关系。

（5）投资的规模结构。主要反映大型、中型、小型项目投资之间的关系或比例。

（6）投资的工艺结构。主要反映建筑安装工程投资、设备工具器具投资与其他投资之间的联系或比例。

（7）投资的再生产结构，主要反映固定资产投资、流动资产投资、新增或新建投资、重置投资或改扩建和技术改造等的比例关系或相互联系。

第五章 国民经济运行的需求动力与需求管理

（二）投资结构的划分

投资结构作为一个多层次的经济系统，可以从多种不同的角度进行考察。

1. 投资的需求结构与供给结构

投资的需求结构指各类投资需求间的相互关系及其数量比例，投资的供给结构则指各种投资之间的相互联系及其数量比例。为了保持投资及整个经济的稳定、持续和协调发展，投资的总需求必须与总供给相等。但是，由于其物质内容或实物结构不是同质的，而是包含着许多不同的种类，因而存在着不一致的可能性。例如，农业部门的投资需求和工业部门的投资需求虽然都是一种有货币支付能力的需求，但是，进行农业和工业投资所需要的生产资料及对劳动者技术素质等要求却不尽相同。从供给角度看，如果不考虑结构因素，有储蓄便可以进行投资，但由于各产业部门所提供的物质产品极不相同，因此要使其适应需求的变化，必须做大量的工作。

投资的供给结构与需求结构相互影响、相互制约：一方面，在一定时点上，投资的需求结构一定，投资的供给结构必须与其相适应，这样才能使资源得到最大限度的利用，否则必然造成部分资源闲置，而部分投资需求又得不到满足，从而出现短缺与过剩并存的现象；另一方面，投资需求结构的变化，可以带动供给结构的变化，当某一部门的投资需求扩大时，就会促进该部门投资供给的增长。

从投资需求及供给各自的内部关联看，可以进一步分为替代性投资供求及互补性投资供求。例如，对水电投资的需求与对煤炭能源投资的需求是替代性的，对地铁的投资需求与对城市公交投资的需求也是替代性的，在总需求一定的条件下，对水电投资的需求和对地铁投资的需求增加，将相应减少对煤炭能源及城市公交投资的需求；而对家用电器工业的投资需求与对水电投资的需求，以及对地铁投资的需求与对地铁机车投资的需求则是互补性的，增加对家用电器工业的投资及对地铁的投资，就相应地要求增加对电力及对地铁机车的投资。

投资需求与供给内部的替代性及互补性，对投资总供求平衡的影响是不同的：替代性为投资总供求的平衡提供了回旋余地；互补性则将加大投资总供求平衡的难度。当替代性投资品供给短缺与闲置并存时，可用闲置的投资品去替代短缺的投资品；但是，如果短缺和闲置的是互补性的投资品，就难以用闲置的资源去补足短缺资源的不足。

2. 投资的流量结构与存量结构

投资的流量结构是指一定时期内所完成的投资之间的相互关系及数量比例，投资的存量结构是指一定时点上投资累积所形成的固定资产之间的相互关系及数量比例。

投资的流量结构与存量结构也是相互联系、相互制约的：一方面，一定时期内的投资，经过勘察、设计和施工过程，竣工交付使用后即转化为生产过程中的固定资产和流动资产，要扩大生产能力就必须进行投资，要提高生产效率也必须进行投资，即流量最终要归入存量之中，存量只能经由流量而增加；另一方面，投资需要相应的人力、物力和财力，只能从现有社会生产中取得，而现有社会生产能力的大小，主要取决于资产存量及其质量，即投资流量来自于投资存量。

投资的流量结构具有很强的可塑性。投资总量一定，用于何种产业部门和地区，固然有很大的选择性、但投资存量结构却有较强的刚性。投资资金一经转化为固定资产，就要固定在一定地点长期发挥作用，生产某种产品。随着收入水平的提高，人们的消费结构会不断变化，要求产业结构和产品结构随之变动并不断升级，这就会与投资存量刚性发生矛盾。为了适应消费结构的变化，必须通过投资流量结构的变化带动存量结构的变动。为此，投资时必须考虑现有资产存量的结构和消费结构变化，同时也必须看到投资流量调整产业结构和产品结构的局限性。投资存量是多年投资积累的结果，而现有投资受社会生产可能提供的人力、物力和财力的限制，数量总是有限的。因此，仅通过投资流量结构的变化难以实现产业结构和产品结构的合理化。为了适应消费结构的变化，还必须及时淘汰不适合社会消费需要的资产存量。否则，将要求不断追加投资，从而对投资流量结构的调整产生拖曳作用。

3. 投资的来源结构与去向结构

投资的来源结构是指各种投资来源间的相互联系及数量比例。从价值形态看，国内投资主要来自于储蓄、固定资产折旧、银行贷款和资本市场。从投资主体看，主要包括政府部门、企业、居民个人，在开放条件下还来自国外资本的流入。从一定意义上说，投资品来源于不同的物质生产部门，投资的来源结构也就是投资的供给结构。表5-1显示的是我国的全社会固定资产投资来源结构。

表5-1　　　　　1981~2014年全社会固定资产投资来源结构　　　　　单位：亿元

年份	国家预算内资金	国内贷款	利用外资	自筹和其他资金
1981	269.8	122.0	36.4	532.9
1985	407.8	510.3	91.5	1 533.6
1990	393.0	885.5	284.6	2 954.4
1995	621.1	4 198.7	2 295.9	13 409.2
2000	2 109.5	6 727.3	1 696.3	22 577.4
2001	2 546.4	7 239.8	1 730.7	26 470.0
2002	3 161.0	8 859.1	2 085.0	30 941.9
2003	2 687.8	12 044.4	2 599.4	41 284.8
2004	3 254.9	13 788.0	3 285.7	54 236.3
2005	4 154.3	16 319.0	3 978.8	70 138.8
2006	4 672.0	19 590.5	4 334.3	90 360.2
2007	5 857.1	23 044.2	5 132.7	116 769.7
2008	7 954.8	26 443.7	5 311.9	143 204.9
2009	12 685.7	39 302.8	4 623.7	193 617.4

第五章 国民经济运行的需求动力与需求管理

续表

年份	国家预算内资金	国内贷款	利用外资	自筹和其他资金
2010	13 012.8	44 020.8	4 703.6	224 042.0
2011	14 843.3	46 344.5	5 062.0	279 734.4
2012	18 958.7	51 593.5	4 468.8	334 654.7
2013	22 305.3	59 442.0	4 319.4	405 545.8
2014	26 745.4	65 221.0	4 052.9	447 461.2

资料来源：《中国统计年鉴（2015）》，中国统计出版社2015年版。

投资的去向结构也称使用结构，主要是指各种投资使用间的相互关系及其数量比例。投资的去向结构是由投资需求结构与投资供给结构共同决定的。投资的去向结构包括：投资的部门结构、投资的地区结构、投资的项目规模结构、投资的技术结构和投资的再生产结构。表5-2为我国近年来投资的产业结构。

表5-2　　　　2003~2014年全社会固定资产投资的产业结构　　　　单位：亿元

年份	投资总额	第一产业（占比）	第二产业（占比）	第三产业（占比）
2003	55 566.6	1 652.3 (2.97%)	21 351.5 (38.43%)	32 562.7 (58.60%)
2004	70 477.4	1 890.7 (2.68%)	28 740.5 (40.78%)	39 846.2 (56.54%)
2005	88 773.6	2 323.7 (2.62%)	38 836.7 (43.75%)	47 613.2 (53.63%)
2006	109 998.2	2 749.9 (2.50%)	48 479.1 (44.07%)	58 769.2 (53.43%)
2007	137 323.9	3 403.5 (2.48%)	61 153.8 (44.53%)	72 766.7 (52.99%)
2008	172 828.4	5 064.5 (2.93%)	76 961.3 (44.53%)	90 802.7 (52.54%)
2009	224 598.77	6 894.9 (3.07%)	96 250.8 (42.85%)	121 453.1 (54.08%)
2010	278 121.85	7 923.1 (2.85%)	118 102.1 (42.46%)	152 096.7 (54.69%)
2011	311 485.13	8 757.8 (2.81%)	132 476.7 (42.53%)	170 250.6 (54.66%)

续表

年份	投资总额	第一产业（占比）	第二产业（占比）	第三产业（占比）
2012	374 694.74	10 996.4 (2.93%)	158 262.5 (42.24%)	205 435.8 (54.83%)
2013	446 294.09	11 186.6 (2.51%)	184 814.3 (41.41%)	250 293.1 (56.08%)
2014	512 020.7	13 802.8 (2.70%)	207 684.2 (40.56%)	290 533.7 (56.74%)

资料来源：《中国统计年鉴（2015）》，中国统计出版社2015年版。

表5-2中数据表明，从2003年以来，第三产业投资占比超过50%以上，说明第三产业投资呈现发展态势，而第一、第二产业投资呈现下降趋势，说明现阶段我国呈"三、二、一"的投资结构。

投资的地区结构是另一个投资的去向结构，表5-3显示的是我国全社会固定资产投资的地区结构。

表5-3　　　　2004~2014年全社会固定资产投资的地区结构　　　　单位：%

年份	东部	东北	中部	西部	不分地区
2004	53.1	7.9	17.8	19.5	1.7
2005	51.4	8.6	18.2	19.9	1.9
2006	49.7	9.6	19.0	20.0	1.8
2007	47.2	10.1	20.2	20.6	1.8
2008	45.0	10.8	21.2	20.8	2.2
2009	42.5	10.6	22.2	22.1	2.6
2010	41.7	11.0	22.6	22.3	2.4
2011	41.8	10.5	22.7	23.1	1.8
2012	40.5	11.0	23.1	23.8	1.6
2013	40.1	10.4	23.7	24.5	1.3
2014	40.3	9.0	24.3	25.2	1.2

资料来源：《中国统计年鉴（2015）》，中国统计出版社2015年版。

表5-3表明，东部地区一直是我国全社会固定资产投资比例最高的地区（全国占比40%~50%），因而是我国经济发展最快、最有活力、对国民经济增长贡献率最大的地区；"九五"以来，西部、中部地区投资比例逐步上升（均占20%~23%），东北地区则相对稳定（占比10%左右）。

第五章 国民经济运行的需求动力与需求管理

固定资产投资和流动资产投资、新建投资和改扩建投资在社会总投资中所占的比重及相互关系，构成投资的再生产结构，这是又一个投资的去向结构，如表5-4所示。

表5-4　　　　　2000～2014年城镇固定资产投资的再生产结构　　　　单位：亿元

年份	总投资	新建（占比）	扩建（占比）	改建和技术改造（占比）
2000	26 221.8	8 484.5（32.36%）	6 390.5（24.37%）	3 827.0（14.59%）
2001	30 001.2	9 611.3（32.04%）	7 410.8（24.70%）	3 974.8（13.25%）
2002	35 488.8	12 366.1（34.85%）	7 936.8（22.36%）	4 611.5（12.99%）
2003	45 811.7	18 092.4（39.49%）	10 249.9（22.37%）	4 932.0（10.77%）
2004	59 028.2	24 630.1（41.73%）	12 274.2（20.79%）	5 929.6（10.05%）
2005	75 095.1	34 126.6（45.44%）	13 154.5（17.52%）	8 721.1（11.61%）
2006	93 368.7	41 514.2（44.46%）	16 761.3（17.95%）	11 075.5（11.86%）
2007	117 464.5	51 963.1（44.24%）	19 705.4（16.78%）	14 136.0（12.03%）
2008	148 738.3	65 727.3（44.19%）	24 371.0（16.39%）	19 138.3（12.87%）
2009	193 920.4	89 993.2（46.41%）	30 303.8（15.63%）	27 171.9（14.01%）
2010	241 430.9	113 860.0（47.16%）	33 694.9（13.96%）	33 375.8（13.82%）
2011	302 396.1	143 604.9（47.49%）	42 242.3（13.97%）	41 696.4（13.79%）
2012	364 854.1	251 045.6（68.81%）	47 983.1（13.15%）	52 413.6（14.37%）
2013	435 747.4	302 909.1（69.51%）	54 024.0（12.40%）	62 332.8（14.30%）
2014	501 264.9	350 782.8（69.98%）	60 391.3（12.05%）	71 061.4（14.18%）

资料来源：《中国统计年鉴（2015）》，中国统计出版社2015年版。

由表 5-4 可见，在城镇固定资产投资的再生产结构中，新建投资占很大的比重（约为 45%～70%），扩建以及改建和技术改造大体相当（各占 15% 左右）。所以，新增投资在经济增长中发挥着重要作用，是扩大再生产得以顺利进行的重要保证。

（三）投资结构的决定

投资结构和投资规模有着密切的联系。合理的投资结构要以合理的投资规模为前提，没有投资规模的扩大就没有投资结构的优化；但投资规模的合理化并不一定意味着投资结构的合理化，而没有投资结构的合理化，不能做到各产业部门之间的相互衔接、生产资源的优化配置，就会造成社会总供求的结构失衡，阻碍经济的稳定增长，反过来又会制约投资规模的合理增长。因此，实现投资结构的合理化对于合理确定投资规模，促进国民经济的协调发展，具有十分重要的意义。

然而，优化投资结构和控制投资规模二者之间又是有区别的。控制投资规模一般来说主要是解决社会总需求和总供给在总量上是否平衡，优化投资结构最终是要解决需求结构与供给结构相互适应的问题；投资结构的安排一般首先作用于供给结构（如产业结构、地区结构、技术结构、产品结构等），通过对供给结构的调整最终实现与需求结构的平衡，即实现社会总供求的结构平衡。

在众多的投资结构中，投资的产业结构和区域结构是研究投资结构的重要内容。

（1）投资的产业结构是最重要的投资结构。一是从产业结构与需求结构的相互关系上看。一定时期的社会需求结构及其变化，固然会推动供给结构的变化，但人们的生产消费需求和生活消费需求的满足，直接取决于一国供给结构或产业结构的状况及其变化，取决于各产业部门生产能力的大小和产品数量的多少。而一定的产业结构是由一定的投资在各产业部门分配的比例形成的。因此，投资的部门结构的变化，是同整个需求结构的变化相联系的，并最终决定社会总供求的结构是否相互适应。二是从产业结构本身来看。一个合理的产业结构要求各部门之间在生产上相互衔接、紧密配合，即要求投资品生产、消费品生产、中间产品生产之间保持合理的比例关系，为此也必须使投资在各产业部门之间按一定比例合理分配。三是从资源合理配置的角度来看。一定时期一国的生产资源的数量总是有限的，生产资源的开发和利用程度，受到国内出口换汇能力和国际市场条件变化等的制约。如何将有限的资源进行合理分配，并取得较高的资源配置效率，也要取决于投资的部门机构的合理化。

（2）投资的区域结构也是重要的投资结构之一。优化投资的区域结构，对于实现各种生产资源在地区之间的合理配置并取得较好的资源配置效率，充分发挥各地区的自然优势、经济优势和科学技术优势，缩短各地区经济发展水平的差距，促进各地区间大体协调的发展，保证社会总供求的平衡，具有十分重要的意义。

我国是一个国土辽阔、人口众多的大国，同时又是一个资金缺乏、人均资源占有量较少、地区间差异很大的发展中国家。根据我国的国情，在充分利用市场机制调节作用的同时，加强宏观调控，合理安排投资的地区结构，尤为重要。

第五章　国民经济运行的需求动力与需求管理

三、投资需求对国民经济运行的作用

社会总需求中的投资需求变动对于社会总供给的增长有着极为重要的影响。在现有生产资源尚未充分利用的条件下，投资需求的增长可以导致大于以至几倍于投资需求增长本身的社会总需求和社会总供给的增长。这个由于投资需求增长而引起的扩张过程的机制可以用"投资乘数"理论来加以说明。

投资乘数是指社会总需求增长而导致社会总供给（用国内生产总值衡量）的变动量与引起这种变动的最初投资量之间的比率。投资乘数的增加之所以会产生大于其本身增长的社会总供给的增加，即产生乘数效应，是因为国民经济各部门是相互联系的。某一部门的投资不仅会增加投资品生产部门的需求和收入，而且会在各经济部门引起连锁反应，从而使其他部门的需求和收入也得到增加，最终使国内生产总值成倍增长。

对此可举例说明。假设在本期内增加投资100万元兴建一个机械厂，其中用50万元兴建厂房，再用50万元订购机器设备，这样，就会引起一系列的产品需求①。厂房建筑由建筑公司承包，机器设备由有关的机械生产部门承造。建筑公司修建价值50万元的厂房时，其中20万元购买建筑材料（中间产品）；20万元是工资开支，形成职工收入；5万元是上缴国家的利税；5万元是公司留存的折旧费和利润。建筑公司购买20万元建筑材料，引起建筑材料部门增加生产。生产20万元建筑材料，同样需要以一部分购置原材料；以一部分开支工资形成职工收入；一部分上缴利税形成国家收入；一部分为厂房留存的折旧费和利润。建筑材料部门购置的原材料，又引起供应这些原材料的部门增加生产，它又把其产值分为原材料开支、工资开支、上缴利税与企业留存折旧费和利润。如此层层分解，最后增加的国内生产总值，即扣除各个生产环节彼此重复计算部分（亦即购置中间产品部分），将各个生产环节的"增加值"相加，仍为50万元。这就是说，50万元的厂房建筑投资，形成50万元的国内生产总值，它形成总额相同的职工、国家和企业的收入。同理，50万元的机器设备投资，经过有关的生产环节，层层分解，也增加50万元的国内生产总值，形成50万元的职工、国家和企业的收入。

总之，兴建某个机床厂的100万元投资，在生产资源尚未充分利用的情况下，可增加同额的国内生产总值，形成同额的职工、企业、国家收入。其中，必有一部分形成消费需求，用于消费支出（包括个人消费和公共消费）。假定边际消费率②为80%，则100万元投资支出形成的同额收入，将有80万元用于消费支出。这项支出将引起同额消费品生产的增加，从而直接间接引起第二轮收入的增加，即80万元。这项收入如果也有80%用于消费，则又将有64万元用于消费支出。同样，这项支出又将引起同额消费品生产的增加，从而直接间接引起第三轮收入的增加，即64万元。这个生产和收入的连锁扩展过程将按逐步收敛的规模一轮又一轮地继续下去。这样，增加100万元投资层层引起的社会总需求

---

① 这里只讨论投资兴建过程中引起的各种需求，不涉及投资完成正式投产后在正常生产中引起的各种需求。
② 边际消费率是指增加的每单位可支配收入中所增加的消费所占的比例，即消费增量与收入增量之比。一般来说，边际消费率是正数，但小于1。

和国内生产总值的增加，累积起来最终总计为（单位为万元）：

$$100 + 80 + 64 + 51.2 + 40.96 + \cdots$$

$$= 100\left[1 + \left(\frac{80}{100}\right) + \left(\frac{80}{100}\right)^2 + \left(\frac{80}{100}\right)^3 + \left(\frac{80}{100}\right)^4 + \cdots\right] = 100\left(\frac{1}{1-0.8}\right) = 100 \times 5 = 500$$

也就是说，增加 100 万元的投资，按照既定的边际消费率连锁扩张，可使社会总需求和国内生产总值的增量等于最初投资量的 5 倍，即 500 万元。在这个例子中，投资乘数为 5。

如果将上例进行抽象概括，在生产资源尚未充分利用的条件下，如以 ΔI 表示全社会的投资增量，以 c 表示国内生产总值形成的收入的边际消费率，以 ΔQ 表示国内生产总值的增量，则：

$$\Delta Q = \Delta I\left(\frac{1}{1-c}\right) \tag{5-2}$$

即由于增加投资，最终引起增加的国内生产总值为投资增量的 $k = \frac{1}{1-c}$ 倍，这里的 k 即为投资乘数。

上述投资需求增长引起总需求和国内生产总值倍加增长的实现必须具备一定的条件。这些条件主要有：

（1）生产资源尚未得到充分利用，各个产业部门特别是一些关键生产部门的设备能力普遍存在着有一部分闲置未用的现象。

（2）由投资需求增长直接间接引起的投资品需求、中间产品需求和消费品需求能顺利地得到满足，即满足这些需求的各部门的生产能顺利进行，不存在"瓶颈"（即某个部门产品短缺、供不应求的现象）的障碍。如果由于产业结构不合理，各个部门的设备能力、生产潜力不平衡，致使某些部门成为国民经济的薄弱环节，这样，由投资需求增长所引起的社会总供给扩张过程就可能出现中断，或者达不到应有的扩张倍数。

（3）边际消费率比较稳定，否则，对投资乘数进行具体计量并用以预测和作为计划依据时，就会遇到困难。

以上运用投资乘数理论说明在生产资源尚未得到充分利用的条件下，增加投资可以引起倍加的社会总需求从而导致倍加的社会总供给的增长。由此可见，投资需求的增长，在生产资源尚未充分利用的条件下，对经济增长具有决定性的作用。

第二节 消费需求与国民经济运行

社会总需求的另一个组成部分是消费需求，对消费需求在国民经济运行中的作用，也可以从总量和结构两个方面进行分析。

第五章　国民经济运行的需求动力与需求管理

一、消费水平及其决定

（一）消费水平的内涵

消费水平，即消费需求的水平，是指在一定时期内，人们实际消费的消费资料、服务的数量和质量的总和，它表明社会消费需求得到满足的程度。社会消费水平有两种表示方法：一是社会消费总量，即居民和社会集体对消费品实际消费数量的总和；二是人均消费量，即在前一指标的基础上加进人口变动的因素，计算按人口平均的消费量。

（二）居民个人消费水平的决定

一定时期所形成的社会消费水平，受多种因素影响和制约。从根本上说，取决于社会生产力发展水平，进而受到国内生产总值或国民收入水平的制约，此外还受到一系列社会、历史和文化因素的制约。因此，分析社会消费水平的决定机制，对于实现社会总供求的平衡具有重要意义。由于居民个人消费是社会总消费中最主要的部分，下面对社会消费水平决定机制的分析，主要以居民个人消费水平作为分析对象。

在市场经济条件下，居民首先通过各种途径取得货币收入，然后以货币资金支出的形式形成对各种消费品的需求。这是居民个人消费需求的主要部分。因此，一定时期的居民个人消费水平，首先取决于居民个人的收入水平。而居民个人收入水平则取决于一定时期的国内生产总值，它通过初次分配和再分配，其中较大部分转化为居民个人收入，形成居民有支付能力的消费需求。居民个人收入包括劳动收入和各种非劳动收入（如购买股票、债券取得的股息、红利、利息收入，出租房屋取得的房租及经营性收入等）。

居民取得货币收入后，根据国家制定的有关个人纳税的制度和税率缴纳各种个人所得税，并扣除各种非税支付，剩余的就是居民的可支配收入。它形成居民有支付能力的消费需求。但是，由可支配收入形成的消费资金并不等于现实的消费。在实际经济生活中，居民可支配收入一般分解为两部分：一部分是用于购买消费品的支出；另一部分是不用于当前消费的部分，即通常所说的储蓄。因此，现实的消费水平取决于居民可支配收入减去居民储蓄部分后的实际消费支出。

居民的可支配收入，就其支出意向来说，大致可划分为三个层次：第一，日常性支出。主要指居民用于满足基本生活需要的消费支出。第二，待购性支出。它是居民用于满足基本生活需要以外消费的部分，这部分支出究竟何时实现，待机而定。第三，预防性支出。主要指居民准备用于养老、生活保障、子女教育以及未来生活改善等方面需要的储蓄。以上三个部分中，用于当前的基本消费支出和用于未来预防性需要的储蓄是比较稳定的，只有待购性支出具有较强的变动性，依据不同的条件可以在消费与储蓄之间相互转化，从而决定着现实的消费水平。

影响或决定居民可支配收入转化为消费或储蓄的因素，主要有：

第一，居民收入水平。收入水平与消费水平密不可分，收入水平决定消费水平，由此成为影响消费和储蓄的最重要因素。具体而言，不同收入水平决定了不同的消费和储蓄水平。收入水平提高，消费和储蓄相应增加；反之则相反。从长期看，当居民收入开始增加时，由于人们不会很快改变过去长期形成的消费习惯，新增收入可能大部分被储蓄起来，致使消费支出落后于收入的增长，这是消费的"滞后性"。然而，随着居民收入的持续增长，会逐渐促使人们在新的收入水平上按比例增加消费和储蓄，形成新的消费习惯。但若人们的收入预期不确定，而支出预期（如养老、医疗、住房、子女教育）呈"刚性"，则人们的消费需求（支出）在短期内不会出现明显的提高。如前几年，我国有效需求不足，就与当时各种改革措施集中出台所导致的收入预期不稳定、支出预期增加有关。现今，我国居民收入的普遍增加使得消费水平有了提高，但收入分配差距的不断扩大，又会使消费倾向日趋下降，有效需求不足，从而抑制经济增长。因此在提高居民收入水平的同时，还必须有效调节收入分配差距的扩大。

第二，消费品价格水平的变动及价格预期。如果物价水平相对稳定，居民的消费支出随着收入水平的提高稳定增加，储蓄也会相地稳定增加；如果短期内物价水平上涨，为了维持原有的消费水平必须支出更多的货币收入，在收入不变或是提高的速度比不上物价上涨速度的情况下，消费支出的增加就只能靠减少储蓄的方式解决。倘若人们预期物价将持续上涨，由于保值心理的作用，就会大量提取存款，抢购实物，由此导致储蓄锐减、消费骤增和市场供应紧张的局面。

第三，市场上适应居民消费结构的消费品的供给状况。如果市场上适销对路的紧缺商品的供给数量增长较快，可支配收入中用于消费支出的部分就会大幅度增加，储蓄部分则相应减少；如果这类商品的供给数量增长缓慢，一部分可支配收入就会因无法实现而被迫转化为储蓄，这样形成的储蓄具有"被迫替代"的形式。特别是在居民收入大幅度增加引起消费结构急速变化的情况下，如果消费品的供给结构不能在短期内适应这种变化，市场上能够满足居民消费需要的商品供应不足，就势必使居民新增收入中的大部分被迫转化为储蓄。

第四，银行储蓄存款利率或资产收益率。存款利息率影响居民可支配收入转化为消费和储蓄比例的程度，还要看上述诸因素的变化而定。如果市场可支配收入既定，物价上涨较快，并且居民预期未来物价将持续上涨，或者市场上适应居民消费结构的商品的供给数量有较大幅度增长，这时较高的存款利率也不一定能起到减少消费、增加储蓄的作用。相反，如果物价上升幅度不大，且居民预期未来物价水平会比较稳定，或者市场上适应居民消费结构的商品供给数量增长较慢，这时提高存款利息率对于增加储蓄会起到明显的吸引作用。由于资产收益率与储蓄存款利率之间存在着反向的变动关系，从而对收入转化为储蓄、投资或消费起着不同的作用。

第五，货币幻觉。在货币收入与物价同比例变动因而实际收入不变的条件下，那些只看到物价水平上升，而忽视其货币收入也按比例提高的居民，会认为其实际收入在减少，由此可能减少储蓄而相对地增加消费。相反，那些只看到货币收入增加，而忽视物价水平同比例上升的居民，则会认为其实际收入提高了，因而可能增加储蓄而相对减少消费。

上述各种因素，对于收入进入消费或储蓄的影响是不同的。实际消费水平会依据这些

第五章 国民经济运行的需求动力与需求管理

因素各自发生作用的相对力量而定。

二、消费结构及其决定

消费结构是国民经济结构的重要组成部分。合理的消费结构及消费结构的优化和升级,不仅反映消费水平的提高,而且对建立合理的产业结构起到了重要的促进作用,同时对国民经济稳定协调发展具有重要的意义。

(一)消费结构的含义

对于消费结构可以从不同的角度进行理解,如人们在消费过程中所消费的不同种类消费资料之间的比例关系;在消费行为过程中,各类消费品和劳务在数量上各自所占的比重及其相互之间的替代与互补关系;在需求和供给的矛盾运动中形成的各类消费资料(劳务)在消费支出总额中所占的比例及其相互关系,等等。

如果从质与量相结合的规定性出发,消费结构可定义为:人们在消费过程中所耗费的各种消费对象的构成及其协调程度。消费结构的质包括消费品本身的质量、各种消费品的相互协调状况、消费环境和消费者本人享受各种消费品的能力,也包括消费过程中的舒适和便利程度,以及人们在心理上、精神上所得到的享受和乐趣。消费结构的量则是各种消费对象的实物量和价值量的统一。

(二)消费结构的划分

(1)消费的实物结构和价值结构。消费的实物结构可用一系列消费资料和消费服务的实物名称和数量来表示,价值结构则通过人们收入中各项货币支出的数量和比例来表示。在农村,农民还有一定量的自给性实物消费,这部分一般无法通过价值结构来表现。

(2)居民家庭消费结构与社会消费结构。在实际生活和经济统计中,普遍使用的划分标准是按照消费行为本身的原则,把消费资料划分为衣、食、住、行等几大类,并可细分为衣着构成、食物构成、用品构成等,其中食物构成是最基本的层次,以上属于居民家庭消费结构或微观消费结构。社会消费结构或宏观消费结构不单纯是居民家庭消费结构的简单相加,还包括居民家庭消费结构加总所不能包括的内容,即包括居民个人消费和社会公共消费的比例,以及不同社会集团的消费比例在内。

(三)消费结构的变动趋势

由于影响消费结构的因素多种多样,而且处于不断变化之中,因此消费结构也呈不断变化的趋势。随着经济的发展、收入水平的提高和社会的进步,消费结构将出现如下的变动:

(1)需求层次的变化。消费资料可以分为生存资料、享受资料和发展资料。随着生产的发展和人们收入水平的提高,生存资料所占比重呈下降趋势,享受资料和发展资料所占比重呈上升趋势。人们的消费需求,客观上存在着层次性:生存资料主要是满足劳动者最基本的需要，属于低层次需要；享受资料和发展资料使劳动者有更健康的身体、更丰富的科学文化知识、更充沛的精力，属于高层次需要。随着时间的推移，这三种资料在绝对量上都会增加，但是由于生存资料受到生理因素的限制，相对说来，对其需求是有限的，而享受资料和发展资料的需求则是无止境的。从长期发展来看，生存资料所占比重将逐步下降，享受资料和发展资料的比重将逐步上升。

（2）消费行为的变化。从消费行为的区分（即吃、穿、住、用、行等的区别）考察消费结构的变化，可以发现一种趋势：随着人们收入水平的提高，吃的比重将会不断下降，穿、住、用的比重将会不同程度地上升，这可以用恩格尔定律加以说明。恩格尔是19世纪德国的著名统计学家，他发现一个规律：随着家庭和个人收入的增加，收入中用于食品方面的支出比例越来越小，这被称之为恩格尔定律，反映这一定律的系数叫恩格尔系数。其常用的计算公式是：

$$恩格尔系数 = \frac{食品支出}{全部生活消费支出} \times 100\% \qquad (5-3)$$

恩格尔系数揭示了居民食品支出与全部生活消费支出之间的定量关系，被世界各国广泛运用。作为衡量消费结构变化的基本定律，恩格尔定律在我国基本适用，主要表现在我国城镇居民收入明显增加，消费支出逐年增多，生活水平显著提高，恩格尔系数的总趋势稳步下降。国际粮农组织提出，根据恩格尔系数可以划分贫困与富裕的消费：39%以下为富裕状态的消费，40%~49%为小康状态的消费，50%~59%为温饱状态的消费，60%以上为贫困状态的消费，而20%以下则为最富裕状态的消费。

我国城乡居民收入水平与恩格尔系数变动情况如表5-5所示。

表5-5　　中国城乡居民收入水平与恩格尔系数变动（1978~2014年）

年份	农村居民人均纯收入		农村居民恩格尔系数	城镇居民人均可支配收入		城镇居民恩格尔系数
	绝对数（元）	指数（1978年=100）		绝对数（元）	指数（1978年=100）	
1978	133.6	100.0	67.7	343.4	100.0	57.5
1980	191.3	139.0	61.8	477.6	127.0	56.9
1985	397.6	268.9	57.8	739.1	160.4	53.3
1990	686.3	311.2	58.8	1 510.2	198.1	54.2
1995	1 577.7	383.7	58.6	4 283.0	290.3	49.9
2000	2 253.4	483.5	49.1	6 280.0	383.7	39.2
2001	2 366.4	503.8	47.7	6 859.6	416.3	38.2
2002	2 475.6	528.0	46.2	7 702.8	472.1	37.7
2003	2 622.2	550.7	45.6	8 472.2	514.6	37.1
2004	2 936.4	588.0	47.2	9 421.6	554.2	37.7

第五章 国民经济运行的需求动力与需求管理

续表

年份	农村居民人均纯收入		农村居民恩格尔系数	城镇居民人均可支配收入		城镇居民恩格尔系数
	绝对数（元）	指数（1978年=100）		绝对数（元）	指数（1978年=100）	
2005	3 254.9	624.5	45.5	10 493.0	607.4	36.7
2006	3 587.0	670.7	43.0	11 759.5	670.7	35.8
2007	4 140.4	734.4	43.1	13 785.8	752.5	36.3
2008	4 760.6	793.2	43.7	15 780.8	815.7	37.9
2009	5 153.2	860.6	41.0	17 174.7	895.4	36.5
2010	5 919.0	954.4	41.1	19 109.4	965.2	35.7
2011	6 977.3	1 063.2	40.4	21 809.8	1 046.3	36.3
2012	7 916.6	1 176.9	39.3	24 564.7	1 146.7	36.2
2013	8 895.9	1 286.4	37.7	26 955.1	1 227.0	35.0
2014	9 892.0	1 404.7	34.3	29 381.0	1 310.5	35.2

资料来源：《中国统计年鉴（2015）》，中国统计出版社2015年版。

美国经济学家保罗·萨缪尔森在《经济学》一书中，对恩格尔定律作了进一步的分析，提出了与恩氏恩格尔系数不同的萨氏恩格尔系数：

$$萨式恩格尔系数 = \frac{食品支出}{全部支出} \times 100\% \qquad (5-4)$$

其中，全部支出 = 消费支出 + 储蓄。

萨氏恩格尔系数与恩氏恩格尔系数有一定区别：萨氏恩格尔系数所考察的是食品支出与总支出的关系，反映的是食品支出在全部开支中所占比重的变化规律；而恩氏恩格尔系数所考察的只是食品支出与全部生活消费支出的关系，没有考虑储蓄的因素。萨氏恩格尔系数之所以把储蓄纳入进来，目的在于提醒人们在研究消费时，注意储蓄与消费之间的可转化关系。

在我国统计年鉴中，居民家庭消费支出分为8项：（1）食品。含粮食、副食品、糖、烟、酒及其他食品。（2）衣着。含服装、衣着材料、鞋袜帽及其他、衣着加工费。（3）家庭设备用品及服务。含耐用消费品、家具及家庭服务等。（4）医疗保健。含医疗器具、保健用品、医药费等。（5）交通和通讯。含交通费、电话费、邮费等。（6）文化教育娱乐用品与服务。即文教娱乐服务，含教育费、文化娱乐费等。（7）居住。含住房、水电燃料费。（8）杂项商品及服务。含个人消费、其他商品、其他服务费。

我国城镇居民家庭现金消费支出变化如表5-6所示。

表 5-6　　　1990~2014 年我国城镇居民家庭现金消费支出变化　　　单位：%

指标＼年份	1990	1995	2000	2005	2010	2011	2012	2013	2014
食品	54.25	50.09	39.44	36.69	35.67	36.32	36.23	35.02	35.20
衣着	13.36	13.55	10.01	10.08	10.72	11.05	10.94	10.55	9.75
居住	4.76	8.02	11.31	10.18	9.89	9.27	8.90	9.68	9.74
家庭设备及用品	8.48	7.44	7.49	5.62	6.74	6.75	6.69	6.74	7.34
交通通信	3.17	5.18	8.54	12.55	14.73	14.18	14.73	15.19	15.77
文教娱乐	8.78	9.36	13.40	13.82	12.08	12.21	12.20	12.73	12.83
医疗保健	2.01	3.11	6.36	7.56	6.47	6.39	6.38	6.20	6.22
其他	5.21	3.25	3.44	3.50	3.71	3.83	3.94	3.88	3.16

注：现金消费支出 = 100%。

资料来源：《中国统计年鉴（2015）》，中国统计出版社 2015 年版。

（3）消费形式的变化。随着农业从传统的自给、半自给经济向商品化、专业化和现代化的转变，农民的货币收入显著增加，农民的生产生活更多地融入到商品货币关系之中，传统的非市场消费正在逐步衰退，其比重逐步下降，而市场消费比重则因此提高。与此同时，劳务消费随着第三产业的发展及其商品化有了很大发展。随着城乡居民货币收入的增长和家务劳动社会化水平的提高，科技文教事业及其他各项服务事业的发展，居民在劳务方面的消费支出将会迅速增长，从而导致市场消费在整个消费中比重上升。

（4）消费群体的普遍变化。从长期发展趋势看，随着居民收入水平的提高，居民集体消费增长加快，其比重日趋提高；个人消费的增长要慢于居民集体消费，其比重相对下降；社会消费的绝对额相对稳定或缓慢增长，其在整个消费中的比重逐渐下降。在个人消费、居民集体消费与社会消费结构中，居民集体消费增长最快，主要因为：一是文化、教育、科研等在现代经济、社会发展中起着越重要的作用，而其消费适宜采用集体消费的形式，其消费数量必然成为居民集体消费额中的主要部分之一，随着文化、教育、科研发展速度的加快，必然引起整个居民集体消费的增长；二是随着消费水平的提高，人们要求有更多、更好、更丰富的文艺、体育服务和医疗保健服务，这也要求居民集体消费的增长更快些。

（四）消费结构的决定

一定时期内，人们在消费过程中，对各类不同的消费品和服务的消费，构成一定的消费结构，它是一定时期内社会消费状况的一个重要标志。由于消费需求本身是不断变化的，因此与之相联系的消费结构也是不断变化的。在不同的国家和同一个国家的不同时期，由于经济条件的差别，消费结构往往呈现出相当大的差异。一定时期的消费结构是一系列因素共同发生作用的结果，影响消费结构变动的因素主要有：

第五章　国民经济运行的需求动力与需求管理

第一，居民收入水平。这是影响消费结构的最基本因素。恩格尔定律指出了居民收入水平与消费结构之间存在着内在的规律性联系，据此可以考察消费结构变动的趋势和作为衡量消费水平的标准。从长期发展趋势来看，当人们在吃的方面经过一定时期的改善达到一定水平之后，随着收入的增加，居民消费结构中食物支出的比重是趋于下降。

第二，居民收入结构。居民收入结构是指按照居民家庭收入水平划分的高、中、低不同层次的收入组及其构成比重。社会消费结构取决于各种不同层次的收入组在全部居民家庭中的构成比重及其本身的消费结构状况。一般来说，高收入水平的家庭所占比重较大，恩格尔系数则较小；低收入水平的家庭所占比重较大，恩格尔系数则较大。

第三，价格因素。这里所说的价格，既是指消费品的绝对价格，也指其相对价格。后者是指各种消费品的价格比例，既包括同类产品之间的差价，也包括不同类产品之间的比价。价格的涨落和价格体系的调整，不仅会对居民消费需求产生影响，也影响消费结构。不同性质的商品，价格变动引起需求反应的灵敏程度即需求的价格弹性是不同的。一般来说，那些在消费者支出中所占比重较大，替代品较多的商品和非生活必需品，其价格弹性较大，因而价格变动对于消费结构的影响也大；而在消费者支出中所占比重较小，替代品较少的商品和生活必需品，其价格弹性较小，因而价格变动对于消费结构的影响也小。除了商品本身的价格外，与产品的使用、保养和维修有关的价格，也会对居民的消费行为产生影响，从而影响消费结构。

第四，商品因素。这是指市场上可供选择的商品的品种、数量、质量、花色、包装、商品等因素对消费者消费行为的影响。在各方面符合消费者需要的产品，能够促进消费者的购买；相反，那些在各方面都达不到消费者满意的产品，则可能影响消费者购买行为的实现。这样，商品本身的因素就通过影响消费者行为，从而影响消费结构的变化。

第五，消费者个人的因素。这方面的范围比较广泛，其中包括消费者的消费知识、消费偏好、对市场信息的了解程度、周围社会环境消费水平的示范影响、消费者对时间的评价、对经济发展过程和未来状况不确定性的判断或预期等，甚至包括纯粹的心理活动因素。

第六，社会对消费行为的引导。这是指社会所倡导的消费指导思想、政府制定的消费政策以及企业通过广告、宣传活动对产品的宣传等，都会对居民消费行为发生影响，从而影响消费结构。

第七，消费结构还直接受到产业结构和供给结构的影响。居民消费的种类和数量，最终要受到消费品生产状况和供给状况的制约。此外，人口的构成（包括地区、民族、年龄、性别、职业和文化教育水准等构成）、消费传统和外部消费文化等都会影响居民的消费观念，进而影响到居民的消费行为和消费结构。

一定时期的消费结构，从根本上说，是受到社会生产力发展水平制约的，是由一定的社会生产力水平所制约的人们收入水平和生产结构或产业结构决定的。随着生产的发展和人们收入水平的提高，消费结构会发生相应的变动，它反过来又会对产业结构的状况和发展趋势产生重要的影响。产业结构必须适应和根据消费结构的变化，以此作为安排社会生产的出发点，才能使社会生产和社会需要紧密衔接起来，实现社会总供求的平衡。

三、消费需求对国民经济运行的作用

(一) 消费需求对经济增长的拉动作用

消费需求必须具备两个条件：一是得到某种商品的愿望；二是拥有可以提供交换的等价物品。即，需求意味着购买愿望和购买手段的统一。从某种意义上说，消费需求是指有货币支付能力的那部分需要，只有具有货币支付能力的需求才是现实的需要。

消费需求增长对经济增长的拉动作用可分为直接拉动和间接拉动。所谓直接拉动，是指在现有生产能力界限之内，消费需求增长直接导致的消费品生产的增长；间接拉动则是指消费需求作为初始变量，通过拉动其他变量来拉动经济增长。具体来讲，这一过程的开始是消费需求的增长扩展了市场空间，诱发厂商追加投资，而投资增长又会更大幅度地拉动经济增长。这一过程可解释为"加速原理"，即按照这一原理，消费需求较小的增长，将会导致投资需求较大的增长，而要想使投资需求增长保持不变，消费需求还必须保持持续增长。用马克思关于社会再生产的实现条件可以说明这个问题。由于第Ⅱ部类的产品即Ⅱ$(c+v+m)$在实物形式上全部由消费资料构成，因此第Ⅱ部类产品价值的实现条件直接反映了消费需求对经济增长的制约作用。从供给角度考虑，不论是简单再生产还是扩大再生产，作为社会再生产的实现条件之一，第Ⅱ部类的产品总量都必须满足两大部类对消费资料的实物补偿需要；从需求角度考虑，第Ⅱ部类的全部产品价值都必须等于全社会的消费需求。如果没有消费需求的增长，第Ⅱ部类生产出来的产品价值就不能在市场上全部实现，扩大再生产不能进行，两大部类就不可能实现可变资本的增长，第Ⅱ部类也不会形成对生产资料的追加需求，最终也会制约第Ⅰ部类生产的增长。

然而，消费需求对经济增长的拉动作用是有一定条件的，即经济活动中不存在资源约束。倘若不然，需求的增加不仅不能导致供给的相应增加，反而会导致通货膨胀，甚至还会导致通胀与短缺的并存，这也是我国在20世纪80年代所经历的历次通货膨胀的一个重要原因。

即使以刺激投资需求作为拉动经济增长的手段，最终仍取决于居民边际消费倾向，即取决于消费需求对宏观政策的反应。如果没有消费需求，投资需求的乘数效应也很难产生，或者说难以实现既定的投资乘数效应。

在我国经济发展过程中，消费需求对经济的拉动作用有着特殊的意义。20世纪70年代末至90年代初，在各种需求因素对我国GDP增长的拉动中，消费需求占重要地位，迅速扩张的消费需求曾对我国经济造成了很大的压力，但客观上也为非公有制企业的发展和国有企业的改革，创造出了一个宽松的市场环境，从而为经济增长奠定了基础。在全球金融危机、净出口需求对经济增长拉动作用弱化的情况下，扩大内需尤其是国内消费需求，愈益成为拉动我国经济增长的重要因素。目前，消费需求对经济增长的拉动作用日益增大。

第五章 国民经济运行的需求动力与需求管理

（二）消费需求对经济增长的稳定作用

经济增长的过程并不是持续上升或下降的，每一轮的经济周期都必然伴随着经济的波动。经济波动可以由供给方面的原因引起，也可以由需求方面的原因引起，由此可以将经济周期分为需求波动型周期和供给波动型周期。在需求波动型周期中，导致经济波动的主要因素可能是投资需求，也可能是消费需求。判断消费需求是否构成导致经济波动的主要因素，其依据是消费需求增长速度和投资需求增长速度之间的关系。但无论是由投资需求波动引起还是由消费需求波动引起，归根到底都要受消费需求的制约，因而对消费需求的调控也是一个重要的反周期手段。

对消费需求波动相对平缓的原因可以有不同的解释：一是消费支出存在刚性。这是以相对收入假说消费函数理论为基础的。按照这一理论，一个家庭的支出水平并不取决于它的绝对收入，而是取决于相对收入。对于总消费行为来说，由于当期消费支出取决于过去所达到的最高收入水平，因此在短期内消费者总是力图维持大体上不变的消费水平，并形成非比例的消费—收入关系，消费支出在收入中所占的比重的变化，与经济波动中收入水平的升降也呈反比例运动。二是消费需求的波动。只要经济波动在短期内对消费者收入的影响，不至于造成消费者对未来收入预期的改变，就不足以改变消费者的行为方式，从而也就不可能对总消费需求产生决定性的影响。

支出因素和收入因素对消费需求的稳定性都有一定的作用，但究竟是支出因素还是收入因素起主要作用，需要根据具体情况进行具体分析。消费需求在经济周期中的稳定性表现为，它的波动不仅在幅度上小于投资需求乃至国内生产总值的波动，而且在时间上往往滞后于投资需求的波动。这种相对稳定的消费支出行为是最重要的经济周期的稳定因素[①]。

另外，消费需求作为国民经济中的最终需求，始终约束着投资需求的波动。在投资需求迅速下降时期，消费需求往往缓慢下降，特别在投资需求下降初期，消费需求甚至还可能没有停止其增长，因而从市场需求的角度阻滞着投资需求的下降；当投资需求迅速上升时，由于消费需求上升相对缓慢，就会限制投资需求增长的空间，致使投资需求最终不得不放慢增长速度直到回落。总之，当投资需求波动导致国民经济发生动荡时，消费需求可在很大程度上阻止国民经济过于迅速地上升或下降，从而减缓国民经济的动荡。

第三节 净出口需求与国民经济运行

市场经济本质上是开放型的经济。本书以上在分析社会总需求与总供给的平衡条件时，主要分析在封闭条件下，即在排除进出口贸易和国际收支的情况下，狭义和广义的社会总需求与总供给的平衡条件。这在分析时是允许的，也是必要的，主要是为了说明社会

[①] 根据胡鞍钢的分析，1953～1991 年，中国固定资产积累额波动系数为 216%，其中 1953～1978 年为 217%，1979～1991 年为 145%；与之相对应，1953～1991 年居民消费额波动系数为 88%，其中 1953～1978 年为 117%，1979～1991 年仅仅为 44%。

总供求平衡的一般条件。但在进一步的分析中，需要将进出口贸易和国际收支的情况引入分析，考察其对社会总供求平衡的影响。因为在开放条件下，对外经济关系对于一国的社会总需求与社会总供给，进而对社会总供求的平衡，乃至于整个国民经济运行都产生着重要的影响。一国对外经济联系涉及的内容比较广泛，其中主要是国际间的商品流动（出口贸易和进口贸易）和资本流动。

一、出口贸易对总供求的影响

国际贸易是指一国（或地区）同别国（或地区）之间进行的货物和服务的交换活动，它是国内商品流动在国际范围的延伸和补充。国际贸易是市场经济关系的主要内容，是其他各种对外经济关系的基础。国际贸易包括出口贸易和进口贸易两部分。出口贸易是指一国或地区向别国或地区出售生产和加工的产品（或服务）的全部贸易性业务；进口贸易是指一国或地区从别国或地区购进商品（或服务）的全部贸易性业务。

国际贸易对经济增长的促进作用，主要是通过出口和进口对社会总需求与总供给的影响来实现的。

下面，首先考察出口对社会总需求从而对社会总供给的影响：

出口是把本国生产和加工的产品输出到国外，在国外市场上进行销售。在没有出口的条件下，国内生产的产品只是供给国内市场需求。这时社会总需求的公式是：

$$社会总需求 = 国内消费支出 + 投资支出 \qquad (5-5)$$

在发生出口贸易以后，本国生产的产品不仅要供给国内对消费品需求和投资品需求，而且还要有一部分产品输出到国外，供给来自国外的需求。这时，社会总需求就由国内的需求与来自国外的需求两部分所组成。发生出口以后社会总需求的公式为：

$$社会总需求 = 国内消费需求和投资需求 + 来自国外的需求$$
$$= 国内消费支出和投资支出 + 出口 \qquad (5-6)$$

在本章第一节中已经说明，作为社会总需求组成部分的投资需求的增长，在社会现有生产资源尚未充分利用的条件下，可以导致倍加于投资需求增长本身的社会总需求和总供给的增长。这一扩张过程是通过投资乘数的机制实现的。投资乘数的公式是：

$$k = \frac{1}{1-c} = \frac{1}{s} \qquad (5-7)$$

式中，k 代表投资乘数，c 代表边际消费率，s 代表边际储蓄率[①]（或边际积累率），$s = \frac{\Delta S}{\Delta Q}$。由于收入增量分为消费和储蓄（积累）两部分，因此，边际消费率与边际储蓄率之和等于1。由上式也可以看出，投资乘数是1-边际消费率的倒数，而1-边际消费率即是边际储蓄率（s），所以投资乘数也可表示为边际储蓄率的倒数$\left(\frac{1}{s}\right)$。这样，本章第一

[①] 边际储蓄率是指增加的每单位可支配收入中增加的储蓄所占的比例，即储蓄增量在收入增量中所占的比例。由于收入增量分为消费增量和储蓄增量两部分。因此边际消费率与边际储蓄率之和等于1，即 $c + s = 1$。一般来说，边际储蓄率是正数，但小于1。

第五章 国民经济运行的需求动力与需求管理

节中所表述的由投资需求增长而引起的社会总需求和社会总供给的增长公式,可以进一步表述为:

$$\Delta Q = \Delta I\left(\frac{1}{1-c}\right) = \Delta I\left(\frac{1}{s}\right) \tag{5-8}$$

式中,ΔQ 为国内生产总值增长额,ΔI 为投资增长额。

发生出口贸易之后,由国外需求增长而发生的出口增长,其对社会总需求从而社会总供给产生的增长作用和前述投资需求的增长作用是相同的,其增长也必然要引起倍加的总需求和总供给的增长。所不同的是,在开放经济条件下,有出口就要有进口,当出口有一定的初始增加额后,由此形成的同额收入中,除用于消费和储蓄外,一部分将用于进口。这样,能够引起国内第二轮生产和收入增加的,只是第一轮收入中除去用于储蓄和进口部分之外用于国内消费支出的部分。同样,第二轮收入也只是除去用于储蓄和进口之外的用于国内消费支出的部分,才引起第三轮生产和收入的增加。这一过程不断反复地进行下去,各级以等比收敛级数增加的生产和收入加总起来,就形成相当于初始出口增加额的若干倍的总需求和总供给的增加。这一扩张过程的机制是和前述投资乘数的扩张机制是一样的,区别在于乘数的公式由 $\frac{1}{s}$ 转化为 $\frac{1}{s+m}$,它是小于 $\frac{1}{s}$ 的。这里,m 代表边际进口率,即收入增量中用于进口增量的比例。这是因为引入国际贸易后,收入增量将在消费、储蓄、进口三者之间进行分配,而其中能引起社会总需求和总供给大于初始出口增加额增长的,只是除去用于储蓄和进口部分外用于消费支出的部分,这时,$c+v+m=1$,$1-c=s+m$。这样,原来起乘数作用的 $\frac{1}{1-c}$ 或 $\frac{1}{s}$,就转化为 $\frac{1}{s+m}$,即 $k=\frac{1}{1-c}=\frac{1}{s}$ 就转化为:

$$k = \frac{1}{1-c} = \frac{1}{s+m} \tag{5-9}$$

这就是"对外贸易乘数",它小于封闭经济条件下的投资乘数。在开放经济条件下,无论是投资的增加(ΔI)或者是出口的增加(ΔX),一般都会按照这个乘数,引起社会总需求,从而社会总供给的倍加的增长,其公式表述如下:

$$\Delta Q = (\Delta I + \Delta X)\left(\frac{1}{s+m}\right) \tag{5-10}$$

外贸乘数理论的核心在于,既然由出口增加所引起的收入增加,不可能完全用于储蓄和进口,所以贸易顺差对于国内就业与收入的增长总是有利的。

外贸乘数理论所揭示的出口增长引起总需求和总供给倍加增长的实现,必须具备一定的前提条件:

(1)生产资源(包括劳动资源)尚未得到充分利用,譬如有关的产业部门的设备能力尚有一部分闲置未用,劳动力也尚未得到充分就业;

(2)由出口需求增长直接间接引起的投资品、中间产品和消费品的需求能顺利地得到满足,即满足这些需求的有关部门的生产能顺利进行,不存在"瓶颈"的障碍;

(3)边际消费率或边际储蓄率、边际进口率都比较稳定,等等。

只有在上述条件下,出口的增长才会引起倍加的总需求、总供给和总收入的增长。如果出口的增长连同投资的增长所直接间接引起的总需求的增长,超过由国内生产资源所制约的总生产能力增长的极限,就会导致国内总需求和国际收支的失衡以及物价总水平的持续上升。

二、进口贸易对总供求的影响

在开放经济条件下,社会总需求无论由于投资、出口或消费的增长而增长,其中一部分必将形成对国外产品的需求,即对进口品的需求。边际进口率,就是前面提到的由社会总需求增长引起的收入增长额,与由其引起的进口增长额之间的比率。在汇率不变、进口价格不变的条件下,边际进口率的大小,取决于一国对进口品需求的收入弹性(进口品增长率与收入增长率的比率);而对进口品需求的收入弹性,又取决于一国的需求结构和产业结构。

进口是总收入用在国外产品上的部分,不形成对国内产品的需求,而进口的实现,则成为国内总供给的补充部分。这样,在开放条件下的社会总供给,就由国内生产的消费品和投资品以及进口品两部分组成。用公式表示即:

社会总供给 = 国内生产的消费品和投资品 + 进口品 = 国内生产总值 + 进口值

(5-11)

从上述公式可以看出,在国内生产能力已经得到充分利用的条件下,扩大进口可以减轻需求膨胀的压力,因为进口使得一部分需求转向国外产品,缓和了对国内产品需求的压力。但是另一方面,过度的进口,可能造成贸易收支的逆差。因此,在国内生产资源尚未充分利用的情况下,增加进口将不利于本国经济的增长。只有当进口反过来可以促进出口有更大增长时,进口才是必需的。

三、净出口需求与经济增长

通过考察进出口贸易与社会总供求关系,可知出口扩大社会总需求,进口扩大社会总供给。但进口与出口并不是孤立运行的,它们同时影响着社会总需求与总供给,因此需要将进出口结合起来,以说明国际贸易对社会总供求的影响,以及对社会总供求平衡的条件。

在开放经济条件下,社会总需求由国内的消费需求、投资需求与来自国外的需求共同组成,社会总供给由国内生产的消费品和投资品与来自国外产品的供给两部分所组成,两者的平衡公式为:

消费支出 + 投资支出 + 出口 = 国内生产总值 + 进口

或: 消费支出 + 投资支出 + 净出口① = 国内生产总值 (5-12)

从上述社会总供求的平衡公式中可以看出,在经济开放条件下,由于有了进出口的影

---

① 净出口为正值,则出口 > 进口;净出口为负值,即净进口,则出口 < 进口。

第五章 国民经济运行的需求动力与需求管理

响,要继续保持社会总供求的平衡就必须满足以下条件,即:出口=进口。

但在通常情况下,国际贸易实现出口与进口完全相等极为偶然,进出口总会有一定差额:当出口大于进口时,存在对外贸易顺差(净出口);当进口大于出口时,存在对外贸易的逆差(净进口)。若不考虑国际关系的其他方面,仅仅从进出口贸易方面来说,当出现贸易顺差或逆差时,可能存在两种情况:一是国内的社会总供给与总需求出现了不平衡,通过贸易逆差和顺差可以弥补这种社会总供求的不平衡,这样,包括国外需求在内的总需求和包括国外供给在内的总供给在总量上仍然是平衡的;二是国内的社会总供求在总量上是平衡的,但由于进出口贸易总逆差和顺差的出现,使社会总供给和总需求出现了不平衡。这样,在开放经济条件下,引入进出口贸易后要实现社会总供求的平衡,就必须具备以下平衡条件:

消费支出 + 投资支出 = 国内生产总值;同时贸易收支差额为零,即出口 = 进口

或:　　　　国内生产总值 - (消费支出 + 投资支出) = 出口 - 进口　　　(5-13)

也就是说,若国内总供给超过了总需求,要想保持社会总供求的平衡,这一差额必须由净出口,即国际贸易顺差来弥补;反之,若国内总需求超过了总供给,要想保持社会总供求的平衡,这一差额就必须由净进口,即国家贸易逆差来弥补。但若出现了长期的贸易收支逆差,就需要及时纠正,避免对经济增长产生消极的影响。

四、进出口结构优化与国民经济运行

开放条件下的国民经济运行,既受进出口水平的影响,又与进出口结构有着密切的关系。一国或地区的进出口结构,反映了该国或地区在世界分工体系中所占有的比较优势、资源优势和规模优势。进出口结构包括狭义和广义两种:狭义的进出口结构主要是指一国(地区)各种进出口产品的比例关系,这是涉及一国(地区)产业结构升级及其在"中心—外围"模式中所处地位的核心方面;广义的进出口结构,则在进出口产品结构的基础上,进一步囊括了贸易方式、贸易模式、贸易主体、贸易区域分布等诸多方面。

(一)广义进出口结构的含义

分析进出口结构优化对国民经济运行的推动作用,主要分析广义进出口结构。其含义主要包括:

(1)进出口商品结构。进出口商品结构,是指一定时期内各大类商品或某种商品在一国对外贸易中的构成。其中,进口贸易商品结构为各大类商品或某种商品进口贸易额与整个进口贸易总额之比,出口贸易商品结构为各大类商品或某种商品出口贸易额与整个出口贸易总额之比,一般用百分数表示。根据要素密集度的不同,可以把出口商品划分为资源密集型产品、劳动密集型产品、资本密集型产品和技术密集型产品四大类。一国出口各种要素密集型产品的多少,与该国的经济基础及其在世界分工体系中的比较优势地位紧密相联,不同要素密集型产品的出口情况反映了该国或地区的经济和技术发展水平、产业结构状况以及资源状况等。在不考虑交易费用的情况下,均衡的国际分工和贸易结构应当是,

资源丰富的国家出口资源密集型产品，人口众多和劳动力充裕的国家发展劳动密集型产业，发达国家以资本密集型、技术密集型产品的生产和出口为主，并成为世界经济的"排头兵"。但由于交易费用、市场不完全等约束因素的存在，这种均衡的结构体系很难成立，各国的要素禀赋优势总是在均衡点以下的某一个区域发挥，形成非均衡的世界贸易商品结构。一般参与国在帕累托改进状态下所能形成的外贸商品结构非均衡的几种可能形态是：相对落后国家的低级要素（自然资源和劳动力）禀赋被过度挖掘，持续出口资源密集型和劳动密集型产品并可能陷入"比较优势陷阱"，形成低级的外贸出口结构而处于世界经济的"外围"；同时，任何一国都具有强烈的民族意识和建立高级化工业体系的强烈要求，所以发达国家的高级要素优势（资本雄厚和技术先进）可能因此而受到不同程度的约束，无法在完全竞争的市场条件下得到充分发挥，帕累托效率也难以实现；一些处于高速发展和转轨时期的新兴工业化或后工业化国家，可能牺牲暂时的比较优势，在一种似乎背离促进世界利益的轨道上实现整体经济结构的爆发式升级，其外贸结构的非均衡特征显得更为复杂。当然，在由发达国和落后国构成的两国贸易交换模型中，发达国可能实现一种超帕累托最优的非均衡，例如在"中心—外围"格局中，先进国家可能使落后国家成为附庸而自身则愈趋强大，而后发国家则可能充分利用其比较优势实行跨越式发展。

（2）对外贸易方式结构。对外贸易方式结构主要是指各种贸易方式在一国对外贸易方式中所占的比重。这里的对外贸易方式不仅指对外商品贸易方式，即一国或地区同别国或地区进行商品交易时所采用的具体做法（如一般贸易、加工贸易、易货贸易、补偿贸易），而且包括服务贸易、技术贸易等。不同的国家在进行对外贸易往来时所采取的主要贸易方式是有所区别的：在经济发展水平较低的年代里，一般贸易一直是各国之间贸易往来的主要方式，因此贸易的内涵实际上就是商品的进出口；进入20世纪中期以后，加工贸易的比重越来越大，特别是劳动力资源丰富而资本和技术极度稀缺的国家，往往在发展加工贸易方式上倾注更多的力量，这种结构性的政策选取和实践成为大部分"起飞"阶段国家贸易方式结构的基本特征；而当一国经济进一步发展，其服务贸易、技术贸易等所占比重不断增大。事实上，一国贸易方式结构的特征往往是与该国的要素禀赋结构及其商品结构特征联系在一起的，譬如对于一个劳动力优势突出而其他要素明显处于比较劣势的国家来说，实行"两头在外"的加工贸易方式，可以发挥优势又能兼容他国的利益，因而不失为一种良好的政策选择。

（3）对外贸易模式结构。对外贸易模式结构主要是指以某种分工形式为基础进行的对外贸易活动。其基本模式有两种：一是基于比较优势和要素禀赋结构形成的垂直型分工模式，相应的参与国之间形成产业间贸易；二是基于产品差别和规模经济所形成的水平分工模式，相应的参与国之间形成产业内贸易模式。显然，发达国家希望实现与发展中国家之间的产业间分工与贸易，"二战"后发达国家之间的产业内分工和贸易的份额则呈不断上升的趋势。由于各国都具有加快发展经济的热情和冲动，所以在现实世界非均衡的贸易模式结构中，形成了持续不断的相互博弈，以图构建对本国更为有利的非均衡结构。

（4）对外贸易市场结构。对外贸易市场结构主要是指一定时期内各国（或地区）贸

第五章 国民经济运行的需求动力与需求管理

易额在一国（或地区）进出口贸易总额中所占的地位，即对外贸易的地理结构。具体分为两种：一是出口市场结构。主要是以一国（地区）对别国（地区）的出口额占出口总额的比重来表示；二是进口市场结构。主要是以一国（地区）从别国（地区）进口额占进口总额的比重来表示。同时，还包括外部区域结构和内部区域结构两个方面：前者即对外贸易的地理方向，反映了不同国家（地区）在一国对外贸易中所占的地位，主要受经济景气程度、相互关联性、地缘政治等因素的影响；后者则指国内地区结构，亦即对外贸易在国内不同地区的分布情况。

（二）进出口结构的优化与国民经济运行

由于市场不完全、信息不对称和就业不充分等因素的存在，任何一国（地区）的进出口结构都呈非均衡状态。这里特别指出决定进出口结构非均衡状态的两个重要原因：一是由于资源的稀缺性，任何一国（地区）的要素供给市场都是非均衡的。非均衡的要素市场决定了产品市场结构的非均衡，而作为国内经济进一步延伸的对外经济及其结构也将表现出非均衡特征，即使是资源丰富而完整的大国，也因区域经济条件的梯度差异而无法建立均衡的经济结构；二是在开放经济条件下，任何一国（地区）总是在促进世界（或参与国）福利增进的前提下参与国际分工体系并占据相应的地位。所以，几乎任何一国（地区）首先都必须承认各参与国比较优势的存在，从而有了初始的外贸结构非均衡；同时，开放经济带来的不仅是国内商品市场的变化，要素市场受到国际范围的资源配置影响也不断发生变化，商品市场则受到国际性产业转移的影响促进了外贸结构生产能力的演变。

国际贸易理论和实证研究都证明，一国（地区）的外贸结构，总是随经济增长和贸易增长而不断变动的，这种变动的一个重要的规律是：经济增长和贸易增长能够带来制成品出口比例的增加。也就是说，在一国经济增长过程中，初级产品出口的比例将不断降低，而制成品的比例则不断上升。

以发达国家为背景进行考察。在第一次工业革命之前，各国都处在农业社会和生产力比较落后的阶段，主要出口国家的外贸结构也以奴隶主、封建主或其他上层阶级所需求的奢侈品以及部分农产品和食品为主。随着第一次工业革命的发生，英、法等欧洲国家的产业结构开始迈入了工业化进程，循着"轻工业—重工业—高科技产业"的路径趋向高级化；人类消费的变化也进入了一个新的历史时期，表现为对"轻工业品—重工业品—高科技品"的层次性递进消费。当这些工业化"领先国"国内需求达到一定程度的满足时，相应产品的出口也就趋于上升并形成外贸结构的高级化趋势，即外贸结构基本上呈现"轻工业品出口为主—重工业品出口为主—高科技产品和服务出口为主"这样的循序高级化趋势。

在这种一般外贸结构演进的路径上，主要有两种促进方式：一是比较优势促进。主要通过本国比较优势的不断动态提升促进外贸结构的升级。根据比较优势学说，在这一原则下的分工不仅可以促进参与国比较利益的增加，各国还会在利益增加的同时促进国内产业结构的升级，特别是发达国家原有的工业化优势，将会得到加强并自然地率先实现产业结构升级,而后发国家,则在一段时期以后循着同样的路径实现产业结构升级。需要注意的是,在这种分工原则的安排下,实际上是对静态比较优势的一种永恒肯定和加强,先发国家始终站在创新的前沿,即"强者愈强,弱者恒弱",呈现出"强势非均衡"的结构特征;而后发国家永远只是相对落后者,呈现出"弱性非均衡"的特征。二是后发优势促进。主要是后发国家在相对落后条件下实现对先发国家的赶超。如果完全根据比较优势原则分工,后发国家只能一直循着先发国家曾经走过的路径亦步亦趋地实现外贸结构非均衡的"自然演进",永远在高级化结构中处于比较劣势地位,即掉进了"比较优势陷阱"。为此,后发国家需要发掘一种独有的由于落后所带来的优势——后发优势,推进外贸结构高级化和对先发国家的赶超,实现整个经济从"弱性非均衡"向"强势非均衡"的根本转变。

(三) 我国对外贸易结构总体状况

2009年,我国虽已取代德国成为世界第一大贸易国,但只是贸易大国而不是贸易强国,尤其是结构比较落后。从进出口贸易的商品结构上看,有形商品(货物)贸易发展迅速,无形商品(服务和技术)贸易发展滞后;从出口商品结构上看,出口的工业制成品大部分是劳动密集型的低附加值产品,而在资本、技术密集型商品的出口贸易上,中国仍具有"贸易小国"的典型特征;从贸易方式结构上看,中国商品有一半以上是通过加工贸易实现,服务贸易比重较小;随着中国参与国际分工的广度与深度的加强,产业内贸易将获得较快发展;从贸易市场结构上看,中国外贸集中于少数国家和地区,这一方面增加了对外贸易的风险性,另一方面又削弱了其灵活性和竞争力。对外贸易结构的变化反映了我国经济技术的发展水平,是对外贸易影响经济发展的深层次原因。今后中国要想成为贸易强国,必须加快进出口结构优化的步伐,以促进国民经济更好更快的发展。

五、国际收支、汇率对社会总供求平衡的影响

在开放经济条件下,一国总供求的平衡,除了受国际贸易的影响,还涉及国际收支的平衡问题。当国内总供求出现不平衡时,会影响到国际收支的不平衡;当国际收支长期出现不平衡时,就需要调节国内供求关系来实现国际收支的平衡。

(一) 国际收支及其不平衡的表现形式

国际收支即国际间的外汇收付,主要反映一国在一定时期(通常为一年)的外汇收支总情况。国际收支包括两类收支项目:一类为经常收支项目,是指关于进出口贸易的收支账目。其中,又包括有形贸易项目和无形的贸易项目(或称非贸易往来)两个分支:前者是指货物的进出口;后者是指服务的进出口,如货运、港口供应与服务、旅游收入、投资收支、政府系统收支、服务承包收支等。出口形成外汇收入,进口形成外汇支出,收大于支形成贸易收支顺差(即前面所说的净出口);支大于收形成贸易收支逆差(即前面所说的净进口)。此外,经常收支项目还包括无偿转让,如援助和捐赠、侨汇等。另一类为资

第五章 国民经济运行的需求动力与需求管理

本往来项目，是指国际间资金流动的收支账，其中又分为长期资本流动和短期资本流动两个分支。长期资本流动主要包括直接投资、证券投资和国际贷款。国际直接投资指的是一国居民直接在另一国进行厂矿企业投资；证券投资指的是投资者以购买受资国发行的债券、股票的形式向受资国转移资金；国际贷款主要包括外国政府援助贷款，国际组织贷款和外国私人商业银行贷款等。短期资本流动是指期限在一年以下的资金流动，一般通过各种信用工具——票据进行，这些票据包括：短期政府债券、可转让银行定期存单、商业票据、银行承兑票据、银行活期存款凭证等。一般谈到国际收支平衡或失衡时，长期资金流动都被确认是国际收支的项目，短期资金则有不同的处理：属于自主性的短期资金流动，被确认为国际收支项目；属于官方补偿性的资金流动，即官方用以调节国际收支失衡的短期资金流动，则作为国际收支的平衡项目。通常所说的国际收支的资本项目只包括前两项，即长期资金流动和自主性的短期资金流动，官方补偿性的资金流动在国际收支平衡表上被列为"储备资产增减"。它与国际收支总差额相对应，两者在金额上相等。储备资产发生逆差时，表现为储备资产的减少；发生顺差时，则表现为储备资产的增加。

国际收支状况通常受到许多因素的影响，概括起来主要有：

（1）国际贸易状况。如前所述，国际收支中的经常项目就是进出口贸易的收支项目，进出口贸易的出超和入超在国际收支上就表现为贸易收支的顺差和逆差。因此，凡是影响进出口贸易的一切因素，都会对国际收支状况产生影响。

（2）资金流入流出的数量。一般来说，如果利用外资特别是利用国际贷款较多，从短期来看资本往来的收入会增加，有利于国际收支状况的改善；但从长期来看可能会由于黄金和外汇储备有限，造成国际收支的失衡。

（3）货币价值的变动。一国由于通货膨胀、物价上涨，会使其生产成本与物价水平相对高于其他国家，如果对外汇率保持不变，就会使该国的出口能力受到抑制，而进口相对变得容易，从而会导致国际收支出现逆差；反之，由于通货紧缩，生产成本和物价水平相对低于其他国家，就有利于出口而且可以抑制进口，从而使国际收支出现顺差。

（4）国内总需求与总供给的状况。如前所述，一国的总需求与总供给如果本来是平衡的，则国际收支有可能是平衡的，也有可能是不平衡的。但如果国内总需求与总供给出现不平衡，则势必要求以国际收支的不平衡来加以调节：国内总需求大于总供给，要用国际收支的逆差来抵补；国内总需求小于总供给，要由国际收支的顺差来调节。

此外，一国收入水平的高低、国内经济结构（包括产业结构、消费结构）的变化等因素都会影响国际收支状况的变动。

国际收支不平衡有两种表现形式：一种是顺差。一般表明一国的经济增长较快，币值坚挺，出口商品竞争力强。但是国际收支持续出现大量的顺差，会给外汇市场、资本市场带来很大的冲击，引起本国货币对外汇率的上升，从而对本国经济造成一定的不利影响。另外，一国的长期顺差也势必导致国家之间的贸易摩擦，因此应当采取适当措施加以调节。另一种是逆差。一般表明一国经济不景气，币值疲软，出口商品竞争力弱。出现逆差后，在短期内可动用政府的黄金和外汇储备来抵补，但一国的黄金、外汇储备总有一定限度，如果国际收支持续处于逆差状况，储备就有耗竭的危险，这就需要采取其他调整措施进行纠正。

（二）国际收支平衡调节与国内总供求平衡

在开放经济条件下，国内总需求和总供给的不平衡往往导致国际收支的失衡。这里暂时不考虑国际间资金流动的因素，仅就进出口贸易收支与国内总供求平衡的关系来分析。

在本章第三节中，我们给出了一个引入进出口贸易后总需求与总供给的平衡公式：

$$消费支出 + 投资支出 + 出口 = 国内生产总值 + 进口$$

或： $$国内生产总值 - (消费支出 + 投资支出) = 出口 - 进口 \qquad (5-14)$$

这个平衡公式表明，当国内总需求超过总供给时，须由进口超过出口的贸易收支差额，即净进口来抵补，才能保持总需求与总供给的平衡；反之，当国内总供给超过国内总需求时，须由出口超过进口的贸易收支差额，即净出口来抵补，才能保持总需求与总供给的平衡。这就是说，在国内总供求出现不平衡时，必然导致对外贸易收支的失衡。当总需求大于国内生产总值时，就会出现贸易收支逆差（进口大于出口）；反之，当总需求小于国内生产总值时，才能形成贸易收支顺差（进口小于出口）。发展中国家在改革开放及经济增长过程中，通常容易出现投资膨胀和消费增长过度，从而使总需求超过总供给，造成贸易收支逆差。如果这种贸易收支逆差的状态持续下去，就有必要采取动用政府储备资产之外的调节措施进行纠正。纠正贸易收支逆差的途径，主要有：

（1）创造条件引进外资，以国际收支资本账的盈余（顺差）来抵补国际收支经常账的逆差，即以资金净流入抵消净进口。

（2）运用宏观调控措施，压缩国内投资需求和消费需求（即压缩国内总支出），从而压缩进口并腾出一部分国内生产能力来增加出口品的生产。

（3）从长期来说，通过技术进步、调整产业结构、提高劳动生产率和资金产出率、降低产品成本等，增强本国产品的国际竞争力和进口替代能力，是纠正贸易收支逆差的根本措施。尽管随着社会总生产能力的扩大和经济的增长，进口还会增加，但出口将相对地有更大的增加，从而可以从根本上消除贸易收支的逆差趋势。

此外，如果一国贸易收支的逆差除了由于国内总需求超过国内总供给外，还由于本国货币的对外汇率估值过高（即以对外汇率表现的本币的相对价值高于它以实际购买力表现的相对价值），因而不利于出口、有利于进口而造成贸易收支逆差。在这种情况下，调整本国货币的对外汇率，使本币适当贬值，就不失为纠正贸易收支逆差的一个有效途径。

以上是关于纠正贸易收支逆差的途径。近年来，我国出现大量的国际贸易顺差，对此也要进行具体分析。相对说来，顺差总比逆差好，但长期的贸易收支顺差，也会产生贸易摩擦，造成人民币升值压力。因此，需要采取与纠正贸易逆差不同的方式加以调节，以实现社会总供求的平衡。

总之，国际收支失衡和国内总供求的平衡是相互影响、相互制约的，既要保持国际收支平衡又要保持国内经济的均衡增长，这是我国在开放经济条件下宏观调控的长期目标。

第五章　国民经济运行的需求动力与需求管理

（三）汇率与国内总供求的平衡

分析国际贸易与国际收支都涉及汇率问题。汇率是本国货币与外国货币的交换比率。在国际上，汇率有两种标价方法：一种是直接标价法，也称支付汇率，是指以一定单位的外国货币为标准来计算应付若干单位的本国货币；另一种是间接标价法，或称收入汇率，是指以一定单位的本国货币为标准，折算为一定数额的外国货币。

1. 影响汇率的因素

由于目前绝大多数国际普遍采用直接标价法，下面以此说明汇率的变动及其影响。一国货币汇率的变动要受交易双方货币价值变动的影响，如将对方货币价值变动因素除外，影响一国货币汇率变动的国内因素，主要有：

第一，通货膨胀程度。通货膨胀使国内物价上涨，在其他条件不变的情况下，物价上涨会削弱出口商品在国际市场上的竞争能力，从而使出口减少，进口增加，外汇供不应求，外汇汇率上升。

第二，国际收支尤其是贸易收支状况。一国的国际收支状况，集中反映了外汇供求状况。国际收支发生顺差，则外汇供过于求，外汇汇率下跌；反之，国际收支发生逆差，则外汇供不应求，外汇汇率上升。在国际收支中，贸易收支对汇率变动起决定性的作用。

第三，货币政策。一国干预汇率的主要政策：一是利率政策。主要是指通过提高或降低利息率来吸引外资流入或阻止内资流出来对汇率发生影响：提高利率，可使外资流入增加，内资流出减少，外汇供过于求，外汇汇率下跌；反之则相反。二是汇兑政策。主要是指国家金融机构通过外汇市场直接进行外汇买卖，以影响汇率的政策。例如，外国货币汇率下跌，可抛出本币购进外币，使外币汇率上升；反之，外币汇率上升，可抛出外币收回本币，使外币汇率下跌。这样，就可以使汇率稳定在有利于本国经济的水平上。① 三是外汇管制。主要是指直接干预国际间的货币收付，以增加外汇收入，节省外汇支出，这对稳定汇率也起到一定的作用。

2. 汇率对国际贸易和国际收支的影响

首先，汇率变动会对国际贸易产生影响。一般说来，汇率稳定，有利于进出口贸易的成本核算和预期利润的实现，有利于促进国际贸易的发展。反之，汇率不稳定，变动频繁，必将增加国际贸易的风险，使进出口贸易成本核算困难，预期利润难以实现。而且，如果汇率变动剧烈，对外报价变动频繁，不仅会严重阻碍国际贸易的顺利进行，而且会大大削弱其在国际市场上的竞争能力。

其次，汇率变动还会对国际收支尤其是外贸易收支产生影响。由于贸易逆差对国际收支状况的影响较大，这里主要分析在出现贸易逆差后，如何通过调整汇率来实现国际收支平衡。如前所述，一国在存在贸易逆差的情况下，由于外汇供不应求，一般会造成外汇汇率上升，这也意味着本币对外币汇率的降低。这样，该国就要改变原有的对外汇率，重新

---

① 实行汇兑政策，政府需要有相当数量的外汇资金，以便进行周转，此项资金为外汇平准基金。

规定较低的对外汇率,即实行货币的法定贬值①。当一国货币实行法定贬值后,可使一国的以外币计价的出口商品的价格降低,从而促使出口量增加;同时,可使以本币计价的进口商品的价格上升,从而促使进口量减少。但是,这并不意味着贸易收支逆差必然因此而得到改善,因为贸易收支指的是贸易值而不是贸易量。贸易值的增加是有一定条件的。例如,出口商品的价格降低将导致出口量的增加,但只有当出口量以大于出口价格降低的比率增加(即国外对出口商品需求的价格弹性大于1)时,出口值才会增加;反之,如果出口量增加的比率小于出口商品价格降低的比率(即国外对出口商品需求的价格弹性小于1)时,则出口值反而会减少,使贸易逆差更加严重。再如,进口商品价格的提高将导致进口量的减少,但如果该国对进口商品的需求缺乏价格弹性(即价格弹性小于1),进口量减少的比率小于进口商品价格提高的比率,则进口值反而会增加,也不利于贸易逆差的消除。因此,只有当出口商品需求的价格弹性大于1(即进口商品需求的价格弹性=0),或进口商品需求的价格弹性大于1(即出口商品需求的价格弹性=0),或二者需求的价格弹性虽都小于1(而大于0),但二者之和大于1,即出口(或进口)商品需求的价格弹性超过零的程度足以补偿进口(或出口)商品需求的价格弹性小于1的程度时,汇率贬值才能之贸易收支状况有所改善;如果二者之和恰好等于1,则原有的贸易收支状况不会改变;如果二者之和小于1,贸易收支状况反而因汇率贬值而恶化。总之,通过降低汇率引起进出口商品价格的相对变动,一般来说需要具备出口商品需求的价格弹性和进口商品需求的价格弹性之和大于1的条件,才能有效地改变贸易收支状况。实践证明,国际市场的供求对价格变动具有不同的弹性是客观存在的,汇率贬值在一定条件下也确实可以通过这个机制来改善国际收支状况。

3. 我国汇率制度改革与国际收支平衡

汇率制度和外汇管理体制改革是整个金融体制改革的重要组成部分。要充分发挥汇率这个经济杠杆调控国际贸易和国际收支,促进外向型经济的发展,从而促进整个国民经济的发展,必须循序渐进地推进汇率改革。

目前,国际上存在着两种汇率制度:一种是固定汇率制度。就是一国货币同他国货币的交换比率基本固定,其波动仅限制在一定幅度内的汇率制度,如果汇率涨落超出了规定的幅度,金融当局就必须动用本国的黄金和外汇储备来稳定法定汇率。另一种是浮动汇率制度。在这种制度下,一国货币的汇率不再被限定在固定的狭窄范围内,只能由外汇市场的供求状况自发地决定。大多数国家采用这种汇率制度。

汇率制度的选择取决于多种因素,其中最重要的是一国特定的经济制度、经济环境和特定阶段的经济发展目标。改革开放以来,我国汇率制度的变迁以经济体制改革为基础,实现了由计划汇率逐步到市场汇率,由固定汇率逐步到有管理的浮动汇率的转变。我国汇率制度和外汇管理体制改革的主要内容有:

(1) 从1994年1月1日起,实行汇率并轨,实行以市场供求为基础、单一的、有管理的浮动汇率制度。

---

① 一国货币实行的法定贬值即是本币对外币汇率的降低。

第五章 国民经济运行的需求动力与需求管理

"汇率并轨"是我国改革开放的必然结果，是我国汇率制度改革的深化，也是我国外汇管理体制改革的核心。在新的外汇管理体制下，人民币汇率的主要特点：一是以市场供求为基础。决定人民币汇率水平的主要因素是外汇市场的供求状况。二是实行单一的汇率。人民币汇率不再由官方行政当局直接制定和公布，而是由外汇指定银行根据中央银行公布的汇率中间价及波动幅度范围自行确定和调整。三是实行有管理的汇率。中央银行通过国家外汇管理局对人民币汇率实施宏观调控与监管，即当市场汇率出现较大幅度的波动时，中央银行主要通过吞吐外汇干预外汇市场，保持人民币汇率在合理水平上的基本稳定。四是浮动汇率。中央银行每日公布的市场汇率是浮动的，各银行对外挂牌买卖外汇的汇率可在中央银行公布的市场汇率及规定的浮动幅度范围内浮动。

"汇率并轨"对当时我国经济的发展有着积极的影响，概括起来主要有：一是消除了双重汇率体制下的混乱现象。为企业创造平等的竞争环境，有利于加快我国经济市场化、规范化和国际化的进程。二是使我国的外汇管理体制向国际惯例靠拢。为当时恢复我国在WTO的缔约国地位，加入国际大市场创造有利条件。汇率并轨之后，国家将主要运用经济手段调节外汇供求关系，保持汇率的基本稳定，符合国际货币基金组织和WTO的基本要求。三是有利于促进外贸企业扩大出口。在出口商品和进口商品需求的价格弹性之和大于1的条件下，有助于改善当时的贸易收支逆差状况。四是可进一步促进外资的流入。并轨后，外商资金进出均以市场汇率换算，意味着外币购买力增强，对外商有利，可以激发外商再投资的兴趣。五是对当时新兴的证券、期货、房地产等行业发展，总体上产生了积极的影响。

（2）实行银行结汇、售汇制，实现人民币在经常项目下有条件的自由兑换。

所谓"结汇"，是指取消现汇留成和上缴外汇的制度，除了外商投资企业的外汇、境外借款和偿债的外汇、居民个人的外汇以及其他一些特殊用途的外汇可保留外，其他的外汇收入须全部按银行挂牌汇率卖给外汇指定银行。实施严格的结汇制是保证银行供汇的基础，也是实行售汇制的先决条件。所谓"售汇"，就是企业一般贸易用汇，只要有进口合同和境外金融机构的支付通知，就可以到外汇指定银行购汇。实行售汇制后，取消经常项目正常对外支付用汇的计划审批，企业用汇条件更加宽松。

（3）建立银行间外汇交易市场，改进汇率形成机制。

实行结汇、售汇制，必然要求有一个全国统一的银行间外汇交易市场，其主要职能是为各外汇指定银行相互调剂余缺和清算服务，中央银行通过国家外汇管理局对其实行监督管理。

以上有关汇率制度和外汇管理体制的改革，有利于中央银行对国际收支平衡的调控，从而有利于整个宏观经济的调控，保持经济总量的基本平衡，促进经济结构的优化，实现国民经济持续、快速、健康的发展。

但我国当时采取的汇率制度也有一定的缺陷。主要是汇率制度的市场形成机制不够健全，汇率波动幅度离浮动汇率制度的要求有很大差距，突出表现为固定且单一钉住美元。

（4）从2005年至今，放弃钉住单一美元，开始实行以市场供求为基础、参考一篮子货币进行调节、有管理的浮动汇率制度。

进入21世纪以来,随着经济实力和贸易实力的增强,尤其是我国加入WTO以来,我国与世界各国的经济联系日益紧密,我国主要面临人民币汇率升值(法定升值)的压力。为了迎接这一挑战,2005年7月27日,中国人民银行发布《关于完善人民币汇率形成机制的公告》,宣布人民币汇率改为1美元兑8.11元人民币,变相升值2%。我国开始有重点、有步骤地对人民币汇率制度进行必要的革新和拓展,主要包括:将钉住单一的美元货币改变为参考一篮子货币,新制定的人民币汇率形成机制中的"货币篮子"综合考虑我国外贸、外债、外商直接投资活动占较大比重的国家(或地区)及其货币,美元、欧元、日元、韩币由此成为主要的篮子货币,新加坡、英国、马来西亚、俄罗斯、澳大利亚、泰国、加拿大等国的货币对人民币汇率也很重要;与此同时,适当扩大人民币的波动幅度,规定中间价的确定和日浮动区间,提高汇率的灵活性;之后又陆续推出了一系列相关政策措施,逐渐形成一整套有机结合的汇率改革配套制度。

(5)汇率制度改革最新进展。

2015年8月11日,中国人民银行进行了人民币兑美元汇率中间价报价机制改革,具体内容为:做市商在美日银行外汇市场开盘前,参考上日银行间外汇收盘汇率,综合考虑外汇供求情况以及国际主要货币汇率变化,向中国外汇交易中心提供中间价报价。并在推进汇改安排的同时,提出加快外汇市场发展,丰富外汇产品,推动外汇市场对外开放,延长外汇交易时间,引入合格境外主体,促进形成境内外一致人民币汇率的方案。这次改革通过优化做市商报价,能一次性矫正中间价与市场汇率的点差,有利于提高中间价形成的市场化程度,扩大市场汇率的实际运行空间,更好地发挥汇率对外汇供求的调节作用。但这些改变并没有否定汇率的基本制度和原则,只是在继续坚持有管理的、单一的、浮动汇率制度框架下,对汇率制度的形成基础、构成原则和运作机制进行了进一步的探索和改革,保持人民币汇率相对稳定仍是我国汇率制度的基本特征。

第四节 国民经济需求管理

一、需求管理的内涵

需求管理是指通过调节总需求来达到一定政策目标的宏观经济政策工具,是凯恩斯主义重视的政策工具之一。凯恩斯主义产生于20世纪30年代经济大危机时期,该时期经济生活中资源严重闲置,限制国民收入增加的关键因素是有效需求不足。凯恩斯主义的国民收入决定理论,是在假定总供给无限的条件下说明总需求对国民收入的决定作用。因此,这种理论所引出的政策工具就是需求管理。需求管理就是要通过对总需求的调节,实现总需求等于总供给,达到既无失业又无通货膨胀的目标。在总需求小于总供给时,经济中会出现由于需求不足而产生失业,这时就需要运用扩张性的财政政策和货币政策,不断刺激总需求,促进经济的增长。

第五章 国民经济运行的需求动力与需求管理

有效需求不足具有特定的含义。主要指有购买力的消费需求不足,导致社会商品消费总额小于社会商品供给总额,从而引起商品过剩、资本过剩、企业开工不足或经济发展速度下降。具体包括三方面的内容:一是社会即期商品购买力不足;二是消费者虽有消费需求但未得到满足;三是购买力与消费需求异位。即同一消费者不能同时具有购买力和消费需求,有购买力的人没有足够消费需求,无购买力的人消费需求过大,导致有效需求总量不足。集中表现为投资不足、消费不足和出口不足。

凯恩斯主义认为,既然有效需求不足是市场机制自发作用的必然产物,因此,扩大有效需求,实现充分就业的目标就不可能由市场机制本身来达到,而必须动员政府的力量实施宏观干预,用扩张政府需求的办法弥补私人需求的不足,以促进总需求与总供给在充分就业的水平上实现均衡。因此,凯恩斯提出了自己的一系列刺激投资、消费、出口的政策主张。应当指出,凯恩斯主义在拯救大危机时发挥了应有的作用,并对以后的国民经济管理产生了重要影响,对我国的改革和发展也具有一定的借鉴作用。

二、需求管理的结构

(一) 消费需求管理

消费需求是总需求的重要组成部分,它既是经济社会发展的本质需要,也是国民经济运行的最终目标。消费水平和消费结构对经济社会增长速度及结构演进具有重要影响,为此必须发挥消费对增长的基础作用。消费需求管理是国民经济管理中的重要环节,当前尤其应改善和加强消费需求管理。党的十八大明确指出,转变经济发展方式的一个重要方面是使经济发展更多依靠内需特别是消费需求拉动,为此需要加快建立扩大消费需求长效机制,释放居民消费潜力。根据这一要求,需要根据我国经济发展现阶段的现实研究发挥消费需求对经济增长的基础作用,研究经济发展引擎由外转内的路径及相应的条件,尤其是需要研究在目前条件下扩大消费需求长效机制的内容。为防止消费偏离对国民经济增长和稳定的不利影响,需要采取各种措施对消费规模和水平进行调控,其政策工具包括税收政策、利率政策、收入分配政策和社会保障政策。相对来说,消费需求管理一般应对消费需求膨胀或消费需求不足的情况:如果出现严重的消费需求膨胀,需要采取压缩政府开支,减少居民福利支出等措施;如果出现严重的消费不足,则需提高政府开支,增加工资和居民福利支持等措施。

(二) 投资需求管理

投资需求是总需求的另一重要组成部分,投资及所形成的生产能力产生新的供给,投资总量和结构直接影响产业结构的优化和经济的稳定增长。因此,任何时候都不应忽视投资需求的重要性,必须发挥投资对增长的关键作用。而对固定资产投资趋于饱和,投资成本不断攀升,投资利润将趋于下降,市场上商品供需结构失衡,必须做到合理控制投资规模和调整投资结构。同时完善生产要素价格,形成以反映生产要素稀缺程度和充分反映市场需求状况的合理要素价格机制，规范企业投资流程，降低企业投资成本，避免产生因制度和市场机制缺失所导致的过度投资。而为了更好地促进投资，政府可出台相应产业政策，鼓励和支持某些产业发展，以财政投资撬动民间投资，同时深化投融资体制改革，优化投资结构，创新融资方式，推广政府和社会资本合作模式（即PPP模式），为促进经济发展培育新动能。

（三）净出口需求管理

在开放经济条件下，净出口需求是总需求的重要组成部分。从2001~2011年中国入世以来的十年间，净出口成为拉动我国经济增长的巨大动力，又称"入世红利"。但从2008年全球金融危机以来，净出口需求对经济增长的拉动由正到负。因此，必须发挥净出口需求对增长的促进作用。为此，应增强对外投资和扩大出口的结合度，培育以技术、标准、品牌、质量、服务为核心的对外经济新优势，实施促进优出战略，推动国际产能和制造业合作，提高劳动密集型产品科技含量和附加值，营造资本和技术密集型产业新优势，提高我国产业在全球价值链中的地位。

三、需求管理的主要特点

需求管理主要依靠消费、投资和净出口"三驾马车"的作用，从需求侧发力拉动经济增长。需求管理的主要特点：

第一，强调总量管理。主要通过财政对国民净收入的再分配以及银行的货币发行这两大杠杆，来驾驭总需求的变化。由于国家通过控制财政和银行两个总需求阀门，调节社会总需求从而社会总供给的难度要小得多，操作相对容易，见效相对较快，需求管理较供给管理有易于操作的优势。

第二，侧重短期平衡。相对来说，社会总需求的总量平衡主要是价值平衡，即财政收支和货币收支平衡。无论是财政政策还是货币政策，对总需求的影响都强调在短期内抑或在年度内实现，以有利于社会总需求和总供给的总量平衡。因此，需求管理具有短期管理的明显特征。

第三，实行"逆周期"调节。凯恩斯主义本身就是在大危机背景下出来的，其政策主张具有"反危机""逆周期"的特点。如为了扩大有效需求，扩大财政支出以刺激消费促进经济增长；或增加货币供给，通过扩大投资拉动经济增长。由此决定主要是应对一时之需的救急之策，但可在重大转折关头发挥作用。

第四，着重解决宏观层面的问题。需求管理的主要目标是社会总需求、价格总水平、利率总水平和就业总水平等，主要实行宏观层面的需求管理。

第五，强调政府的作用。凯恩斯主义需求管理的背景是"市场失灵"，单靠市场机制难以解决有效需求不足、大量失业和增长停滞不前等问题，通过政府尤其是中央政府的作用，可以较快地促进经济增长。

第五章 国民经济运行的需求动力与需求管理

四、需求管理的局限性

需求管理本质上是一种宏观调控手段或调控政策,在具体实施过程中,不可避免地存在以下局限性:

第一,难以解决结构性和长期性问题。财政政策和货币政策总体说来主要是总量政策,难以解决诸如消费结构、投资结构、产业结构、区域结构等结构性问题。因为总量问题或许可以在短期内得以缓解,但结构问题需要一年以上甚至更长时间才能扭转,需求管理对策似无更好的办法。

第二,容易忽视微观经济活动的作用。扩大总需求可以通过财政政策、货币政策加以解决,但总供给则不同,它由无数个企业的独立活动加以完成,政府要想直接调节总供给的变化,必然涉及成千上万个企业的生产活动,其调控难度相对来说要大得多,短期之内很难操作。

第三,需求管理对经济的影响具有一定的非对称性。具体来说,在实施扩张性财政政策时,增加的政府投资及其带动的信贷等资金,主要会投向基础设施领域,造成其他领域投资不足;而在实施紧缩性货币政策投资时,信贷收紧经过银行体系的传导,对传统产业、大型企业、国有企业的影响会相对较小,而对新兴产业、中小企业、民营企业收紧的力度更大,由此产生不利于创新发展的效应。因此,结构性矛盾不仅没有缓解有时反而更加凸显。

第四,需求管理容易造成债务风险累积。应对危机的大规模需求管理政策的实施,对中央政府的引导性资金投入和地方政府的配套性资金投入都提出了要求。地方政府出于GDP、税收贡献等方面的考虑,积极争取大项目,所需配套资金不得不通过融资平台负债来解决,从而形成了政府债务的较快扩张。而此后因通胀加剧引起的政策调整,可造成开工项目的后续信贷等资金来源紧张,进一步加剧了债务风险。

由此可见,单纯的总量上的短期需求管理已经难以适应我国宏观经济调控的要求,应当将需求管理与供给管理、总量政策与结构政策和短期调节与长期调节协调起来,实现经济长期稳定发展。

【复习思考题】

1. 决定投资规模的主要因素。
2. 投资结构与投资规模之间的关系。
3. 投资的部门结构是最重要的投资结构。
4. 投资需求增长引起总需求和国内生产总值倍加增长的必须具备的主要条件。
5. 决定居民可支配收入转化为消费或储蓄因素。
6. 消费结构的变动趋势。
7. 一定时期内影响消费结构变动的主要因素。
8. 消费需求对经济增长作用的主要表现。

9. 国际贸易对经济增长的促进作用。
10. 外贸乘数理论的主要内容。
11. 进出口结构优化与国民经济运行的关系。
12. 影响国际收支状况的主要因素。
13. 纠正贸易逆差的主要途径。
14. 存在贸易逆差时,通过调整汇率来实现国际收支平衡的主要办法。
15. 外贸乘数效应的实现必须具备的前提条件。
16. 我国汇率制度和外汇管理体制改革的主要内容。
17. 需求管理的内涵及主要特点。
18. 需求管理的局限性的主要表现。

第六章 国民经济运行的供给推力与供给侧结构性改革

国民经济运行不仅需要来自需求的拉力,也需要来自供给的推力。本章主要分析劳动力、资本、土地等自然资源、技术进步等生产要素,以及制度创新或制度供给等对国民经济系统运行的推动作用,并深入分析新常态条件下我国供给侧结构性改革的相关理论与实践问题。

第一节 劳动力供给与国民经济运行

生产要素是经济增长的前提和基础,没有生产要素的投入就难以实现经济增长。一国的经济增长过程就是将劳动、资本、土地、技术进步等生产要素的投入转化为社会总产出的过程。各种生产要素投入的数量和相互组合的质量及其效率,决定了社会总产出即经济增长。下面,首先分析劳动力供给与国民经济系统运行的关系。

一、作为生产要素的劳动力

早在1662年,被誉为政治经济学之父的英国古典政治经济学家威廉·配第在《赋税论》中就提出了"土地为财富之母,劳动为财富之父和能动的要素"的论断。如果把财富的创造过程等同于生产过程,那么威廉·配第的这种表述实际上表明了把劳动力看作生产要素的观点。[①]

劳动力是指劳动者在社会生活中只要满足正常的生理需要后就具有的劳动能力,这是一种天赋的以体力劳动为主要特征的劳动力,任何一个比较健全的劳动者身上都蕴藏着这种能力。作为一种生产要素,劳动力与资本等其他要素相结合,可以创造社会财富或促进经济增长,这可通过增长模型进行解释。

在哈罗德——多马经济增长模型中,主要包括以下假设条件:①劳动力按不变的、由

---

① 在中国,许多学者对劳动力要素投入在中国经济增长中的贡献进行了实证研究,王小鲁(1999)指出过去20年间,大约1亿农业劳动力进入了乡镇企业,使该部门的就业人数超过了国有经济部门,这显然是导致乡镇企业高速增长的一个主要原因(王小鲁:《农村工业化对经济增长的贡献》,载于《改革》1999年第5期)。

外部因素决定的速度 n 增长,即 $\frac{dN/dt}{N} = n$(常数);②社会生产过程只使用劳动 N 和资本 K 两种生产要素,且两种要素不能互相替代;③不存在技术进步。

根据假定条件①,劳动力增长率为 $\frac{dN/dt}{N} = n$(常数)。另外,根据产出增长率 =(劳动力份额 × 劳动力增长率)+(资本份额 × 资本增长率)+ 技术进步增长率,在充分就业情况下,总产出和劳动力的关系为:

$$Y = zN \qquad (6-1)$$

在参数 z 为常数的情况下,式(6-1)意味着总产出必须与劳动力同步增长。事实上,对式(6-1)关于时间 t 进行微分,有:

$$\frac{dY}{dt} = z\frac{dN}{dt} \qquad (6-2)$$

用式(6-1)除式(6-2),得:

$$\frac{dY/dt}{Y} = \frac{dN/dt}{N} = n \qquad (6-3)$$

式(6-3)就是劳动力充分就业时经济增长的条件。这一条件的含义是,如果要使经济实现充分就业的均衡增长,总产出的增长率必须等于劳动力的增长率。哈罗德将这一增长率称为自然增长率,记为 G_N,即 $G_N = n$。

在新古典经济增长理论中,放弃了哈罗德—多马模型中关于资本和劳动不可替代以及不存在技术进步的假定,但假定劳动力按一个不变的比率 n 增长,当把 n 作为参数时,就可以说明人口增长对产量增长的影响。如图 6-1 所示。

图 6-1 中,经济最初位于 A 点的稳态均衡。现在假定人口增长从 n 增加到 n',则 nk 线便移动到 $n'k$ 线,这时,新的稳态均衡为 A' 点。比较 A' 点和 A 点可知,人口增长率的增加降低了人均资本的稳态水平(从原来的 k_0 减少到 k'),进而降低了人均产量的稳态水平。这是从新古典增长理论得出的又一重要结论。现代增长经济学的研究进一步表明,作为人口增长率上升引起的人均产量下降,正是许多发展中国家面临的问题。两个有着相同储蓄率的国家,仅仅由于其中一个国家比另一个国家的人口增长率高,就可以有非常不同的人均收入水平。

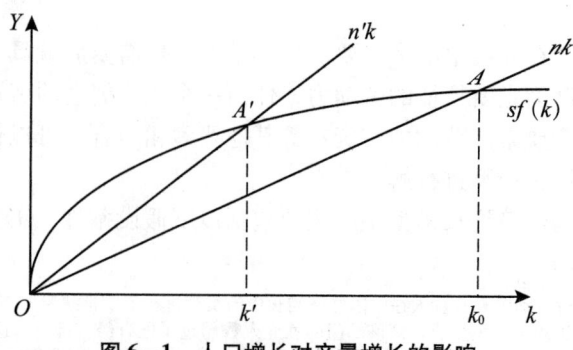

图 6-1 人口增长对产量增长的影响

第六章　国民经济运行的供给推力与供给侧结构性改革

二、劳动力供给对经济增长的作用

作为一种传统的生产要素，劳动力供给量的增加对经济增长具有促进作用：一是劳动力供给的增加能导致规模的节约和资源配置的改善。特别是在市场经济条件下，资源配置改善的一个重要方面，就是劳动力从生产效率较低的企业和部门向生产率较高的企业和部门转移，而这种转移又往往以劳动力供给量的增加为条件。正因为生产效率较高部门的快速发展才导致了对劳动力需求的大量增加，当经济发展进入到工业化阶段时，这种情形尤为明显；二是劳动力供给的增加对知识进展有动态性的促进作用。从长期来看，伴随劳动力供给增加技术不断进步，对劳动者素质提出了更高的要求，具体表现为对技术劳动力的需求不断增加，对劳动者知识和技能提出了更高的要求；三是劳动力供给量对居民收入分配格局产生更直接的影响，从而对收入预期、边际的消费倾向、总需求和需求结构产生更直接和更大程度上的决定作用，进而对知识创新和人力资本产生更大的供给推动作用。

三、劳动力供给来源和供给不足的存在性分析

劳动力的供给量取决于一国劳动力的社会拥有量和人们愿意提供的劳动力数量，劳动力的社会拥有量是一国劳动力供给的极限，由人口的数量规模、年龄性别构成和人口的素质三个因素决定。从目前情况看，我国城市劳动力的供给主要来自三个方面：一是城市人口中非劳动力人口向劳动力人口的转化；二是农村劳动力向城市非农产业的转移；三是城际劳动力的转移，整体上体现为中西部城市向东部沿海城市的转移、中小城市（镇）向大城市尤其是中心城市的转移。

从长期来看，中国劳动力供给是由人口总量和未来的增长趋势决定的：一方面，它是经济增长的投入要素；另一方面，也要由经济增长来吸纳。据国家人口计划生育委员会发布的《国家人口发展战略研究报告》，2015年中国人口总量约13.7亿人，2033年左右达到峰值15亿人左右，之后人口将出现负增长。这种人口的变动对中国劳动力资源总量、社会负担系数以及劳动力的长期供给状况均会产生重大影响。据预测，2020年之前的一段时间是中国劳动力资源最为丰富的时期，也是人口抚养比最轻的时期；从另一个角度看，也是中国面临就业压力最大的时期。2020年之后，由于之前计划生育政策导致低生育率的影响，而"单独二孩""全面二孩"政策效应尚未完全发挥出来，所以会在一段时期内出现老龄化人口比例上升、劳动力人口比例下降、男女比例失调等现象，导致养老难、招工难和娶妻难问题。

同时，劳动力供给问题还涉及中国是否经过了刘易斯拐点的问题。刘易斯拐点，即劳动力由过剩向短缺的转折点，是指在工业化过程中，随着农村富余劳动力向非农产业的逐步转移，农村富余劳动力逐渐减少，最终达到瓶颈状态。关于中国是否经过了刘易斯拐点时期，国内研究存在争议：认为中国已经经过了刘易斯拐点的研究，其主要论据在于2004年以来我国东南沿海地区出现了"民工荒"现象，并且农民工工资不断上升；而反对者的

论据主要是中国目前仍处于农民工向城市转移时期，我国农村还有 2 亿剩余劳动力等待转移，民工荒和大量剩余劳动力并存，这主要是由于劳动力市场的结构性短缺、制度壁垒等因素引起的。但无论如何，农民工工资上升是基本事实，并且导致我国"人口红利"降低甚至不再存在，尤其对我国劳动密集型产业的国际竞争力造成巨大影响，因而需要通过创新驱动、转型升级来实现经济可持续发展。

此外，劳动力的供给不仅取决于数量的多寡，而且取决于劳动者质量或素质的高低。由于技术不断进步，要求劳动者掌握更多的知识和技能，特别是一些高技术企业对劳动者技能提出了更高的要求。并且，产业结构高级化、城市化和现代化，也对劳动力素质提出了新的要求。而劳动力素质的提高反过来也可以促进经济更好更快地增长。

第二节 资本积累与国民经济运行

一、作为投入要素的资本积累

在其他要素数量一定的情况下，资本存量的多少和资本形成的快慢，是促进和限制经济增长的基本要素。在资本—劳动比率一定的情况下，经济增长速度取决于资本的投入水平，而资本的投入水平以及资本的形成快慢，主要取决于国内的资本积累能力和国外资本流入的程度。

随着经济的增长，资本的种类不断扩展，但物质资本仍然是一种重要的资本形式。主要是指在生产过程中能够长期存在并发挥作用的各种生产物资，包括机器、设备、厂房及各种原料、加工过程中的货物、存货等。虽然物质资本最重要的特征是增值性，但在生产函数和经济增长中，重要的首先是它的生产性，即在生产中发挥的作用。

在新古典增长模型（例如索洛—斯旺模型）中，假设资本以一个固定的比例折旧，即折旧率 $\delta > 0$ 为常数。如果总资本为 K，则折旧为 δK；t 时刻的投资为 $I(t)$，则 $I(t)$ 不能全部形成新增资本，一部分必须补偿消耗掉的资本（即折旧），故资本存量的增量可表述为：

$$\dot{K} = I - \delta K = sY - \delta K = sF(K, L) - \delta K \tag{6-4}$$

两边同时除以 L 可得：

$$\dot{K}/L = sF(K, L)/L - \delta K/L = s \cdot F(K/L, 1) - \delta k = sf(k) - \delta k \tag{6-5}$$

该式右边只包含常数参数和人均资本变量 k，但左边却是资本总量的时间导数。若对 $k = K/L$ 两边求导可得，$\dot{k} = \dfrac{\mathrm{d}(K/L)}{\mathrm{d}t} = \dfrac{\dot{K}}{L} - \dfrac{\dot{L}K}{L^2} = \dfrac{\dot{K}}{L} - \dfrac{\dot{L}}{L}\dfrac{K}{L} = \dfrac{\dot{K}}{L} - nk$，因此 $\dfrac{\dot{K}}{L} = \dot{k} + nk$。

将此式代入式（6-5）并整理可得：

$$\dot{k} = sf(k) - (n + \delta)k \tag{6-6}$$

该式是索洛—斯旺模型"基本的微分方程"，式中 s、n 和 δ 都是外生的常数参数。这

第六章 国民经济运行的供给推力与供给侧结构性改革

一公式主要说明，$\dot{k}$ 只取决于 k，即人均资本的增量只取决于其存量。式中 $sf(k)$ 表示人均储蓄；$n+\delta$ 可看作资本—劳动比率（即人均资本）的有效折旧率，$(n+\delta)k$ 表示为维持人均资本量不变时所需的投资量，可称为资本广化；$\dot{k}$ 表示资本存量的变化率，可用于衡量每个劳动力拥有的资本存量，通常称为资本深化；公式（6-6）表明：储蓄一方面可促进资本广化，另一方面也可促进资本深化。

二、资本积累对经济增长的静态性作用

资本投入量增加（资本积累）对经济增长既有动态性作用，也有静态性作用。资本积累对经济增长的静态性作用，主要表现在：

一是资本投入的增加直接导致规模的节约。因为无论是基础设施还是一些企业中的固定资本，都具有规模经济的特性，而现实中又往往因生产规模的相对狭小而导致规模不经济，由此可通过物质资本投入增加产生规模的节约，进而提高全要素生产率和促进经济增长。

二是改善资源配置。即使在一个发达的经济体中，各个部门的生产效率和产品的供需状况也总是存在差异且以不同的速度变化着，这种差异在发展中国家和转轨国家中更加明显。因此，资源配置改善的空间总是存在的，只不过这种空间的大小在不同的经济体或同一经济体的不同发展阶段存在差异。资源配置改善的基本途径有两个：一是存量调整；二是增量变换。而现实中的存量调整往往需要配以增量变换才能完成。在资本投入量增加的同时，往往会带来资源配置的改善。例如，改革开放以来，随着乡镇企业和其他非国有经济的快速发展，资源配置得到明显的改善，为生产率的提高和经济增长作出了重要贡献。其中，资本投入量的增加（投资）带动了原有资本存量、劳动力以及人力资本等要素的合理流动，从而为资源配置的改善发挥了重要的甚至是先导性的作用。

三是促进技术进步或知识进展。在技术创新初期，知识资本的存在形式还只是"创意"，只有将这些创意真正应用于生产中，才有索洛所指的（投入产出意义上的）技术进步，也才有丹尼森所称的"知识进展"。知识资本应用于生产时有两种基本状态：一种是以"物化"于物质资本设备中的技术形式存在；另一种是以"非物化"的技术（如工艺的、组织的或具有基础设施特性的技术）的形式存在。而"物化"的技术通常要通过新增投资从而使资本存量增加来实现。所以，物质资本存量的增加可以使"物化"技术增加，从而导致"知识进展"和全要素生产率的增长。

三、资本投入对经济增长的动态性作用

资本投入量对经济增长的动态性作用，主要是指本期资本存量的增加对以后的全要素生产率增长的作用。主要包括两种途径：一种途径是：本期资本存量的增加→经济增长→储蓄增加和市场规模（需求）扩大→下期资本存量（投资）增加→规模的节约和资源配置的改善→全要素生产率的增长；另一种途径是：本期资本存量的增加对以后的知识进展

产生重要的促进作用。对这些理论进行分析和归纳可得出结论：资本存量增加（资本积累）对全要素生产率和经济的增长既有直接效应也有间接效应。直接效应通过"边干边学"产生，因为随着资本积累，知识在"边干边学"的过程中得到积累，这种积累一方面表现为人力资本的增加，另一方面表现为资本品中所含的技术水平和相应的生产工艺水平的提高，其中人力资本的增加（经验积累）更具有决定作用。资本存量增加对知识进展所产生的间接效应，则是通过一些中间环节而导致人力资本的增加和生产技术的提高来实现的。这一动态过程的机理是：资本积累导致经济增长和人均收入增加，进而导致市场规模扩大和市场需求结构变化（高级化）：一方面，市场规模的扩大促进分工的发展，进而促进新技术的发明和使用以及劳动生产率的提高；另一方面，市场需求结构的变化要求产业结构相应地变化，从而刺激技术创新。与此同时，对人力资本的需求日益增加，而劳动生产率的提高和收入的增加又为通过教育增加人力资本提供了闲暇和财力等方面的条件。

第三节　土地等自然资源供给与国民经济运行

自然资源是指由人类所发现和使用的生产要素，并包括自然界一切能为人所利用的物质和可以提供有用物质的载体。它是社会生产的自然基础，是形成劳动地域分工和地区劳动生产率水平不同的重要原因。国内资源储量和拥有量是一个国家经济增长的重要条件之一。一国丰富的自然资源，可以为客观存在的经济增长带来资源比较优势：本国生产和获得某种资源的成本较低，而其产出水平较高；拥有某种资源的数量越多，所占世界储量的比重越高，对其供给、市场和定价就越带有垄断性质；拥有某种世界性资源储量的集中度较高，就可以用这种丰富的资源来交换和补足其他国内没有和稀缺的资源，从而维持国民经济的正常运转；矿业和矿物加工业的发展能带动其他相关产业，如交通运输、设计建筑、机械设备制造和维修等产业的发展，等等。

一、自然资源及其特点

按照联合国环境规划署的定义，自然资源是"在一定时间和地点条件下，能够产生经济价值的、以提高人类当前和未来福利的自然环境因素和条件"[1]。也就是说，与人造资源相对应，自然资源是不依赖人力而天然地存在于自然界的有用的物质要素[2]。自然资源的特点主要有：（1）稀缺性。主要是指自然资源在数量和可替代品上都是有限的。（2）区域性。主要是指自然资源分布不平衡，在数量和质量上呈现出显著的地域差异。（3）整体性。主要是指每一地区的自然资源要素彼此间存在着生态联系，形成一个整体，如果触动

---

[1] 钟水映等主编：《人口、资源与环境经济学》，科学出版社2005年版，第172~174页。
[2] 李金昌：《资源经济学新论》，重庆大学出版社1995年版，第1页。

第六章　国民经济运行的供给推力与供给侧结构性改革

其中一个，就可能引起连锁反应，进而影响到整个自然资源系统的变化。（4）多用性。主要是指每一种自然资源都有多种用途，可以满足多种投入和消费。（5）难以替代性。主要是指作为现代经济发展和人类生活基础的自然资源，整体上难以找到替代品。

二、自然资源对国民经济发展的作用

自然资源是社会经济增长的物质基础，在农业经济和工业经济时代，自然资源对经济的发展起着重要的作用。在知识经济时代，知识和技术虽已成为经济增长的内在核心因素，但自然资源在经济增长中的地位和作用仍是其他要素无法替代的，是经济发展和产业分工的重要基础。自然资源对经济增长的重要作用主要体现在以下几方面。

1. 自然资源丰度影响着经济增长的速度

自然资源丰度包含着数量和质量两个方面：丰富的优质的资源能保障经济持续、稳定地增长，从而使得整个国民经济发展有一个稳定的基础；反之，资源短缺、开发利用难度大且质量差，国民经济的发展就会受到严重限制，整个社会经济系统也会受到较大的影响。资源的开发利用包括广度和深度两方面：在开发与发展的初期，即人类社会进入工业化阶段之前的漫长历史时期中，农业经济始终占主导地位，狩猎、捕鱼、耕种和放牧等农业生产方式直接依赖于自然资源，特别是共用自然资源，如水、土地、光、热等，其地理分布特征直接决定着农业经济类型的区域差异，而其数量、质量和结构又制约着农业生产水平的提高；在工业发展初期，以冶炼、烧制和纺织为主的手工业在促进农业经济发展的同时，又受制于矿产资源或通过棉、丝、毛等农副产品，而最终受制于自然资源的数量、质量、分布与特征。该时期的主导产业门类属自然资源密集型的产业门类，自然资源在该阶段作用强度是最大的。其经济增长速度严格受制于资源的丰度及结构等。在广度开发达到一定阶段后，边际成本逐渐增加，直到边际成本与边际效益相等时，经济发展非常缓慢甚至停滞不前，随之要求人们对自然资源进行深度开发；在工业化中后期，人们对地下资源的开发利用大大推进了经济发展的进程。在那些具有丰富矿产资源，且关键矿种占据重要地位的地区，最有利于实现产业结构的演进过程，产业结构的具体形成和发展重点直接受制于矿产资源开采规模及在全国的比重，资源就地利用率的高低以及进一步深加工的程度等，而对那些缺乏矿产资源的地区，其工业经济高度发展往往具备区位优势等优越条件。可见，这一时期的经济增长速度主要受制于资源的深度开发，同时也受制诸如区位、社会经济、技术水平等其他因素的影响。

2. 自然资源影响着经济发展格局

经济发展格局包括经济体系中产业的构成及其相互关系，即产业结构以及生产力的时空布局。自然资源结构对产业结构的制约作用，在时间尺度上表现为对产业结构演进的制约作用，亦即对经济增长速度的影响；在空间尺度上，则表现为对产业结构的形成与分布的制约作用。

3. 自然资源影响着劳动生产率和劳动的地域分工

良好的自然资源条件有利于劳动生产率的提高；反之则相反。自然资源区域分布的不均衡是客观存在的,正是这种自然资源分布的区域差异形成了劳动地域分工的自然基础。自然资源对区域劳动生产率的巨大影响必然导致对劳动地域分工的影响。随着市场经济的不断深入发展,区域间的经济联系日益密切,能否充分发挥区域优势组织商品生产,就成为决定区域发展成败的关键。那些自然条件优越、生产成本较低的区域生产的有关商品,必然向相应的自然条件与自然资源不利、生产成本较高的区域流动,从而逐步形成一定规模的劳动地域分工。

4. 自然资源影响着区域产业结构

影响区域产业结构的因素是多方面的,自然资源是其中的重要因素,而且往往成为区域产业结构形成与发展的物质基础,特别是在区域开发的初期,自然资源是影响区域产业形成与产业结构的决定性因素:一方面,在自然资源特别是工业自然资源富集、自然资源组合良好的区域,区域产业结构以自然资源可开发利用为基础而形成,随着区域自然资源的不断开发和经济发展水平的不断提高,自然资源对区域产业结构演变和升级的影响和制约作用也逐步加强;另一方面,在自然资源特别是矿产资源、能源资源贫乏的区域,产业结构的形成与发展往往更多的依赖区位、交通、科技、信息和市场等条件。

三、自然资源丰裕程度与经济增长类型

在生产力的三个基本要素中,劳动者的科技文化水平、劳动技能可以随着人们认识世界的日渐深化而一代代无限提高;劳动工具的性能也可以一代代无限提高的;但作为劳动对象的不可再生的自然资源,则是用一点就会少一点,因而是有限的。所以,随着社会经济的发展,如果后备资源的开发跟不上生产扩大的需要,就会出现生产发展越快,资源供给越匮乏的现象,这就必然遏制生产力进一步发展的规模和速度。

在生产力三个基本要素的结合运动中,劳动者的劳动素质和生产工具的性能水平一般来说总是同向,甚至是同步提高的;而自然资源的供给与前两者的运动方向可能是同向的,也可能是逆向的。如果与前两个要素保持同向运动,则经济就会一浪推一浪地快速向前发展(排除社会需求等因素的制约);倘若与前两者逆向运动,就会阻滞经济的发展。由自然资源出发,按照生产力三个基本要素的组合结构,可以将不同生产力水平划分为以下四种类型(见表6-1)。

表6-1　　　　　　　　　自然资源丰裕程度与经济增长类型

自然资源	劳动力素质	生产工具	典型例证
资源丰富	劳动力素质高	生产工具先进	美国、加拿大
资源丰富	劳动力素质低	生产工具落后	中东产油国
资源匮乏	劳动力素质高	生产工具先进	日本、新加坡
资源匮乏	劳动力素质低	生产工具落后	非洲一些国家

第六章 国民经济运行的供给推力与供给侧结构性改革

在以上四种类型的国家中,最理想的莫过于第一种类型的国家,因而有着极大的经济发展潜力,但随着社会经济的发展,其数目将会越来越少;第二类型的国家,虽然劳动力素质、生产技术水平处于劣势,但拥有丰富的资源,因而可以用后一优势弥补前两者的劣势;第三类型的国家,虽然资源匮乏,但劳动力素质高、科技发达,因而可以用后两者的优势弥补前者的劣势;第四种类型的国家,由于生产力的三个基本要素均处劣势,因而实现经济难度较大,实现经济现代化的速度也将明显不同。

第四节 技术进步与国民经济运行

技术进步是推动经济增长和社会经济发展的动力和源泉,在国民经济中愈益发挥重要的作用。从根本上说,经济发展方式的转变、结构进化、产业升级、经济效益改善、经济增长质量提高的动力和手段都离不开技术进步。

一、技术进步的内涵与类型

广义技术进步是指能够使一定数量生产要素的组合创造更多产出的所有因素共同发生作用的过程。其内容包括:(1)提高装备和产品的技术水平;(2)改革工艺;(3)降低能耗、节约资源;(4)提高劳动者素质;(5)知识进展和技术创新;(6)优化资源配置;(7)提高管理水平;等等。

在实际生产过程中,不同类型的技术进步对每种生产要素配置的效率、节约的程度和综合生产率的提高是不同的。技术进步大体上可分为资本节约型技术进步、劳动节约型技术进步和中性技术进步三大类。各国或各地区的要素禀赋不同,所选择的技术进步的类型也各不相同:若该国或该地区资本稀缺,而劳动力富裕,可选择资本节约型技术进步;而劳动力相对稀缺的发达国家,一般选择劳动节约型技术进步。

二、技术进步促进经济增长的机理

技术进步对经济增长具有重要的促进作用。除资本、劳动之外,技术进步是经济增长最重要的源泉,对经济增长作出巨大的贡献。技术进步促进经济增长的主要途径:一是采用新设备、新技术、新工艺,提高生产效率,使单位时间和单位劳动投入所提供的产出增加;二是技术进步改变产业结构,使产业结构向高级化方向演进,提高经济系统的结构效益;三是可以创造新的需求,进而形成对经济增长的新的推动力[①]。

从经济增长基本要素的角度来看,根据新古典经济增长理论和新增长理论,技术进步作为经济增长的重要因素已得到普遍的认可。技术进步促进经济增长的途径:一是依靠基

[①] 谢科范:《论科技进步与世界经济发展》,载于《国际经济合作》1995年第9期。

础性因素,主要是通过大力发展教育事业和开发企业人力资源,提高劳动力投入的质量和水平,进而促进经济增长;二是依靠增效性因素,特别是通过软科学技术的进步,加强经济增长全过程的科学管理,提高资金投入的质量(物化技术水平),进而促进经济增长①。从经济增长的基本要素来说,技术进步对经济增长的促进作用如图6-2所示。

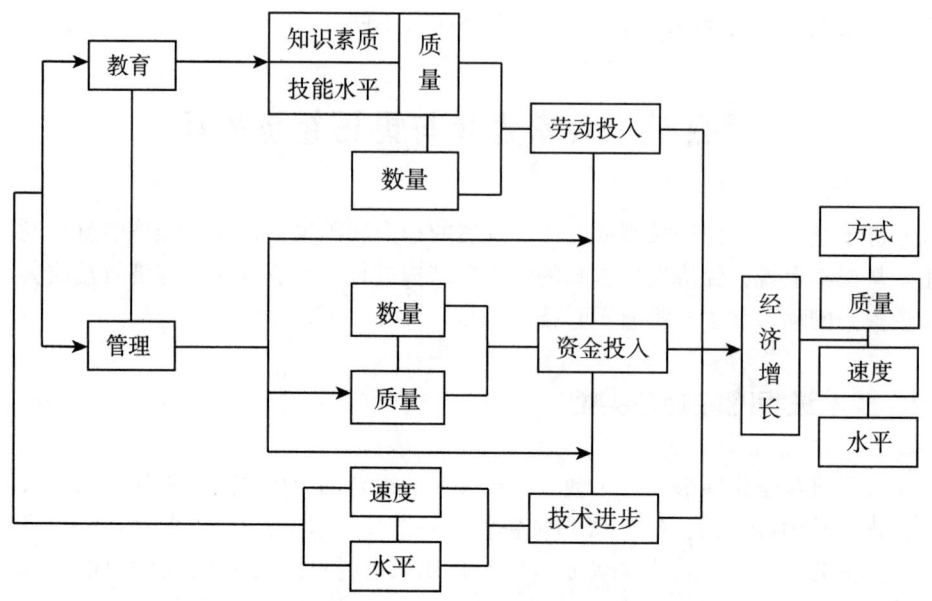

图6-2 作为生产要素的技术进步对经济增长的促进作用

从经济增长过程中的基本环节及其相互联系来看,技术进步促进经济增长的内在机制如图6-3所示。其中,社会生产是第一位的,它决定着分配、交换与消费及其相互关系;而分配、交换与消费关系的合理与否,又会影响和制约着生产的发展。同时,生产、分配、交换和消费及其相互关系和相互作用,又影响和制约着经济增长的方式、质量、速度和水平。依靠技术进步,大力促进社会生产的发展和提高社会产品的数量与质量,是加速经济增长的基础性环节②。依靠技术进步(特别是软技术进步),合理和适度地处理好国民净收入分配中的消费与积累的比例和当前利益与长远利益的一致,健全和完善商品交易与信息沟通等市场体系,转变和引导人们的消费观念并使之做到理性消费,协调生产、分配、交换和消费的动态关系,使之保持循环互促的良性运行,这是保证经济稳步增长的重要条件。

---

① 王书林等:《当代科技进步促进经济增长的内在机制与对策选择》,载于《自然辩证法研究》1998年第9期。
② 陈士俊、王树恩:《科学技术论与方法论纲要》,天津大学出版社1994年版。

第六章 国民经济运行的供给推力与供给侧结构性改革

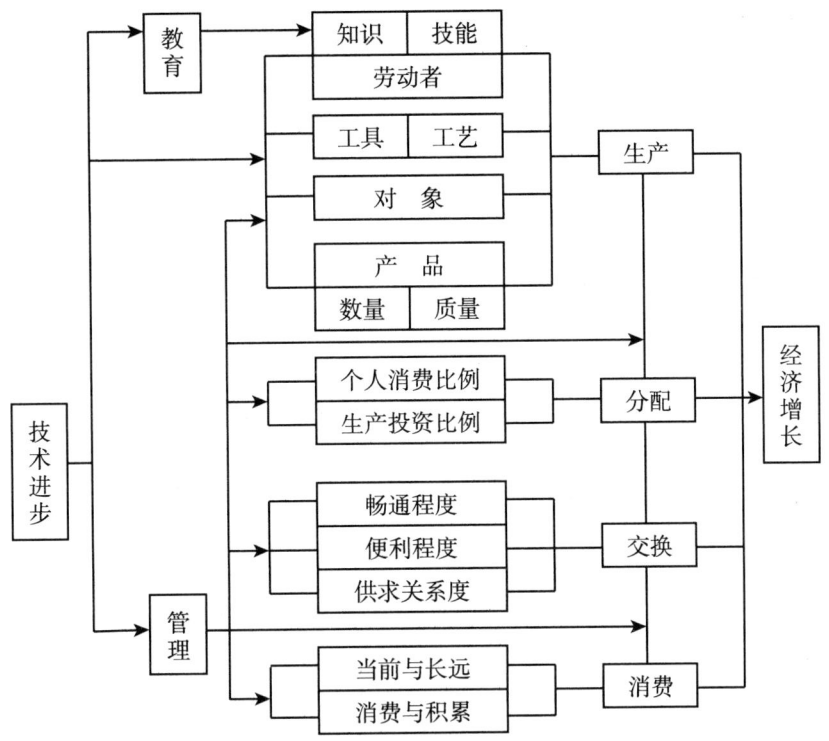

图6-3 技术进步从再生产环节对经济增长的促进作用

从社会发展阶段的视角来看,技术进步主要通过知识创新、产品创新、企业创新、产业创新等途径促进经济增长[①]。其中,知识创新、产品创新、企业创新是达到产业部门创新的微观基础和构成因素,而产业创新则是形成主导产业、促成产业结构变更与升级、实现产业结构高级化的前提和必由之路。技术进步促进经济增长的内在机制如图6-4所示。

三、技术进步对经济增长的促进作用

(一) 技术进步促进经济发展方式的转变

(1) 技术进步是经济发展方式转变的先导。粗放经营的本质特征在于它的低水平技术的重复生产,而集约经营的本质特征在于它是依靠技术进步实现投入要素综合利用率的提高,使产出趋向于最大化。只有依靠技术进步,才有可能实现从粗放经营到集约经营的转变。技术进步成为经济发展方式由粗放到集约转变的先导,其根本表现在于技术进步使得经济资源配置优化,利用率提高,实现企业经营利润目标最大化。技术进步不但使得产品满足人的欲望的功能增大了,同时使得产品满足人的欲望的方式增多了,而且还使得这种

---

① 王树恩:《试析马克思恩格斯的环境哲学思想》,载于《哲学研究》1996年第6期。

满足变得更加便捷。

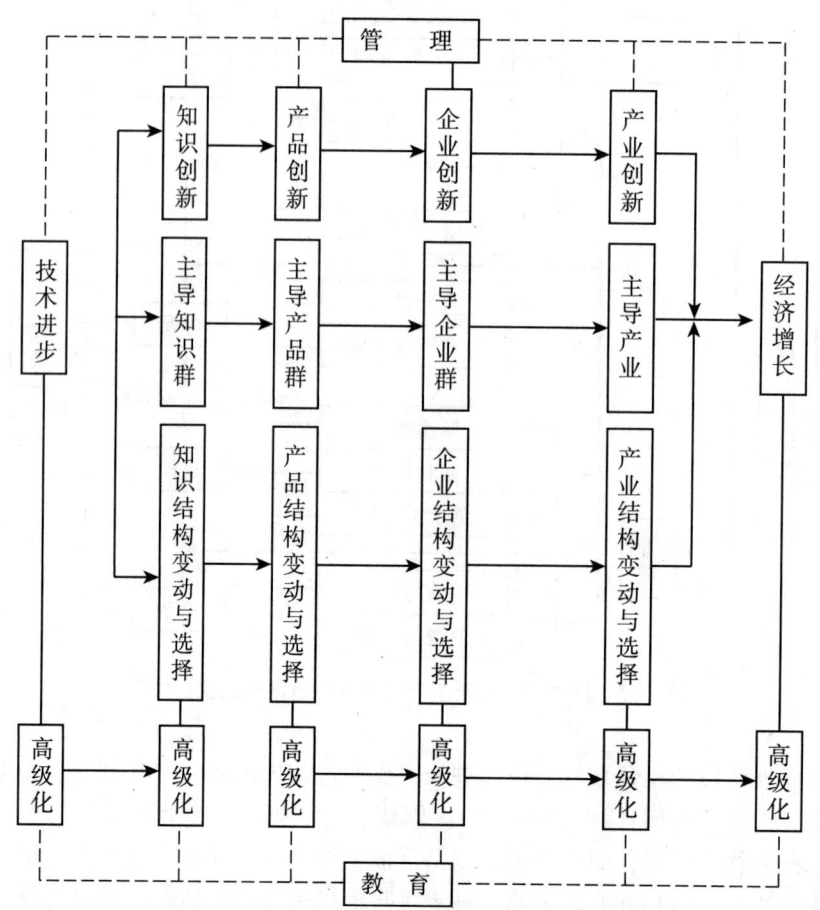

图 6-4 技术进步促进经济增长的内在机制

资料来源：王书林等：《当代技术进步促进经济增长的内在机制与对策选择》，载于《自然辩证法研究》1998 年第 9 期。

（2）技术进步是经济发展方式转变的动力源。一是技术进步可以促使经济结构向合理化、高级化发展，提高宏观经济效益，推动经济发展；二是可以更好地使经济活动主体实现规模经济，把企业引上集约化经营轨道；三是可以提高生产要素的产出率，减少生产成本，实现集约增长。

（3）技术进步为经济发展方式的转变创造条件。技术进步既可以为经济发展方式的转变提供物质基础，在相同资源拥有量的前提下创造更好的经济效益，又可以突破经济发展方式转变过程中的各种阻力和困难。

（4）技术进步对经济发展及其发展方式的转变具有乘数作用。由于技术进步与经济增长存在交互使用，科技成果被应用后实现经济的扩散，这种扩散带来的是经济的增长，而经济增长又将反过来影响科技的研究和开发，这样技术进步便在科技与经济的互动过程得

第六章　国民经济运行的供给推力与供给侧结构性改革

以扩张，对经济发展及其发展方式的转变过程带来数倍的影响作用，从而使经济发展及其发展方式的转变加速，类似于其他投入要素的乘数效应。

(二) 技术进步促进产业结构升级与优化

在技术进步对产业结构变动的诸多影响中，技术进步推动新兴主导产业的形成，改变产业结构，从而带动整个经济的协调和持续增长是最为重要的。技术进步最先影响的是直接应用科技创新的部门，其中一些成为主导产业；通过前向、后向联系，还可带动一系列关联产业的发展，从而带动整个国民经济的持续增长。这种产业结构的关联性变化，主要以原产业内部的结构变化及各新兴产业部门的出现等形式表现出来。

产业结构优化的实质是产业间生产要素配置的优化。技术进步能够影响其他生产函数，提高诸生产要素的边际生产力，能够对其他要素产生替代效应，即以相同的要素投入，生产出比以前更多、更好的产品。技术进步作为一种渗透性要素，扩展了人们认识和利用自然资源要素的能力，提高了原有自然资源的使用效果；改进了劳动力质量，提高了劳动力要素的边际生产率；提高了资本的边际生产率，改变了资本的结构和数量；改变了产业间生产要素流动的格局，从而促进了产业结构的合理化。

第五节　制度供给与国民经济运行

国民经济活动总是在一定的制度环境和制度安排下进行的，制度因素贯穿于国民经济运行的全过程。制度通过作用于经济增长的直接推动力为经济增长提供原发性的内生激励，通过明晰产权，有效缔约，降低交易成本，形成合理预期，促使要素的合理配置，改变扭曲的经济结构，推动技术的进步和经济总量的扩大。

一、正式制度与非正式制度

在人类历史的发展进程中，制度的产生主要有两种途径：一种是自发演进；另一种是人为设计。制度产生的原因可以归结于资源的稀缺性。由于存在稀缺性，人们彼此之间必然会展开竞争，在竞争过程中就会产生冲突与摩擦，为此需要找到一些调节相互关系、规范竞争行为的方法，这些方法最后就会演化成制度。有些制度可能是约定俗成的，有些是某些组织总结制定、需强制执行的，更多的情况下是这两种形成方式共同作用的结果。

从制度的形式上看，可以分为正式制度和非正式制度。但制度的有效性还有赖于制度实施的有效性，所以有必要对制度实施进行分析。

(一) 正式制度

正式制度是指人们在非正式制度的基础上有意识地设计的一系列规则，包括政治规则、经济规则和契约。

在国家层面上，法律是正式制度的代表；在社会层面上，各种组织的章程也是正式制度的一种。法律的最高层次是宪法，决定着一个国家的政体；在其之下是一系列的民法和刑法，决定着社会的行为规则。根据法律所应用的对象，可以分成政治规则和经济规则。

政治规则是组织和安排政治生活、规范人们政治行为的准则。它规定：什么人可以参与政治生活，享有什么样的政治权利和权力；各类政治角色开展政治活动和实施政治行为的基本准则；政治资源的分配方式，即决定什么人会得到什么样的价值。政治规则的功能在于规定和形成政治秩序，是政治稳定的基本条件。

经济规则定义产权，即确定人们对其所有物的使用和收入的权利以及放弃或转让这些权利，特别是对权利转让的规则产生一系列对契约的保护和约束，使得人们可以通过诉诸国家机构来保护自己在合同中的利益。各种组织的章程也属于正式制度的范畴，它对组织成员的权利和义务以及组织的框架结构和决策过程予以规范。经济规则的功能在于规定和形成经济秩序。

(二) 非正式制度

非正式制度是人们在长期交往中无意识形成的对人的行为的不成文的限制，主要由价值信念、伦理规范、道德观念、风俗习惯和意识形态等因素组成，而意识形态和习惯处于非正式制度的核心。

非正式制度是与法律等正式制度相对应的概念。非正式的存在具有客观必然性。正式制度无法穷尽人的一切行为，因而不可能对人的任何可能的行为进行有效的规定。一些非正式制度排斥正式制度对某个领域的介入，导致正式制度在该领域无法发挥作用。由于一些非正式制度的执行成本相当高昂，因而非正式制度可以作为补充强化正式制度的执行。

非正式制度在现代社会十分具有普遍性。具体可分为：(1) 社会所认可的行为准则；(2) 对正式制度的扩展、丰富和修改，以弥补正式制度无法描述或不适用于描述的场合；(3) 自我实施的行为标准，它建立在自我效用最大化之上，是集体理性的表现。

(三) 制度的实施

一套制度，不论正式的还是非正式的，在其形成后都必然面临着实施问题。而判断一个国家的制度是否有效，不仅要看这个国家的正式制度与非正式制度是否完善，更重要的是看这个国家制度的实施机制是否健全。离开了实施机制，所有制度就形同虚设。

实施制度的方式主要有：(1) 自我实施。即只有在契约双方的支付额与应付额相等时才是有效的，也就是说，在衡量与实施合约没有成本时，从契约中获得的收益将超过成本。自我实施有效性的条件：一是博弈的重复次数是否是无限的；二是博弈的参与者是否稳定；三是博弈的参与人之间拥有关于个人理性和行动的共同知识。(2) 第三方实施。是指在不具备上述自我实施的条件下的一种制度实施方式。在这方面，国家实施具有巨大的规模经济。

第六章 国民经济运行的供给推力与供给侧结构性改革

二、制度创新对国民经济运行的决定作用

无论正式制度还是非正式制度，都不是一成不变的，需要不断创新。制度创新是指一个社会以新的更富效率的制度规则（或组织）取代旧的缺乏效率的制度规则（或组织），包括产权制度、竞争规则、科技政策、政治制度等各种主要的正规规则的变革，以及各种新性质的交易组织的产生。在这里，制度的效率主要从资源配置的角度理解。有效率的制度促使资源合理高效配置，提高要素效率和组合效率，使技术进步要素在推动产出增长中的作用得以放大，从而促进经济发展，提高产出增长率。

（一）正式制度创新和非正式制度创新[①]

作为一个整体而言，社会将从抓住获利机会（它由制度不均衡产生）的制度创新中得到好处。然而，这种创新是否发生，却取决于个别创新者的预期收益和成本。创新者的收益和成本计算比社会收益和费用的计算更复杂。正式制度和非正式制度对此有不同的问题。

在正式制度中，规则的变动或修改，需要得到其行为受这一制度约束的群体或个人的准许。也就是说，无异议是正式制度创新的前提条件。因此，正式制度创新需要创新者花时间、费精力去组织、谈判并得到群体或个人的一致性意见。与此相反，在非正式制度中，规则的变动和修改纯粹由个人完成，用不着也不可能由群体行动完成。最初，个别创新者将被其他人认为是违反了现行规则。只有当这个社会中的大多数人放弃了原来的制度并接受新制度时，制度创新才发生。

一般来讲，正式制度创新会碰到外部效应和"搭便车"问题：产生外部效应的原因，是因为制度安排并不能获得专利。当一个制度安排被创造出来后，其他群体或个人可以模仿这种创新并大大降低他们组织和设计新制度安排的成本。因此，创新者的收益将少于作为整体的社会收益。这个问题暗含的意思是，正式制度创新的密度和频率，将少于作为整体的社会最优量。因此可能会持续地出现制度不均衡；"搭便车"问题则主要是由制度安排是一种公共物品而产生。一旦制度安排被创新和被建立，每一个受这个制度安排约束的个人，不管是否承担了创新和初期的困难，都能得到同样的服务。"搭便车"的严重性还取决于群体或个人之间的关系，如果群体中成员流动性大，那么由于个人行为被发觉的可能性较小，因而"搭便车"问题更容易发生。

非正式制度创新过程所产生的问题，都有很大的不同。因为非正式制度安排创新不包含群体行动，所以尽管存在外部效应问题，却没有"搭便车"问题。新规则的接受完全取决于个人对创新所带来的效益和成本的计算。而且这种创新成本并不取决于创新过程所花费的时间、努力和资源等形式。因为非正式制度的执行取决于社会的相互作用，所以创新

[①] 林毅夫：《关于制度变迁的经济学理论：诱致性变迁与强制性变迁》，引自 R. 科斯、A. 阿尔钦、D. 诺斯等著：《财产权利与制度变迁——产权学派与新制度学派译文集》，上海三联书店、上海人民出版社1994年版。

者的成本主要来自围绕其的社会压力。如果获利机会不是在社区成员中平等分配，则成本极高。因此，非正式制度显示出一种比正式制度更难以创新的趋势。即使有政府行动，创新也不容易。

尽管如此，非正式制度创新的标准和特点并不因此而有改变。在人类历史过程中，价值观、习惯和社会道德，与意识形态一样，都已经发生变迁并且正在发生变迁。创新者面临的严峻问题与其他经济决策者一样。当制度不均衡所带来的预期收益大到足以抵销潜在成本时，个人会努力接受新的价值观、道德和习惯，而不管这些规则看上去是如何的根深蒂固。

（二）制度创新的类型

1. 诱致性制度变迁

诱致性制度变迁，主要是指现行制度安排的变更或替代，或新制度安排的创造，由个人或一群人在响应获利机会时自发倡导、组织和实行。经济制度创新之所以发生，是因为在社会中的个人或集团觉得承担新制度安排的成本有利可图，其目的在于创新者能够获取一些在旧制度下不能获得的利润。新制度安排的初始必要条件是未来的预期收益超过预期成本。

根据新古典经济学的经济人行为假设，采用正统的成本—收益分析法，可以把制度变迁看作是一种由经济主体追求利润最大化导致的制度均衡到非均衡再到均衡的过程。所谓制度均衡，是指在既定的制度安排下：①已经获取了各种要素资源所产生的所有潜在收入的全部增量；②潜在利润虽然存在，但是改变现有制度安排的成本超过潜在利润；③如果不对制度环境作某些改变，就不可能实现收入的重新分配，现存制度就处于一种均衡状态（即制度均衡）。制度均衡实际上是现存的制度处于"帕累托最优状态"。在这种状态中，现存制度安排的任何改变，都不能给经济中的任何人或任何集团带来额外收入。

但是制度均衡并不永久，因为一些外在事件能产生出对现存制度安排的压力：第一，由于新技术的应用、外部经济内部化、交易费用转移等条件的变化会产生潜在的收入，而只有安排进行制度创新才能获得这些收入；第二，由于新技术的产生等原因使新制度安排的成本发生改变；第三，法律上或政治上的某些变化可能影响制度环境，使得某些集团实现一种再分配或获得现存的外部利润的机会成为可能。由于以上原因，现存的制度结构通过改进或创新就能够实现新的收入。这意味着现存的制度存在非均衡状态，存在"帕累托改进"的可能。

2. 强制性制度变迁

强制性制度变迁，是指由政府命令和法律引入和实现的制度变迁。强制性制度变迁的主体是国家或政府。之所以要实行强制性制度变迁，主要原因是：①制度供给是国家的基本功能之一；②制度安排是一种公共物品，一般是由国家"生产"的；③弥补制度供给不足，政府可凭借其强制力、意识形态等优势，减少或扼制"搭便车"现象。

在实际生活中，诱致性制度变迁和强制性制度变迁有时很难划分开，它们相互联系、相互制约，共同推进着社会的制度变迁。这两种制度变迁有许多共同点，如两者都是对制

第六章　国民经济运行的供给推力与供给侧结构性改革

度不均衡的反应；两者都得遵循成本——收益比较的原则等。但又存在一些差别，主要是制度变迁的主体、制度变迁的优势、制度变迁面临的问题以及二者的影响因素不同。因此，不同的国家或一个国家在不同时期、不同的问题上，会从实际出发，作出不同的选择。发展中国家要摆脱低效率的制度，单纯依靠经济主体自身的寻利行为是不够的，甚至可能这种行为继续强化着低效率的制度，要打破恶性循环，需要国家或政府发挥积极的作用。

（三）制度创新在国民经济发展中的作用

（1）把资源从非生产性或生产效率低的部门转移到生产性或生产效率高的部门。处于"贫困陷阱"的国家虽然存在资源匮乏的问题，但这不是贫穷的根源，因为在世界范围内，既存在资源贫乏国家富裕起来的例证，也存在资源富集国家仍然贫穷的现象。资源稀缺是各种社会普遍面临的共同问题，关键是能否把资源应用到高效率的生产部门。在封闭条件下，制度创新的意义在于，通过设定新规则，把人们的努力及资源引导到生产性的创造财富的部门。这种创新虽然不能改变一个国家资源禀赋的状态，但却能向外移动生产可能性曲线，在不改变资源总量的情况下，增加产出与积累。

（2）通过改变激励机制促进经济增长。激励机制一方面反映了个人工作努力程度和报酬的关系，另一方面反映了个人目标与社会目标的关系。不同的制度安排形成不同的激励机制：好的激励机制能够把个体的努力程度与报酬、个人目标与社会目标紧密结合，在增进个体福利的同时增进社会福利，这被称为激励相容；而差的激励机制要么使报酬与努力程度脱节，要么使个人目标与社会目标脱节，即激励相斥。各国长期增长绩效的差异就来自于不同制度设定的不同的激励机制。其中，有效率的经济组织是经济增长的关键，这需要在制度上作出安排和确立财产所有权以便造成一种刺激，将个人的经济努力变成私人收益率接近社会收益率。

（3）通过降低交易成本、减少交易风险、提高交易效率、优化交易行为来提高产出增长率。为了说明这个问题，应修正新古典理论关于"理性经济人"和"零交易费用"的假定：①采用"有限理性人"的假定。有限理性人的行为特征是主观上追求理性，但客观上只能有限地做到这一点。这意味着经济个体对交易活动的信息是不完全的，这种不完全信息又产生了交易活动的不确定性，这种不确定性可能来自自然的或市场需求的随机变化，也可能来自交易行为人的机会主义动机（欺骗、偷懒等）。虽然外生于交易活动的不确定性是难以避免的，但产生于机会主义动机的不确定性却可以通过制度安排，设定违规惩罚机制来减少。②提出"正交易费用"的假定。在现实经济生活中，由于信息的不完全，交易活动中获得信息的成本是巨大的，即交易成本不可能为零。由于交易成本主要用于交易过程中人与人之间交易行为的协调，不用于直接生产过程，因而在产出既定的条件下，交易成本的大小可以反映一个国家的经济活动的效率。因此，对于落后国家来说，通过一系列制度创新减少交易风险和不确定性，优化交易行为，降低交易成本，能够有效地促进产出和增长。

（四）我国制度创新对国民经济运行的作用

在资本、劳动等生产要素投入一定，没有重大技术革命和技术进步的条件下，依靠制度创新也能推动经济增长，世界古已有之。改革开放以来，中国实行制度创新有力地促进了经济的快速增长，创造了"中国奇迹"，更加证明了这一点，主要表现在：

（1）制度创新对农业生产的推动。1978年是新中国经济发展史上一个重要的转折点，安徽凤阳小岗村18个农民自发自愿实行的承包制，推动在中国的部分农村发生了农业生产集体经营体制的变革，其后在全国农村普遍地建立起家庭联产承包责任制。这是集体内部进行的生产要素的分配，采用联产承包形成，由于产前分配决定了生产整个过程，而联产承包是在土地等生产资料集体所有下各生产要素的重新分配，实质上是产前分配，因此决定了承包后的生产和分配融为一体，以按劳分配为原则，纠正了平均主义现象，农民有了生产经营自主权。在"交够国家的，留足集体的，剩下的都是自己的"新的分配制度的激励下，农民的生产积极性被极大地激发起来。这次制度创新带来了中国农业的加速发展，从而也带动了整个国民经济的较快增长。另一个对农业生产产生重大积极影响的制度变革就是农村税费制度改革。最初从基层政府自发性试点开始，经过试点和推广不断深化，到2006年全国已全面取消了农业税。这种不断深化的农村税费改革为增加农民收入提供了一个更大的空间。

（2）制度创新对企业发展的推动。中国制度创新对经济增长起到了巨大的推动作用，而这种作用主要来自于制度变革为企业的发展带来了勃勃的生机。从制度层面看，改革开放以来，随着改革的深入推进，国有企业在自主权扩大、面向市场组织生产、企业管理制度改革等方面都取得了不同程度的进展，企业制度得到了优化。特别是1998年以来，中央政府加快了国有企业改革和国有经济结构调整的步伐，国有企业一方面加大改革、改组和改制力度，一方面通过主辅分离、减员增效等措施强化内部管理，取得了显著成效，结构不断得到优化，经济效益持续大幅增长。制度创新不仅提高了国有企业的效率，更有成效的是推动了非国有经济的迅猛发展，可以说非国有经济是这场制度变革的最大受益者。随着改革的不断深化，非国有经济在意识形态、政治、法律上的地位得到迅猛提升，而非国有经济机制灵活，能够充分地调动生产者的积极性，与市场的天然融洽性等优势，共同促使非国有经济在建设社会主义市场经济的历史进程中如鱼得水，硕果累累，为繁荣城乡经济、增加财政收入，扩大社会就业、改善人民生活，优化经济结构、促进经济发展作出了重要贡献。

（3）制度创新对国民经济整体的推动。从中国的改革开放的实践情况来看，制度创新有力地促进了中国经济的整体发展：一是所有制关系多元化。改革开放使中国经济成分从单一走向多元。在计划体制下，中国长期以国有经济为主，在许多领域甚至是国有经济一统天下。改革开放以来，特别是20世纪80年代中期城市改革以来，非国有经济得到迅猛发展壮大；二是对外开放取得了重大进展。改革开放政策使得中国在贸易、金融、投资领域全面对外开放，对外开放程度在稳定和大幅度地提高。中国成功加入WTO则更使得中国的对外开放达到了新的层次，中国已经从一个封闭的国家逐步成为世界经济的重要组成

第六章　国民经济运行的供给推力与供给侧结构性改革

部分；三是市场化进程不断加快。改革开放使市场化进程快速全面推进，资本、土地、劳动力、技术、产权等要素市场得到快速发展。

改革所带来的制度创新对经济增长有着重要作用，市场化改革有利于资源配置效率的提高，非国有经济成分扩大有利于建立产权明晰的有效率经济，对外开放有利于在全球范围内优化配置资源，从国外获取丰富的技术、资本、制度、知识和其他资源。这些改革都直接提高了综合生产率，促进了国民经济长期持续快速增长。

改革开放 30 多年来，中国经济保持了年均 9.7% 的高速增长，这在很大程度上归于制度创新导致的资源优化配置效应。事实上，所有制关系多元化——市场化——对外开放，这三个紧密相连的宏观制度变迁，不但为中国宏观经济总量的增长提供了可靠的制度支持，发挥了巨大的影响力，而且对转变经济发展方式，提高国民经济运行质量起到了十分重要的积极推动作用。

第六节　国民经济供给管理和供给侧结构性改革

一、供给管理的特点

国家或政府在进行需求管理的同时，还必须进行供给管理。主要是对劳动力、资本等自然资源、技术进步等生产要素的管理，广义地说还包括结构优化、制度创新等内容，统称供给推力。与需求管理一样，供给管理也是国民经济管理的重要内容，只不过实施管理的着重点不同，使用的政策性工具也不完全相同。供给管理的主要特点在于：

第一，注重结构优化。具体包括产业结构、区域结构、投资结构、消费结构、进出口结构、市场结构和收入分配结构等。为此，需要采用产业政策、区域政策、投资政策、消费政策、外贸政策、价格政策等协调配合的政策体系，实现结构优化的目标。

第二，强调长期平衡。比较而言，社会总供给的结构优化主要是实物平衡，这需要较长时期才能实现。例如，产业结构的调整、优化和升级，不是短时期所能完成的，甚至需要在 1~2 个或更长时期的"五年规划"才能完成。2008 年全球金融危机之后，长三角开始进行产业结构调整，至今仍在进行中。对于其他区域结构来说也是如此。西部大开发、东北地区等老工业基地改造与振兴、中部崛起至今都经历了几个"五年规划"期。因此，供给管理既着眼于当前又立足长远，尤其强调中长期政策效应。

第三，实行"顺周期"调整。针对全球金融危机的"逆周期"调节或需求管理可以短期内收到立竿见影的效果，但也容易产生经济波动，而且容易产生产能过剩和孕育金融危机。供给管理主要增加管理的针对性和有效性，通过预调微调和"微刺激"，熨平短期经济波动，保持经济运行在合理区间，有效防范和化解各种经济风险。

第四，注重解决微观层面问题。供给管理在宏观管理的大背景下，更有利于实现对企业和市场的引导，如通过鼓励"双创"，创造新供给，培育新动能，推动新技术、新产业、新业态蓬勃发展，加快实现动能转换。与此同时，采取有效措施实施"三去一降一补"，实现社会总供给更好地适应社会总需求的变化，把发展的基点放在创新上，坚持创新发展着力提高经济发展的质量和效益。

第五，重视增加制度供给。制度创新和技术创新是经济发展的"鸟之两翼"、"车之两轮"，而且从某种意义上说，增加制度供给、加快制度创新，可以为技术创新提供新动力：发展资本市场可以为技术创新提供资金保障，加快分配制度改革可以为技术创新带来新的动力机制，加强知识产权保护可以为技术创新提供法律保护，而实施简政放权、实行"放管服"改革可以为企业增添活力、更好发挥市场在资源配置中的决定性作用。而要改善和加强供给管理，必须从体制机制创新上做好文章，即实行供给侧结构性改革。

二、供给侧结构性改革的必要性及其实质

2015年11月，习近平总书记在中央财经领导小组第十一次会议上，首次提出"供给侧结构性改革"观点，指出要在适度扩大总需求的同时着力加强供给侧结构改革。2015年11月18日，在亚太经合组织工商领导人峰会上，进一步提出在推进供给侧结构性改革作出更大努力，使供给体系更适应需求结构变化。2016年1月，在中央财经领导小组第十二次会议上，提出五大任务关系到供给侧结构性改革的开局，关系到"十三五"的开局。2016年12月，在中央经济工作会议上，提出以供给侧结构性改革为主线，并对供给侧结构性改革的最终目的、主攻方向和根本途径进行了分析。

供给侧结构性改革顾名思义，主要是指从供给侧入手，针对经济结构性问题而推进的改革。其重点是解放和发展社会生产力，用改革的办法推进结构调整，减少无效和低端供给，扩大有效和中高端供给，增强供给结构对需求变化的适应性和灵活性，提高全要素生产率。具体而言，狭义的供给是指生产者在一定时期一定价格水平上愿意并且能够提供的商品或劳务数量；广义的供给是指所有能对经济发展和经济效益提高起作用的"供给侧"（supply-side）因素或供给侧力量，包括经济活动主体、生产要素及其升级、制度变革等。

供给侧结构性改革的必要性在于，我国经济运行面临的突出矛盾和问题，虽有周期性、总量性因素，但根源是重大结构失衡，导致经济循环不畅，必须从供给侧结构性改革上想办法，努力实现供求关系新的动态均衡。

具体来说，我国目前的重大结构性失衡，主要体现在以下六个方面：一是产业结构失衡。主要表现为低附加值产业、高消耗、高污染、高排放产业的比重偏高。二是区域结构失衡。主要表现为人口的区域分布不合理，户籍人口城镇化率偏低，区域发展不平衡、不协调、不公平。三是要素投入结构失衡。主要表现为资源能源、劳动力、资金等一般因素投入比重偏高，人才、技术、知识、信息等高级要素投入比重偏低。四是排放结构失衡。主要表现为废水、废气、废渣、二氧化碳等的排放比重偏高。五是经济增长动力结构失衡。主要表现为过多依赖扩大需求，特别是依赖扩大投资来拉动经济增长。六是收入分配结构失衡。主要表现为城乡收入差距、行业收入差距、不同群体收入差距较大。这六个方面的结构性问题既相对独立、又相互叠加，需要通过供给侧结构性改革有针对性地加以

第六章 国民经济运行的供给推力与供给侧结构性改革

解决。

供给侧结构性改革的实质：一是最终目的是满足需求。就是要在解决和发展社会生产力中更好地满足人民日益增长的物质文化需要。二是主攻方向是提高供给质量。主要是减少无效供给，扩大有效供给，着力提高整个供给体系质量，提高供给结构对需求结构的适应性。三是根本途径是深化改革。通过改革创新做到四个提高，即提高盈利能力、劳动生产率、全要素生产率和潜在增长率。

三、我国供给侧结构性改革的战略重点

（一）发挥市场的决定性作用和更好地发挥政府作用

供给侧结构性改革的关键在于解决生产要素的合理配置问题，核心问题是处理好政府和市场的关系，使市场在资源配置中起决定性作用和更好地发挥政府作用：一是完善产权保护制度。产权清晰是市场交易和市场机制得以有效运转的基本前提，要进一步明晰和保护各类公有及私有产权，努力提高各类财产和公共资源的配置效率。二是进一步破除垄断。尽最大可能实现生产要素的自由流动和公平竞争，对于少数自然垄断行业也要通过科学的政府管制，在价格与进入等阶段利用招标竞争、区域间比较竞争等手段尽可能增加竞争性，激励企业内部效率。三是进行价格的市场化改革，特别是要素价格市场化。积极推进交通、石油、电信、水、电、气等领域的价格改革，放开竞争性环节价格，真正由市场价格来引导生产要素和资源的流动和配置。四是更好发挥政府作用。着力解决以往存在的政府职能"错位""越位"和"缺位"现象。政府作用重点在于为市场创造良好的制度条件，解决好市场失灵领域存在的问题，搞好宏观调控，通过收入分配政策防止两级分化；五是推进国有企业改革。解决"生产不能停、人不能走、企业不能死"的问题，促进生产要素和资源的合理流动和市场配置。

（二）实施创新驱动战略

创新驱动是推进供给侧结构性改革的重点和关键所在。只有通过创新驱动改造提升传统产业，支持各类市场主体加快技术、新产品、新业态、新模式等方面的创新发展，才能真正扩大有效和中高端供给。深入实施创新驱动发展战略：一是营造激励创新的公平竞争环境。通过严格的知识产权保护，打破制约创新的行业垄断和市场分割，改革产业准入制度。二是营造促进创新的体制机制。通过完善企业为主体的产业技术创新机制，健全优先使用创新产品的采购政策，建立技术创新市场导向机制。三是鼓励创业创新创投。通过壮大创业投资规模、强化资本市场支持等强化金融创新功能，支持技术创新与制度创新。四是加快科技体制改革。通过加快下放科技成果使用、处置和收益权、提高科研人员成果转化收益比例等完善成果转化激励政策。五是完善创新体系。通过深化转制科研院所改革、优化对基础研究的支持方式、建立科技创新协同机制等，构建以企业为主体、市场为导向、产学研相结合的技术创新体系。六是实行双向流动。通过促进创新资源高效配置和综

合集成、建立健全科研人才双向流动机制、完善创新人才培养和利用机制、建立科学的创新评价机制等，加快技术创新步伐。

(三) 全面提升要素资源供给水平

提高全要素生产力是供给侧改革的重要目标之一。劳动力、资本、土地是最基本的供给侧要素资源。应加快改革，全面提升要素资源供给水平，形成供给动力源：

(1) 提升劳动力供给水平。调整人口政策，从"单独两孩"到"全面放开两孩"，未来在动态优化过程中，应重点实施"以整个社会全面优生和提高人口质量为核心"的人口战略和"以教育和提升创新能力为核心"的人口资本战略。下一步应调整劳动合同法，保证劳动市场灵活性，同时加强以人为主的落户制度和职业培训，提升劳动力供给水平。

(2) 发挥土地制度创新推动供给侧改革的作用。推进土地制度改革，充分发挥土地制度创新在户籍制度改革、促进转型升级、化解过剩产能、降低用地成本等方面的积极作用。通过优化用地结构，更好地促进土地资源利用。通过加强土地精细化管理、差别化管理，加强产业用地调控，合理提高征地拆迁补偿标准等，降低产业用地成本。在坚持节约用地和耕地保护制度的同时，实施分类管制，推进土地审批制度改革，逐步建立城乡统一的土地流转制度，通过盘活存量建设用地、鼓励使用荒废土地等方式方法，稳定用地供应，提高用地效率。

(3) 提升金融供给水平。通过健全金融机构体系，发挥金融创新功能，完善宏观调控方式，创新调控思路和政策工具，全面提高金融服务实体经济效率；不断提高直接融资比重，扩大民间资本进入银行业，规范发展互联网金融，构建结构平衡、可持续的金融体系；引导商业银行建立完善绿色信贷机制，发挥金融市场支持绿色融资的功能，建设绿色金融体系；扩大金融业双向开放，积极参与全球金融治理；加强对中小微企业、农村尤其是贫困地区金融服务，完善农业保险制度，完善筹资机制，大力发展普惠金融；加强金融宏观审慎管理制度建设，健全监管规则，建立安全、高效的金融基础设施，建立国家金融安全机制，防止发生系统性金融风险。

(四) 增加制度供给

实行制度创新和增加制度有效供给是推进供给侧结构性改革的基础，为此应做到：

(1) 实行政府治理制度创新。一是加快转变政府职能。建设法治政府和服务型政府，发挥政府在宏观调控、纠正市场失灵、提供公共服务和调节收入分配的主要作用，由管理转向服务。二是加快推进政府治理体系和治理能力现代化。充分发挥市场决定性作用，利用合同外包、第三部门、公私伙伴关系等新型治理方式，实现民主、参与式、互动式的多元主体治理，提升治理效能。三是简政放权。推动负面清单管理，大力削减行政审批项目，放松政府管制，建设小政府。四是实现依法治国。建设电子政府、阳光政府，将政府权力关进制度的笼子里，使权力行使程序化、规范化、法制化。

(2) 加快企业制度创新。一是创新企业产权制度。通过降低国有股比重，培育法人股东、机构投资者，完善职工持股制度等方式，推进产权保护法治化，依法保护各种所有制

第六章　国民经济运行的供给推力与供给侧结构性改革

经济。二是完善公司法人治理结构。通过完善公司内部治理和外部治理结构，提高国有企业和民营企业法人治理结构运行效率。三是创新企业管理制度。通过管理组织、管理模式创新、重视企业文化建设及其与企业管理制度融合、推行人本管理等，提升企业管理水平，激发企业内在效率。四是企业文化创新。通过培育诚信文化、打造特色文化、培育社会责任文化、建设创新文化、创建学习型企业文化、坚持"以人为本"的核心价值观，充分挖掘中国传统文化的优秀内容，处理好企业文化与社会文化的关系，推动企业健康发展。

（3）推进市场制度创新。一是健全市场体系。进一步发展和完善商品市场、金融市场、人力资源市场、产权交易市场、信息市场、房地产市场等各类市场，完善市场体系。二是优化市场运行机制。核心是充分发挥竞争机制的作用，促进公平竞争。通过"负面清单"等行政管理制度创新，完善市场经济正常运行的相关法律法规，防止权力替代市场、干预市场、排斥竞争，防止非法垄断与不正当竞争。三是创新市场组织形式。通过现货市场、期货市场、零售市场、批发市场、综合市场、专业市场、有形市场、无形市场等的改进与变革，创新各种不同层次的市场组织制度安排。四是创新市场流通方式。利用现代技术手段来改造传统流通模式，大力推动电子商务发展，加快推进流通业信息化进程。加快推动以连锁商业为核心、以多种现代零售业态经营形式为主体的各种新型业态的快速发展。进一步优化政策环境，强化信用意识和契约意识，加快社会信用体系建设，完善流通市场安全制度。

（4）实现宏观调控制度创新。一是深化财税体制改革。通过建立全面规范、公开透明的现代预算制度；建立健全有利于科学发展、社会公平、市场统一的税收制度体系；调整中央和地方政府间财政关系，建立事权和支出责任相适应的制度；建立现代财政制度，重构与新常态、新经济相符的财政收入体系。二是加快金融体制改革。通过尽快解决利率双轨制问题、拓宽小微企业融资渠道、推动普惠金融发展等措施，积极解除金融抑制，有效支持实体经济。三是推进收入分配制度改革。通过适当降低企业、个人所得税率，提高最低工资标准，健全企业工资指导线和工资集体协商制度，健全国有资本收益分享机制，完善资本、技术、管理等生产要素的报酬机制，加强惩治和预防腐败体系建设，强化税收征管等途径，深化收入分配制度改革，促进分配公平。

（5）推动非正式制度创新。一是塑造规则文化。核心要求是在经济活动中遵守法制、讲求诚信。二是转变行政文化。弱化"官本位"思想和"等级制"观念，铲除不良行政文化滋生的土壤，为经济社会发展创造良好的行政氛围。三是唤起合理的功利文化。消除不正常的"仇富"等文化心态，通过对功利文化的重新审视和正确解读，唤起人们追求财富、创造财富、勤劳致富等合理的功利文化观念，推动经济发展，实现民富国强。四是培育创业创新文化。突破封闭自大、"小富即安"、不思进取、不愿冒险的文化心理，在全社会培育形成尊重创造、注重开放、敢冒风险、宽容失败的创新创业文化，积极培育积极进取、勇于创新的企业家精神。五是加强诚信文化建设。努力营造诚信环境氛围，健全诚信相关法律制度、强化诚信监管，加强行业诚信体系建设，强化政府信用建设，提高政府诚信度，推动市场经济健康、可持续发展。

（五）做好"三去一降一补"

（1）扎实有效去产能。重点抓好钢铁、煤炭等困难行业去产能，严格控制新增产能，坚决淘汰落后产能，有序退出过剩产能，积极妥善处理"僵尸企业"，实施"走出去"战略，加快产能的国际转移。

（2）因城施策去库存。重点解决三四线城市房地产"去库存"，并与人口城镇化结合起来。落实户籍制度改革方案，加快提高户籍人口城镇化率和深化住房制度改革，通过农民工市民化，形成农民工在就业地买房或长期租房的预期和需求。鼓励房地产开发企业适当降低商品住房价格，促进房地产业兼并重组，提高产业集中度。推行棚户区改造货币安置政策，打通商品房与棚改安置房转换通道，进一步缓解去库存压力。多方面扩大有效需求，打通供需通道，消化库存，稳定房地产市场。

（3）积极稳妥去杠杆。在控制总杠杆率的前提下，把降低企业、尤其是非金融国有企业杠杆率作为"重中之重"，解决居民部门"杠杆上的楼市"，防范金融部门理财产品、同业存单等金融风险，降低政府部门主要是地方政府的杠杆率，避免发生系统性和区域性风险。

（4）多策并举降成本。简政放权，实行"放管服"改革，进一步减少不必要的审批事项，降低或取消行政性收费；通过正税清费进一步降低企业税费负担；通过完善煤电价格联动机制，推进电价市场化改革，降低电力价格；通过金融改革降低企业融资成本；通过规范行政行为，取消权力寻租，降低制度交易成本；通过降低企业保险金上缴比例等降低企业用工成本。

（5）精准加力补短板。一是补齐民生保障短板。坚持精准扶贫、精准脱贫，瞄准建档立卡贫困人口，打好脱贫攻坚战。二是补齐产业发展短板。政策上支持企业技术改造和设备更新，市场方面则要让更多资金活水流向实体经济，切实提升企业自身发展和创新的能力。三是补齐基础设施短板。让投资更有效、更精准，投入机制和运营机制要市场化、可持续，形成良性循环。四是补齐人力资本短板。研究出台适宜人力资本发挥作用的相关政策，建设好创新创业平台，培育良好的政策环境、社会环境、工作环境、学术环境和文化环境，充分调动人才创新创业热情和积极性，全面提高劳动生产率。五是补齐"三农"短板。加大资金和政策倾斜，提升农村基础设施和公共服务水平；加强资源保护和生态修复，保障"舌尖上的安全"；提高农民素质，培育新型农民；提高农业综合生产能力、提升农产品质量和效益；积极创新，完善现代农业发展体制机制。

【复习思考题】

1. 劳动力供给对经济增长的作用。
2. 劳动力供给来源和供给不足的存在性分析。
3. 资本积累对经济增长的作用。
4. 自然资源的特点。
5. 自然资源对国民经济的作用。

第六章 国民经济运行的供给推力与供给侧结构性改革

6. 技术进步的内涵与类型。
7. 技术进步对经济增长的作用。
8. 制度创新在国民经济发展中的作用。
9. 供给侧结构性改革的必要性及其实质。
10. 我国供给侧结构性改革的战略重点。

第七章 国民经济运行的周期波动

在国民经济运行过程中，社会总供求的变动会引起经济增长率的变动。当经济增长率出现大起大落的剧烈变动时，则表明社会总供求出现了严重失衡。如果这种国民经济波动呈现出周期性变动的特点，则称为周期性波动。本章主要分析国民经济周期性波动的规律、成因及传导机制。

第一节 国民经济运行中的周期波动

一、周期波动的含义

（一）周期波动的内涵

在国民经济运行过程中，由于社会总供求失衡而引起的经济增长所呈现的波动运行的状态，称为经济波动。如果经济波动表现出周期性运动规律的特点，通常把这种状况称为国民经济存在经济周期或经济周期波动。当社会总供求出现严重不平衡的剧烈变动时，可将这种经济增长率大起大落的经济波动称为失衡性波动。①

（二）经济周期的阶段划分

经济周期波动可分为不同阶段来进行研究，划分这些阶段的方法，主要有：

（1）两阶段法。将每一个经济周期分为上升和下降两个阶段。在图7-1中，横轴 t 表示时间，纵轴 Y 表示国民经济收入或经济活动水平，NN' 表示正常经济活动水平。ACE、CEG 各是一个经济周期的长度。CDE 段表示上升阶段，也称为繁荣阶段，最高点称为顶峰，也是经济由盛转衰的转折点。此后经济进入下降或衰退阶段，即 EFG。衰退严重则经济进入萧条，其最低点为谷底，同时也是经济由衰转盛的一个转折点，此后经济进入上升阶段。国民经济从一个顶峰到另一个顶峰，或者从一个谷底到另一个谷底，就是一次完整的经济周期。

---

① 增长率大起大落的失衡性波动的数量一般很难确定，多视各国的具体情况而定。

第七章 国民经济运行的周期波动

(2) 四阶段法。经济周期也可将其分成四个阶段：衰退、萧条、复苏和高涨。在图7-1中，AB 段表示衰退阶段，BC 段表示萧条阶段，CD 段表示复苏阶段，DE 段表示高涨阶段。

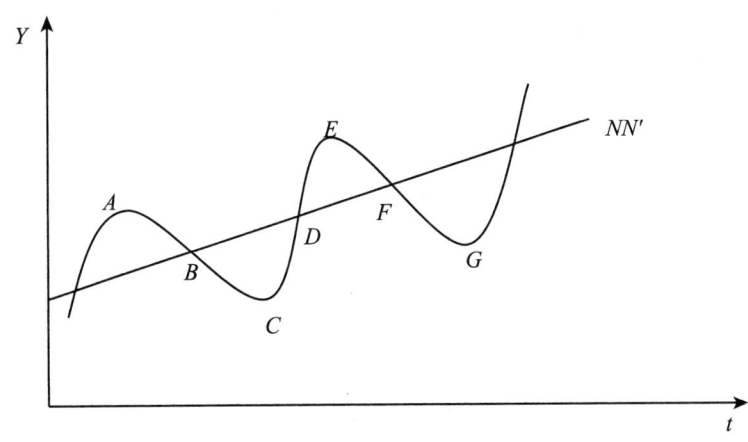

图 7-1 经济周期阶段

（三）经济周期的类型

(1) 经济周期按其对经济发展影响程度及发生时间的长短划分，主要有四种类型：

第一，短周期。平均长度为 2~4 年，是由美国经济学家基钦（Kichin）通过考察英国和美国的银行清算和批发物价等数据时发现的，又称为"基钦周期"。一般认为，基钦周期主要是由于企业的库存投资的循环而产生的，因此，又称之为库存循环。例如，美国从 1807~1937 年的 130 年中，共经历了 37 个小周期，平均长度 3.51 年。

第二，中周期。平均长度为 7~10 年，是法国经济学家朱格拉（Juglar）基于银行贷款、利率、物价的统计资料，研究英、法、美等国工业设备投资的变动状况时发现的，又称"朱格拉周期"。这些周期波动对应着引起 GDP、通货膨胀率、就业波动投资品的一个生命周期。一个中周期约合 2 个短周期。例如，美国从 1795~1937 年的 142 年中，共经历了 17 个中周期，平均持续时间 8.35 年。

第三，中长周期。平均长度为 15~25 年，是由美国经济学家库兹涅茨（Simon Kuznets）于 1930 年提出的，亦称库兹涅茨周期。与这种经济周期紧密相关的一个因素是建筑业的兴盛和衰退，所以又称为建筑业周期。一个中长周期大约包含两个中周期。例如，美国在 1832~1933 年的 102 年间，共经历了 6 个中长周期，平均持续时间 17 年。

第四，长周期。平均长度为 40~60 年，是俄罗斯经济学家康德拉季耶夫（Kondratiev）通过研究英、德两国铁的消费情况时发现的，又称"康德拉季耶夫周期"。其中，技术进步和革新是长期波动产生的主要原因。在其考察的近 200 年的经济发展过程中，发现有三次重大技术革命导致三个长周期的产生，这就是蒸汽机（约 1790 年）、铁路（1830年）、汽车（1885 年），对应的周期是第一个周期：1790~1844/51 年；第二个周期：1850~

1890/96 年；第三个周期：1890/96～1930 年。

尽管以上按照对经济发展影响程度及发生时间的长短给出了不同的经济周期分类，但在实际研究中，也很难确切地加以区分，因为不同类型和大小的扰动，都是以随机的时间间隔来影响经济，继而传递给整个国民经济活动的。

（2）经济周期按其周期性质划分，主要有两种类型：

第一，古典周期（Classical Cycle）。经济周期的繁荣阶段为绝对量上升，即经济出现正增长；经济周期的低谷阶段为绝对量下降，即经济出现负增长。20 世纪 30 年代以前，西方主要工业国经济的经济衰退与萧条通常表现为经济总量下降的古典周期。

第二，增长周期（Growth Cycle）。经济周期的繁荣阶段仍然表现为正增长，但经济周期低谷阶段不是绝对量的下降而是增长率的相对减缓，经济仍在正增长的环境中运行。20 世纪 50 年代以后，西方国家的经济进入相对稳定的增长时期，经济总量水平下降的年份已不多见，即使出现经济衰退，也常常表现为经济增长速度的下降，而不是经济绝对水平的下降。

（四）改革开放以来中国经济周期波动

自改革开放以来，中国经济经历了长达 30 年的高速增长，被世界银行称为"中国奇迹"。而 2010 年以来，中国经济增长率持续下降，进入了中高速发展阶段，也即经济新常态。具体可分为 6 次大的周期性波动（见表 7–1）。

1. 经济周期的基本状况

表 7–1   1977～2015 年中国经济增长率

周期序号	年份	经济增长率（%）	周期
1	1977	7.6	5 年短周期增长型
	1978	11.6	
	1979	7.6	
	1980	7.9	
	1981	5.1	
2	1982	9.0	5 年短周期增长型
	1983	10.8	
	1984	15.2	
	1985	13.5	
	1986	8.9	

第七章 国民经济运行的周期波动

续表

周期序号	年份	经济增长率（%）	周期
3	1987	11.7	4年 短周期 增长型
	1988	11.3	
	1989	4.2	
	1990	3.9	
4	1991	9.3	9年 中周期 增长型
	1992	14.3	
	1993	13.9	
	1994	13.1	
	1995	11.0	
	1996	9.9	
	1997	9.2	
	1998	7.8	
	1999	7.6	
5	2000	8.4	10年 中周期 增长型
	2001	8.3	
	2002	9.1	
	2003	10.0	
	2004	10.1	
	2005	11.3	
	2006	12.7	
	2007	14.2	
	2008	9.6	
	2009	9.2	
6	2010	10.6	中高速经济增长阶段 （经济新常态）
	2011	9.5	
	2012	7.7	
	2013	7.7	
	2014	7.3	
	2015	6.9	

资料来源：《中国统计年鉴（2015）》及《2015年国民经济和社会发展统计公报》。

根据我国1977~2015年国内生产总值年增长率（按可比价格计算）的波动状况，可以把我国经济增长在此期间的波动划分为5个已形成的高速增长的经济周期和一个尚未完成的中高速增长经济周期（见表7-1和图7-2）。5个已形成的高速增长的经济周期分别为：第1个周期：1977~1981年，历时5年；第2个周期：1982~1986年，历时5年；第3个周期：1987~1990年，历时4年；第4个周期：1991~1999年，历时9年；第5个周期：2000~2009年，历时10年。一个尚未完成的中高速增长的经济周期：2010年至今。

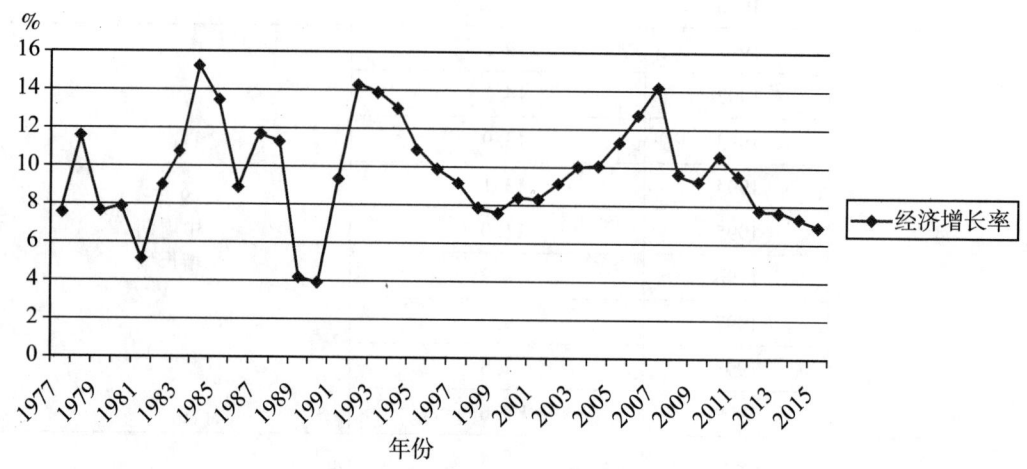

图7-2　1977~2015年中国经济周期

资料来源：根据表7-1绘制。

2. 经济周期波动的特点

第一，5个已形成的高速增长的经济周期。一是波动的幅度总体呈现中幅型。波动幅度是指每个周期中经济增长率上下波动的差距，即最高的增长率与最低增长率之差。它是反映经济增长稳定程度的一个重要指标，波动幅度越大，说明经济增长的稳定性越差；波动幅度越小，说明经济增长越稳定。通常根据峰谷落差的大小，将波动分为3种类型：强幅型，峰谷落差大于或等于10个百分点；中幅型，峰谷落差小于10个百分点，大于或等于5个百分点；低幅型，峰谷落差小于5个百分点。

由表7-2可见，1977年以来我国5轮经济周期平均波动幅度为6.64个百分点，总体呈现中幅型。从发展趋势上看，波动幅度的下降较为显著，这一变化表明，我国经济增长的稳定性在逐步增强。

表7-2　　　　　　　　1977~2009年中国经济周期波动幅度类型

周期序号	峰位经济增长率（%）	谷位经济增长率（%）	峰谷幅度（%）	波动类型
1	11.6	5.1	6.5	中幅型
2	15.2	8.9	6.3	中幅型
3	11.7	3.9	7.8	中幅型

第七章 国民经济运行的周期波动

续表

周期序号	峰位经济增长率（%）	谷位经济增长率（%）	峰谷幅度（%）	波动类型
4	14.3	7.6	6.7	中幅型
5	14.2	8.3	5.9	中幅型
平均值			6.64	中幅型

资料来源：根据表7-1计算得出。

二是波动的高度总体呈现中峰型。根据各周期波峰年份经济增长率的高低，将波动分为3种类型：高峰型，波峰年份经济增长率大于或等于15%；中峰型，波峰年份经济增长率小于15%，大于或等于10%；低峰型，波峰年份经济增长率小于10%。

由表7-3可见，1977年以来我国5轮经济周期波峰平均值为13.4%，总体呈现中峰型。5轮周期中，第2轮周期为高峰型，其余4轮周期为中峰型。从发展趋势上看，峰位逐渐下降，表明我国经济增长的稳定性在一定程度增强。

表7-3 1977~2009年中国经济周期波动高度类型

周期序号	波峰年份	峰位经济增长率（%）	高度类型
1	1978	11.6	中峰型
2	1984	15.2	高峰型
3	1987	11.7	中峰型
4	1992	14.3	中峰型
5	2007	14.2	中锋型
平均值		12.9	中峰型

资料来源：根据表7-1计算得出。

三是波动的深度全部表现为增长型。根据各周期波谷年份经济增长率的正负，可以将波动分为增长型和古典型。我国经济周期波动呈现与经济总量下降的古典型不同的特点（见表7-4）。

由表7-4可见，1977年以来我国5轮经济周期波谷平均深度为6.76%，周期波动全部为增长型，并且谷位上升极为显著。这一变化表明，我国经济增长增强了抗衰退的能力，从而有利于增强经济的稳定性。

表7-4 1977~2009年中国经济周期波动深度类型

周期序号	波谷年份	谷位经济增长率（%）	深度类型
1	1981	5.1	增长型
2	1986	8.9	增长型

续表

周期序号	波谷年份	谷位经济增长率（%）	深度类型
3	1990	3.9	增长型
4	1999	7.6	增长型
5	2001	8.3	增长型
平均值		6.76	增长型

资料来源：根据表7-1计算得出。

四是波动的平均位势总体呈现高位型。根据各周期经济增长率平均值的高低，可以将波动分为以下3种类型：高位型，经济增长率平均值大于或等于8%；中位型，经济增长率平均值小于8%，大于或等于5%；低位型，经济增长率平均值小于5%。

由表7-5可见，1977年以来我国5轮经济周期经济增长率年平均值为9.64%，总体呈现高位型。在5轮周期中，除了第1、第3轮为中位型，其余3轮为高位型。这表明，改革开放后我国经济总体增长水平有了显著提高。

表7-5　　　　　1977~2009年中国经济周期波动平均位势类型

周期序号	平均经济增长率（%）	平均位势类型
1	7.96	中位型
2	11.48	高位型
3	7.78	中位型
4	10.68	高位型
5	10.29	高位型
平均值	9.64	高位型

资料来源：根据表7-1计算得出。

五是波动的扩张长度总体呈现短扩张型。按照扩张长度与收缩长度的比较，可把波动分为两种类型：短扩张型，即扩张期短于收缩期，或扩张长度与收缩长度之比小于1；长扩张型，即扩张期长于收缩期，或扩张长度与收缩长度之比大于或等于1。

由表7-6可见，改革以来我国经济5轮周期平均总长度6.6年，扩张长度平均为3.2年，收缩长度平均为3.4年，二者之比为0.94，总体呈现短扩张型。在5轮周期中，第2轮和第5轮周期的扩张期大于收缩期，其余3轮周期的扩张期都小于收缩期。总体而言，我国经济扩张的持续性较弱、稳定性较差。但从发展趋势上看，扩张期的延长极为显著，这表明，我国经济扩张的持续性在逐步增强。

第七章 国民经济运行的周期波动

表 7-6　　　　　　　　1977~2009 年中国经济周期波动扩张长度类型

周期序号	扩张长度（年）	收缩长度（年）	总长度（年）	扩张长度类型
1	2	3	5	短扩张型
2	3	2	5	长扩张型
3	1	3	4	短扩张型
4	2	7	9	短扩张型
5	8	2	10	长扩张型
平均值	3.2	3.4	6.6	短扩张型

资料来源：根据表 7-1 计算得出。

第二，一个尚未完成的中高速增长的经济周期的特点。2010 年之后，我国经济增长率持续下降，2015 年甚至回落到 7% 以下。这表明，中国经济发展进入新常态，正从高速增长转向中高速增长，其是经济结构重大调整和发展环境变化的必然结果。而这一轮经济周期何时探底回升，目前还无法确定。

二、周期波动的特征

（1）全局性。经济周期波动不仅表现在个别部门上，而且表现在国民经济各个部门上，即为经济总量（实际国内生产总值）的波动。

（2）长期性。即指一个较长时期的经济波动，是由经济运行的特殊机制，而不是偶然因素造成的。

（3）相似性。各周期在相同阶段上有着相似性的特征。可以把一个经济周期看成由四个首尾衔接的阶段组成，各阶段的特征如下：一是衰退阶段。其特征是大量商品找不到销路，价格猛跌，生产缩减，工厂停产或倒闭，工商业危机引起信用关系的破坏，股价下跌，银行倒闭并引发信用危机。二是萧条阶段。其特征是生产虽不再下降，失业人数不再增加，商品价格企稳，但大批失业者仍然找不到工作，社会购买力还很低，商业萎缩，社会生产处于停滞状态。三是复苏阶段。其特征是企业扩大生产规模，就业人数逐渐增多，社会购买力开始提高，物价缓慢回升，市场容量逐渐扩大，工商企业活跃，借贷活动增加，从而推动了信用事业的发展。四是高涨阶段。其特征是生产迅速扩大，市场不断扩充，物价稳步上涨，利润急剧增长，投资大量增加，新的企业不断建立，商业异常活跃，信用也普遍扩展。

（4）反复性。一个经济周期的结束就意味着下一个经济周期的开始，在较长时间内，周期波动的间隔大体是稳定的。

（5）递进性。由高增长经济周期向中高增长经济周期转变。在经过 30 多年平均 10% 左右高速增长期后，中国经济已进入一个中高速增长的新阶段，即经济新常态。经济新常态是一个客观状态，是我国经济发展到今天这个阶段必然会出现的一种状态，具有一种内在的必然性，是经济增长阶段的根本性转换。经济新常态的经济周期特征：一是波动的幅度总体呈现低幅型；二是波动的高度总体呈现低峰型；三是波动的深度全部表现为增长型；四是波动的平均位势总体呈现中位型；五是波动的扩张长度总体呈现长扩张型。

第二节 周期波动的形成原因及传导机制

一、周期波动形成的原因

（一）周期波动形成的外部原因

外因论认为，周期源于经济体系之外的因素，主要有：

（1）太阳黑子理论。英国经济学家威廉·杰文斯和美国的亨利·穆尔等认为，太阳黑子活动的周期会影响地球的气候变化，从而形成气候变化的周期，而气候变化的周期则会影响到农业收成的丰收和歉收，从而形成农业生产的周期性波动。由于农业成为人们生活必需品和某些工业原料的来源，因而农业的周期性波动，必然影响到工商业。太阳黑子的出现是有规律的，大约每十年左右出现一次，因而经济周期大约也是每十年一次。

（2）战争和人口理论。西方一些经济学家认为，战争以及人口的变化都会影响到经济活动的总水平。例如，第二次世界大战在很大程度上是出于对地缘政治学的考虑而造成的，即如何扩大德国和日本的生存空间。如果不是由于战争会造成整个世界被毁灭和人类的灾难与痛苦，战争还是有助于促进经济繁荣的。战争也会影响一个国家的出生率，导致二战后立即就出现了"婴儿潮"或"婴儿爆炸"，并于20世纪60年代再度出现。从长期来看，出生率的增长和下降是会影响经济活动的，从1854年以来美国所经历的各次经济周期中不难发现，和平时期或者出生率突然增长期间和移民骤增期间，经济周期的发生次数要频繁得多。

（3）政治周期理论。英国学者费雷和美国学者诺德豪斯引入政治因素来解释经济周期发生的原因，认为在每一次大选来临之前，执政党为了取得选民支持以求连任，往往采取扩大财政支出、减少失业、增加福利等政策，促使经济繁荣以争取选民支持。一旦选举结束，新政府上台，为了弥补赤字、提高效率、抑制通货膨胀，又会采取紧缩政策，这一过程一直延续到下次大选之前。因此，由于大选和经济政策重点的变化，国民经济便呈现周而复始的周期性波动。

（4）创新理论。奥地利经济学家熊彼特用创新解释经济波动与发展，认为创新是指一种新的生产函数，或者是生产要素的一种"新组合"。当新组合出现时，旧组合仍然在市场上存在，新老组合的共存必然给新组合的创新者提供获利条件。而一旦用新组合的技术扩散被大多数企业获得，最后的阶段——停滞阶段就临近了。在停滞阶段，因为没有新的技术创新出现，很难再刺激大规模投资，所以难以摆脱萧条。这种情况直到新的创新出现

第七章 国民经济运行的周期波动

才被打破,从而再现新的繁荣。

(二) 周期波动形成的内部原因

内因论认为,周期是经济体系内部因素在市场机制作用下的必然结果,主要有:

(1) 消费不足理论。把经济的衰退归因于消费品需求不足:一是购买力不强造成消费不足。英国的道格拉斯认为,经济体系未能分配足够的购买力,造成实际购买力低于产品总价值,因而社会的全部产品不能完全以至少抵偿成本的价格出售,这是造成经济收缩的主要原因。二是过度储蓄形成消费不足。美国的福斯特和卡钦斯认为,由于人们将收入中用于储蓄的部分超过了一定的比例,从而用于购买消费品的部分比例太小,引起消费不足,导致经济萧条,而收入分配不均等是造成"储蓄过多"的原因。

(2) 投资过度理论。把经济周期波动看作是生产结构严重失调状态,是资本品生产与消费品生产相比相对过度的结果,资本品生产发展促使经济进入繁荣阶段,但资本品生产过度导致经济进入萧条阶段。

(3) 心理因素理论。认为经济周期波动主要取决于投资,而投资大小取决于人们对整个经济未来进程的预期。在经济周期的扩张阶段,人们受盲目乐观情绪的支配,往往过高地估计了产品的需求、价格和利润,而生产成本包括工资和利息则往往被低估了,并且人们之间存在着一种互相影响决策的倾向,从而导致过多的投资。当这种过度乐观情绪所造成的错误显现出来后,扩张就到了尽头,衰退于是开始。企业经营者认识到他们对形势的预测是错误的,乐观开始让位于悲观,经济转而向下滑动,由此导致萧条。

(4) 货币决定理论。始创于英国经济学家霍特里提出的纯货币论,认为货币供应量和货币流通度直接决定了名义国民收入的波动,经济波动完全是由于银行体系交替地扩张和紧缩信用所造成的。现代货币主义者在分析经济的周期性波动时,延续了霍特里的观点。弗里德曼认为,现实经济中出现的波动现象是因为货币供应量不规则变化所致,经济扩张源于货币供应量持续增加,经济衰退则是货币供应量持续减少造成的结果。

(5) 实际经济周期理论。强调随机的实际因素的冲击导致了经济的周期波动,而不是货币因素。实际因素中最重要的是技术变动带来的冲击,由于假定关于这些冲击的信息是不完全的,经济当事人必须以某种方式从噪音中选取信号,正是由于他们不能完全做到这一点而引起了经济周期波动。

二、周期波动的传导机制

传导机制是指经济系统内部结构特征所导致的经济变量之间的必然联系,它是一种内部缓冲机制或自我调节机制。

(1) 乘数—加速数机制。主要反映构成总需求的投资和消费之间的作用和反作用过程,以及对总产出的影响。投资数量的增长会通过乘数作用使收入增加,并扩大消费,从而通过加速数的作用促进投资以更快的速度增长,而投资的增长又使国民收入增长,从而消费再次上升。如此循环往复,国民收入不断增大,于是,社会便处于经济周期的扩张阶段。而收入的增大达到资源所能容纳的极限,经济达到经济周期的峰顶,收入便不再增长,从而消费也不再增长。根据加速原理,消费增长的停止意味着投资量下降为零,由于投资的下降、收入减少,从而消费也相应减少;根据乘数原理,消费的减少使得投资进一步减少,国民收入进一步下降,如此循环往复,社会便处于经济周期的衰退阶段。而收入的持续下降使社会最终达到经济周期的谷底。

(2) 产业关联机制。主要反映国民经济各产业之间前向、后向"连锁反应"。例如,有的产业(如农业和基础产业)主要具有前向关联效应,需要超前发展,否则就会对经济发展产生阻碍效应;有的产业(如加工工业)则主要具有后向关联效应,需要与具有前向关联效应的产业协调发展,否则会造成产业结构的失衡。由此导致经济的周期性波动。

(3) 上限—下限缓冲机制。主要反映经济增长的制约机制,即经济扩张不可能是无限的,存在对经济扩张的上限约束;经济收缩也不可能是无限的,存在对经济收缩的下限约束。经济周期波动的上限是指产量或收入无论如何都不会超过的一条界限,这取决于社会所达到的技术水平和资源的可利用程度。在既定的技术条件下,如果一切资源都被充分利用,经济的进一步扩张就会遇到一条不可逾越的鸿沟,经济活动就达到了上限,产出也因此停止增加。下限是指产量或收入无论如何收缩都不会再下降的一条底线。如果经济处于收缩阶段,经济活动不可能无止境地萧条下去,到了一定的程度便会稳定下来。这是因为收入不能下降到不能维持最低消费的地步,资本量也不会减少到净投资为负数的地步,这便构成了衰退的下限。

三、改革开放以来我国经济周期波动的原因与传导机制

(1) 农业波动是形成经济周期波动的基础。我国是一个典型的二元经济国家,农业对经济波动虽不构成最直接和最显著的影响,但却对经济增长具有最基础性的影响。农业波动对国民经济周期波动作用的传导机制是:农业波动影响投资波动,投资波动影响工业波动进而对国民经济波动构成影响。农业波动对投资及工业的影响主要通过以下途径进行传递:①产品途径。农产品是食品的主要来源,又是轻工业原料的主要来源,一旦粮食减产,当年和次年的投资就会大幅度降低,反之则相反。②市场途径。农业生产景气与否对国民经济的影响还通过农民货币收入的增减导致市场胀缩来实现。农业丰收或欠收必然带来农民收入和消费水平的相应变化,进而导致整个国民经济的变化。③要素途径。生产要素投入到不同产业部门导致会产生收益的差异,当温饱问题基本解决并略有积累后,农民会将资金和劳动力转移到其他非农业部门,因而必将促进经济繁荣会产生,反之则成为导致经济衰退的重要因素之一。

(2) 投资波动是导致经济波动的主要动因。我国的投资波动与经济波动有着显著的相关性。投资对经济波动的作用主要是通过乘数—加速数机制而形成,同时又受上限—下限缓冲机制的约束。扩张期投资的急剧扩张带动着工业生产的不断扩张,引起需求剧膨胀,进而带动整个社会生产的急剧扩张。而经济扩张最终会受到供求约束,依照扩张时的传导链条,相应导致直接需求和间接需求的萎缩及经济增长的波动。

第七章 国民经济运行的周期波动

(3) 产业结构失衡是加剧经济周期波动的重要环节。一是"瓶颈"产业发展滞后，制约经济增长。我国能源、交通、基础产业价格长期偏低，导致社会资金大量投向利润高的加工工业等热点行业，从而使原本发展滞后的"瓶颈"产业愈加滞后，必然造成经济波动的上升期不能持久，很快就因"瓶颈"部门制约而进入下降阶段。二是产业结构与需求结构不对称。我国产业结构与产品结构的变换率较低，因而造成一方面结余的购买力急剧增加，另一方面大量商品积压在库卖不出去，从而必然制约着经济的进一步有效增长。

(4) 政策性因素是引起经济周期波动的催化剂。主要表现在：扩张性政策超过一定限度，往往导致大规模投资与生产相互推动，使经济很快由扩张转为过热；而紧缩性政策一旦过头，很快又会造成投资与生产迅速下降，经济回落速度加快，最终导致经济周期波动的幅度过大。实际上，这两种情况都不利于国民经济的稳定增长。

(5) 世界经济周期波动是影响我国经济波动的重要因素。改革开放以后，随着与世界市场的联系越来越紧密，我国的经济增长越来越受到世界经济的影响，需求对于我国经济周期性波动的影响程度逐步加深，如1997年东南亚金融危机和2007~2008年的美国金融危机都在一定程度上造成我国的经济波动。

第三节 通货膨胀与通货紧缩

一、通货膨胀及其成因

(一) 通货膨胀及其类型

通货膨胀是与经济迅速增长紧密联系的一种经济现象，表现为商品和服务的货币价格总水平持续的和较为明显的上升。

通货膨胀是一种货币现象，它与经济迅速增长所造成的社会总需求与总供给的总量和结构矛盾密切相关。根据不同的标准，通货膨胀可分为：

(1) 按引起通货膨胀的原因划分，主要有：一是需求拉动的通货膨胀（Demand-pull Inflation），主要是指总需求大大超过总供给所引起的货币贬值和价格总水平的持续显著提高；二是成本推进的通货膨胀（Cos-push Inflation），主要是指由于产品成本增加成为一种全社会普通现象所引起的价格总水平持续和显著上涨的提高；三是混合型通货膨胀（Hybrid Inflation），主要是指在需求因素和供给因素共同作用下产生的价格总水平的持续上涨；四是结构性通货膨胀（Structural Inflation），主要是指在总需求和总供给处于平衡状态时，由于经济结构方面因素的变化使物价总水平不断上涨。

(2) 按市场机制运行的程度进行划分，主要有：一是公开型通货膨胀（Open Inflation），主要是指完全通过物价总水平上涨形式反映出来的通货膨胀，这时通货膨胀率就等于物价上涨率；二是抑制型通货膨胀（Repressed Inflation），主要是指物价水平的上涨并没有完全通过公开的物价指数上涨表现出来，同时出现商品普遍短缺、有价无货、黑市猖獗等现象。

（3）按通货膨胀率的不同程度来划分，主要有：一是爬行的通货膨胀（Creeping Inflation），主要是指物价总水平每年按较低（如低于3%）的比率缓慢而持续上升；二是温和的通货膨胀（Moderate Inflation），主要是指物价总水平按较高（如每年4%~7%）的比率持续上升；三是奔腾的通货膨胀（Galloping Inflation），主要是指物价水平上涨率达到更高水平（如每年上涨7%以上，甚至超过10%）；四是恶性的通货膨胀（Hyper Inflation），主要是指物价总水平连续暴涨，甚至达到天文数字，在第一次世界大战后的欧洲诸国、第二次世界大战后拉美的一些国家中曾出现过。

（二）通货膨胀的成因

这里主要分析四种类型通货膨胀的成因。

1. 需求拉动的通货膨胀

需求拉动的通货膨胀主要是指用国民经济系统存在对货物和服务的过度需求来解释通货膨胀的机理。由于在现实生活中，社会总供给表现为市场上的商品和服务，而社会总需求体现在用于购买和支付的货币上，所以对这种通货膨胀有通俗的说法，即"过多的货币追逐过少的商品"。

对价格总水平产生拉上作用的过度需求因素有两个方面：一是实际因素，包括过度的消费、投资和政府支出等，其中主要是过度投资。二是货币因素，主要是指由于货币过度供给导致总需求过旺，其途径或是由于经济对货币的需求大大减少，即使在货币供给不增长的情况下，原有的货币量也相对过多；或是在货币需求不变时，货币供给过快增长所致。

需求拉动的通货膨胀可以用图7-3来说明。图中，横轴Y表示总产量，纵轴P表示价格总水平。AD为总需求曲线，AS为总供给曲线。总供给曲线AB段呈水平状，表现供给弹性无限大，因为这时社会上存在着大量的闲置资源和失业人群。总需求曲线从AD_1增加至AD_2，总产量水平从Y_1增加到Y_2，价格总水平P_1保持不变。当总产量达到Y_2以后，如果继续增加总供给，就会遇到生产过程中所谓的"瓶颈"现象，即由于劳动、原料、生产设备等的不足而使成本提高，总供给曲线BC段便开始逐渐向右上方倾斜。总需求曲线从AD_2增加至AD_3，总产量水平从Y_2增加到Y_3，价格总水平从P_1上涨到P_2。当总产量达到最大即充分就业的总产量Y_f时，整个社会的经济资源全部得到利用，总供给曲线D点以上呈垂直状，供给弹性为零。总需求曲线AD_4同总供给曲线AS的交点E_4，决定的价格水平为P_3，总产量水平为Y_f。在达到充分就业的产量Y_f以后，如果总需求继续增加，从AD_4增加至AD_5，总产量就不再增加，仍然为Y_f，但是价格水平已经从P_3上涨到P_4。

第七章 国民经济运行的周期波动

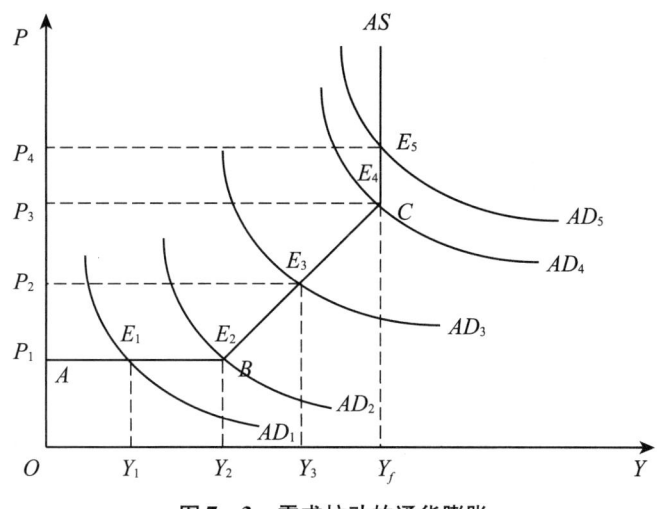

图 7-3 需求拉动的通货膨胀

2. 成本推动的通货膨胀

成本推动的通货膨胀主要是指从供给方面说明为什么会发生价格总水平上涨。具体可归结为：

一是工资成本推动的通货膨胀。主要是指不完全竞争的劳动市场造成的过高工资所导致的价格总水平的上涨。在不完全竞争的劳动市场上，由于强大的工会组织的存在，工资不再是竞争性的，而是由工会和雇主集体议价的，当工资增长率超过生产率增长率，工资的提高就导致成本提高，从而导致价格总水平上涨。如果此后工人再次要求提高工资，又会使成本增加，便会导致价格总水平再次上涨。这样，工资提高和价格上涨形成了螺旋式的上升运动，即所谓工资—价格螺旋。

二是原材料成本推动的通货膨胀。主要是指由于许多商品的生产高度依赖进口原材料，当这些进口原料由于汇率变动等原因提高价格后，进口企业成本提高，必然会引起国内商品价格提高；国内的原材料和能源供应也会由于资源枯竭、环境保护政策原因等造成成本上升，从而导致通货膨胀。

三是垄断价格或垄断利润推动的通货膨胀。主要是指垄断企业和寡头企业利用市场力量谋取过高利润、形成垄断价格所导致的价格总水平的上涨。在不完全竞争的产品市场上，垄断企业和寡头企业为了追求更大的利润，可以操纵价格，把产品价格定得很高，致使价格上涨的速度超过成本增长的速度。

成本推动的通货膨胀可用图 7-4 表示。由于总需求是既定的，不发生变动，变动只出现在供给方面。当总供给曲线为 AS_1 时，这一总供给曲线和总需求曲线 AD 的交点 E_1 决定的总产量为 Y_1，价格水平为 P_1。当总供给曲线由于成本提高而移到 AS_2 时，总供给曲线与总需求曲线的交点 E_2，决定的总产量为 Y_2，价格水平为 P_2。这时，总产量比以前下降，而价格水平比以前上涨。当总供给曲线由于成本进一步提高而移动到 AS_3 时，总供给曲线和总需求曲线的交点 E_3 决定的总产量为 Y_3，价格水平为 P_3，这时的总产量进一步下降,而价格总水平进一步上涨。

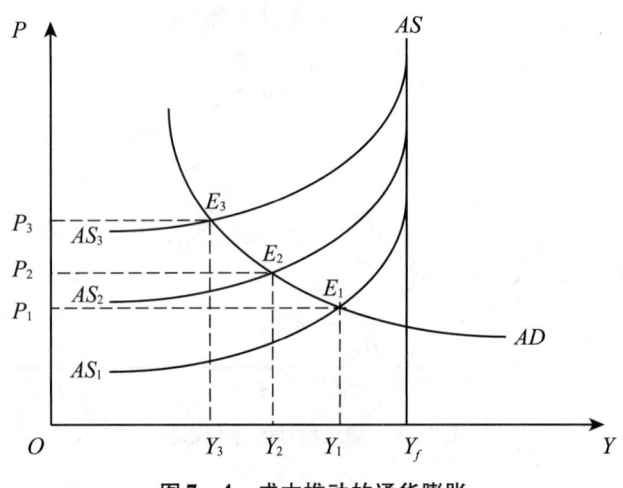

图 7-4 成本推动的通货膨胀

3. 混合型的通货膨胀

混合型通货膨胀是由需求拉动和成本推进共同起作用而引发的。在现实经济中,通货膨胀的原因究竟是需求拉上还是成本推进很难分清,既有需求方面的因素,又有来自供给方面的因素,即所谓的"拉中有推、推中有拉"。

混合型的通货膨胀可用图 7-5 表示。假定最初由于生产领域的原因导致总成本上升,总供给曲线由 AS_1 向左上方移动到 AS_2,与最初的需求曲线 AD_1 交于 E_2 点。价格水平由 P_1 上升到 P_2。为了遏止实际产出的减少和防止出现过高的失业率,政府采取了鼓励扩大投资和刺激消费的扩张性需求政策,需求曲线由原先的 AD_1 上升到 AD_2,这样就使本来由成本推动的价格上升进一步得到需求拉上的支持,AD_2 与 AS_2 交于 E_3 点,价格水平由 P_2 进一步上升到 P_3。需求扩张拉动的价格上升,又会进一步引起成本的上升,总供给曲线由 AS_2 向左上方移动到 AS_3 与 AD_2 相交于 E_4 点,其对应的价格总水平为 P_4。这样的过程持续下去,价格总水平就沿着 P_1、P_2、P_3、P_4、P_5、…,呈"螺旋式"上升。

4. 结构性通货膨胀

在没有需求拉动和成本推进的情况下,只是由于经济结构因素的变动,也会出现价格总水平的持续上涨,这就是所谓的结构性通货膨胀。主要成因有:

第一,需求转移型。在总需求不变的情况下,某个部门的一部分需求转移至其他部门,而劳动力及其他生产要素却不能及时转移,这时需求增加部门工资和产品价格就会上涨,而需求减少部门的产品价格却未必相应下降,结果导致价格总水平上升。

第二,部门差异型。倘若一个部门生产率的增长快于另一个部门,但两个部门的货币工资增长速度却大体相同,而且这种增长速度是由生产率增长快的部门所决定的,结果造成生产率增长慢的部门货币工资的增长速度超过其生产率的增长速度,这种部门间生产率增长速度的差异和货币工资的一致增长,形成生产率增长慢的部门成本持续上升的压力,

第七章 国民经济运行的周期波动

从而成为价格总水平上涨的压力。

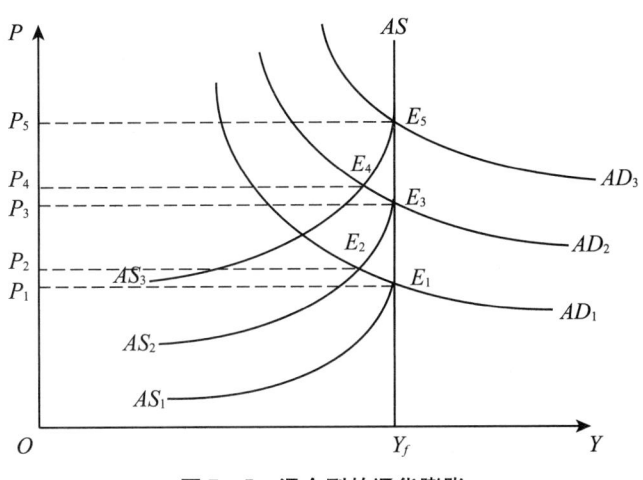

图 7-5 混合型的通货膨胀

第三，小国开放模型。主要是将结构型通货膨胀同开放经济结合起来进行分析。这里的"小国"不是针对国土和人口而言的，而是指该国在世界市场上只是价格的接受者，而不是国际价格的制定者。该模型将一国经济分为两大部门：一是"开放经济部门"，即产品与世界市场有直接联系的部门，如加工制造业等；二是"非开放经济部门"，即产品与世界市场没有直接的联系的部门，如服务业、建筑业等。由于"小国"在世界市场上是价格的接受者，当世界市场上的价格上涨时，开放经济部门的产品价格随之提高，工资相应上涨。而非开放经济部门也必然向开放经济部门看齐而提高工资，结果该部门的生产成本上升，其产品价格也必然随之提高，从而导致"小国"全面的通货膨胀。

除了以上三种类型，如因价格结构性调整不当，也可以引发通货膨胀，这在我国也曾经发生过。

第四，二元经济结构。在二元经济结构中，农业部门生产结构僵化，导致农业生产率及供给弹性低下，生产的农产品不能满足工业化及经济发展和人口增长的需要，使农产品价格上涨。由于农产品价格是一种基础性价格，其上涨会引起一系列连锁反应，从而带动物价总水平的上涨。

（三）通货膨胀的度量

在一般的通货膨胀研究中，较为常用的测度通货膨胀水平的价格指数主要有：

（1）GDP 平减指数。主要是指按当年价格计算的国内生产总值对按固定价格计算的基期年国内生产总值的比率。其统计范围包括一切货物和服务，也包括进出口商品，因而可以反映价格总水平的变化趋势。不足之处是资料收集困难，故被用于进行长期物价水平的衡量。

（2）居民消费价格指数（CPI）。主要是指反映一定时期内城乡居民所购买的生活消费品价格和服务项目价格变动趋势和程度的相对数，通过综合城市居民消费价格指数和农民消费价格指数计算而得。利用居民消费价格指数，可以观察和分析消费品的零售价格和服务价格变动对城乡居民实际生活费支出的影响程度。该指标的优点是资料容易收集，能够直观反映消费者的价格负担，并且可以每月公布，较快地反映价格趋势。因此，许多国家直接把CPI的上涨幅度等同于通货膨胀率。不足之处是包括范围较为狭窄，不能全面反映消费品与服务质量的改善。

（3）生产者价格指数（PPI）。即工业品出厂价格指数，是反映一定时期内全部工业产品出厂价格总水平的变动趋势和程度的相对数，包括工业企业出售给本企业以外所有单位的各种产品和直接售给居民用于生活消费的产品。作为分别反映生产环节价格水平和消费环节价格水平的PPI和CPI，两者之间存在着密切的联系：根据价格传导规律，价格总水平的波动一般首先出现在生产领域，然后通过产业链向下游产业扩散，最后波及消费品。一般来说，PPI领先于经济3个月到半年，因此可用来显示未来经济状况；而CPI滞后于PPI，主要用于显示目前经济状况。

（4）商品零售价格指数（RPI）。主要是指反映一定时期内商品零售价格变动趋势和变动程度的相对数。同消费者价格指数相比，该指数在计算中缺少了生活服务（劳务费）这一项。

（四）通货膨胀对国民经济的影响

1. 对经济增长的影响

第一，对经济增长的促进作用。一是增加政府的财政收入，扩大政府投资。发生通货膨胀时，政府一方面可以借助累计税制，使企业和个人因为名义收入的提高而缴纳较高的税赋，进而增加课税收入；另一方面通过大量发行货币，获得追加的财政收入。如果政府将通过通货膨胀获得收入全部用于实际投资，并采取相应措施保证民间投资不因政府投资的增加而减少，那么这种通货膨胀性的政策就会因增加了投资而增加产出，促进经济增长。二是提高企业的盈余能力，从而刺激投资。在通货膨胀的情况下，产品价格的上涨速度一般总是快于名义工资的提高速度，因而使企业的利润增加，而这又会刺激企业扩大投资，从而促进经济增长。三是通货膨胀通常是一种有利于富裕阶层的收入再分配，由于富裕阶层的边际储蓄倾向比较高，通过提高储蓄率可以促进经济增长。

第二，对经济增长的阻碍作用。一是破坏资源有效配置的环境，降低社会经济效益。在持续性通货膨胀过程中，由于市场价格机制失去了其应有的调节功能，往往会促使消费者和生产者做出错误的决策，从而导致经济资源的不合理配置和严重浪费，使经济效率大大下降，从而影响经济增长速度。二是扰乱收入分配秩序，降低储蓄率。通货膨胀意味着货币购买力的下降，降低工薪阶层实际收入水平和储蓄价值，因此，一方面公众不愿意增加储蓄，以免遭受经济损失；另一方面公众势必为避免将来物价上涨所造成的经济损失而增加目前消费，这也会使社会储蓄率下降，从而使投资率和经济增长率下降。三是不利于产业结构优化调整。由于初级产品价格上涨一般赶不上后续加工产品价格上涨，而加工产

第七章 国民经济运行的周期波动

品价格可随初级产品价格上升而水涨船高,再加上基础产业投资数额大,建设周期长,资金周转缓慢,致使地方和企业一般不愿投资。价格上涨刺激投资更大规模地趋向于短期可以获利的加工工业部门,这样只会加剧产业结构的不合理,而不利于产业结构的优化调整和国民经济的长远发展。四是造成贸易收支恶化,影响出口产品竞争力。如果本国通货膨胀长期高于外国,则使本国产品相对于外国产品的价格上升,不利于本国的出口,并刺激进口的增加。如果本国通货膨胀率长期高于外国,还会促使人们将国内储蓄转移到国外,这样就势必导致本国国际收支的逆差,并使黄金和外汇外流,从而给经济增长带来压力。五是动摇人们对货币的信心。宁愿持有更多的实物资产,如果使正常的生产性活动遭到冲击,势必严重阻碍经济增长。六是持续的通货膨胀最终可能迫使政府采用全面的价格管制措施,降低竞争性和经济活力。

2. 对就业或失业的影响

通货膨胀和失业在短期内存在着交替关系:从短期来看,由于人们来不及调整通货膨胀预期,而预期的通胀率又可能低于以后实际发生的通胀率,从而使实际利润增加、刺激投资、增加就业;但在长期中,通货膨胀对减少失业基本没有影响。由于人们可以通过通货膨胀预期,促使名义工资增加而使实际工资不变,而不是增加就业,这样通货膨胀就不会起到减少失业的作用。

3. 对收入和财富再分配的影响

主要表现在:一是有利于债务人、不利于债权人。在名义利率不变的条件下,通货膨胀会导致实际利率下降、货币贬值、债权的实际价值下降,债务的实际价值也因此而下降,债务人的债务负担因此而减轻。二是有利于非固定收入者、不利于固定收入者。通货膨胀意味着货币贬值,虽然固定收入者的名义收入保持稳定,但其实际收入会因为货币贬值而减少。而非固定收入者的收入可以随时根据通货膨胀进行调节,故其实际收入一般不会因为货币贬值而减少。三是有利于实物资产持有者、不利于金融资产持有者。因为在通货膨胀过程中,实物资产的市场价值的上升幅度要超过金融资产价值的上升幅度。

(五) 改革开放以来我国的通货膨胀

1. 通货膨胀的基本状况

自改革开放年以来,我国共发生过六次较为明显的通货膨胀,分别为1980年、1985年、1988~1989年、1993~1995年、2007~2008年[①]和2011年(见表7-7)。

[①] 关于第五次通货膨胀目前还存在始于2003年和2005年两种说法。中国人民银行提出3%的通货膨胀警戒线,余永定认为4%的通货膨胀率是可容忍的。2003~2006年的通货膨胀率尽管有时波动很大,但还属于经济增长过程中正常的上涨幅度,而进入2007年第二季度通货膨胀率才持续超出3%和4%的界限。因此,可以认为第五次通货膨胀始于2007年。

表7-7　　　　　　　　　1978~2014年中国的价格指数

年份	居民消费价格指数（CPI,%）	商品零售价格指数（RPI,%）	工业品出厂价格指数（PPI,%）
1978	100.70	100.70	100.10
1979	101.90	102.00	—
1980	107.50	106.00	100.50
1981	102.50	102.40	100.20
1982	102.00	101.90	99.80
1983	102.00	101.50	99.90
1984	102.70	102.80	101.40
1985	109.30	108.80	108.70
1986	106.50	106.00	103.80
1987	107.30	107.30	107.90
1988	118.80	118.50	115.00
1989	118.00	117.80	118.60
1990	103.10	102.10	104.10
1991	103.40	102.90	106.20
1992	106.40	105.40	106.80
1993	114.70	113.20	124.00
1994	124.10	121.70	119.50
1995	117.10	114.80	114.90
1996	108.30	106.10	102.90
1997	102.80	100.80	99.70
1998	99.20	97.40	95.90
1999	98.60	97.00	97.60
2000	100.40	98.50	102.80
2001	100.73	99.20	98.70
2002	99.25	98.70	97.77
2003	101.17	99.91	102.30
2004	103.88	102.81	106.07
2005	101.81	100.78	104.93
2006	101.47	101.03	103.00
2007	104.80	103.80	103.10

第七章 国民经济运行的周期波动

续表

年份	居民消费价格指数 （CPI,%）	商品零售价格指数 （RPI,%）	工业品出厂价格指数 （PPI,%）
2008	105.9	105.9	106.9
2009	99.3	98.8	94.6
2010	103.3	103.1	105.5
2011	105.4	104.9	106.0
2012	102.6	102.0	98.3
2013	102.6	101.4	98.1
2014	102.0	101.0	98.1

资料来源：《中国统计年鉴（2015）》，中国统计出版社2015年版。

第一次通货膨胀：1980年，居民消费价格指数比上一年上涨了7.5%，升幅比上一年高5.6个百分点，但1981年下降到了2.5%。在广义货币供应量（M_2）上，1980年比1979年新增货币384.8亿元，而1970~1979年每年平均新增货币仅为90多亿元。

第二次通货膨胀：1985年，居民消费价格指数上升幅度由上一年的2.7%上升到了9.3%，其随后两年继续维持在6.5%和7.3%的高位；1985年，生产者价格指数同比上涨8.7%。在广义货币供应量（M_2）上，1981~1983年，每年平均新增货币400多亿元，货币增长速度为22%，1984年比1983年新增货币竟高达1071.3亿元。

第三次通货膨胀：1988年居民消费价格指数比上一年上升了18.8%，升幅比上一年高出11.5个百分点，创造了新中国成立近40年以来上涨的最高纪录，1989年又在1988年的基础上上涨了18.0%；生产者价格指数同比也上涨了15%。在广义货币供应量（M_2）方面，1984~1989年，平均每年新增货币1 500多亿元，到1989年货币存量已达11 949.6亿元。

第四次通货膨胀：1993~1995年居民消费价格指数同比上涨了14.7%、24.1%和17.1%；生产者价格指数同比也上涨了24%、19.5%和14.9%。在广义货币供应量（M_2）方面，1993年比1992年新增货币9 400亿元，环比增长39%，1993年货币存量达到34 879亿元。1994年货币增长量超过万亿元，1994年比1993年新增12 044亿元，环比增长34.6%；1995年比1994年新增13 827亿元，达到60 750.5亿元。

第五次通货膨胀：由表7-8和表7-9可见，2007年3月居民消费价格指数上涨超过3%的警戒线，达到3.28%，当年12月居民消费价格指数上涨比3月又上升了3.23%，2008年2月在2007年12月的基础上又上升了2.23%，达到8.74%，之后有所下降，但仍然维持在高位运行；2007年12月生产者价格指数同比上涨了5.43%，2008年8月达到11.06%，9月下降为9.13%。在广义货币供应量（M_2）方面，2007年12月比1月新增51 458.18亿元；2008年9月比2008年1月新增35 052.39亿元。

表 7-8　　2007年1月~2008年12月中国各种价格指数　　单位：%

时间	居民消费价格指数（CPI）	商品零售价格指数（RPI）	工业品出厂价格指数（PPI）
2007年1月	102.17	101.84	103.30
2007年2月	102.71	101.94	102.60
2007年3月	103.28	102.54	102.65
2007年4月	103.03	102.23	102.87
2007年5月	103.39	102.43	102.76
2007年6月	104.36	103.17	102.49
2007年7月	105.62	104.38	102.39
2007年8月	106.52	105.20	102.56
2007年9月	106.24	104.90	102.71
2007年10月	106.50	105.27	103.21
2007年11月	106.94	106.00	104.55
2007年12月	106.51	105.64	105.43
2008年1月	107.08	106.19	106.07
2008年2月	108.74	108.09	106.62
2008年3月	108.31	107.82	107.95
2008年4月	108.48	108.08	108.12
2008年5月	107.72	107.54	108.22
2008年6月	107.08	107.12	108.84
2008年7月	106.30	106.77	110.03
2008年8月	104.90	105.52	110.06
2008年9月	104.64	105.30	109.13
2008年10月	103.97	104.6	106.6
2008年11月	102.43	102.7	102.0
2008年12月	101.20	101.4	98.9

资料来源：国家统计局网站。

第七章 国民经济运行的周期波动

表7-9　　　　2007年1月~2008年9月中国M_2供应量及增长率

时间	M_2供应量（亿元）	M_2同比增长（％）
2007年1月	351 943.12	15.90
2007年2月	358 659.25	17.80
2007年3月	364 104.66	17.27
2007年4月	367 425.57	17.10
2007年5月	369 718.58	16.70
2007年6月	377 832.15	17.06
2007年7月	383 884.88	18.48
2007年8月	387 205.04	18.09
2007年9月	393 098.91	18.50
2007年10月	394 204.17	18.50
2007年11月	399 757.91	18.50
2007年12月	403 401.30	16.70
2008年1月	417 846.32	18.90
2008年2月	421 037.84	17.50
2008年3月	423 054.53	16.29
2008年4月	429 240.91	16.90
2008年5月	436 221.60	18.10
2008年6月	443 141.02	17.37
2008年7月	446 362.17	16.40
2008年8月	448 846.68	16.00
2008年9月	452 898.71	15.29

资料来源：国家统计局网站。

第六次通货膨胀：由表7-10和表7-11可见，2010年7月居民消费价格指数上涨超过3％的警戒线，达到3.3％，当年11月居民消费价格指数上涨到5.1％，之后有所下降，2011年3月又回升到5.4％，之后一直保持在6％左右的高位，2011年10月开始回落；2010年5月生产者价格指数同比上涨了7.1％，之后有所下降，2011年3月又回升到7.3％，之后一直保持在7％左右的高位，2011年10月开始回落。在广义货币供应量（M_2）方面，2010年12月比1月新增100 242.5亿元；2011年12月比1月新增117 706.07亿元。2010年1月~2011年12月，尽管M_2同比增长率在波动中下降，但依然保持在高位运行。

表 7-10　　　　2010 年 1 月~2011 年 12 月中国各种价格指数　　　　单位：%

时间	居民消费者价格指数（CPI）	商品零售价格指数（RPI）	工业品出厂价格指数（PPI）
2010 年 1 月	101.5	101.8	104.3
2010 年 2 月	102.7	102.5	105.4
2010 年 3 月	102.4	102.3	105.9
2010 年 4 月	102.8	102.8	106.8
2010 年 5 月	103.1	103.1	107.1
2010 年 6 月	102.9	102.7	106.4
2010 年 7 月	103.3	102.8	104.8
2010 年 8 月	103.5	103	104.3
2010 年 9 月	103.6	103	104.3
2010 年 10 月	104.4	103.9	105
2010 年 11 月	105.1	104.7	106.1
2010 年 12 月	104.6	104.1	105.9
2011 年 1 月	104.9	103.7	106.6
2011 年 2 月	104.9	104.3	107.2
2011 年 3 月	105.4	104.6	107.3
2011 年 4 月	105.3	104.7	106.8
2011 年 5 月	105.5	104.9	106.8
2011 年 6 月	106.4	105.8	107.1
2011 年 7 月	106.5	106.1	107.5
2011 年 8 月	106.2	106	107.3
2011 年 9 月	106.1	106	106.5
2011 年 10 月	105.5	105.3	105
2011 年 11 月	104.2	104	102.7
2011 年 12 月	104.1	103.8	101.7

资料来源：国家统计局网站。

第七章　国民经济运行的周期波动

表7-11　　2010年1月~2011年12月中国M_2供应量及增长率

时间	M_2供应量（亿元）	M_2同比增长（%）
2010年1月	625 609.29	26
2010年2月	636 072.26	25.5
2010年3月	649 947.46	22.5
2010年4月	656 561.22	21.5
2010年5月	663 351.37	21
2010年6月	673 921.72	18.5
2010年7月	674 051.48	17.6
2010年8月	687 506.92	19.2
2010年9月	696 471.5	19
2010年10月	699 776.74	19.3
2010年11月	710 339.03	19.5
2010年12月	725 851.79	19.7
2011年1月	733 884.83	17.2
2011年2月	736 130.86	15.7
2011年3月	758 130.88	16.6
2011年4月	757 384.56	15.3
2011年5月	763 409.22	15.1
2011年6月	780 820.85	15.9
2011年7月	772 923.65	14.7
2011年8月	780 852.3	13.6
2011年9月	787 406.2	13
2011年10月	816 829.25	12.9
2011年11月	825 493.94	12.7
2011年12月	851 590.9	13.6

资料来源：国家统计局网站。

2. 通货膨胀的成因

第一次通货膨胀的主要成因：一是价格结构性调整。从1979年起，政府提高了粮食、棉花等18种主要农产品的收购价格，并对粮棉油等主要农副产品实行超购加价政策，扩大议价收购范围。但在提高农产品收购价格的同时，没有相应调整其销售价格，致使与农产品相关的副食生产销售严重亏损。继而在1979年11月，国家又提高了畜产品、水产品和蔬菜等8种副食品的价格。同年4月，政府有计划地提高了煤炭、铁矿石、生铁、钢锭、钢坯和有色金属、水泥等产品的出厂价格。二是基建投资快速增长。1978年底出现了"洋跃进"，过多过急地引进外国设备，并提出新建续建120个大型项目、到1980年全国基本实现农业机械化等高指标，造成建设规模过大，固定资产投资连续几年保持在较高水平。三是财政大量赤字。为了支撑价格调整和投资增长，以致于不得不增发货币，致使国家财政赤字庞大，最终导致社会总需求的过度膨胀和物价指数的上扬。

第二次通货膨胀的主要成因：一是价格结构性调整。1985年国家决定放开农产品价格，取消统购统销，还部分放开重要生产资料和工业消费品的价格。二是固定资产投资规模过大和货币信贷投放急剧扩张引起社会总需求过旺。三是工资性收入增长超过劳动生产率提高，引起成本上升导致成本推动。

第三次通货膨胀的主要成因：一是价格结构性调整。1988年，经国务院和有关部门批准出台12项价格调整和改革措施，主要提高粮油副食品、原油、工业用电等价格；1989年又提高粮食的定购价格，同时提高工业生产资料、交通运输价格。二是国家宏观调控能力严重削弱。1985年中央采取了一些紧缩政策，但由于指导思想上急于求成和改革经验不足，以及对形势发展估计过于乐观，在尚未见到成效的情况下，1986年各项政策又开始全面松动，工农业比例关系严重失调，资金、外汇、物资的分配权过度分散，国家宏观调控能力严重削弱，财政连年赤字，货币发行量失控，从而引发通货膨胀。

第四次通货膨胀的主要成因：一是价格结构性调整。1992~1993年，国家全部放开粮食购销价格，放开中央统配的煤炭、钢材、水泥及通讯交换设备价格，提高电力、铁路货运、原油价格；1994年又是物价改革步伐较大的一年，加上财税、金融、外汇等重大改革过于集中，使多年积累的涨价压力集中释放，出现了前所未有的高通胀率。二是1992年，中国经济进入了高速增长的快车道。不过，由于当时固定资产投资规模的迅猛扩张，以及金融秩序的持续混乱，形成了这一时期的通货膨胀。其特征可概括为"四热"（房地产热、开发区热、集资热、股票热）、"四高"（高投资膨胀、高工业增长、高货币发行和信贷投放、高物价上涨）、"四紧"（交通运输紧张、能源紧张、重要原材料紧张、资金紧张）和"一乱"（经济秩序特别是金融秩序混乱）。

第五次通货膨胀的主要成因：一是成本推动的通货膨胀。一方面是粮食、猪肉、能源等商品价格大幅上涨，由于这些商品既与居民的生活密切相关，又是工业生产的上游产品，当其价格上涨积累到一定程度时，必然会传导到下游产品。另一方面是工资成本上升。随着劳动力供求出现结构性趋紧和政府加快步伐提高劳动者福利水平，工资上涨压力增大。全国职工工资总额和职工平均工资已连续4年实现两位数增长，超过同期GDP增长率，全国平均劳动报酬增长率连续7个季度超过GDP增长率。二是需求拉动的通货膨胀。主要表现在固定资产投资仍然增长过快。自2003年以来，全社会固定资产投资的增长率一直在20%以上。2003年全社会固定资产投资增长率为26.7%，2004年为26.6%，2005年为26%，2006年为24%，2007年为24.8%。三是流动性过剩。一方面是银行流动性过剩。2003年以来持续的经济增长，使国家、企业和居民的收入都明显增长，这些收入除了用于投资和消费外，相当部分转化为储蓄，其直接结果就是商业银行的存贷差持续加大，增大了商业银行的寻贷冲动。货币供给增长速度虽然在紧缩性货币政策下得到了一定

第七章 国民经济运行的周期波动

控制，但并没有全部兑现到价格上，没有物化到投资品和消费品的购买上，仍然是增加储蓄或者货币，结果造成流动性过剩。另一方面是国际收支失衡。外商直接投资快速增长，大量热钱进入中国市场等待人民币升值，净出口不断增加等原因导致中国的国际收支出现了明显的失衡，形成大量的外汇节余。2007年底中国的外汇储备超过了1.53万亿美元，比上年增长43.3%。为维持外汇储备，所需占用的人民币就越多。维持一万多亿美元的外汇储备需要10万多亿元人民币，如此多的外汇占款，意味着广义货币（M_2）投放除了正常的基础货币供给的通道银行信贷外，外汇储备的增加也使得人民币的投放额度不断增大，从而使得流通中的货币迅速增加。

按照市场经济的规律，PPI指数持续走高应该逐步地传导到CPI指数，但是在这一轮通货膨胀中出现了PPI与CPI严重倒挂的经济现象，其主要原因：一是二者的构成不同。从构成看，在PPI调查的4 000多种商品中，大部分为原材料和机械、电子、化工、纺织产品等生产资料，而用于居民最终消费的生活资料只占三分之一，其价格变动对PPI的总体影响不到30%。而在CPI的"商品篮子"构成中，工业消费品大约只有一半，而另一半是价格易受气候因素影响的食品及服务项目。二是在总体上处于买方市场的情况下，不同环节商品间的价格传导机制更为复杂。上游（即生产环节）产品价格上涨后，主要通过成本推动的形式影响下游（即流通或消费环节）产品价格的波动。

第六次通货膨胀的主要成因：一是2009年的"四万亿投资计划"。同时为了对冲巨额的外汇占款，央行抛出20万亿人民币，导致了当时的流动性过剩。二是大宗商品价格上涨。由于我国对原油、铁矿石等大宗商品进口依存度较高，给中国带来输入性通胀的压力。①

二、通货紧缩、成因及其对国民经济的影响

（一）通货紧缩及其成因

通货紧缩是指与经济低速增长相互关系的一种经济现象，通常表现为有效需求不足、商品和服务价格持续下降。由于这种价格总水平的下降往往与流通中的货币相对不足相联系，因此称为通货紧缩。造成通货紧缩的原因比较复杂，主要有：

（1）有效需求不足。一是投资预期下降。当投资者对其投资项目的未来市场看跌时，便会缩减投资计划，致使投资需求出现下降，首先造成生产资料价格降低，最终导致价格总水平降低。二是消费预期下降。当消费者对消费需求的预期普遍下降时，社会需求会出现剧烈下降，因为当物价进一步下降时，实际利率趋于提高，即期消费比远期消费更加昂贵，消费者就要推迟消费，使得即期消费支出减少，远期消费支出增加。一旦消费需求出现下降，消费品价格就会大幅降低，并促使价格总水平降低，形成通货紧缩。三是政府支出减少。如果政府实施缩减支出计划，不仅会直接地降低社会总需求，而且还会通过减少

---

① 宗华烨：《从中国历次的通胀通缩看逃不掉的经济周期》，和讯网，2016年1月13日。

私人部门获得的转移支付,进一步降低社会总需求,导致相关市场供过于求,进而导致物价持续下跌,形成通货紧缩。四是净出口减少。如果外国对本国出口的商品需求减少,就会造成本国净出口减少,从而使出口企业收入减少、需求下降,而且由于大量出口净产品积压在国内,势必造成供过于求,物价下跌,引发通货紧缩。

(2) 生产能力过剩。一旦出现普遍的生产能力过剩,产品供过于求的矛盾就会十分突出,并最终通过物价下跌来加以调整,通货紧缩也便会随之产生。

(3) 政策和体制因素。一是过度紧缩的经济政策导致的通货紧缩。如果政府实行过度的紧缩性货币政策、财政政策以及其他紧缩性的经济政策,就会导致货币供应不足,总需求水平下降,从而引起通货紧缩。二是由需求抑制机制而导致总需求不足而引起的通货紧缩。如果一种经济体制具有内在的抑制企业投资、银行贷款、工资收入增长的机制,就会抑制投资需求和消费需求的增长,若需求增长长期赶不上供给增长,最终会导致物价总水平下降,也会出现通货紧缩。

(4) 金融资产代替实物资产。如果金融资产代替实物资产成了社会的普遍行为,商品购买力就会为金融资产所代替,就会出现总需求不足。例如,如果股票投机成为社会的普遍行为,资金大量在股市流动,就会出现货币主要与金融资产的转换,这样就会导致总需求不足,从而引发通货紧缩。

(5) 通货紧缩的外部输入。在经济全球化的条件下,通货紧缩一般还会通过以下途径由外国输入到本国:一是汇率输入。在固定汇率条件下,一般来说更能为通货紧缩的国际传递提供便利。比如一个国家如果采取单一盯住美元的固定汇率制度,一旦美元升值,那么该国货币就会被动连带升值、出口商品价格上升、进口商品价格下降,导致国内物价相对下降,从而使国内出现通货紧缩的压力。而在浮动汇率制度下,由于货币相对价值可以调整,容易对外部冲击予以缓冲,可以避免货币相对升值对国内经济的影响,从而可以在一定程度上抑制通货紧缩的外部输入。二是资本流动输入。当一国出现大量资本流入时,不管是否采取"对冲"措施,国内的投资需求以及生产能力都会相应提高,尤其在对资本净流入条件下更容易加剧东道国资金供过于求的矛盾,致使物价下跌,形成通货紧缩的压力。三是关税输入。在开放条件下,关税可以成为价格的一部分。当外国发生通货紧缩时,若进口关税不变,则进口商品的价格水平会下降,通货紧缩由此传递到本国。一般来说,关税对国内价格的影响程度要视其对外开放的程度而定。

(二) 通货紧缩对国民经济的影响

(1) 对投资需求的影响。通货紧缩是一把"双刃剑",既对投资需求有促进作用,也有阻碍作用。通货紧缩促进投资增长的主要因素是投资品价格下降,造成投资成本下降,工资率增长下降造成劳动成本下降,这些都有利于扩大投资需求。但同时,通货紧缩又会造成投资减少,这是因为:一是在产品销售价格下降的同时利润率下降;二是产品销售困难,影响企业资金周转;三是资金供应紧张,筹集投资资金困难;四是实际贷款利率上升,投资成本上升;五是市场前景预期悲观,投资意愿下降。通货紧缩对投资需求影响的结果取决于上述两方面因素的对比。一般来说,通货紧缩对投资需求下降的影响往往要超

第七章 国民经济运行的周期波动

过其促进投资需求增长的影响,从长期来看不利于经济增长。

(2) 对消费需求的影响。主要表现在:一是对消费需求的影响。通货紧缩对消费需求的影响具有双重性:在通货紧缩的条件下,由于消费者可以以更低的价格得到同等或更多的商品和服务,这会刺激消费者消费;由于消费者预期未来物价还会进一步下跌,进而推迟消费,并迫使企业更大幅度地降价,这便促成通货紧缩恶性循环的产生。二是对消费——储蓄转化的影响。通货紧缩意味着在名义利率不变的条件下,实际利率会上升,从而会刺激储蓄的增长;同时由于价格预期的存在,消费者倾向于推迟消费,或持币待购,或增加储蓄,这样都会促进储蓄增长。

(3) 对收入和分配的影响。主要表现在:一是对劳动收入增长的影响。通货紧缩导致企业削减生产,减少投资,从而导致劳动力需求减少,增加失业,减少一部分居民劳动收入;失业人员的存在也会增加对在岗人员的压力,甚至减少其劳动收入。二是对收入分配的影响。一般来说,通货膨胀对不同社会阶层收入分配的影响有所不同。通货紧缩一般对低收入阶层收入分配的影响最大、也最直接,而对中、高收入阶层虽有影响,但有时影响不大或不十分明显。在通货紧缩条件下,人们的收入趋于减少,消费和投资得到抑制,从而影响经济增长。

(4) 对银行体系的影响。当通货紧缩发生时,对大多数企业来说,将面临进一步的经营困难,致使银行不良贷款增加。一旦银行经营出现困难,贷款的进一步扩张便会受到限制,当银行面临系统性恐慌时,一些资不抵债的银行将因存款人将存款转化为现金进行"挤兑"而陷入困境。在通缩情况下,银行进一步收紧银根,致使企业出现"贷款难",又使企业经营困难,另一方面也加大了银行的风险。

(5) 对经济增长的影响。大多数情况下,物价下跌与经济增长乏力或负增长是结合在一起的。以上分析可以说明这种结合的原因。

(三) 改革开放以来我国的通货紧缩

自改革开放年以来,我国共发生过两次较为明显的通货紧缩,分别为1997~2002年和2009年(见表7-7)。

1. 1997~2002年我国出现的通货紧缩

第一,通货紧缩的基本状况。自1996年成功实现"软着陆"之后,我国宏观经济形势发生了根本性的变化,经济运行第一次出现了通货紧缩现象。主要表现在:

一是物价指数持续下跌(见表7-7)。全社会商品零售价格指数涨幅从1994年的21.7%一路下滑,1997年出现负增长,当年同比增长仅为0.6,在随后的5年中持续负增长。1998~2002年全社会商品零售价格指数的增幅分别为-2.6%、-3.0%、-1.0%、-1.4%、-1.3%。居民消费价格指数从1998年4月首次出现负增长,1998年、1999年的增幅分别为-0.8%、-1.4%,2000年和2001年轻微的正增长,增幅分别为+0.4%和+0.7%,2002年又出现-0.8%的负增长,2002年与居民消费价格指数下降之前的1997年相比物价下降了1.9个百分点。工业品出厂价格指数从1997年开始出现负增长,增幅为-0.3%,之后连续两年负增长,增幅分别为-4.1%和-2.4%,在2000年略有回升后，2001年和2002年又出现负增长，增幅分别为-1.3%和-2.23%。

二是货币增长幅度下降，货币流动速度下降。从1998年以来我国各层次货币供给增长速度明显放缓（见表7-12），1998~2002年，M_1同比平均年增长16.02%，M_2同比年均增长14.9%，而1991~1997年M_1、M_2的同比年均增长幅度分别为22.8%、26.9%。1998~2002年M_1和M_2的同比年均增长速度比1991~1997年分别减少6.8个和12.1个百分点，下降幅度为29.8%和45.0%。与此同时，货币流通速度也持续下跌（见表7-13）。

表7-12　　　　　1992~2002年中国各层次货币供给增长速度　　　　　单位：%

指标＼年度	1992	1993	1994	1995	1996	1997	1998	1999	2000	2001	2002
M_1	25.7	21.6	26.8	16.8	18.9	16.5	11.9	17.7	16.0	17.7	16.8
M_2	31.3	24.0	34.4	29.5	25.3	17.3	15.3	14.7	12.3	14.7	16.8

资料来源：《中国统计年鉴》、《中国金融年鉴》各期及国家统计局《国民经济和社会发展统计公报》。

表7-13　　　　　　1992~2002年中国各层次货币流通速度

指标＼年度	1992	1993	1994	1995	1996	1997	1998	1999	2000	2001	2002
GDP/M_1	2.27	2.12	2.27	2.39	2.34	2.10	2.00	1.81	1.69	1.60	1.44
GDP/M_2	1.05	0.99	1.00	0.96	0.98	0.82	0.75	0.68	0.66	0.61	0.55

资料来源：国家统计局各年国民经济和社会发展统计公报。

第二，通货紧缩的成因。一是20世纪90年代初期以来治理高通胀的直接代价。为治理1992年下半年出现的经济过热和改革开放以来最严重的通货膨胀，从1993年夏季开始，中央政府从货币政策和财政政策两方面采取了高强度的紧缩措施，到1996年底取得了明显的效果，1997年大体上实现了零通胀。与此同时，企业效益普遍下滑，亏损企业增加，下岗失业现象剧增，产出缺口不断扩大，通货紧缩的局面就此形成。

二是改革措施集中出台导致有效需求减少。1994年以来，我国经济体制改革的力度加大，内容涉及教育、医疗、养老、住房等体制改革，以及政府机构精简、国有企业改革等重大举措。这些改革措施将在长期内为我国经济的健康发展提供制度保障，但由于改革几乎涉及所有城镇居民家庭和部分农村居民家庭，其短期内的紧缩效应明显：一方面，失业、下岗增加会减少人们的当前收入和预期未来收入水平；另一方面，教育、医疗、住房等体制改革则使预期未来支出增加，从而迫使人们不得不削减当期支出，为将来进行储蓄和积累。

三是供给与需求的失衡。我国现阶段经济发展面临两个方面的问题：从需求的角度看，是消费结构如何实现在"用"的质量上进步提高，继续向"住"与"行"方向升级；

第七章 国民经济运行的周期波动

从供给的角度看,是如何通过产业结构的调整,顺利实现产业部门之间的持续更替,确立新的经济增长点。但现在这两个方面都存在一定问题:一是改革以来居民收入差距的扩大导致消费结构升级缓慢,这是造成投资增长乏力的重要原因;二是产业结构升级缓慢,产业部门发展的持续性较差,新的经济增长点迟迟未能形成。其结果,一方面在新的经济增长阶段能够带动经济增长的主导产业始终未能形成强力增长的势头;另一方面也造成了用以满足以往消费结构的传统加工能力严重过剩,从而造成内需不足。

四是1997年下半年爆发的东南亚金融危机及其蔓延。一是外部市场或国外需求的变化,使得内需不足的问题更加突出。改革开放以来,我国经济与国际经济的关联度大大提高。净出口需求的快速增长已经成为支持我国社会总需求快速增长的重要组成部分。东南亚发生金融危机以后,处于危机中的各国都使本国货币大幅度贬值,出口商品价格降低,导致我国出口受到极大影响。这使得国内供需矛盾更加突出,压迫价格水平进一步降低;二是由于许多商品的国际市场价格大大低于国内市场价格,进口商品、尤其是进口原材料价格下降,引发进口方面相对成本大幅度走低,通过贸易渠道使生产者价格指数降低,再引起消费者价格(主要是消费品零售价格)指数跌落。

2. 2009年我国出现的通货紧缩

第一,通货紧缩的基本状况。由表7-14可见,全社会商品零售价格指数(RPI)从2009年2月开始首次出现负增长,增幅为-1.6%,之后连续8个月负增长,在2009年11月开始回升。居民消费价格指数(CPI)也是从2009年2月出现负增长,增幅为-1.56%,之后也持续8个月的负增长。工业品出厂价格指数(PPI)则从2008年12月就出现了负增长,增幅为-1.1%,之后连续11个月负增长。

表7-14 2008年12月~2009年12月中国各种价格指数 单位:%

时间	居民消费价格指数(CPI)	商品零售价格指数(RPI)	工业品出厂价格指数(PPI)
2008年12月	101.20	101.4	98.9
2009年1月	100.95	100.7	96.7
2009年2月	98.44	98.4	95.5
2009年3月	98.83	98.5	94.0
2009年4月	98.50	98.1	93.4
2009年5月	98.60	98.1	92.8
2009年6月	98.30	97.7	92.2
2009年7月	98.20	97.5	91.8
2009年8月	98.80	98.0	92.1
2009年9月	99.20	98.5	93.0

续表

时间	居民消费价格指数（CPI）	商品零售价格指数（RPI）	工业品出厂价格指数（PPI）
2009年10月	99.50	98.7	94.2
2009年11月	100.6	100.0	97.9
2009年12月	101.9	101.4	101.7

资料来源：国家统计局网站。

第二，通货紧缩的成因。一是受美国金融危机所引发的全球经济衰退的影响。2007年下半年，由美国开始的次贷危机演变为全球性的金融危机，使我国也受了极大的冲击，对外贸易增长率大幅下降，不少中小企业关停，大批农民工返乡等问题凸显。二是从紧政策的滞后影响。为治理2007年下半年出现的通货膨胀，中央政府从货币政策和财政政策两方面采取了紧缩措施。如货币增长幅度下降，2008年1月~2009年1月，M_1从20.5%下降到6.7%，M_2从18.9%下降到14.8%。由于货币政策存有6~18个月的时间滞后，因此，紧缩性政策效果在2009年集中表现出来（见表7-15）。

表7-15　　　2008年12月~2009年12月中国各层次货币供给增长速度　　　单位：%

时间	M_1	M_2
2008年1月	20.5	18.9
2008年2月	19.0	17.4
2008年3月	18.0	16.2
2008年4月	19.1	16.9
2008年5月	17.9	18.1
2008年6月	14.2	17.4
2008年7月	14.0	16.4
2008年8月	11.5	16.0
2008年9月	9.4	15.3
2008年10月	8.9	15.0
2008年11月	6.8	14.8
2008年12月	9.1	17.8
2009年1月	6.7	18.8
2009年2月	10.9	20.5
2009年3月	17.0	25.5
2009年4月	17.5	26.0

第七章 国民经济运行的周期波动

续表

时间	M_1	M_2
2009年5月	18.7	25.7
2009年6月	24.8	28.5
2009年7月	26.4	28.4
2009年8月	27.7	28.5
2009年9月	29.5	29.3
2009年10月	32.0	29.4
2009年11月	36.6	29.7
2009年12月	32.4	27.7

资料来源：国家统计局网站。

3. 我国目前面临通货紧缩的风险

第一，工业生产者出厂价格指数持续下降。由表7-16可见，2012年我国工业生产者出厂价格指数呈现负增长，同比下降1.7个百分点，而之后连续下跌且跌幅扩大，2015年下半年降到94.1，尽管2016年有所回升，但负增长的态势仍难以逆转。一般来说，价格总水平的波动一般首先出现在生产领域，然后通过产业链向下游产业扩散，最后波及消费品。因此，商品零售价格指数和居民消费价格指数也随之一路下滑，保持在一个较低的水平上。2015年1月，商品零售价格指数出现负增长，之后尽管有所回升，但基本在100左右徘徊。居民消费价格指数尽管没有出现负增长，但也基本在102左右浮动。

表7-16　　　　　2010~2016年6月中国各种价格指数

时间	居民消费价格指数（CPI）	商品零售价格指数（RPI）	工业生产者出厂价格指数（PPI）
2010年	103.3	103.1	105.5
2011年	105.4	104.9	106.0
2012年	102.6	102.0	98.3
2013年	102.6	101.4	98.1
2014年	102.0	101.0	98.1
2015年1月	100.8	99.6	95.7
2015年2月	101.4	99.9	95.2
2015年3月	101.4	100.0	95.4
2015年4月	101.5	100.1	95.4
2015年5月	101.2	99.9	95.4

续表

时间	居民消费价格指数（CPI）	商品零售价格指数（RPI）	工业生产者出厂价格指数（PPI）
2015年6月	101.4	100.0	95.2
2015年7月	101.6	100.2	94.6
2015年8月	102.0	100.4	94.1
2015年9月	101.6	100.1	94.1
2015年10月	101.3	100.0	94.1
2015年11月	101.5	100.2	94.1
2015年12月	101.6	100.4	94.1
2016年1月	101.8	100.2	94.7
2016年2月	102.3	100.9	95.1
2016年3月	102.3	100.7	95.7
2016年4月	102.3	100.7	96.6
2016年5月	102.0	100.3	97.2
2016年6月	101.9	100.3	97.4

资料来源：国家统计局网站。

第二，货币供给量及其增长速度保持在高位，货币流通速度下降。由表7-17可见，一是2010~2014年货币增长幅度下降，货币流通速度下降。2010~2014年，M_1和M_2的供应量分别增加了81 434.91亿元和502 523亿元，年均增长6.89%和14.06%，但同比增长速度不断下降，M_1从21.2%下降到3.2%，M_2从19.7%下降到12.2%。与此同时，M_2的流通速度持续下跌，而M_1的流通速度持续上升（见表7-18）。二是2015年1月~2016年5月，货币增长幅度波动中上升，货币流通速度下降。从2015年3月开始，M_1同比增长速度不断回升，2016年5月达到23.7%。从2015年1月开始，M_1同比增长速度在波动中回升，2016年达到14%，之后有所回落。但2015年M_2的流通速度持续下跌，而M_1的流通速度也开始回落（见表7-18）。这15个月，M_1和M_2的供应量分别增加了76 141.2亿元和218 984.9亿元，月均增长14.23%和11.66%。

表7-17　　2010~2016年5月中国各层次货币供给量及其增长速度

时间	M_2供应量（亿元）	M_1供应量（亿元）	M_2供应量同比增长率（%）	M_1供应量同比增长率（%）
2010年	725 851.8	266 621.5	19.7	21.2
2011年	851 590.9	289 847.7	13.6	7.9

第七章 国民经济运行的周期波动

续表

时间	M_2 供应量（亿元）	M_1 供应量（亿元）	M_2 供应量同比增长率（％）	M_1 供应量同比增长率（％）
2012 年	974 148.8	308 664.2	13.8	6.5
2013 年	1 106 524.98	337 291.05	13.6	9.3
2014 年	1 228 374.81	348 056.41	12.2	3.2
2015 年 1 月	1 242 710.22	348 109.5	10.8	10.6
2015 年 2 月	1 257 380.48	334 439.22	12.5	5.6
2015 年 3 月	1 275 332.78	337 210.52	11.6	2.9
2015 年 4 月	1 280 779.14	336 388.24	10.1	3.7
2015 年 5 月	1 307 357.63	343 085.86	10.8	4.7
2015 年 6 月	1 333 375.36	356 082.86	11.8	4.3
2015 年 7 月	1 353 210.92	353 122.19	13.3	6.6
2015 年 8 月	1 356 907.98	362 793.73	13.3	9.3
2015 年 9 月	1 359 824.06	364 416.9	13.1	11.4
2015 年 10 月	1 361 020.7	375 806.45	13.5	14
2015 年 11 月	1 373 956.01	387 618.32	13.7	15.7
2015 年 12 月	1 392 278.11	400 953.44	13.3	15.2
2016 年 1 月	1 416 319.55	412 685.64	14	18.6
2016 年 2 月	1 424 618.68	392 504.7	13.3	17.4
2016 年 3 月	1 446 198.03	411 581.31	13.4	22.1
2016 年 4 月	1 445 209.59	413 504.84	12.8	22.9
2016 年 5 月	1 461 695.11	424 250.7	11.8	23.7

资料来源：国家统计局网站。

表 7-18　2010～2015 年中国各层次货币流通速度

指标＼年度	2010	2011	2012	2013	2014	2015
GDP/M_1	1.53	1.67	1.73	1.74	1.83	1.69
GDP/M_2	0.56	0.57	0.55	0.53	0.52	0.47

资料来源：根据国家统计局网站相关数据计算得出。

由以上数据可见，2010 年以来，我国货币供给量及其增长速度保持在高位，高于 GDP 的增长速度，而与之伴随的不是通货膨胀风险，而恰是通货紧缩，究其原因：

第一，新增货币供应量巨大，但未完全投入到实体经济。为了刺激经济，央行开始大规模扩张货币供应量，2016 年 5 月的 M_1 和 M_2 分别是 2010 年的 2.01 倍和 1.59 倍，分别是 2001 年的 9.23 倍和 7.09 倍。2015 年 M_2/GDP 为 213%（美国始终不到 100%）。但这些大量的新增货并未完全投入实体经济中。由表 7-17 可见，自 2015 年 10 月以来，M_1 供应量快速增长，持续时间长于预期，截至目前已经持续 16 个月，长于全球金融危机后加速周期的 13 个月。而与此同时，M_2 供应量并未跟上这一增速，也就是说，部分新增的货币供给以活期存款的形式趴在了企业账上，而没有真正投入到实体经济中。

第二，产能过剩带来的通货紧缩。目前，我国面临着煤炭、钢铁、水泥、石化、平板玻璃、电解铝、光伏太阳能、风电以及造船等多个主要行业的产能过剩。由于产能过剩及需求增长的放慢，导致我国物价总水平明显下降，形成很强的通货紧缩压力。

第三，外部传导机制影响国内物价走势。主要有两种：

一是来自于资金的跨境流动。2014 年第三、第四季度，我国外汇储备分别净减少 0.66 亿美元和 300 亿美元，全年外汇储备只增长 1 178 亿美元，比 2013 年少增加 3 000 亿美元以上。外汇储备的减少使得外汇占款的增速在 2014 年 12 月跌到 3% 以下。由于外汇占款占到央行资产的 80%，因此，在法定存款准备金率一定的情况下，基础货币增速大幅减缓，扣除准备金后的货币发行只有不到 4% 的增速，远低于 2013 年前平均 15% 左右的水平。基础货币增长乏力，加上银行部门"惜贷"和实体经济发展停滞导致的货币派生能力下降，从货币层面形成了物价下行的压力。①

二是国际大宗商品价格的传导。② 2014 年 7 月 ~2016 年 1 月，布伦特原油价格从 115 美元/桶跌到 26 美元/桶，下跌 77%；黄金 2011 年 9 月 ~2015 年 12 月跌 44.6%，铁矿石 2011 年 2 月 ~2015 年 12 月跌 80%；LME 铜 2011 年 2 月 ~2016 年 1 月跌 57.5%，LME 铝 2011 年 5 月 ~2015 年 11 月跌 48.8%；国际大豆和豆粕 2010 年 9 月 ~2016 年 3 月分别跌 53%、60%。国际大宗商品价格下降推动了国内 PPI 下跌，造成通货紧缩的压力。

要解决以上面临的问题，需要争取以下措施加以解决：

第一，加强宏观调控。一是保持政府政策的前瞻性。政策效应的发挥存在滞后性，对经济形势的前瞻性判断，能够缩短政策的滞后期，增强政策的调控效果。二是保持政府政策的稳定性。2007 ~2008 年和 2011 年的通货膨胀以及 2009 年的通货紧缩都只持续不到一年的时间，特别是 2007 ~2008 年的通货膨胀与 2009 年的通货紧缩的快速转变，都与政府对经济形势的判断失误，政策随意性较大密切相关，这都造成政策的不稳定性，其会导致政策环境缺乏可预见性，由此企业不愿意投资，人们不愿消费。而究其原因，就在于经济改革方面的不确定，这就要求政府必须坚定供给侧结构性改革的方向，保持政策的一致性和一贯性。三是政策工具的多样性。一方面实施积极的财政政策，如适度降低消费环节和投资环节的税率；另一方面实施稳健的货币政策。中国货币政策单单量化宽松还不够，还要建立物价机制、定量的政策工具等结合在一起的货币政策方法来实施货币政策。四是建立经济周期波动的监测预警体系，密切关注并监测金融和投资领域的波动状况。

---

①② 殷剑峰：《通货紧缩的成因与应对》，载于《中国金融》2015 年第 6 期，第 72 ~75 页。

第七章 国民经济运行的周期波动

第二，化解产能过剩。一是继续以钢铁、煤炭行业为重点，对环保、能耗、安全等不达标，生产不合格或淘汰类产品的企业和产能，坚决依法依规处置或关停；二要改造和提升传统产能，提高环保、质量、安全等标准和工艺水平。

第三，实施有效的收入分配和就业政策。从长期来看还主要解决两方面问题：一是缩小贫富差距。因为富人消费率低，而穷人消费能力有限，从而导致消费萎缩，进而产生通货紧缩；二是扩大就业。扩大就业是增加收入的最直接的手段，而失业率上升会直接导致劳动者失去或减少收入，其也会导致消费萎缩、通货紧缩。因此，实施有效的收入分配和就业政策，提升有效需求，是抑制通货紧缩的治本之策。

【复习思考题】

1. 经济周期的含义及阶段划分。
2. 经济周期的类型及经济波动的特征。
3. 经济周期波动形成的原因。
4. 经济周期波动的传导机制。
5. 通货膨胀及其类型。
6. 需求拉动、成本推动、混合型与结构性通货膨胀各自的成因。
7. 度量通货膨胀的指标及其统计。
8. 通货紧缩及其成因。
9. 通货膨胀与通货紧缩对经济生活影响。
10. 改革开放以来，我国所出现的通货膨胀与通货紧缩的主要特征。

第三篇

国民经济发展战略与规划

　　国民经济系统运行必须有明确的战略和规划导向。在不同国家和同一国家的不同时期，国民经济与社会发展战略和规划的内容及侧重点会有所不同。正确制定符合本国国情、适应不同时期发展需要的发展战略和发展规划，是政府实施国民经济管理的重要前提，也是正确引导国民经济系统运行的重要保证。

　　从国民系统运行到国民经济管理，其相互衔接、互相配合的中间环节，是关于国民经济发展战略和发展规划的分析。全面系统分析这一问题，不仅只是将其作为国民经济管理的一个工具或手段，更重要的是将其与国民经济系统运行、国民经济管理有机结合起来。从一定的意义上说，当今世界的国民经济系统运行已进入"战略管理"和"规划管理"的时代，因此，发展战略和发展规划不再只是"战略战略、说说议议"、"规划规划、墙上挂挂"。在"两个一百年""全面建成小康社会"、实现"中国梦"的宏伟目标下，发展战略和发展规划是国民经济学研究的重要内容。

第八章　国民经济与社会发展战略

当今时代已进入战略管理时代，国际竞争从某种意义上成为战略之争。一国在一定时期乃至更长时期的国民经济与社会发展战略，成为工业化、信息化发展的战略导向。因此，制定符合国情、适应不同时期发展需要的发展战略，具有十分重要的战略意义。本章主要分析发展战略、战略体系、战略体系的选择与制定，以及我国确定的主要发展战略。

第一节　国民经济与社会发展战略的内涵、特征与功能

一、国民经济与社会发展战略的内涵与背景

1. 国民经济与社会发展战略的内涵

战略起初是一个军事术语，源于古希腊语。创造和运用这一概念的军事家们关于战略的表述虽然各异，但其本质含义是为了实现战争目的而进行的一种谋划，主要着眼于处理和解决带有全局性、长远性、根本性和重点性的问题。具体来说，或是指导战争全局的计划和策略，或是比喻决定全局的策略。① 从非军事化角度进行解释，战略则是泛指对全局性、高层次的重大问题的筹划与指导②。而国民经济和社会发展战略一般是根据全局性质的具体情况，在一个较长时期内所采取的发展道路或发展方向，③ 具体可将国民经济和社会发展战略定义为经济和社会发展过程中有关全局性、长远性和根本性问题的谋划（以下简称经济社会发展战略或发展战略）。

2. 发展战略产生的历史背景和时代背景

发展战略作为流行的经济学术语始于第二次世界大战之后。"二战"后，许多取得民族独立的国家面临发展经济、摆脱贫困、强国富民的重大课题。1958年，美国经济学家阿尔伯特·赫希曼（Albert Otto Hirschman）出版了《经济发展战略》一书，首先提出了"经济发展战略"的概念（The Strategy of Economic Development），从"战略"层面研究了发展中国家的经济发展问题，从而使"经济发展战略"成为研究探索发展中国家经

---

① 《现代汉语词典》，商务印书馆1998年修订本第1583页。
② 《辞海》，上海辞书出版社1979年版，第3093页。
③ 于光远：《战略学与地区战略》，陕西人民出版社1984年版，第13页。

济发展道路的专用名词，进而成为发展经济学研究的重要内容之一。20世纪60年代，随着国际竞争日趋激烈和科技进步大大加快，很多发展中国家和发达国家纷纷提出和实施自己的经济发展战略。与此同时，联合国先后制订了60年代、70年代、80年代和90年代四个10年的"国际经济发展战略"。至此，经济发展战略在国际社会广泛流行起来，在某种意义上讲，国民经济管理进入战略管理时代。

战略管理时代的到来有其自身的必然性，主要有两个重要的时代背景：

一是战后科学技术发展迅猛，国际竞争日趋激烈，促使战略管理时代到来。战后的世界成为竞争的世界，世界分裂成两大阵营，开启了"冷战"时代。两大阵营之间除了政治、军事的对抗，也进行经济、技术的竞争，以作为获胜的砝码。20世纪90年代，苏联解体，冷战时代结束，但是各国在经济实力、综合国力的竞争非但没有结束，反而更加激烈。不仅在发达国家之间特别是美、日、西欧之间进行，也在发达国家与发展中国家之间进行。以原子能、电子计算机和空间技术为主要标志的技术革命引起许多国家特别是工业发达国家的生产手段发生根本性的变化，推动了劳动生产率的极大提高，导致工农业生产的日益现代化，尤其是高技术产业部门的迅速发展，从而带动了经济的全面增长。在全球性的科技竞争中，任何一个国家都将受到冲击和影响。在科学技术上落后，就有可能在经济上受制于人，在军事上被动挨打，在政治上成为强权政治的附庸。正是这些因素的综合作用，促使各国开始重视经济与社会发展战略的制定。因此，"战略"的应用得到了迅速的拓展，逐渐被应用于政治、经济、外交、科学、教育和社会等各个领域。

二是对外经济联系越来越密切，国家对经济的干预和调节发展到新的水平和新的阶段，战略规划与管理成为其中的重要手段。尤其是"凯恩斯革命"开启了政府对经济生活干预的模式，其形式主要有：国有企业和国家与私人合营的混合企业的扩大，国家财政预算的扩大，以及国家金融机构信贷活动的加强。国家除了直接参与再生产过程之外，还通过制定经济社会发展战略、实施经济计划和经济政策加强对经济的调节。20世纪70年代，美国国防大学战略研究所所长约翰·科林斯撰写了《大战略》一书，系统地提出了美国大战略，强调国家利益是构成一切正确战略的基础，而国家利益几乎都和国家的安全、生存、发展、独立以及领土完整等有关，因而最重要的就是需要通过确定一种正确的大战略来保障这些目标和利益的实现。与之相抗衡，欧洲经济经历了"二战"后50年的一体化进程，通过联合图强的一体化经济发展道路和发展战略，在政治、经济、外交和安全防务政策等方面进行全方位一体化战略整合，使得欧盟逐渐成为世界上另一个重要的经济实体。因此，战略和规划管理已经从一个国家的领域发展到国际领域，许多国际组织，如联合国等也开始制定全球经济社会发展战略，指导与调节国际经济发展。

二、国民经济与社会发展战略的基本特征

经济社会发展战略属于国家在广阔时空背景下的宏观的战略层次的决策，具有与其他宏观政策不同的特征，其贯彻实施将会对全社会产生整体的系统性影响，其成败将会对国民经济带来系统性利益或系统性风险。具体而言，经济社会发展战略有以下基本特征：

第八章 国民经济与社会发展战略

（1）全局性。经济社会发展战略是关于国民经济和社会发展的总方向、大趋势和若干重大方面的总体部署，主要将一定范围或领域内的经济社会活动作为一个整体进行通盘考虑，强调从全局高度寻求发展思路，抓住能影响全局的关键性、根本性问题，以推动整个经济社会向前发展。在制定发展战略的过程中，虽然也要考虑局部和个人的利益关系和矛盾，但主要从"全局一盘棋"的角度协调全局利益关系，以维护公共和长远利益为出发点和落脚点的。

（2）长期性。经济社会发展战略是关于国民经济和社会发展的总方向、大趋势和若干重大方面的总体部署，需要十年甚至更长的时间才能实现，其制定的目标或提出的任务对全局具有长远指导意义，是制订中、短期规划和各项经济政策的指导原则和基本依据。

（3）统领性。经济社会发展战略是国家最高层次的决策，是由国家最高决策机构按照法定程序制定出来的，是公共选择的结果，是全体社会成员共同利益和奋斗目标的现实体现，具有权威性和法律效力。国家和地区的具体发展规划与政策必须服从于经济社会发展战略。

三、国民经济与社会发展战略的功能

国家发展战略作为统领全局的国民经济整体运行的设计图，是关系国家发展前途和命运的经纬大计，是最主要的国策，其主要功能：

（1）目标导向。经济社会发展战略的功能之一是确立未来国民经济可持续发展目标和发展路径。因为对于一国经济社会发展而言，不仅仅是短期内规模的扩大和空间的扩张，更重要的要做到时间上的可持续，使后一代人能够拥有和上一代人平等的发展能力。就具体实施来说，后者往往比前者更困难。所以，发展战略目标与其他决策目标不同，不是头痛医头脚痛医脚的"问题导向"，而要为国家与民族的兴亡从长计议，找到经济与社会可持续发展的方向、目标和途径。

（2）系统协调。经济社会发展战略具有通过组织协调，构建内部有序来应对外部环境不断变化的功能。国民经济是一个极其复杂的系统，它既包括相互依赖的许许多多部门和行业，又可分为若干不同的层次。其发展又会受到社会、政治、科学、技术、自然、社会文化和社会心理等多方面外部环境因素的影响。而应对外部环境复杂性的唯一手段就是构建内部有序性，就是使国民经济内部具有高度的协调性，具有保持动态平衡的能力。发展战略通过目标导向、机遇与挑战揭示、发展步骤、实施方案等蓝图规划，指导与约束系统内部的行为，使系统内部协调有序，达到以不变应万变，灵活应对外部环境变化的效果。

（3）凝聚合力。经济社会发展战略的这一功能主要体现在：一是体现民意。因为一个成功的经济社会发展战略，必须能够体现全社会对未来一定时期经济社会发展目标与途径的共识，描绘人们共同的愿景，具有广泛的民意基础。二是汇聚民智。要能够比较充分有效地动员社会各界的积极性和创造性，群策群力，克服困难，推进经济社会发展战略的实施。三是凝聚民力。成功的发展战略要能够最大限度地动员全社会的资源去贯彻实施发展战略，"积力所举，无所不胜"。

(4) 整体优化。经济社会发展战略发规划与部署在目标上强调整体优化。因为从系统论观点看，系统本质上是对系统发展的一个有益约束，强调系统发展的整体性、综合性和有机性，而不只是某个子系统或要素的"增长"，更不允许某个子系统的片面发展破坏其他系统的正常运行，阻碍系统整体的良性发展。经济社会发展系统亦是如此。当然，由于国民经济与社会系统处于动态变化中，因而系统内部要素之间的关系也处于不断调整中，因而优化是一个相对的时间与空间的概念。

第二节 国民经济发展战略体系与模式

一、国民经济与社会发展战略体系

经济社会发展战略是一个有机体系，由一些基本要素构成。关于经济社会发展战略的基本构成要素，不同的研究者有不同的表述。有人认为主要包括战略目标、战略方针和实现战略目标应采取的步骤等基本要素。[①] 也有人认为必须具备战略方针、战略目标、战略重点、战略步骤和战略对策等五个基本要素。[②] 还有人认为应包括战略目标、产业结构、资金、技术、生产力地区布局、人口、对外贸易和经济体制等八个要素。在各种观点当中，被理论界接受程度较高的是"五要素论"[③]，其具体内容为：

（1）战略方针，又称战略指导思想。它是发展战略选择中必须遵循的根本原则，体现战略制定者的发展观与价值观，是整个发展战略的"灵魂"。战略方针也是创造性思维的结果，体现发展主体的基本战略构想，对于整个发展战略的制定和实施具有指导作用。因此，战略方针是发展战略中最具原则性、价值性、创造性的要素。

（2）战略目标或战略任务。主要是指发展主体在某一时期所要实现的基本任务和所要取得的经济与社会发展成果，是对战略方针的具体化。经济社会发展战略目标往往不是单一目标，而是多元的目标体系。因此，除了定性的描述，还要有量化指标体系。战略目标是整个发展战略的"核心"，发展战略的核心问题在很大程度上就是如何确定适当的战略目标。

（3）战略重点。主要是指对现实战略目标具有决定性影响的关键环节和因素。选择战略重点一般有两种情况：一是一定时期内对实现战略目标有重大带动作用的优势环节或部门，充分发挥其先导和牵动作用，促进整个国民经济的发展；二是抓住对实现战略目标产生"瓶颈"制约的薄弱环节或部门，解除发展中的"短板"、限制和"瓶颈"约束，促进国民经济全面协调发展。战略重点的突破对于战略目标的实现具有决定性的意义。

（4）战略步骤。主要是指实现战略目标的具体行动规划与时间规划。具体包括三个方

---

① 于光远：《经济、社会发展战略》，中国社会科学出版社1984年版。
② 李成勋：《经济发展战略学》，中国经济出版社1999年版。
③ 钟契夫：《中长期规划的理论与方法》，中国计划出版社2002年版，第43页。

第八章 国民经济与社会发展战略

面：一是把战略目标所规定的总任务分解成若干可以行动的单元；二是根据事物发展规律安排好各单元任务的行动顺序；三是确定各单元任务完成所需要的时间。在此基础上，将在长时期才能完成的经济社会发展战略任务一步步、分阶段地实现。

（5）战略对策。主要是指贯彻战略方针、实现战略目标、实施战略重点和步骤的基本策略和行动方案。这是整个发展战略中具有较大灵活性、针对性的战略要素。作为战略对策，也要从全局着眼提出思路，但必须从实际条件出发、针对具体情况找出具有可操作性的着力点，并对其实施效果做出科学论证和测试。

二、国民经济与社会发展战略的模式

由于不同国家的具体国情不同，所处的发展阶段，所面临的发展任务不同，因此，所制定的经济社会发展战略也各具特色。各国的发展战略主要有以下几种。

（一）单一的发展战略与综合的发展战略

1. 单一的发展战略

所谓单一的发展战略，主要是指战后发展中国家以赶超发达国家为目标，以工业化为主要内容，片面追求经济增长的发展战略。

这种发展战略在"二战"后的发达国家与和发展中国家之所以一度成为主流模式，主要是受当时西方经济发展理论的深刻影响，即以"经济增长就是经济发展"为标志，认为只有经济快速增长，才能够摆脱贫穷，特别强调发展中国家的贫穷正是由于经济增长水平低下造成的。当时联合国也制定了第一个十年（1960~1970年）国际发展战略，强调把经济增长和工业发展速度作为最主要的发展目标和衡量经济增长的指标。因此，后发国家在选择发展战略时，都不约而同地将目标锁定在追求经济增长上，以期在经济上追赶发达国家。这些国家通常在政府的指导下，集中发展资本品工业，对外实行高关税壁垒以保护国内制造业，并利用指导性计划和直（间）接补贴，引导制造业部门对外出口。

对于大多数发展中国家来说，从经济发展初期直至20世纪70年代，大都在奉行单一的发展战略，而且在第一个十年经济发展战略实施过程中取得了快速的经济增长，60年代平均增速为5.7%。[①] 但是，单纯的经济增长并不能代表经济素质提高和社会进步。"经济增长就是经济发展"的错误认识导致了对战略目标和政策措施的不当选择，进而带来一系列弊端：一些国家片面强调经济增长，过度强调工业化，而忽视或无力顾及农业以及其他产业的发展，从而造成国民经济比例失调；而当农业以及其他产业成为"瓶颈"时，又制约了工业的发展；由于农业发展的停滞，大量农民涌入城市，城市人口过度膨胀，城乡矛盾与地区矛盾深化；单一的发展战略保证了经济的快速增长，却忽视了收入的合理分配，只有富人和中产阶级从经济增长中得益，而占人口最大多数的穷人的生活并没有得到改善，甚至生活在贫困线以下的人数在不断增加，国内两极分化日益加剧；当贫富差距扩大

---

① 李成勋：《经济发展战略学》，知识产权出版社2009年版，第90页。

到一定程度时,就会成为社会、政治的不稳定因素。因此,在单一发展战略下,重工业的过度发展使得资源浪费,环境污染严重,生态平衡遭到破坏,尤其是发达国家将一些重化工业转移到发展中国家,更加重了发展中国家的环境污染问题。

2. 综合的发展战略

与单一的发展战略相对应,综合的发展战略强调以提升国民福利为目标,以推动经济发展、社会进步和环境保护为主要内容,实施保持经济、社会与环境"三位一体"和谐状态的发展战略。

这是对单一的发展战略的修正,也是发展范式的一次革命,主要来源于人们对于发展观认识上的飞跃。经验和教训使人们逐渐认识到,经济增长仅仅是指一国或地区在一定时期内包括货物和服务在内的产出增长,而经济发展则是指随着产出的增长而出现的经济社会和政治结构的变化,包括投入结构、产出结构、产业比例、分配方式、消费模式、社会福利及文教卫生等在内的各种结构的协调和优化。与经济增长相比,经济社会发展的范围要宽泛得多,其内涵也深刻得多。因此,政府在制定和推行发展战略时不应只考虑经济问题,应该同时注意解决社会问题及生态环境问题,做到经济增长、社会进步与环境保护协调发展。

综合的发展战略也有一个演变过程。最初的主要目标只是如何保持社会发展与经济增长同步,从而关注满足大多数人的基本需要,既包括对食品、住房、衣物、医疗卫生、文化教育、公共交通、社会基础设施等的物质需要,也包括居民对自由、安全等的非物质的需要。自 20 世纪 70 年代以来,亚洲、非洲和拉丁美洲的一些国家主要实行这种兼顾社会发展的发展战略。旨在经济增长的基础上不断满足国民的基本需求,通过重点发展农业、商业和服务业等劳动密集型企业来增加就业机会,建立社会保障体系,保证发展中国家的经济和国民生活水平不仅有量的增长而且有质的提高。该战略突出了人的价值和社会的进步,是一种具有历史进步意义的国家发展战略。

由此,发展战略目标由经济增长的单一目标,演化成为一个多目标的目标体系。如美国社会卫生组织(ASHA)提出可用六个指标作为发展中国家的发展战略目标,即 ASHA 指标,主要由就业率、识字率、平均预期寿命、人均国民生产总值(GNP)、出生率和婴儿死亡率这六个分项指标组成,其计算公式如下[①]:

$$ASHA = \frac{就业率 \times 识字率 \times 平均预期寿命 \times 人均 GNP}{出生率 \times 婴儿死亡率}$$

与 ASHA 指标相比,现今反响最大、应用最广的指标应为联合国开发计划署的人类发展指数(HDI)。[②] HDI 是将人类发展标志的实际数值,通过数据处理后加以综合,变换成一个介于 0~1 的数值,以该数值的大小来评价一国人民福利和社会进步水平的高低。联合国开发计划署(UNDP)在计算 HDI 时,选取了四个具有代表性的指标:国民平均预期寿命、成人识字率、综合入学率和按购买力平价计算的人均国民生产总值。这套指标反映

[①] 张雷声:《发展中国家经济发展论》,高等教育出版社 2002 年版,第 212 页。

[②] 人文发展指数(Human Development Index, HDI):1990 年 5 月在联合国开发计划署的年度报告《1990 年人文发展报告》中首次提出。

第八章 国民经济与社会发展战略

出,HDI 是以人为中心的,对人的健康水平、受教育程度以及生活水平衡量经济社会发展。HDI 在国际社会中得到广泛的认可与使用。但是,以 HDI 为代表的国家发展战略没有涉及资源、环境等方面的内容,也无法对未来的发展进行有效的预测,这意味着衡量一国经济社会发展的指标体系有待于进一步完善。

随着各国经济的快速增长和工业化的推进,全球性的环境污染和生态破坏愈演愈烈,人类社会发展面临着不可持续的危机。危机引发人们的反思,包括对人类基本生存方式——生产方式、消费方式、人口增长,对科学精神与技术发展,对人类与自然的关系,以及对流行的发展观的反思。人们意识到,人类的经济与社会发展只有保持与生态环境的和谐,才是可持续的,才能"既满足当代人的需要,又不对后代人满足其需要的能力构成危害的发展。"[①] 1992 年,在巴西里约热内卢召开了有 183 个国家的首脑和 70 多个国际组织参加的联合国环境与发展大会,会议通过了《里约环境与发展宣言》以及作为具体行动计划的《21 世纪议程》等一系列有关可持续发展的文件,并提出了一个重要的口号:"人类要生存,地球要拯救,环境与发展要协调",充分体现了可持续发展的新思想被世界上绝大多数国家和组织承认和接受,并且成为世界上大多数国家制定经济社会发展战略的指导思想。迄今为止,体现经济—社会—环境三位一体的可持续发展战略已经成为全世界主流的发展战略模式。

(二)非均衡发展战略与均衡发展战略

1. 非均衡发展战略

所谓非均衡发展战略,是指在一定经济发展阶段上,从实际出发,在发展条件较好的地区,集中力量优先发展对国民经济增长具有较强带动性的产业与部门,然后通过内在的经济联系带动其他产业与部门发展,最终促进整个国民经济发展的战略。

非均衡发展战略建立在非均衡发展理论基础之上。根据该理论,由于各国(地区)自然资源禀赋的差异性和社会资源配置的非均匀性,存在着经济发展的区域空间差异。非均衡性是经济社会发展的普遍规律。因此,经济发展不会在一个国家的所有地区和所有产业同时出现,经济的进步最初可能仅仅始于某一地区的某一产业,甚至是某一产品的技术创新。随着技术创新的不断发展与完善形成了创新产业。新产业部门的出现带动了与其关联紧密的上下游产业的发展,其技术溢出效应和学习效应也会促进配套产业的技术创新。该产业的新技术和新产品由于高效率和高品质可能会替代传统的技术工艺和产品,逐渐成为新的主导产业,使原有产业或者衰落,或者进行技术更新。这一切都会通过产业链的传导,影响到社会的流通、交换、分配和消费,带动经济整体技术水平和现代化水平的提高,大大提升经济运行效率,促进社会物质产品与服务产出水平的提高。当然,上述变化首先使拥有创新产业的地区成为经济增长极,"极化效应"使该地区成为经济增长的中心地带,但是发展不会仅仅停留在这一地区;后期发生在增长极的"扩散效应"又会带动周边地区经济发展。这一系列的变动打破了国民经济原有的均衡关系,并在新的更高的基础

---

① 世界环境与发展委员会:《我们共同的未来》,1987 年。

上形成新的均衡关系。在这一过程中，国民经济原有的组成和构造发生程度不同的改变，即发生了经济结构的演进。产业结构转换升级、产业的技术结构不断创新，使经济发展建立在新的物质技术基础之上，从而促进经济社会发展目标的实现。

可见，非均衡发展战略是对区域经济发展的非均衡性规律的运用。对于发展中国家而言，在经济发展的初期阶段和资源短缺的情况下，实施非均衡发展的发展战略更符合实际。

三种非均衡发展战略及其比较如表8-1所示。

表8-1　　　　　　　　　　三种非均衡发展战略及其比较

	优先发展重工业的战略	优先发展轻工业的战略	优先发展农业的战略
战略含义	通过实施向生产生产资料的工业部门倾斜的政策来推动工业化的发展战略，又称"费尔德曼—斯大林模式"	通过实施向生产消费品的工业部门倾斜的政策、推动工业化的发展战略	通过向农业部门倾斜投资，实现农村经济全面发展，进而实现工业化的发展战略，又称绿色革命战略
形成背景	优先发展重工业战略的重点在于经济增长，因此，以加速经济增长、实现工业化、完成赶超为目标的国家大多采用这一战略	生产生活消费品的轻工业一般所需投资少，建设周期短，资金周转快，利润大，技术简单，易从农业获取原材料，多属劳动密集型工业，利于增加就业。许多发达国家与发展中国家均实施了优先发展轻工业的战略	发展中国家大多为农村人口，且大多从事农业劳动，生活贫困，所以在经济发展中理应高度重视农业发展。此外，"重工轻农"发展模式弊端的暴露，使发展中国家认识到农业在工业化和经济发展中的重要作用，使优先发展农业的战略形成
战略目标	通过优先投资和发展重工业来为轻工业、农业提供生产资料，逐步实现工业化和独立自主地高速发展国民经济	通过优先发展轻工业，争取在较短时间内迅速提高经济发展速度	减轻农村大量存在的贫困，促进农村的发展，进而实现国家的全面发展
战略成效	为本国奠定一定的工业基础，建立较完善的工业体系，推动国民经济各部门的发展，增强独立发展国民经济的能力，巩固国防和发展科学研究事业等	与发展中国家相区别，发达国家的工业化基本上从发展轻工业开始，一些发展中国家独立后效仿发达国家，为经济发展注入活力，促进工业化进程	促进农业发展，缩小贫困范围和收入分配差距，为工业提供物质基础，促进国民经济总体增长

第八章 国民经济与社会发展战略

续表

	优先发展重工业的战略	优先发展轻工业的战略	优先发展农业的战略
战略弊端	耗资大，建设周期长，见效慢，难以迅速提高国民经济增长速度；忽视农业和轻工业，造成国民经济比例严重失调，人民基本消费品需求得不到满足；重工业则因缺乏农业和轻工业在市场和资金等方面的支持，陷入自我循环的困境	国民经济各部门需要的机器设备和中间产品需要依赖于进口，因而难以摆脱对外依赖，为建立独立自主的国民经济体系设置了障碍	大多数发展中国家为提高经济增长率，虽然表示要大力发展农业，但仍优先发展工业、忽视农业的现象仍较为普遍，以致农业发展缓慢，制约了国民经济的增长，妨碍了工业化的进程

资料来源：刘瑞、武少俊：《社会经济发展战略与规划：实践，理论，案例》，中国人民大学出版社2006年版，第83~84页。

2. 均衡发展战略

所谓均衡发展战略，是指对整个工业体系或国民经济各部门、各区域同时进行大规模投资，使工业体系或国民经济各部门、各地区按同一比率保持同步、全面均衡发展的战略。

该战略的理论基础最早可追溯到"萨伊定律"。萨伊认为"供给可以自动创造需求"，因此，供求始终是均衡的，无论宏观经济或区域经济都不可能出现不均衡。此外，还有以英国经济学家罗森斯坦·罗丹的"大推进"理论和美国学者纳克斯的"平衡增长论"为代表的两大均衡理论。

1943年，罗森斯坦·罗丹在《东欧和东南欧国家工业化的若干问题》一文中提出，发展中国家要从根本上解决贫困问题，关键是实现工业化，而首要的障碍就是资本短缺。因为资本和市场必须具有相互关联的整体性和外展性，才能达到规模经济效益的目的。所以，资本和市场、供应和需求必须相互补充、相互支持。由此，罗森斯坦·罗丹提出了"大推进"理论，即各国要在各工业部门全面进行大规模投资，使各工业部门都发展起来，才能相互依赖、互为市场，克服不可分性。其具体作法：一是对相互补充的工业部门同时进行投资，从而创造出互为需求的市场，解决需求不足阻碍经济发展的问题；二是通过对相互补充的工业部门同时进行投资，可以通过分工协作，相互提供服务，降低成本，增加利润，克服供给不足对经济发展的阻碍。

1953年，美国经济学家纳克斯在《不发达国家的资本形成问题》一书中提出了"贫困恶性循环"理论。纳克斯认为，在发展中国家存在着供给不足和需求不足两个方面的恶性循环，即："低收入—低储蓄—资本短缺—低生产率—低收入"的供给不足循环；"低收入—低购买力—投资引诱不足—低生产率—低收入"的需求不足循环。纳克斯认为发展中国家要解开恶性循环的死结，必须采取"平衡增长战略"，全面地、大规模地在国民经济各个部门进行投资。纳克斯强调了市场容量狭小对经济增长的限制和扩大市场容量对经济发展的决定作用，同时强调平衡增长不仅包括工业，还包括农业、外贸等，尤其重视农业的作用。

然而，均衡发展理论忽略了这样的事实：一是对于一般区域特别是不发达区域来说，不可能具备推动所有产业和区域均衡发展的资本和其他资源，在经济发展初期很难做到均衡发展；二是市场力量的作用通常趋向增加而不是减少区域差异。发达区域由于具有更好的基础设施、服务和更大的市场，必然对资本和劳动具有更强的吸引力，从而产生极化效应，形成规模经济，虽然也有发达区域向周围区域的扩展效应，但在完全市场中，极化效应往往超过扩展效应，使区际差异加大。另外，技术条件不同也会使资本收益率大不相同，此时的资本要素流动会造成不发达区域资本要素更加稀缺，经济发展更加困难。

显然，区域均衡发展理论是从理性观念出发，采用静态分析方法，把问题过分简单化了，与发展中国家的客观现实距离太大，无法解释现实的经济增长过程，无法为区域发展问题找到出路。因此，从世界各国区域发展的实践来看，均衡发展战略至今也没有经验实证和成功案例。不过，区域均衡发展理论提出以后，在一些欠发达国家和地区受到了一定程度的重视，对工业化过程中片面强调工业化，忽视地区之间、部门之间的均衡协调发展的倾向有所影响；其强调均衡的、大规模投资和有效配置稀缺资源的重要性以及市场机制的局限性，实行宏观经济计划的必要性，对欠发达国家和地区产生了一些积极的作用。

（三）内向型发展战略与外向型发展战略

1. 内向型发展战略

所谓内向型经济主要是指只面向国内市场，主要依靠国内市场的扩大带动国民经济增长的经济。而内向型发展战略则指一些发展中国家主张不依赖国际市场，特别是强调与发达国家脱钩，一切生产面向国内市场，出口的目的只是为了进口的一种封闭的自给自足的发展战略。简单地说，就是以发展内向型经济为导向的经济社会发展战略。迄今为止，内向型发展战略主要有两种类型：

一是闭关自守型战略。主要采取闭关锁国战略，强调实施完全自给自足的经济政策，对外资和外贸进行严格的限制。这种内向型经济的存在往往是迫于一些特殊的国内、国际环境（如朝鲜）。而主动采取闭关自守型经济发展战略的国家在当今世界上是少之又少。

二是进口替代战略，又称为进口替代工业化战略。主要是指国家采取措施，以国内市场需求为导向，限制某些外国工业，逐渐地用本国生产的初级产品、半制成品和制成品替代所需进口的产品，积累经济发展所需要的资金，从而促进工业化的进程和整个国民经济的自我完善与发展的一种发展战略。这一战略的实施一般是循序渐进的，首先是普通消费品的进口替代，接着是耐用消费品的进口替代，然后是资本品与中间产品进口替代。可以说，进口替代战略是历史的选择。

20世纪50~60年代，发展中国家处于工业化的起步阶段。资源匮乏、资金短缺，生产能力和外部需求严重不足，难以维系初级产品出口的增长，从而也抑制了一般制成品的进口。进口替代战略比较适应那些工业技术落后、生产与贸易结构扭曲，但是劳动力充足的国家。通过选择劳动密集型、规模经济不甚显著的工业进行发展，而替代消费品进口，有利于加快国内工业化进程，减少或摆脱对发达国家的经济依附，发展民族经济。在当

第八章 国民经济与社会发展战略

时，亚、非、欧、拉美的许多国家都不同程度地实行了进口替代战略。自20世纪30～40年代开始，至60年代已经在发展中国家占据主导地位。到了70年代，巴西、墨西哥、阿根廷、印度等实行进口替代战略的国家基本上都建立了比较完备的工业体系和国民经济体系，摆脱了农矿业单一初级产品出口国的地位，整个国民经济走向自主和独立。直至80年代，仍有国家继续推行这一战略。

进口替代战略的主要措施：一是通过运用贸易壁垒、进口许可证、进口配额、关税保护、外汇管制、高汇率或复汇率等贸易保护政策，抵制外国制造业的进入，从而减轻国内制造业的竞争压力；二是对替代产业提供资金、技术支持，实行减免税收政策，准许实行加速折旧，对于国内生产所必需的资本品、中间产品的进口征收低关税或减免关税，对国内制造业实施优惠的支持和保护政策；三是由政府资助或直接投资建立一些新的工业部门，从而扩大就业，减少对外依赖性，增强经济自给能力，推动经济增长。

从亚洲和拉美等一些新兴工业化国家和地区的情况看，由于进口替代战略提供了一个具有保护性的市场，使发展中国家的制造业得到了迅速发展，一些现代化的或半现代化的国内工业相继建立起来，促进了这些国家经济结构的改造，由过去畸形单一的经济逐步转向多元化经济。由于加强了经济的自主程度，使进口的工业品、尤其是进口的消费品占比大大下降，机器设备的自给程度也有所提高。同时，培养出一批专门技术人才和熟练劳动者，政府部门也通过大量的工业建设活动获得了经济管理的经验和知识。以上方面的进展使这些国家的经济实力不断增强，不断扩大制造业产品的出口，相继创造出迅速增长的"奇迹"。

但是，随着时间的推移，到了20世纪60～70年代，进口替代战略在许多发展中国家和地区的积极作用逐渐降低，消极影响不断显现：一是国内替代工业在少竞争甚至是无竞争的条件下发育成长，缺乏改进技术、加强管理的压力和动力，从而造成其效率低下、生产成本高、产品质量差的后果，严重削弱了国际竞争力；二是由于主要面向相对狭小的国内市场，当国内市场基本接近饱和的时候，经济要想再获得进一步的发展就变得异常困难；三是进口替代战略实际是改变了进口结构，虽然减少了消费品的进口，但资本品、中间产品和原材料的进口却急剧上升，因而不仅没有缓和这些国家对外贸易和国际收支的逆差，相反还恶化了国际收支状况；四是国内替代工业效率低、产品成本价格高，从而使进口替代产业的后向联系也受到了限制；五是在进口替代战略的实施过程中，许多国家都严重忽视了农业的发展。而农业产出是发展国内工业所需的巨额资金来源，这必然导致农业发展受到阻碍，城乡经济矛盾加剧。面对着濒临饱和的国内市场，许多发展中国家都逐步放弃了内向型发展战略，进而向外向型发展战略转变。

2. 外向型发展战略

外向型经济恰好与内向型经济相反，主要是面向国际市场、依靠外贸发展带动国民经济增长的经济。简单地说，外向型发展战略，就是以发展外向型经济为导向的经济社会发展战略，主要有：

（1）初级产品出口发展战略。主要是指国家优先发展农业、矿业等初级产品的生产和出口，以带动整个国民经济发展和人们生活水平提高的一种发展战略，又称初级外向型发展战略。这一战略的特点在于利用本国的自然资源优势，推动经济的发展。它是战后几乎所有刚刚取得独立的发展中国家都曾采用过的经济发展战略。显然，发展中国家以初级产品与发达国家的工业制成品交换不会是平等交易，发展中国家要承受巨大的经济损失。但是，由于在短期内很难改变殖民地时期形成的单一经济结构，只能利用本国自然资源方面存在的优势，集中发展某种或某几种传统初级产品的生产和出口，以增加外汇收入，积累资金，扩大就业机会。与此同时，在战后初期直至20世纪50~60年代，发达国家经济进入高速增长期，其对工业原料以及石油的需求迅速增加，也为一些工业原料及石油输出国提供了广大的市场。以上种种，促使发展中国家的工业化一般要从初级产品出口发展战略开始。这一时期，发展中国家初级产品出口在对外贸易中所占的比重相当高，详见表8-2。

表8-2 部分发展中国家出口贸易结构

国别	主要出口商品	在出口贸易总额中所占比重（%）	
		1960年	1980年
科威特	原油	89	90
伊拉克	原油	57（1950年）	99
布隆迪	咖啡、棉花	98	91
埃塞俄比亚	咖啡、生毛皮	81（1950年）	86（1979年）
加蓬	原油及其制品	21	78
厄瓜多尔	石油、香蕉、咖啡、可可	74（1950年）	71
牙买加	糖、铝土矿、生铝	73	82

资料来源：中国社会科学院世界经济与政治研究所：《世界经济统计简编》，三联书店1983年版，第263~264页。

为了鼓励初级产品出口部门的发展，实施这一战略的国家一般采用的支持措施有：对初级产品的生产和出口给予税收、信贷优惠；对生产供出口的初级产品的部门所需要的机器设备和投入品的进口减免关税；为生产供出口的初级产品所采用的基本设施、科技推广、开拓国外市场等方面提供服务。

实施初级产品出口发展战略具有两方面不同的作用：一是使发展中国家摆脱封闭状态进入国际市场，增加了本国的外汇收入，为经济发展积累了资金，促进了民族经济发展，并在一定程度上加快了城市化进程；二是使发展中国家在国际分工中陷入不利地位，深受国际市场需求和价格波动的影响以及国际垄断资本的剥削。因为初级产品需求弹性小，科技进步使得单位产品消耗的农矿原料越来越少，并且主要进口国相继出现了替代品；初级产品的价格不断被压低，跌至战后的最低水平，许多出口初级产品的发展中国家因此纷纷陷入困境。例如，哥伦比亚在20世纪50年代依靠咖啡生产获得大约80%的出口收入，但到1954年，咖啡价格由每磅80美分降到45美分，使其出口收入大幅度减少，资金严重

第八章 国民经济与社会发展战略

不足,在建工程无法继续施工,已建成项目也无法正常开工生产。因此,发展中国家必须谋求新的发展战略以求发展。

(2)出口替代战略。主要是指在国内具备一定工业化基础并具有相对过剩资源的条件下,面向国际市场,建立相当的资本和技术密集型的产业部门,发挥本国质优价廉、工业性强的劳动密集型产品生产优势,用加工后的初级产品、半制成品和制成品的出口替代农业和矿业初级产品的出口,以出口创汇为进口支付手段,购入本国急需或尚不能生产的资源、产品和各种先进技术、设备,使产业结构逐步升级和优化。在实践中,出口替代一般经历三个阶段:第一阶段,着眼于发挥廉价劳动力优势,促进轻工业成长,使出口总值中轻工业产品所占比重大大高于初级产品;第二阶段,当劳动力优势逐渐丧失后,采取产业调整政策,发挥资本技术优势,发展重化学工业,使出口总值中重化工业产品所占比重大于轻工业产品;第三阶段,极少数发展中国家和地区开始着手建立高科技工业,试图在高科技工业产品的世界出口贸易中占有一席之地。每一次替代都会使该国的产业结构发生重大变化,跃上一个新的台阶。

20世纪70年代之前,欧美工业化国家经济结构出现明显调整,经过战后20余年的经济高速增长,这些国家劳动力成本上升,企业之间竞争加剧。一些大型跨国公司开始向海外寻求加工基地。而以亚洲"四小龙"为代表的亚洲新兴工业化国家和地区土地资源相对稀缺,劳动力众多,拥有相当数量的熟练和半熟练工人,能够适应加工型劳动生产要求。恰好利用此时机,实施出口替代战略,开始发展供出口的劳动密集型工业。到70年代,这些国家和地区开始发展资本密集和技术密集型产业,以资本密集型产品或技术密集型产品替代了劳动密集型产品的出口。

出口替代战略的主要措施包括:对出口企业提供减免出口关税、出口退税、出口补贴、出口信贷和出口保险等优惠政策,降低出口成本,增强出口产品竞争能力,开拓国外市场;加快适应出口的基础设施建设,建立了以出口为中心的产业结构,以加强对出口商品的规划、督促和引导工作,更好地扩大商品出口。

20世纪80年代,发展中国家实行的出口替代战略客观上与经济全球化趋势相吻合,从而确立了其在发展政策选择上的主流地位。直到90年代后半期,这些新兴的发展中国家沿着出口替代路径取得了经济快速增长的成就:一是突破国内市场容量的局限,增强国内产品竞争力;二是资本、知识、技术以及管理技能的国际流动,有利于提高发展中国家的劳动生产率,同时,劳动力输出有助于降低国内的失业率,提高国内工人工资率;三是出口替代战略促进产业调整、产业升级换代的过程,引导产业结构的高级化、国际化推动出口结构的变化,形成出口持续增长的潜力;四是在国内市场机制发育尚不健全的情况下,利用国际市场规范企业,使企业借助国际市场机制,提高自身的素质与竞争能力。

然而,出口替代发展战略也存在着其不可避免的局限性:一是这些国家的工业主要目的是为了出口,特别是对发达国家进行出口,而机器设备同样依赖于从发达国家进口,对发达国家具有高度依赖性,因而使国民经济发展易受国际市场波动的影响;二是由于片面地追求出口增长而忽视国内消费,造成国内消费短缺;三是为了追求高投资,国家拼命增发通货,再加上放松进口,货币贬值,导致了国内严重的通货膨胀;四是外资的涌入虽然带来了一定的资金和技术,但同时也使得国内一些重要的工业部门,特别是机械、化工、电子、医药等部门,不同程度地被控制在外资手里。而且,大多数实施出口替代战略的国家,由于国际市场能源、设备等商品价格的剧涨,外债还本付息的增加,国际收支赤字不断上升。

(四) 经济社会发展战略模式比较

从战后世界各国尤其是发展中国家的实践来看,上述四种战略基本满足了不同的发展中国家不同发展阶段的要求,具有不同的适用性(见表8-3):

表8-3　　　　　　　　　　经济社会发展战略模式比较①

经济社会发展战略模式	经济社会发展战略	适用范围
按照发展目标进行分类	单一发展战略	处于经济发展初期,选择以经济增长为首要目标,优先发展重工业,期望建立本国工业体系的国家
	综合发展战略	经济发展达到一定水平,政府管理高效,期望缓解或消除由于长期单纯追求经济增长而带来的一系列社会、经济、环境问题的国家
按照发展顺序进行分类	非均衡发展战略	处于经济发展初期,资本和其他资源都不充足,只能集中有限的资本和其他资源,着重发展某些重点部门的国家,如优先发展重工业、轻工业或农业。比如面积狭小、资源匮乏、农业潜在失业人口多、无法为工业发展提供积累而需要其他产业不断为之投入的农业国适合优先发展工业的发展战略
	均衡发展战略	经济发展进入较高阶段,有能力兼顾全局,国民经济各部门发展不均衡、区域经济发展不均衡、贫富差距拉大、生态环境破坏、资源耗竭等,要求寻求一条人口、经济、社会、环境和资源能够相互协调的发展道路的国家
按照对外开放程度分类	内向型发展战略	经济建设初期,经济自主能力差,期望建立本国独立的工业体系的国家
	外向型发展战略	具有一定工业基础,但缺乏建立大规模工业所必需的资本、熟练的劳动力和经营管理人才等生产要素,尚不具备改变单一的、畸形的经济结构状况的能力,且具有一定自然资源优势,可利用他国迫切需要初级产品的机会进行国际贸易的国家

(1)内向型发展战略是发展中国家迫不得已采用的一种战略。在发展初期由于经济自主能力很差,在这一阶段建立自己独立的工业体系,对发展中国家十分重要。采用这一战略可以立足本国,面向国内市场,建立独立的不依附于人的工业体系。但长期封闭发展是

---

① 刘瑞、武少俊:《社会经济发展战略与规划:实践,理论,案例》,中国人民大学出版社2006年版,第105~106页。

第八章 国民经济与社会发展战略

无法使发展中国家真正摆脱贫困落后状态的。因此，在具备一定工业基础后，客观上要求实行对外开放。

（2）初级产品出口战略是外向型发展战略最基本、最简单的一种形式，比较适合于还不具备改变单一的、畸形的经济结构的发展中国家。由于主客观种种条件的限制，发展中国家通常从本国资源的比较优势出发，并依据其比较优势参与国际经济，主要出口初级产品，但这样很容易陷入"初级产品生产与出口—低经济收益与技术—初级产品生产与出口"的恶性循环，最后终将陷入贸易条件恶化的困境。

（3）进口替代发展战略比较适用于自然资源较为丰富，经济、技术、教育水平不高，较大的发展中国家。能够促进本国工业的发展，改善国家对外贸易条件，为该国经济走向自立、走向世界提供基础条件。但在进口替代战略实施到一定阶段之后，国内市场逐渐饱和，产品销售越来越困难，单一的、内向的进口替代战略已难以适应世界经济发展的需要，从而迫使许多发展中国家开始调整经济发展战略，实行战略转换，积极参与国际经济活动，利用外部条件来推动经济发展。

（4）出口替代发展战略则适用于自然资源不足、人力资源比较丰富，经济、技术、教育水平较高的中小发展中国家。该发展战略的主要特点是便在于以出口为导向，把经济活动的重心从以本国或本地区市场为主转向以国际市场为主，进而推动整个国民经济或地区经济的发展。

总体而言，上述四种战略在促进经济发展过程中，各有利弊，相互补充而不是相互排斥的，对经济发展战略类型或者模式的研究，重点在于实事求是地了解各种战略产生的历史背景、适用条件和利弊所在，扬长补短，趋利避害，在国家经济发展的重要关头做出正确的选择。

第三节 国民经济发展战略选择与制定

一、战略制定与选择的内涵

发展战略的制定是国家最高层次的决策，是由国家最高权力机关在对本国国情和国家经济社会发展所处的外部环境进行深刻分析的基础上，对关系国家全局未来长远发展的重大问题所作的谋划。战略管理的首要环节及核心部分是制定战略，战略决策一般必须解决两个基本问题，即发展的目标是什么？如何实现发展目标？

制定战略的核心是确定政府在一定时期推动经济社会发展的使命和目标，其中：

使命主要描述国家未来战略管理的愿景、共享的信念和价值观。例如，中国现代化建设"新三步走"战略的愿景是："新的世纪，第一个十年实现国民生产总值比 2000 年翻一番，使全国人民的小康生活更加宽裕，形成完善的社会主义市场经济体制；再经过十年的努力，到建党一百年时，使国民经济更加发展，各项制度更加完善；到下个世纪中叶建国一百年时,基本实现现代化,建成富强民主文明的社会主义国家。"[①] 这个愿景充分体现了实现共同富裕的价值观和以人为本的治国理念,它是政府战略实施与管理部门工作的动力源泉和行为准则。

目标是国家战略管理部门执行其使命时预期要达到的成果。由于国家发展战略涉及的领域非常广泛,包括国民经济各个地区、各个部门、经济、社会、自然关系的协调。因此,发展战略目标是各方面发展目标的集成,体现为一整套目标体系。

制定发展战略除了确定目标之外,还包括策略的选择,即实现发展目标的路径、步骤、手段、措施的确定。策略是一系列具体的政策和行动计划,包括机构的设置和资源的配置与使用和管理机构的运行等一系列法律法规、行政规章制度的出台。策略的核心问题是对经济社会资源的配置和使用,关系到如何按照公平与效率原则,最大限度地利用国内、国际现实与潜在的资源,来实现国家经济社会发展的目标。

二、战略制定与选择的机制

国民经济发展战略的制定是由各类决策主体在一定的决策体制下,按照一定的战略决策流程,所构成公共决策系统的活动。公共决策系统主要包括:战略决策主体、战略决策体制、战略决策流程等三个基本组成部分。

(一) 战略决策主体

战略决策主体是指直接或者间接参与战略制定的个人、团体或组织。由于各国的政治体制、经济社会发展与文化传统的差异,战略决策主体的构成与发挥作用的方式是不同的。一般而言,战略决策的主体主要有:

1. 官方决策者

官方决策者主要是指广义的政府,包括立法机关、行政机关和司法机关。在我国,执政党在发展战略制定中有着极为重要的地位。所以,我国的官方决策者主要包括:

一是立法机关。立法机关在我国是指全国及地方各级人民代表大会及其常务委员会。它是国家最高权力机关,具有立法权、决定权、任免权和监督权。决定权的表现形式之一就是对关系国家或地区重大经济与社会问题的决议、决定、命令、条例的制定和颁布实行,包括国民经济与社会发展战略的制定。

二是行政机关。行政机关主要是指国务院及其组成部分和各级地方人民政府。它们是国家权力机关的执行机关,国务院作为中央政府是最高行政机关,拥有对全国行政、经济、社会、外交等的管理权,包括战略管理权。

三是司法机关。司法机关主要是指人民法院和人民检察院,它们是国家权力结构中的重要组成部分,其权力由人民代表大会授予,独立于行政机关行使审批权与检察权。

四是执政党。中国共产党是中国的执政党,是国家的政治领导。党对国家的政治领导

[①] 十五大报告:《高举邓小平理论伟大旗帜,把建设有中国特色社会主义事业全面推向二十一世纪》,1997年9月。

第八章 国民经济与社会发展战略

体现在党对政治原则、政治方向和重大政策的领导。凡是涉及有关国家和社会发展的根本原则、基本路线、重大方针和各个领域的重要决策都是首先由党制定和提出的。因此，党不仅是政府系统的领导核心，领导政府的运行过程，也主导国民经济与社会发展战略及各项政策的制定。民主党派作为参政党主要通过参加政治协商会议的方式，从政治协商和民主监督两个方面参与到国民经济与社会发展重大决策的制定。

2. 非官方决策者

非官方决策者主要是指官方决策者之外直接或间接的参与国民经济与社会发展战略决策制定的社会力量。一般包括：

一是利益集团。利益集团主要是指具有某种共同价值、共同利益、共同态度的人群，或者某些具有相同职业或行业的人群。在现代社会中，利益集团广泛存在，数量众多，种类繁杂，形式各异，利益诉求也不相同。不同的利益集团对战略决策影响力的大小取决于其社会地位、成员数量、经济实力、组织程度等。在西方国家，利益集团影响公共决策的渠道主要有游说、宣传、捐款和抗议等方式。利益集团对于战略决策的影响具有积极意义，不同利益集团的存在可以对决策权力形成一种社会制约。改革开放以来，我国的社会基础发生了深刻变化，随着市场经济体制的建立以及利益多元化格局的形成，利益集团已经成为一种社会力量，对国家的重大决策产生日益重要的影响。

二是大众传媒。大众传媒在信息社会对国家发展战略决策的影响作用表现在：①直接影响。由于其所传播的信息往往是对社会问题和战略决策信息的选择、加工、处理后再提供的，直接影响受众对社会问题、对决策信息的内容和性质的认知与态度，从而影响战略决策；②间接影响。大众传媒传播信息的直接、迅速和广泛性，可以影响战略决策的公众社会环境；③中介影响。大众传媒可以成为决策部门与社会公众联系的中介，扩大公众参与战略决策的程度。

三是思想库或智库。思想库或智库主要是指官方的、半官方的或民间举办的政策研究机构，由各种专业研究人员组成，从事跨学科、跨领域的综合决策研究工作。在现代社会，决策问题日益复杂，决策难度不断增大，决策的影响难以控制，对决策质量的要求越来越高。科学的决策越来越离不开决策研究机构的参与。

四是公众个人。在现代社会里，公众是最为广泛的非官方决策主体。在我国，公众个人参与发展战略决策，主要是通过投票选举、听证会、信访、互联网等方式表达自己意见，提出政策主张。许多决策只有依靠公众的合作才能得到贯彻执行，如环境保护、计划生育等。要保证战略决策符合社会公众的利益，具有较高的公众支持度，需要充分保证公众在战略决策中的参与，高度重视公众的利益诉求。

（二）战略决策体制

战略决策体制是进行战略决策的组织基础，是决策权力与责任在决策主体之间进行分配所形成的权力配置格局和责任分担模式，是多元决策主体在决策过程中的分工合作与活动的规则。决策体制一般是由以下子系统组成：

（1）决断子系统，主要由权力机关的决策者组成，是决策体制的核心部分。它拥有最高的决策权,对决策负有主要领导职责,负责对决策目标和实施方案的"拍板定案",进行最后抉择。

(2) 咨询子系统,主要由官方和民间的智库中各领域的专家学者组成,是协助决断子系统进行决策的智力支持机构或"参谋部"。其主要职责是向决断子系统提供决策所需的政策信息、科学技术与知识支撑与多种备选方案的拟定。

(3) 信息子系统,主要由各类情报信息资料机构组成,是决策体系的眼睛、耳朵和神经系统。主要担负信息的收集、整理、贮存和传递等活动,为战略决策提供所需要的信息。

(4) 监控子系统,主要由政党、立法、行政、司法机关内部的各级监督机构和利益集团、大众传媒、公民等社会监督构成。主要负责检查监督决策权力、决策内容、决策过程是否合法,旨在确保战略决策的合法性。

(三) 战略决策流程

战略决策流程就是战略决策的相关步骤与环节。合理的战略决策流程应合乎科学决策的规律,体现科学决策的逻辑。当合理的战略决策流程被制度化地加以规定,上升为法律,就是决策程序。决策的一般程序是:

(1) 发现问题。问题乃客观事物发展中需要克服的困难和障碍。发现问题是解决问题的前提,是战略决策的起点。

(2) 确定目标。所谓目标是指决策所要达到的预期结果。根据所发现的问题,确定合适的目标,并通过目标实现最终解决存在的问题。

(3) 拟定方案。方案是实现目标、解决问题的行动计划。根据所确定的目标,寻找和制定实现目标的方式方法、手段途径、对策措施等。

(4) 方案评估。评估是对备选方案的分析、论证和评价以及对多种方案的可行性、协调性、效益性、风险性等进行权衡和比较。

(5) 方案择优。在拟定的备选方案中选取一个最终实施的方案,即所谓"择优"。方案择优建立在方案评估的基础上,而且"优"不是一个"尽善尽美"的绝对概念,而是一个"在限定条件下令人满意"的相对概念。方案择优的结局,可能是在既定的备选方案中选定某一个,也可能是整合既定方案各自的优点形成一个新方案。

当方案择优工作完成以后,决策过程从理论上讲已经结束。接下来将进入决策实施阶段。但是,由于"实践是检验真理的唯一标准",方案实施也可以看做是对决策结果的最终实际检验。通过对方案实施过程的密切跟踪和执行情况的信息反馈,对执行中的偏差进行甄别,分清是执行过程的偏差还是决策本身的不完善,决策方案是否需要进一步的修正。只有当决策方案得到顺利实施,一个完整的决策过程才是最终结束了。

三、决策的科学化、民主化和法制化

发展战略决策是国家最高层次的决策,事关全社会长远的、整体的根本利益、国家和

第八章　国民经济与社会发展战略

民族的荣辱兴衰，其影响极其深刻而久远。因此，必须千方百计地保证战略决策的科学化、民主化、法制化。

（一）战略决策科学化

战略决策科学化是指战略决策的制定要有科学依据，要符合客观规律的要求，既从国情国力的实际出发，又契合国际发展潮流，具有一定前瞻性。实现战略决策科学化需要以下基本条件。

1. 灵敏高效的信息系统

信息是决策的基础和原材料，决策是对信息的加工和利用，没有信息就无所谓决策。战略决策需要的信息，量大、质高、种类繁多，而且要及时、准确、全面、适用。为保证战略决策科学化水平不断提高，信息系统就必须不断提高运行质量和效率。包括：合理控制信息数量，切实保证信息质量；保持信息渠道畅通，高质高效传递信息；逐步拓展信息网络，及时发掘有用信息；采用先进技术，提高信息处理能力。

2. 科学合理的预测

科学预测是指在科学理论指导下，借助一系列科学方法，依据历史和现实的信息资料，对未来进行有效的预见和推测，揭示未来的发展方向、发展趋势、机遇和风险等，从而为科学决策提供依据和服务。科学预测是科学决策的前期阶段。为了提高预测的科学性和精确度，需要认真遵守预测的系统原则、客观原则、连续原则、定性分析与定量分析相结合原则；合理确定预测目标，明确定位预测目的；根据所要预测的客观事物，择优遴选恰当的预测主体；使预测建立在历史的现实的信息资料的基础之上；选用适宜的预测方法，在条件允许的情况下尽量选取多种方法进行综合预测，以反复校验预测的准确性；客观评鉴预测结论，对预测误差进行必要调整和修正。

3. 健全的决策体制

战略决策是决策者在一定的体制框架和制度安排下制定出来的，要保证战略决策的科学化、民主化、法制化，首先就要构建一合理的决策体制。主要包括：

（1）合理划分决策权限。一是全面正确履行政府职能。为此需要明确政府与市场的合理分工，进一步简政放权，这关系到社会主义市场经济体制是否具有活力和效率；二是政府部门内部合理分工。政府管理部门是一个不同层级与不同职能部门分工合作的行政管理体系。实践证明，合理划分政府部门的决策权限是提高管理效能的必要条件。

（2）"谋""断"结合的决策体制。现代社会经济日益庞大而复杂，科技革命一波接着一波，新生事物层出不穷，经济与社会结构急速变革，发展速度加快，对现代决策的影响因素日益复杂。决策者囿于个人的知识结构往往难以胜任所有决策工作，因而在现代决策体系中，就出现了两个互相联系又互相分离、互相分工又互相配合的决策环节——决策研究（谋）和决策行动（断），现代决策体制也发展成为谋断结合的决策体制：前者是指官方及（或）民间的智囊团为决策者提供备选方案和论证资料的过程；后者是指决策者在决策研究的基础上拍板定案的过程。决策研究是决策行动的基础，决策行动是决策研究的目的。决策者在决策前必须广泛听取各方面意见，但智囊团并不能代替决策者决策，决策归根结底是决策者的职责,有赖于决策者的素质、魄力和决心。

(3) 完善的决策监督与问责制度。任何一项工作都需要相应的规章制度去规范和约束,战略决策是一项极其重要的工作,更应该制度化运行。比较关键的几项决策制度如下:

一是决策责任制。强化决策主体的责任意识与责任约束,以抑制盲目决策、随意决策的现象。划分决策权限,明确决策责任,二者是相辅相成的,有多大权限就要承担多大责任。如果决策失误造成重大损失,决策主体尤其主要领导必须承担相应责任,包括行政责任和法律责任抑或还有政治责任。

二是决策审批制。重大决策必须经过严格的决策审批。人民代表大会制度是我国的根本政治制度,人民代表大会也是同级政府的最高权力机构。必须充分发挥人民代表大会在重大决策中的审批作用,凡是事关重大的决策,都必须经过人民代表大会的审查批准,审批通过才可付诸实施。

三是决策监督制。为防止决策权限滥用,监督决策方案的正确执行,必须构建广泛而有效的决策监督制度和监督体系。对决策工作的监督包括体制内监督和体制外监督两部分。体制内监督也叫政府监督或行政监督,是指政府行政系统内部的监督,主要有纵向的上下级监督、横向的职能部门监督、人大政协监督、党纪监督等。体制外监督也叫社会监督,是指来自于政府行政系统外部的监督,主要有司法机构的法律监督、媒体组织的舆论监督、社会公众的民主监督等。

4. 完备的决策程序与方法

决策程序是对决策工作所作的一种制度化安排和规定,它表明决策工作必须按某种"逻辑顺序"进行。决策程序是否符合科学决策客观规律,将影响决策结果是否科学;决策程序能否充分发扬民主,将决定决策结果是否体现民主精神,符合民意;决策程序是否合乎法律规定,将决定决策工作是否依法展开。

决策方法是人们实现决策目标、解决决策问题、完成决策工作的手段、途径和工具。决策方法科学与否,直接决定决策工作的质量。战略决策是一项极其复杂的管理工作,涉及的问题方方面面,考虑的因素纷繁复杂,实现的目标多种多样。如此错综复杂的决策工作,需要综合运用多种决策方法,才可能运筹帷幄、成竹在胸。

(二) 战略决策民主化

战略决策民主化是指战略决策要广纳民意,要广泛听取社会各界的意见,既要保障公民参政议政的权利,又要自觉接受公民的监督检查。要经过专家学者的科学论证,最终使战略决策符合人民群众的根本利益。战略决策民主化的基本要求包括:

1. 以人民为中心的决策价值取向

战略决策的价值取向或战略价值观,即政府在制定战略时的偏好、愿望和目标。当决策者在确定某种战略目标是否值得争取、多种战略目标应优先考虑什么、为谁、为什么做出某种战略行为、采用何种手段是恰当的、战略实施的某种结果是否合意的时候,其战略价值观起决定性作用。政府的战略价值观是政府战略决策的基础,它影响和制约政府的决

第八章 国民经济与社会发展战略

策活动,渗透决策过程的每个环节,是约束政府决策的行为规范,是引导政府做出恰当选择的指导性原则,并通过政府的一系列决策活动转化为现实的特色国家发展战略。

人民是国家的主人,享有管理国家事务、管理经济和文化事业、管理社会公共事务的民主权利,确保人民群众对公共决策的广泛参与,是建设民主政治的基本要求,也是确保国家发展战略决策能符合人民利益的重要保证。所谓以人民为中心的价值观要求政府在决策中,要把人民的利益作为一切工作的出发点和落脚点,不断满足人们多方面的需求和促进人的全面发展,并且以此作为关注决策问题、选择决策目标、实施方案,评估决策结果的基本标准。也就是说,战略决策所"发现的问题"应是人民普遍关心的问题,所"确定的目标"应是人民普遍期望的目标,所"拟定的方案"应是人民普遍接受的方案,对"方案的评估"应是广泛征询了人民意愿并经过了专家学者的科学论证。如此,才能广开言路,集思广益,在民主的基础上形成正确的决策,使战略决策成为人民群众的共识,变为人民群众的行动。同时,在战略决策的执行中,应尊重人民群众的首创精神,立足于人民群众的实践,并将实践信息不断反馈回决策机构,以不断校验并补充、完善战略决策方案,从而实现决策主体与客体、主观与客观的统一。在战略决策这类公共事务领域,尤其要高度警惕并坚决反对部门利益或地方利益取代公众利益,以防公权私用、公权滥用,侵害公众利益。

2. 充分发挥人民当家作主的权利

应通过多种形式和渠道,让广大公民参与国家战略决策或公共决策,主要措施有:

(1) 进一步完善人民代表大会制度。人民代表大会制度,是我国保证人民当家作主的根本政治制度。政府的一切重大决策行为,都必须报请人民代表大会审查通过,凡未经人民代表大会审查通过的政府决策,都是非法的。目前迫切需要通过深化政治体制改革改善人民代表大会制度:一是人民代表的产生,必须通过公民选举,选择能够代表人民意愿、真正能为人民办事的人;二是代表必须广泛征求人民的意愿和建议;三是会后必须向选民传达代表履行职责的情况;四是建立制度化的代表与选民联系制度。

(2) 建立各级党政领导定期深入基层广泛了解民意的制度。各级领导干部,应发挥密切联系群众的优良传统,不是靠听汇报,更不应事先布置,而是以普通一员的身份,深入到民众中了解普通百姓的真实生活、愿望和困难。国家和各级地方有关经济发展、重大建设项目、公共基础设施、福利设施、科教文化、环境治理等重大措施和政策,力求公开透明,征求民意,听取民众意见,汇集民智,从而也可更好调动广大人民群众的积极性。

(3) 建立公民对战略决策的监督和反馈评价制度。公民参与发展战略决策等一系列公共决策的政治热情、积极性与满意度与其参与结果密切相关。所谓参与结果,就是公民在公共决策过程中所表达的诉求是否在公共决策中得到尊重与体现。在我国战略管理实践中,有时候受政府部门的形式主义和官僚主义的影响,使公民参与成了形象工程和摆设,只具有程序意义而不具有实质性意义。而且,政府由此制定的公共政策和提供的公共产品不可能很好地满足公民的需求。加之信息不对称和沟通不畅,导致公众对政府产生怀疑和不信任,影响政府的公信力。

为了保护公民参与的热情和积极性,应该建立有效的公民参与反馈评价机制。主要内容是对公民参与政府治理过程进行全面的跟踪,同时对公民参与时的利益诉求和输出的公共政策之间的相关性进行全面客观的解释、说明和评价。"通过反馈评价机制的建立,一方面督促政府部门关注公民的意愿表达,另一方面加强公民对政府的理解,从而形成良好的双向沟通。"①

(三) 战略决策法制化

战略决策法制化是指以法律的形式把决策体制、决策程序及决策结果明确具体地规定下来,保证战略决策依法进行,用法律手段、法律制度保障战略决策科学化和民主化落到实处。发展战略决策属于公共选择。要确保公共选择真正符合最广大人民群众的最大利益,符合科学化、民主化的要求,就必须为公共决策或者公共选择制定必要的规则,为政府的行为提供模式、标准、样式和方向。这个规则不是任何个人的主观意志,而是宪法和法律。这样,才能确保公共决策的公平与正义,得到社会公众的接纳与支持。推动战略决策法制化必须做好的工作有以下几方面。

1. 战略决策主体及其决策权限的合法化

主要有:一是决策主体的合法化。在某个社会生活领域,政府是否拥有该领域事务的决策权、或者拥有何种决策权,应该由法律来明确,决策主体只有具有合法的决策资格才应成为决策主体,其决策结果才具有合法性并具有法律效力。二是决策权限的合法化。政府及其机构的决策权限也应该由法律做出规定,只能在各自法定权限内做出决策和履行职责,任何超越法定权限的决策行为和施政行为都是违法从而也是无效的。在现实生活中,政府部门的决策行为与施政行为存在着越位、缺位和错位的问题,导致某些时候,政府侵入市场的领地,过度干预经济,造成经济扭曲。其根本原因是决策主体及其决策权限缺乏法律规范。这种现象是社会主义市场经济发展之大忌,是今后中国体制改革和法治建设的重要课题。

2. 战略决策程序的合法化

从决策民主化的角度说,决策活动是自下而上体察民情、了解民意、集中民智、官民合作寻找利民的治国方略的过程。这个过程需要一系列承前启后的技术环节,需要一个制度化的规定,防止出现形式民主而无实质性的民主,也要防止民主程序的缺失导致民主实质的缺失。

我国战略决策程序一般有四个环节,即发现问题、确定目标、拟定方案、方案评估。如何在这些环节中充分体现科学化、民主化的要求是公共决策程序法律规范要解决的焦点。目前,在我国一些地方和一些领域的决策,存在领导一个人或少数人说了算,公民参与缺乏必要的渠道,沟通不畅。今后,必须将政府重大决策纳入公开、透明、规范的程序化轨道,使行政权力得到有效的约束,由此控制公共权力滥用,保护公民的基本权利和自由。为此,必须加快《行政程序法》立法步伐,在各省、市试水行政程序立法的基础上,颁布国家的《行政程序法》。

---

① 刘素仙:《公民参与:建设公共服务型政府的根本途径》,载于《理论探索》2007年第4期。

第八章 国民经济与社会发展战略

3. 战略决策的法律化

战略决策的法律化，是指享有立法权的国家机关，依照法定权限和程序，将国家发展战略决策转化为法律，也就是发展战略向法律的转化。发展战略是较长时期内国家经济社会发展的蓝图，引导国家经济发展与社会进步，具有长期的、稳定性的作用。战略决策法律化，使之获得法律地位，并通过国家强制力保障实施，会大大提高其执行力。

第四节 新中国成立以来中国的主要发展战略

从新中国成立到中共十一届三中全会之前，我国基本实行以赶超为主要目标、以重工业优先发展为首要任务、以高度的计划经济体制为基础的社会主义工业化战略。

一、重工业优先发展的工业化战略

建国初期，实现国家工业化、维护国家安全和政治上的独立，成为头等重要的大事。在工业化道路选择上，当时也曾设想过走以发展农业和轻工业为先导的工业化道路，[①] 这条道路更符合经济规律。但险恶的国际环境不允许中国从容地走这样一条工业化道路。以美国为首的西方国家联合起来对新中国采取孤立、封锁、威胁的极端敌对政策，在20世纪50年代初，刚刚成立的新中国为维护自身安全不得不在朝鲜半岛同美国直接进行军事交锋。在抗美援朝战争中，体现为军事技术装备差距的中美之间工业实力的悬殊对比给中国人留下刻骨铭心的印象。自此以后的相当长的时间内，直接的战争威胁一直是悬在中国头上的一把利剑，导致中国不得不选择一条重工业优先发展的工业化道路。

在当时的历史条件下，重工业优先发展的工业化道路是有成功经验可循的。通过优先发展重工业，德国和日本迅速实现了工业化，先后成为世界强国。当时的苏联走的也是优先发展重工业的道路，仅用了十几年的时间就从一个落后的农业国成为工业强国，在后来的世界大战中打败了强大的纳粹德国，奠定了其作为世界二号强国的地位。在20世纪50年代，能迅速改变落后面貌的苏联模式对中国无疑具有相当大的示范效应。

从1953年开始，国家的工作重心转移到工业建设上来，各种资源开始向工业建设领域倾斜，并经过四年的论证和准备，于1955年正式确定以重工业建设为核心的大规模建设的纲领——"一五计划"。其目标是建立一批规模巨大、技术先进的新型重工业部门、改造原有工业部门，提高中国工业，特别是国防工业和重工业的实力，同时改善中西部的工业布局。[②] 从建设的内容上看，工业建设以原苏联援建的156个建设单位为中心。在建设方向上，以冶金工业和机械工业为重点，投资主要布局在东北、中南、华东和华北地区。为加强国家经济建设的领导，中央政府集中了经济领导权；增设统筹全国经济建设的

[①] 参见刘少奇：《国家的工业化和人民生活水平的提高》，引自《刘少奇选集》下卷，人民出版社1985年版，第5页。
[②] 参见中共中央党史研究室：《中国共产党历史》（第二卷），中共党史出版社2011年版，第204页。

国家计划委员会等政府部门，对经济建设，特别是对重点项目实行统一领导，建立中央各部委分条领导相关领域建设的管理机制；减少领导层级，取消大区建制，加强省、专区两级政府建设①。从全国范围内选调、培训优秀领导干部进入经济建设领域，特别是工业建设系统。

由于重工业所需的投资巨大，建设周期长、投资回收慢，以重工业为先导的工业化意味着需要大幅度提高国民收入中投资的比率，靠牺牲农业发展重工业和国防工业，靠牺牲农村支援城市，甚至暂时节衣缩食重点发展生产。

经过5年左右时间的艰苦奋斗，初步奠定了我国工业化的基础。"一五"时期现代工业在中国工农业总产值的比重由1952年的26.7%上升到1955年的33.6%。中国初步形成40个制造系统，能制造1 900多种比较重要的产品，在数量上已能满足国内建设的一般需求。火车、汽车、大型机床、大型设备已能够独立生产。对国家安全和经济至关重要的国防、机械、电子、化学和能源工业等基本建立起来。②

但同时，以重工业为先导的工业化道路也产生了一些负面影响。主要是农业发展远远落后于工业，当农业因天灾歉收时，对以农产品为原料的工业产生了巨大的影响，使继续进行工业化建设的难度加大，人民生活水平也受到一定影响。但总体看来，"一五"时期建设的诸多项目成为日后中国工业的基础和骨干，为国计民生发挥了重要的作用。

二、以经济建设为中心、对内改革和对外开放的战略

"一五"时期直至"文革"期间，我国的经济建设经历了艰难的曲折，国民经济甚至到了崩溃的边缘。正是在这样的背景下，中共十一届三中全会拨乱反正，实行了伟大的战略转折。这次全会重新确定了党的政治路线，把加强四个现代化建设，努力发展社会生产力，作为压倒一切的中心任务，促使国家把工作中心从以"阶级斗争为纲"转移到大规模社会主义经济建设上来。

以经济建设为中心的路线确立以后，首要的任务就是对经济体制进行改革。原有的计划经济体制，无论是中央"集权"式还是由地方"分权"式，都无法持续有效促进经济增长。为此，必须对传统体制进行改革。

改革首先从计划经济的薄弱环节农村开始。解决吃饭问题是农村改革的直接动因。1978年安徽、四川等地区，因遭灾而恢复"包产到户"，且较大幅度地提高了粮食产量。以包产到户为基本内容的农村改革，得到了中央的支持，并在十一届三中全会以后推广到全国。农村改革具有很大的示范意义，它是在没有进行大量资本投入和生产技术未有重大改进的条件下，仅仅通过家庭联产承包责任制这一制度创新就极大地提高了农业生产力。农村改革的效果是明显的。"1984年，粮食的商品率达30%，农副产品的收购额比1978年增加了68%，集市贸易比1978年增加了2.8倍。"③ 与联产承包责任制相适应，从1980

---

① 专区相当于今天的地市级。
② 参见中共中央党史研究室：《中国共产党历史》（第二卷），中共党史出版社2011年版，第215~219页。
③ 刘树成、吴泰昌主编：《中国经济体制改革30年研究》，经济管理出版社2008年版，第365页。

第八章 国民经济与社会发展战略

年开始,全国取消人民公社的政权职能,成立乡镇政府。到 1985 年,人民公社便不复存在。

农村的改革促进了城市改革。城市经济涉及计划经济体制的核心领域。城市改革首先从扩大企业的自主经营权和提高企业活力开始。企业可以根据市场需求额外制定生产计划。利润成为考核企业的重要指标。为配合城市改革,实行了财政改革,扩大地方的自主权。还在事实上允许并鼓励私有经济的发展。但是,在价格机制不能完全发挥作用的情况下,企业扩大了的自主经营权往往不利于社会资源的有效配置。城市改革导致后来的投资压力变大,总需求失控,再次导致经济的混乱。

在计划经济体制内改革进展不大的情况下,体制外的非公有经济成为城市改革的重要成果和推动力量。在当时的意识形态条件之下,对私有经济的发展需要采取迂回的态度,即先默认后承认。农村的"包产到户"成功以后,私有经济才逐渐获得承认。1984 年,对私营企业雇工人数的限制,实际上是承认了私有经济的发展。非公有经济得到了合法地位并迅速发展起来。到 20 世纪 80 年代中期,非公有经济在国民经济中占据了举足轻重的地位,是城市改革的重大成就。

从改革方式上看,中国的改革采取了先易后难,从体制外推进到体制内的"渐进"式的改革路径。原因是中国的改革没有先例可循,中国又是一个人口众多、幅员辽阔、地区差异大的国家,需慎重地选择改革策略和路径。"渐进"式改革既能维系国民经济中那些原体制内的不具备比较优势产业的生存,从而保持其在经济增长和促进就业的作用,避免在转型过程中造成大量企业倒闭所产生的社会动荡,又能建立起符合比较优势的具有竞争力的产业。改革初期,提出计划以经济为主、市场调节为辅,以后又提出"计划经济与市场调节相结合",其间,对资源配置和价格上实行"双轨制",计划内部分的价格仍然按照中央计划配置和决定,而体制外部分的价格则由市场来配置和决定。随着非公企业的发展,在双轨制中,需要政府配置的资源和掌控的价格比重越来越低,由市场配置的资源和由市场决定价格比重越来越高,市场机制逐渐成熟起来。"渐进"式改革在实现稳定和促进国民经济发展发挥了积极作用。但是"渐进"式改革也存在缺点。在市场经济框架下,仍然存在着权力决定资源分配的机制,市场机制还不充分。由权力决定的资源分配方式不利于资源的有效配置,也容易导致的腐败。随着改革的深入,获得寻租利益的权力很可能会成为继续改革的阻力,从而不利于改革的推进。

中国重新恢复经济活力的另外一个重要方式是实施对外开放战略。由于经济体制机制的原因,在改革开放初期就完全与国际市场对接是很困难的,因此对外开放也采取了一条"渐进"式的道路。首先选择毗邻港澳台地区,具有海外华侨、华人多优势的沿海省份,建立对外开放的"经济特区",然后逐步扩大。1980 年,建立四个经济特区;1985 年设立 14 个沿海开放城市,随着时机成熟,逐渐在全国推行对外开放。

对外开放促进了国内改革。在同国际市场接轨的过程中,竞争的压力促使中国的企业经营管理者注意改进产品的质量并降低成本,政府则借鉴经济发达国家的成功经验。特别是加入国际贸易组织以后,中国的法律、政策和商业习惯更需适应国际通行的准则。这些都有力地促进了国内改革。通过对外开放,还可以学习比较成熟的经验,降低改革过程中的成本和风险,也能够促使政府和企业的行为更为规范。

对外开放有力地促进了中国经济质量的提升。在改革开放初期,正是以轻纺行业为代表的劳动密集型产业从发达国家向发展中国家转移的时期,我国成功接受产业转移,并促使中国的纺织行业复兴。这次产业升级提高了我国的经济实力也提高了人民生活水平。20世纪90年代,我国第二次成功抓住国际产业结构调整和转移的机遇,实现了中国产业升级。21世纪以来,通过全方位的开放,我国成为新一轮IT技术产业生产制造环节的首选生产地,第三次促进我国产业技术的升级。通过改革开放,我国的产业结构、素质和效率有了大幅度提升,国内居民的生活水平也有了很大提高。

三、"三步走"的社会主义现代化建设战略

(一)"三步走"战略的目标与步骤

改革开放之初,制定一个符合中国国情、引导国民经济健康快速发展的战略成为十分重要的课题。早在1979年,邓小平就提出:"我们当前以及今后相当长的历史时期的任务是什么?一句话,就是搞现代化建设。"[1] 他还提出,"中国式的现代化,必须从中国的特点出发。"[2] 中国实现现代化必须立足的两个基本国情:一是底子薄;二是人口多,耕地少。这两个基本国情就决定了中国进行现代化建设的起点很低,因而实现现代化的时间就会较长,中国只能在这个低起点的基础上有步骤分阶段地逐步实现现代化。1987年,邓小平完整地表达了我国的中长期发展战略。"第一步在八十年代翻一番。以1980年为基数,当时国民总产值人均只有250美元,翻一番,达到500美元。第二步是到本世纪末,再翻一番,人均达到一千美元。实现这个目标意味着我们进入小康社会,把贫困的中国变成小康中国。那时国民生产总值超过一万亿美元,虽然人均数还很低,但是国家的力量有很大增加。我们制定的目标更重要的还是第三步,在下世纪用三十年到五十年再翻两番,大体上达到人均4 000美元。做到这一步,中国就达到中等发达国家水平。这是我们的雄心壮志。"[3] 中国这一中长期发展战略规划被形象地概括为"三步走"战略。

新中国成立后,发展受到挫折的根源之一就是对中国所处的社会主义初级阶段经济基础与能力的高估。1981年《关于建国以来党的若干历史问题的决议》中提出我国社会主义制度还处在"初级阶段"。1987年中共十三大指出:"正确认识我国社会所处的历史阶段,是建设由中国特色的社会主义的首要问题,是我们制定执行正确的路线和政策的根本依据。"[4] 社会主义初级阶段的任务要是要使中国摆脱贫困的落后状态,由农业国变为工业国。"三步走"发展战略体现了中国所处阶段的特点和要求,是立足于中国国情的发展战略。

---

[1] 《邓小平文选》第2卷,人民出版社1994年版,第162页。
[2] 《邓小平文选》第2卷,人民出版社1994年版,第163页。
[3] 《邓小平文选》第3卷,人民出版社1994年版,第226页。
[4] 中共中央文献研究室:《十三大以来重要文献选编》(上),人民出版社1991年版,第9页。

第八章　国民经济与社会发展战略

从 20 世纪 80 年代开始,"三步走"战略成功地指导了中国的经济发展,取得了巨大成就。1980 年,中国的 GDP 为 4 517 亿元,人均 GDP 为 460 元;1990 年 GDP 为 18 547 亿元,人均 GDP 为 1 634 元;2000 年 GDP 为 89 442 亿元,人均 GDP 为 7 084 元。按照 2000 年的汇率计算,当年的国内生产总值超过了 1 万亿美元。20 世纪最后 20 年中国的发展,基本上符合"三步走"的战略规划。

(二)"新三步走"发展战略

在世纪之交,经过全国人民的共同努力,已经实现了现代化建设的前两步战略目标,经济和社会全面发展,人民生活总体上达到了小康水平。"三步走战略"最重要的一步是第三步。完成了这一步,中国就成功地摆脱了落后面貌,进入中等发达国家行列。为了走好第三步,中共中央将"三步走"战略的第三步细化为"新三步走"战略。早在 1995 年中共十四届五中全会通过的《中共中央关于制定国民经济和社会发展"九五"计划和 2010 年远景目标的建议》就初步规定了向第三步战略目标迈进的指导方针和主要任务,规定了到 2010 年国民经济和社会发展的主要奋斗目标是:实现国民生产总值比 2000 年翻一番,人口控制在 14 亿以内,人民的小康生活更加宽裕,形成比较完善的社会主义市场经济体制。中共十五大对"新三步走"战略的规划是:"新的世纪第一个十年实现国民生产总值比 2000 年翻一番,使全国人民的小康生活更加宽裕,形成完善的社会主义市场经济体制;再经过十年的努力,到建党一百年时,使国民经济更加发展,各项制度更加完善;到下个世纪中叶建国一百年时,基本实现现代化,建成富强民主文明的社会主义国家。"这就是"两个一百年"的奋斗目标。

"新三步走"战略的实施和实现过程,也就是我国社会主义市场经济体制的建立和完善过程。因此,实现"新三步走"战略的发展目标,必须依靠市场经济体制保障。

"新三步走"战略就是要在中国实现工业化和现代化,而且要使中国走出一条符合自己实际、可持续发展的道路。以往的高投入、高能耗、高排放、大量耗费资源的粗放发展方式是不可以持续的。作为一个资源禀赋大大低于世界平均水平的国家,真正可持续的道路是利用中国的后发优势,充分吸取和借鉴先进国家的经验,转变经济发展方式,依靠科技进步、提高效率的方式来实现可持续发展。

四、全面建成小康社会的发展战略

十八届三中全会以来,我国进入了全面建成小康社会的关键时期。到 2020 年全面建成小康社会,是十五大确定的"两个一百年"奋斗目标的第一个百年奋斗目标。党的十八届五中全会关于"十三五"规划建议指出,"十三五"时期是全面建成小康社会的决胜阶段,为了如期实现这一目标,必须做到"六个坚持",即坚持人民主体地位、科学发展、深化改革、依法治国、统筹国内国际两个大局和坚持党的领导;努力实现"五大目标",即经济保持中高速增长,人民生活水平和质量普遍提高,国民素质和社会文明程度显著提高,生态环境质量总体改善和各方面制度更加成熟更加稳定。同时,以创新、协调、绿

色、开放和共享"五大"发展理念对"十三五"进行谋篇布局:

一是坚持创新发展,着力提高发展质量和效益。深入实施创新驱动发展战略,把发展基点放在创新上,培育发展新动力,拓展发展新空间,构建产业新体系、发展新机制,创新和完善宏观调控方式。

二是坚持协调发展,着力形成平衡发展结构。继续实施区域发展总体战略,在"四大板块"基础上实施"新三大战略",推动京津冀协调发展,推进长江经济带建设和实施"一带一路"战略,推动区域、城乡、物质文明和精神文明协调发展、经济建设和国防建设融合发展。

三是坚持绿色发展,着力改善生态环境。促进人与自然和谐共生,加快建设主体功能区,推动低碳循环发展,全面节约和高效利用资源,加大环境治理力度,筑牢生态安全屏障。

四是坚持开放发展,着力实现合作共赢。完善对外开放战略布局,形成对外开放新体制,推进"一带一路"建设,深化内地和港澳台地区合作发展,积极参与全球经济治理,积极承担国际责任和义务。

五是坚持共享发展,着力增进人民福祉。增加公共服务供给,实施脱贫攻坚工程,提高教育质量,促进就业创业,缩小收入差距,建立更加公平更可持续的社会保障制度,推进健康中国建设,促进人口均衡发展,实现全体人民共同迈入全面小康社会。

【复习思考题】

1. 国民经济与社会发展战略的内涵、特征与基本功能。
2. 国民经济与社会发展战略制定的机制。
3. 单一发展战略与综合发展战略。
4. 非均衡发展战略与均衡发展战略的比较。
5. 内向型与外向型发展战略。
6. 战略决策的科学化、民主化和法制化的内涵和实现途径。
7. 新中国成立以来我国的主要发展战略。

第九章 国民经济规划

发展规划和发展战略是相互联系又相互区别的"一物两面"。发展战略是发展规划的基础,发展规划是发展战略的延续和细化。本章在上一章分析的基础上,进一步分析国民经济规划、规划体系、指标体系及国民经济规划的编制。

第一节 国民经济规划的特征与功能

一、国民经济规划及其特征

国民经济规划是关于未来经济发展的行动方案,是国民经济管理的一项重要职能,它包括拟定规划方案并依据规划方案组织和指导经济活动的整个动态过程。

经济规划具备以下特征:一是预测性。规划是面向未来的,是在行动之前对未来经济向何处发展以及如何发展的一种预先安排。二是协调性。规划的本质在于协调,是对未来经济活动一种系统的有条理的安排。三是指导性。规划的目的在于行动,对现实经济生活具有直接指导性和广泛影响,直接关系到经济活动的成效。四是选择性。规划是一种选择活动,或是一种决策,是对未来经济发展可能达到的目标和多种途径的选择和决定。五是多层次性。经济规划也因经济活动的多层次性而具有多层次性,需要确定宏观、中观和微观等不同层面的规划。

由国家编制的关系国民经济总体发展的规划为国民经济规划,更准确地讲应该是国民经济和社会发展规划。我国国民经济和社会发展规划的前身是国民经济计划、国民经济和社会发展计划。

"五年计划"曾经是中国国民经济计划的重要部分。主要是对全国重大建设项目、生产力分布和国民经济重要比例关系等作出规划,为国民经济发展远景规定目标和方向。除了 1949~1952 年底为国民经济恢复时期和 1963~1965 年为国民经济调整时期外,中国从 1953 年第一个五年计划开始,持续编制"五年计划"。

1982 年,根据当时国家计划经济委员会规定,把"国民经济计划"改为"国民经济和社会发展计划",既包括国民经济发展计划,也包括科学技术和社会发展计划,从"七五"起称为《国民经济和社会发展七个五年计划》。国民经济和社会发展计划的基本内涵是依据社会主义经济规律的客观要求，体现党和国家的经济工作方针政策，以及一定时期内的政治经济任务，在实事求是和综合平衡的基础上制订的，反映社会主义扩大再生产的一切主要方面和主要过程，规定国民经济发展的方向、规模、速度、比例关系和效益，是指导国民经济发展的纲领性文件。

从"十一五"时期起，国家将"五年计划"改为"五年规划"，即国民经济和社会发展"十一五"规划。从计划到规划，反映出我国经济体制、发展理念、政府职能等方面的重大变革。体现了政府更加注重发挥市场对资源配置的重要作用，体现了更加注重以人为本、促进全面、协调、可持续发展，体现了政府更加注重对经济社会发展的宏观把握和调控。正如"十三五"规划所述国民经济规划的宗旨，主要阐明国家战略意图，明确经济社会发展宏伟目标、主要任务和重大举措，是市场主体的行为导向，是政府履行职责的重要依据，是全国各族人民的共同愿景。

二、国民经济规划的功能

规划或计划是管理的重要职能，从国民经济管理的角度分析，国民经济规划具有以下功能：

1. 目标分解

"凡事预则立，不预则废"。规划的主要作用之一，正在于通过对未来的预见和自觉安排，明确发展目标，减少经济活动的盲目性和可能出现的风险，增强对内外环境变化的适应性。在当今经济、社会、科技和市场需求急剧变革的时代，更有必要高瞻远瞩地洞察未来和安排未来，并引导人们走向未来。国民经济规划是关系着国民经济整体运行的总设计图，是把整个经济引向何处的经纬大计，规划通过主要目标、重大战略任务的确定，既为各个领域提出了明确的发展方向和要求，又为全国人民指明了美好前景和奋斗目标，从而产生一种强大的凝聚力，把各行各业和亿万人民动员和组织起来，积极促进社会主义现代化进程。

2. 具体协调

规划的另一主要作用在于通过统一筹划和多方面的协调，使各项经济社会活动协调一致，各方面力量互相配合，从而促进经济社会全面、协调、可持续发展。国民经济系统是多因素、多变量、多目标的复杂的巨系统。随着经济全球化、知识化、现代化进程，经济、社会、科技、环境日益相互渗透、相互融合，国民经济系统的运行，不仅受经济系统内部诸多变数及其运动规律影响和支配，还要受外部多方面因素以及世界经济、技术、市场状况的影响。解决这一复杂系统的重大问题，客观上要求必须全面考虑系统内外各项因素和种种内在联系，对诸多领域发展之间的关系和诸多方面利益关系进行具体协调，统筹城乡发展，统筹区域发展，统筹经济社会发展，统筹人与自然的和谐发展以及统筹国内发展和对外开放的要求。全面考虑和协调各方面要求，是规划工作一项最复杂的任务，也是规划工作的精髓。

第九章 国民经济规划

3. 资源配置

政府规划和市场调节都具有资源配置的功能。由于市场机制的缺陷，客观上需要有政府的宏观调控和微观规制。各国实践证明，"看不见的手"与"看得见的手"的有效结合，更有利于促进市场经济的健康发展。就整个经济来说，市场配置资源的作用是决定性、基础性的。规划的资源配置功能则主要体现在：一是引导和影响市场主体行为；二是直接配置公共资源。从发展趋势看，一方面，随着体制改革的深化，社会主义市场经济体制日益完善，政府职能逐步转变，政府作为服务型政府其公共服务职能更为突出；另一方面，随着经济社会发展，公共领域在不断扩大，对公共产品、公共服务的需求在不断增长，而土地、水资源、能源等资源日益紧张，就业、社会保障等社会问题日益凸现，因而在规划中加强公共资源配置就显得更为重要。

4. 重点导向

面对百业待兴的局面，必须确定优先顺序，集中必要的资源，首先解决好某一发展阶段上对全局成败具有决定性影响的关键性环节，解决好社会经济生活中的突出矛盾和对推动现代化建设具有引领作用的主要部门。从国民经济全局出发，着眼于现实矛盾和未来趋势，进行全面分析，分清轻重缓急，选择优先顺序，明确主攻方向，是规划的一项重要功能。

综上所述，国民经济规划对国民经济发展具有多方面重要功能。但是由于某些因素影响，规划编制与规划实施存在一定脱节现象，以致曾经出现"计划规划，写写画画，会上讲讲，墙上挂挂"等现象。进入新世纪以来，国家为了强化规划的功能与作用，在规划编制过程中特别强调以下三点：

一是阐述国家（或地区）战略意图。经济规划必须昭示以发展方向、发展目标、发展重点为主要内容的总体发展战略，产生凝聚人心、鼓舞斗志的作用，并且为加强国际合作和区域合作提供导向。

二是指导市场主体行为方向。本质上是充分发挥市场配置资源的决定性作用，通过规划引导产业和企业在有效竞争中健康发展。

三是明确政府工作重点。主要是更好地发挥政府的作用，加强中央政府宏观调控职责和能力，加强地方政府公共服务、市场监管、社会管理、环境保护等职责，政府通过规划向人民做出承诺，一方面争取社会各界支持，另一方面接受人民群众监督。

2012年11月12日，十八届三中全会决定提出"政府要加强发展战略、规划、政策、标准等制定和实施"，强调"健全以国家发展战略和规划为导向、以财政政策和货币政策为主要手段的宏观调控体系"。由此可见，在完善和发展中国特色社会主义制度，推进国家治理体系和治理能力现代化进程中，国民经济规划的功能和作用更加重要。

三、发展战略与发展规划的关系

国民经济规划与国民经济战略既相联系又相区别，各有不同的侧重点和着力点，主要有：

一是发展战略是发展规划以及年度计划的核心与灵魂。在中长期规划中,它通常表现为规划内容的一部分;在年度计划中,一般没有独立完整的直接载体,而隐身于年度计划的指导思想和主要目标中。中长期规划必须遵循既定的发展战略,根据发展战略确定规划期的发展方向、目标和主要任务。年度计划则以中长期规划为依据,具体分解落实各项任务和指标。因此,发展战略是发展规划的基础,发展规划又是年度计划的基础,先有战略、后有规划,使其成为可以布置、可以检查的具体行动方案。从这个意义上说,发展规划和年度计划又是发展战略的延续和细化。

二是从实施范围看,发展战略统领全局,是全面而高度概括的总体谋划。发展规划和年度计划则不同,其总体规划、综合计划是全面的部署,而专项的、区域的规划和计划往往是局部的安排。因此,发展战略的实施与实现同发展规划和年度计划并不总是在统一的层面上。从实施时间看,发展战略是中长期的,而发展规划一般是中期的,即便五年规划附上一个远景目标,通常也不过15~20年。至于年度计划时段更短。这就决定了一个重大发展战略可能需要通过几个中长期发展规划或者十几个至几十个年度计划来实施。

三是从实施内容看,发展战略是方向性和原则性的,中长期规划是轮廓性的或粗线条的,年度计划是具体的细线条的。从实施方法看,发展战略以定性为主,中长期规划定性定量并重,年度计划以定量为主。它们在实施内容和实施方法上的区别,是由发展战略、中长期规划、年度计划各自的性质决定的。

总之,发展战略与发展规划的关系相当于战略与战术和策略的关系。一般来说,战略与战术、策略主要是全局和局部的关系。战略指为了达成目标的总体谋划,战术指为了达成战略目标而采取的具体行动方案。而战略与策略主要是目的与手段的关系,先有战略,后有策略,策略服从并服务于战略。从这个角度看,发展战略属于战略性质,而中长期规划、年度计划分别带有战术与策略的性质。

第二节 国民经济规划体系

国民经济规划是国民经济发展战略的具体落实,是发展战略实施过程中的关键环节。国民经济规划是国家加强和改善宏观调控的重要手段,也是政府履行经济调节、市场监管、社会管理和公共服务职责的重要依据。建立健全国民经济规划体系,科学编制并组织实施国民经济和社会发展规划,有利于合理有效地配置公共资源,引导市场发挥资源配置的基础性作用,促进国民经济持续快速协调健康发展和社会全面进步。

目前我国的国民经济规划体系为"三级三类"规划管理体系,国民经济和社会发展规划按行政层级分为国家级规划、省(区、市)级规划、市县级规划;按对象和功能类别分为总体规划、专项规划、区域规划。

国家总体规划和省(区、市)级、市县级总体规划分别由同级人民政府组织编制,并由同级人民政府发展改革部门会同有关部门负责起草;专项规划由各级人民政府有关部门组织编制;跨省(区、市)的区域规划,由国务院发展改革部门组织国务院有关部门和区

第九章　国民经济规划

域内省（区、市）人民政府有关部门编制。

一、国家级规划、省级规划、市县级规划

国民经济和社会发展规划按行政层级分为三级。

（一）国家级规划

国家级规划是由国家规划职能部门制定的全国规划，是国家对国民经济和社会发展的总体谋划，确定国家在一定时期内经济和社会发展的主要方向和任务，确定发展的战略目标、战略重点和政策，关系到国家的全局和长远利益。国家规划主要阐明国家战略意图，明确经济社会发展宏伟目标、主要任务和重大举措，是市场主体的行为导向，是政府履行职责的重要依据。

（二）省级规划

省级规划是根据中央规划的方针和政策并结合本地区的具体情况，对所辖省级行政区的国民经济和社会发展或其特定行业、领域编制的规划，是在省级政府职权范围内编制的层次合理、分工明确、有机衔接、统一协调、实施有效的规划体系，是国家规划体系的重要组成部分。编制省级规划时需要把握：一是必须以国家中长期发展规划为统领，在指导思想、发展理念、战略方针、主要指标等方面与国家规划有效地衔接协调，更好地实现国家规划目标；二是结合具体省情，充分考虑各省的具体特点以及在国家经济和社会发展中所处的地位，从全局的高度规划省区范围的发展。

省级规划的主要内容：一是编制发展总体规划。主要是指导全省国民经济和社会长远发展的综合性、战略性、空间性相结合的国民经济和社会发展长期规划；二是编制空间规划。即把发展总体规划按地域范围从大到小予以空间落实的综合性规划；三是编制专项规划。是指总体规划按发展的领域、部门或要素划分的从属性规划，它也受同行政层次的空间规划指导和约束。

在省级规划体系架构运作中必须注意：一是要确立省级发展总体规划并保持基本不变。同时将国土规划、城镇体系规划和国民经济和社会发展长期规划作为一个整体编制。二是要强化空间规划运作。即根据编制综合性空间规划的要求，再确定相应的专项规划编制立项，专项规划要服从综合性空间规划。同时，强调规划的由上而下推进，在做好上一层次综合性空间规划基础上再做下一层次规划；随着地域层次下降，编制的时间跨度上应趋小，空间约束性趋强。三是要注意规划过程中的协同。因为有的专项规划具有一定的综合性，与空间性规划有联动性、互为影响，如综合交通网络规划、水资源配置规划等，具有一定空间引导功能。

（三）市、县级规划

市、县级规划是由市、县级地方人民政府，根据中央规划的方针和政策并结合本地区

的具体情况，对所辖行政区的国民经济和社会发展或其特定行业、领域编制的计划，也是国家规划体系的重要组成部分。

目前，我国市县规划存在着规划数量多、内容交叉重复、缺乏衔接协调甚至相互矛盾等问题，这是导致工业化城镇化进程中资源过度消耗、空间无序开发、生态环境恶化等突出矛盾的重要原因之一。为此，要积极推进市县规划改革创新，推动经济社会发展规划、城乡规划、土地利用规划、生态环境保护规划"多规融合"和"多规合一"，形成一个市县一本规划、一张蓝图。市县"多规合一"，有利于解决市县规划自成体系、内容冲突、缺乏衔接协调等突出问题，保障市县规划有效实施；有利于强化政府空间管控能力，实现国土空间集约、高效、可持续利用；有利于改革政府规划体制，建立统一衔接、功能互补、相互协调的空间规划体系，对于加快转变经济发展方式和优化空间开发模式，坚定不移地实施主体功能区制度，促进经济社会与生态环境协调发展都具有重要意义。

市县规划改革的主要任务是，探索经济社会发展规划、城乡规划、土地利用规划、生态环境保护等规划"多规合一"的具体思路，研究提出可复制可推广的"多规合一"试点方案，形成一个市县一本规划、一张蓝图。同时，探索完善市县空间规划体系，建立相关规划衔接协调机制。具体任务：一是合理确定规划期限。统筹考虑法律法规要求和相关规划的特点，探索确定统一协调的规划中期年限和目标年限，作为各类规划衔接目标任务的时间节点。二是合理确定规划目标。把握市县所处的大区域背景，按照县市的不同主体功能定位，以及上位规划的要求，统筹考虑经济社会发展规划、城乡规划、土地利用规划、生态环境保护规划等相关规划目标，研究"多规合一"的核心目标，合理确定指标体系。三是合理确定规划任务。按照资源环境承载能力，合理规划引导人口、产业、城镇、公共服务、基础设施、生态环境、社会管理等方面的发展方向与布局重点。探索整合相关规划的空间管制分区，划定城市开发边界、永久基本农田红线和生态保护红线，形成合理的城镇、农业、生态空间布局，探索完善经济社会、资源环境政策和空间管控措施。四是构建市县空间规划衔接协调机制。从支撑市县空间规划有效实施的需要出发，提出完善市县规划体系的建议，探索整合各类规划及衔接协调各类规划的工作机制。

二、总体规划、专项规划和区域规划

总体规划是国民经济和社会发展的战略性、纲领性、综合性规划，是编制本级和下级专项规划、区域规划以及制定有关政策和年度计划的依据，其他规划要符合总体规划的要求。专项规划是以国民经济和社会发展特定领域为对象编制的规划，是总体规划在特定领域的细化，也是政府指导该领域发展以及审批、核准重大项目，安排政府投资和财政支出预算，制定特定领域相关政策的依据。区域规划是以跨行政区的特定区域国民经济和社会发展为对象编制的规划，是总体规划在特定区域的细化和落实。跨省（区、市）的区域规划是编制区域内省（区、市）级总体规划、专项规划的依据。

国家总体规划、省（区、市）级总体规划和区域规划的规划期一般为5年，可以展望到10年以上。市县级总体规划和各类专项规划的规划期可根据需要确定。

第九章 国民经济规划

（一）总体规划

总体规划是国民经济和社会发展战略性、纲领性、综合性的规划，是编制本级和下级专项规划、区域规划以及制定有关政策和年度计划的依据。经批准的总体规划在本级各类规划中具有统领地位，其他规划应当符合总体规划的要求。

国家总体规划和省级总体规划属中长期规划，规划期为5年以上。中期规划的规划期一般为5年，长期规划的规划期为10年或10年以上。市县级总体规划的规划期根据需要确定。

国家总体规划和省（区、市）级、市县级总体规划分别由同级人民政府组织编制，并由同级人民政府规划主管部门会同有关部门负责起草。

（二）专项规划

专项规划是指以国民经济和社会发展的特定领域为对象编制的规划，是总体规划在特定领域的细化，是政府指导该领域发展以及审批、核准该领域重大项目，安排政府投资和财政支出预算，制定特定领域相关政策的依据。专项规划目标明确、任务具体，具有较强的可操作性，是对综合性规划任务的进一步延伸和细化，也是政府指导该领域发展以及审批、核准重大项目，安排政府投资和财政支出预算，制定特定领域相关政策的依据。

专项规划的规划期根据需要确定。一般与国民经济和社会发展五年规划相一致，对一些重大问题可以展望到更长时间。

编制国家级专项规划的领域。原则上限于关系国民经济和社会发展大局、需要国务院审批和核准重大项目以及安排国家投资数额较大的领域。主要包括：农业、水利、能源、交通、通信等方面的基础设施建设；土地、水、海洋、煤炭、石油、天然气等重要资源的开发保护；生态建设、环境保护、防灾减灾；科技、教育、文化、卫生、社会保障、国防建设等公共事业和公共服务；需要政府扶持或者调控的产业；国家总体规划确定的重大战略任务和重大工程；法律、行政法规规定以及国务院要求的其他领域。

专项规划的编制主体为各级人民政府有关部门。专项规划一般由县级以上人民政府或者县级以上人民政府有关部门在其职责范围内编制；如果专项规划的内容与其他部门职责相关，应当会同有关部门编制；如果专项规划的内容涉及多个部门职责，则应由本级人民政府确定的部门编制。

（三）区域规划

区域规划是在一定区域范围内对国民经济与社会发展所进行的总体部署，旨在使规划区域在区域发展总体战略的引领下推动区域协调发展，实现规划区域经济、社会、生态、人口、资源、环境等在地域空间上进步提升和协调发展。"十三五规划"在推动区域协调发展篇中，明确了区域规划的蓝图：以区域发展总体战略为基础，以"一带一路"建设、京津冀协同发展、长江经济带发展为引领，形成沿海沿江沿线经济带为主的纵向横向经济轴带，塑造要素有序自由流动、主体功能约束有效、基本公共服务均等、资源环境可承载的区域协调发展新格局。

区域规划是以跨行政区的特定区域国民经济和社会发展为对象编制的规划，是总体规划在特定区域的细化和落实。跨省（区、市）的区域规划是编制区域内省（区、市）级总体规划、专项规划的依据。跨省、自治区、直辖市的区域规划是编制区域内省、自治区、直辖市总体规划、专项规划的依据，其规划期一般为5年，可以展望到10年以上。

国家级区域规划的编制范围为：国家对经济社会发展联系紧密的地区、有较强辐射能力和带动作用的特大城市为依托的城市群地区、国家总体规划确定的重点开发或保护区域等，编制跨省（区、市）的区域规划。其主要内容包括：对人口、经济增长、资源环境承载能力进行预测和分析，对区域内各类经济社会发展功能区进行划分，提出规划实施的保障措施等。

跨省（区、市）的区域规划，由国务院发展与改革部门组织国务院有关部门和区域内省（区、市）人民政府有关部门编制。

需要注意的是，必须高度重视和强化规划之间的衔接协调，使各类规划协调一致，形成合力。规划衔接要遵循专项规划和区域规划服从本级和上级总体规划，下级政府规划服从上级政府规划，专项规划之间不得相互矛盾的原则。编制跨省（区、市）区域规划，还要充分考虑主体功能区规划、国土规划、城市规划等相关领域规划的要求。

三、相关领域主要规划

与国民经济和社会发展规划紧密相关、互相补充、相辅相成的相关领域规划主要有以下几种。

（一）主体功能区规划

主体功能区规划是战略性、基础性、约束性的规划，也是国民经济和社会发展总体规划、区域规划、城市规划等的基本依据。具体来说，就是要根据不同区域的资源环境承载能力、现有开发密度和发展潜力，统筹谋划未来人口分布、经济布局、国土利用和城镇化格局，将国土空间划分为优化开发、重点开发、限制开发和禁止开发四类，确定主体功能定位，明确开发方向，控制开发强度，规范开发秩序，完善开发政策，逐步形成人口、经济、资源环境相协调的空间开发格局。

在四大类功能主体区中：优化开发区域是指国土开发密度已经较高、资源环境承载能力开始减弱的区域；重点开发区域是指资源环境承载能力较强、经济和人口集聚条件较好的区域；限制开发区域是指资源承载能力较弱、大规模集聚经济和人口条件不够好并关系到全国或较大区域范围生态安全的区域；禁止开发区域是指依法设立的各类自然保护区域。

根据功能区划分标准，全国主体功能区规划由国家主体功能区规划和省级主体功能区规划组成，分国家和省级两个层次编制。

国家层面的四类主体功能区不覆盖全部国土，优化开发、重点开发和限制开发区域原

第九章 国民经济规划

则上以县级行政区为基本单元，禁止开发区域按照法定范围或自然边界确定。除目前的国家领导小组制定政府规划外，各省（区、市）人民政府被要求组建本地区主体功能区规划编制工作领导小组落实地区性规划。

省级主体功能区规划要根据国家主体功能区规划，将行政区国家层面的主体功能区确定为相同类型的区域，保证数量、位置和范围的一致性。

对行政区国家主体功能区以外的国土空间，要根据国家确定的原则，结合本地区实际确定省级主体功能区，原则上以县级行政区为基本单元；以农业为主的地区，原则上要确定为限制开发区域；位于省级行政区边界、均质性较强的区域应确定为同一类型的主体功能区；沿海省区陆地主体功能区与海洋主体功能区要相互衔接，主体功能定位要相互协调；对重点开发区域要区分近期、中期和远期的开发时序；矿产资源丰富但生态环境承载能力较弱的区域，可以适度开发矿产资源，但原则上应确定为限制开发区域；依法设立的省级各类自然文化保护区域要确定为禁止开发区域。

编制全国主体功能区规划的重要意义：一是有利于逐步形成人口、经济、资源环境相协调的空间开发格局。根据不同区域的资源环境承载能力、现有开发密度和发展潜力，统筹谋划未来人口分布、经济布局、国土利用和城镇化格局，将国土空间划分为优化开发、重点开发、限制开发和禁止开发四类，确定主体功能定位，明确开发方向，控制开发强度，规范开发秩序，完善开发政策。二是全面落实科学发展观、构建社会主义和谐社会的重大举措。有利于坚持以人为本，缩小地区间公共服务的差距，促进区域协调发展；有利于引导经济布局、人口分布与资源环境承载能力相适应，促进人口、经济、资源环境的空间均衡；有利于从源头上扭转生态环境恶化趋势，适应和减缓气候变化，实现资源节约和环境保护，实现可持续发展。三是有利于打破行政区划。以功能区为单位制定实施有针对性的政策措施和绩效考评体系，有助于加强和改善区域调控。政策措施方面，财政政策、投资政策、产业政策、人口政策、土地政策、环境政策和绩效考核政策等都将有所调整，主要包括应重点增加对限制开发和禁止开发区域用于公共服务和生态环境补偿的财政转移支付；政府投资重点支持限制开发、禁止开发区域公共服务设施建设、生态建设和环境保护，支持重点开发区域基础设施建设；引导各个区域的产业转移和布局，实行差别化的土地利用政策；调控人口总量，引导人口有序流动，逐步形成人口与资金等生产要素同向流动的机制等。政府绩效考核方面，应针对主体功能区不同定位，实行不同的绩效评价指标和政绩考核办法。优化开发区域要强化经济结构、资源消耗、自主创新等的评价，弱化经济增长的评价；重点开发区域要对经济增长、质量效益、工业化和城镇化水平以及相关领域的自主创新等实行综合评价；限制开发区域要突出生态建设和环境保护等的评价，弱化经济增长、工业化和城镇化水平的评价；禁止开发区域主要评价生态建设和环境保护。四是全国主体功能区规划是战略性、基础性、约束性的规划。由此成为国民经济和社会发展总体规划、人口规划、区域规划、城市规划、土地利用规划、环境保护规划、生态建设规划、流域综合规划、水资源综合规划、海洋功能区规划、海域使用规划、粮食生产规划、交通规划、防灾减灾规划等在空间开发和布局的基本依据。同时，编制全国主体功能区规划要以上述规划和其他相关规划为支撑，并在政策、法规和实施管理等方面做好衔接工作。

编制全国主体功能区规划的指导思想和原则：一是全面落实科学发展观和构建社会主义和谐社会的战略思想。在坚持实施区域发展总体战略基础上，前瞻性、全局性地谋划好未来全国人口和经济的基本格局，引导形成主体功能定位清晰，人口、经济、资源环境相互协调，公共服务和人民生活水平差距不断缩小的区域协调发展格局。二是坚持以人为本。引导人口与经济在国土空间合理、均衡分布，逐步实现不同区域和城乡人民都享有均等化公共服务；坚持集约开发，引导产业相对集聚发展，人口相对集中居住，形成以城市群为主体形态、其他城镇点状分布的城镇化格局，提高土地、水、气候等资源的利用效率，增强可持续发展能力；坚持尊重自然，开发必须以保护好自然生态为前提，发展必须以环境容量为基础，确保生态安全，不断改善环境质量，实现人与自然和谐相处；坚持城乡统筹，防止城镇化地区对农村地区的过度侵蚀，同时，也为农村人口进入城市提供必要的空间；坚持陆海统筹，强化海洋意识，充分考虑海域资源环境承载能力，做到陆地开发与海洋开发相协调。

根据上述指导思想和原则，编制全国主体功能区规划要妥善处理好以下关系：

一是处理好开发与发展的关系。发展是硬道理，但发展必须建立在科学合理、有序适度开发的基础上。我国正处于工业化、城镇化加速发展的阶段，编制实施全国主体功能区规划，就是要在大规模开发过程中，既明确优化开发、重点开发区域，又根据资源环境承载能力划定限制、禁止开发区域，实现又好又快发展。

二是处理好政府与市场的关系。全国主体功能区规划是政府对国土空间开发的战略设计和总体布局，体现了国家战略意图，政府应当根据主体功能区的定位合理配置公共资源，同时要充分发挥市场配置资源的基础性作用，完善法律法规和区域政策，综合运用各种手段，引导市场主体的行为符合主体功能区的定位。

三是处理好局部与全局的关系。推进形成主体功能区是从全局利益出发，谋求国家和人民的整体利益、长远利益的最大化，要做到局部服从全局，全局兼顾局部。

四是处理好主体功能与其他功能的关系。主体功能区要突出主要功能和主导作用，同时不排斥其他辅助或附属功能。优化开发和重点开发区域的主体功能是集聚经济和人口，但其中也要有生态区、农业区、旅游休闲区等；限制开发区域的主体功能是保护生态环境，但在生态和资源环境可承受的范围内也可以发展特色产业，适度开发矿产资源。

五是处理好行政区与主体功能区的关系。编制主体功能区规划，需要打破行政区界限，改变完全按行政区制定区域政策和绩效评价的方法，同时，主体功能区规划的实施，也需要依托一定层级的行政区。

六是处理好各类主体功能区之间的关系。各类主体功能区之间要分工协作，相互促进。优化开发区域要通过向重点开发区域转移产业，减轻人口、资源大规模跨区域流动和生态环境的压力；重点开发区域要促进产业集群发展，增强承接限制开发和禁止开发区域超载人口的能力；限制开发、禁止开发区域要通过生态建设和环境保护，提高生态环境承载能力，逐步成为全国或区域性的生态屏障和自然文化保护区域。

七是处理好保持稳定与动态调整的关系。主体功能区一经确定，不能随意更改。禁止开发区域要严格依法保护；限制开发区域要坚持保护优先，逐步扩大范围；重点开发区域

第九章 国民经济规划

可根据经济社会发展和资源环境承载能力的变化，适时调整为优化开发区域。

八是处理好与相关规划的协调关系。主体功能区规划作为一个有综合性特点的规划，与相关规划的协调是重要的问题。主要包括两个方面：一个是与空间规划的协调，主要指城市规划、国土规划、区域规划。另一方面是与结构规划的协调，包括发改委的国民经济和社会发展规划、水利部的水资源规划、环保局的环境纲要，林业局的治沙规划等。应从完善法律体系、空间规划体系、统一编制和审批、统一技术标准等方面入手进行具体的衔接或协调。

（二）国土规划

国土规划是指对国土资源的开发、利用、治理和保护所进行的综合性战略部署和全面规划。包括对土地资源、矿山资源、水资源、生物资源等的开发利用；工业、农业、交通运输业的布局和地区组合等。国土规划的内容庞杂，涉及面广泛，而且在不同国家和地区以及不同发展阶段有很大差异。

国土规划的基本任务，是根据规划地区的优势和特点，从地域总体上协调国土资源开发利用和治理保护的关系，协调人口、资源、环境的关系，促进地域经济的综合发展。具体任务是：明确国土资源开发利用和整治保护目标及基本方针；明确地区经济发展战略和空间开发战略，确定人口、生产、城镇的合理布局；明确主要城镇的性质、规模及其相互关系；合理安排交通、通信、动力和水源等区域性重大基础设施；重大国土开发利用和整治保护项目以及建设活动的空间布局；制定实施规划的政策和措施。

国土规划一般分为国土综合规划和国土专项规划。国土综合规划是对规划地区，全部国土资源的开发、利用、整治、保护所做的总体的、战略的部署和安排，主要解决跨部门、跨行业的国土资源配置问题。国土专项规划是在国土总体规划的框架控制下，以完成某一项国土开发、利用、治理、保护任务为中心内容的规划。

国土规划侧重于资源的空间配置和布局，强调地域空间上的综合协调，具有战略性、综合性特点。国土规划充分体现国民经济和社会发展战略的思想、目标和任务，为国民经济和社会发展规划提供依据和基础。由于空间结构的改变与移动往往具有滞后性的特征，由此国土规划必须比国民经济和社会发展中长期规划考虑的更长远一些，至少应预测到 15~20 年，国外有预测到 30~50 年。

（三）城市规划

城市规划是对一定时期内城市和社会发展、土地利用、空间布局以及各项建设综合部署、具体安排和实施管理。综合性城市规划涉及经济社会工程技术等各个领域。

城市规划具有以下主要特点：一是综合性。城市规划的编制必须全面、整体、综合地分析和解决问题，对城市的各项要素进行统筹安排，使之各得其所，协调发展。二是政策性。城市规划既是城市各项建设的战略部署，又是组织合理的生产、生活环境的手段，几乎涉及国家经济社会文化的每个有关部门，一些重大问题的解决都必须以国家有关方针政策为依据。三是超前性。城市规划的职能是通过预先的分析预测，对城市未来发展做出合理部署和安排，编制城市规划要有超前意识和战略远见，超前研究和分析预测城市发展中可能出现的问题并提出对策。四是长期性。城市规划是城市发展的动态规划，应根据现实发展和外界因素的变化，适时予以调整和补充以适应城市发展需要，城市规划是一项长期性和经常性的工作。五是科学性。城市规划的编制必须依据城市发展的内在规律，遵循城市规划体系、层次等各方面的科学规律，提高规划的科学性。

城市规划按其编制阶段和层次划分为城镇体系规划、城市总体规划和城市详细规划。城镇体系规划，是一定地域范围内，以区域生产力合理布局和城镇职能分工为依据，确定不同人口规模等级和职能分工的城镇分布和发展规划。城市总体规划，包括对一定时期内城市性质、发展目标、发展规模、土地利用、空间布局以及各项建设的部署和实施措施。在城市总体规划编制前，一般先编制城市总体规划纲要。在城市总体规划阶段，要编制近期建设规划和各项相关的专业规划。如果该城市被命名为历史文化名城，还需编制历史文化名城保护规划。大中城市在城市总体规划阶段尚需编制分区规划。城市详细规划，以城市总体规划分区规划为依据，对一定时期内城市局部地区的土地利用、空间环境和各项建设用地所作的具体安排。

城市规划与国土规划、区域规划的关系十分密切。城市规划同国土规划一样也要以国民经济和社会发展规划为宏观指导，在明确长远发展方向和目标的基础上，对特定地域的各项建设进行综合部署。城市规划要在国土规划的宏观控制下编制，国土规划可为城市规划提供有关城市发展方向和生产力布局的重要基础及依据。区域国土资源的和经济社会文化的发展，特别是工业布局和人口分布的变化，对区域内已有城市的发展和新城镇的形成往往起决定性作用，城市发展也会影响整个区域社会经济的发展和建设布局。城市规划与区域规划之间是点与面有机联系和不可分割的关系。城市总是与相应的区域相联系，而一定区域内必定有相应的经济中心城市。城市规划必须以区域规划为依据，在区域规划的基础上，一方面立足于大区域合理规划布局城镇体系，另一方面合理确定城市的规模、性质，城市各部分的组成，各城区的用地等，以促进城市与区域的协调发展。

(四) 环保规划

环保规划是指对影响人类生存和发展的各种天然的和经过人工改造的自然因素的总体，包括大气、水、海洋、土地、矿藏、森林、草原、湿地、野生生物、自然遗迹、人文遗迹、自然保护区、风景名胜区、城市和乡村等的生态保护、污染防治所进行的综合性战略部署和全面规划，是人类为使环境与经济和社会协调发展而对自身活动和环境所做的空间和时间上的合理安排。

县级以上人民政府应当将环境保护工作纳入国民经济和社会发展规划。国务院环境保护主管部门会同有关部门，根据国民经济和社会发展规划编制国家环境保护规划，报国务院批准并公布实施。县级以上地方人民政府环境保护主管部门会同有关部门，根据国家环境保护规划的要求，编制本行政区域的环境保护规划，报同级人民政府批准并公布实施。

编制环境保护规划的意义：一是贯彻落实科学发展观。保护和改善环境，防治污染和其他公害，改善环境质量，防范环境风险，保障公众健康，推进生态文明建设，促进经济

第九章 国民经济规划

社会可持续发展。二是积极探索绿色生态发展新路径。随着中国经济发展步入新常态,经济结构将进一步优化,将环境保护、生态建设与经济增长方式相协调,实现经济发展与环境保护协调融合尤为重要。三是努力解决多种矛盾。主要是随着中国经济持续高速发展,快速的工业化、城镇化带来的资源环境压力日益加大;随着人口总量持续增长,工业化、城镇化快速推进,能源消费总量不断上升,污染物产生量将继续增加,经济增长的环境约束日趋强化;我国环境状况总体恶化的趋势尚未得到根本遏制,环境矛盾凸显,压力继续加大等。

环境保护规划必须与主体功能区规划、土地利用总体规划和城乡规划等相衔接,强化目标任务衔接,强化空间布局衔接,强化政策衔接,推动国民经济发展规划、主体功能区规划、土地利用规划、城乡总体规划、环境保护规划的"多规合一",促进经济社会与生态环境协调发展。

环境保护规划主要目标是,改善生态环境,推进资源节约集约利用,加大环境综合治理力度,加强重点领域环境风险防控,加强生态保护修复,完善环境保护基本公共服务体系等。具体指标主要有主要污染物减排指标,改善水环境质量指标,大气污染物综合控制指标等(参见表9-1《"十一五"主要环保指标》,表9-2《"十二五"主要环保指标》)。

表9-1 《"十一五"主要环保指标》

序号	指标	2005年	2010年	"十一五"增减情况
1	化学需氧量排放总量(万吨)	1 414	1 270	-10%
2	二氧化硫排放总量(万吨)	2 549	2 295	-10%
3	地表水国控断面劣V类水质的比例(%)	26.1	<22	-4.1个百分点
4	七大水系国控断面好于III类的比例(%)	41	>43	2个百分点
5	重点城市空气质量好于II级标准的天数超过292天的比例(%)	69.4	75	5.6个百分点

资料来源:《国家环境保护"十一五"规划》。

表9-2 《"十二五"主要环保指标》

序号	指标	2010年	2015年	2015年比2010年增长
1	化学需氧量排放总量(万吨)	2 551.7	2 347.6	-8%
2	氨氮排放总量(万吨)	264.4	238.0	-10%
3	二氧化硫排放总量(万吨)	2 267.8	2 086.4	-8%
4	氮氧化物排放总量(万吨)	2 273.6	2 046.2	-10%

续表

序号	指标	2010年	2015年	2015年比2010年增长
5	地表水国控断面劣Ⅴ类水质的比例（%）	17.7	<15	-2.7个百分点
6	七大水系国控断面水质好于Ⅲ类的比例（%）	55	>60	5个百分点
7	地级以上城市空气质量达到二级标准以上的比例（%）	72	≥80	8个百分点

注：①化学需氧量和氨氮排放总量包括工业、城镇生活和农业源排放总量，依据2010年污染源普查动态更新结果核定。

②"十二五"期间，地表水国控断面个数由759个增加到970个，其中七大水系国控断面个数由419个增加到574个；同时，将评价因子由12项增加到21项。据此测算，2010年全国地表水国控断面劣Ⅴ类水质比例为17.7%，七大水系国控断面好于Ⅲ类水质的比例为55%。

③"十二五"期间，空气环境质量评价范围由113个重点城市增加到333个全国地级以上城市，按照可吸入颗粒物、二氧化硫、二氧化氮的年均值测算，2010年地级以上城市空气质量达到二级标准以上的比例为72%。

资料来源：《国家环境保护"十二五"规划》。

第三节 国民经济规划指标体系

科学完整的规划体系和规划指标体系是国民经济规划任务和内容的具体体现，是国民经济规划任务和内容顺利实现的重要条件。

一、国民经济规划指标体系的功能作用

规划的落实需要有科学的指标体系。指标反映总体现象数量特征的概念和具体数值，具有数量性、综合性、具体性的特点。国民经济规划指标是规划内容的具体化和数量表现，是对国家未来经济和社会发展的目标、速度、结构、效益等总体性活动的特征和状况的数量界定。

（一）信息引导

发展战略和目标明确了国家未来一定时期的总体发展方向，规划指标体系则从增长、物价、就业、国际收支等多个方面量化、具体地确定经济社会系统整体所要达到的状态。规划指标体系是向各经济社会主体提供宏观信息的主要载体，规划指标的信息引导作用，就是通过向各经济社会主体提供宏观信息间接影响其微观行为，促使其微观活动方向与整个国民经济和社会发展的方向一致。规划指标体系要落实和贯彻一个时期规划的发展主题。"十一五"规划以来，以科学发展为主题，指标体系突出了教育、科技、可持续发展、资源环境、人民生活。"十三五"规划以创新、协调、绿色、开放、共享为发展理念，以

第九章 国民经济规划

提高发展质量和效益为中心,以供给侧结构性改革为主线。"十三五"规划指标体系主要指标从经济发展、创新驱动、民生福祉以及资源环境四方面来确保到2020年实现全面建成小康社会目标。

(二) 责任约束

从"十一五"规划开始,对指标属性进行了界定,明确发展目标量化指标分为预期性和约束性两类:预期性指标是国家期望的发展目标,主要依靠市场主体的自主行为实现,为此政府要创造良好的宏观环境、制度环境和市场环境,并适时调整宏观调控方向和力度,综合运用各种政策引导社会资源配置,努力争取实现;约束性指标是在预期性基础上进一步明确并强化了政府责任的指标,是中央政府在公共服务和涉及公众利益领域对地方政府和中央政府有关部门提出的工作要求。政府要通过合理配置公共资源和有效运用行政力量,确保实现。这种区分可以更好地体现社会主义市场经济条件下规划的定位,有利于分清政府和市场的职责,强化政府在公共服务和涉及公共利益领域需要履行的职责,凸显规划的可操作性,也有利于建立符合科学发展观要求的绩效考核和政绩考核体系。对政府必须履行职责的领域,如降低能源消耗、减少污染排放、保证耕地保有量、提高社会保障覆盖率等属于政府职责的硬指标,必须进行考核,这样做可以避免盲目地追求GDP,简单地追求增长速度。在"十三五"规划25项指标中,包含针对政府职能的13个约束性指标和用于引导市场企业的12个预期性指标,13个约束性指标集中在资源环境和公共服务人民生活两大类别中,突出了对环境保护和民生福祉的重视。

(三) 评价考察

评价考察的目的主要是系统全面地判断经济社会运行状态与理想目标的差距。经济社会系统是一个包含经济、资源、人口等很多子系统的庞大、复杂的综合系统,各个子系统在运行中存在相互依存、相互制约的关系,通过多方面、多角度地科学设计指标体系,可以全面关注经济、社会、教育、科技、资源环境、人民生活等国民经济和社会发展的重要方面,引导经济社会系统整体所要达到的状态,既引导经济和社会的运行状态,又引导运行的效果和质量,并据此能够对复杂的经济社会运行状况予以全面地评价和考察。在考察规划执行状况和执行效果的基础上,为实现国民经济和社会发展预定目标的宏观调控提供可靠依据。

(四) 指标调控

指标调控主要是增强宏观调控的系统性和有效性。在国民经济和社会发展规划中,政府制定的财政政策、货币政策、外贸政策、产业政策等各种经济政策,都要以规划指标体系为依据,同时以指标体系的形式加以表现。通过对部分关键指标的调控,对整个经济社会发展系统发生作用,能够改变复杂系统的运行状态,达到系统运行的理想目标状态。

二、国民经济规划指标体系设置的原则

国民经济规划指标应当能够满足国民经济和社会发展规划制定、实施、评价等全过程的需要，其设置应体现以下基本原则：

（一）科学性

设置指标体系的基本出发点，是要符合客观认识对象本身的性质、特点、关系和运动过程并适应发展变化，应规范设计指标数量、核心指标、指标口径、计量单位和计算时间等。正确实施发展规划，及对经济社会运行状态进行科学统计评价的基本前提，就是对规划指标的准确理解和把握。规划指标应该内涵确切和外延清晰，对总体的定量认识应以定性认识为基础，能够一目了然地描述和说明有关统计对象的总体数量状况及其发展变化情况。规划指标的科学性还体现在既要具有一定时期的相对稳定性，又要保持一定的动态性，使其既在稳定的基础上具有可操作性，又能够随着规划期经济社会发展形式的变化适当调整，更加贴近现实和切合实际。

（二）全面性

国民经济和社会发展规划指标体系要体现发展战略和目标要求，应以全面、系统的视角体现宏观经济、社会系统总体性和结构性的要求，必须能够全面反映国民经济和社会发展的综合水平和各个方面的发展状况，既要包括反映经济、资源、人口、社会等总量指标，又要包括反映其质量、效果的指标，还要包括反映它们之间内部结构关系的指标。选择的指标应具备典型性、导向性、完备性、广泛的涵盖性和高度的概括性。指标体系中各个指标是具有有机联系的层次分明的整体，但同级指标之间应保持各自的独立性，避免互相重复交叉和相互包含。

（三）规范性

设置指标体系应从整体上和全局上考虑指标之间的联系，使指标在名称、内容、口径、计量单位、计算方法和使用范围方面做到统一、规范和相互联系。规划指标还应与经济核算体系、统计指标、会计指标等衔接一致，使其具有可比性，形成统计、评价和分析上的统一标准。

（四）目的性

设置指标体系必须从管理要求或研究目的出发。在经济发展的不同阶段，所面临的国内国际环境不同，国民经济的运行状况和发展态势不同，各主要经济变量的发展趋势不同，对外开放程度及外贸依赖程度不同，面临的宏观调控任务不同，谋求经济发展的途径不同，直接决定了经济社会发展目标和规划指标体系也不同。规划指标体系的设置，应充分考虑发展战略及目标要求，能够准确描述社会经济运行中的内在联系，有利于规划的实

第九章 国民经济规划

施与评价,满足经济社会分析和管理的需要。

三、国民经济规划指标体系的内容

全面反映国民经济和社会发展的指标一般包括:反映经济发展水平和程度的经济发展类指标;反映经济结构的主要指标;反映经济社会协调发展的主要指标;反映科技教育和人才培养的主要指标;反映资源和生态环境的主要指标;反映人口与人民生活的主要指标;反映公共服务的主要指标等。

根据指标体系设置的目的性原则,不同时期的规划指标体系设置应依据发展战略及目标要求,经济社会发展态势,所处的发展阶段,面临的发展环境等确定能够反映和落实发展主题的指标体系。

在《国民经济和社会发展第十一个五年规划纲要》中,共有4类22项经济社会发展的主要指标(见表9-3)。"十一五"规划提出以科学发展观统领经济社会发展全局,指标体系突出了资源环境、可持续发展和民生。

表9-3 "十一五"时期经济社会发展的主要指标

类别	指标	2005年	2010年	年均增长（%）	属性
经济增长	国内生产总值（万亿元）	18.2	26.1	7.5	预期性
	人均国内生产总值（元）	13 985	19 270	6.6	预期性
经济结构	服务业增加值比重（%）	40.3	43.3	[3]	预期性
	服务业就业比重（%）	31.3	35.3	[4]	预期性
	研究与试验发展经费支出占国内生产总值比重（%）	1.3	2	[0.7]	预期性
	城镇化率（%）	43	47	[4]	预期性
人口资源环境	全国总人口（万人）	130 756	136 000	<8‰	约束性
	单位国内生产总值能源消耗降低（%）			[20]	约束性
	单位工业增加值用水量降低（%）			[30]	约束性
	农业灌溉用水有效利用系数	0.45	0.5	[0.05]	预期性
	工业固体废物综合利用率（%）	55.8	60	[4.2]	预期性
	耕地保有量（亿公顷）	1.22	1.2	-0.3	约束性
	主要污染物排放总量减少（%）			[10]	约束性
	森林覆盖率（%）	18.2	20	[1.8]	约束性

续表

类别	指标	2005年	2010年	年均增长（%）	属性
公共服务人民生活	国民平均受教育年限（年）	8.5	9	[0.5]	预期性
	城镇基本养老保险覆盖人数（亿人）	1.74	2.23	5.1	约束性
	新型农村合作医疗覆盖率（%）	23.5	>80	>[56.5]	约束性
	五年城镇新增就业（万人）			[4 500]	预期性
	五年转移农业劳动力（万人）			[4 500]	预期性
	城镇登记失业率（%）	4.2	5		预期性
	城镇居民人均可支配收入（元）	10 493	13 390	5	预期性
	农村居民人均纯收入（元）	3 255	4 150	5	预期性

注：国内生产总值和城乡居民收入为2005年价格；带[ ]的为5年累计数；主要污染物指二氧化硫和化学需氧量。

资料来源：《国民经济和社会发展第十一个五年规划纲要》。

在《国民经济和社会发展第十二个五年规划纲要》中，共有4类24项经济社会发展的主要指标（见表9-4），"十二五"规划提出以科学发展为主题，以加快经济发展方式转变为主线，指标体系突出了科技教育、资源环境和人民生活。

表9-4　　　　　　　"十二五"时期经济社会发展的主要指标

指标	2010年	2015年	年均增长（%）	属性
经济发展				
国内生产总值（万亿元）	39.8	55.8	7	预期性
服务业增加值比重（%）	43	47	[4]	预期性
城镇化率（%）	47.5	51.5	[4]	预期性
科技教育				
九年义务教育巩固率（%）	89.7	93	[3.3]	约束性
高中阶段教育毛入学率（%）	82.5	87	[4.5]	预期性
研究与试验发展经费支出占国内生产总值比重（%）	1.75	2.2	[0.45]	预期性
每万人口发明专利拥有量（件）	1.7	3.3	[1.6]	预期性

第九章 国民经济规划

续表

指标		2010年	2015年	年均增长（%）	属性
资源环境					
耕地保有量（亿亩）		18.18	18.18	[0]	约束性
单位工业增加值用水量降低（%）				[30]	约束性
农业灌溉用水有效利用系数		0.5	0.53	[0.03]	预期性
非化石能源占一次能源消费比重（%）		8.3	11.4	[3.1]	约束性
单位国内生产总值能源消耗降低（%）				[16]	约束性
单位国内生产总值二氧化碳排放降低（%）				[17]	约束性
主要污染物排放总量减少（%）	化学需氧量			[8]	约束性
	二氧化硫			[8]	
	氨氮			[10]	
	氮氧化物			[10]	
森林增长（%）	森林覆盖率（%）	20.36	21.66	[1.3]	约束性
	森林蓄积量（%）	137	143	[6]	
人民生活					
城镇居民人均可支配收入（元）		19 109	>26 810	>7	预期性
农村居民人均纯收入（元）		5 919	>8 310	>7	预期性
城镇登记失业率（%）		4.1	<5		预期性
城镇新增就业人数（万人）				[4 500]	预期性
城镇参加基本养老保险人数（亿人）		2.57	3.57	[1]	约束性
城乡三项基本医疗保险参保率（%）				[3]	约束性
城镇保障性安居工程建设（万套）				[3 600]	约束性
全国总人口（万人）		134 100	<139 000	<7.2%	约束性
人均预期寿命（岁）		73.5	74.5	[1]	预期性

注：①国内生产总值和城乡居民收入绝对数按2010年价格计算，增长速度按可比价格计算；②[ ]内为5年累计数；③城乡三项基本医疗保险参保率指年末参加城镇职工基本医疗保险、城镇居民基本医疗保险和新型农村合作医疗的总人数与年末全国总人口之比；④城乡居民收入增长按照不低于国内生产总值增长预期目标确定，在实施中要努力现实和经济发展同步。

资料来源：《国民经济和社会发展第十二个五年规划纲要》。

在《国民经济和社会发展第十三个五年规划纲要》中，共有4类25项经济社会发展的主要指标（见表9-5），"十三五"规划以创新、协调、绿色、开放、共享为发展理念，以提高发展质量和效益为中心，以供给侧结构性改革为主线。"十三五"规划指标体系主要指标从经济发展、创新驱动、民生福祉以及资源环境四方面来确保到2020年实现全面建成小康社会目标。

与"十二五"规划相比,增加了8个指标,合并了2个指标,4个指标提法有变,还有6个指标未再列入。增加的指标有"全员劳动生产率""科技进步贡献率""互联网普及率""劳动年龄人口平均受教育年限""农村贫困人口脱贫""新增建设用地规模""空气质量"和"地标水质量"。"城镇居民人均可支配收入"和"农村居民人均纯收入"合并为"居民人均可支配收入";城镇化率、基本养老保险、保障房、工业用水量等指标提法有变;"全国总人口""城镇登记失业率"等6个指标未再列入。

指标的加减和提法变化,彰显了中国发展理念的改变:强调"创新驱动"、重视"环境保护"、突出"民生福祉",其中"创新驱动"取代"十二五"规划的"科技教育",首次成为四大类指标之一。发展理念更新,将进一步推动创新驱动发展战略深入实施,生态环境质量总体改善,人民生活水平和质量普遍提高。

表9-5　　　　"十三五"时期经济社会发展的主要指标

指标		2015年	2020年	年均增速[累计]	属性
经济发展					
(1) 国内生产总值GDP(万亿元)		67.7	>92.7	>6.5%	预期性
(2) 全员劳动生产率(万元/人)		8.7	>12	>6.6%	预期性
(3) 城镇化率(%)	常住人口城镇化率(%)	56.1	60	[3.9]	预期性
	户籍人口城镇化率(%)	39.9	45	[5.1]	
(4) 服务业增加值比重(%)		50.5	56	[5.5]	预期性
创新驱动					
(5) 研究与试验发展经费投入强度(%)		2.1	2.5	[0.4]	预期性
(6) 每万人口发明专利拥有量(件)		6.3	12	[5.7]	预期性
(7) 科技进步贡献率(%)		55.3	60	[4.7]	预期性
(8) 互联网普及率(%)	固定宽带家庭普及率(%)	40	70	[30]	预期性
	移动宽带用户普及率(%)	57	85	[28]	
居民福祉					
(9) 居民人均可支配收入增长(%)				>6.5	预期性
(10) 劳动年龄人口平均受教育年限(年)		10.23	10.8	[0.57]	约束性
(11) 城镇新增就业人数(万人)				[>5 000]	预期性
(12) 农村贫困人口脱贫(万人)				[5 575]	约束性
(13) 基本医疗保险参保率(%)		82	90	[8]	预期性
(14) 城镇棚户区住房改造(万套)				[2 000]	约束性
(15) 人均预期寿命(岁)				[1]	预期性

第九章 国民经济规划

续表

指标		2015年	2020年	年均增速[累计]	属性
资源环境					
（16）耕地保有量（亿亩）		18.65	18.65	[0]	约束性
（17）新增建设用地规模（万亩）				[>3 256]	约束性
（18）万元GDP用水量下降（%）				[23]	约束性
（19）单位GDP能源消耗降低（%）				[15]	约束性
（20）非化石能源占一次能源消费比重（%）		12	15	[3]	约束性
（21）单位GDP二氧化碳排放降低（%）				[18]	约束性
（22）森林发展（%）	森林覆盖率（%）	21.66	23.04	[1.38]	约束性
	森林蓄积量（亿立方米）	151	165	[14]	
（23）空气质量	地级及以上城市空气质量优良天数比率（%）	76.7	>80		约束性
	细颗粒物（$PM_{2.5}$）未达标地级及以上城市浓度下降（%）			[18]	
（24）地表水质量	达到或好于Ⅲ类水体比例（%）	66	>70		约束性
	劣Ⅴ类水体比例（%）	9.7	<5		
（25）主要污染物排放总量减少（%）	化学需氧量			[10]	约束性
	二氧化硫			[10]	
	氨氮			[15]	
	氢氧化物			[15]	

注：①GDP、全员劳动生产率增速按可比价计算，绝对数按2015年不变价计算。②[ ]内为5年累计数。③$PM_{2.5}$未达标指年均值超过35微克/立方米。

资料来源：《国民经济和社会发展第十三个五年规划纲要》。

四、国民经济规划指标的完善

（一）充分运用质量与效益指标，全方位反映宏观经济运行

保持经济持续发展必须处理好发展速度与提高效益、扩大经济规模与优化经济结构之间的关系，努力实现速度和结构、质量、效益相统一，使经济发展既保持较高速度又有较好效益。

规划指标是对规划期内目标任务的量化，各级规划在规划指标的设置上，应该在设置数量指标的同时设置必要的效益、质量指标，利于对经济运行状况进行全方位的考核和评价。例如，仅用经济增长的速度指标描述和评价经济增长状况过于片面和单一，还应辅助使用经济增长的波动指标（反映一定时期内一个国家或地区经济增长的相对波动幅度和绝对波动水平）、经济增长的效率指标（反映经济增长中各种要素投入的效率水平，如全要素生产率）、经济增长的效益指标（反映当前经济增长过程中的经济效益水平，如全资金利税率）、经济增长与社会发展的协调指标（反映国民经济在增长过程中与社会发展相互协调的程度，实际计算中以通货膨胀率来表示）、经济增长与自然资源的协调指标（反映国民经济在增长过程中与各种自然资源的相互协调的程度，如资源的综合利用率）、经济增长与自然环境的协调指标（反映国民经济在增长过程中与外部自然环境相互协调的程度，实际计算中以污染物的不合格排放量来衡量）。由以上指标构成的指标体系是一个有机的整体，共同构成了评价经济增长全面状况以及经济增长方式转变程度的标准。只有同时满足上述各方面的标准，才能认为经济增长是良性增长，并已实现了经济增长方式的转变。

又如在利用外资方面，通过引进外资来借助外力推动经济发展，已经成为共识。但在利用外资的决策和评价时，仅采用借用国外贷款、外商直接投资额、外商其他投资额等数量指标是不够的，还必须设置利用外资利税率、能耗率、污染排放量等相关的效益、消耗、污染等方面的指标来综合考察，才能在借助外源型经济的发展来激发和壮大经济发展的内源力量最终实现经济的持续和自主发展，并在一定程度制约片面追求经济增长而不计能源成本和环境损失的倾向。

(二) 完善社会发展指标，实现经济社会和谐发展

社会指标是衡量和监测社会发展的一种量化工具，每个指标反映一定数量的社会现象，从众多指标中选择有代表性的重要指标，从各个侧面进行分析、评价其发展趋势和发现各种社会问题，形成社会指标体系。

社会指标体系的作用是为各级管理部门和决策者提供制定政策和完善各种决策提供科学依据，因此不仅仅是对社会发展现象进行描述、排序先后，更重要的是要发现矛盾和问题，并提出对策和建议，使各项改革顺利进行，经济和社会协调发展。建立社会指标体系应遵循的主要原则，一是反映人的全面发展，即以人为主体，反映人的物质、精神生活，人的素质提高状况，也要反映人的潜能发挥程度；二是反映经济社会是否协调发展、物质和精神文明的相互关系、全面建设小康社会和实现现代化过程中出现的问题等，更好地为制定社会发展政策和宏观管理服务。社会指标主要通过经济发展指标、社会进步指标、人民生活指标、生态环境指标反映。

我国从"十五"时期开始逐步改变指标体系中以经济类指标为主的状况，更加关注社会、科技教育、生态环境等类型的指标，强调了人民生活的改善、劳动就业、环境保护等方面。经济类指标以外的指标占比快速提升，"十五"时期逾50%；"十一五"规划近80%；"十二五"规划中，科技教育、资源环境和人民生活等体现政府职能的公共服务类

第九章 国民经济规划

指标占比达到了89%；"十三五"规划更是围绕"创新、协调、绿色、开放、共享"五大发展理念，设计了全面系统的指标体系，为统筹推进经济、文化、社会、生态、人民生活发展水平，全面建成小康社会明确了方向。

指标类型的变化，反映了政府对经济、社会、文化、政治、生态等领域的具体安排，也反映了政府职能正从单纯的经济调节职能逐步向公共服务职能转变，凸显了政府强化社会管理和公共服务的责任，更加强调经济社会和谐发展。

（三）规划指标设计应满足发展需要，提高指标监测性和可评估性

指标体系必须落实发展的主题。对于规划中政府对一定范围内的经济、社会、文化、政治、生态等领域在时空上的设想、谋划和部署，要设置相应指标进行具体化。尤其要随着规划主题思想、战略重点、改革方针等发生的变化，使指标体系应随规划的要求作相应调整，适应新形势和新任务。比如，在"十三五"规划中：围绕"创新"理念增加了"科技进步贡献率"和"互联网普及率"指标；围绕"绿色"理念增加了"万元GDP用水量下降"指标，并对空气质量、地表水质量设置指标进行监控。当然，指标为体现时代特征要根据新形势、新变化、新目标和新要求作出局部调整的基础上，还应保持与相邻的五年规划保持相对统一和相对稳定的体系，便于从全面、系统的视角对不同时进行比较并使指标体系结构趋于系统性和相对稳定性。

规划执行状况的重要考核办法是对规划指标完成情况进行监测和评估，通过对规划指标进行实时的或阶段性的监测，掌握指标完成状况与预定目标之间的关系，及时评估与反馈并作出新决策，是保证规划顺利实施的有效手段。为提高指标的可监测性并易于进行考核评估，每个指标都应尽量是可量化、可测度的，并与国家统计部门或相关部门业务统计的指标在内涵和口径一致，统一规范计量计算方法，明确数据来源，提高规划实施监测和评估的科学性和准确性。

第四节 国民经济规划的编制

根据我国制定的规划编制条例，规划编制的程序包括前期工作、起草、衔接、论证、批准、公布、评估和修订等。

一、规划的前期工作

编制规划前，必须认真做好基础调查、信息搜集、课题研究以及纳入规划重大项目的论证等前期工作，及时与有关方面进行沟通协调。编制国家级专项规划，编制部门要拟订规划编制工作方案，明确规划编制的必要性、衔接单位、论证方式、进度安排和批准机关等，并送有关部门进行协调。需由国务院批准的专项规划，要拟订年度计划，由国务院发展改革部门会同有关部门报国务院批准后执行。编制跨省（区、市）区域规划，由国务院

发展改革部门会同有关省（区、市）人民政府提出申请，经国务院批准后实施。规划编制工作所需经费，应按照综合考虑、统筹安排的原则，由规划编制部门与同级财政部门协商后列入部门预算。

（一）信息是规划编制的基础

经济信息是反映经济活动特征及其发展变化情况的各种消息、情报、资料等的统称。规划之前所需收集的经济信息，主要包括国家经济政策法规信息、财政金融信息、新技术开发与应用信息、生产信息、劳动人事信息、商业贸易信息、市场信息、需求信息及国际经济发展状况信息等。通过对信息的收集和系统分析，研判经济发展趋势及其各种影响因素，科学编制发展规划。因此，掌握经济信息是进行经济预测与经济规划的依据和基础，也是有效控制规划实施的必要条件和各类规划合理衔接的纽带。

（二）预测是规划编制的必要前提

经济预测是对客观经济过程及其变动趋势的预见、分析和推断。在基础调查和信息收集工作的基础上，运用科学的预测方法，如宏观经济计量模型预测法、投入产出模型预测法、系统动力学模型预测法等，对国民经济未来发展的状况进行预测，通过分析影响社会经济发展进程的种种因素和环境变化可能，全面并客观地揭示可能出现的风险和不利因素，提供未来经济发展的可能趋势，为科学编制规划提供依据和更广泛的背景材料。总之，预测服务于规划的编制，增强其预见性。

（三）专题研究和重大问题论证是规划编制的重要工作

针对中长期规划期间所涉及的重要内容、面临的主要矛盾和问题、需要采取的重大措施等，要作为重大课题进行研究和论证。为保证前期研究的顺利进行，国务院发展改革部门组建规划专家委员会，规划专家委员会由不同领域的专家组成。并由政府财政列出专项资金拨款，为研究开展提供物质条件。

就规划的重大命题提出的研究选题，一般通过内部调研、外部委托及公开招标等方式开展研究和论证：内部调研，即组织规划编制部门和单位内部的相关司、处、科就相关选题开展研究；外部委托，即组织发改委外部的相关重点科研机构、重点高校、重要行业协会等就相关选题开展研究；公开招标，即引入研究竞争机制，就规划选题发布招标信息，通过对投标方的资格审查、标书内容的评价、标的对比评估等，最终选定中标方。当然，招标方和中标方都需要履行各自承担的责任和义务，并应当与现行的相关法律法规保持一致。

二、规划草案的拟定

拟定规划草案是在系统分析以及在广泛吸取各部门、各方面建议的基础上进行集思广益的过程，是寻求未来时期经济社会发展的新目标、新途径、新思路、新对策的过程，是

第九章 国民经济规划

运用多学科知识、智慧和经验进行创新的过程。国家规划主管部门负责规划的起草。

规划部门首先根据国民经济与社会的发展状况制定出总体目标，研究编制国民经济和社会发展主要规划指标草案和总体政策框架。综合规划是各部门各产业制定专项规划的基础与依据，各专项规划不得与之相违背。国务院各部门和各地区及有关企业集团接到国家规划部门编制规划的通知后，根据国民经济的总体规划，结合自身的实际情况，提出各自的专项规划建议，经过反复平衡协调后，确定各专项规划。对于规划的起草工作，一般抽调部分研究人员参与起草或协商定稿。在征求各主要综合部门意见后上报国务院。然后，根据国务院的指标精神，规划部门再遵循工作流程进一步修改规划。

三、规划草案的衔接与论证

（一）规划草案的衔接

在同一规划期的规划编制上，必须注重各项规划的沟通、衔接与协调。然而，目前我国各项规划之间实现相互衔接与协调还存在问题。例如，在我国现行的机构设置下，国民经济和社会发展规划、国土规划与城市规划分别由发展与改革委员会、国土管理部门与规划部门编制，其工作均在各自的行政体系内完成，在规划编制过程中均接受各自上级行政部门的指导与监督。在这种相对封闭的空间内，各项规划的编制部门之间缺乏有效沟通，存在体制上和工作安排上的不合理性。同时，各项规划的成熟程度不同、规划水平不同，在规划指标的选用方面也存在矛盾，使得各项规划之间的协调存在很多问题。因此，在各项规划的编制过程中，要高度重视规划衔接工作，使各类规划协调一致，形成合力。规划衔接要遵循专项规划和区域规划服从本级和上级总体规划，下级政府规划服从上级政府规划，专项规划之间不得相互矛盾的原则。编制跨省（区、市）区域规划，还要充分考虑土地利用总体规划、城市规划等相关领域规划的要求。

省（区、市）级总体规划草案在送本级人民政府审定前，应由省（区、市）发展改革部门送国务院发展改革部门与国家总体规划进行衔接，并送相关的相邻省（区、市）人民政府发展改革部门与其总体规划进行衔接，必要时还应送国务院其他有关部门与国家级专项规划进行衔接。相邻地区间规划衔接不能达成一致意见的，可由国务院发展改革部门进行协调，重大事项报国务院决定。

专项规划草案由编制部门送本级人民政府发展改革部门与总体规划进行衔接，送上一级人民政府有关部门与其编制的专项规划进行衔接，涉及其他领域时还应当送本级人民政府有关部门与其编制的专项规划进行衔接。同级专项规划之间衔接不能达成一致意见的，由本级人民政府协调决定。

跨省（区、市）的区域规划草案由国务院发展改革部门送国务院其他有关部门与相关专项规划进行衔接。

此外，在规划编制中要统一规划指标，尽量使用国际通用指标，如统一用地分类指标、统一人口与用地指标等，使同类指标具有可比性，加强各项规划的协调。

（二）规划草案的论证

规划草案的论证是保证规划科学性的极其重要的环节。规划的论证既包括规划编制部门的反复推敲、反复论证和不断修改完善，也包括由不同领域的专家组成的专家委员会的论证，并出具论证报告。未经专家论证的规划，不得报请批准和公布实施。规划论证的主要内容是：对规划草案的可行性进行论证，以确保规划的切实可行；对规划的协调性进行论证，使整个国民经济能健康协调地发展；对规划草案的效益进行论证，使经济效益和社会效益之和实现最大化；对规划草案的风险进行论证，争取把规划的风险控制在合理的范围内。

四、规划草案的审批

按照一般做法，全国中长期规划经过内部编制完成之后，首先要举行各种会议充分听取各地区、各部门和有关企业集团的意见；然后将经过调整后的规划草案提交国务院内部审议；经过这次的实质性审议和修改后，最后正式提交全国人民代表大会审议。规划经过全国人民代表大会的审批实际上是人大对规划的再一次论证，是规划科学性的保证。在得到全国最高权力机构的批准后，国民经济规划就完成了必要的法律审批程序，成为具有法律效力的文件。

编制规划的部门向规划批准机关提交规划草案时，应当报送规划编制说明。规划编制说明应当载明下列事项：一是规划编制过程；二是征求意见和衔接、专家论证情况；三是征求意见和衔接、专家论证中未予采纳的重要意见及其理由。论证报告以及法律、行政法规规定需要报送的其他有关资料，在报送规划草案时应当一并报送。

五、规划的公布

国民经济和社会发展规划草案经全国人民代表大会批准后，由国务院负责组织各级政府、经济管理机关和企业贯彻执行。第一步就是规划的下达和落实，即把国家总规划分解下达到各部门和各省（市、自治区），并逐级采取不同形式下达到实施规划的各个单位。除法律、行政法规另有规定以及涉及国家秘密的外，规划经法定程序决定或者批准后应当及时公布。

六、规划的实施

组织规划实施是国民经济规划管理工作的关键阶段。保证国民经济和社会发展规划任务的顺利实现，是政府、企业和广大人民的共同职责。组织国民经济规划实施工作的内容包括规划下达的形式、规划实施的社会机制的运用、规划的实现方法、对规划实施状况进行经常性和系统的检查监督。

第九章 国民经济规划

规划实施的检查就是规划管理机构为了及时发现规划实施过程中存在的问题而对规划实施的重要环节进行跟踪观察。规划实施的考核就是规划管理机构对规划执行的地区、部门、单位完成指标情况的考察。规划实施中的检查和监督是评估考核规划管理过程中必不可少的环节。编制规划只是规划全过程的开始，只有在规划的实施过程中，按照预定的规划目标，及时了解规划任务的落实情况和执行中存在的问题，加强对规划执行情况的监督检查，使规划目标能够按质按量地完成，使规划变成现实，才是完成了一个科学的、完整的规划进程。

七、规划的评估与修正

（一）规划的评估

规划评估是在规划实施一段时间或规划结束后，对规划的目标、效益、影响和守法等情况所进行的系统的、客观的总结和分析。通过分析评价，找出规划执行过程中出现的问题、成败原因，总结经验教训和提出改进意见，并通过及时有效的信息反馈，为未来新规划的决策和提高新规划的科学性提出建议，从而能够提高规划的合理性、有效性、科学性和预见性，全面贯彻综合规划的意图。编制规划的部门可以在规划实施过程中组织对规划实施情况的评估。评估结果是修订规划的重要依据。规划由编制规划的部门自行评估，也可以委托其他机构评估。

（二）规划的修正

规划一旦制定并实施后，原则上不再变动。但在市场经济条件下，一成不变的规划也不现实。市场经济下的规划编制，也是类似试错法的过程，应当允许规划在实施过程中灵活地根据实际情况做出适时调整。

规划草案编制后，应检查规划是否存在与客观实际的偏差，如果存在较大的偏差就应采取适当的纠正措施，包括草案的调整和目标的修正。事实上，规划修正是经常存在的。规划所涉及的期限越长，不确定因素也就越多，所进行的修正也会越重要。对于长期规划来说，情况显然是如此。即使是五年规划，也应根据情况进行修正。

在规划审核修正阶段，规划起草委员会在听取了各方面意见的基础上，对规划草案做出修正、修改和补充。所以，在制定规划过程中，中央与地方，规划部门与其他经济管理部门，国家与企业间协商、协调的过程，也就是各种信息交流的过程，是加深对经济社会发展的认识，不断修正、摒弃片面的、不切实际的认识和估量，求得更接近真理的过程，因而可以使国家规划的决策更具有科学性、可行性。

经评估或者因其他原因需要对规划进行修订的，编制规划的部门应当提出规划修订方案，按照规划编制程序决定或者报请批准并及时公布。

【复习思考题】

1. 国民经济规划的功能与特征。
2. 发展战略与发展规划的关系。
3. 我国的国民经济规划体系。
4. 编制全国主体功能区规划的重要意义。
5. 国民经济规划指标应具有的功能作用。
6. 国民经济规划的编制程序。

第四篇

国民经济管理

经济体制改革是全面深化改革的重点，核心问题是处理好政府和市场的关系，使市场在资源配置中起决定性作用和更好发挥政府作用。市场决定资源配置是市场经济的一般规律，健全社会主义市场经济体制必须遵循这一规律。但是国民经济系统运行中出现的"市场失灵"，客观需要由政府出面，对国民经济运行进行管理，国民经济运行中周期出现的经济波动，也需要通过各种宏观经济政策加以熨平。

社会主义国家的国民经济管理，是在既定的发展战略和发展规划下，对国民经济系统运行进行管理。这里所说的国民经济管理，不仅指对国民经济系统运行的宏观调控，也包括对国民经济系统运行的微观规制。从一定意义上说，只分析宏观经济调控，这是宏观经济学的研究任务，而同时分析微观经济规制，这是中国特色国民经济学所分析的国民经济管理的完整含义。

本篇主要分析国民经济管理目标、国民经济预期管理、国民经济监测预警与综合评价、国民经济的宏观调控和微观规制，以及国有资产管理等内容，从而探索国民经济系统运行及其管理的规律性。

第十章 国民经济管理目标

改善和加强国民经济管理必须具有明确的目标。由于国民经济系统运行涉及多方面的内容,因而国民经济管理存在多层次的目标,既有经济目标又有总体目标和终极目标,从而构成一个国民经济管理的目标体系。其中,国民经济长期稳定运行的目标是国民经济管理的基础。

第一节 国民经济长期稳定运行的一般目标

国民经济长期稳定运行是国民经济管理的基础目标。无论是国民经济的宏观管理还是微观规制,其目标都要服从于经济运行总目标,同时又有自己的特色,其共同点是在弥补"市场失灵"方面充分发挥政府的作用。通过政府和市场的共同作用,保证国民经济长期稳定的发展。宏观管理或国民经济长期稳定运行的一般目标,可以具体化为经济增长、充分就业、物价稳定和国际收支平衡;而微观规制的基本目标可以具体化为维护经济运行的秩序、塑造公平的竞争环境。

一、经济增长

经济增长即社会扩大再生产所引起的社会最终产品(或货物)和服务的增加,是指一国在一定时期(如一年)内社会最终产品与前期相比有所增加。如果考虑到人口因素,经济增长可理解为按人口平均计算的最终产出,即人均最终产品(和服务)的增加。社会最终产品的增长侧重反映一国总体经济实力的提高,人均最终产品的增长则突出反映人民生活水平和经济效益水平的提高。

现代经济增长具有以下基本特征:一是人均 GDP 和人口呈加速增长的趋势。其中包括三个指标:产量增长率(即实际国内生产总值增长率)、人口增长率、人均产量增长率(即人均国内生产总值增长率)。二是技术进步促进生产率不断提高。无论劳动生产率还是包括其他生产要素的全要素生产率,都呈不断提高的发展趋势。三是经济增长过程中经济结构的转变率不断提高。经济增长使产业结构、产品结构、消费结构、收入分配结构以及就业结构等都得到不断的改善,农业过剩人口转向城市和工业,农业转向非农产业,第二产业(主要是工业)向第三产业转变,经济结构的优化反过来又推动经济增长步伐加快。

四是社会结构和意识形态迅速转变。经济增长使僵化的社会结构变得较为灵活，使传统的思想观念被增长、工业化、城市化、国际化等意识所替代。五是由一国增长转向世界增长。经济增长不是某一个国家或地区的独特现象，而是在世界范围内迅速扩大，成为各国追求的目标。六是经济增长的非均衡性。经济增长在世界范围内是不平衡的，发达国家与发展中国家的经济差距相当大，因而使世界经济增长受到一定的限制。在这些特征中，前两个属于数量特征，中间两个是结构特征，后两个是经济增长的国际扩散特征。①

几乎每一个国家都把经济长期稳定地增长作为目标去追求。保证经济持续增长，被认为是一国经济走上现代化之路的重要条件。习近平指出，"全面建成小康社会实现中华民族的伟大复兴，最根本、最迫切的任务是进一步解放和发展社会生产力""发展要有一定的速度，但这个速度必须有质量、有效益"。从经济发展的角度看，国民生活水平提高，经济结构、社会形态等方面的进步在很大程度上依赖于经济增长。如果某些国家在历史上曾经历了经济快速增长的时期而另一些国家的经济增长处于停滞或十分缓慢的状态，那么，这两类国家的经济实力、人民生活水平之间就会存在较大的差异。因此，每个国家都会避免经济增长处于停滞或十分缓慢的状态。不过，由于经济增长会受到各种资源条件的限制，过快的经济增长也要付出相应的代价，如环境污染加重，社会矛盾激化等。因此，经济增长的宏观经济目标就是实现与本国具体情况相适应的经济增长率。

二、充分就业

经济增长以劳动力就业为条件，而劳动者渴望在经济增长中获得充分就业。所谓充分就业，是指所有愿意接受各种现行工资的人都能找到自己的工作，这是经济稳定运行的条件。通常以失业率作为衡量充分就业的反向指标。

所谓失业是指劳动力供给与劳动力需求在总量或结构上的失衡所形成的，具有劳动能力并有就业要求的劳动者处于没有就业岗位的状态。按失业形成的原因，可以将失业分为：

（1）自愿性失业，主要是指潜在的劳动者不愿意接受现行的工资率而形成的失业。

（2）摩擦性失业，主要是指劳动者进入劳动力市场寻找工作直到获得就业岗位之间所产生的时间滞差，以及劳动者在就业岗位之间变换所形成的失业，它反映劳动力市场经常的动态性变化，表明劳动力经常处在流动过程中。摩擦性失业是一种正常性失业，即指劳动力市场处在劳动力供求均衡状态时也会存在的失业，因而又可称为自然失业。

（3）技术性失业，主要是指在生产过程中，由于引进先进技术或设备替代人力，以及改善生产方法和管理而造成的失业。从长期来看，劳动力需求的总水平并不因技术进步而受到影响，技术进步对就业的影响主要表现在劳动时间的缩短方面。从短期来看，先进技术设备、先进生产方法和完善的经营管理，必然会取代一些劳动力，从而造成失业，这类失业是效率提高的必然结果。

---

① ［美］迈克尔·P·托达罗：《经济发展》，中国经济出版社1999年版，第114页。

第十章 国民经济管理目标

(4) 结构性失业，主要是指由于经济结构（如产业结构、产品结构、区域结构等）的变动，造成劳动力供求结构失衡所引起的失业。由于科学技术的发展，收入水平的提高和消费偏好的变化，对劳动力需求结构产生着全面系统的影响，如果劳动力供给结构不能适应需求结构的变化，就将造成失业与职业空位并存的局面。

(5) 季节性失业，主要是指某些行业中由于工作的季节性而产生的失业。如建筑业、农业、旅游业和农产品加工业等，对劳动的需求有季节性的变化，在需求淡季时就会存在失业。

(6) 周期性失业，主要是指在经济周期的衰退或萧条阶段，因需求下降而造成的失业。在经济繁荣时失业下降，而在经济增长速度放慢时造成失业上升。

相对说来，如果经济中除了自愿性失业和摩擦性失业外，没有其他类型的失业，就可称为充分就业。多数经济学家认为只要失业率控制在一定范围（视各国情况不同而定，如西方发达国家一般控制在4%~6%，美国控制在低于5%）就可认为是充分就业。

失业的代价相当高昂。失业导致了部分劳动力资源的闲置和浪费，使生产规模缩小，经济增长放慢；政府税收减少，社会福利支出增加，财政负担加重；失业使人们的收入减少，令失业者遭受贫困和精神痛苦。同时，过高的失业率还会影响社会的安定，进而产生其他的社会问题。

从国民经济增长来看，失业在经济上的最大代价就是实际国内生产总值的减少。美国著名经济学家阿瑟·奥肯曾于1962年提出失业率每超过自然失业率1个百分点，该经济产量大约丧失2个百分点。这一发现被称为奥肯定律，说明失业率与实际国内生产总值增长率之间的反方向变动关系。这种变化关系表明，高增长率使失业率降低，低增长率使失业率升高，许多国家的实践都验证了这一定律的正确性。中共十八大报告指出"就业是民生之本。要贯彻劳动者自主就业、市场调节就业、政府促进就业和鼓励创业的方针，实施就业优先战略和更加积极的就业政策。引导劳动者转变就业观念，鼓励多渠道多形式就业，促进创业带动就业，做好以高校毕业生为重点的青年就业工作和农村转移劳动力、城镇困难人员、退役军人就业工作"。

三、物价稳定

即使经济增长、就业和收入增加，但若价格总水平较高，增长和就业就会大打折扣。因此，宏观经济管理的一个重要经济目标就是实现物价稳定。所谓物价稳定是指价格总水平的基本稳定，这是国民经济稳定运行的重要内容之一，是国民经济健康协调发展的重要标志，也是个人和企业在较为稳定的价格预期下安排消费和生产的重要前提。为使经济适度增长、就业不断增加，必须保持社会总供求在总量和结构上大体平衡，避免出现价格总水平的大起大落。为此，既要防止出现通货膨胀，又要避免出现通货紧缩。

同时，不能把物价稳定看作是价格总水平固定不变，而应理解为物价变动要保持在经济顺利运行所允许、居民又能承受的一定范围内。因为物价稳定与经济增长既相适应又相矛盾，因此在经济发展的不同时期，或同一时期的不同阶段，政府实现调控的侧重点不同，采取的宏观调控政策不同，其政策效应也有不同的变化。

十八大报告中提出"着力保障和改善民生,增强经济发展的内生活力和动力,保持物价总水平基本稳定,实现经济持续健康发展和社会和谐稳定"的总体要求。可见在进入中等收入阶段,稳定物价水平是宏观经济管理的重要目标之一。

四、国际收支平衡

在开放经济条件下,一国经济与国际市场发生紧密联系,一国的社会总供求平衡也与国际收支平衡关系密切。如前所述,国际收支即国家间的外汇收支,反映一国在一定时期(通常为一年)内的外汇收支(包括经常项目和资本与金融项目)总情况。由于出口(国外需求)是社会总需求的组成部分,进口是社会总供给的组成部分,因而对外贸易的规模和结构,关系到社会总供求和对外收支的平衡。国家间的资本流出、流入也对社会总供求的总量产生不同程度的影响,并且资本净流量与贸易收支之间存在着双向调节、互为补充的关系。因此,国际收支平衡成为国家宏观调控的重要目标。

一般来说,上述四个宏观管理经济目标之间并不完全一致,有时存在着矛盾。比如,失业率与通货膨胀率之间时常存在替代性关系。为了降低失业率,一般采用扩张性经济政策,而这又容易导致通货膨胀,而维持物价稳定又要以一定的失业率为代价。也就是说,充分就业与稳定价格之间难以两全其美。此外,经济增长与稳定物价之间、国际收支平衡的外在均衡与国内就业与物价稳定的内在均衡之间也都存在着矛盾。因此,一国政府在确定国民经济管理的经济目标时,并不是要使四项经济目标在一定时期都达到最优化,而应该从长期的、整体的宏观经济发展战略来综合考虑和统筹安排。

五、维护经济运行的秩序,塑造公平的竞争环境

国民经济管理不仅包括宏观经济调控方面的目标,而且包括微观规制方面的内容。由于市场自由竞争并不总是能够实现资源的优化配置,即存在"市场失灵",需要通过政府解决和处理自然垄断、信息不对称以及各种危害社会和公众安全的有关因素和问题,微观规制由此成为国民经济管理的重要内容。而维护经济运行的秩序,塑造公平的竞争环境,实现收入分配公平合理、社会成员都有公平的产于市场竞争的机会,就成为国民经济管理的一项目标。

导致"市场失灵"从而需要政府实行微观规制的主要原因通常有:

一是外部性。主要是指一个经济行为人的活动对其他经济行为人福利的影响,这种影响并不是在有关各方以价格为基础的交换中发生的,因此其影响是外在的。如果一个经济行为人的活动能够增进社会福利,而其自身却不能因此得到相应的收益,可称之为正外部性;反之,当一个经济行为人的活动给别人带来损害却不需要支付相应的成本,称之为负外部性。由于交易成本的存在,私人主体本身往往难以解决外部性所引起的问题。因此,需要政府规制来明确产权和引入降低交易成本的机制,尤其避免负的外部性带来的资源配置效率的扭曲和社会总福利的损失。

第十章 国民经济管理目标

二是市场势力。主要是指一个企业拥有的控制价格和击败竞争对手的力量。规模经济可以带来垄断和市场控制。某些产业具有很强的由其技术决定的规模经济效益，同时这些产业的固定资本又具有很强的长期使用性和沉淀性，因而容易构成进入壁垒和自然垄断。自然垄断企业利用手中的市场势力控制垄断价格，扭曲了资源配置效率，导致社会总福利的损失。在这种情况下，政府通过采取对自然垄断产业（如公共事业）进行价格规制和进入规制，防止私人企业利用源于自然垄断成本条件的市场势力获得额外好处，以维护经济运行秩序，实现社会资源的优化配置。

三是市场信息不完备。由此将导致逆向选择和道德风险：逆向选择是指契约方由于信息不对称，具有经营信息优势的一方事前隐匿相关信息，造成对委托人利益的损害；道德风险则是具有信息优势的代理人隐匿相关活动，造成事后对委托人利益的损害。正是由于当事人没有平等的机会获得信息，同时还有很多的方法限制了竞争，在这种情况下，政府的微观规制有利于重塑公平竞争的环境，使其接近于完全的信息市场。

四是公共物品。主要是指为一切社会成员所共享的物品。公共物品的显著特征是非排他性、非竞争性以及正外部性等特征，私人或企业往往不愿意提供。因此，要实现公共物品的有效供给，必须由政府提供以实现其效用的最大化。同时，要以适当的形式进行筹资，来弥补公共物品的成本。这种特殊的供给方式决定了政府是公共物品最合适的提供者。而政府的微观规制则有助于最有效地使用公共物品，实现社会福利最大化。

2014年国务院20号文件《国务院关于促进市场公平竞争维护市场正常秩序的若干意见》就完善市场监管体系，促进市场公平竞争，维护市场正常秩序提出若干意见。强调围绕使市场在资源配置中起决定性作用和更好发挥政府作用，着力解决市场体系不完善、政府干预过多和监管不到位问题，坚持放管并重，实行宽进严管，激发市场主体活力，平等保护各类市场主体合法权益，维护公平竞争的市场秩序，促进经济社会持续健康发展。总体目标是立足于促进企业自主经营、公平竞争，消费者自由选择、自主消费，商品和要素自由流动、平等交换，建设统一开放、竞争有序、诚信守法、监管有力的现代市场体系，加快形成权责明确、公平公正、透明高效、法治保障的市场监管格局，到2020年建成体制比较成熟、制度更加定型的市场监管体系。

第二节 国民经济全面协调可持续发展的目标

在了解实现国民经济稳定运行目标的基础上，还必须全面把握国民经济管理的更高一层次的目标，即国民经济的协调可持续发展，进而全面建成小康社会。为此通过宏观经济调控，贯彻创新、协调、绿色、开放、共享的发展理念，促使社会经济发展目标的顺利实现。

一、创新发展

创新是一个民族进步的灵魂，是国家兴旺发达的不竭动力。创新包含丰富的内涵：一是理论创新,主要是指对原有理论体系或框架的新突破,对原有理论和方法的新修正新发展,以及对理论禁区和未知领域的新探索;二是制度创新,主要是社会政治、经济和管理等制度的革新,是支配人们行为和相互关系的规则的变更,是组织与其外部环境相互关系的变更,其直接结果是激发人们的创造性和积极性,促使新知识的创造和社会资源的合理配置及社会财富不断的涌现;三是技术创新,主要是指一个从产生新产品或新工艺的设想到市场应用的完整过程,它包括新设想的产生、研究、开发、商业化生产到扩散这样一系列活动,本质上是一个科技、经济一体化过程,是技术进步与应用创新共同作用催生的产物,它包括技术开发和技术应用这两大环节。可见,技术创新是基础与前提,制度创新是保证与关键,理论创新则是核心与灵魂。

通过制度创新,形成促进创新的体制架构,塑造更多依靠创新驱动、更多发挥先发优势的引领型发展,有利于培育发展新动力,优化劳动力、资本、土地、技术、管理等要素配置,激发创新创业活力,推动大众创业、万众创新;释放新需求,创造新供给,推动新技术、新产业、新业态蓬勃发展,加快实现动力转换;构建发展新体制,深化行政管理体制改革,创新和完善宏观调控方式,加快形成有利于创新发展的市场环境、产权制度、投融资体制、分配制度、人才培养引进使用机制。

科技进步和技术创新具有重要的推动作用。科技进步是经济发展的重要推动力,创新驱动是促进经济发展方式转变的关键因素。但不是所有的科学技术都有利于可持续发展,有些技术的发明甚至还加剧了对生态环境系统的破坏。所以,在衡量技术进步的标准时,应把是否推动可持续发展放在重要的位置加以考虑,鼓励有利于可持续发展的技术的发明和推广,充分发挥科技创新在全面创新中的引领作用。

二、协调发展

协调发展是全面协调可持续发展的重要内容。由于我国幅员广阔,生产力发展不平衡,二元经济结构和社会结构的特征突出,城乡间、区域间差异明显,成为困扰我国经济发展和社会建设的重大问题,因此,缩小城乡差距、区域差距,解决发展中的不协调问题,是我国现代化建设的必然要求,也是经济社会发展的迫切需要。

党的十八届五中全会报告中提出要"坚持协调发展,必须牢牢把握中国特色社会主义事业总体布局,正确处理发展中的重大关系重点处理好城乡区域协调发展,促进经济社会协调,促进新型工业化、信息化、城镇化、农业现代化同步发展,在增强国家硬实力的同时,提高软实力",具体应做到:

一是城乡协调发展。我国城乡差距的存在由来已久。主要原因在于农业生产面临着自然风险以及经济风险,导致农业的比较利益明显低于其他产业,等量投入不能得到等量利润,甚至还可能出现亏损,使得农业在市场经济中处于不利地位。加之我国在工业化初期实行"重工业优先发展"战略,使农业处于相对落后状态。而农业又是国民经济的基础产业,同时对促进社会资源优化配置,生态环境良化起着重要作用。所以,在工业化过程中加强农业保护势在必行,尤其是在工业化获得一定发展以后,更应该也有能力保护农业。

第十章 国民经济管理目标

当前我国农业基础比较脆弱，农民收入水平较低，农村社会事业发展滞后，城乡差距仍在扩大。同时，我国总体上已进入以工促农、以城带乡的发展阶段，初步具备了加大力度扶持"三农"的能力和条件。因此。实现城乡的协调发展，是实现经济社会协调发展的重要环节。为了实现这个目标，就要健全城乡发展一体化机制，健全农村基础设施投入长效机制，推动城镇公共服务向农村延伸，提高社会主义新农村建设水平。

二是区域协调发展。由于各个区域的地理位置、资源禀赋、人口素质、原有基础和技术水平等条件的不同，形成区域之间经济发展水平、发展速度和综合实力的差距是不可避免的。区域经济的非均衡发展及地区差距的存在是世界各国在经济发展过程中所普遍存在的一种现象。从某种意义上讲，在一定时期内保持区域之间的适度差距具有经济上的合理性。但这一差距不宜过大，否则，会对经济社会发展会产生诸多消极影响，最终会损害社会经济的发展。只有区域协调发展，才可以使各地区的比较优势和特殊功能都能得到科学、有效地发挥，形成体现因地制宜、分工合理、优势互补、共同发展的特色区域经济；实现各地区之间生产要素有序自由流动、主体功能约束有效，基本公共服务均等，资源环境可承载的协调发展格局；有利于形成建立在公正公开公平竞争秩序基础上的全国统一市场；实现全方位、宽领域和新水平经济技术合作。

三是统筹经济社会发展。改革开放以来，我国社会生产力发展十分迅速，经济效益显著提高，综合国力和人民生活水平上了一个新台阶。但是，当前经济社会发展中还存在着经济增长与社会事业发展相对失衡，经济增长与收入分配相对失衡，经济增长与扩大就业相对失衡，经济增长与人的全面发展相对失衡，经济增长与体制创新相对失衡等矛盾和问题，因此经济社会协调发展成为必然选择，是我国国民经济管理的总体目标之一。

社会发展有广义和狭义之分：广义的社会发展包括生态发展和经济发展在内，是整个社会机体的进步和递进，即人类社会由低级形态向高级形态运动的过程；① 狭义的社会发展是与经济发展相对应的一个概念，是指除经济发展以外的其他社会领域的进步和各项社会事业的发展，经济社会协调发展中的社会即为狭义层面上的社会发展。经济发展和社会发展是相互依存、相互促进的。经济发展是社会发展的前提和物质基础，社会发展则是经济发展的条件和重要保障：一方面，经济发展为社会提供日益增长的物质产品，这是社会发展的前提和物质基础，也是社会发展的根本保证；另一方面，社会发展是经济发展的目的，也为经济发展提供精神动力、智力支持和必要条件。

要实现经济社会协调发展，就要在发展经济的同时，还要发展政治、文化等社会系统的其他各方面，同时要求社会整体系统中的各个重要组成要素之间协调一致，即经济、政治、文化自身体系的稳定协调发展。

三、绿色发展

绿色发展是永续发展的必要条件和人民对美好生活追求的重要体现。党的十八大报告

---

① 王文斗：《关于经济与社会协调发展的理性透视》，载于《理论前沿》2004年第8期。

将生态文明建设纳入中国特色社会主义"五位一体"总体布局和"四个全面"战略布局，十八届五中全会则将绿色发展作为"五大发展理念"的重要内容，不仅秉承了天人合一、顺应自然的中华优秀传统文化理念，也是对生产力理论的重大发展，丰富和发展了马克思主义生产力思想。具体来说：

一是对人类文明发展规律的深邃思考。人与自然的辩证关系是人类发展的永恒主题。历经30多年的快速发展，中国经济社会发展遇到了重大的挑战与约束。2012年，中国经济总量约占全球11.5%，同时也耗费了全球21.3%的能源、45%的钢、43%的铜、54%的水泥，排放的二氧化碳、氮氧化物总量居世界第一。实现绿色发展就是要正确处理经济发展与生态环境保护的关系，牢固树立保护生态环境就是保护生产力、保护生态环境就是发展生产力的理念，这是实现永续发展的必要条件。

二是一场广泛而深刻的变革。国民经济是一个复杂的动态系统，绿色发展是在新文明观指导下的经济方式、生活方式、社会发展方式、文化与科技范式等的系统性革命。国民经济系统良性运动不仅要遵循经济发展规律，而且要遵循社会规律、自然规律、人类文明发展规律。"绿水青山就是金山银山""山水林田湖是一个生命共同体"等理念，正是树立生态文明观、引导中国走向绿色发展之路的理念之基。同时也得到了国际社会的广泛认同和支持。2016年，联合国环境规划书发布的《绿水青山就是金山银山：中国生态文明战略与行动》报告，就是推广中国生态文明理念和经验，为全世界可持续发展提供重要借鉴。

三是面向未来的美好愿景。小康社会全面不全面，生态环境质量是关键。生态环境建设搞得好不好，领导干部这个"关键的少数"殊为重要。树立新发展理念、转变政绩观，就是建立对各级官员的考评机制。没有制度性保障，绿色发展理念就是空中楼阁。而"党政同责""一岗双责"正是构建生态文明体制改革"四梁八柱"中的一根"大梁"。在新发展理念引领下，坚决摒弃损害甚至破坏生态环境的发展模式，坚决摒弃以牺牲生态环境换取一时一地经济增长的做法，正在成为广泛共识和经济发展的新动力和增长点。

四、开放发展

开放发展是国家繁荣发展的必由之路。开创对外开放新局面，必须丰富对外开放内涵，提高对外开放的水平，为此应做到：

一是以互利合作为开放发展的指导思想。在经济全球化深入发展的今天，世界上国与国之间依存度不断提高，相互联系越来越紧密。但经济全球化在促进各国优势互补、共同发展的同时，也带来了国家之间收益失衡的问题。发达国家往往凭借资本、技术等优势处于支配地位，而大多数发展中国家付出较高成本却只能获取较低收益。如何解决全球化带来的经济失衡问题考验着人类的智慧。十八届五中全会公报中指出，我国开放发展"必须顺应我国经济深度融入世界经济的趋势，奉行互利共赢的开放战略，发展更高层次的开放型经济"。"十三五"规划建议进一步提出，"必须丰富对外开放内涵，提高对外开放水平，协同推进战略互信、经贸合作、人文交流，努力形成深度融合的互利合作格局"。在

第十章 国民经济管理目标

对外经济关系中,秉承各国互利合作、共谋发展的思路,必将为开放发展营造更好的国际环境。

二是以内外需协调为目标。30多年来的对外开放为我国的发展注入了强大的生机与活力,与此同时也积累了一些问题。比较突出的是一些地区的发展过度依赖出口拉动,出口商品总体较低端,引进技术智力和利用国际资源不够,等等。十八届五中全会提出"坚持内外需协调、进出口平衡、引进来和走出去并重、引资和引技引智并举,发展更高层次的开放型经济",这成为新时期开放发展的目标。

三是努力解决区域经济发展不平衡问题。由于地理位置、资源禀赋以及政策因素的差异,导致了地区间发展不够协调的问题。十八届五中全会提出"打造陆海内外联动,东西双向开放的全面开放新格局"。这一开放发展的新格局,一方面把中国与众多国家紧密联系在一起,既扩大了中国的发展空间,也为众多国家提供了新的发展机遇,是沿线国家合作共赢的重要平台;另一方面要统筹海陆东西,在进一步提升沿海开放、向东开放水平的基础上,将加快内陆开放、向西开放的步伐,助推内陆沿边地区由对外开放边缘转为前沿,有利于解决国内地区间发展不平衡的问题。为了实现对外对内共同开放,要加强基础设施互联互通和国际大通道建设,加强同国际金融机构合作,发挥"亚投行""金砖银行""丝路基金"作用,使"一带一路"的综合运输通道、经贸合作平台、人文交流纽带等功能和作用得到进一步发挥,通过共商共建共享的"同频共振",中国将在这一新的开放格局中获得更快发展,沿线国家也将在这一新的开放格局中获得更多收益。

五、共享发展

共享发展是中国特色社会主义的本质要求。20世纪90年代以来,我国进行了以建立社会主义市场经济体制为导向的改革,经济制度、经济结构和经济运行模式等发生了深刻的变化:一是从计划经济体制向社会主义市场经济体制转变;二是从追求纯而又纯的公有制向以公有制为主体、多种所有制经济共同发展的基本经济制度转变;三是从单一的按劳分配制度向按劳分配为主、按劳分配和按其他生产要素分配相结合的基本分配制度转变;四是从以农业为主导的经济社会向以工业和服务业为主导的经济社会转变。这些变化引起了利益格局的大调整,带来了新时期利益关系的巨大变化,主要表现在:

一是社会分化明显,利益群体呈现多元化趋势。社会主义市场经济体制的逐步建立,一方面冲破了计划经济条件下各方面利益高度一致的利益格局,在总体利益一致的前提下,国家、集体、个人形成了各自不同的利益;另一方面,工人、农民和其他社会阶层由于经济基础、政治资源、文化条件、社会地位等方面的不同,正在形成多元化的利益群体。此外,革命老区、边疆地区、民族地区、贫困地区社会服务水平较低,地区支间间社会服务水平差异较大,地区间也形成了多元化的利益群体。

二是利益矛盾突出,利益关系呈现复杂化趋势。导致不同利益群体之间的矛盾日益凸显,例如国有企业内部企业经营管理者与普通职工的矛盾,非公有制企业中雇主与雇工的矛盾等。此外,在利益调整中,部分利益群体存在心理失衡和对社会分配的不公平感。

三是劳资矛盾突出,劳资关系已成为社会关系中最基本、最重要的关系之一。由于经营者追求利润最大化与劳动者追求劳动报酬和劳动权益最大化的矛盾,劳动力市场供过于求,以及转型期调节劳动关系的法律供给不足,并且存在着执法不严等问题,导致目前我国企业中,劳资双方力量对比失衡,劳资矛盾凸显,进而造成劳动争议案件上升,在一定程度上影响了劳资和谐和社会稳定。而建立稳定和谐的劳资关系,是引导企业坚持以人为本、建立现代企业制度的内在要求,也是保障广大职工及从业者合法权益、实现经济社会和人的全面发展的重要措施和具体体现。

四是干群关系存在一些矛盾。主要表现为"民告官"现象增多、"群体性事件"频发、干部权力寻租、群众利益受损现象较多等。造成这一问题的原因是多方面的,如腐败现象滋生、权力过于集中、监督机制不健全,以及重政绩、轻民生等。

其实劳资关系、干群关系中存在的突出矛盾和问题,都可以归结为国家与市场的结合过程中排斥了社会的参与,这不仅容易导致国家公共权力行使中的腐化,而且还不利于形成公平的市场竞争环境和公正的利益分配秩序。要使各方面利益关系协调起来,进而使社会和谐起来,就应充分认识到社会掌握着政治与市场"合法性"的命脉,提升社会的权力、进一步保障社会弱势群体的生存与发展以及资源获得,是所有策略的根本。因此,从战略上把"社会"楔入"国家"与"市场"之间,形成国家、社会、市场依次排列的新次序,正是不断满足人民群众多样化的利益需求的体制依归。

党的十八届五中全会将共享发展作为五大发展理念之一提出,并强调"坚持共享发展,必须坚持发展为了人民、发展依靠人民、发展成果由人民共享,做出更有效的制度安排,使全体人民在共建共享发展中有更多获得感,增强发展动力,增进人民团结,朝着共同富裕方向稳步前进。"这是新形势下推动经济社会发展的基本遵循和重要指南,是国民经济管理的终极目标之一。在构建共享发展的过程中,政府居于社会利益关系协调的中心位置,必须从财富、权力与文化三大资源占有情况出发对利益配置交互影响的制度层面进行全局性的审视和调整。

具体来说,构建共享发展应该处理好以下关系:一是从覆盖人群而言,共享是全民共享,即全体人民都能从改革发展中受益,但是全民共享绝不意味着没有差别,然而差距不能过大;二是从享受内容而言,共享是全面共享。全面共享是保障人民享受到包括经济、政治、文化、社会、生态等各方面的合法权益;每一个人能够享受到包括发展权利、发展机会和发展成果的合法权益;从实现途径而言,共享是共建共享。从发展进程而言,共享是渐进共享。

第三节 国民经济管理的终极目标

国富民强、国泰民安,这是各国管理者追求的最高境界。民强是国富的基础,也是国富的目的,所以国民经济管理的终极目标是人的全面发展,即一切为了人。我国建设经济强国的战略目标,可以表述为:第一步,在中国共产党成立一百年时,即2020年人均收

第十章　国民经济管理目标

入超过1万美元,全面建成小康社会;第二步,在新中国成立一百年时,即2050年实现经济强国目标与中华民族伟大复兴的中国梦。

一、坚持以人民为中心

人是经济活动的主体。人类为了满足自身的需要,必须进行各种经济活动。在人与自然交往以获取物质资料的过程中,人始终处于经济活动的主体地位。任何科学发明、经济进步都是在人的主持下完成的。国别、民族间的经济差异归根到底是由于人们在各自的经济活动中采用了差异很大的制度形式与管理方式造成的。只有劳动者——人,才是推动社会经济发展的原动力。

由于历史的和其他的原因,工业革命始于西方。200多年来的西方工业文明,给世界带来了巨大的财富,人类的生活方式发生了翻天覆地的变化,但工业文明在创造了大量的财富和高速发展的现代科学技术的同时,也带来了诸多新的问题。

在社会发展的历史长河中,人类一直进行着征服自然、改造自然的不懈努力,在创造了日益加速发展的科学技术的同时,人类也面临着新的意识形态、思想文化的冲突。科学技术应用的是与非的争论、经济增长的极限与可持续发展问题、信息革命的挑战、知识经济对未来社会的影响,无一不是人们深入思索的问题,而所有这些问题都涉及一个最根本的问题,即人类社会发展的终极目标究竟是什么?

从社会经济的实践中人们可以得出一个结论,单纯为经济增长而增长是片面的,人类社会经济发展的目标应该是人的全面发展及其需要的满足。

提高生活质量是促进人全面发展的重要条件。实现人的全面发展,必须把生活质量作为衡量社会经济发展水平的重要标准。生活质量是人们赖以生存和发展的种种社会生活条件状况的综合反映,是对人们物质的、文化的、精神的、社会的各种需要总满足程度的度量。生活质量是个全面深刻的概念:首先,它不是单纯地反映人们生活状况的某一方面,而是系统地反映与人们生活相关联的各个方面的状况。它既包括诸如居民收入、吃穿住用行、医疗卫生、生活服务设施等物质生活条件,也包括诸如文化娱乐、教育、伦理道德、社会风尚等人的成长与发展的社会精神生活条件,还包括人们的居住环境、工作环境、生态环境、社会环境等。其次,它不局限于反映人们生活消费的量的多少,更重要的是反映人们生活各个方面丰富的特定内涵。最后,生活质量又是一个动态的概念。随着人们收入的增长和物质生活富裕程度的提高,人们的生活目标也日益多样化和多元化,从而对生活质量提出越来越高的要求。生活质量的内涵也必将随着人类社会的不断进化和发展而不断丰富。①

提高生活质量,促进人的全面发展,从管理的角度看,应做到:

一是坚持人本管理,"以人民为中心"协调经济、科技和社会发展目标。人是社会经济活动的主体,是社会经济发展的根本动力,因而应当把人的全面发展作为管理的出发点

---

① 张今声:《人本管理学:当代管理科学新发展》,辽宁大学出版社1999年版,第295页。

和归宿。1976年，联合国教科文组织大会就提出，社会发展应是"以人为核心的发展"。教科文组织的前任总干事姆博指出：只有经济、文化、教育、技术和传统相互补充、相互联系起来，才能保证"以人为核心的发展"。把人的全面发展作为一切行动的出发点和归宿，人们就抓住了社会发展的实质，同时也包括了社会发展的各个方面的内容。

二是加强对人力资源的开发和利用，不断提高劳动生产率，为人的全面发展创造坚实的物质基础。人的物质生产活动是人与自然的关系，它反映了人的生存和发展的物质方面。同时，物质资料的生产又是人类社会存在和发展的基础，这是因为：一方面，人们要满足物质生活需要，维持日常的工作，就必须有衣食住用行基本的物质生活资料，这些只有通过物质资料的生产才能获得；另一方面，只有人们的物质生活随着物质资料生产的发展而丰富起来之后，政治、文化、科学和教育等活动才能发展起来。人类的物质生产活动，是人类从事其他各种社会活动的先决条件。物质资料生产的劳动生产率越高，生产的物质资料越丰富，人类就越能在更多的方面和在更大的程度上把握自然，从自然中取得越来越大的独立，人类才有条件、有可能去从事其他社会活动，去发展自身的其他潜力。在现代社会化大生产条件下，人是诸生产要素中最为重要的一种生产要素，人力资源是最重要的资源。特别是随着高新技术产业的大规模兴起，高质量劳动者的供给已成为经济活动中的关键性的问题。因此，我们必须充分重视人力资源的开发利用，推动技术的进步和劳动生产率的提高，为人的全面发展奠定坚实的物质基础。

三是建立以人民为中心的新的管理体制。形成促进劳动者合理流动，公平竞争的市场机制，为劳动者的全面发展创造均等的社会机会，创造劳动者参与政治、经济、管理等社会事务的条件，充分发挥劳动者的主人翁作用。同时，要对各种社会关系和社会行为进行有效的调整和控制，保持正常的社会秩序和社会安全，使人们之间发生的各种活动与行为有条不紊地进行，使复杂的社会关系适应人们生存和发展的需要，为人的全面发展创造良好的社会条件。

四是树立尊重人、理解人的管理观念。通过医疗、教育、文化活动等手段，为人的爱好、兴趣、专长、才干、独特的潜能等个性发展创造条件。人作为一个独立存在的个体，其自身的特性体既现在与周围世界的关系之中，也蕴藏在自身的内部结构之中，而只研究人的物质活动和人的社会活动，对个人的发展来说是不全面的，还需研究人的个性发展。所谓人的个性发展是指人的个体能力和素质的发展，表现个人的品质特征和特殊属性。社会的丰富多彩性是由个人个性的丰富多彩性构成的，个人的全面发展是整个人类全面发展的基础。为了充分发挥人的潜能，促进人的个性发展，必须扩大医疗保健的范围，提高医疗保健的质量，提高人的健康水平，为发展个人素质和能力提供物质基础。为了促进人的个性的全面发展必须高度重视教育的发展，教育的核心意义在于通过一定形式的学习和训练，使人获得知识和技能，其基本职能是塑造人，即开发人的能力，提高人的素质。为了促进人的个性的发展，还必须开展丰富多彩的文化活动，包括文化娱乐活动和体育活动在内的各种文化活动，在本质上属于人的精神文化范畴，内容丰富、形式多样、积极健康的文化活动，可以给人们带来生气和乐趣，陶冶人的情操，提高人的素质，增加生活色彩，激发人的智慧，增进人与人之间的感情，有利于促进人的个性的形成与发展。

第十章 国民经济管理目标

二、由经济大国走向经济强国

(一) 中国已经成为名副其实的经济大国

经过新中国成立以来半个多世纪的努力，特别是改革开放 30 多年的快速发展，中国创造了令世界瞩目的增长奇迹。综合国力显著增强，人民生活实现了从摆脱贫困、解决温饱到基本实现小康的几大历史性跨越。"中国因素"的影响不断扩大，中国经济已经成为推动世界经济增长的重要力量，中国已经发展成名副其实的世界经济大国。

一是成为经济大国。2006 年，在国际货币基金组织统计的 180 个国家和地区中，我国经济增长速度居第 11 位。伴随着经济的快速增长，我国的经济总量（GDP）迅速增加。按汇率法计算，1978 年我国 GDP 只有 1 482 亿美元，排在世界第 10 位；2006 年 GDP 总量为 2.64 万亿美元，排在第 4 位；到 2013 年已达到 9.24 万亿美元，居世界的第 2 位，成为仅次于美国的世界第二大经济体，GDP 总量占世界的比重为 12.3%。人均 GDP，按汇率计算为 6 807 美元，为世界平均水平的 64.7%。与此同时，我国人民生活水平和生活质量显著提高。2013 年，城镇居民人均可支配收入比 2000 年实际增长 2.2 倍，比 2006 年实际增长 83%。农村居民人均纯收入比 2000 年实际增长，1.7 倍，比 2006 年实际增长 91.7%。从恩格尔系数（消费支出中用于食品消费的比重）来看，2013 年我国城乡居民恩格尔系数分别为 35% 和 37.7%。①

二是成为制造业大国。经过这些年的发展，我国制造业产值位居世界第一。据联合国统计，2011 年我国制造业产值为 2.05 万亿美元，首次超过美国，跃居世界第一；2012 年底，我国钢铁、煤炭、水泥、棉布、汽车、发电设备、数控机床、大型拖拉机、工程机械等 200 多种工业产品产量居世界第一位，近些年高铁、核电等高技术制造业水平世界领先。制造业大国地位基本确立。

三是成为贸易大国。我国进出口贸易快速发展，吸引外商直接投资居世界前列。2013 年进出口贸易额达 41 585.5 亿美元，在世界的位次提升到第 2 位。连续 4 年成为世界最大出口国和第二大进口国；我国利用外商直接投资（FDI）居世界第三位，国际入境旅游人数和国际旅游收入增长迅猛，外汇储备规模自 2006 年超过日本，已经连续七年稳居世界第一，从 1978 年 1.67 亿美元，到 2013 年底已达到 38 213 亿美元。

(二) 中国还不是一个经济强国

经济强国的内涵应该包括以下内容：经济总量和人均收入世界排名靠前；具有很强的科技创新能力，掌握相当一批核心关键技术，具备高端化的生态化产业结构，在全球产业分工中占据重要地位；具有高度的城市化，并形成一批具有国际影响力的城市群；具有可

---

① 国际货币基金组织，http://www.imf.org。

以自由兑换的国际货币，发达稳健的金融体系；在国际经济体系中具有重要地位，拥有较强的国际影响力。① 按照上述标准，中国虽然已是全球的一个经济大国，但还不是一个经济强国：

一是人均 GDP 水平不高。中国经济的人均水平依然在全球主要国家和地区中位居 110 位。按照国际货币基金组织的算法，2013 年中国人均 GDP 为 6 807 美元，仅相当于美国的 1/8，日本的 1/6 和世界平均水平的 1/2，大体上与马尔代夫、秘鲁、南非等国相当，在全球的排位还在 81 位②。

二是经济效率不高。主要依靠资源等要素推动经济增长和规模扩张，由于产品的技术含量和附加值低下，经济的快速增长还是粗放型的增长，在很大程度上依靠高投入、高消耗，资源的使用效率还比较低。2013 年中国一次能源消费占世界一次能源消费的 22.4%，煤炭占比 67.5%，石油占比 17.8%，明显高于经济产出占全球 12% 左右的水平，二氧化碳排放量为占世界的 27.1%。资源、环境日益成为中国经济成长的一个约束因素。

三是产品的技术含量和附加值不高。在瑞士洛桑管理学院公布的 2006 年世界 60 个主要国家和地区国际竞争力排位中，尽管中国大陆国际竞争力由 2005 年的第 31 位提升到第 19 位，但与经济总量所居位次仍明显不相称。从产品出口构成看，规模大、价格低是我们的优势，2013 年，中国商品有近 80% 是以价格优势来赢得竞争的，而德国、日本等发达国家，质量优势赢得竞争占比高达 56%，甚至是 65%③。但真正具有竞争优势的出口产品大部分是由外资企业生产的，国内自主研究开发、掌握自主知识产权的产品很少。中国的高档数控机床，70%~80% 都依赖进口；我国的高端数控机床配套的数控系统 90% 依赖进口，高端数控机床的精度稳定性、可靠性仍有较大差距。高端机器人依赖进口，国产机器人所需的精密减速器、伺服电机和控制器等核心零部件，多数直接采购国外产品④。中国的大型民航客机、高端医疗设备、集成电路制造设备和光纤制造设备，基本上都是从国外进口的；中国芯片 80% 以上专利、数控机床和纺织机械制造 70% 以上专利、汽车制造 90% 以上专利都掌握在外国手里。由于缺乏核心技术，中国生产的手机、计算机、程控数控机床不得不分别付出其价格的 20%、30%、40% 作为专利费用。企业的自主创新能力差、关键技术的自给率低是我国企业面临的主要难题。企业缺乏市场竞争力。全世界大多数发明专利，重要科技创新成果都掌握在少数发达国家手里。由于缺乏核心技术、缺乏自主知识产权、缺乏世界知名品牌，中国在国际分工中处于全球价值链的低端。从全球分工的角度来看，全球价值链分为三大环节：一是以设计和研发为主的技术环节；二是以加工为主的生产环节；三是以批发零售和售后服务为主的营销环节。就增值能力而言，以上三个环节呈现由高到低再升高的 U 型曲线，被称之为"微笑曲线"。中国目前主要从事附加值较低、处于"微笑曲线"底端的生产环节。由于不掌握产品生产的核心技术，产品的销售和服务网络也大都为外商所控制，中国只能赚取微薄的加工费，在国际分工中长期处于

---

① 魏礼群、林兆木、张占斌：《从经济大国迈向经济强国》，人民出版社 2015 年版，第 29~32 页。
② 《中国统计年鉴（2014）》，中国统计出版社 2014 年版；世界银行 WDI 数据库。
③④ 《中国制造大而不强有瓶颈 中国工程院提出关键症结》，http://news.ifeng.com/a/20160723/49577376_0.shtml。

第十章 国民经济管理目标

低技术、低附加值的层次。

（三）实现从经济大国到经济强国的历史跨越

为了实现从经济大国到经济强国的转变，必须采取切实可行的措施，主要有：

一是着力推进经济发展方式转变和经济结构的调整。(1) 提高发展质量和效益。发展是基础，努力使发展达到一个新的水平，这是跨越"中等收入陷阱"的条件，为此，必须加大结构性改革的力度，坚持以经济发展质量和效益为中心，实现更高质量、更有效益、更加公平、更可持续发展。只有可持续发展，经济做大的基础才能巩固，才能最终实现由大变强，也才能在发展中解决经济增长"重增量，轻存量""重规模，轻质量"等问题。(2) 全面深化体制改革。加快形成一个有利于转变经济发展方式的机制，特别要加快政府职能的转变，规范政府行为，在国家宏观调控下充分发挥市场在配置资源中的决定作用。(3) 努力实现"新五化"。采取有力措施，加快推进中国特色新型工业化、信息化、城镇化、农业现代化和政府治理现代化。(4) 构建新的产业体系。培育战略性产业，构建现代农业产业体系，加快建设制造强国，加快发展现代服务业。(5) 提高城镇化质量。加快建设长三角、珠三角、京津冀城市群建设，逐步形成一批具有国际影响力的城市群。(6) 提高能源利用效率。加快"两型城市"社会建设，努力建设美丽中国，为全球生态安全作出新贡献。

二是努力把企业做大做强。做大做强是企业的内在需要和动力。从国家的战略角度来讲，也是应对激烈的国际竞争，积极参与国际经济交流与合作的重要基础。支持企业做大做强，关键是要为企业的发展创造一个良好的环境，在全社会形成一种支持企业，尊重企业家的良好氛围。政府要强化服务和协调的功能，维护市场秩序，打破地区、条块分割，努力为企业的发展创造一个公平、公正、公开的竞争环境。通过多种途径，推动建立一批具有国际竞争力的大型跨国企业集团，积极鼓励企业在国际竞争中发展壮大。

三是实施创新驱动发展战略。增强自主创新能力，努力营造自主创新的良好环境是中国经济由大变强的重要基础和保障。在很大程度上，自主创新能力决定着国家竞争力。习近平指出，"要深化科技体制改革，破除一切制约科技创新的思想障碍和制度藩篱，处理好政府与市场的关系，推动科技和社会发展深度融合，打通从科技强到产业强、经济强、国家强的通道，以改革释放创新活力，加快建立健全国家创新体制，让一切创新源泉充分涌流"。提高自主创新能力，需要政府、企业、个人多方面的共同努力，需要体制、机制的不断改革创新，更需要借鉴发达国家的成熟经验，发挥"后发优势"，迎头赶上。要充分发挥政府在创新机制和创新环境建设中的核心作用，加快建设以企业为主体、市场为导向、产学研相结合的技术创新体系，实行支持自主创新的税收、金融和政府采购政策。要强化企业的自主创新的主体地位，鼓励企业增加研发投入，推进企业技术研发中心建设，重点扶植一批掌握核心技术的行业骨干企业。要创造一个鼓励和保护自主创新的制度环境。大力维护创新企业和创新者的权益，坚决打击各种损害市场竞争的垄断行为，通过竞争激励技术创新。自主创新的基础是教育，要坚持以人为本，更加重视教育发展，重视人力资本的投入，倡导激励人奋进的创新文化，善于发现、培养和聚集各类科技人才，全面提高我国的自主创新能力。

【复习思考题】

1. 国民经济长期稳定运行的目标及其相互关系。
2. 工业文明在创造了大量的财富和高速发展的现代科学技术的同时所带来的新问题。
3. 国民经济全面协调可持续发展的内涵。
4. 坚持以人民为中心,实现人的全面发展。
5. 实现创新、协调、绿色、开放、共享五大发展的必要性及其实现途径。
6. 努力实现中国由经济大国向经济强国的转变。

第十一章 国民经济监测预警与综合评价

国民经济系统运行的状况，发展战略和规划的实施，国民经济管理目标的实现，以及国民经济管理的绩效，都需要进行检验和评价。本章主要阐述国民经济监测与预警、国民经济综合效益评价的原理和方法。

第一节 国民经济监测与预警

一、国民经济监测与预警的内涵及作用

国民经济系统运行存在着周期波动，即沿着经济发展的总体趋势经历有规律的扩张和收缩，这是一种仅靠市场机制无法完全调节的不可避免的经济现象。国民经济周期波动强度在不同时期存在着很大差异。剧烈的周期波动不仅不利于国民经济发展，而且会对国民经济系统运行造成很大的破坏，因而从国民经济管理的角度出发，必须采取一些措施、手段或办法对其进行监控，以便国家及时采取强有力的干预政策或措施扭转局面。

所谓国民经济监测，是指国家或政府对国民经济系统运行状况，进行有效监督、分析、预测和评估管理的过程。而国民经济预警，是指当国民经济系统运行即将发生重大波动或偏差时对其做出及时分析、准确预报或警示的管理过程。国民经济预警与监测是紧密相连的，国民经济监测的一个重要目的就是为了国民经济预警，而国民经济预警则是国民经济监测结果的一种反映形式，二者都是国民经济管理中的一个重要组成部分。国民经济监测与预警的基本目的，是为了保持国民经济的健康、稳定、持续发展。

建立国民经济检测预警系统的必要性在于：

（1）国民经济系统运行中存在波动性。国民经济作为一个复杂动态经济系统，在其运行过程中，不可能始终保持在平稳状态下。当受到系统外部如社会、技术、人口、资源和环境等因素的影响，或者系统内部如体制、政策、价格、投资、需求等种种因素的影响时，就会使国民经济系统运行产生剧烈甚至于幅度巨大的周期性波动，从而出现使国民经济严重偏离运行目标轨道的状况发生。通过建立国民经济检测预警系统，适时地对国民经济系统的运行状况进行检测与预警，就可以及时地发现问题并采取相应的措施，消除对系

统不良影响因素，保持国民经济平稳、健康发展。

(2) 全面深化经济体制改革的需要。我国国民经济系统的运行正处于经济体制不断深化改革的转轨时期，随着经济体制改革的不断深入，国民经济的管理模式也正发生着重大变革。在从传统的计划经济体制以直接控制为主的管理模式，向社会主义市场经济的以间接调控为主的管理模式转变过程中，也要求建立起一套国民经济检测预警系统。只有这样，才能适应于我国国民经济系统运行发展的要求。

(3) 适应经济全球化发展的需要。当今世界经济发展已进入全球化时代，我国的国民经济系统运行毫无例外地同时也要受到世界各国，特别是与我国经济贸易来往联系紧密的一些发达国家的影响。建立起一套不仅适合我国国情，同时又能反映世界经济发展变动对我国影响的国民经济系统检测预警系统，就可以适时地找出我国国民经济系统的变动受世界经济发展变动影响的程度和原因，及时规避经济风险，维护国民经济安全发展。

建立国民经济检测预警系统的实践意义主要在于：

(1) 起到国民经济系统运行指示器的作用。实践证明，无论在什么样的社会制度和经济体制下，国民经济发展都不可避免地存在明显的扩张和收缩的周期性波动。如何防止国民经济发展大起大落，弱化国民经济的周期波动，是国民经济管理的一个重要目标。如果我们有一个完整、科学、准确的国民经济监测和预警系统，对国民经济进行适时监测与预警，就可以及时防止或缩小国民经济系统运行激烈的周期波动，避免对国民经济造成不必要的损失。

(2) 为经济政策的决策制定、调整或终止等提供重要依据。任何一项国民经济政策都存在着一定的时滞，从而需要对国民经济进行监测与预警。由于时滞性的存在，不仅影响着政策的作用发挥，而且在特殊情况下，即当经济波动处于上升或下降的转折点附近时，会导致政策逆向调节，结果使经济政策不仅起不到平抑经济波动的作用，反而会加剧波动，造成不应有的损失。建立国民经济监测和预警系统，可以使宏观管理部门准确地把握经济运行的脉搏，根据国民经济波动周期性的特点和各种先行特征对经济运行的未来趋势做出超前的判断，适时适度地采取有效的措施予以调整，使经济的收缩期缩短，收缩程度减低，使上升期延长，保证国民经济健康、稳定、持续发展。

(3) 有利于经济改革顺利进行。这是因为，任何一项经济改革方案，在出台时机的选择上，都应考虑到经济波动的因素，即必须考虑到经济运行所处的阶段及变动趋势。由于不同的改革方案其作用不同，相应地，在不同的国民经济系统运行状态下作用效果也会有所差异。因此，经济改革方案的实施应该考虑经济波动因素，只有明确了经济波动是处于高涨还是衰退阶段，明确了未来经济波动的趋势，改革方案才能有较优的时机选择。显然，在这种情况下，具有综合指示和预警功能的国民经济监测和预警系统是必不可少的。

二、国民经济监测与预警的对象、目标和内容

国民经济监测与预警的对象为宏观经济增长波动，它既包括经济总量的波动，也包括经济各部门的波动以及全国各地区的经济波动。宏观经济监测与预警目标是预报经济活动

第十一章 国民经济监测预警与综合评价

将要走向的景气状态,通过建立监测网络,利用监测指标体系、监测模型、监测结果与效果评价对宏观经济运行实施有效的监视、检测和预警,来指导国民经济的宏观管理,使国民经济持续、稳定、协调地发展。

国民经济监测的具体内容主要包括:

(1) 监测、分析国民经济系统运行总体态势。主要监测社会总供给和总需求的平稳状态及趋势。主要内容有:经济结构状况(如产业结构、收入分配结构、就业结构、贸易结构等)、比例关系(如投资与消费、城乡收入之间、地区经济增长之间比例等)、经济循环及经济效益状况、经济增长状况的监督、预测和分析。

(2) 检测、分析国民经济系统运行景气变动态势。通过对现时国民经济系统运行过程的监测,进行识别,判断国民经济系统运行过程特征所处的景气状态。景气变动是反映和影响国民经济系统运行状况的重要因素,在景气扩张期,经济增长加速,投资需求活跃、资金周转顺畅、经济效益好;在景气收缩期,经济增长减速,投资需求萎缩、资金周转滞缓、失业人数增加等。监测国民经济的景气状况、预测景气变动的趋势,尤其是把握景气的峰、谷,提出与景气扩张和收缩相对应的政策措施,对加强宏观调控,具有重要参考价值。

(3) 模拟、评估宏观经济调控政策实施效应。在宏观经济调控措施和政策出台之前,要对宏观调控及其政策的实施过程和可能产生的效应进行模拟分析,并根据模拟分析结果决策制定政策方案。在宏观经济调控措施和政策出台后,跟踪调控政策实施过程和产生的效应,及时反馈,评估宏观调控及其政策的实际效果。

(4) 跟踪、预测国际经济环境的变化。在经济全球化条件下,任何国家的国民经济系统运行与发展都与国际经济环境的变化密切相连,越是开放的系统,就越多地受到国际经济环境的变化的影响。因此,在国民经济管理中,对国际经济环境变化进行监测显得尤为重要。特别是要加强对那些与我国经济关系密切、贸易量大、资本流入流出多的国家和地区的政治、经济、科技、社会状况和发展趋势的跟踪与监测,分析这些变化对我国经济的影响。

国民经济预警的具体内容主要包括:

(1) 明确警情。主要是指根据经济理论,分析引起国民经济波动出现的值得警惕的经济情况。

(2) 寻找警源。主要是指导致国民经济警情发生的根源。国民经济警情的警源主要有:一是自然警源。主要指由于自然资源储量的锐减、重大自然灾害的发生等自然条件发生变化,引起的国民经济的巨大波动。二是外来警源。主要指由于战争、经济封锁和制裁、贸易条件等国际政治、经济关系发生变化,引起的国民经济的巨大波动。三是非经济性警源。是指由于政治运动、社会安定、民族团结等发生的重大变化,引起的国民经济的巨大波动。四是经济警源。是指由于货币发行、分配制度、价格调整、经济体制变革等发生的重大变化,引起的国民经济的巨大波动。

(3) 分析警兆。主要是指区分警情安全与否的分界标志或标准。一般来说,由警源发展到警情都要经过一个孕育、发展、扩大、爆发这样一个由量变到质变的过程。分析警兆首先需要确定警源发展到警情的变化规律，然后才能分析确定警情爆发的征兆界限。从经济预警角度来分析，警兆主要有两类：一类是景气警兆。主要用来表示国民经济景气或警情程度，一般用警情指标中的先行警情指标和有关警源指标构成，其中又可分为引起一系列指标产生警情的恶性景气警兆和引起一系列指标产生景气高涨的良性景气警兆。另一类是动向警兆。主要用来表示国民经济系统运行从警源过度到警情过程中所产生的各种外部现象，但其本身并不直接表示国民经济景气或警情程度，如信贷过大、价格波动过大等。而同一警情指标常常对应着多个警兆指标，同一警兆指标又有可能对应着多个警情指标。警兆也可以按区域进行分析。

（4）预报警度。就是根据警兆的变动状况及其报警区间的分析，参照警情的警限或警情等级，运用定性与定量相结合的分析方法，分析警兆报警区间与警情警限实际情况，再结合专家和经验，预报实际警情严重程度的过程。它是国民经济预警的最终目的。

三、国民经济监测和预警的作用

（1）正确评价国民经济系统运行的状态。对当前国民经济系统运行状态的评价，重点不在于对经济成就进行全面总结，而在于恰当地反映当前经济形势的冷热程度或超常与否。在监测和预警中，承担短期经济形势分析的指标，不仅要依据经济理论去设计，而且要从统计分析中去选择，这是建立国民经济监测预警系统的基本任务。如果不能准确地把握和评价国民经济系统运行的态势，则对国民经济的未来发展进行预测、监测和预警也就无从谈起。

（2）准确预测未来国民经济发展趋势。国民经济监测预警应该在经济发生重大转折之前来及时发出信号，这样才能起到预警作用。国民经济系统运行中出现的问题，常常在一些指标的变化中先行暴露或反映出来，这类指标便构成了国民经济系统运行的晴雨表或指示器。因此，在对国民经济监测预警过程中，除了要科学地选择指标外，还要确定科学的预测方法，否则往往事倍功半。

（3）及时反映宏观经济调控的效果。对国民经济系统运行的动态进行监测预警并不是终极目的，我们的终极目的是对国民经济系统运行中的不正常状态进行及时调控，保证国民经济系统运行稳定、持续发展。因此，用于反映国民经济宏观调控效果的指标应具备的特征是能及时地反映出国民经济系统投入产出的变化。

第二节　国民经济监测预警系统及指标体系

一、国民经济监测预警系统结构及其设计

一个完整的国民经济监测和预警系统，应该包括监测预警指标体系、变量预处理系

第十一章　国民经济监测预警与综合评价

统、各景气状态间数量特征确定系统以及根据观察结果或预测结果作出景气前景判断系统等四部分构成。

国民经济监测和预警系统可按如下步骤设计：

（1）监测预警系统指标体系。指标体系是监测预警系统中最重要的构成内容。指标体系的经济内容是经济过程的数量特征及经济过程之间的数量关系特征的反映。国民经济范围内的经济过程种类繁多，关系复杂，不可能一一进行观察，而且，零乱的观察结果也无助于人们对总体运行特征的把握。所以，监测预警体系中只包括能够敏感反映国民经济系统运行特征的指标、指标体系。

（2）变量预处理系统。主要是指在对国民经济监测预警前，对经过筛选作为特征变量的监测预警系统指标体系中各指标的数值的准确性进行统计与技术处理的系统。其任务是要使指标数值作到完全、准确、可靠，否则，如果运用带有误差或受季节性周期变动影响不准确的指标体系对国民经济进行监测预警，将会导致完全错误的结果。

变量数值预处理，一是对误差过大的指标数值应该做剔除或修正处理；二是对于受季节性周期变动影响的指标数值必要时要做消除季节性周期影响的预处理。

（3）景气状态间数量特征确定系统。各景气状态间性质上的差异通常会表现为数量上的差异，主要表现在：一是从单一变量上看，变量在不同景气状态上的取值和走势不同；二是从全体指标综合的角度看，综合数量特征在不同景气状态上的取值和走势不同；三是从指标间数量关系特征和变动倾向上看，在不同景气状态上有所不同。

景气状态的划分是数量分析与经济分析相结合的产物。景气状态间数量特征的确定，可根据经济特征变量的历史数据所划定的不同经济运行状态，来确定各景气状态的数量特征，即根据特征变量的历史数据分析，把景气状态相似的时期合并为同类。这样就可以把各历史时期分为不相同的若干个类，然后计算每一类内各特征变量的取舍范围和集中趋势、离散程度，从中找出各类之间差异显著的数量特征，以此就可以划分或确定出具体年份或时期景气状态归属的依据，即确定出各景气状态间的数量特征。如果利用先行指标建立预测模型，结合状态特征变量的数值，还可对下期经济运行状态所属的景气状态作出评估。

（4）景气前景判断系统。主要是指依据观察到的各特征变量的数量特征或所预测到的数量特征，结合给出的各景气状态数量特征，设计出能判定未来经济运行处于何种景气状态和即将进入何种景气状态，并指出各种景气状态下应采用何种对策的系统。

二、国民经济监测预警指标体系构建原则与方法

国民经济监测预警指标体系构建的基本原则，主要有：

（1）经济重要性。所选用指标的经济意义必须明确、重要。这可以从两个方面考察：一是从指标包括经济内容的广度和深度去考虑。如 GDP 比工业总产值的经济内容全面，因而具有较好的代表性。二是从国民经济系统运行的阶段特征的代表性上去评价。例如，从就业和失业、生产和收入、消费、商业订单和交货、固定资产投资、库存和库存投资、物价、成本和利润、货币和信贷诸方面去评价，各阶段的指标都应包括进去，否则，指标

体系不够完整。

（2）周期的时间发生。即入选指标的时序变动应具有明显的周期性特征，并能确定周期的峰点、底谷时间及周期长度，各个循环能够比较容易地被识别或确定。在评价每个指标的周期时间时，通常以经济基准周期的时间为参照系。

（3）序列的均匀性。入选指标循环振幅变化不很强烈，循环波动的轨迹较平滑，上升或下降过程中的反向运动或不规则运动较少，各个循环的长度差别不是很大，稳定性较好，这样才有助于提示时间序列的基本变动方向（及统计规律性）。但这项原则并不强求经济指标原始时间数列在时间上均匀变化，而是指经过季节调整后的时间数列具有均匀性。

（4）循环方向的一致性。指标的特殊循环与基准循环应接近，一一对应，循环次数和转折点发生遗漏的次数较少。这种循环方向的一致性并不是要求时间上的一致，所以才会有先行指标、同步指标、滞后指标。

（5）统计的充分性。从某一指标的统计报告体制的质量、统计方法、统计事件、调查结果的误差率、统计数据的修订次数、时间数列的起点时间、时间数列的动态可比性等方面来考察指标是否具有统计充分性。所选指标跨越的时间应尽可能地长，一般来说，时间跨度至少应包括5次循环，这样才能把各种可能发生的情况都反映出来。

（6）及时性。可以从指标数值是否定期发布、数据公布滞后时间的长短两方面考虑。

在选择监测预警指标的过程中，当可供采用的监测预警指标众多时，可采用一些定性分析法，如特尔斐（专家意见）；定量分析法，如系统聚类分析法、模糊聚类分析法和因子分析法。

在指标筛选过程中应把定性分析与定量分析相结合进行：一是从经济理论出发，采用定性分析法初选出若干项预警指标；二是采用定量分析法，分析这些指标是否具有预警作用；三是确定入选指标。

三、国民经济监测预警指标类型及体系

国民经济监测预警指标体系由多种指标组成，大体上可分为两大类：

（一）单项指标

单项指标是指国民经济一般的宏观经济指标而言。主要有：反映经济增长与结构变动的指标；反映需求变动的指标；反映供给变动的指标；反映市场行情和供求平衡的指标；反映社会资金流动及其平衡状况的指标；反映进出口贸易指标等。

单项指标按其波动与国民经济周期性变动的时差差别，又可分为以下三种：

（1）先行指标，也叫领先指标或超前指标。它是先于国民经济周期性循环变动而变动的指标，即其循环转折点的出现时间稳定地领先于参照循环转折点半个周期内、且在三个月以上的预警指标。它是预警系统的主体，是为预警系统提供预警信号的唯一的一类指标。

第十一章 国民经济监测预警与综合评价

（2）同步指标。同步指标主要是指其循环转折点的出现时间与参照循环转折点几乎同时出现，且误差不超过两个月的指标。在预警系统中，这类指标有两个作用：一是描述经济过程所处的景气状态；二是通过这类指标和先行指标在转折点上的时差，可由先行指标的转折点预计何时出现同步指标的相关转折点。在预警分析中，第二个作用尤为突出。

（3）滞后指标。滞后指标主要是指其循环转折点的出现时间，稳定地落后于参照循环转折点半个周期以内和3个月以上的指标。在预警分析中，其主要作用在于检验国民经济波动过程是否确已超过某个转折点，进入了另一景气状态。

在国民经济监测预警指标体系的众多指标中，先行指标、同步指标和滞后指标的划分，是相对于循环转折点而确定的。

所谓循环转折点，是指国民经济总体波动达到周期的高点或低点。由于国民经济的错综复杂性，很难用一个单项指标的时间序列全面地反映出国民经济的周期波动，因此，必须用一套从不同侧面反映国民经济总体波动的指标综合而成。由于各不同单项指标的自身变动各不相同，因而给确定国民经济的循环转折点带来很大困难。

目前，确定基准循环转折点是采用将定量统计分析与定性理论分析相结合的方法来进行的。确定步骤如下：第一步，以某个经济综合指标（比如工业总产值）的波动为初始基准循环，并确定它的各个循环转折点；第二步，以初始基准循环为参照系，划分先行、同步、滞后三类指标；第三步，根据同步指标构造一个综合指数，以此修正基准循环，并确定出它的各个循环转折点；第四步，将以上结果以及相应时期内的政治、经济大事记一并提供给有关专家，听取他们的意见；第五步，根据专家意见进一步调整基准循环，最后确定出一个最基本的基准循环及其转折点。

循环转折点确定后，即可以此对国民经济监测预警指标体系中的众多单项指标进行划分。先行、同步、滞后指标的划分方法基本可分为两大类：

一类是循环转折点依赖指标分类法。循环转折点依赖指标分类法的特点是把各循环指标的特定转折点同参照循环相对应的转折点（或附近）进行对比。如果一序列的特定循环转折点以较大的可能性先行、同步或滞后于参照循环转折点，则该指标被视作先行、同步或滞后指标。属于这一类方法目前常用的有两种：

一是马场法，因由日本马场正雄首创而得名。它是将每个序列按参照循环转折点分为九段（即九段模式），比较各序列在各参照循环期间表现出来的一般波动特征同参照循环的波动特征的差异，来判定序列属于何种指标。

二是循环方式匹配法。循环方式匹配法主要是依据已知循环方式对经济指标进行分类，当我们知道了它们的循环方式，就可以用循环方式匹配法对指标分类。此外，用循环方式匹配法还可以把同类中的指标按匹配数进行排序，作为评价指标性质好坏的一种依据。

另一类是转折点依赖指标分类法。这类方法主要是指时差互相关指标分类法，其中最简单的是简单时差互相关分析。基本思路是，若两个时间序列在时间上存在相关性，它们之间的相关程度必定在某一时刻达到最大，求出这个最大相关系数所具有的时差，就可以判断两序列的时差关系。

当时间序列存在自相关时，应用这种方法往往会得出错误的结论。由于经济时间序列一般都存在自相关，因此必须对简单时差互相关方法修正。修正方法之一是采用 ARIMA(p, d, q) 时差相关分析法，主要通过建立 ARIMA 模型分别消除两个时间序列的自相关，然后再采用简单时差互相关分析法进行分析判定指标变量的类型。修正方法之二是采用 K-L 信息量方法等。

（二）综合指标

综合指标是由某些单项指标综合后形成的指标，主要由扩散指数和合成指数构成。

1. 扩散指数

经济周期波动是通过一系列经济指标的活动来传递和扩散的。在分析各个指标的波动时，必须分清两个方面的问题：一是该指标本身的波动状态；二是通过该指标的波动而展开或推进的经济波动的传导过程。任何一个经济指标本身的波动过程，都不足以代表国民经济整体的波动过程。要反映国民经济波动过程，必须综合考虑各个指标的波动过程。扩散指数就是解决这个问题的一个有效工具。在划分了先行、同步、滞后指标之后，要分别对这三类指标编制扩散指数。

所谓扩散指数，又称扩张率，它是在对各个经济指标循环波动进行测定时所得到的扩张指标的基础上，在一定时点上的加权百分数的动态序列。将每一个时点上的扩张百分比都计算出来，就可以得到一个扩张指数的动态数列。把它画在图上，就可以形象地表现出经济波动相继扩散的动态过程。

若以 KS_t 表示 t 时刻存在的扩张指标的比率，即扩散指数，则有：

$$KS_t = \sum_{i=1}^{N} \omega_i I[X_t^i, X_{t-j}^i] \times 100\% \tag{11-1}$$

在各指标的权数 ω_i 相等时，上式变为：

$$KS_t = \sum_{i=1}^{N} I[X_t^i, X_{t-j}^i]/N \times 100\% = \frac{在 t \text{ 时刻扩张的指标个数}}{指标总数} \times 100\% \tag{11-2}$$

在式（11-1）、式（11-2）中，X_t^i 代表第 i 个指标在 t 时刻的波动测定值；ω_i 代表对第 i 个指标分配的权数（相对数）；N 代表指标总数；I 是一个示性函数，其取值为：

$$I[X_t^i, X_{t-j}^i] = \begin{cases} 1, & 当 X_t^i > X_{t-j}^i \\ 0.5, & 当 X_t^i = X_{t-j}^i \\ 0, & 当 X_t^i < X_{t-j}^i \end{cases}$$

j 的确定取决于比较的基础，如果与前一期比较，则 $j=1$；若和前两期比较，则 $j=2$，等等；也可以根据每个指标的不同性质确定不同的比较期。权数 ω_i 的确定有多种方法，如专家系统评分法、相关系数加权法、动态加权法等。如果要更精确地反映经济扩张的动态过程，还可以计算累积扩散指数 ADI，其公式为：

$$ADI = 2\sum KS_t - T \times 100\% \tag{11-3}$$

式中，T 是一个时间变量，基期为 1，以后逐期加 1。

第十一章　国民经济监测预警与综合评价

扩散指数在经济波动的分析中具有重要作用：

一是指向性。由于是由许多变化比较规则的重要经济指标综合而成，可用于反映国民经济运动的方向、经济扩张或收缩的程度，以及经济波动扩散的过程。作为经济运行的晴雨表，它比任何单一指标都更具有可靠性和权威性。

二是阶段性。根据扩散指数的计算方法可知，$0 \leqslant KS_t \leqslant 100\%$。它的循环波动的长度由相邻两次波动的谷底组成。与一般指标的波动类似，每一次波动也可以被分解为四个阶段：

第一阶段：当 $0 \leqslant KS_t \leqslant 50\%$ 时，上升的指标数小于下降的指标数，这时，扩张的因素在不断地增长，收缩的因素在逐渐消失，经济形势在向扩张方向运动，表明经济运行正处于不景气空间的后期。

第二阶段：当 $50\% \leqslant KS_t \leqslant 100\%$ 时，经济情况发生了重大转折，上升的指标数大于下降的指标数，这时表明经济正处于景气空间前期。随着 KS_t 向 100%（或峰值）不断趋近，经济运行中的热度也越来越高。

第三阶段：当 $100\% > KS_t > 50\%$ 时，上升的指标数仍然大于下降的指标数，但是，扩张率在不断下降，这时经济处于景气后期，由于在经济运行中有些指标已经达到了它们的极限，正在走下坡路，所以整个经济系统正处于降温阶段。

第四阶段：当 $50\% > KS_t > 0$ 时，经济运行中的力量对比又一次发生重大转折，上升的指标数小于下降的指标数，这时，经济系统正面临全面收缩的阶段，经济形势又进入一个新的不景气空间（前期）。

根据以上论述可知，扩散指数一直是围绕 $KS_t = 50\%$ 的直线上下运动，可以把这条直线叫做景气转折线。当 $KS_t > 50\%$ 时，经济运行处于景气空间；当 $KS_t < 50\%$ 时，经济运行处于不景气空间。可以把扩散指数向上穿越景气转折线且 $KS_t = 50\%$ 的时刻，称为景气上转点；KS_t 继续向上运动达到其峰值的时刻，称为景气分割点；扩散指数向下穿越景气转折线且 $KS_t = 50\%$ 的时刻，称为景气下转点；扩散指数从 50% 向下回落达到谷底的时刻，称为萧条转折点，上述四个关键时点是和扩散指数的循环波动的四个阶段划分相对应的。图 11-1 对扩散指数的循环波动作了形象的描述。

三是比较性。扩散指数在每一个阶段停留的时间，代表经济波动在相应阶段扩散的速度。时间越长，扩散越慢。扩散指数在任一时点上达到的数值，代表经济波动扩散的程度或范围。扩散指数达到其峰值或谷底的数值，说明经济扩张或衰退的极限程度。不同周期的峰值或谷底数值的比较，可以说明经济景气或不景气的程度变化，其峰谷落差的比较，则反映经济振荡的程度。利用扩散指数，可以把经济形势的分析、经济波动的比较加以定量化、规则化、准确化和科学化。

四是客观性。根据指标的时差分类和经济分类，可以计算不同性质的扩散指数。先行指标的扩散指数，可以预测国民经济形势的动态趋势；滞后指标的扩散指数，可以判断经济景气或萧条是否开始（或结束）。因此，扩散指数又对国民经济的监测、预警和调控，提供了一个方便的工具，它也是对宏观调控的效果进行评价的一个标准。

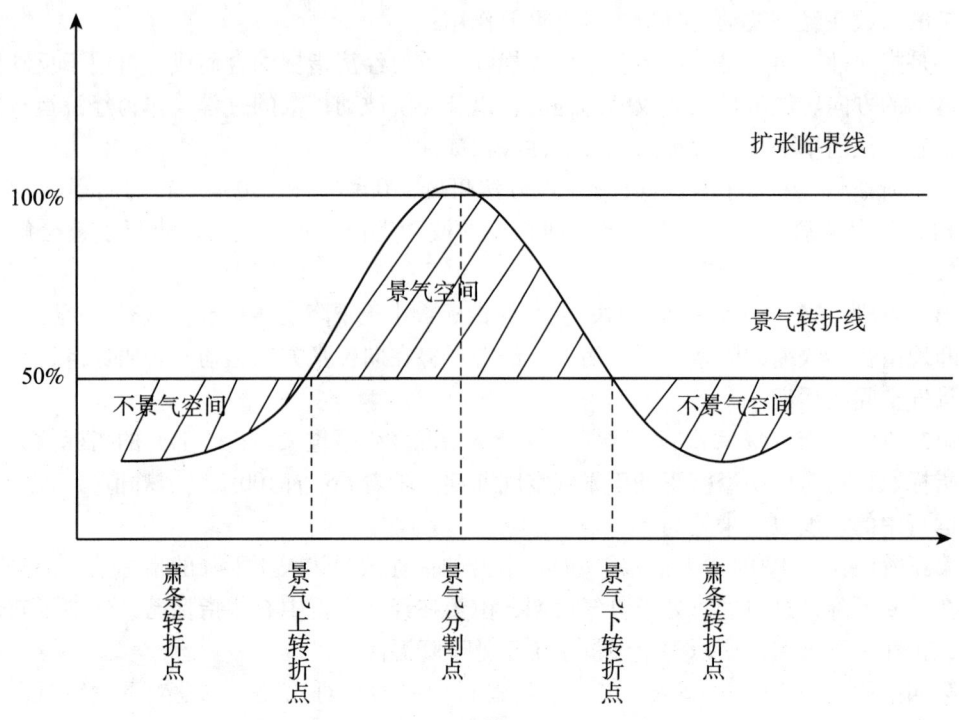

图 11-1 扩散指数循环波动分解

扩散指数与总量波动的关系,如图 11-2 所示。同步扩散指数与总量波动(总体经济波动状况)之间具有以下关系:

第一,扩散指数的循环波动和总量波动(总体经济波动状况)是一一对应的,波动的周期长度基本相同。

第二,扩散指数的峰值比总量波动的峰值平均先行半年左右。

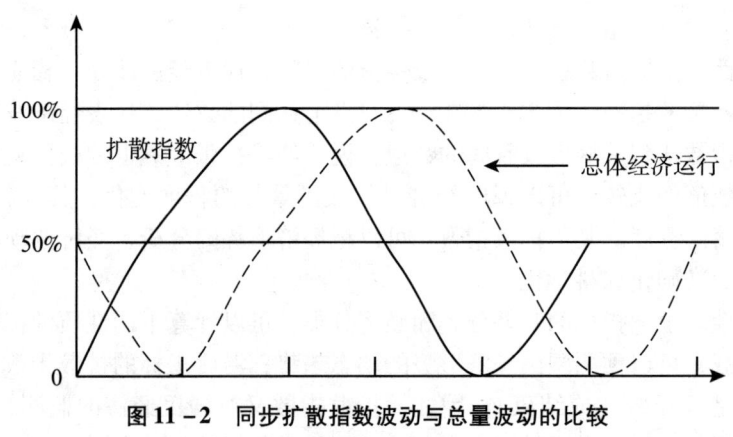

图 11-2 同步扩散指数波动与总量波动的比较

第十一章　国民经济监测预警与综合评价

第三，动态扩张（或收缩）的累积效应。总量波动的峰值基本上和扩散指数的景气下转点对应，即当上升的指标数从大于下降的指标数的状态向下回落，接近或达到与下降指标数相等时，经济总产出量达到最大；换言之，当扩散指数从峰值向下回落且 KS_t 接近或达到50%时，经济总产出量达到最大，这种现象称为经济系统动态扩张的累积效应。

类似的现象是，总量波动的谷底基本上和扩散指数的景气上转点对应，即上升的指标数从小于下降的指标数的状态，上升到接近或等于下降的指标数的状态时，总产出达到最小；换言之，当 KS_t 从小于50%变化到接近或等于50%时，总产出达到最小，这种现象称为经济系统动态收缩的累积效应。

扩张和收缩的累积效应提示我们，经济气候的评价和经济成果的总结之间应该有重要的区别。在一段时间内，经济成果最显著的时刻并不代表经济形势最稳定、最理想的时刻。因为经济运行是动态的，本期的成果并不完全来自本期的各经济要素之和，有很大程度上是前一段时期各经济变量的贡献累积而成。而如果仅以某一个总指标的数值大小，作为判断经济形势冷热的依据而制定宏观调控政策的基础，那么势必造成因判断标准错用而导致判断滞后和决策失误。

第四，景气峰值平均先行于总量周期扩张转折点2个月左右。即各个同步变量先表现为全面上升，2个月后才发生总量波动由复苏期向扩张期的转移。同步分量全面上升的时刻往往是经济形势最活跃的时刻。其次，不景气谷底平均滞后于总量周期衰退转折点2个月左右，这就是说，经济形势最困难的时刻往往发生在总量波动由收缩期向萧条期转移的时刻（稍滞后2个月），如图11-2所示。

第五，先行、同步、滞后三类扩散指数的行为是比较规则的，先行指数的峰值平均领先于同步指数的峰值6个月，而滞后指数峰值则平均落后于同步指数的峰值约4个月。这种先行、滞后关系为预测提供了很好的条件和可能性。

经济波动的一般特征分析和扩散指数的建立，为经济形势的判断、分析和预测提供了手段和依据，使对未来的宏观调控减少了很多盲目性。但是，在对国民经济系统运行状态进行预测和分析实际应用时，仍会遇到很多困难，所以，在使用扩散指数的分析方法时，一定要谨慎小心，要结合当前的实际情况和重大政策的变化来进行。

2. 合成指数

扩散指数虽然能有效地预测经济循环的转折点，但却不能明确表示经济循环变化的强弱，合成指数可弥补这一不足。合成指数除了能预测经济循环的转折点外，还能在某种意义上反映经济循环变动的振幅。

所谓合成指数，是根据同类指标中各序列循环波动程度，并考虑各序列在总体经济活动中的重要性加权（有时不加权）综合编制而成的用以反映总体经济循环程度的指标，简记为 HC_t。合成指数既能用来判断循环转折点，又能从量上反映循环波动的程度。合成指数也按先行、同步、滞后三类指标分别编制。编制合成指数的方法各国大同小异，有的国家对指标加权（如美国），有的国家不加权（如日本）；确定权数的方法十分复杂，需专门研究，在此不予展开，我们权且认为已经给定。

合成指数的编制方法有比较近似的两种：

方法一：NBER 合成指数法。具体步骤如下：

第一步：求单个指标的对称变化率。计算各个序列逐月变动百分比或离差，为使正负值所起作用对称起见，首先对它求对称变化率 $B_i(t)$：

$$B_i(t) = 200 \frac{X_i(t) - X_i(t-1)}{X_i(t) + X_i(t-1)} \tag{11-4}$$

当 $B_i(t)$ 有零或负值时，则有：

$$B_i(t) = X_i(t) - X_i(t-1) \tag{11-5}$$

式中，$X_i(t)$ 是第 i 序列消除季节变动后的第 t 时刻的数值。

第二步：对 $B_i(t)$ 进行标准化处理。为避免对变动大的序列过分影响合成指数，有必要对 $B_i(t)$ 进行标准化，使它的绝对值的平均数等于 1。令标准化后的 $B_i(t)$ 为 $SB_i(t)$，有：

$$SB_i(t) = \frac{B_i(t)}{A_i}, \quad A_i = \frac{\sum_{i=1}^{n} |B_i(t)|}{n} \tag{11-6}$$

式中，n 为时间点个数，或第 i 个指标数据的个数。第 i 序列的标准化因子 A_i 是长期历史平均变化，只有当指数要进行全面更新时才重新计算一次。

第三步：求标准化变化率的加权平均数 $R(t)$。

$$R(t) = \frac{\sum_{i=1}^{k} SB_i(t) \times \omega_i}{\sum_{i=1}^{k} \omega_i} \tag{11-7}$$

式中，k 是组内的序列数；ω_i 是第 i 序列的权重，均取为 1。

第四步：标准化和累积指数。对先行组和滞后组的加权平均变化率进行标准化，使它们的长期平均数（不考虑符号）等同于同步组相应变化率的平均数，标准化后的加权平均数为：

$$V(t) = R(t)/F, \quad F = \frac{\sum_{t=1}^{n} \frac{|R(t)|}{n}}{\sum_{t=1}^{n} \frac{|P(t)|}{n}} \tag{11-8}$$

式中，$P(t)$ 是同步指标组的 $R(t)$，F 也是一长期内的平均变化率。

第五步：把标准化平均变化率 $V(t)$ 累积成初始指数。用它来推导趋势调整因子，初始指数的计算公式为：

$$I_t = I_{t-1} \times \frac{200 + V(t)}{200 - V(t)} \tag{11-9}$$

式中，I_t 为 t 期的初始指数，在最开始月份时该指数定为 100。

第六步：趋势调整。为了使三个综合指数的趋势等于同步指数构成序列的趋势平均数，需要进行季节调整。调整方法如下：

第一，建立目标趋势。首先，求同步指标组的每个序列最初特定循环和最末特定循环

第十一章 国民经济监测预警与综合评价

的月平均数,然后分别求出从最初循环到最末循环的月平均变化率。计算公式是用下列复利公式:

$$T_{(i)} = \left(\sqrt[m]{\frac{C_i L}{C_i I}} - 1\right) \times 100\% \tag{11-10}$$

式中,$T_{(i)}$ 为 i 序列趋势因子,$C_i L$ 为 i 序列最末循环的月平均数,$C_i I$ 为最初循环的月平均数,m 是从最初循环中心到最末循环中心之间的月数。

然后,求出按上述方法算出的各同步指标的趋势平均值,称为目标趋势,记为:

$$G = \sum_{i=1}^{k} \frac{T_{(i)}}{k} \tag{11-11}$$

式中,k 为同步组内指标个数。

第二,对合成指数作趋势调整。首先,对先行指标、同步指标、滞后指标的初始综合指数,分别用上述复利公式求出各自趋势。然后,以目标趋势和初始指数趋势之差作为趋势调整因子,把每个标准化平均变化率 $V(t)$ 加上趋势调整因子得 $V'(t)$,

$$V'(t) = V(t) + G - T \tag{11-12}$$

再后,由 $V'(t)$ 推导出指数:

$$I'(t) = I'(t-1) \times \frac{200 + V'(t)}{200 - V'(t)} \tag{11-13}$$

最后,把指数 $I'(t)$ 变成定基指数得到合成指数 HC_t:

$$HC_t = \frac{I'(t)}{I'(o)} \times 100\% \tag{11-14}$$

式中,$I'(o)$ 是基年 $I'(t)$ 的月平均数。

方法二:与上一种方法的思路类似。具体计算步骤如下:

第一步:求单个指标的对称变化率:

$$B_i(t) = 200 \frac{X_i(t) - X_i(t-1)}{X_i(t) + X_i(t-1)} \tag{11-15}$$

如果 X_i 为百分数或某种指数形式,则:

$$B_i(t) = X_i(t) - X_i(t-1) \tag{11-16}$$

第二步:对 $C_i(t)$ 按同一基期进行标准化得 $Y_i(t)$:

$$Y_i(t) = \frac{B_i(t)}{\bar{B}} \tag{11-17}$$

其中,$\bar{B} = \sum_{i=1}^{n} \frac{|B_i(t)|}{n}$,$n$ 为指标个数。

第三步:求标准化后的综合变化率:

$$\gamma(t) = \sum_{i=1}^{n} Y_i(t) \tag{11-18}$$

第四步:求初始合成指数 $b(t)$:

$$b(t) = b(t-1) \times \frac{200 + \gamma(t)}{200 - \gamma(t)} \tag{11-19}$$

第五步：求合成指数 HC_t：

$$HC_t = b(t)/CI_b \times 100\% \tag{11-20}$$

式中，$CI_b = \sum b_0(t)/12$，$b_0(1)$ 是基年第 1 个月的初始合成指数。

方法二比方法一步骤简单，便于计算，但它并没有消除极端序列对合成指数的支配性影响，各类合成指数在幅度上未做标准化处理因而会参差不齐，不便于把三种合成指数作为统一的体系来判断循环阶段，其应用没有方法一广泛。

由合成指数所提供的预警信号进行预警，在步骤上与用扩散指数进行预警的步骤基本相似，所不同的是在转折点的判断原则上。合成指数不仅可以对循环走向的景气状态进行预警，还可以预言经济波动所处的水平，从而对国民经济管理选择不同力度的调节政策来调节波动具有一定指导作用。

第三节　国民经济监测预警模型和方法

一、监测预警模型和方法的分类

国民经济监测与预警也需要建立模型，国民经济监测与预警模型的任务主要有两种：一种是定性监测模型；另一种是定量监测与预警模型。

国民经济监测预警模型可按不同的标准分类：

(1) 按模型所涉及的领域或范围划分，可分为国民经济宏观综合监测预警模型、部门或行业监测预警模型以及地方综合监测预警模型等。

(2) 按模型的组成要素划分，可分为：一是系统监测预警模型，把国民经济当作一个具有许多相互联系的整体性系统来进行监测预警的模型；二是过程监测预警模型，把国民经济看作一个运动过程，重点监测国民经济实体在其运动轨迹（或区域）上的流程和流向；三是系统——过程组合监测预警模型，是上两种模型的组合，它是把国民经济看作是一个从过去到现在、从现在再发展到未来的动态整体所建立的一种组合监测预警模型。

(3) 按模型的状态是否含有时间因素划分，可分为：一是静态模型。即在假定国民经济系统是固定或稳定状态下所建立的监测预警模型。二是动态模型。主要用来反映国民经济系统内部或外部的动态特征的监测预警模型。

(4) 按模型系统特征划分，可分为：一是结构监测预警模型。主要用来监测系统内部关系的模型，如投入产出监测模型。二是行为监测预警模型。主要用来监测流经各系统的经济物质—信息流种种变化的模型。若对该模型加以扩展，也可变成为监测政府行为、企业行为的功能监测预警模型。

(5) 按模型适用的时期来划分，可分为中长期监测预警模型、年度监测预警模型和季

第十一章 国民经济监测预警与综合评价

度监测预警模型等。

（6）按量化的程度划分，可分为：一是定性监测预警模型。主要依靠监测人员的判断、经验分析、逻辑推理进行监测预警时所用的监测预警模型，如监测系统的关系框图；二是经济数学监测预警模型。即在一组简化的假设条件下所建立的国民经济实体活动的数学关系式进行监测预警的模型。

（7）按模型所采用的技术方法划分，可分为主观法监测预警模型、特尔斐监测预警模型、系统动力学监测预警模型、先行指标监测预警模型、经济计量学监测预警模型和投入产出监测预警模型等。

二、监测与预警目标函数的选择与区间的确定

建立国民经济监测预警模型，首先要确定监测预警目标函数，即监测预警所追求的目标与监测预警变量之间的数学表达式。在确定目标函数时应注意：

（1）复杂性。由于国民经济是一个开放的、复杂的系统，在确定目标函数时既要考虑系统内部的复杂结构，又要考虑系统存在的环境。国民经济系统由于环境的影响，常常出现某些宏观变量的意想不到的增长或下降，这种涨落常常会给国民经济未来运行轨迹的单值预警产生困难。

（2）历史性。国民经济监测预警模型是将国民经济系统运行过程的数学化，只要我们掌握了国民经济的初始条件和运动方程，就可以监测国民经济未来任何时刻运行的进程。但是，国民经济系统运行过程具有历史性，它是由一些不能重复的特殊事件所组成，由于单个试验具有不确定性，又无法通过试验来求得它的分布函数，检验它与理论符合的程度，因而一个目标函数确定以后，需要一定时间的试验验证，这就需要把它与国民经济系统运行的真实过程进行比较，以确定它对经济模拟的吻合程度。

（3）选择性。一个监测预警目标往往与许多监测指标变量有关，但是进入模型的自变量不是越多越好，需要对进入模型的监测预警指标进行科学的筛选。

监测预警时需要事先将国民经济波动状况分为几个判断区间，各监测指标和综合景气状态划分的数量标准就是临界点。状态区间的划分和临界点的确定是决定监测预警系统科学性的另一个重要因素。

监测与预警区间的确定，根据我国经济发展易于出现膨胀的特点，我国将判断区间分为"过热""热""基本稳定""稳定""冷缩"五种状态，分别以"双红灯""红灯""黄灯""绿灯""蓝灯"予以表示。这五个区间如图 11-3 所示。

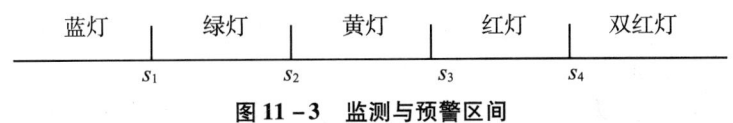

图 11-3 监测与预警区间

s_1、s_2、s_3、s_4 为各监测指标变动率的分界点，也是我们进行国民经济监测的预警点。

分界点确定的方法一般有两种：

一是经济数学确定法。主要采用一些数学方法确定分界点，如经济系统分析法、集值统计估计法、模糊统计确定法、目标规划法等。

二是传统方法。主要有历史经验确定法、景气状态确定法，它们都是依据监测预警者的经验，通过历史资料的分析，来制定出各指标的变动率数值（称其为监测值）的。具体来说：

——历史经验确定法就是根据国民经济管理的历史经验，通过分析，提出各敏感性监测指标的社会忍受程度的临界值。

——景气状态确定法在确定景气状态及其数量特征时，是根据历史经验划定各时期所属的经济运行状态，即景气状态，然后来确定各景气状态的数量特征的。根据历史上的情况（特征变量的历史数据），把景气状态相似的时期合并为同类，这样就可以把各历史时期分为不相同的若干个类，然后计算每一类内各特征变量的取值范围和集中趋势、离散程度，从中找出各类之间差异显著的数量特征，以此作为划分或确定具体年份或时期景气状态归属的依据。在实践中，不能把"临界点"和"警戒线"简单理解为一个固定不变的数值，它应随着制约它的因素的变化而变化。

对筛选出的指标确立出了分界点后，即可采用综合分数预警评判模型、经济计量预警模型、系统动力学预警模型、投入产出预警模型、线性规划预警模型、模糊数学预警模型等建模方法，着手建立预警模型。

三、景气警告指标法

景气警告指标法，是采用类似于交通管制信号系统的方法（即灯号显示法）来反映国民经济综合变化状况与变化趋势的一种预警方法。该方法最早见于20世纪50年代美国提出的"程式性调控"制度。50年代后期，法国也设立了"经济警告指标"，并采用该方法进行了监测预警。60年代初，日本在吸收美、法两国经验的基础上研究自己的经济监测方法，并于60年代中设置了自己的"景气警告指标"。该方法包括11项监测指标，每项指标根据其变化幅度大小设定一定的分值，某一个时期各监测指标的分值之和就是对这一时期经济综合景气状况的数量评价，再根据综合景气评分的高低设立若干定性区间，某一时期综合评分落入的区间，就表示该时期综合景气的定性评价及宏观调控政策取向。

我国景气警告系统是在借鉴其他国家方法的基础上建立起来的，它包括如下内容[①]：

（1）围绕经济目标选择与经济波动具有较高敏感性的指标——警告指标。

（2）状态区域的划分。根据我国经济发展易于出现膨胀的特点，我国将判断区域分为"过热""热""基本稳定""稳定""冷缩"五种状态，分别以"双红灯""红灯""黄灯""绿灯""蓝灯"予以表示，如图11-3所示。"绿灯"表示景气稳定，可在稳定中采

---

① 钱伯海主编：《国民经济核算与宏观经济分析》，中国统计出版社1998年版，第348~354页。

第十一章 国民经济监测预警与综合评价

取促进经济成长的措施;"黄灯"表示景气基本稳定,但在短期内有转热或趋稳的可能;"红灯"表示景气稍热,若无适当措施景气过热行将来临;"双红灯"表示景气已经过热,必须采取强有力措施;"蓝灯"表示景气已经进入萧条,必须采取强有力刺激景气复苏的政策。

在图 11-3 的 s_1、s_2、s_3、s_4 各监测指标变动率的分界点上,监测系统的预警最佳目标在 s_3 点。因为 s_3 是经济由稳定转向过热的分界线,较易控制,在 s_3 预警点以前,经济一般来说比较稳定,s_3 以后,经济已由稳定向稍热、过热、萧条转移,如果预警不及时,控制不力,就会趋于 s_4,这样,国民经济就会越发难以控制和协调。对各色灯号分别赋予不同的分数,分别为 5、4、3、2、1,这样便于计算汇总。

(3)临界点的确定。国家统计局确定临界点的步骤如下:

①为使各指标临界点的确定都以年度经济增长和通货膨胀的相应界限为参考标准。在确定临界点时,上述两指标的年度增长可参考如表 11-1 所示的标准进行。

表 11-1　中国年度经济增长率和通货膨胀率临界点确定参考标准

	蓝灯冷缩	绿灯稳定	黄灯基本稳定	红灯热	双红灯过热
GDP 增长率(%)	4	7	9	11	
通货膨胀率(%)	2	6	8	10	

②确定了参考标准后,就可以确定各指标年度增长判断界限。具体步骤是:

第一步:确定各指标不变价年度临界点,方法如下:

第一,考虑到我国尚处于工业化过程中,工业总产值增长的临界点应高于 GDP 参考标准;与此同时,根据产销平衡的原则,工业生产的增长标准应与销售和商业部门工业品购进一致;受基数影响,国有企业工业增长临界点应低于全部工业的相应水平;不变价工业贷款年度临界点应与全部工业总产值临界点一致。

第二,考虑到经济建设的实际需要,固定资产投资的不变价年度临界点,应略高于 GDP 参考标准;同样,出于鼓励出口的实际需要,出口增长也应快于 GDP 增长。

第三,为了保持总供求平衡,在固定资产投资和出口都高于 GDP 增长的情况下,国内消费(社会商品零售额)品不变价临界点,应低于 GDP 的相应参考标准;商业购进和零售总额保持同步。

第四,货币供应量和货币流通量不变价点,应与 GDP 参考标准基本一致。

第五,居民收入的不变价临界点应与 GDP 参考标准基本一致。

第二步:确定了各指标的不变价临界点后,接下来就要确定现价类指标的年度增长率的临界点。方法是将其不变价临界点分别乘上通货膨胀率临界点的相应组中值(见表 11-2)。

表 11-2　　　　　　　　现价类指标的年度增长率临界点

指标灯系统	通货膨胀率临界点	组中值	指标不变价临界点	现价临界点
双红灯				
红灯	110%	109%	4	1.09×4
黄灯	108%	107%	3	1.07×3
绿灯	106%	103.5%	2	1.035×2
蓝灯	102%	101%	1	1.02×1

第三步：初步确定各指标年度增长率临界点后，再根据历年监测指标的实际变化动态对各指标临界点做一些必要的调整，得到最终确定的监测指标年度增长临界点。

③根据监测指标的对比基期，将各种指标年度增长临界点转变为年率化指数，得到最终临界点。方法是，与去年同月相比的指标，直接采用年度临界点为最终临界点；与前6个月相比的指标，取原年度临界点的平方根为最终临界点；与前3个月相比的指标，取相应年度临界点的4次方根为最终临界点；与上月相比的指标，取年度临界点的12次方根为最终临界点。

④最后确定综合分数的临界点。通过将指标得分加总，计算经济景气总分数；再计算出综合分数处于各区间的临界值，并判断综合灯号的显示状况（见表11-3）。

表 11-3　　　　　　　　综合分数的临界点

经济状况	灯号	分数	综合分数临界值
过热	双红	5	
较热	红	4	$5n×85\%$
稳定	黄	3	$5n×73\%$
较冷	绿	2	$5n×50\%$
过冷	蓝	1	$5n×36\%$

注：表中 n 为警告指标个数。

在确定总体经济态势时，还可以按下述原则进行：(1) 若有1/3以上的指标进入"蓝灯区"，而同时其他指标均显示"绿灯"时，可认定总体经济处于"冷缩（蓝灯）"状态；(2) 若有1/2以上的指标显示"黄灯"，而其他指标都在"绿灯区"时，可认定总体经济显示"黄灯"；(3) 若有1/3以上的指标显示"红灯"，而其他指标都在"绿灯区"时，可认定总体经济显示"黄灯"；(4) 若全部指标均显示"红灯"，可认定此时总体经济处于"红灯区"上限，"双红灯"区边缘（即再有任何一个指标增加1分，总体经济就显示"双红灯"）。

景气警告指标法与其他预警方法相比的优点是：能够直接报告预测期运行状态的有关

第十一章 国民经济监测预警与综合评价

性质特征，不只限于报告景气或不景气，或者是热、过热还是不冷不热等；它还能报告出热是什么类型的热，是消费过热型还是投资过热型的，其详细程度视运行模式识别部分把运行状态分为多少类。因此，这种方法有助于选择具有针对性的调节措施。缺点是：这种方法由于没有在周期波动分析的基础上进行预警，所以它不能直接提出预测期运行状态处于经济波动的哪个阶段，经济活动是否已走出谷底进入景气运行状态，或者什么时候经济运行将走出景气进入不景气状态，从而不能为反经济周期波动措施的提出直接提供有价值的信息。

第四节 国民经济效益综合评价

一、国民经济效益综合评价的内涵

（一）国民经济效益的内涵

国民经济是一个复杂的经济系统。要保证系统的稳定、持续运行，经济发展必须做到速度合适、结构合理、比例协调，这样才能使经济效益不断提高，生产出的社会产品最大限度地满足社会及其成员日益增长的物质和文化的需要。因此，如何最大限度地提高国民经济效益，是能否保证国民经济又好又快发展，实现社会主义现代化宏伟目标的关键。

经济效益是指在经济活动中，以最少的投入或劳动消耗（包括活劳动和物化消耗），生产出在数量和质量上都满足社会需要的产品。

所谓国民经济效益是指整个社会或国民经济活动的效益。如果用公式来表示，则有：

$$国民经济效益 = \frac{产出量（全部国民经济活动成果）}{投入量（活劳动、物化劳动占用或消耗）} \qquad (11-21)$$

从公式来看，显然，产出量越大且数量与质量为社会所需求，投入量越小，则国民经济效益越高。

在对国民经济效益综合评价中，有时采用一个综合指标——全要素生产率或称综合要素生产率，来反映国民经济的综合效益。其计算公式为

$$全要素生产率（TFP）= GDP/全部生产要素综合投入量 \qquad (11-22)$$

由上述国民经济效益的概念可知，国民经济效益具有以下特征：以整个社会或国民经济的经济活动为考察对象；是国民经济综合性整体的全局经济效益；是社会再生产全过程的经济效益，包括社会再生产的各个环节、各领域综合的经济效益；是国民经济的长远效益与短期效益，直接效益与间接效益，经济效益与社会效益、技术效益、生态环境效益的统一。

决定国民经济效益因素主要有微观因素、规模经济、生产要素替代、资源配置等多个方面。

（二）综合评价的基本要素

综合评价是近 20 多年来发展起来的一种对复杂事物进行综合评估的管理方法。随着方法不断丰富、完善，其应用领域越来越广泛，几乎触及到社会生活的各个方面。构成一综合评价问题必须具备评价对象、评价标准、评价指标、权重系数、综合评价模型和方法以及评价者等六个基本要素。

二、国民经济效益综合评价体系

（一）指标体系设计原则

指标体系设计的原则包括：一是科学性，即所设计的评价指标应该能科学、准确地反映被评价对象国民经济效益的某一方面性质特征；二是全面性，即所设计的评价指标体系应该能全面、完整地反映被评价对象国民经济效益的各个方面性质特征；三是可比性，即所设计的评价指标和指标体系应该具有与被比较对象比较分析的功能；四是可测性，即所设计的每一评价指标的数据具有可观测或者可获得性。五是相对独立性，即所设计的每一评价指标数据彼此之间应尽可能具有相对独立性（见图 11-4）。

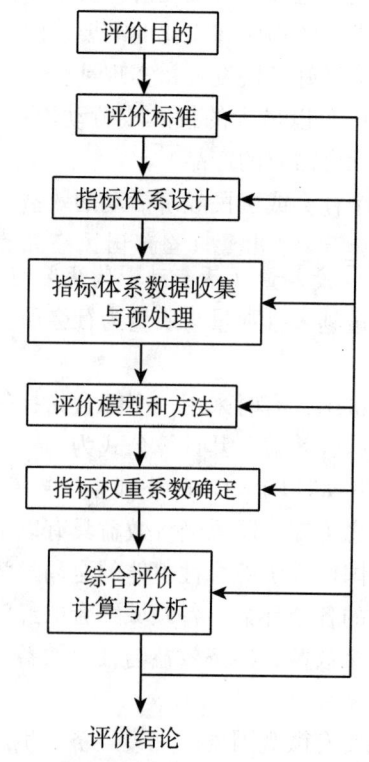

图 11-4 国民经济效益综合评价流程图

第十一章 国民经济监测预警与综合评价

(二) 指标体系设计

根据国民经济效益指标体系结构特征的要求,主要有以下设计途径:

第一,按照社会再生产过程设计国民经济效益综合评价指标体系。主要包括:反映生产方面经济效益的指标,如社会物质消耗率、社会劳动生产率、成本净值率、和资金产值率等;反映流通方面经济效益的指标,如流通费用率、流通资金周转速度、流通资金占有率、商品适销率等;反映积累、建设方面的经济效益指标,如建设周期、固定资产交付使用率、投资效果系数、积累效果系数等;反映消费满足人民需要的经济效益指标,如人均国内生产总值、人均消费资料等。

第二,按照国民经济效益内涵诸方面设计国民经济效益综合评价指标体系。主要包括:反映劳动过程的经济效益指标,如使用价值与活劳动消耗、劳动资料、劳动对象消耗的比较指标;反映价值形成的经济效益指标,如活劳动消耗、物化劳动消耗、成本方面指标等;反映资金占用的经济效益指标,如固定资金占用、流动资金占用、全部资金占用等;满足需要的经济效益指标,如产品实现率、新产品产值率等。

第三,按照投入产出的诸方面设计国民经济效益综合评价指标体系。主要包括:国民经济效益综合指标、活劳动消耗经济效益指标、物质消耗经济效益指标、资金占用经济效益指标、固定资产投资经济效益指标、技术进步经济效益指标。

第四,按照直接和间接经济效益设计国民经济效益综合评价指标体系。主要包括:直接经济效益指标,如劳动生产率、物耗率或净值率、产值盈利率、成本赢利率、资金产值率和资金盈利率;间接经济效益指标,如人均国民收入额及其增长速度、人均消费额和最终消费额及其增长率等。

第五,按照国民经济效益与社会、资源、生态环境效益相统一原则设计综合评价指标体系。主要包括:国民经济效益方面指标、社会效益方面指标、生态环境效益方面指标以及人口方面与科技效益方面指标等。

常见的国民经济效益综合评价指标体系结构主要有:

一是"单层"指标体系结构,主要是指除总目标外的指标层只有一层,即最终指标直接隶属于总目标,直接对总目标进行综合评价的指标体系结构。它是所有指标体系中最简单的一种结构形式。如图11-5所示。

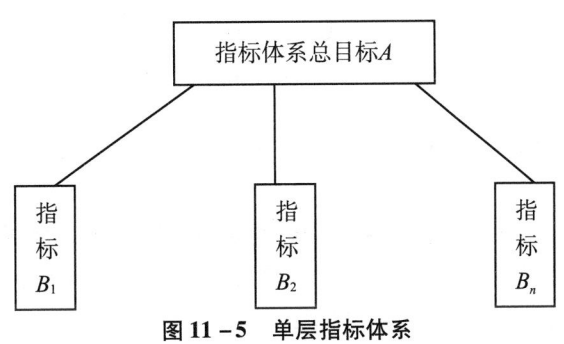

图11-5 单层指标体系

二是"树"形多层指标体系结构,主要是指除总目标之外,指标体系至少含有两个不同的指标层,同一层次的不同指标之间是一种无关联关系,下一层次的任一指标只隶属于与之相邻的上一层指标中的一个指标,整个指标体系呈现出明显的树形结构的综合评价指标体系结构。树形指标体系所含指标层数的多少,一般应由所研究的问题的复杂性来决定。如图11-6所示。

三是非树形多层指标体系结构,主要是指标体系中相对较为复杂的一种,也是最贴近实际情况的一种。它是指标体系中除总目标外,至少包含两个指标层,同一指标层中的不同指标之间无关联,彼此之间不存在隶属关系;但在相邻的两个指标层中,下层中的某一指标可同时属于上一层中的多个指标层。非树形多层指标体系与树形多层指标体系的区别就在于此。如图11-7所示。

需要特别指出的是,国民经济效益综合评价,由于是采用综合评价方法进行评价的,尽管它具有一定科学性,但由于评价过程中总要受到种种因素影响,因而评价结果具有一定局限性。主要是评价结果具有相对性、带有主观性、不具唯一性。然而,这并不妨碍结果的应用,因为它毕竟为国民经济效益的综合评价,提供了可参考的科学依据。

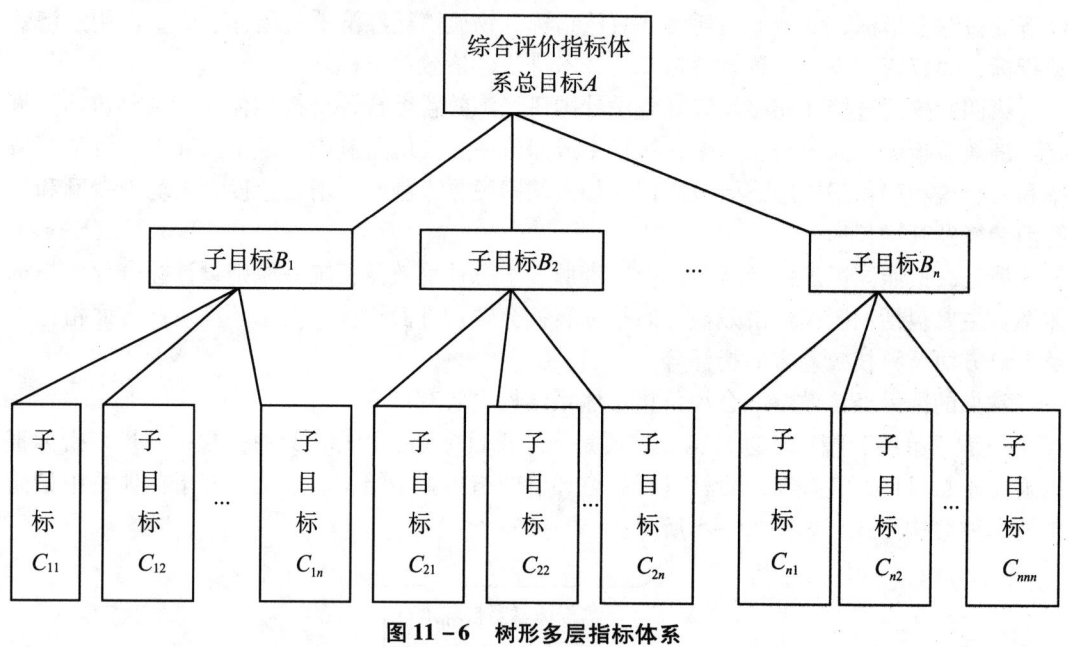

图11-6 树形多层指标体系

三、国民经济效益综合评价模型和方法

国民经济效益综合评价属于综合评价范畴的研究内容,在综合评价体系中模型方法有很多,它们都可以作为国民经济效益评价而采用。在这些可用于国民经济效益综合评价的模型方法中,若按不同标准可分为不同类型:

第十一章 国民经济监测预警与综合评价

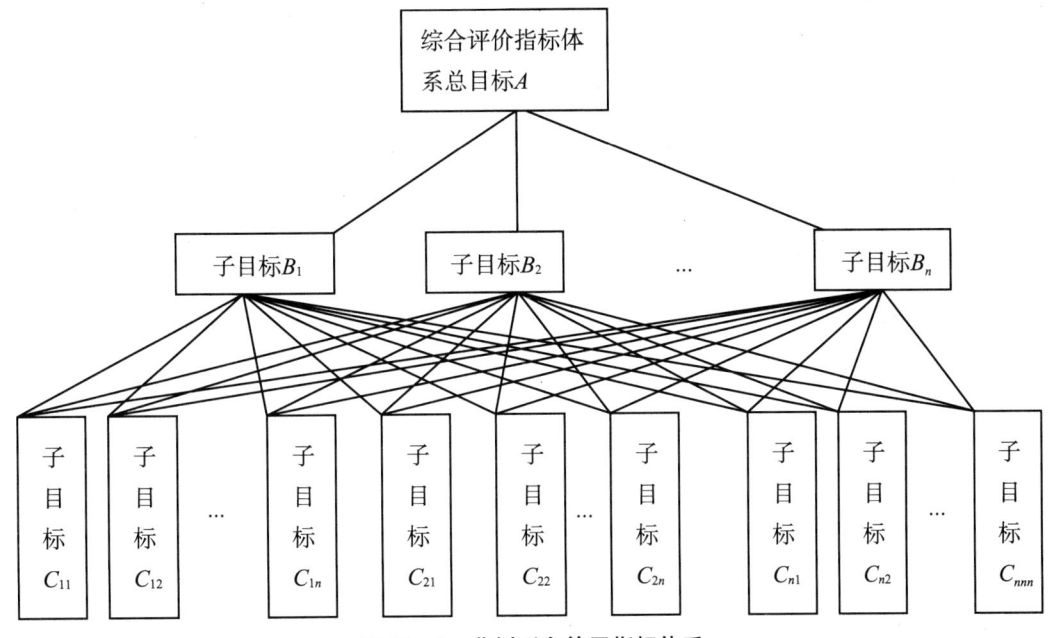

图 11-7 非树形多等层指标体系

（1）按评价以定性还是定量为主划分。可分为两类：一类是定性综合评价方法，如特尔菲法；另一类是定量综合评价法，如指数综合法、最优距离法等。

（2）按评价指标有无量纲化处理划分。可分为两类：一是有量纲的综合评价法，即直接采用评价指标进行综合评价，不对评价指标作无量化处理的综合评价方法，如指数综合法、最优距离法等；二是无量纲的综合评价法，首先将评价指标作无量纲化处理，然后利用无量纲化的评价指标进行评价的综合评价方法，如功效系数法。

（3）按评价指标权重系数确定划分。可分为三类：一是主观确定评价指标权重系数的综合评价法，如指数综合法、最优距离法、功效系数法；二是客观确定权重系数的综合评价法，如多元统计分析中的主成分分析法、因子分析法、聚类分析法等；三是主、客观相结合确定权重系数的综合评价法，如层次分析法等。

（4）按评价方法是否从系统出发来划分。可分为两类：一是非系统综合评价方法。如多元统计分析综合评价法、模糊数学综合评价法等；二是系统综合评价方法。如层次分析法、灰色系统评价法、人工神经网络评价法、数据包络分析法等。

在上述这些综合评价模型和方法中，不同的模型和方法都有着各自不同的特点和适用范围，在采用上述这些综合评价模型和方法对国民经济效益进行综合评价时，应该根据所研究对象和问题，结合这些模型和方法所具有的各自特点和适用范围而选择使用。

【复习思考题】

1. 建立国民经济监测预警系统的必要性及意义。
2. 国民经济监测预警系统的作用。

3. 国民经济监测预警目标与内容。
4. 国民经济监测预警系统结构及其设计。
5. 国民经济监测预警指标体系的构建原则。
6. 国民经济监测预警指标体系的类型。
7. 扩散指数在经济波动分析中的作用。
8. 扩散指数与国民经济总量波动的关系。
9. 合成指数及其编制方法。
10. 景气警告指标法的应用及其建立程序。
11. 国民经济效益的内涵。
12. 国民经济效益综合评价的基本要素。
13. 国民经济效益综合评价指标体系设计的途径。

第十二章 国民经济宏观调控

国民经济在既定的发展战略、发展规划和目标下运行的过程中，不可避免地经历着有规律的扩张和收缩即波动。当通过监测预警显示出激烈波动乃至于偏离正常运行轨道，且仅靠市场机制无法完全调节时，就必须对其进行干预，即对国民经济进行宏观调控，以实现经济总量的基本平衡和整体结构的不断优化，社会总供给与总需求保持基本平衡，保证国民经济持续、快速和稳定发展。因此，宏观调控是国民经济管理的一个重要组成部分。本章主要分析国民经济宏观调控的目标和合理区间、原理、政策手段及调控作用、创新和完善调控方式以及制度保障。

第一节 宏观调控目标和合理区间

一、经济新常态下宏观调控的目标和基本任务

当前，我国经济发展进入新常态。为了实现全面建成小康社会的奋斗目标，经济增长要保持中高速，产业要迈向中高端，朝着创新型国家和人才强国迈进。在这种情况下，宏观调控目标和重点任务发生了新变化。

（一）经济新常态下宏观调控的目标

在市场对资源配置起决定性作用的同时，政府更好发挥作用的重要方面是加强并科学地进行宏观调控，保证宏观经济的基本稳定。宏观调控的目标，一般公认为是实现经济增长、充分就业、物价稳定和国际收支平衡四大目标。但是，这四大目标的具体指标选择在不同国家、同一国家的不同时期，因为面临的形势和任务不同，也会有所不同。科学的宏观调控，就是要依据变化了的形势和任务，适时地依据宏观调控的目标进行调控。

在经济高速增长时期，我国面临的主要任务是迅速摆脱贫穷落后，向解决温饱进而向全面建成小康社会目标迈进。为了早日完成这一任务，经济发展能快则快、能进则进就成为主要的价值取向，GDP总量的扩张也就成为宏观调控的主要目标。由于这一时期我国的投资空间巨大，资源环境承载能力较强，也使这一调控目标在实践中具有可行性。但是，随着我国经济发展进入新常态，宏观调控要实现以下新的目标要求。

1. 着力提高经济增长的质量和效益

经过 30 多年的高速增长,我国已进入中等收入国家行列。在向高收入国家迈进阶段,我国面临的重要任务是跨越"中等收入陷阱"。这就要求不能一味追求经济数量的扩张,更要推动产业升级、结构优化和创新驱动,也就是追求"量增质升"。为了实现全面建成小康社会的目标需求,在提高发展平衡性、包容性和可持续性的基础上,实现到 2020 年 GDP 和城乡居民人均收入比 2010 年翻一番,2016~2020 年年均增长底线为 6.5% 以上,使经济保持中高速增长。因此,宏观调控目标的选择,就需要在量增和质升间寻求平衡点,实现两者间的协同调控。做到主要经济指标平衡协调,发展空间格局得到优化,投资效率和企业效率明显上升,"两化融合"水平得到进一步提高,产业迈向中高端水平,迈入创新型国家和人才强国水平。

2. 人民生活水平和质量普遍提高

经济增长是社会主义国家经济建设的一个极其重要的问题,但不是唯一的目标。经济增长归根到底是为了增加就业、提高人民生活水平和质量。坚持共享发展、着力增进人民福祉,必须坚持就业优先战略,实施更加积极的就业政策,创造更多就业岗位,着力解决结构性就业矛盾,实现比较充分的就业。不仅如此,还要做到教育、文化、社保、医疗、住房等公共服务体系更加健全,基本公共服务均等化水平稳步提升,收入差距缩小,中等收入人口比重上升。尤其要打赢脱贫攻坚战,把发展成效体现在人民福祉上。

3. 国民素质和社会文明程度显著提高

实现民族伟大复兴的中国梦,还需要全国人民几十年的团结奋斗,这就需要把经济发展和社会发展结合起来、把提高经济发展质量和提高国民素质和社会文明程度统一起来。实现全面建成小康社会目标,必须更好地发挥创新这个引领发展的第一动力作用,积极倡导创业创新文化,推动大众创业、万众创新。努力提高城乡居民的文化素质、教育水平、健康水平、道德水平和文明程度。为此,需要采取相应的宏观调控措施,培育发展新动力,拓展发展新空间,如支持传统产业优化升级,加快战略性新兴产业发展,使文化产业成为国民经济支柱性产业。

4. 生态环境质量总体改善

绿色是永续发展的必要条件和人们对美好生活追求的重要体现。走向生态文明新时代,建设美丽中国,是实现中华民族伟大复兴中国梦的重要内容,也是宏观经济调控的新挑战和新使命。要把生态文明建设纳入经济社会发展各个方面和全过程,致力于实现可持续发展。目前,解决资源约束趋紧、环境污染严重、发展与人口资源环境矛盾的"瓶颈",必须坚持节约资源和环境保护的基本政策,对能源、水资源和建设用地实施总量和强度"双控",建设"两型"社会,推动形成人与自然和谐发展现代化建设新格局。

总之,经济新常态下宏观调控要实现的新目标,可以大体归结为稳增长、调结构、转方式和惠民生。以经济建设为中心是我们必须始终坚持的党的基本路线,发展是硬道理是执政党的第一要务,还需要一心一意谋发展,咬定青山不放松。只是我们要的是发展,是更有效率、更高质量、更加协调、更多公平、更可持续的发展。这样,调结构、转方式和惠民生就越发重要。前两者主要是增强发展能力,后者则是激发发展动力。

第十二章　国民经济宏观调控

(二) 经济新常态下宏观调控的重点任务

我国经济发展进入到了经济保持中高速增长、产业迈向中高端水平的新常态，标志着宏观调控任务发生了新的变化。适应新常态、把握新常态、引领新常态，宏观调控必须适应我国经济发展速度变化、结构优化和动力转换三大特点，新常态下宏观调控需要完成的基本任务主要包括以下内容。

1. 依据国家中长期发展规划目标和总供求格局实施宏观调控

由国家编制的中长期发展规划为国民经济规划，是国民经济发展战略的具体落实，是实施发展战略过程中的关键环节，也是国家加强和改善宏观调控的重要手段。依据国家中长期发展规划目标创新和完善宏观调控方式，主要是要注意做好"三级三类"规划之间的合理衔接、有机配合：一是国家级规划、省级规划、市县规划相互协调；二是总体规划、专项规划和区域规划密切配合；三是相关领域规划相互补充，如国土规划、城市规划和主体功能区规划等。同时强化国家级中长期规划的引导和约束作用，发挥好年度规划在落实规划上的关键作用。

总供求格局是指保持社会总供给和社会总需求在总量和结构上的基本平衡。社会总供求的总量平衡主要是价值上的平衡，即保持财政收支、信贷收支、贸易收支、资本收支各个方面的平衡。调控社会总供求的总量平衡主要是注意发挥财政政策、货币政策的作用。社会总供求的结构平衡主要是促进重大经济结构协调和生产力布局优化：从供给结构来看，主要有产业结构、地区结构和城乡结构；从需求结构来看，主要有投资结构、消费结构和进出口结构。调控社会总供求的结构平衡主要是注重发挥产业政策、地区政策、投资政策、消费政策和价格政策等的作用。

2. 创新调控思路和政策工具

经济新常态下，创新调控思路必须突出新的发展理念，牢固树立创新、协调、绿色、开放、共享的发展理念，在增动力、促平衡、可持续、拓空间、更包容上下功夫，以灵活有效的调控方式应对经济波动，加快新旧功能转换和平滑接续，更大释放有效需求活力，培育国际竞争合作新优势，保持经济中高速增长。同时，紧扣调结构、转方式实施创新驱动战略，在供给侧和需求侧两端发力促进产业迈向中高端。在创新调控政策工具方面，通过实行调控政策"组合拳"，在保持政策基调基本稳定的前提下，在区间调控的基础上加大定向调控力度，实施相机调控、精准调控。在政策推进上选准时机：当经济平稳运行时，加快推进促改革、调结构政策；当经济出现波动时，加大预微调力度；当经济出现波动时，采取力度更大的稳增长政策

3. 进一步完善宏观调控政策体系

一是以财政政策、货币政策为主要手段。相对说来，财政政策和货币政策是宏观调控的总量政策，主要实现社会总供求的总量平衡。在传统财政政策工具的基础上，财政政策的"工具箱"可适当增加发挥各类投资引导基金作用、PPP模式以及税制改革和民生保障等新工具。货币政策在"三大法宝"的基础上，可适当采用定向调控的新工具，利率政策在短期利率控制的同时，从中期利率指引向长期利率传导和前瞻性指引方向发展。二是产

业政策、区域政策、投资政策、消费政策和价格政策协调配合。相对说来，上述政策是宏观政策的微观化，或者说主要是宏观调控的结构性政策。这些政策具有各自的调控目标和主攻方向，是宏观调控在各个领域的具体体现。为此，要正确处理分领域调控和全局性统筹的关系，通过宏观调控体系的完善，强化政策间的协调配合，形成调控合力，确保宏观调控目标的总体实现。

4. 建立风险识别和预警机制

运用大数据技术提高经济运行信息及时性和准确性。国民经济系统运行存在着周期性波动，剧烈的经济波动不仅不利于国民经济系统平稳运行，而且会造成较大的经济风险，对国民经济造成巨大破坏。因此，从宏观调控的角度，必须及时准确掌握经济运行信息，对国民经济进行监测与预警，使国家及时采取强有力的干预政策迅速扭转局面。国民经济监测是对国民经济运行状况进行有效监督、分析、预测和评估管理的过程。国民经济预警是当国民经济运行即将发生重大波动或偏离时及时作出分析、准确预报或警告的管理过程。国民经济监测和预警是紧密联系的，监测的最重要目的是预警，而预警则是国民经济监测的反应形式，二者都与指标体系建立、数据采集和数据处理技术等有着直接的关系。大数据时代，既为进行国民经济监测和预警提供了充分的信息，也对提高国民经济监测和预警分析水平提出了新的更高要求。为此，应建立健全政府大数据采集制度，加快"智慧政府"建设，整合网络安全实现互联互通，建立政府"智库"，从而为及时实行逆周期调节，制订反危机措施，保持国民经济可持续发展提供充分的依据。

5. 推进价格机制改革

价格机制是市场机制的核心，市场决定价格是市场在资源配置中起决定性作用的关键。主动适应和引领经济发展新常态，紧紧围绕使市场在资源配置中起决定性作用和更好发挥政府作用，必须全面深化价格改革，完善重点领域价格形成机制，健全政府定价制度，加强市场价格监管和反垄断执法，为经济社会发展营造良好价格环境。经济新常态下，推进价格机制改革要做到"四个坚持"：一是坚持市场决定。凡是能由市场形成价格的都交给市场，政府不进行干预；二是坚持放管结合。政府价格管理在坚持把不该管的坚持放给市场的同时，集中力量把该管的管住管好；三是坚持改革创新。在价格形成机制、调控体系、监管方式上探索创新，服务宏观调控转变；四是坚持稳慎推进。价格改革与财政税收、收入分配、行业管理机制等改革相协调，把握好时机、节奏和力度，切实防范各类风险，确保平稳有序。

6. 防范和化解经济风险

在经济周期波动或失衡性波动过程中，往往容易产生一些经济风险，或由经济风险带来进一步的周期波动。经济风险主要有区域性风险和系统性风险。一般说来，区域性风险或局部性风险不是对一个国家造成重大影响的风险，只是对某一地区和行业造成局部影响的风险，当前主要应防范产能过剩风险、房地产风险、地方债券风险、影子银行风险和资本市场风险等；系统性风险主要指对全国都产生重大影响的风险，最明显的是通货膨胀和通货紧缩。经济风险可分为显性风险和隐形风险。从经济风险积累和化解看，伴随着经济增速下调，各类隐性风险逐步显性化，虽然风险总体可控，但化解以高杠杆和泡沫化为主

第十二章 国民经济宏观调控

要特征的各类风险将持续一段时间，必须标本兼治、对症下药，建立健全化解各类风险的体制机制。当前要高度关注风险发生发展趋势，按照严控增量、区别对待、分类施策、逐步化解的原则，有序加以化解。与此同时，采取疏堵结合、管防并重的政策措施，有效防止个案性、局部性风险演化成为区域性乃至系统性风险。

二、宏观经济的区间调控、定向调控和相机调控

宏观调控"三部曲"是国家在不同时期提出并形成的完整的宏观调控的决策部署。"区间＋定向＋相机"调控方式同2009年央行提出的"宏观审慎管理"一脉相承，发挥熨平经济周期的逆向调节作用。三种调控的宏观思路的灵活运用，贯穿在不同领域的决策部署，为把舵中国经济避行险滩暗礁，努力向更好方向发展。

（一）宏观经济区间调控

中共十八届三中全会《中共中央关于全面深化改革若干重大问题的决定》对我国宏观调控体系提出新要求，"健全宏观调控体系，保持经济总量平衡，促进重大经济结构协调和生产力布局优化，减缓经济周期波动影响，防范区域性、系统性风险，稳定市场预期，实现经济持续健康发展"。为贯彻十八届三中全会精神，促进经济结构调整，保证经济持续快速发展，应对后危机时代的国内外形势，2013年党中央、国务院创造性地提出了区间管理的宏观调控思路。所谓宏观经济的区间调控，是指通过调控使经济发展处于合理的上限、下限和底线所形成的合理区间内，只要经济运行不滑出这一区间，经济增长速度高一点或者低一点都正常，宏观政策将保持基本稳定。在以往宏观调控的目标选择上，我国通常会选择一个明确的经济增长速度如"保8%"作为调控目标，这是点状调控，在当时的发展阶段有其合理性。在经济发展新常态下，面对复杂多变的国际和国内环境，明确一个具体的经济增长速度作为调控目标未免有失偏颇。创新和完善宏观调控方式，使宏观调控不断趋向科学，需要将宏观调控的目标选择从点状调控转向区间调控，即确定一个经济发展的合理区间作为宏观调控的目标，使经济增长速度处于这个合理的区间内。

宏观经济的合理区间涉及经济增长率与通货膨胀率、新增就业、失业率、居民收入水平、能源、水资源、建设用地等指标之间的相关性：一是经济增长上限、下限、底线构成的合理区间。通俗讲，区间调控的关键是守住上限（防通胀）和下限（稳增长和保就业），同时把握经济运行合理区间的底线，使得宏观调控上下都有回旋余地。理论上，"上限"、"下限"的确定依赖于菲利普斯曲线，围绕着潜在增长率中枢。"底线"的确定依赖于经济的实际承受力和中长期规划目标（如GDP翻番对年均增长速度的最低要求）。为了确保到2020年实现GDP和城乡居民人均收入比2010年翻一番，"十三五"经济增长的上限是7%、下限是6%，同时，也可以确定一个底线作为向上浮动的区间，通过分析确定底线是6.5%以上。具体来说，GDP增长的上限是不能带来通货膨胀。根据经验数据，我国经济过热时，通货膨胀率一般达到5%左右人民群众难以承受，这时就需要进行宏观调控，降低经济的热度。如2015年确定经济增长率为7%左右，通胀率为3%左右，就是在

消化前期宽松货币政策应对金融危机所形成的通胀压力下主动降低经济增长速度的结果。合理区间的下限即经济增长率的下限由失业率的上限决定。经济过冷，会使失业率上升，人民群众难以承受。目前公布的失业率是登记失业率，现实中许多失业者并没有去登记，因此单看登记失业率数据并不可靠，重要的是实际失业率。不仅如此，我国经济增长率的下限还要考虑居民收入的合理增长。十八届五中全会确定，按照居民收入增长和经济增长、劳动报酬提高和劳动生产率提高"两个同步"的要求，经济增长率的底线也是6.5%。二是新增就业向上波动、失业率向下波动的合理区间。五年规划及年度规划通常确定一个新增就业目标、一个城镇登记失业率目标。一般说来，进行宏观调控主要是引导新增就业向上波动、城镇登记失业率向下波动，由此形成一个合理的区间。如我国2015年城镇失业率确定为4.5%以内，表明只要在不超过4.5%的区间内变动都是合理的。三是能源、水资源、建设用地总量和强度"双控"的合理区间。一般要求，总量控制不能向上突破（即不允许增加），而强度控制可以向下突破（即允许或鼓励降低）。如我国2012年经济总量占世界比重12%，但消耗全世界水泥占比54%，钢占比45%，铁矿石外贸依存度超过80%，环境承载力已接近上限。因而需要主动下调经济增长速度，淘汰高消耗和高污染的落后产能，提出严格能耗强度下降指标和实施严格环保规制。我国2015年确定能耗强度下降3.1%以上，实际上确定了一个不可滑出的底线。

区间调控是一种新的国民经济管理理论和模式，不仅关注调控的终极目标，而且关注调控目标在合理区间内的变动，只要调控目标变动不超过合理区间，就达到调控目的。界定宏观经济调控的合理区间反映了宏观调控方式的创新：一是市场对资源配置起决定性作用的基本保证。只有当宏观经济运行超出宏观经济的合理区间，政府才可以实行紧缩宏观调控政策。在合理区间内，政府不再时时调控市场，从而给市场自主地配置资源留出更多的空间。二是提高经济增长质量和效益的可靠保证。如果政府不停地运用财政和货币政策调控市场，一定程度上造成经济增长由政府推动的现象，造成企业"一只眼睛盯着市场、一只眼睛盯着政府"。而区间调控可以更好地体现经济增长主要由市场推动，从而使经济增长的质量和效益的提高得到可靠保证。三是提高民生发展质量的客观要求。之前宏观调控目标管理是以一个具体GDP增长数值为界，现在更需要一个以民生质量和保障为依据设置的区间概念，基于一系列经济社会稳定指标构建。区间调控归根结底是坚守民生与社会和谐稳定的底线，发展经济并不是为了增长而增长，而是为了保障和改善民生，也与科学发展观以人民为中心理念和2012年破8后确定的7.5%务实增长目标内在统一的。[①]

（二）宏观经济定向调控

在实行宏观经济区间调控时，政府的宏观调控决不是被动和消极的。有时为了应对突发事件、特殊变故和宏观调控的特定目标，在坚持区间调控的基础上，还要注重实施"定向调控"，以便与区间调控配合使用。由于新常态下我国经济正处于增长速度换挡期、结构调整阵痛期和前期政策消化期"三期叠加"，加大了中国经济的"风险系数"，地方债、

---

① 贾康：《"区间管理"——让市场充分起作用》，载于《文汇报》2013年7月29日。

第十二章 国民经济宏观调控

企业高杠杆、产能过剩、房地产等风险随着经济增长速度减缓而进一步凸显,"三农"和小微企业融资困难等,这些不均衡仍会在相当一段时间内存在。传统意义上的总量调控难以有效引导资源流向薄弱环节和区域,容易引发不平衡和不稳定。因此,十八届三中全会要求提高我国宏观调控的"针对性",防止强刺激政策,要在保证区间管理目标稳定框架下实施定向的经济结构调整。宏观调控需要精准发力,就是在调控上不搞"大水漫灌"、不采取短期强刺激措施,而是抓住重点领域和关键环节,更多依靠改革的办法,更多运用市场的力量,有针对性地实施"喷灌"、"滴灌",即实施"定向调控"。通过针对不同领域的调控,制定清晰明确的调控政策,使得预调微调和必要的"先手棋"有的放矢,体现了对宏观调控精准发力的更高要求。换言之,只要经济运行在合理区间内,政府不实行干预刺激,而是着力调结构、转方式和惠民生,推动经济转型升级。

"喷灌"和"滴灌"意味着"微刺激"讲究方向、力度和节奏,凸显宏观调控的预见性、针对性和灵活性。2014年以来,我国从财政政策和货币政策"双向发力"进行"定向调控":在财政政策上,先后实行向小微企业定向减税和普遍性降费、扩大"营改增"试点、积极盘活存量资金等政策;在货币政策上,实行"定向降准"(即降低农商行、农信社、农村村镇银行存款准备金率以支持"三农"、小微企业发展和扩大消费)、定向再贷款、"双降"(即定向降准加降息)、"双双降"(即定向降准、全面降准加降息)以及定向降准与放开存款利率相结合甚至实行人民币汇率调整等。通过这些措施,调节经济结构,同时避免资产价格泡沫,降低中小企业融资难度和成本,助推经济增长,同时提高政府公共服务效率,有效发挥了激活力、补短板、强实体的重要作用。但是,市场经济具有资本逐利性,为了防止"喷灌""滴灌"等涓涓细流可能汇聚流向"低洼处",需要严格设立防火墙,以此保证政策落实到位。为防止调控过大可能一定程度等于"大水漫灌",定向调控力度必须保证适中。同时,定向调控依赖于行政措施,必须保证落实责任制。

定向调控是新常态下宏观调控方式的创新与深化,是区间调控的重要方面,是适应经济新常态的必然要求。其特点:一是从调控思路来看,由原来的"总量管理"向"结构调整"转变,保持政策定力,明确调控重点;二是从调控目标来看,既注重稳定经济增长的短期政策,又重视释放长期发展的经济潜力,长短结合,多向施策;三是从调控的具体措施来看,创新宏观调控思路和方式,丰富政策工具,针对经济领域存在的重点问题与经济发展的重要动力,找准"靶点",一矢中的。

定向调控的过程实质为了经济结构调整和转型升级营造适度的经济金融环境,其内涵需在此基础上进一步深化:一是重塑政府角色。政府不仅担当所有者、监管者,更要在金融基础设施建设、投资者保护等方面发挥促进者的作用。二是全面开发金融功能。不仅强调金融的资金融通功能,更加重视风险和社会管理功能。三是促进有效竞争。推动金融体系多元化进程中避免非银行金融和准金融体系只是依附于银行体系发展,而应使其形成与银行体系的有效竞争。

(三) 宏观经济相机调控

相机调控属于宏观调控的一个重要手段,是继区间和定向调控之后,政府对宏观经济

"巧调控"体系的完善。"相机"一词来源于西方经济学的"相机抉择",最早由凯恩斯提出,是指政府在进行反周期的需求管理时,根据市场情况和各项调节措施的特点,灵活决定和选择实施财政政策、货币政策,而遵循一定之规。"相"指"判断、选择","机"指"时机"。因此,为使"区间调控""定向调控"更有效力、更加精准,2015年开始又提出实施宏观经济"相机调控"。就是在做好政策储备、备足弹药,制订应对预案、明确目标的前提下,更准确把握住"火候",把握好各项调控措施出台的时机和力度,做到适机调控,精准发力,不断提高相机抉择的水平,而不是墨守成规,放任市场发展。

相机调控是对定向调控实施中的一种平衡,核心是"适时适度预调微调",从而实现"控风险"。相机调控的特点是灵活高效、果断及时。不受任何固定程序或原则的约束,而是依据实际情况灵活取舍,制定与经济运行态势适应的最优调控政策与措施。对于不同地区和不同产业,政府出台政策出现差别,如房地产市场出现分化现象,政府则根据房地产市场在一线、二线、三线、四线城市的不同特点,制定有针对性的契税房贷政策。

政府的宏观调控思路中,区间调控的目的是"稳增长",定向调控强调"调结构"的方向,相机调控核心是"适时适度与预调微调"。从"区间调控"到"定向调控"再到"相机调控",宏观经济调控工具和手段灵活运用,相互配合,集中反映了我国经济新常态下宏观经济调控方式的新探索和新实践,完善了宏观经济理论,引导了国民经济持续健康发展,从而为进一步提高宏观调控水平积累了经验,为促进我国经济行稳致远奠定了坚实的基础。

第二节 宏观调控原理与手段

一、宏观调控原理

宏观调控原理主要根源于经济控制论。经济控制论是从定性和定量角度研究国民经济系统各层次,各要素之间的平衡和优化的规律,内容涵盖信息论、对策论、运筹学和系统工程等许多领域,在政府管理中得到广泛使用。例如,编制动态投入产出表,用经济控制论研究资源利用最优化、物资供应技术最优化、基本建设投资最优化、生产力地区布局最优化等问题。

从控制论出发,国民经济可以被看作多要素、多分系统相互交织的经济系统。国民经济系统不是各部门、各行业、各企业的简单相加,而是各组成要素的有机结合体;每一个部门、每一个行业既有自己的活动范围和活动特点,又都是国民经济有机整体的组成部分;每一个企业、每一个基层单位,既是分散的独立经营单位,又是国民经济肌体的细胞;各部门之间、各行业之间、各企业之间,存在着盘根错节、千丝万缕的分工协作关系,彼此互相依赖、互为条件。国民经济正是由各部门、各行业互相交织所组成的复杂系统。

第十二章　国民经济宏观调控

从系统的特征和功能分析，国民经济系统的运行是不断输入各种能量、物质和信息，并且又不断将它们转换为输出的过程。任何一个系统，一方面不断地从外界输入各种能量、物质、信息，另一方面又通过对输入进行处理和转换，把输入变为输出。经济系统就是在这种周而复始的运动过程中生存和发展的。深入研究这一消耗、补充、调整和适应环境的运动过程，可以揭示系统运行的内在机能，从而对系统进行更加有效的管理和控制。例如，一个企业，一个生产系统，把种种输入转换加工为产品，作为输出提供给社会，这是生产系统的功能。但是，这种输出是否符合社会和市场的需要，是需要追踪并进行信息反馈的。有了灵敏的信息反馈机能和源源不断的信息流，就可以依据反馈的信息，不断调整输入，引导资金流、产品流的合理流动，从而完善系统功能，使输出适应社会的需要。对国民经济系统运行的调节和控制，也正是以这一思路为依据的。具体来看，主要有以下几种。

1. 平衡偏差原理

平衡偏差原理是根据国民经济系统的目标输出与实际输出水平的偏差，调整系统的输入变化。对于任何一个控制系统来说，有一定的输入就会有一定的输出；反之，任何输出都对应于一定的输入。比如，对工业系统来说，农业、商业、交通运输业、服务行业、文教卫生事业等状况，都会影响工业系统的状况。因此，农业等社会经济系统的状况，可看作是工业系统的输入，而工业系统的产量可看作是工业系统的输出。当工业系统的实际产值与规划的目标值之间存在偏差时，可以通过增加投入，调整工业系统的生产，实现规划的目标。平衡偏差原理还可以用来分析总供求失衡情况下，政府采取调整货币供应量，刺激或抑制投资和消费等措施；在经济膨胀时，宏观调控的重点是稳定物价，力图在稳定物价的同时保持适度的经济增长，此时采用紧缩的货币政策，抑制物价上涨的势头；在经济衰退时，宏观调控的重点是促进经济的稳定增长，此时采用扩张的财政政策，抑制经济下滑的势头。

2. 补偿干扰原理

补偿干扰原理是根据外界干扰的变化情况，调节输入变化，从而间接地调节输出的变化，用来补偿外界的干扰。采用补偿干扰的条件是既要知道输入和输出信息，又要知道干扰信息，特别是当干扰因素很多且不断变化时，需要知道的信息就更多。例如，从2008年以来，我国受全球金融危机的影响，出口贸易受到冲击，出口企业销售额和利润减少，为缓解全球金融危机对我国宏观经济的影响，政府采取了刺激经济的一系列政策，对促进经济增长，保持宏观经济稳定发挥了积极的作用。从补偿干扰原理来看，我国政策所采取的积极的财政政策和适度宽松的货币政策通过增加投资等方式，补偿了由于全球金融危机带来的不利影响，保证了宏观经济目标的实现。补偿干扰原理还可以用来解释在遭遇自然灾害等事件时，政府通过公共投入、财政补贴、转移支付和税收优惠等措施，补偿该地区因地震、干旱和洪涝等自然灾害造成的损失，保证受灾地区经济的发展。

3. 排除干扰原理

排除干扰原理是通过采取政策措施，尽可能减少外部环境的影响，通过内部因素自身的变化来实现经济目标。例如，政府在实施进口替代战略时，通过关税壁垒和进口许可证等非关税壁垒，提高进口产品的价格，有利于减少外部经济对国内同类产业的冲击，保护本国产业的发展。排除干扰原理的另一个例子是，我国在实行汇率改革时，采取了有管理的浮动汇率制度，以保持外汇市场的稳定，避免外部市场冲击的影响，为金融体制改革和宏观经济稳定发展创造条件。

二、宏观调控手段

宏观经济调控方式主要有两种：直接调控与间接调控。在计划经济时期，我国的宏观调控主要是采取直接调控方式进行。改革开放以后，随着我国市场经济体制的逐步建立和不断完善，我国宏观调控方式已由以直接调控为主转向以间接调控为主，调控的手段以经济手段为主，辅之以必要的法律手段、行政手段和规划手段上来。宏观经济调控手段主要有以下几种。

(一) 经济手段及其调控作用

经济手段是调控主体实现调控目标的最基本的手段，包括国家采取的经济政策手段和一系列经济杠杆。经济政策手段一般凭借相关经济参数的变动，用经济利益来诱导、调节和控制各种经济变量的变化与经济行为主体的活动，主要有财政政策、货币政策、产业政策、对外经济政策等；经济杠杆主要包括税收、信贷、财政、价格、利率、汇率等，此外还包括政府对其直接掌握的财力、物力资源的分配使用。这两个方面是相辅相成、密切配合的：一方面，经济杠杆的有效使用必须以政府直接掌握的财力、物力资源为物质基础；另一方面，政府在运用直接掌握的财力、物力资源调控投资活动时，必须与经济杠杆的运用紧密结合起来，才能提高其经济效益和社会效益，并通过市场机制来促进和引导投资活动朝着预定的目标发展。经济杠杆是实现一定经济政策目标而选择的最重要的工具，具体有以下几种。

1. 价格杠杆

价格杠杆是国家运用价值规律，通过调节商品价格与价值一定程度的背离，调整国民收入的再分配，从而调节生产与消费，实现宏观调控目标的一种经济手段。价格杠杆与其他调控杠杆相比，具有灵敏性的特点：价格杠杆调节领域广泛，既可以调节商品的供求关系，调节企业的生产经营活动，促进产业结构合理，也可以调节国民收入的分配与再分配，以及消费水平和消费结构。价格杠杆的局限性：一是对需求弹性小的商品供求调节作用相对较弱；二是对不同企业生产同种商品时，因资源、技术等条件不同造成的盈利水平的差异难以调节；三是当某些商品既需要扩大生产规模，又需要刺激消费该商品时往往难以调节。

价格杠杆发挥调节作用需要具备以下条件：一是国家对价格的可控性。国家通过直接定价的方式，调节价格与价值的波动，实现对经济主体经济利益的调节。二是对其他经济杠杆配套使用的依赖性。国家运用价格杠杆有时只能确定不同商品之间的盈利水平，而不能全面调节生产同种商品的价格水平和盈利水平，必须借助于税收等其他杠杆的配套使用。三是价格杠杆作用的驱动力来源于对经济调节所形成的物质利益的差别性。通过价格

第十二章 国民经济宏观调控

杠杆的作用，使物质利益以国家调控主体的意志为转移，体现不同经济主体、不同部门的利益差别，实现调控的目标。在社会主义市场经济条件下，随着商品市场的完善和国家的价格管理权限放开，发挥价格杠杆作用的载体也逐渐由商品价格为主体转向以要素价格为主体。

2. 税收杠杆

税收作为调控杠杆，主要通过宏观税率、税制结构以及税收优惠和惩罚体现对国民收入分配的调节。由于税收具有强制性、无偿性、固定性的特征，因而调节范围广、强度大。税收杠杆的调节作用表现在：一是具有"内在稳定器"的作用。通过调节税收总量和税收结构可以调节社会总供求，影响社会总供求的平衡关系。特别是所得税，对经济波动反应特别敏感：经济繁荣时，收入多，就要多缴税，对经济进一步扩张起一些抑制作用；而经济衰退时，收入少，可以少缴税，又对经济扩张起一定支持作用。二是促进和限制作用。政府可以根据决策目标，依据不同对象、不同时间和不同的形式，通过税收设计来支持或限制某些产业的发展，调节产业结构，优化资源配置。如通过开征产品税和对不同产品规定不同税率可以调节生产，促进产业结构优化。对不同的地区制定不同的税收负担，可以有效地引导资源配置。如对支持西部大开发和振兴东北老工业基地，都采用了税收杠杆来调节。三是调节收入分配。通过税收可以调节国家、企业和个人之间的分配关系，实现收入的公平分配。如个人所得税采取的累进税率制度，收入越高，缴纳的税越多，从而起到调节收入的作用。四是调整供求关系。税收杠杆可以通过对不同流通环节、流向确定不同的税收水平，改善商品的供求关系，加速商品流通。税收杠杆的局限性：一是由于税收通过国家根据法律规定征收，故具有相对稳定性，与其他经济杠杆相比，使用的灵活性较差；二是主要调节微观主体，对宏观经济重大问题的调节作用有限。

3. 信贷杠杆

信贷杠杆是国家根据经济形势变化，通过信用来调控经济的一种手段。银行贷款作为主要的信贷调控杠杆，与其他金融资产（如债券）相比具有不完全替代性，特定类型的借款人只能通过银行贷款满足其融资需求。有时由于贷款的需求大于对贷款的供给，在信息不对称条件下，银行会有选择地对不同类型的借款人进行信贷配给，从而通过银行贷款的增减来影响实体经济，实现宏观调控的目标。具体的传导机制如图 12-1 所示。

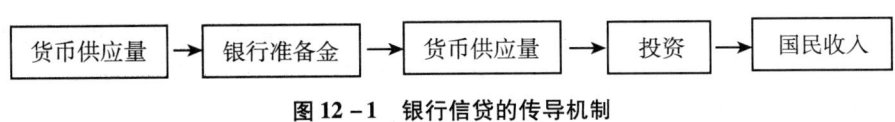

图 12-1 银行信贷的传导机制

图 12-1 中，扩张性的货币政策增加了银行准备金和活期存款，使得企业可以获得更多的贷款，从而投资增加，产出增加。

在西方发达国家中，由于银行可以通过发行金融衍生工具来规避货币紧缩的影响，因而，通过银行贷款调控宏观经济的作用受到削弱。信贷杠杆更多通过企业的资产负债表传导机制发挥作用。资产负债表反映了企业的财务状况。资产负债表传导机制与银行信贷相比，两者存在显著差异，资产负债机制从不同货币政策对特定借款人资产负债状况的影响角度，解释信用的影响，而银行信贷则从银行贷款供给角度，解释了信用对经济的影响。

资产负债表传导机制表现为：中央银行经济政策能够通过资产负债的途径进行传导，直接或间接地影响企业的财务状况、现金流量以及资产负债净值，进而对实体经济产生影响。具体来看，扩张性货币政策导致资产价格上升，企业的财务状况得到改善，企业的道德选择风险降低，银行贷款的意愿增加，企业因此可以获得的贷款量增加，进而使投资需求和总需求得到扩张；而扩张性货币政策会导致名义利率下降，由于名义利率与企业的现金流密切相关，名义利率的下降将使企业负债利息支出下降，现金流量增加，道德风险趋向缓和，从而银行面临的风险降低，也愿意为企业提供更多的贷款，从而导致投资上升，产出增加。另外，扩张性财政政策还会引起通货膨胀率的提高，相当于降低了企业的实际债务，但企业资产的实际价值并没有下降。因此，企业资产负债的实际净值上升，同样降低了企业的道德风险，这样企业贷款获得量的增加将导致投资和产出的增加。

银行借贷杠杆发挥作用需要一定的前提条件：一是"非中性"。货币政策能够对实体经济产生影响，即货币是"非中性"的。二是不完全替代性。相对其他金融资产而言，银行贷款对某些资金需求者具有不可替代性，也就是说，对某些资金需求者而言，除了向银行贷款外没有其他融资渠道；银行也不能通过储蓄存款之外的其他融资方式改变有限的资金来源。三是广泛的适用性。中央银行能够通过存款准备金操作来影响贷款的供给。对于资产负债表传导机制而言，由于其以中央银行能够影响银行贷款供给为前提，具有更加广泛的适用范围，但同样需要满足货币"非中性"以及贷款与债券的不完全替代性两个前提。

4. 利率杠杆

自然利率被界定为借贷资本的需求与储蓄的供给完全一致时所形成的利率，而货币利率则是用货币提供借贷时实际支付的利率。利率杠杆发生作用可以表示为：在封闭经济中，中央银行利用货币政策工具，如通过公开市场购买债券，或增加商业银行存款准备金时，货币供应量增加，导致货币资产收益率下降，此时，经济单位以货币买进债券，则债券价格上涨，实际利率下降，投资者投资增加，进而产出增加。在这里，实际利率成为货币政策的核心，如果货币供应量增减后不能对实际利率产生影响，则政策失效。

考虑商品市场，当中央银行采取扩张性货币政策导致货币供应量增加时，在货币需求不变的情况下，利率会相应下降，进而刺激投资，引起总支出和总收入的相应增加。但利率下降后，降低了存款人的存款意愿，借贷资金减少或不变，同时，实体经济由于收入的增加而产生了更多的货币需求，使货币需求量超过了货币供给量，从而下降的利率重新回升，这是商品市场对货币市场的作用。上升的利率又促使货币需求下降与利率回落，如此循环，最终达到均衡。

一般认为，利率杠杆发挥作用的前提条件包括：一是完美性。一个完美的金融市场包括货币市场和资本市场。各市场是一个有机的整体，不存在分割状态，并且经济中只有货币和债券两种资产，中央银行的货币政策要通过货币市场传递到资本市场和商品市场，即在市场均衡利率下，货币的供给等于货币的需求，债券的供给等于债券的需求，货币和债

第十二章 国民经济宏观调控

券的边际替代率等于两种资产对持有者的边际效用比。二是外生性。中央银行能够通过基础货币的发行和准备金比率的调整,直接影响名义货币供应量,从而影响市场利率,体现了货币供给的外生性特征。三是完全替代性。对于资金的需求者而言,贷款和其他融资渠道是完全替代的,即资金的需求者如果不能从银行及时融资,也能从其他渠道满足资金需求,或者说直接融资渠道和间接融资渠道可以完全替代。四是适应性。即经济政策运转的微观市场基础与企业基础比较完善,即市场利率的变化都会引起资金需求者和资金供给者的变化。

5. 汇率杠杆

汇率杠杆是以外国货币表示的国际间购买力清算和转移的支付和流通手段。汇率杠杆的作用主要表现为,国家通过市场机制对外汇市场进行干预,通过汇率的变化,可以直接影响进出口贸易和非贸易外汇收入,调节国际收支平衡,也可以影响利用外资等领域。

汇率杠杆的传导机制表现为:一是通过汇率变动影响总需求。如一国货币汇率下浮,会使本国产品的国外价格下降,从而有利于出口,同时又使外国产品的国内价格上升,从而不利于进口。出口需求和进口替代品的需求增加,最终导致总需求的增加,如果一国尚存在闲置资源(劳动力、资本等),就会促进总产出增加和就业水平提高。二是通过影响资本的形成和投资的总量来影响总产出。一国货币汇率下浮,一方面通过相对生产成本下降和财富效应的作用,有利于该国吸引外国直接投资,从而使该国投资增加;另一方面由于进口产品相对价格上升,导致进口消费倾向下降,储蓄倾向增加,有利于资本的形成和投资的增加,总投资的增加进而促进总产出和就业的增加;反之则相反。

汇率杠杆也可以通过影响总需求的结构和在国内外的比重,进而通过影响总产出的结构来改变产业结构。其传导机制表现为:本币汇率下浮,使贸易品部门得到优先发展;汇率对资源的配置效应,不仅可以体现在贸易品部门与非贸易品部门之间,还可以反映在贸易品部门的内部;本币汇率下浮,使资源有利于收益相对较低的贸易品部门。

汇率杠杆对国际收支的调节作用表现为:一国货币汇率下浮,有利于出口,不利于进口,该国贸易顺差扩大,外汇储备增加。同时,一国货币汇率下浮,有利于国外直接投资的流入,而不利于该国对外直接投资。国外直接投资的流入,不仅会造成外汇储备的增加,而且还会造成利率的下降,投资的增加,进而形成通胀的压力。反之,一国货币汇率升值,一方面则会造成该国贸易顺差的下降,另一方面使国外直接投资流入减少,流出增加,从而形成物价下降甚至是通货紧缩的压力。

(二) 法律手段及其调控作用

现代市场经济的一个显著特征,就是建立完备的经济法律体系,保证经济运行的法制化。市场经济越发达,经济法律就越多。政府通过制定相应的法律法规,从不同角度反映和贯彻政府的宏观政策,规范企业和居民的经济行为,保障政府调控政策目标的实现,并使政府采取的调控措施具有权威性和普遍性。与经济手段等相比,法律手段拥有非常显著的特点,就是法律的严肃性、权威性和强制性。

(三) 必要的行政手段及其调控作用

宏观调控中的行政手段是指政府凭借政权的力量和权威,通过发布命令、指示、决定、政策等有约束力的手段,直接调节和控制企业和居民经济活动的行为。行政手段是以国家机关的权威为基础,对社会经济活动进行强制性的直接干预,它具有及时、迅速的特点。在经济运行的关键时刻,能起到经济手段、法律手段等其他手段起不到的作用,在特定条件下对维护国民经济的稳定有着立竿见影的功效。

但必须注意的是,使用行政手段必须以尊重市场经济的客观规律为前提,不能破坏市场机制本身的正常运行;政府对投资的调控应以经济和法律手段为主,行政手段只是辅助性的,只有在非常必要的情况下才能使用;必须严格控制行政手段的使用范围,不能超越客观需要和政府的行政能力与职能,否则不但达不到目的,还有可能加剧经济运行中的矛盾。

(四) 规划手段及其调控作用

经济规划作为政府干预和调节经济生活的一种重要手段,在宏观调控中具有其他调节手段所不可替代的功能和作用:一是宏观作用。规划方法能够帮助政府分析和把握宏观经济形势,找出经济运行中所要解决的主要矛盾和主要问题,并采取恰当的对策。二是协调作用。可以为听取企业界、理论界和社会公众的意见,提供一种协商的形式与渠道。三是引导作用。使企业了解宏观经济的发展趋势和政府的经济政策取向,引导企业的预期,使企业能够根据市场和社会需要进行决策。

应当指出,政府规划调节虽然是对市场机制的一定程度上的修正和弥补,但同样不能违背市场经济的原则,并要利用市场机制来实现,市场机制仍然在经济运行中处于基础地位。规划需要与市场紧密结合,主要通过各种经济手段和市场中介间接调节企业的活动。在这里,规划手段表现为高层次的调节机制,直接调节的对象主要是市场机制,通过调节市场机制去调节企业的经济活动。规划不是政府的行政指令,也不是一种行政行为,而是在市场机制作用基础上的一种政府经济行为。

国家调控社会总供给和总需求的平衡,必须实行经济手段、法律手段、规划手段和必要的行政手段的综合运用,才能发挥最佳的效果。例如,市场主体以追求利润最大化为目标,单纯依靠经济手段,就可能会造成一系列无序行为甚至违法行为的产生。依靠法律手段,通过经济立法和经济司法机构,可以起到调节经济运行各个环节和各个方面的经济利益,维护市场的正常秩序的作用。只有规范市场经济主体的经济行为,为市场经济的运行提供有序的环境,才能有效地实现宏观调控的目标。特别是在经济体制转轨时期,国民经济的运行环境和调控手段尚未完善,制定和有效地执行规范市场主体行为的法律法规就显得尤为重要。又如,宏观调控中行政手段的运用要与经济手段和法律手段相结合,尽管政府对社会经济的管理由直接管理转向间接管理,行政手段运用的范围和比重逐渐缩小,但由于我国处于社会主义初级阶段的国情,国家在对重点企业和战略产品的生产和经营上,仍需要运用必要的行政手段进行管理和调节,同时注意适应市场经济的特点,考虑不同经

第十二章 国民经济宏观调控

济主体的利益，优化调节的方式和效果。

第三节 宏观调控政策与作用

在宏观调控经济政策中，不同政策调控的时滞性、作用和效果不同，主要包括财政政策、货币政策、产业政策、对外经济政策以及促进经济、社会、人口、资源与环境协调发展的政策。

一、财政政策及其调控作用

财政政策是调控主体根据调控意图和调控目标，通过财政收入和财政支出的变动以影响宏观经济活动水平的经济政策，是市场经济中调控主体进行宏观调控的最重要的政策手段之一。财政政策的调控作用表现在：通过财政政策的运用和操作，可以对社会供求总量进行调节，使社会总供给和社会总需求趋于平衡；对社会总供求结构进行调节，促进经济结构的合理化；财政政策同货币政策配合运作，可以调节金融市场和货币流通量以抑制通货膨胀；财政政策还可以调节收入分配，以促进社会公共需要满足程度的提高。

相对说来，财政政策是结构型宏观调控政策，调控的对象是国民收入的分配和再分配，重点是调整国民收入分配格局以及国民经济发展的重大比例关系。财政政策还具有行政性调控的色彩，表现在财政收入中税收的强制性及财政支出的分配性。财政通过财政收支活动，在一定程度上改变了社会资金的流向，达到优化经济结构的目的。

财政政策的作用主要通过两种方式实现：一是"内在稳定器"，主要是指财政政策的政策性手段和工具，包括税收中的所得税和财政支出中的转移支付，由于其本身的特点而具有某种自动调节经济的功能；二是"相机抉择"，即调控主体根据情况变化采取不同的财政政策，其特点在于调控主体自觉地、有意识地依据对宏观经济态势的判断和调控目标，有选择地运用和操作有关的政策性手段和工具。

作为最基本的一种宏观调控政策，财政政策具有重要的作用：

一是通过"内在稳定器"和"相机抉择"两种基本作用方式，使得财政政策的正确运用能够获得有效而积极的调控效应。内在稳定器的作用方式能够自动而及时地调节宏观经济，在有关的财政制度正确设定以后，当总需求和收入增加时，如经济繁荣时期，由于收入增加而税收也会自动、及时的增加，由于失业人数和其他需要救济补助的人数减少而有关的转移支付也自动减少，就会抑制消费和投资的增加，以助于减轻因需求过旺所引起的通货膨胀；反之，就会抑制消费和投资的减少，以助于减轻经济收缩的程度。这样，就产生稳定宏观经济运行的效应。相机抉择的作用方式具有较强的灵活性，调控主体可根据宏观经济态势灵活地采用各种财政政策工具，并依据调控意图把握调节力度，对各种宏观经济变量进行相机调控，达到预期的调控目标。

二是利用多种可以使用的政策性手段和工具，调控主体可以根据特定宏观调控目标的要求加以选择，针对具体的调控目标采用，以取得宏观调控的专项目标绩效。财政政策手段大体可分为财政支出政策、财政收入政策和财政收支总量平衡政策。财政支出的政策性工具，一般包括政府投资、财政补贴和转移支付等。财政收入的政策性工具，一般包括税收、公债或国家信用等。财政收支总量平衡的政策性工具，则指财政盈余和财政赤字，调控主体通过财政赤字的增加与减少调节社会总需求的变动。每一种政策性工具都对应着一定的政策目标，并有其一定的政策效应，如扩大财政支出和增加财政赤字的政策效应是扩大社会总需求、刺激投资以扩大就业，压缩财政支出和减少财政赤字的政策效应是缩小社会总需求、抑制经济过热以稳定物价等。财政政策的多种政策性工具及其政策效应，为调控主体实现一定调控目标进行调控手段和工具的选择和运用，提供了较大的空间。

三是财政政策的各种政策性手段和工具可以组合、搭配使用，取得综合改革政策效应。调控主体可以在作用方向和实施强度等方面协调财政政策的不同手段与工具，从而实现较高程度的调控绩效。在财政政策的作用方向上可以同向搭配使用不同的政策性手段和工具，如为扩大社会总需求以促进就业增加和经济增长，可以组合使用扩大财政支出、增加财政赤字、增加财政补贴及政府买入国债等政策手段和工具。而为压缩社会总需求以稳定物价、抑制通货膨胀，则可以组合使用压缩财政支出、减少财政赤字、减少财政补贴及政府卖出国债等政策手段和工具。也可以相向搭配使用不同的政策性手段和工具，如在社会总需求大于社会总供给时，一方面可通过压缩财政支出、减少财政赤字等缩小总需求，另一方面可通过减税刺激供给增加；而在社会总供给大于社会总需求时，则一方面可通过扩大财政支出、增加财政赤字等刺激总需求的扩大，另一方面可通过增税适当抑制供给的提高。

下面，以扩张性财政政策为例，分析财政政策的作用机理。实施扩张性财政政策时，通过增加政府支出或减少税收，可以直接影响到商品市场，从而使产出增加。而产出增加又会影响到货币市场，使货币需求大于货币供给，利率上升。而利率上升又影响到商品市场，导致意愿投资水平的下降，即产生"挤出效应"。但是，扩张性财政政策最终还是提高了均衡的产出水平。

在图12-2中，IS曲线与LM曲线相交于E，此时的均衡利率水平为i_0，均衡国民收入为Y_0，扩张性的财政政策使IS曲线右移为IS'，与LM曲线相交于E'点，新的均衡利率

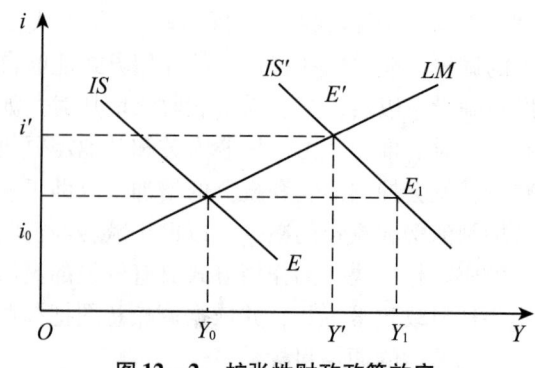

图12-2 扩张性财政政策效应

第十二章 国民经济宏观调控

$i' > i_0$，均衡国民收入 $Y' > Y_0$，表明扩张性的财政政策使利率上升，国民收入增加；反之，紧缩性财政政策使利率下降，国民收入减少。

财政政策的传导机制如图 12-3 所示。

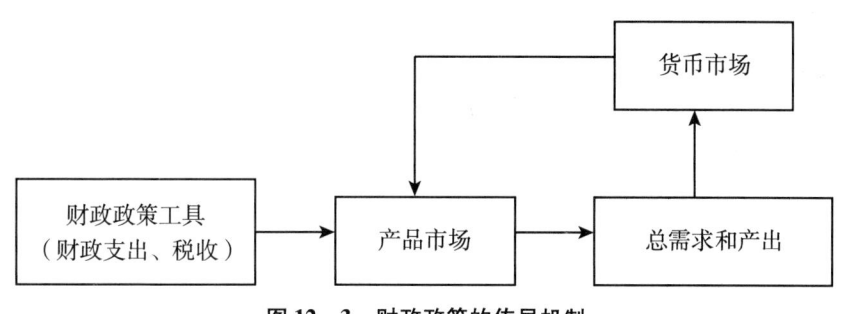

图 12-3 财政政策的传导机制

财政政策作用机制的特征在于其直接性，特别是财政投资手段表现得更为典型。财政政策的传导无需像中央银行那样必须经过商业银行间接作用于社会总需求，可以不经过中间过程直接扩大社会总需求。政府通过财政投资，使利润和工资增加来刺激企业和居民的投资和消费，带动相关产业的发展，间接增加社会总需求，这种调节带来的需求的扩张效果往往数倍于财政投资本身。

二、货币政策及其调控作用

货币政策是中央银行或货币当局为实现一定的宏观经济目标，对货币供给量或利率等进行调控所采取的指导方针及其相应的政策措施。它是一国政府为了实现国民经济目标通过中央银行控制货币供应量的行动准则和手段。相对说来，货币政策是一种总量型的间接宏观调控政策，通过货币总量关系的调节来实现社会总供给与总需求的平衡，对经济活动进行总体性调控，而不直接针对单个的银行或企业；同时，货币政策对经济的调控一般是利用货币政策工具通过经济运行机制间接地调节经济变量，因此货币政策是一种间接调控的经济政策。货币政策的工具或手段主要有：

一是存款准备金率。存款准备金是商业银行为应对存户提存而保留的现金和按规定存入中央银行的款项。准备金率是法定最低准备金对活期存款的比率，它决定金融机构的超额储备水平，而超额储备水平代表金融市场的流动性状况。该政策工具针对市场流动性进行调节：当流动性偏紧时，中央银行可向市场注入储备资金以提高流动性；而当流动性偏松时，中央银行则吸收储备资金，引起流动性的紧缩。存款准备金率的优势在于对市场影响速度快、效果直接并且不存在偏袒，较适于在紧急情况下使用；缺点是缺乏灵活性，并且对市场冲击过大。

二是再贴现率。再贴现率主要是指商业银行向中央银行借贷时支付的利息率，它是调节货币供给的又一重要货币政策工具。再贴现利率调整比较灵活，着眼于短期，在成熟的市场经济条件下，中央银行可以随时根据市场的资金供求状况调整利率的高低，通过影响商业银行的行为，来调节市场上的资金供求。也就是说，中央银行需要通过商业银行间接达到调节市场资金供求的目的。由于再贴现利率不同程度地与市场利率有关，调整再贴现率只是象征中央银行的意愿，主要起"告示效应"。

三是公开市场业务。公开市场业务主要是指中央银行在公开市场（债券市场和外汇市场）买进或卖出政府债券和外汇以改变货币供给量。在成熟的市场条件下，它是最重要的货币政策工具，因为它是利率和基础货币变动的主要决定因素，而基础货币是货币供给波动的主要因素。在公开市场上购买证券可以增加存款准备金和基础货币，增加货币供给，降低短期利率。公开市场卖出则起相反的作用。公开市场业务发挥作用的前提条件是除了金融市场必须是全国性的，必须有相当的独立性，可用于操作的证券种类齐全并达到必须的规模之外，还必须有其他政策工具如存款准备金制度等的配合。

以上三种货币政策工具主要通过对货币总量的调节影响宏观经济。但由于国民经济发展是不平衡的，因此需要有选择性地使用不同的货币政策工具，对不同的领域加以调节，其中包括消费信贷、证券市场信用控制、不动产信用控制、优惠利率、预缴进口保证金等。

货币政策的作用主要是中央银行通过货币政策工具增加或减少货币供应量，使利率下降或上升，从而导致投资的增加或减少，并最终影响总需求和国民收入。

在图12-4中，IS 与 LM 曲线相交于 E，此时的均衡利率水平为 i_0，均衡国民收入为 Y_0。中央银行增加货币供给量，使 LM 曲线右移为 LM'，LM' 曲线与 IS 曲线相交于 E' 点，形成新的均衡点。此时的均衡利率水平 $i' < i_0$，均衡的国民收入 $Y' > Y_0$，表明货币供给量的增加又带来利率的降低和国民收入的增加。相反，货币供应量的减少，会使利率上升，国民收入减少。由此可见，货币政策的调整过程是先经过货币市场，再通过产品市场来实现的。

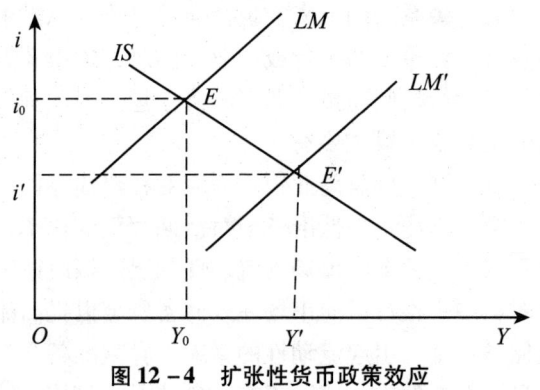

图12-4 扩张性货币政策效应

货币政策作用的传导机制如图12-5所示。

第十二章 国民经济宏观调控

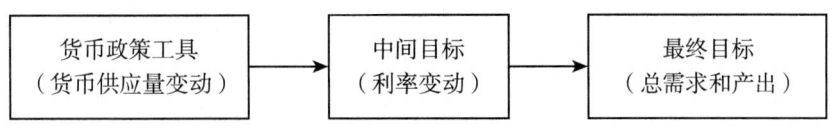

图 12-5 货币政策的传导机制

从图 12-5 可以看出货币政策作用机制包括两个关键环节：一是实际货币余额的变化必然会通过形成资产组合的非均衡来引致利率的变化；二是利率变化会改变总需求。这个传导过程直接隐含以下推论：如果实际货币供应未发生显著变化，或者资产组合非均衡未能导致利率的显著变化，或者支出对利率的变化没有显著反应，那么货币与产出之间的联系就不存在。有两种情况会导致货币政策失效：一种情形是"流动性陷阱"的存在。当利率低到公众预期不会再低时，公众的投机性货币需求对利率的弹性变的无穷大，此时货币当局增加的货币供给会被公众的投机性货币需求所吸收，从而利率不可能降低，投资需求不能增加，货币政策失效。另一种情形是投资缺乏利率弹性。此时增加货币供给利率虽能降低，但投资不会增加，从而也会货币政策失效。由此可见，影响货币政策的因素主要是货币需求的利率弹性和投资需求的利率弹性。货币需求的利率弹性越低，货币供给的增加使利率下降得就越多；投资需求的利率弹性越高，利率的下降使投资增加得就越多，对总需求的影响就较大，则货币政策的效果就越明显；反之则相反。

三、产业政策及其调控作用

产业政策是国家根据国民经济发展战略目标的要求，为促进市场机制的发育和纠正市场机制的缺陷，采用干预和引导的方式对特定产业活动施加影响，进而促进国民经济快速协调发展，这是一种带有宏观性和中长期性的经济政策。产业政策的目标是加快产业结构调整，促进产业结构优化升级，从而实现经济的持续、健康增长。从内容上看，产业政策是由各种具体政策及一些必要的专项和保障政策组成的政策体系，主要有：

第一，产业结构政策。产业结构政策主要是指一国政府依据本国在一定时期内产业结构的现状，变化趋势，规划产业结构逐渐演进的目标，并分阶段地确定重点发展的战略产业，限制长线产业、撤让衰退产业，促进产业间的均衡发展和优化组合，以获得较高的经济效益。产业结构政策的实质在于从推动产业结构的合理演进中，求得经济增长和资源配置效率的改善。

产业结构政策的作用主要表现在：

（1）积极发展主导产业。主导产业主要是指在未来国民经济发展中居于战略地位，具有带头功能并且目前还可能是幼小或欠发达的产业。促进主导产业发展是产业调控政策的核心。从经济增长过程看，结构调整和产业升级对经济增长的促进作用，主要体现在主导产业向新型支柱产业的转换给整个经济增长带来新的动力。

（2）妥善保护弱势产业。所谓弱势产业主要是指按照市场经济原则丧失比较优势、必须退出的产业。但由于这些产业对国家社会经济稳定影响较大，国家必须进行扶持并予以保留，或实现有秩序的转移退出。这里所说的"妥善保护"不是指保护落后，而主要是防止产业退出引发较大的社会震荡而采取的相关措施。

(3) 大力发展支柱产业。支柱产业主要是指对整个国民经济的运行起着支撑作用的产业。支柱产业的发展在于使得整个产业结构合理化，支柱产业一般有一个发展壮大过程，为此需要大力支持。应立足于一国的资源禀赋，合理利用先进技术，利用技术创新使其自身得以发展。发展中国家需要根据经济发展的实际情况确定何种产业作为本国的支柱产业，做到合理利用资源禀赋、具有技术基础，并根据经济发展阶段作出合理调整。

(4) 及时调整衰退产业。任何一个产业都有一个由兴到衰的过程。当一个产业经历了幼小期、成长期和成熟期后，就进入了衰退期。当该产业处于或临近衰退期时，市场需求呈持续下降趋势，其替代产品的市场需求呈快速上升趋势。衰退产业政策着力点在于减少生产要素从低增长率向高增长率领域流动的障碍，包括：帮助衰退产业有序收缩或退出，引导其资本存量转移至高增长率的产业部门；降低市场机制淘汰衰退产业的成本、减轻由此引发的社会动荡；促进生产要素流动至主导、幼稚或支柱产业。

第二，产业组织政策。产业组织政策主要是指为了获得理想的市场绩效，政府制定和实施的干预和调整产业市场结构和市场行为，调节企业间关系的政策组合。其实质是政府通过协调竞争与规模经济的关系，以建立正常的市场秩序，提高市场绩效。从历史上看，产业组织政策的问世要早于产业结构政策，其最初形式是反托拉斯、反垄断政策。产业组织政策着重于影响产业组织的变化，通常分为三类：一是促进竞争政策，主要用于鼓励竞争、限制垄断，具体有反垄断政策或反托拉斯政策、反不正当竞争行为政策及中小企业政策等，它着眼于维持正常的市场秩序；二是产业合理化政策，主要适用于自然垄断产业鼓励专业化和规模经济，它着眼于限制过度竞争，直接表现为政府的规制政策；三是扶持中小企业政策，主要用于支持中小企业合并、合作，促进形成规模经济，实现产业组织的合理化与高效化。产业组织政策是产业结构政策必不可少的配套政策。政府在实施产业组织政策时，主要应注意：一是应该根据不同的国情和产业组织的发展阶段，对规模经济效益显著的产业逐步提高产业集中度，建立符合市场经济要求的市场准入和退出制度；二是加大反垄断力度，加快垄断行业建立现代企业制度步伐，加快构造垄断行业的有效竞争格局，逐步建立和完善公开透明、监管有力的垄断行业监管体系。

第三，产业技术政策。产业技术政策主要是产业结构调整和升级的先导性政策，着重于引导或影响产业的技术进步。由于产业技术政策几乎涉及国民经济的所有产业，因此，产业技术政策通常被看成是整个国家的技术政策。在具体实践中，主要包括：一是研究与开发援助政策，主要是指政府为扶持本国产业科技力量，对新技术、新产品、新工艺进行研究与开发所采取的一系列援助性政策措施；二是高新技术鼓励政策，主要是建立在研究与开发政策基础上的，为实现高技术研究与开发成果的产业化、商品化和国际化而采取的各种政策措施，包括高技术结构政策、高新技术组织政策、高新技术开发区政策等；三是技术引进政策，主要是为缩小本国技术与国际先进技术的差距，优化产业结构，最终实现自主开发目标的政策，包括技术引进消化吸收政策，国内市场保护政策和人才引进政策。

第四，产业区域政策。产业区域政策主要是指产业空间配置格局的政策，它是政府根

第十二章　国民经济宏观调控

据国民经济与区域经济发展的要求制定和实施的为实现优化产业空间分布和组合目标，调节生产要素在地理空间上的合理配置而采取的一系列政策措施。[①] 产业区域政策起源于西方，英国是最早实施这一政策的国家。日本和美国分别在20世纪50年代和60年代开始运用产业区域政策实施调控，促进资源合理配置，避免工业发达地区的工业过度集中，取得了良好的效果。中国实施的东部率先发展、西部大开发、中部地区崛起和振兴东北地区等老工业基地，以及"一带一路"、京津冀系统发展和长江经济带建设等政策都属于产业区域政策。产业区域政策的实施主要解决如何利用生产的相对集中所引起的"集聚效益"，尽可能缩小由于各区域间经济活动的密度和不同产业结构带来的各区域间经济发展水平的差距。

从经济的角度看，影响产业分布的因素主要有：(1) 市场需求的大小。在原料运输成本不大的条件下，企业一般会在靠近市场的地方选址，区域市场结构与规模直接影响其产业结构与规模。(2) 人口数量与质量。人口数量大，有利于降低劳动力成本，促进该区域发展劳动密集型产业，而高质量的人口可以为该区域劳动密集型向技术密集型产业过渡提供良好基础。(3) 基础设施条件。包括生产性和非生产性基础设施，基础设施条件影响企业选址，进而间接影响区域经济发展和产业布局。(4) 交通运输条件。运输成本影响产业布局，便捷的区域交通运输条件可以大大缩短市场同原产地两者之间的运输成本和时间，吸引企业在该区域选址。(5) 外部经济条件。生产同类产品或产业存在上下游关系的企业之间，可以充分利用外部公共利益、同其他企业的分工协作关系，降低研发和生产成本；反之则相反。

在经济发展早期阶段，人口密集、基础设施较好的区域，可以聚集资本、技术与人才，进一步吸引大量资本、技术和劳动力等生产要素的流入，这种现象就是极化效应；在经济发展的中期阶段，当产业集聚发展到一定程度，就会造成规模报酬递减，即地租上升，生产成本提高，企业间竞争加剧，利润率下降，这时产业分布一般会出现扩散效应。在经济发展过程中实施不同的产业区域政策，利用两种效应培养经济增长极，进行分批分级开发，并利用增长极的扩散效应推进增长极之间经济不发达地区的发展，形成点轴开发与网络开发模式，可以提供有效供给能力。同时，立足区域比较优势，利用增长极的极化效应建立增长极之间的区域生产分工与协作关系，有助于在全国形成良性联动的生产分工与协作局面。

由此可见，产业政策作为重要的宏观经济调控政策，是国民经济发展战略得以实现的重要保证，也是实现产业结构合理化和高层次化，使社会总供求结构不断协调和优化的重要手段。与其他宏观经济调控政策相比，产业政策的调控具有以下特点：一是着重于调节供给。产业政策通过对产业活动的调节，使供给在结构上能满足社会总需求，实现供求在结构上的相互适应，通过促进或限制某些产业的发展，调节产品结构，促进供给与需求的协调和动态平衡。二是侧重采用个量调节方法。根据国民经济的发展趋势，对不同产业和不同企业，采取不同方式的调节，使产业结构更适合需求的要求。三是产业政策与市场机

[①] 刘瑞主编：《国民经济学》，首都经济贸易大学出版社2009年版，第310页。

制具有内在联系。产业政策在选择重点扶持的支柱产业时，主要依靠市场竞争机制，筛选出有发展前途的企业，并借助市场机制提供的各种信号，使其在调节产业结构时更具科学性和灵活性。四是中长期性。相对于财政、货币政策，产业政策多是中长期政策，时间跨度大。主要是因为产业政策具有一定的刚性，这种刚性是由于整个产业结构一旦形成，具有大量的沉淀成本，不能轻易改变，只有通过较长时间的努力，才能改变固有的产业结构。虽然产业政策可以影响国民经济运行的短期均衡，但主要是通过优化资源配置，调节未来的供给能力和结构，从而实现总供给和总需求的长期均衡。

四、对外经济政策及其调控作用

对外经济政策是国家为保证在对外开放条件下实现宏观经济总目标而制定的一系列方针政策，主要包括：

第一，对外贸易政策。对外贸易政策主要是指一国政府根据本国的发展目标而制定的在一定时期内的进出口贸易活动的准则，集中体现为一国在一定时期内对进出口贸易所实行的法律、规章、条例及措施等。它既是一国总体经济政策的一个重要组成部分，又是一国对外政策的一个重要组成部分。

对外贸易政策的调控作用：一是通过调节进出口的平衡来调节社会供求总量的平衡。具体表现为利用对外贸易政策，根据国际收支水平的变化，采取鼓励出口、限制进口或相反的政策来调节进出口贸易平衡。二是调节国际收支平衡。从国际收支的构成来看，国际收支的支付方反映的是本国购买外国商品、服务和资金技术的流出，国际收支的收入方反映的是本国商品、服务和技术的出口和资金的流入等，代表本国的外汇供给。在社会总供给和总需求的平衡公式中，外汇的需求和供给是社会总供给和总需求的组成部分，如果国际收支不平衡，将直接影响宏观经济总量的平衡。当出现这种情况时，国家通过对外经济政策进行调控，利用外资政策和汇率政策，调节外汇供给和需求，促进国际收支平衡。

第二，利用外资政策。利用外资政策主要包括利用国外直接投资（FDI）和引进国外贷款。引进国外直接投资会增加国内供给能力，引进国外贷款会增加国内供给能力，增加社会总需求，但从长期看，会增加外债，需要对外债进行调控。外债调控是一国宏观经济调控部门在对该国外资的规模、结构、本息偿还进行科学分析基础上进行的监督和调节活动，重点是对外资流入量、外资最优配置使用、外资的最佳成本风险以及对外债务关系进行调控。外债调控包括外债总量调控和结构调控两部分。外债总量调控是控制外资总量的规模，使外债的清偿规模不超过本国的承受能力，利用外债的适度规模可以通过经济主体吸引外资的行为及市场机制的调节实现。外债的结构调控主要是针对外债的方式结构、币种结构、利率结构和期限结构调控和优化，以提高利用外资的宏观效益，并减轻外债负担。

第三，对外投资政策，也称海外直接投资（ODI）政策，主要包括绿地投资和跨国购并。绿地投资也称新建投资，包括建立国际独资公司和国际合资公司两种形式；跨国购并按购并双方的行业关系可分为横向购并、纵向购并和水平购并，按购并行为可分为直接购

第十二章 国民经济宏观调控

并和间接购并。对外投资政策主要是对绿地投资和跨国购并进行政策规范。改革开放以来，我国的对外投资一直以绿地投资为主，但随着中国经济实力的增强，绿地投资的比例有所下降，跨国购并比例持续上升。从利用外资和对外投资比较而言，近年来后者与前者持平，并有超过前者的趋势。因此，如何使我国企业在"引进来"的同时能够"走出去""走进去""站得住"，规避对外投资风险，同时避免"假投资""真外流"现象的发生，对宏观调控提出了新的挑战和要求。

第四，汇率政策。汇率政策主要对国际贸易和收支具有重要的影响。表现在汇率稳定有利于进出口贸易的顺利实现，从而促进国际贸易的发展；反之，汇率不稳定，会增加国际贸易的风险，阻碍国际贸易的顺利进行。汇率变化对国际收支的影响表现在，当一国存在贸易逆差的情况下，由于外汇供不应求，一般会造成汇率的上升，意味着本币对外汇汇率的降低，这样该国就要改变原有的对外汇率，重新规定较低的汇率；当一国汇率贬值后，可使一国以外币计价的出口商品的价格降低，从而促进进口量的减少，有利于贸易收支的改善。

五、投资政策及其调控作用

投资政策是指国家或政府为了增进社会经济福利而制定的解决投资管理和调控问题的指导原则和措施。它是政府为了达到一定的投资目的而对投资活动进行有意识的干预。因此，任何一项投资政策的制定都是根据一定的投资管理和调控目标而进行的。投资管理和调控的目标是保持投资供给和需求的平衡，包括总量平衡和结构平衡，实现投资资源在全社会范围内的优化配置，促进经济持续快速发展和人民生活水平的不断提高。

投资政策的调控作用表现为通过财政、货币、价格和产业政策调节投资总规模及其结构。具体来说：

一是调节投资总规模及其结构的政策具体工具和手段。主要有：（1）财政收入政策。主要包括税收和财政性收费，通过税负总水平的变化调节投资总规模，通过设置适当税种调节投资结构。（2）折旧政策。折旧资金是企业重置投资的主要资金来源，通过规定和调整折旧率，国家可以从资金来源上影响企业投资规模，对不同企业实行差别折旧率，可以调节企业投资结构。（3）财政支出政策。由于全社会投资分为预算内和预算外投资，预算内的投资变化将导致全社会投资规模和投资结构的变化。（4）财政补贴。财政补贴主要用于调节投资资金的形成和使用。（5）财政信用。通过信用方式筹集和供应部分国家投资资金一方面可以弥补投资资金的不足，另一方面可以用于调整投资结构。

二是调节投资规模及其结构的货币政策。其主要政策手段：（1）法定存款准备金率。社会总需求小于总供给，央行降低法定存款准备金率，使商业银行在活期存款额不变时扩大放款，增加市场货币供应量，利率降低，增加企业投资；反之则相反。（2）再贴现率。再贴现率的高低影响商业银行向央行借款或贴现的数量，进而影响利率水平，最终会鼓励或限制企业投资。（3）公开市场操作。央行通过市场买卖政府债券进而调节货币供应量及利率，进而影响投资规模。

三是价格政策。调控投资的价格政策主要调控：(1) 与国民经济发展和人民生活密切相关的极少数商品价格和重要国家储备物资价格；(2) 资源稀缺的少数商品价格，如石油、天然气；(3) 自然垄断经营的商品价格，如电价、电信基本业务资费；(4) 重要公共事业价格，如自来水价格；(5) 重要公益性服务价格，如药费。政府主动调控其价格，引导相关行业领域投资者的投资行为，进而调控投资规模，最终实现投资结构优化。

四是产业政策。其对投资规模及机构调控主要表现在：(1) 针对市场在资源配置方面的缺陷，以产业政策为核心进行投资结构调整，用于弥补"市场失灵"；(2) 服务于国家经济发展的总目标。通过实行主动干预型产业政策，集中优势服务于战略性产业并将其转化为主导和支柱产业，促进主导产业和战略性新兴产业投资，减少产能过剩产业的投资，等等。

六、消费政策及其调控作用

消费政策是由国家或地方政府颁布实施的与消费有关的各种方针、制度、规章等的总称。制定消费政策的目的在于一定时期内适当的合乎规律的规划消费水平的提高、消费结构的变化及消费方式的变动，同整个社会经济发展战略一致，保障国家经济发展。消费政策特点在于阶段性和时效性。消费政策的制定需要考虑国家发展水平，包括政治、经济、文化发展水平。合理消费政策能够稳定经济，转变经济增长方式，从而促进社会经济的发展。在社会主义市场经济条件下，消费政策通常用于调节两个平衡关系：一是个人消费与投资两者之间关系及其相互转化；二是当期消费与远期消费两者间关系。

消费政策包括总体消费和具体消费政策。总体消费政策对一定时期内的消费做出总指导，具有相对的稳定性。具体消费政策是对一定时期内消费总量和消费结构等进行调节的政策规定，进而引导居民现期消费结构、方式及质量等。主要包括：一是提高消费水平的消费政策。如调整居民收入与经济增长关系政策、收入分配政策、社会福利和社会保障政策等；二是调整消费结构的政策。如调整消费品产业结构政策、消费品市场政策。

消费政策的主要工具和手段有：

一是税收手段。税收可以通过调节产业结构、促进或抑制进出口、调整消费者的收入，从而实现鼓励促进消费的目的。税收调节总体说主要包括增税和减税两大措施，两者在某些场合可以并用，即对一些商品和劳务的生产经营实行增税措施，而对另一些商品和劳务的生产经营实行减税措施。增税和减税并用时有主辅之分：消费需求膨胀期对长线企业增税，减少其获得的过多收入；对某些生产短缺消费品的企业减税，刺激企业增加消费品供给。相反，在消费需求不足时，减税是主要措施，增税是辅助措施。

二是利率手段。利率政策可以有效调节消费者储蓄与消费的比例，对市场中企业融资产生重大影响，从而可以增加或减少流动性，释放或抑制消费。利率调节消费主要包括储蓄存款利率的调节和贷款利率的调节。就储蓄存款而言，为了应对消费膨胀，可以提高储蓄利率，鼓励居民把现期消费转为未来消费；为了缓解消费需求不足，可以降低储蓄利率，增加居民消费支出。就贷款而言，消费需求膨胀时应当提高贷款利率，减少投资贷

第十二章 国民经济宏观调控

款,避免投资规模扩大引起消费支出的增加;消费需求不足时可以降低贷款利率,增加投资贷款,由此增加与投资支出相伴的消费支出。

三是收入调节政策。主要包括两个方面:当消费需求膨胀时,限制居民可支配收入过快增长,如提高个人所得税制度,或开征新税;当消费需求不足时,设法增加居民可支配收入,如降低向个人征收所得税税率,停征或缓征某些与个人收入和消费支出有关的税收并适当降低税率。

四是债券、政府购买及转移支付。国债或地方政府债券可以对消费者当期收入产生作用,也可以通过融资影响产业,从而调节消费结构;政府购买直接影响产业,政府转移支付会实现收入再分配,两者变化最终会对消费产生作用。

七、价格政策及其调控作用

价格政策是国家为实现一定的社会经济目标,对市场商品价格进行必要干预和管理而采取的一系列行为准则、方针和规定的总称。主要包括确定价格政策目标和选择价格政策手段。具体来说,可从不同角度划分价格政策:(1)按价格政策的层次,分为宏观价格政策和微观价格政策:前者是有关整体和全面性的价格行为准则和目标,其政策手段作用于价格总水平;后者是关于局部性具体价格的准则和目标,其政策手段作用于某类、某种商品价格水平和各类商品比价和差价;(2)按实施价格政策的方式,分为灵活性价格政策和稳定性价格政策:前者是依照对市场供求状况的判断和经济形势的分析而制定的价格政策;后者是不需要随时判断而按照某种固定机制和规律长期产生效应的政策;(3)按各种具体价格政策之间相互关系,分为促进性价格政策、抵触性价格政策和中性价格政策:促进性价格政策是对其他价格政策产生有利影响的价格政策;抵触性价格政策是对其他价格政策产生不利影响的价格政策;中性价格政策是运用不会影响其他价格政策实施的一些价格政策。

价格政策的目标是实施价格政策所要达到的目的,具体包括:(1)确立合理的价格管理体制。主要是划分价格决策权限、设置价格管理机构,这是制定价格政策的主体。(2)调整不合理的价格结构。主要是调整商品比价关系和差价关系,这是政府运用价格政策进行间接干预的主要内容。(3)稳定价格总水平。只有保持价格总水平基本稳定,才能实现资源合理配置。(4)促进宏观经济基本目标的实现。价格政策的设计和运用为顺利发展国民经济创造良好条件,促进经济有序稳定增长。

价格政策目标需要借助一定的调控手段予以实现,主要有:

一是直接干预手段。直接干预手段主要指政府直接规定价格水平。具体包括:(1)政府定价。为了实现资源优化配置,由政府直接规定部分商品和服务的价格。(2)政府指导价。在政府规定的中准价和浮动幅度或最高、最低限价下,由企业确定最后价格,其适用范围主要是与国民经济发展和人民生活关系重大的极少数商品价格、资源稀缺的少数商品价格、自然垄断经营的商品价格、重要公用事业价格、重要公益服务价格。(3)价格补贴。为了消除价格变化对生产者、经营者和消费者造成的损失,政府通过控制差价率、利润率等控制重要商品的价格水平对其进行补贴。(4)价格冻结。主要指政府在非常时期对价格方面实行直接干预,当市场价格总水平出现剧烈波动,政府可以在全国范围内或部门区域采取临时集中定价权限、部分或全面冻结价格的紧急措施。

二是间接调节手段。间接调节手段主要是针对一些资源性商品、对环境影响较大的商品和人民基本生活关系密切的商品,通过影响和干预其价格形成,以保持物价总水平基本稳定的价格政策。所采取的主要手段包括:(1)财政政策,主要包括财政支出政策、税收政策和自动财政稳定工具;(2)货币政策,主要手段有公开市场业务、再贴现率和存款准备金率;(3)进出口政策,主要是增加或减少国内市场供给,进而促进国内市场供求平衡,保持价格总水平的基本稳定;(4)重要商品储备制度,主要是通过重要商品的储备和投放、限产或促产等政策,实现市场供求的有效调节,有效影响市场价格。

三是规范监督手段。规范监督手段主要指政府对价格活动进行监督检查、惩处、纠正价格违法行为,以建立良好的市场秩序,促进公平竞争。具体手段有召开价格听证会、规定部分商品应履行提价申报和调价备案程序、加强对市场价格的监督检查、引导和规范市场竞争和制止价格违法行为。

四是服务指导手段。服务指导手段主要指价格主管部门利用自身资源和渠道,跟踪分析价格形势、影响价格走势的因素,研究价格变动对社会生产和生活的影响,做好价格预测和预警工作。具体手段有:发布成本调研报告、价格指数分析报告、重要商品和服务价格信息和价格走势报告,引导市场的生产和消费活动;宣传普及法律法规,规范市场经营主体和消费者行为,创造良好市场环境。

八、促进经济、社会、人口、资源与环境协调发展的政策及作用

当前,构建和谐社会和实现经济社会可持续发展是我国发展的主要任务,政府在宏观调控中,不仅要考虑经济发展,还要考虑社会发展,全面解决经济和社会发展中的各种矛盾,同时注意处理好人类社会和自然环境的协调发展问题。因此增加就业、消除贫困、提高收入、保护环境成为宏观调控的出发点和主要内容。

(一) 就业、收入分配和社会保障政策

1. 就业政策

就业是民生之本,是实现和谐社会的重要保障。就业政策是现代国家的一项重要制度,早在19世纪末,就出现在一些工业化国家里。从20世纪70年代以来,各国采用各种积极的就业政策,解决失业率上升的问题,根据其采取的就业政策、政策目标和手段的差别,大体上可以分为两类:一是积极或主动的就业政策,主要以公共就业服务体系建设为基础,投入主要用于提高职业咨询、就业培训和改善劳动力市场的效率;二是消极或被动的就业政策,是指公共项目的投入主要集中在财政转移支付、失业保障和养老金,完善收入分配制度。无论何种就业政策,其调控作用主要表现为:一是降低经济周期对就业的影响;二是减少劳动力市场结构性的不平衡;三是改善一般性劳动力市场的功能;四是增强劳动者的技能以提高劳动生产率;五是支持弱势群体或处于长期失业状态的求职者。

第十二章 国民经济宏观调控

当前,我国坚持就业优先战略,实施更加积极的就业政策,创造更多就业岗位,着力解决结构性就业矛盾。通过完善扶持创业的优惠政策,形成政府激励创业、社会支持创业、劳动者勤于创业新机制,鼓励以创业带动就业,健全促进就业创业体制机制。

2. 收入分配政策

收入分配政策是国家为实现宏观经济调控的总目标和总任务,针对居民收入水平的高低、居民收入差距的大小在分配方面制定相应的原则、方针和政策。收入分配政策的理论基础是效率与公平,两者存在辩证统一的关系:促进效率可能会暂时牺牲一定的公平,为了实现公平可能会暂时牺牲一定的效率。总体看一种合理的收入分配政策应既能有助于实现公平,又能对效率产生促进作用。由于收入分配分为初次分配、再次分配和第三次分配,收入分配政策也相应分为:一是初次分配政策,主要是在强调公平与效率的前提下,正确处理国家、企业和劳动者三者之间的关系,强调的是过程公平,如税收政策、国有资源收益政策和国有企业利润上缴政策等;二是再分配政策,主要是针对社会各阶层、群体间的可支配收入差距较大的现实,通过税收、社会保障及转移支付等政策措施,缩小社会收入差距,更加侧重于结果公平;三是第三次分配政策,主要是鼓励社会捐赠、社会互助和社会慈善,对捐赠者采取税收及其他方面的优惠政策,以进一步促进社会公平。

在社会主义市场经济条件下,政府具有调节收入分配的财政能力。政府调节收入分配作用,主要体现在两个方面:一是限制性政策,主要是指虽然不能绝对缩小和控制收入分配的不平衡,但能够对特定范围内收入分配不平衡所产生的副作用加以限制,如增加教育投入和调整教育投入结构,提高人口质量,加强区域协调,实现地区平衡发展等,从而起到缩小特定范围内的收入分配不平衡的作用,或是将已有的收入分配不平衡控制在一定的程度以内;二是控制性收入分配政策,主要是政府通过税收、财政转移支付等手段进行强制性的调控收入分配政策,如完善个人所得税,建立社会保障税等。

当前,我国收入分配差距在各个层面的不断扩大,引起了政府部门的高度关注。党的十八届三中全会《决定》提出努力实现劳动报酬增长和劳动生产率提高同步,提高劳动报酬在初次分配中的比重的重要方针。十八届五中全会审议通过的《"十三五"规划建议》进一步指出,实现收入增长的关键是坚持居民收入增长和经济增长同步、劳动报酬提高和劳动生产率提高同步。因此,国家收入分配政策调控的核心是不断增加居民收入特别是增加低收入者的收入,主要措施包括:逐步提高居民收入在国民收入分配中的比重,提高劳动报酬在初次分配中的比重,建立健全科学的工资水平决定机制、正常增长机制、支付保障机制,完善最低工资增长机制,完善市场评价要素贡献并按贡献分配的机制;在调控手段上,强化税收对收入分配的调节功能,加强对垄断行业个人收入分配的调控和监管;在制度建设上,深化收入分配制度改革,贯彻按劳分配为主体、多种分配方式并存的制度,鼓励资本、技术等生产要素参与收益分配,调节国有企业高层管理人员、技术人员的工资报酬,同时进行严格的约束和监督。国家通过收入分配政策,调控和防止收入分配在城乡、不同区域和不同行业过分扩大,在初次分配和再分配中都要处理好效率和公平的关系。

3. 社会保障政策

社会保障是国家和社会为了保障社会成员的基本生活,通过再分配手段在社会成员因年老、疾病、工伤、失业等原因而发生生活困难时给予援助的一种制度安排。政府是现代社会保障制度中最重要的制度主体，在社会保障各关系主体中，政府处于不可或缺的关键环节。社会保障内容包括：一是社会保险。这是社会保障体系的核心部分，是国家对劳动者在暂时或永久丧失劳动能力，或由于失业丧失经济来源时，通过立法，给予这些劳动者的收入损失补偿，保障其维持基本的生活水平，包括劳动者的养老保险、医疗保险、失业保险和工伤保险等。二是社会救助。这是指国家通过国民收入的再分配，对因自然灾害或其他经济原因、社会原因而无法维持最低生活水平的社会成员给予帮助，以保障其最低生活水平的制度，包括灾害救济、贫困救济和其他针对社会弱势群体的扶助措施。三是社会福利。这主要是国家通过各种福利服务、福利企业或以福利津贴等方式，使全体社会成员在享受基本生活条件的基础上，提高生活水平的社会政策总称，包括教育、健康、居民住宅和城市环境等诸多方面。

社会保障的调控作用表现在：一是通过保证劳动者享受社会成员应享受的生存和发展环境，促进国民经济的发展。劳动者往往会因暂时或永久的原因，失去劳动能力，或由于失业，失去生活的保障，国家通过社会保障，为这些劳动者提供生活保障，有利于劳动者恢复劳动能力，重新参加生产，也有利于避免挫伤劳动者的劳动积极性。从宏观来看，社会保障通过再分配，保持了社会保障人员的稳定消费需求，有利于保持社会总需求的稳定和宏观经济的平稳运行。二是社会保障通过代际人群间的分配，有利于解决人口结构等问题。政府通过建立养老保险，转变传统上单纯依靠子女赡养老人的观念，对于调控人口数量具有重要的意义。医疗保险使患病的劳动者得到医治，恢复劳动能力。失业保险有利于保障劳动者及其后代发展和接受教育的权利，有利于人口质量的提高。社会保障通过代际间的分配，有利于解决人口老龄化等经济社会问题。三是社会保障有利于维护经济社会稳定。政府通过为劳动者提供养老、疾病和失业保险，保障了劳动者享有基本的生活条件，虽然政府需要投入资金，减少了对国民经济的投资，但通过稳定劳动者的情绪，稳定了经济社会秩序，有利于国民经济的发展。

4. 人口政策

人口政策有广义和狭义之分。广义的人口政策是指政府为实现对人口的自然结构、经济结构、社会结构和地区结构等的变动进行全面的指导和调整而采取的政策。主要包括：一是人口社会变动方面的政策，如职业、行业、城乡人口转化、人口城镇化等；二是人口自然变动的政策，如婚姻、家庭、生育、死亡等；三是人口迁移变动方面的政策，如人口的地区分布、国际迁移、侨居等；四是人口社会活动方面的政策，如普及教育、劳动就业、户籍管理、医疗卫生、退休安置、孤寡老人社会保障、残疾人社会保障等。狭义的人口政策专指生育政策，它是政府为调节生育率以达到预定的人口规模、人口增长速度和人口素质而制定的一系列计划、规范、措施等的总和。不同的国家因本国人口发展的情况不同采取不同的人口政策，一国的人口政策还会随着本国人口发展的实际情况作适当的调整。在制定生育政策时，需要从社会的、经济的、政治的、资源的、生态环境的综合战略利益出发，同时考虑到大多数群众的接受程度。

人口政策的调控作用表现在能够全方位地调控人口发展过程中的各个因素。它不仅调

第十二章 国民经济宏观调控

节和影响人口的生育行为,而且还调节和影响人口数量、人口质量、人口性别、人口构成和人口分布等各个因素。也就是说,人口政策不仅局限于对人口的生育行为的调节或影响,同时还要调节在人口发展过程以及人口因素发展变化中涉及人口与社会、人口与经济、人口与自然环境等相关因素。

人口政策通过确定人口目标,实施专门措施,以提高或者降低人口出生率。在不同时期,制定计划生育政策、确定政府职能的过程中,政府需充分考虑到国情和国家社会经济发展的需要以及国家的长远利益,同时也考虑到不同地区、不同民族、不同社会阶层的实际情况和群众的意愿与接受能力,不断进行宏观政策的调整。随着市场经济的深入发展,政府不能再简单地凭借行政权力,按照指令性计划指标去直接控制生育行为,而要把政府宏观调控的主要手段定位于社会经济发展计划、社会经济政策等多种经济手段,积极制订和实施既有助于社会经济发展,又有助于计划生育的社会经济政策,探索计划生育社会保障机制和贫困独生子女家庭救助机制,以此影响和诱导群众的生育行为,使之符合宏观控制目标的要求。

目前,我国的人口政策主要是促进人口均衡发展:一是坚持计划生育的基本国策,完善人口发展,由"一对夫妻一个孩"到"全面二孩";二是积极开展应对人口老龄化行动,弘扬敬老、养老、助老社会风尚,建设以居家为基础、社区为依托、机构为补充的多层次养老服务体系;三是坚持男女平等基本国策,保障妇女和未成年人权益。

(二) 促进资源节约、环境友好的政策

资源节约、环境友好社会是指资源得到高效利用和有效配置,宏观经济保持快速健康发展,实现人与自然和谐相处的社会。其中,"资源节约型"社会要求在社会再生产的生产、流通、消费环节中,通过健全机制、调整结构、技术进步、加强管理、推动宣传教育等手段,动员和激励全社会节约和高效利用各种资源,以尽可能少的资源消耗支撑全社会较高福利水平的可持续的社会发展模式。这里的"节约"有两层含义:一是杜绝浪费,即要求在经济运行中减少对资源的浪费;二是厉行节约,要求在生产消费过程中,用尽可能少的资源、能源,创造相同的、甚至更多的财富。"环境友好型"社会则要求:一是切实保护好自然生态,坚持保护优先、开发有序,以控制不合理的资源开发活动为重点;二是强化对水源、土地、森林、草原、海洋等自然资源的生态保护,加大环境保护力度;三是坚持预防为主、综合治理,强化从源头防治污染和保护生态,坚决改变先污染后治理、边治理边污染的状况。从内容上看,"环境友好"主要包括:建立有利于环境的生产和消费方式;采用无污染或低污染的技术、工艺和产品;培育符合生态条件的生产力布局;形成少污染与低损耗的产业结构以及大力发展可持续的绿色产业等。

促进资源节约、环境友好的政策的调控作用表现在:国家通过经济政策调动企业等微观主体采用节约资源和保护环境的生产方式的积极性,实现建立资源节约型、环境友好型社会的目标。这些政策包括:

一是促进资源节约、环境友好的产业政策。这一政策实质上是在产业结构和产业组织政策的制定中贯彻资源节约、环境友好的理念,并落实到政策各个环节,从而使产业政策

的制定与实施，同资源节约、环境友好的目标相一致。具体来说：（1）在产业结构政策上，通过确定不同产业发展的规模和优先次序来实现节约资源、保护环境的目标，鼓励资源节约型产业的发展，同时严格限制甚至禁止高能耗、高污染产业的发展，取消传统的对资源密集型产业的保护和扶持措施，将环保产业作为优先发展产业；（2）在产业组织政策上，通过鼓励企业以最有效的方式利用资源，实现规模经营，限制或禁止建设污染严重的小型企业，实现低投入、高产出、低污染的目标。

二是促进资源节约、环境友好的区域政策。这一政策主要有：（1）确定区域生产力的合理布局。区域产业布局是否合理不仅取决于区域资源禀赋及经济效益，还要服从于区域环境容量和生态承载力。合理的产业的布局要求在发挥区域比较优势的同时，减轻或避免环境污染和生态退化，宏观管理机构通过将国土空间划分为优先开发、重点开发、限制开发和禁止开发四类，控制开发强度，形成经济与资源环境协调的空间开发格局。对经济欠发达地区，优先安排基础设施建设和资源开发项目，给予优惠措施，以增强这些区域自我发展的能力。（2）协调区域资源开发与区域产业政策。在科学分析与正确评价区域发展条件的基础上，确定该区域产业发展方向，对该地区的产业结构进行优化，以实现资源可持续利用。（3）促进区域的协作发展。加强经济发达和欠发达地区的经济技术合作，鼓励资金和人才向欠发达地区流动，促进区域共同发展。（4）完善区域生态环境的综合治理。根据生态环境综合治理的方针和规划方案，对水土流失、土地沙漠化、草场退化及工业污染进行综合治理。

三是促进资源节约、环境友好的税收政策。这一政策主要有：（1）完善税收体系，对废水、废气等征收环境税。环境税实质上通过把由于外部不经济而引起的社会成本内化，增加企业治理污染的积极性。尽管我国目前已部分推行了资源开发利用的税收政策，但其计征办法仍不适应我国发展的需要，今后应逐步把资源补偿费纳入资源税范围。（2）通过制定具体的税收条件或减免政策来鼓励企业生产有利于实现资源节约、环境友好的产品。（3）实行税收差别税率，扶持环保产业的发展，限制损害环境资源的产业发展。

四是促进资源节约、环境友好的投资政策。这一政策主要有：（1）增加政府在生态工程上的投入，扩大对环保技术和环保产业发展的投资，由于这些项目大多具有公共产品性质，难以通过市场机制调节，政府应成为其投资的主体；（2）优先支持关系经济增长、人民生活和环境资源保护的重大领域或项目。

第四节 创新和完善宏观调控方式

一、科学进行宏观调控的总体要求

经济新常态下，新形势、新任务对宏观调控方式提出了新要求。十八届五中全会《建议》进一步提出，"十三五"时期宏观调控的目标是更加注重扩大就业、稳定物价、调整

第十二章　国民经济宏观调控

结构、提高效益、防控风险、保护环境。因此，宏观调控方式的创新和完善应重点做到"四个坚持"。

（一）坚持总量调节和定向施策并举

宏观经济的总量调节是对社会总需求和总供给总量平衡的调节。其基本公式为：国内投资需求＋消费需求＋净出口需求＝国内生产总值。由于社会总供给用国内生产总值（GDP）来代表，总量平衡既取决于经济增长水平，又取决于与社会总需求即"三驾马车"之间是否平衡。从一定意义上说，总量调节需要把握好"稳增长"与"调结构"的平衡点。从经济增长来说，就是要确保增长水平保持在"合理区间"：既要防止经济过快增长超出"上限"、超过资源环境承载能力或带来通货膨胀，又要防止经济增长滑出"下限"、造成巨大的就业压力，也就是说必须保住经济增长的"底线"。总量调节与定向施策并举就是要解决投资需求、消费需求和净出口需求与经济增长不平衡、不协调、不可持续等问题，努力实现国民经济稳定发展。

（二）坚持短期和长期结合

对中国这样的发展中大国来说，既要有国民经济短期的稳定发展，又要做到中长期的可持续发展。为此，宏观调控既要从"三驾马车"的需求侧发力，又要着力加强供给侧结构性改革，在供给侧和需求侧两端发力促进产业迈向中高端。这是因为，投资需求、消费需求和净出口需求属于社会总需求的范畴，依靠着"三驾马车"解决总需求不足的矛盾是一个短期的政策，通过扩大总需求拉动经济增长，从宏观经济调控来说属于"需求侧总量管理"，主要便于宏观调控进行短期的逆周期调节。而直接推动经济增长的劳动力、资本、土地、技术、管理等生产要素，以及作为各种生产要素集合体的企业、产业等则属于社会总生产的范畴或"供给侧"，从宏观调控来说属于"供给侧管理"。由于企业竞争力、产业竞争力（乃至国家竞争力）的形成需要较长时间，并非短期内可以"立见功效"，因此属于中长期管理。同时，由于企业结构、产业结构等的调整也是一个中长期的过程，因而可称之为"供给侧结构性管理"。在经济新常态下，这种结构性管理如果脱离企业改革、财政货币体制改革等将无从谈起。因此，创新和完善宏观调控方式，必须在适度扩大总需求的同时，着力加强"供给侧结构性改革"。主要是着力提高供给体系质量和效率，增强经济持续增长动力，推动我国社会生产力水平实现整体跃升。具体来说，实行供给侧结构性改革：一是要深化企业改革，增强企业活力；二是减轻企业负担，让企业轻装上阵；三是降低企业融资成本，增强金融对实体经济的支撑力度；四是简政放权，助力创业创新。与此同时，淘汰落后过剩产能，加快产业结构转型升级步伐。总之，坚持短期和中长期结合，就是要释放新需求，创新新供给，推动"双创"和新技术、新产业、新业态、新模式蓬勃发展，加快实现发展动力转换。

（三）坚持国内和国外统筹

社会主义市场经济是开放经济。在开放条件下，社会总需求和社会总供给的平衡公式简化为：(国内资本－资本净流出)转化的投资需求和消费需求＝国内生产总值(GDP)－净出口。也就是说，宏观经济调控要想实现社会总供求基本平衡的目标，除考虑国内因素之外，还要考虑国际贸易和国际资本流动的因素。而国际贸易既要考虑货物（以及服务）的因素，还要考虑国际商品价格（尤其是大宗商品价格）的变动，跨境资本流动还要考虑本币和外币汇率变动的影响。在我国经济已深度融入世界经济的大背景下，国际贸易投资格局变化、大宗商品价格波动、跨境资本流动、主要经济体政策调整、增长动力转换，乃至世界经济规则重构，都会不同程度传导或影响到国内经济运行。因此，宏观经济调控必须有全球视野，统筹两个市场、两种资源，开创对外开放新局面，必须丰富对外开放和宏观调控内涵，准确把握战略机遇期内涵的深刻变化，提高对外开放水平，实现开放条件下社会总供求的基本平衡。为此，要完善对外开放战略布局，形成对外开放新体制，推进"一带一路"建设，推进国际产能和装备制造合作，积极参与全球经济治理，为中国经济可持续发展和世界经济稳定复苏作出积极的贡献。

（四）坚持改革和发展协调

国民经济稳定协调可持续发展是全面深化改革的前提和基础，全面深化改革是经济稳定协调发展的动力和保障。创新和完善宏观调控方式必须同深化经济体制改革结合起来：一是深化财税体制改革，建立健全现代财政制度，建立规范的地方政府举债融资体制，减税降费，为企业发展提供动力；二是加快金融体制改革，提高金融服务实体经济效率，解决中小企业融资难、融资贵等问题；三是深化企业改革，增强国有经济活力、控制力、影响力和抗风险能力，加快非公有制经济发展，加快淘汰僵尸企业，有效化解过剩产能；四是加快转变政府职能，简政放权，提高政府透明度，营造法制化、国际化和便利化的营商环境，减少政府对价格的干预，为企业发展和市场完善提供良好的服务。

二、宏观调控手段的有效组合

国民经济是一个非常复杂的系统，其各组成部分相互联系，相互制约，处于不断的变化之中。宏观调控手段主要是经济手段、法律手段、必要的行政手段和社会舆论手段等。经济手段或宏观政策体系以财政政策、货币政策为主，与产业政策、区域政策、投资政策、消费政策和价格政策协调配合。由于经济发展阶段不同，不同发展阶段需要完成的任务不同，而且不同宏观调控手段的作用也不同，因此，在具体的宏观调控中需要进行调控手段的有效组合运用，以实现调控目标。这里的宏观经济手段的有效组合，主要是指国家按照宏观经济发展目标，在全面考虑各种宏观经济调控政策的不同特点的基础上，统筹运用各种政策，使各种政策能够实现最佳的配合效果。

在宏观调控手段的有效组合中，需要把握好以下几个方面：一是要根据宏观经济环境的特点与变化趋势决定可供选择的政策工具及其作用力度。这是因为宏观经济调控手段虽

第十二章 国民经济宏观调控

然很多,但在特定时期下,每种经济调控政策都具有各自的功能和特点,其影响范围和作用方向也各不相同,必须分析可供选择的手段和组合方式。如调控的目标是控制居民的消费水平,最直接的办法是提高利率。如果调控目标是控制居民对高档消费品的消费,则最直接的办法是提高高档消费品的税率。二是在宏观经济政策的综合运用中,需要考虑所选择的经济调控政策的组合必须能够充分保证调控目标体系的实现。经济调控政策要相互配合,不能相互抵触。三是一定时期内所选择的经济调控政策组合应具有相对稳定性。这是因为,经济政策从出台到发挥效果具有一定的滞后期,在综合运用经济调控政策时必须注意不同政策产生效果的时滞。四是经济调控政策的综合运用同其他管理活动一样,要考虑政策的成本与收益,以实现在固定成本下的效益最大,或在固定效果下的成本最小。

(一) 以财政政策、货币政策为主要手段

全球金融危机以来,我国连续实施积极的财政政策和稳健的货币政策相互搭配,适时适度预微调,稳定发展预期。"十三五"期间将继续实施积极的财政政策和稳健的货币政策,虽然政策名称一直没变,但在经济新常态下,实际内容和实施重点每年都在发生变化,财政政策进一步发力,货币政策更加注重松紧适度。在积极的财政政策方面,通过扩大政府支出、盘活财政存量资金、结构性减税、普遍性降费等政策措施,既扩大了总需求,减轻了企业负担,也使重点领域支出得到了较好保障。在稳健的货币政策方面,通过多次降准和降息,采取逆向回购等公开市场业务,引导企业利率下行,缓解市场流动性偏紧局面,带动信贷需求和投放增加,有力地支持了实体经济发展。

在具体运用中,主要包括财政政策和货币政策"双紧"的政策搭配、财政政策和货币政策"双松"的政策搭配、松财政政策与紧货币政策的政策搭配、松货币政策与紧财政政策的政策搭配。下面,以财政政策和货币政策为例来说明宏观经济政策的综合运用。

一般来说,财政政策和货币政策的共同作用机制,包含着消费、投资、产出和物价水平等商品市场上的各主要环节,体现了在市场经济条件下经济的宏观调控通过市场机制发生作用的客观要求。两种政策在宏观调控中各具优势:财政政策在调整经济结构,发展经济方面具有优势,但冲击力大,行政性强;货币政策的优势在于对社会需求总量调控较直接,对物价水平作用突出,但对于结构调整和社会公平方面效果没有财政政策明显。同时,财政政策和货币政策在调控透明度、时滞等方面存在着差异:财政政策的制定和执行时滞较长,发挥作用的时滞较短;而货币政策的制定和执行时滞较短,而发挥作用的时滞则较长。实施财政政策主要通过可支配收入和消费支出、投资支出两条渠道对国民收入产生影响;而实施货币政策则通过利率和物价水平的变动,引起投资的变化来影响国民收入。利率对投资的弱弹性和价格水平的内生性,决定了货币政策比财政政策对国民收入的作用较弱、也比较间接。货币政策通过货币供应量这一中介变量的变动,直接作用于物价水平,而财政政策则要通过社会购买力和国民收入的共同作用,才对物价水平产生影响。国民收入的内生性,决定了财政政策对物价水平的作用是间接和滞后的(见表12-1)。

表 12-1　　　　　　　　　　　财政政策和货币政策的比较

项目	财政政策		货币政策	
	政府购买支出政策	税收政策	公开市场业务	变动法定准备金
作用强度	较猛烈	较缓慢	较缓慢	较猛烈
决策速度	较慢	较慢	较快	较快
阻力	较大	较大	较小	较小

资料来源：侯荣华、赵丽芬主编：《宏观经济政策调控力度及协调分析》，中国计划出版社1999年版。

当政府实施扩张性财政政策时，政府需求增加将通过财政政策的乘数效应使总产出增加，而总产出的增加又使货币需求增加。在中央银行不改变货币供给的情况下，利率必然上升。这样，一方面会抵消由于总产出增加而增加的货币需求；另一方面又会减少投资需求，从而抵消一部分政府购买支出或减税对总产出的刺激作用。如果投资需求对利率的敏感程度很高，利率的上升将会大量降低投资；相反，如果利率上升幅度不大，或扩张性财政政策对利率水平没有多大影响，这种政策对投资的冲击就很小。在这种情况下，扩张性财政政策对总需求就有很强的影响力。扩张性货币政策使货币供给增加，而紧缩性货币政策使货币供给减少。若扩张性货币政策在使货币供给增加的同时，使利率下降的幅度很大，并且对投资有很大的刺激作用，它对总需求的影响就很大。如果投资需求对利率的敏感程度较高，利率的下降就会使投资大大增加，如果货币需求对利率的敏感度较低，货币供给的增加会使利率下降很大。在这两种情况下，货币政策对总需求的影响效果就较强。

从理论上来看，政府预算是政府支出和税收收入之差。如果政府支出大于税收收入，则政府出现预算赤字，如果税收收入大于政府支出，则政府出现预算盈余。在政府出现预算赤字时，一般有两种方法来维持平衡：一是发行政府债券，二是增加货币供应，即政府可能通过借贷获得债务收入，或通过增加货币发行征收通货膨胀税来应付赤字。如果没有货币政策的配合，则财政扩张政策只能靠借贷来维持；需如果没有财政政策的配合而单独使用货币政策，则货币供应增加正好等于公众手中的政府债券减少的数量。由此可见，财政政策和货币政策之间并不相互独立，客观上要求两者必须相互配合。

从实践方面来看，财政政策和货币政策是市场经济条件下，政府在宏观经济方面可以采取的主要经济政策。财政政策与货币政策的共性，决定了它们之间必须密切配合是客观的要求。财政政策与货币政策的区别，又导致了它们之间在实施过程中存在发生偏差的可能性。国家的宏观经济政策若要获得预期的效果，就存在着财政政策与货币政策的协调与配合问题。由于各项经济政策是以不同的机制为同一调控目标服务的，只有各项宏观经济政策在调控性质和方向、政策手段选择、调控力度、政策出台时机等方面实现科学的协调与配合，才能避免摩擦，尽量缩短政策时差，有效实现经济总体目标。

具体来看，财政政策与货币政策的有四种配合模式：一是紧缩性财政政策与紧缩性货币政策配合，即"双紧"政策；二是宽松的财政政策与宽松的货币政策配合，即"双松"

第十二章 国民经济宏观调控

政策；三是紧缩性财政政策与宽松的货币政策配合，即"紧财政、松信贷"政策；四是宽松的财政政策与紧缩性货币政策配合，即"松财政、紧信贷"政策。其中，"双松"和"双紧"政策反映财政政策和货币政策的目标侧重点保持一致。"一松一紧"的政策反映着在总体要求一致的前提下，财政政策和货币政策的政策目标侧重点不同。

这些配合模式由于政策的作用方向的不同，会产生不同的政策效应。"双松"或"双紧"政策的特点是财政政策与货币政策的工具变量调整的方向是一致的，各中介变量均能按两类政策的共同机制对国民收入和物价水平发生作用。因此，这类政策配合模式的作用力度大，变量间摩擦力小，一旦实施，能够很快产生效应，并带有较强的惯性。"一松一紧"的政策特点是财政政策与货币政策的工具变量调整的方向是相反的，使变量间产生相互抗衡的摩擦力。由于投资支出这类共同变量变动方向是不明确的，在这两种配合模式下，两类政策往往只能分别对自身能够直接影响的变量产生效应，并且在实施过程中功能的损耗较大，作用力较弱，但政策效应比较稳定，且不带有很大惯性。

由此可见，政策的配合使用，需要根据一国的具体经济形势，以及在该种形势下政策的强度来做出判断。从理论上讲，政策效果的强弱是判断选择不同政策配合方案的基础。在宏观经济调控中，选择何种政策搭配应从国家经济现实情况出发，并在科学论证的基础上进行科学决策，这样才能使所选择的政策配合，在调控中产生最优的效果。

（二）与产业政策、区域政策、投资政策、消费政策和价格政策协调配合

1. "三驾马车"协调作用与创新驱动

经济新常态下，不仅调控目标出现了新变化，宏观调控方式也要相应发生变化。在宏观经济分析中，通常强调拉动经济增长要从需求侧发力，依靠消费需求、投资需求和净出口需求这解决总需求不足的问题。这里讲"三驾马车"协同作用不是指三者平均出力，而是指根据宏观经济健康发展的需要协调发力，在不同的发展阶段，三者发力的程度应该有所不同。

长期以来，我国的经济增长主要是靠投资和净出口这两驾马车拉动，消费的拉动力不强。经过30多年近10%的高速增长，2010年我国已成为世界第二大经济体，2014年GDP总量进入"10万亿美元俱乐部"，占世界经济份额13.3%，一年增量相当于一个中等发达国家的经济总量，从而创造了经济发展的"中国奇迹"。但是，在这个新的历史起点上，中国经济发展所面临的国际和国内条件都发生了根本性的变化，突出表现在宏观经济中三大需求的拉动力发生了变化。

就出口需求来说，全球金融危机以来世界经济总体增长乏力，2003~2008年全球经济增长4.8%，2009~2014年为3.5%。过去几十年全球贸易增长速度一直是世界经济增速的两倍，但目前已连续3年低于经济增长速度，2015年世界经济增速预计为3.1%，而贸易增速仅为2.8%。世界贸易形势恶化，由自由贸易转向保护贸易。同时，随着"入世红利"和"人口红利"的减弱，我国产品在国际市场上的竞争地位发生了新的变化，受到了其他一些发展中国家低成本优势的挤压。2014年净出口对GDP的拉动作用为负值，2015年前10月我国外贸进出口总值增长为-8%。这种严峻且复杂多变的国际经济环境，

必然给我国的外贸增长带来压力，从而使出口对经济增长的拉动明显不足，主要依靠外需实现高速增长的时代已经结束。

在短期内出口和消费无法得到较大改观的情况下，只能寄希望于扩大投资，最终形成产能过剩、投资效率递减和债务风险累积的局面。在产能利用率持续下滑的同时，资本边际生产率明显下降，现在只相当于2000年的1/3。2008年全球金融危机后，各国都在"去杠杆化"，而我国却在"加杠杆化"。目前我国企业债务率高达113%，明显高于90%的国际警戒线。令人担忧的是债务风险传导到金融体系。2015年第3季度，16家上市银行的不良贷款达9 080亿元，同比猛增三成。①

基于上述对两大需求的分析，一方面，经济增长的战略基点需要由外需转向扩大内需；另一方面，投资需求的拉动既遇到资源环境承载能力的制约，"去产能"又遇到市场需求的限制。这时，"三驾马车"的协同作用就表现在加大消费需求对经济增长的拉动，使之成为我国经济增长的主要动力。

长期以来，我国消费需求对经济增长的拉动作用小于投资需求。到2011年情况开始出现转机，当年消费需求对经济增长贡献率达到62.8%、拉动经济增长6.0个百分点，超过投资需求对经济增长的贡献率（45.4%）和拉动（4.2个百分点）。2012年仍然保持这一态势。但是，影响消费需求的收入增长、消费意愿的增强需要有一个过程，消费需求扩大有时会出现波动，如2013年投资需求再次超过消费需求。2014年、2015年才重新恢复。

因此，以"三驾马车"拉动经济增长的发展空间已明显缩小。而新的增长模式则强调经济增长的长期动力在于供给侧，在于劳动力、资本和生产效率的提升。在"入市红利"和"人口红利"结束的背景下，效率提升最重要的源泉是创新。因此，创新是引领发展的第一动力，必须把发展基点放在创新上，形成促进创新的体制架构，塑造更多依靠创新驱动、更多发挥先发优势的引领型发展。在此前提下，进一步发挥消费对增长的基础作用、投资对增长的关键作用和出口对经济增长的促进作用。也就是说，要释放新需求、创造新供给，推动新技术、新产业、新业态蓬勃发展，加快实现发展动力转换。

2. 新常态下宏观调控新组合

新时期、新常态要求宏观调控进行新组合，通过打"组合拳"实现宏观调控新目标。

（1）从"需求侧管理"和"供给侧结构性改革"两端发力。以往为了"保增长"，主要通过财政政策和货币政策，扩大政府投资和增加流动性，这是典型的"需求侧管理"。新常态下也注重"三驾马车"的作用，不断挖掘三大需求潜力。但与此同时，更强调从供给侧和需求侧"两端发力"，以创新供给带动需求扩大，以扩大有效需求倒逼供给升级，实现稳增长和调结构互为支撑、互促共进。2015年11月18日，习近平同志在亚太经合组织（APEC）工商领导人峰会发表演讲时表示："要解决世界经济深层次问题，单纯靠货币刺激政策是不够的，必须下决心在推进结构性改革方面做更大努力，使供给体系更适应需求结构的变化。"而"结构性改革"的四大关键点就是化解产能过

---

① 每日财经网，2015年11月3日，http://www.mrcjcn.com/n/69670.html。

第十二章 国民经济宏观调控

剩、消化房地产库存、降低企业成本和发展股票市场,其中前两点都与增加总供给有关。从"需求侧管理"到"供给侧结构性改革"勾勒出我国经济宏观调控的新变化:一是淘汰无效供给,主要是加快淘汰"僵尸企业",有效化解过剩产能;二是挖掘潜在供给,解决医疗、教育、金融、交通、通讯等领域一定程度的"供给短缺";三是提高供给质量,使更多的高质量产品深入中国家庭;四是创造新供给,以"苹果手机的故事"为镜,通过"中国智造"、"中国创造"提升中国制造业国际竞争力,以创新驱动增加新的有效供给。

(2) 实行总量调节和结构调节相结合。一般情况下,宏观调控主要是总量调控,虽然也有产业政策,但没有真正发挥作用,主要是缺乏与其他政策的协调配合。更重要的是调控思路和政策比较单一,经常顾此失彼。新常态下,将转方式、调结构放在更加突出的位置。2013年12月,习近平总书记在中央经济工作会议上强调:"我们要的是实实在在、没有水分的速度,是民生改善、就业比较充分的速度,是劳动生产率提高、经济活力增强、结构调整有成效的速度,是经济发展质量和效益得到提高又不会带来后遗症的速度"。实现尊重经济规律、有质量、有效益、可持续的发展,根本途径是加快转变经济发展方式,关键是深化产业结构战略性调整。因此,更加强调完善以财政、货币政策为主,产业政策、区域政策、投资政策、消费政策和价格政策协调配合的政策体系,增强财政货币政策协调性。通过税收、信贷政策支持产业结构调整,引导企业落实创新驱动发展战略,改造提升传统制造业,培育发展战略性新兴产业,加快发展服务业,加强新能源和可再生能源、综合运输体系、城乡公共基础设施建设,构建现代产业发展新体系。同时刺激居民消费需求,引导消费朝智能、绿色、健康、安全方向转变,以扩大服务消费为重点带动消费结构升级。促进流通信息化、标准化和集约化;以财政投资性支出、转移性支出对区域经济结构进行调节,塑造要素有序自由流动、主体功能约束有效、基本公共服务均等、资源环境可承载的区域协调发展新格局;减少政府对价格形成的干预,全面放开竞争性领域商品和服务价格,放开电力、石油、天然气、交通运输、电信等领域竞争性环节价格。在区间调控的不同时期,政策的着力点不同;在定向调控下,调控更精准;相机调控,使时机把握恰到好处。而在名义增长率和潜在增长率都易变的情况下,最好的办法就是保持"底线思维",就是在风险不确定的情况下,任何调控政策的出台,都要做最坏的打算,争取最好的结果。一方面守住通货膨胀和就业底线,另一方面守住风险底线,坚决做到不发生系统性风险。为此,建立长期的风险防控意识,完善风险处置预案,加强政策储备和物质保障,注重提升风险防范能力,通过改革创新、结构优化,重点提高财政、金融、能源、矿产资源、水资源、粮食、生态环保、安全生产、网络安全等风险防范能力,将发展成果更多地转化为防范风险保障安全的能力。

第五节 宏观调控的制度保障

经济新常态、宏观调控新目标、宏观调控方式创新和完善,所有这些都要有创新思路和方法,但更为重要的是建立适应新常态和宏观调控新方式的体制机制。

一、加快转变政府职能

政府体制机制转变的前提是加快转变政府职能尤其是经济职能。政府经济职能是指政府在经济领域所承担的职责和发挥的作用。根据社会主义的本质特征和新时期全面深化改革的要求,现阶段我国政府的经济职能主要有:

第一,保持宏观经济稳定。随着经济全球化的发展,我国的经济发展不仅要面对国内各种因素的变化,还受到全球经济波动的影响,这就需要政府保持宏观经济的稳定。主要是稳增长、调结构、惠民生。

第二,加强和优化公共服务。公共服务就是政府通过提供公共产品和服务,以满足社会公众对公共服务的需求:一是加强交通、通讯、能源、水利、国防等重大基础设施建设,以及城乡公共设施建设,为经济持续协调发展提供有力保障;二是大力发展科技、教育、卫生、体育等公共事业,以及提供社会就业、社会保障服务,为满足社会公众生活需要和参与经济、社会、政治、文化活动创造良好条件;三是政府在筹集公共资源、推进基本公共服务的城乡均等化等方面尊重市场规律,利用市场机制,切实提高资源配置效率。

第三,保障公平竞争。为了实现市场经济下资源的优化配置,一是对行业垄断进行规制,大力支持民营企业发展,鼓励和吸引社会资本进入更广泛的领域,解决民营资本遭遇"玻璃门""弹簧门"等问题;二是制止行政性垄断和地区封锁,建立全国统一开放、竞争有序的大市场;三是反对市场垄断,既要反对同一行业内有竞争关系的多家企业的横向垄断,又要反对处于价值链或供应链不同阶段的具有交易关系的经营者之间形成的纵向垄断。

第四,加强市场监管。"市场失灵"的存在要求政府承担起市场监管的职能:一是加强反垄断和反不正当竞争执法,保护市场竞争和消费者的合法权益;二是加大对产权和知识产权保护力度,加大对侵权的惩戒力度,鼓励制度创新和科技创新;三是加快信用体系建设,建立信用信息公开和保护制度,建立健全"黑名单"制度,褒扬诚信,惩戒失信。

第五,维护市场秩序。政府实行市场监管的目标是要维护市场秩序:一是市场主体秩序。主要是规范市场主体的市场行为,维护企业生产经营行为的自主性和合法性,以及产权主体财产的自主权;二是市场交易秩序。主要是使市场交易在法律法规保护下,在市场机制的作用下得以正常进行;三是实现市场法治目标,主要是营造法治化营商环境,加强信用监管。

第六,推动可持续发展。为此必须实行可持续发展战略:一是保持经济的理性增长,提高经济增长的质量;二是满足"以人民为中心"的基本生存需求,不断提高人们的物质文化生活水平;三是调控人口数量,提高人口素质;四是保护自然的资源基础,调控环境与发展的平衡。

第七,促进共同富裕。政府应通过一系列政策来调整国民收入分配:一是努力实现

第十二章 国民经济宏观调控

"两个同步",使居民收入增长和经济发展同步、劳动报酬增长和劳动生产率增长同步;二是提高"两个比重",提高居民收入在国民收入分配中的比重,提高劳动报酬在初次分配中的比重;三是注重"两个公平",即处理好初次分配和再分配的关系,初次分配和再分配都要兼顾效率和公平,再分配要更加注重公平。

第八,弥补市场失灵。为此政府可以采取以下措施:一是通过进入规制解决垄断问题;二是通过税收等方式减少负外部性的影响;三是通过调整初次分配和再分配的方式解决收入分配不公平;四是建立信息传导机制,增大信息透明度,解决信息不完全的问题。

为了全面正确履行政府职能,要明确中央政府与地方政府的经济职能。主要是强化中央政府宏观管理、制度设定职责和必要的执法权。对直接面向基层、量大面广、由地方管理更方便有效的经济社会事项,一律下放地方和基层管理。地方政府主要是加强公共服务、市场监管、社会管理、环境保护等职责,同时强化省级政府统筹推进区域内基本公共服务均等化职责,强化市县政府执行职责。

二、建立公共服务型政府、法治政府

(一)建立公共服务型政府

新常态下加强国家对经济的宏观调控需要建立公共服务型政府。公共服务型政府的基本内涵是:为全社会提供基本而有保障的公共产品和有效的公共服务,以不断满足广大社会成员日益增长的公共需求和公共利益诉求,在此基础上形成政府治理的制度安排。建立公共服务型政府反映了新常态下政府管理经济的本质内容,新常态下我国经济社会正处于全面转型的关键时期,政府管理对于建立稳定的经济、社会秩序十分重要。新常态下建设公共服务型政府强调从管理的本质上去改变管理方式和管理手段。

新常态下建设公共服务型政府,必须实现以下两个方面的转变:一是政府职能应转到为市场主体创造平等竞争环境和提供服务上来。政府的职能,无论是经济调节、市场监管还是社会管理,其本质都是公共服务,强化政府公共服务职能,是有效化解社会矛盾的基础和前提。政府应维护市场公平竞争和效率,同时防止权力寻租性腐败。政府强化公共服务职能,必须制定和完善市场规则,打破行政性垄断,着力创造一个有利于市场主体平等竞争的市场环境。为了维护市场的公平竞争,实现社会公平和正义,防止权力寻租性腐败,必须从体制源头上解决行政性资源配置和权力市场化问题,严格限制行政权力介入的领域,并对权力运行进行有效的监督。二是政府职能应转到为人的生存与发展创造良好的环境和提供服务上来。新常态下的发展要坚持以人为本,不断提高人民群众的生活质量和水平,不断满足人民群众的物质和精神需要,走共同富裕的道路。要重视解决人民群众全面、快速增长的公共需求与公共产品供应严重不足的矛盾。帮助困难群体,保护困难群体的合法权益;解决群众迫切需要解决的医疗救助、义务教育和救灾等社会保障问题;建立利益均衡机制、利益表达对话机制;通过税收调节收入分配中的不合理现象;扩大公民依法参与社会治理的空间,使公民在参与社会活动中建立新的和谐关系等。

（二）建设法治型政府

新常态下加强国家对经济的宏观调控需要政府依法行政，建立法治型政府。依法行政是指国家行政机关依照法律、法规来管理国家公共事务，行政权力的使用要受到法律的严格制约。依法行政是依法治国的重要组成部分，建设社会主义法治国家是治国安邦的基本方略，政府依法行政是建设法治政府、法治国家的重要保证。提升政府依法行政能力对我国新常态下的社会发展、政治稳定以及法治国家建设有着重要意义。习近平同志曾指出，"要加强对权力运行的制约和监督，把权力关进制度的笼子"。

新常态下坚持依法行政的理念，建立法治型政府的路径在于：一是确立政府只能做法律法规规定的事情的理念，减少以至消除政府行为的随意性。依法行政是规范政府行为的前提和基础，当前应特别重视界定行政立法主体的立法权限和约束条件，防止个别部门以"法"扩权或越权谋取集团利益。二是坚持依法科学民主决策。政府决策要增强制度意识，及时完善、严格执行行政决策专家咨询、风险评估、合法性审查、社会公示与听证、政府法律顾问、决策失误责任追究等制度，不断提高决策的科学化水平。三是明确政府的公共职能。解决新常态下转型中的政府"越位"、"缺位"、"错位"问题，大力减少直接干预微观经济活动的行为，强化公共产品供给和服务，完善社会保障的基础平台，建立健全对贫困地区和贫困人口的转移支付制度。四是完善政府行为的监督机制。政府公共权力的行使要透明，形成政务公开的制度性框架，发挥审计部门、监察部门、媒体和人民群众的监督作用。

根据法治型政府和公共服务型政府的要求，必须深化政府组织结构调整。党的十八届三中全会通过的《中共中央关于全面深化改革若干重大问题的决定》提出要优化政府组织结构，这是加快转变政府职能的必然要求，是深化行政体制改革的重要内容，对推进国家治理体系和治理能力现代化、建设法治政府和服务型政府具有重要意义：一是推进政府事务综合管理与协调，按政府综合管理职能合并政府部门，组成超级大部的政府组织体制。大部制改革的核心是转变政府职能，对现有政府机构进行有效整合，改变政府机构繁多、职能交叉的现象，通过减少机构数量，降低各部门协调的困难，使政府运作更有效率，更符合市场经济的宏观管理和公共服务的角色定位。二是统筹党政群机构改革，理顺部门职责关系。在优化政府机构改革的同时，也要统筹考虑党的机构、群众团体的机构设置的优化，使整个国家机构更加适应发展和体制完善的需要。三是优化行政区划设置。有条件的地方探索推进省直接管理县（市）体制改革。行政区划与党政群机构设置密切相关，优化行政区划、减少行政层级十分重要。四是推进机构编制管理科学化、规范化、法治化。这是防止机构膨胀、职数超配、人员超编的制度保障。严格控制机构编制，严格按规定职数配备领导干部，减少机构数量和领导职数，严格控制财政供养人员总量。

【复习思考题】

1. 经济新常态下宏观调控的目标和基本任务。
2. 宏观经济的区间调控、定向调控和相机调控的主要内容。

第十二章　国民经济宏观调控

3. 宏观调控的基本原理。
4. 宏观调控的主要手段。
5. 在宏观调控过程中价格杠杆的特点和局限性。
6. 税收杠杆与其他经济杠杆相比的主要特点。
7. 信贷杠杆的作用机制。
8. 财政政策在宏观调控中的作用。
9. 影响财政政策效应的主要因素。
10. 货币政策的主要工具。
11. 产业政策的主要内容。
12. 在宏观调控过程中对外经济政策的作用发挥。
13. 就业、收入分配和社会保障政策调控的主要目标。
14. 通过人口政策实现人口与经济的协调发展。
15. 我国促进经济资源环境协调发展的主要政策措施。
16. 科学进行宏观调控的总体要求。
17. 财政政策和货币政策及其协调与配合使用。
18. 财政、货币政策与产业、区域、投资、消费和价格政策协调与配合使用。
19. 经济新常态下宏观调控制度保障的基本内容。

第十三章 国民经济预期管理

国民经济宏观调控本质上是预期管理，是经济调控方式的创新和完善的突出表现之一，是将预期管理放在愈发突出的位置。国民经济预期管理源于 20 世纪 50 年代、成型于 21 世纪之初，在应对全球金融危机中发挥了重要作用。本章主要分析内容包括预期管理与宏观调控的关系，预期管理的应用、形成与传导机制，预期管理的理论模型与方法，以及我国预期管理体系的探索与发展。

第一节 国民经济预期管理与宏观经济调控

一、预期管理与宏观调控

预期管理作为宏观调控理论与实践的创新发展，其与宏观调控之间有着紧密的联系，但两者又不完全相同。所谓预期管理，是指通过一系列预期管理政策与工具的实施，有效引导、协调和稳定社会预期，在追求宏观经济调控政策效果最大化的同时，尽量降低宏观调控政策对经济影响的负作用的管理过程。预期管理与宏观调控的关系可从以下几个方面来理解。

（一）预期管理的可能性

预期首先表现为一种心理活动，具有很强主观性，但并非无中生有，而是以客观经济信息为依据而形成的。具体而言，预期是行为人以先验信念和偏好为基础，以相关信息收集、加工、处理、决策为主线，对宏观经济运行以及相应的经济变量在未来变动方向与幅度的一种估计与判断。预期以占有一定信息为前提，但由于经济行为主体所掌握信息的数量、内容、质量以及获得必要信息的时间不同，最终形成的预期会有所不同。这表明，如果政府能在信息量、信息内容、信息可信度、信息传播时间和强度等方面从信息源头、信息传播过程上进行必要的管理控制，就能够对预期的形成产生直接或间接的影响，从而达到管理预期的目的。

（二）预期管理与宏观调控效率的关系

宏观调控政策有效性一个基础的条件就是其传导机制的顺畅程度，而决定传导机制效

第十三章 国民经济预期管理

率的因素有政策公信力、行政体系效率、微观主体适应性以及反馈机制等诸多因素。在现代市场体系中，私人部门的行为对于政策有效性具有重要影响，而预期正是通过影响经济主体行为作用于宏观经济运行的，尤其当整体社会预期趋于一致时，预期对宏观经济运行的影响甚或是决定性的。预期的正确性与精准度会对其作用于宏观经济的效用产生质的影响，但预期的主观概率偏离经济运行的客观概率是必然的，无偏估计只有在完全理性的理想化假定下才会存在。当这种偏离的幅度超过某个"度"之时，经济就表现出各种"失灵"现象，这就提出了宏观调控的要求，再次回到预期形成机制上。由此可见，随着经济行为主体占有信息完全性的提升、准确性的提高以及更加及时的获取，最少会导致预期的偏离逐步收敛。所以，宏观调控可以借助政策手段来影响信息披露、传递与决策的各环节，以缩小预期偏差、加快预期收敛速度，从而在提升宏观调控效率与加强预期管理之间建立起相互对接关系。

（三）预期管理与其他宏观调控手段的关系

将预期管理引入宏观调控体系，须处理好其与其他宏观调控手段、调控工具的关系：

一是宏观调控手段是预期管理得以进行的条件之一。预期管理通过对信息传播过程的控制来实现，操作的对象主要是宏观经济信息，这些信息是由于政府运用了各种宏观调控手段后形成的客观事实。预期管理正是通过对这些信息的挑选、放大、强化以及在传播时间、范围和方式上进行选择来实现其宏观调控目标的，显然，没有其他宏观调控手段的运用，预期管理就无法运行。

二是预期管理对其他宏观调控手段的效用具有保障作用。如果政府能够合理而有效地控制信息传播过程，使经济行为主体根据所获得的信息形成的预期与宏观调控目标的要求基本一致，就能提高宏观调控政策措施的有效性。

三是预期管理与其他宏观调控手段之间是不可互相替代的。从性质上看，预期管理也是一种经济调节手段，因为它和其他经济调节手段一样，也是通过调控措施的运用去影响调控对象的经济利益从而影响其经济行为、达到调控目的一种调控手段。但预期管理与其他经济手段之间又具有显著区别：（1）预期管理影响的是经济主体的预期利益，而运用其他手段影响的是经济主体的现实的或既得的经济利益；（2）预期管理重在防止经济行为主体产生与宏观调控目标相悖的心理预期，而其他经济手段的运用则重在矫正经济行为主体不合理的经济行为；（3）预期管理是通过控制信息传播过程来达到调控目的非常规手段，其他经济手段通常是各种经济政策的直接运用。预期管理与其他经济调控手段之间的上述区别，表明它们在宏观调控体系中具有不同的作用和功能，相互之间是不替代的。

二、预期管理及其应用

预期管理理论随着对预期形成机制研究的演进而不断的丰富与发展。现代预期管理思想来源于克鲁格曼（1998）对日本"流动性陷阱"的相关研究工作，伴随着20世纪80年代以后发达经济体货币政策的成功转型，正式的预期管理才真正开始形成。而"预期管理"正式出现于经济学文献之中,则是本世纪之初的事。依据预期管理思想的演进,预期管理可划分为两个阶段。

(一) 传统预期管理理论

传统预期管理理论将预期管理视为工程问题。预期管理部门通过一系列政策工具操纵,直接引导公众预期,进而实现政策目标,附加预期的"菲利普斯曲线"模型和通货膨胀目标制为其实践的主要表现形式。传统预期管理以直接引导公众预期为特点,并不试图去改变公众预期的原有属性。在"理性预期革命"后,理性预期形成机制下的预期都具有了前瞻式的内涵。因此,将公众预期、宏观经济变量和宏观经济政策紧密联系在一起。公众行为依赖于预期形成机制,预期形成机制的刻画又依赖于模型微观结构的设定。公众预期变化的影响因子不仅可能来自于经济基本面的变化,而且也可能仅是因经济政策的影响。正是在此背景下,预期管理被正式提上日程,其核心在于对宏观调控政策规则性和相机抉择性的探讨。

规则性与相机抉择性的优劣之辨由来已久。反对实施相机政策的观点认为,由于"时滞"的存在,相机抉择政策不仅起不到稳定经济的作用,反而还可能带来更大的经济波动。实践上,20世纪60年代欧美国家普遍希望采用相机抉择的政策来平衡通货膨胀和失业率,但由于缺乏对政策工具的约束,普遍出现了较高的通货膨胀率。由此,政策规则开始进入预期管理的实现路径之中。所谓政策规则即是指事先确定的规则和程序,政策工具依据规则和程序来调整经济行为。预期理论认为,规则的作用在于通过预先承诺提高了政策的透明度和可预测性,从而形成稳定的市场预期,进而降低政策的动态不一致性。在实践中,政策规则的典型代表即通货膨胀目标制。

通货膨胀目标制下的"通胀目标"为货币政策与通货膨胀预期提供了一个有效的名义锚,进而影响着对物价水平的预期。通胀目标制实则成为"通货膨胀预测目标制"。预期通胀率成为货币政策的操作中介变量,货币政策时间不一致的症结,则为通胀目标制下央行设定的具体通胀水平是否低于社会最优水平。从提高货币政策透明度和可信度的角度来看,货币政策"必须钉住某一个名义锚以捆住中央银行的手,使之不能通过未被预期的扩张性货币政策来增加产出",从而可以有效避免因时间不一致引发通货膨胀偏差。而通货膨胀目标制下对通胀水平的区间设定可以促进货币政策目标之一——物价稳定的实现,在明确货币管理部门面对通货膨胀的责任的同时,强化央行政策的可信度。也就是说,在通胀目标制下,为了提升政策管理效能,货币管理部门通过与公众和市场进行政策计划、目标和决策程序的交流沟通,有利于政策透明度、可信度的提升,进而巩固央行反通货膨胀的成果。

总而言之,在通货膨胀目标制下,货币政策仍是实现预期管理的基本手段,政策的具体运行与实施也还需要以公告操作方式来完成,但货币政策效力的发挥不仅仅只是依靠货币数量的变化来实现:一是明确的利率调控区间对政策的调控边界进行了清晰规范;二是目标利率与实际利率的偏离则形成了宏观调控实施与否的清晰标准;三是央行与公众之间对经济增长、政策实施等历史信息的沟通,对未来经济形势、政策实施计划的前瞻信息交

第十三章 国民经济预期管理

流形成了货币政策信号渠道的基本内涵。因此，通过预期作用实现传统货币政策的效能提升，这正是通货膨胀目标制的内涵之所在。

（二）现代预期管理理论

相对于传统预期管理理论，现代预期管理理论将预期管理看作为一策略问题，主要侧重对公众预期的塑造与引导。现代预期管理理论认为，宏观调控政策的核心并不在于对操作力度的把控，而在于通过缓解调控双方之间的信息不对称，在扩大政策透明度、可信度的基础上，使公众预期与政策意图相一致，从而解决政策动态不一致性的问题。比较而言，传统预期管理理论认为"行动"比"语言"重要，而现代预期管理理论则强调"语言"比"行动"有效。现代预期管理通过政府与公众之间的动态博弈过程，对预期管理与预期形成之间的相互影响加以考虑。这一理论认为，在这一博弈过程中，一方面，经济行为人会从宏观管理当局所实施的经济政策中抽取信息以进行预期的更新，从而形成对政策的动态反馈效应；另一方面，宏观管理当局对行为人预期的形成机制也会认真加以考虑，以针对性的施策来提高宏观调控效率。管理当局与公众之间多回合博弈的结果，最终使行为人的预期形成由宏观调控政策内生决定。在这一过程中，政策本身的可信度在预期形成中发挥着积极而重要的作用，因此预期管理的核心最后落脚在了对预期稳定的影响之上。

自预期管理理论由伍德福德（2001）正式提出后，强调在宏观调控中应将公众预期管理放在重要地位的思想逐步得到认可。在美国次贷危机引致的全球经济危机后，预期管理更多地被理解为是对理性预期理论的延伸。预期形成机制的改变和公众预期的意外变动是宏观经济波动的重要源泉的认知在学界越来越趋于一致。在实证研究领域，预期管理理论被较多地运用在对经济危机（停滞）和提高货币政策效率的相关研究之中。尤其在针对1929~1933年的"大危机"、日本20世纪90年代经济萧条和2008年美国次贷危机及引发的全球金融动荡的研究中，预期管理理论的相关研究取得了丰硕的成果。如对美国1929大危机的重新解读中，认为政府成功地管理了未来政策的预期是美国经济走出大危机的关键点；面对美国在1929~1932年、1937~1938年、1969~1970年、1973~1975年以及1981~1982年的经济衰退，更多地将其原因归于自我实现的悲观情绪。而日本量化宽松政策无法帮助日本经济真正复苏的缘由则归源于缺失预期管理的政策对治理通货紧缩的失败。在针对2008年美国次贷危机及以后的全球经济危机的研究中，更多相信危机时刻政府应当动员一切力量来制止预期或信心的崩溃，其才是治理经济危机的关键的观点越来越达成共识。

在提高货币政策效率方面，强调预期在政策传导效应中的实质作用，将预期管理内生化为货币政策因子成为预期管理发展的重要表现。对传统货币政策失效反思的结论认为：对政策有效性具有基础决定作用的私人部门的行为决策主要取决于收入、就业、长期利率等重要指标的长期预期而非短期变化，公众对货币政策调整信号性的认识主要是与未来长期政策走势的预期相关。为此，进行市场预期管理、引导微观主体对未来经济的乐观预期是货币政策发挥效力的基础。正是基于这一认知，以"量化宽松、前瞻性指引"为代表的"非常规"货币政策寻求了直接的理论支持。在具体应用中，通过明确的量化指标、恰当的前瞻性指引和充分的流通机制有效地引导微观主体经济行为以实现货币政策目标，正初步形成了预期管理在货币政策领域实现的基本框架。

三、预期形成机制与传导机制

（一）预期形成机制

经济学中关于预期形成机制的成果比较丰富。从蛛网理论、外推型预期、适应性预期、理性预期，到将粘性、学习及行为因素的融合思考，其发展方向是希望对行为人的预期进行越来越真实的刻画。基于预期基于信息加工处理形成的微观视角，可将预期理解为一个以不确定性为前提，以信息收集、加工、处理、决策为主线，对信息处理进行决策的过程。

在预期形成过程中，理性经济人的行为选择涉及如何描述不确定性状态和以什么标准进行行为决策等。对不确定性状态赋予一个概率分布，理性经济人以效用最大化原则对其进行求解而决定决策选择。下面，建立一个两时期模型，假定行为人在时期 $t=0$ 进行行为决策，且此时的状况是已知的或确定的，不确定性表现为其对下一期时期 $t=1$ 时的情况不了解：（1）假设存在一个描述时期 $t=1$ 的未定状态的集合（或称自然状态空间）Ω，n 项决策行为的收益 $\tilde{r}=\tilde{r}(w)=(\tilde{r}_1(w),\cdots,\tilde{r}_n(w))$ 是定义在 Ω 上的随机向量，当 $w\in\Omega$ 确定后，$\tilde{r}$ 取确定的值；（2）个体能够观察到与自然状态 w 相关的信号（私人信息）$\tilde{y}$；（3）假定个体总是拥有一个关于信号与状态的联合分布的先验概率，个体根据观测到的信号并利用贝叶斯法形成自己的后验概率，个体根据观测到的信号并利用贝叶斯法则形成自己的后验概率分布 $P(w|\tilde{y})$；（4）假设个体的行为效用函数为 $u(\cdot)$。当个体进行一系列行为决策 $x=(x_1,\cdots,x_n)$ 时，这一决策组合集会为其带来一种未定效用 $u(x)$。那么，不确定性下个体的理性行为是在一定的约束集和私人信息 $\tilde{y}=y$ 下，选择适当的 x，使下式期望效用最大化：

$$\max_x E[u(x)|y] = \int_\Omega u(x)\mathrm{d}P(w|y) \qquad (13-1)$$

由此可知，预期形成的关键因素包括偏好、信念和信息。这里的偏好是指个体的风险偏好，由效用函数 $u(\cdot)$ 的形式来决定，通常可分为风险厌恶、风险中性和风险偏好等。信念的内涵一般可描述为人们对未来不确定状态的先验判断，从广义上相当于经济学中的预期，狭义的理解则具化为对某事件发生的主观概率，可分为先验信念和后验信念；信息指个体掌握的关于自然状态的客观知识，理性个体在获取信息后会在先验信念的影响下按一定规则进行信念更新，通常使用贝叶斯法则形成后验信念。由此可见，预期可由抽象理解以不确定性存在为背景，经济行为人以偏好和信念与前提，对相关可得信息进行加工处理，从而最终形成预期结果的过程。

具体来说，预期形成的前提建立在现实是一个"物质与先验交叉"领域的基础上，"物质"的客观因素与"先验"的行为因素相互结合渗透、相互制约影响，贯穿于预期形

第十三章　国民经济预期管理

成的整个过程。在信息的收集加工过程中，各种不完全性与先验信念影响着信息筛选的范围、信息被采集的数量等，其中市场不完全、信息呈现方式、选择注意等因素带来了各种不完全性；文化知识、抱负与经历风险水平、预期时限等多种主客观因素直接影响着行为人的先验信念；在信息加工形成预期决策的过程中，确定性效应、孤立效应、框架效应等各种"偏差"效用，使人们的预期形成偏离完全理性假定下的逻辑结果；在形成预期决策即行为人经济活动对先期预期进行表达后，最终对宏观经济结果的影响便递次产生，也即预期得以实现。但这仅是预期形成到实现的一次单一循环，实际上在一轮预期实现的同时，预期的反馈机制即开始发挥作用。变化更新后的经济变量被注入了新的信息，扩大了下一轮预期产生收集信息的可能最大集，这个被扩大的信息集合通过改变行为人的后验信念、先验信念进入决策函数，最终推动预期的自我实现与循环。另外，先验信念除了对行为人信息加工阶段产生影响外，还会直接影响行为人对信息的加工处理进程，从而直接对行为人的预期决策形成发挥作用。例如，行为经济学上的框架效应等，或更宽泛的有限理性假定、主观效用评价、公平与合理的关注等。因此，在后验信念与先验信念之间也保持着相互影响的作用机制，随着时间的积累，上一期的"后验"就成为会下一期的"先验"。

同时，还应考虑预期管理过程中政府与公众之间的博弈过程。在引入政府与公众之间的动态博弈后，影响经济行为人预期形成的信息集进一步扩大，影响信息处理过程、预期稳定性的因素也增加了经济政策因素。所以，只要是能够对预期形成进程中的信息收集、处理、传递等产生影响的环节，都可以而且应该成为预期管理的实践指向（见图13-1）。

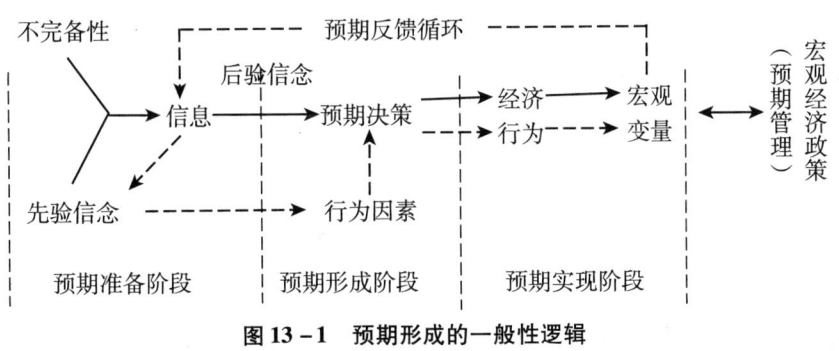

图13-1　预期形成的一般性逻辑

（二）预期传导机制

预期首先是一个微观个体行为，产生于微观经济行为人的心理活动。在现实中，不论是消费者对收入、税收、利率和通胀的预期，还是公司对未来商品价格、边际成本和投资水平的预期，或者政府当局对未来产出和通货水平的预期，都对微观行为决策直接产生重大影响。但当审视的视角转向宏观后，就要面对经济学中经常面对的一个问题，总量指标是否可以简单地由单一指标加总求和而成。实际上，从单个个体到总量的转换并不是一个简单的加总求和问题，这就带来了预期对经济运行影响的传导机制，也即个人预期如何影响公众预期进而影响宏观经济行为的问题。

从预期形成机制的分析中可知，由于受信息完全、认知能力的限制和先验信念等因素影响，经济体系中的行为个体形成预期时并非如理性预期假说所认为的那样，最终中会形成无偏、一致估计的预期。经济体系中的行为人会根据过去以及当期的信息对未来的经济形势做出属于自身的预期与决策，受行为人信息收集、处理能力（信念、情绪、认知等影响因子最终是以对信息的收集处理能力的影响进入预期形成机制的）方面的差异，最终形成的是异质的微观个体预期。但由于微观个体预期的作用有限，其自然的传播过程最终会影响公众预期。在这个传播过程中，微观个体产生的预期逐渐演变成多数人预期或者公众预期，且异质的预期相互影响、相互作用，最后逐渐融合成一个阶段的社会共同预期。

在经济运行中，当面临外来冲击时（可以是偏好、信念、新息、情绪等），行为人的个体预期将发生改变，进而带来公众预期发生变化，形成新的公众预期。从宏观经济角度看，一方面，公众预期影响社会行为、通过乘数效用作用于宏观经济运行，且宏观经济运行的变化会进入预期形成函数之中进一步促使公众预期的变化；另一方面，公众预期变化，会通过"羊群效应"改变整体社会经济行为。在这两方面共同作用下，经济体系中形成宏观经济波动导致公众预期变化，变化的公众预期再次引致宏观经济波动的作用机制，即公众预期的"自我实现"，如图13-2所示。

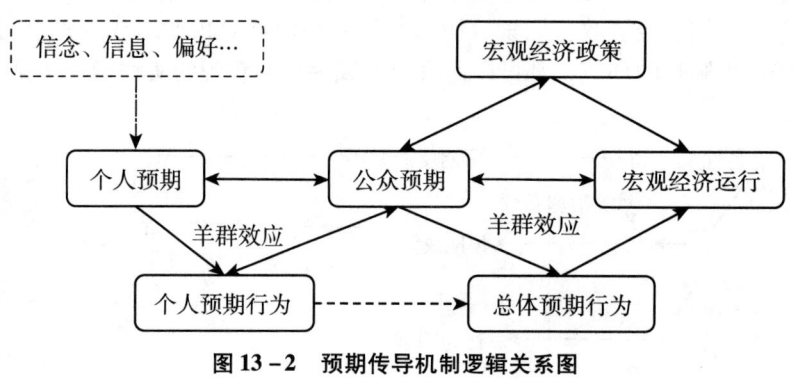

图13-2 预期传导机制逻辑关系图

第二节 预期管理理论模型与方法

一、预期管理理论模式

（一）宏观经济模型中预期的简化表现

预期是宏观经济调控的重要内容，各行为主体无不对此格外关注。比如家庭决策建立在对收入、就业、通胀和税收等的预期基础之上，厂商需对产出需求、工资成本、产出水平和汇率等进行预期，而政府部门则需预测未来通胀和总体的经济行为，并考虑公众对经

第十三章 国民经济预期管理

济政策的预期反馈。

在宏观经济模型中,国民经济系统可以设为一个简化的动态多元系统:

$$y_t = F(y_{t-1}, y_{t+1}^e, \omega_t) \tag{13-2}$$

其中,y_t 为产出,ω_t 为外生随机变量。y_t 不仅由外生变量 ω_t 和滞后内生变量 y_{t-1} 决定,而且还要受 y_{t+1}^e 这一内生变量的预期所影响。对于各市场参与主体,当预期过程满足理性预期时,经济系统的均衡就是理性预期均衡,在上式中最终形成的是外生变量 ω_t 的随机形式。若预期形成机制是不完全理性的,很显然 ω_t 将不再是一个白噪声过程。那么对 ω_t 进行合理的分离就成为一个可取的方法。这一简化模型中 y_t 的决定因素中就不仅包括了内生变量的预期 y_{t+1}^e,还要包括外生变量 ω_t 中分离出来的可预期的部分。

(二) 基于新凯恩斯主义模型的预期管理模型

进一步地,可以根据新凯恩斯一般均衡模型对预期管理的作用机制进行分析。概括地说,新凯恩斯主义基本模型在均衡态的对数线性化方程组主要由 IS 方程(等价于总需求方程)、AS 方程和政策方程三部分组成:

(1) 总需求方程。通过对代表性家庭跨期最优消费的一阶条件(欧拉方程)进行对数线性化得到:

$$Y_t = a_1 E_t Y_{t+1} - a_2(r_t - E_t \pi_{t+1}) + \varepsilon_t^D \tag{13-3}$$

其中,Y_t 为产出缺口,代表实际产出与自然产出之差;r_t 为名义利率,π_t 为通货膨胀率;需求扰动项 ε_t^D 来源于包括政策支出变化、消费者偏好变化以及自然产出水平的外生变动,为一个白噪音冲击;E_t 表示对相关变量的预期值。

(2) 总供给方程。在垄断竞争商品市场、完全竞争劳动力市场的假设下,厂商采用卡尔文定价方式开展价格调整,对厂商利润最大化决策的一阶条件进行对数线性化可以得到新凯恩斯的菲利普斯曲线:

$$\pi_t = b_1 E_t \pi_{t+1} + b_2 Y_t + \eta_t^S \tag{13-4}$$

其中,π_t 为通货膨胀水平,η_t^S 为总供给的扰动项。

(3) 政策行为方程。货币政策方程一般有两种设定:直接规定货币政策工具调整方式;通过对央行目标函数最优化求解得到。采用前一方法,直接采用泰勒规则对货币政策进行描述:

$$r_t = c_1 \pi_t + c_2 Y_t + \mu_t^R \tag{13-5}$$

其中,c_1 和 c_2 分别为利率工具关于通货膨胀和产出缺口的反应参数;μ_t^R 为货币政策工具的扰动项。

另外,可引入财政政策,如设定财政部门的财政支出与税收(财政收入)规则如下:

$$g_t = d_1 Y_t + d_2 B_t + \mu_t^g \tag{13-6}$$

$$T_t = e_1 Y_t + e_2 B_t \tag{13-7}$$

其中,g_t、B_t、T_t 分别表示政府支出、财政预算赤字和税收收入;d_1、d_2 为财政政策工具关于通货产出缺口和预算赤字的反应系数;e_1、e_2 为税收工具关于通货产出缺口和预算赤字的反应系数；μ_t^g 为政府支出扰动项。

由式（13-3）~式（13-7）构成了一个简单的新凯恩斯主义经济模型。在这个模型中存在总需求扰动项 ε_t^D、总供给扰动项 η_t^S 和货币政策扰动项 μ_t^R 以及财政政策扰动项 μ_t^g。

从信息冲击的角度，可以将上述冲击扰动项划分为预期不可预期两部分。如总需求冲击 $\varepsilon_t^D = \varepsilon_t^{D,0} + \varepsilon_{t-1}^{D,1} + \varepsilon_{t-2}^{D,2} + \cdots + \varepsilon_{t-H}^{D,H}$，其中，$\varepsilon_{t-h}^{D,h}(h=0,\cdots,H)$ 表示在 $t-h$ 期看，h 期以后变量 D 中可预期部分，即经济行为人在 $t-h$ 时期已经获得的在未来时期 t 才实现的需求冲击信息，它属于经济行为人第 $t-h$ 的信息集，但只有在第 t 期才会对变量 D 的水平产生实际影响。$\varepsilon_{t-H}^{D,H}(h=0,\cdots,H)$ 为独立的基础白噪声，即 $\varepsilon_{t-h}^{D,h} \sim i.i.d(0,\sigma_{D,h}^2)$、$E_t\varepsilon_t^{D,k}\varepsilon_{t-m}^{D,h}(h,k=1,\cdots,H;m>0)$ 且 $E\varepsilon_t^{D,h}=0(\forall h\neq k)$。这即意味着 ε_t^D 的非条件期望为零，而且是序列不相关的。值得注意的是，$\varepsilon_t^{D,0}$ 是在 t 期才被经济主体掌握的，因此它实际上是以前未预期到的本期新发生的外生冲击；而 $\varepsilon_{t-h}^{D,h}(h=1,\cdots,H)$ 中包含了有关需求未来变化的信息，这部分冲击就是总需求的信息冲击，是在 t 期之前就已经被预期到的。ε_t^D 因此包括了两个部分：未预期到的需求冲击 $\varepsilon_t^{D,0}$ 和预期到的需求冲击 $\varepsilon_{t-h}^{D,h}(h=1,\cdots,H)$。

同时，可以将总供给冲击 η_t^S、货币政策冲击 μ_t^R 分别分离为未预期到的总供给冲击 $\eta_t^{S,0}$ 和预期到的总供给冲击 $\eta_{t-h}^{S,h}(h=1,\cdots,H)$；未预期到的货币政策冲击 $\mu_t^{R,0}$ 和预期到的总供给冲击 $\mu_{t-h}^{R,h}(h=1,\cdots,H)$。

另外，总需求冲击 ε_t^D 一般可包括消费偏好冲击 b_t、工资加成冲击 μ_t^w、价格加成冲击 ε_t^p；总供给冲击一般包括技术生产率冲击 α_t、投资调整成本冲击 z_t；政府政策冲击可以划分为货币政策冲击 μ_t^R 和财政政策冲击 μ_t^g。

因此，嵌入预期（信息）冲击的宏观模型可由如下方程组来表示：

$$Y_t = a_1 E_t Y_{t+1} - a_2(r_t - E_t \pi_{t+1}) + \varepsilon_t^D(\varepsilon_t^{b_t,0}, \varepsilon_{t-h}^{b_t,h}; \varepsilon_t^{\varepsilon_t^p,0}, \varepsilon_{t-h}^{\varepsilon_t^p,h}) \quad (13-8)$$

$$\pi_t = b_1 E_t \pi_{t+1} + b_2 Y_t + \eta_t^S(\eta_t^{\alpha_t,0}, \eta_{t-h}^{\alpha_t,h}; \varepsilon_t^{b\mu_t^w,0}, \varepsilon_{t-h}^{\mu_t^w,h}; \eta_t^{z_t,0}, \eta_{t-h}^{z_t,h}) \quad (13-9)$$

$$r_t = c_1 \pi_t + c_2 Y_t + \mu_t^R(\mu_t^{R,0}, \mu_{t-h}^{R,h}) \quad (13-10)$$

$$g_t = d_1 Y_t + d_2 B_t + \mu_t^g(\mu_t^{g,0}, \mu_{t-h}^{g,h}) \quad (13-11)$$

其中，$h=1,\cdots,H$。

根据上述模型，预期管理（预期冲击）通过如下途径发挥作用：

一是对居民部门的冲击。在假设固定就业水平前提下，居民部门收入水平固定，消费偏好预期冲击、价格加成预期冲击共同构成了总需求冲击中的信息冲击部分。面对消费偏好正向预期冲击，$\varepsilon_{t-h}^{b_t,h}$ 会带来当期消费增加从而形成对产出的正向促进作用；同时，消费增加导致储蓄减少、投资减少的效用也会直接影响产出水平；同时，消费偏好增加由于减少了货币需求，形成了利率上升，投资下降的动力，最终会带来产出的波动。

面对正向价格加成预期冲击，$\varepsilon_{t-h}^{\varepsilon_t^p,h}$ 会使居民减少消费，减少储蓄带来投资减少，两者共同形成产出下降的动力；同时，价格加成影响的通货膨胀带来了利率的上升，上升的利率分别会通过影响消费与资本投资价值带来投资下降的压力，进一步对产出形成负面影响。总体上，$\varepsilon_{t-h}^{\varepsilon_t^p,h}$ 的一个正向冲击会通过总需求的减少形成产出的负向压力。

第十三章 国民经济预期管理

二是对厂商部门的冲击。技术生产率预期冲击、投资调整成本预期冲击和工资加成预期冲击共同构成了总供给冲击中的信息冲击部分。如果技术生产率出现一个正向的预期冲击，$\eta_{t-h}^{a,h}$会促使厂商在未来形成一个与高产出水平对应的投资水平，但由于考虑到现实中存在投资调整成本的客观事实，因此厂商在当期就开始增加投资，从而促使产出在即期就开始上升。

当厂商面对投资调整成本预期冲击$\eta_{t-h}^{z u,h}$时，现实中往往对应的是成本（如劳动力成本、原材料成本）增加、市场疲弱、政策从紧的宏观经济环境，因此厂商的应对策略是紧缩生产，从而导致当期就开始减少投资，导致产出下降；虽然当期投资减少的同时，有可能带来当期消费的增加，但其对产出的正效应要远小于投资下降对产出带来的负效应。

工资加成预期冲击$\varepsilon_{t-h}^{\mu^w,h}$对厂商而言，其与投资调整成本的预期冲击是类似的。当厂商形成了对工资上升的预期时，即意味着劳动力成本的上升，厂商的应对策略可能是减少劳动力、选择机器替代等。但单从这一因素对当期的影响来看，会使厂商在当期就减少投资，对产出带来负向影响。

三是对政府部门的冲击。如货币政策部门，当以价格型货币政策来对其进行描述时，可以看到一个正向预期到的货币政策冲击（这里即预期利率上升），表明政府宏观调控政策的远期指向为收缩。居民和厂商都会因为预期到货币政策未来的发展路径，而对自己的当期经济行为展开调整。面对正向利率预期冲击，居民和厂商分别会收缩消费和投资，从而带来产出的负向影响；反之则相反。同样，财政部门政府预算支出的一个正向预期冲击$\mu_{t-h}^{g,h}$产生后，居民和厂商会形成财政政策宽松的路径预期，因此会扩大消费和投资，对产出产生影响。但在税收—支出的预算约束下，政府支出产生的"挤出"效应有多大，从而对产出的影响方向，则需进一步结合实策时的经济环境具体确定。

这里的分析仅从预期的主要影响方向来分析，实际上由于预期的影响往往是对厂商、居民同时产生，或者作用于需求与供给两端。如在供给预期的冲击的分析中，技术提升的预期可以通过财富效应对居民家庭的当期消费产生正向影响，从而影响需求、影响产出。但考虑居民家庭预期到技术提升率的可能性、在消费总量中通过货币幻觉、财富效应增加当期消费的占比，其对总体消费需求、产出的影响是微弱的。因此，没有将其融入对厂商的影响加以解析。类似的还有工资加成预期冲击，因为主要影响的是厂商，虽然工资加成预期有可能通过"幻觉"效应影响当期居民对"劳动与闲暇"的配比，从而影响消费和需求，但总体影响偏小。

在需求预期冲击的分析中同样存在这一问题。如价格加成预期在现实中不仅影响需求，也同样会影响供给。当厂商面对其销售产品价格上涨的预期冲击时，一般会选择追加投资、扩大规模、进行扩张的应对策略，从而形成对产出的一个正向供给方向的刺激；但如果价格上涨的预期来自于其原材料，这时的价格上涨预期实际是成本上涨预期，厂商一般选择的应对策略则是减少投资、收缩规模，从而对产出的影响是负向的。但整体来看，价格加成预期对居民部门的影响更加直接与深刻，因此仅将价格加成预期在供给方进行考虑。

二、预期管理指标体系

(一) 预期管理主要指标

对于预期管理,需要建立一个指标体系来对其进行表达。联系上节预期管理理论模型,从供给、需求、政策三个方面来寻找可以表达预期状态的指标,另外考虑到模型内生具有前瞻性的设定,通货膨胀和产出的相关指标也应考虑在内。

预期管理指标体系(见表13-1)可以按照指标反映的内容可以分为:一是经济增长预期的指标,包括 GDP 增长率、城镇登记失业率、城镇新增就业人数,这三个指标反映了宏观经济整体的增长状况。二是通货膨胀预期指标,包括消费者价格指标(CPI)、生产者价格指数(PPI),分别反映消费和生产环节物价变动状况,也是居民、企业、政府形成对通货膨胀整体预期的基础。三是供给预期指标,包括研究与开发 R&D 占 GDP 比重、全社会固定资产投资、固定资产投资价格指数(PII)。四是需求预期指标,包括采购经理指数(PMI)、投资者信心指数(ICI)、消费者信心指数(CCI)、社会消费品零售总额、农村居民人均纯收入、城镇居民人均可支配收入和进出口增长。其中,第三、第四类指标与第一类指标有一定相似性,但两者在反映经济增长层面上有较大的区别。第一类指标偏重从宏观层面反映经济增长的预期,第四类指标则是从微观层面上反映消费者、投资者、企业等微观主体对整体经济形势预期和判断。五是经济政策预期指标。包括广义货币(M2)余额增长率、金融机构法定贷款利率、人民币汇率(年平均价)、公共财政收支总额增长速度(%),主要反映政府在货币政策和财政政策上的倾向,是居民和企业解读政府政策的基础。

表 13-1 预期管理指标体系

序号	一级指标	二级指标
1	经济增长预期	GDP 增长率(%)
		城镇登记失业率(%)
		城镇新增就业数(万人)
2	通货膨胀预期	居民消费价格指数(CPI)(%)
		生产者价格指数(PPI)(%)
3	供给预期	R&D 经费支出占 GDP 比重(%)
		社会固定资产投资总额(亿元)
		固定资产投资价格指数(PII)(%)

第十三章 国民经济预期管理

续表

序号	一级指标	二级指标
4	需求预期	采购经理指数（PMI）（%）
		投资者信心指数（ICI）（%）
		消费者信心指数（CCI）（%）
		社会消费品零售总额（亿元）
		农村居民人均纯收入（元）
		城镇居民人均可支配收入（元）
		进出口总额增长率（%）
5	经济政策预期	广义货币（M2）余额增长率（%）
		金融机构法定贷款利率（%）
		人民币汇率（年平均价）
		公共财政收支总额增长速度（%）

（二）指标解读

上述指标体系由经济增长预期、通货膨胀预期、供给预期、需求预期、政策预期五个方面构成，基本构成了宏观预期的整体，每一指标之下包含若干二级指标，从不同的角度去衡量一级指标。其中，综合考虑实际情况，政策预期主要侧重货币政策指标：

（1）经济增长预期指标。该项指标具体包括以下三个子指标：一是国内生产总值（GDP）增长率。GDP 增速是衡量一个国家或地区经济变化的重要指标，政府和企业、居民通常会将 GDP 增速作为经济决策的重要依据。二是城镇登记失业率。该指标是 GDP 之外反映现有宏观经济趋势的重要指标，与经济运行形势负相关，其不仅会影响政府的财政和货币政策，也会影响居民消费和投资行为。三是城镇新增就业数（万人）。该指标可以较好反映整体经济发展状况，间接反映出经济运行趋势。一般而言，经济发展增度快，城镇新增就业数会增加；反之则相反。另外，该指标可以间接反映出由于我国人口从农村到城市由低技术岗位到高技术岗位所形成的技术生产率提升。且该指标也会影响居民消费和投资行为。

（2）通货膨胀预期指标。该项指标由居民消费价格指数（CPI）和生产价格指数（PPI）构成。CPI 反映居民生活成本变化，直接影响消费者对未来物价水平的预期，从而影响消费者的消费决策，同时也是货币政策重要中介变量，是政府在保持币值稳定和促进就业两者间权衡的重要指标；PPI 反映了一国工业企业生产成本的变化，直接影响企业对未来生产成本的预期，从而影响企业扩大生产的意愿、投资的行为，也是经济运行趋势另一个参考指标。当经济形势良好时，其通常为正值；而当经济下行时，其通常为负值，甚至是连续的负增长。

（3）供给预期指标。该项指标具体包括三个子指标：一是 R&D 经费支出占 GDP 比重。该指标反映一国的科技实力和核心竞争力状况，在一定程度上说明了社会生产率提升状况，可对全社会要素生产率进行间接表达。二是固定资产投资总额。该指标反映固定资产投资规模、结构、速度和使用方向的综合性指标。三是固定资产投资价格指数，可以准确反映固定资产投资中涉及的各类商品和收费项目价格变动趋势和变动幅度，真实反映固定资产投资的规模、速度、结构和效益。

（4）需求预期指标。该项指标由以下七项子指标组成：一是采购经理人指数（PMI）。这是 GDP 公布前的宏观经济监测指标，是经济运行监测的重要指标和反映经济增长和衰退的晴雨表。二是投资者信心指数（ICI）。主要反映市场上投资者信心变动幅度和变动趋势的相对数，投资者信心是影响经济波动和经济环境表现的重要因素之一。三是消费者信心指数（CCI）。这是监测经济周期变化不可缺少的依据，是反映消费者信心的变动幅度和变动趋势的相对数，综合反映并量化消费者对当前经济形势评价和对经济前景、收入水平、收入预期以及消费心理状态的主观感受，是预测经济走势和消费趋向的一个先行指标。四是社会消费品零售总额。它是表现国内消费需求最直接的数据，反映各行业通过多种商品流通渠道向居民和社会集团供应的生活消费品总量，是研究国内零售市场变动情况、反映经济景气程度的重要指标。五和六分别是农村居民人均纯收入和城镇居民人均可支配收入。七是进出口总额增长。该指标用以观察一个国家在对外贸易方面的总规模，反映一经济体外贸发展状况，是对经济增长重要推动力净出口的表达。

（5）经济政策预期指标。经济政策预期指标包括如下四项子指标：一是广义货币（M2）余额增长率。主要反映现实和潜在购买力，若 M2 增速较快，则说明投资和中间市场活跃，中央银行和各商业银行可以据此判定货币政策。二是金融机构法定贷款利率。提高法定贷款利率意味着收缩信贷，降低社会流动性，提高信贷成本，缓和经济发展速度；反之则相反。三是人民币汇率（年平均价）。汇率政策是一国宏观经济政策的重要组成部分，在全球一体化的大背景下，汇率预期的变化将会对居民消费、厂商生产、进出口货物、资本流动带来巨大影响。四是公共财政收支总额增长速度。主要反映公共财政资金的规模、结构、流向和用途，很大程度上决定着政府活动的范围，从而影响到一个国家的经济增长和社会发展。

三、预期管理方式与方法

（一）预期管理方式

现代预期管理的主要方式可简略言之为协调预期，主要指预期管理主体通过信息对公众预期进行"铆动"，引导不同预期向政策目标进行收敛，以致最后达成一致。协调预期应具备的条件可以用"太阳黑子"来进行形象说明。在假设太阳黑子活动强弱与经济行为人预期通货膨胀高低正相关，且所有经济行为人依据这一可观测的共同知识采取同样行动的前提下，这就要求预期管理主体如央行在执行货币政策时向所有经济行为人公布的信息具有足够的透明度，同时要求经济行为人对央行公布信息的理解与反应是相适应的，即对政策部门的可信度和权威性提出了更好的要求。

第十三章　国民经济预期管理

（二）预期管理方法

要使预期管理成为宏观调控的重要手段，必须采用相应的预期管理方法，主要有：

一是政策性承诺。例如，政府可以通过承诺使用扩张性的政策引导通胀预期，对公众预期进行引导，进而实现利率下降，促使经济体走出通缩困境，从而破解"流动性陷阱"货币政策失效的难题。其中，为了保障政策承诺的可信度，政策部门应承诺对一定通货膨胀目标的追求，并综合运用"双松"的政策搭配，确保公众通胀预期上升至实际通胀水平时为止。

二是信息沟通。为了提升政策承诺的可信度，政策部门可以通过使政策承诺具备规则来实现，只要规则构建原则不变，公众对经济政策的预期就会被锚定。同时，政策承诺不仅应有前瞻性，还应有历史依赖性。历史依赖性通常通过经济政策的粘性来表现。宏观管理当局通过对过去政策承诺的坚守，强化公众对政策的信任度，使得在短期内调控政策受到隐性或显性承诺的约束。这种政策粘性所体现的政策承诺可以有效引导公众预期，有时即使一时的政策目标未能实现，公众对政策承诺的理解也足够锚定公众预期，不会损害政策承诺的可信度。

三是前瞻性指引。这是常规信息沟通的深化，是政策性承诺与信息沟通融合发展的结果。以货币政策为例，前瞻性指引的内在机制为：央行对未来政策进行信息公告，公众依据这些信息调整对货币政策函数和政策承诺的可信度，这种作用机制的有效性在常规经济政策失效、经济运行不确定性突出的情况下尤其突出。与常规信息沟通相比，前瞻性指引更加强调对未来经济形势的阐述应符合承诺规则的特征，并注重与未来政策调控举措相结合。实践中，前瞻性指引的具体实现方法：一方面实行"量化宽松"政策（QE）；另一方面可通过经济政策预期、通货膨胀预期和短期利率预期等渠道来实现。前瞻性指引的预期管理效果受政策承诺的可信度和行为人的认知偏差共同影响。

前瞻性指引的政策效果与其指引的显性化程度正相关。由于前瞻性指引多在经济形势恶化、不确定性大幅增强、公众对未来经济发展前景判断不明的情况下加以实施，因此预期行为主体在形成预期时更多的影响因子来自于对宏观经济发展形势的基本面判断，从而使前瞻性指引的效果鉴别较为困难。但这并不否定前瞻性指引的政策效果。相关实证研究表明：20世纪90年代初至次贷危机前，泰勒规则基本可以作为对美国货币政策进行表达的函数，但2000年后函数对产出缺口反应消失，对通胀水平反应开始迟缓；而在2012年前瞻性指引实施以后，公众预期开始对产出缺口、通胀水平等经济变量敏感度提高。由此可以得出，前瞻性指引确实会改变公众对货币政策反应函数的信念的推断。

第三节　我国预期管理体系的探索与发展

一、我国预期管理的探索

对于我国来说，预期管理并非是一个外来的舶来品。实际上，改革开放以来在宏观经济政策的制定中就已经开始融入对预期管理思想的考虑并随改革的深化愈益成为宏观调控的重要手段。

（一）"价格闯关"与"通货膨胀预期"（1988～1992年）

预期管理进入宏观调控视野始于1984年之后的城市经济体制改革。当时主要有"价格改革突破论"和"企业改革突破论"两种思路。十二届三中全会采纳了前一种意见，提出"价格体系改革是整个经济体制改革的关键"。1988年，决定实行"价格闯关"，为此进行了大张旗鼓的宣传，旨在引导人们的通胀预期。但实际执行结果适得其反，公众开始对改革的预期是价格上涨，于是在全国产生"挤兑风潮"和"抢购风潮"，由此导致该年出现了高达18.5%的严重通货膨胀，其中预期因素发挥了重要作用。正是在预期的推动下，人们纷纷提取存款购物保值以致形成了"抢购风潮"，严重扰乱了经济发展的正常轨迹。从此，预期成为我国政府制定经济政策要考虑的重要因素之一，从预期视角研究中国经济问题也从此开始萌发，中国政府成为"最早意识到要实行预期管理的政府"。

为了遏制通货膨胀，政府果断采取"一刀切"式的宏观紧缩措施。但过度的紧缩政策使得经济由过热转向停滞，开始出现市场疲弱之态。此后，虽采取了一系列的应对举措来促进经济复苏，但效果仍不理想。其中缘由仍多与预期相关。面对当时宏观调控所引发的物价快速回落，微观主体的表现出极强的"价格预期"惯性：当物价上涨时预期价格仍然上涨，于是大量抢购；而当物价下跌时，普遍预期物价还要下降，因此持币待购。同时，面对已形成的市场疲软之势，舆论不仅没有施加正确的引导，反而对市场疲弱进行过度渲染，结果使通胀预期一直处于较低水平，最终使实施宏观调控政策的成效大打折扣。

（二）治理通货膨胀与预期管理（1992～1997年）

1992年进一步明确了我国经济体制改革的市场取向，同时也使投资者的创业热情极大迸发，被强化的"投资预期"快速带来了投资需求的膨胀。1993～1994年高达61.8%和30.4%的固定资产投资增速，最终形成了"投资热、集资热、开发区热"的经济过热局面。1992～1994年，全国零售物价分别上涨13.2%、21.7%和14.8%，而1993年21.7%的通胀水平更是创出历年来通货膨胀的新高。但由于经历了1988年的严重通胀及经济治理，民众普遍预期这仅是物价的暂行上涨。城乡居民心态平稳，对未来的经济前景充满信心，现实中并没有出现类似1988年的抢购风潮及银行挤兑等乱象，储蓄余额每年仍保持几千亿元的增长态势。由于经济过热居高不下，于1993年开始实施的三年宏观调控，1996年成功实行"软着陆"，出现"低通胀、高增长"的良好态势。其间，相对稳定的通胀预期是支持宏观调控政策顺利实施的重要因素。

具体来看，这一轮调控政策效力起效慢、多回复，与全面推进市场取向改革对公众预期的影响较大有关。而1995年后，在政府治理通货膨胀决心的影响下，公众的信心开始增强，对通货膨胀的心理预期开始发生改变。至此，宏观调控政策的效力逐步显现、调控效率明显提升。但从1997年物价开始出现零增长或负增长后，伴随着经济减速和失业率上升，民众的信心又开始减弱，紧缩预期形成并逐步强化。于是，在经济"软着陆"后的

第十三章 国民经济预期管理

相当一段时期,中国出现了内需不足、"启而不动"的新局面。另外,投资预期、"投机预期"的作用开始显现,形成了这一时期预期对宏观经济运行与宏观调控影响的新现象。1993~1994年,固定投资连续大幅上扬,反映出投资预期的高敏感性。投资预期对于中国资本市场的影响,也可以从中国股票市场1996年下半年至1997年上半年的运行中略见一斑。

这一时期,通过政策宣传适时引导公众通胀预期取得了初步的成效:一方面,通过及时公布宏观经济运行情况,明确货币政策取向为"适度从紧",同时制定和实施一系列紧缩信贷举措,在实践中取得了初步成效;另一方面,政府加大对反通胀成效的宣传和报道,使公众随时了解通货膨胀发生、变化的未来走向,降低人们的通货膨胀预期。由于把抑制通货膨胀作为宏观经济调控的主要任务来抓,增强了人们对政府的信任,对克服严重的通货膨胀起到了重要作用。但从另外的角度看,在经济增长预期方面出现了一些新的问题。

(三) 治理通货紧缩与预期管理 (1998~2003年)

1998年后,在国内外诸因素的影响下,使我国陷入了经济低速的局面。央行在1996~1999年连续实施了7次降低利息并开征利息所得税的宽松货币政策,这在一定程度上引导了人们的"增长预期",对1998年、1999年实现7%以上的经济增长发挥了重要作用。但政策效果并不及预期,尤其当1999年疲弱的经济数据对前期公众普遍形成的物价会持续走低的预期加以证实后,又加上两年来7%的低于历史均值的经济增速较大地影响了对未来经济的信心,人们开始形成通货紧缩预期。在现实中表现为,投资出现冷滞,除政府主导投资外,民间普遍反映找不到投资方向,1999年全年非国有投资下降1%。在保守的消费预期和名义收入下降引致的"货币幻觉"双重影响下,人们更倾向于通过储蓄为自己构筑"社会保险",使大量货币资金沉淀下来,内需不足进一步延续。可见,宏观调控政策调控效果弱化的关键是民众的经济增长预期弱化,通货紧缩预期加强。

及至2003年,由于长期扩大内需政策的影响,人们对经济增长的预期才逐步趋强:一方面,固定资产投资特别是地方政府投资加快,房地产投资扩大;另一方面,通货紧缩预期趋弱,通货膨胀预期增强。但由于预期变化相对缓慢,预期粘性、惯性特征表现突出,即使当年已经出现部分行业的"过热现象",如"煤、电、油、运"行业较先于整体宏观经济转暖,但直至2004年底2005年初,人们对未来经济复苏的预期才真正形成。在预期管理方面,政府更加重视对经济行为主体预期的引导,如在货币政策方面,中国人民银行于2003年8月23日提前一个月宣布从9月21日起提高存款准备率1个百分点,这给金融机构的流动性管理和投资者、消费者的决策行动提供了足够的时间,避免了金融宏观调控的突然性,减少了因调控给经济带来的冲击。

(四) 加强宏观调控与预期管理 (2004~2008年)

随着宏观调控经验的逐步积累,管理当局的宏观调控能力逐步得到增强,在完善宏观调控体系、提升调控效率方面开始更加注重精细化管理。在宏观管理实践中,更加注重从政策主体与社会公众之间的博弈视角来考虑宏观调控效率问题,由此合理引导公众预期,为这时期宏观总量平衡发展发挥了积极的作用。

面对2004年经济运行中出现个别行业局部过热状况,央行在采取传统调控举措合理控制信贷、投资快速增长的同时,更加注重利用信息沟通的手段来引导公众预期。如提前、及时发布《货币政策分析报告》,针对当时宏观经济运行状况、货币信贷状况以及未来的调控取向向公众传达信息,引导全社会形成较为合理的预期,为货币政策的效率的发挥带来了积极的正面影响;从效果上看,2004年下半年,过快增长的信贷规模得到控制,投资增长回至正常水平,在低通胀的同时经济保持了较快的增长,宏观调控效果明显。2005~2006年,宏观调控政策采取中性政策,力图实现社会总供求的大体平衡。由于地方政府的投资冲动和利益的驱使,房地产发展过快,特别是房价涨得过高,所以,宏观调控采取了紧缩银行信贷以抑制房地产价格的过快上涨。由于货币政策决策透明度改善,市场预期得到了较好引导,货币政策有效性得以改善,表现为该时期金融宏观调控效率较高。2007年,物价过快上涨、通货膨胀抬头成为经济运行中的突出矛盾之一。消费品价格结束了长期的低迷的状态,呈现逐步加速上涨的趋势。这是宏观经济由偏快转为过热的重要信号。除了CPI,中国股价和楼价等资产价格也在高位持续攀升。防止经济过热、出现明显通胀成了宏观调控的首要任务。在商品替代效应的作用下,CPI上涨属于结构性上涨,但存在转化为通货膨胀的巨大压力,整体通胀预期增加。这一时期的宏观调控对于过热的部分行业来说是及时的调控,而对于整个宏观经济运行的全局来说是见势快、动手早、防患于未然的主动调整。

(五) 全球金融危机后的宏观调控与预期管理 (2008年至今)

2008年末,中国政府抛出了刺激经济增长的4万亿元投资计划,不断降低法定准备金率、金融机构基准利率和存贷款利率,其目的是给投资者和消费者以信心,引导人们形成经济增长预期。通过得力施策,使投资成为拉动经济增长的主要动力,消费成为拉动经济增长的亮点,通货紧缩进一步减轻,经济增长回到了潜在增长率之上,其积极效果有目共睹。2009年,积极贯彻"保增长、扩内需"的信贷政策。在支持投资增长方面,保证符合条件的中央投资项目所需配套贷款及时落实到位。当年全社会固定投资完成20万亿元,同比增长30%,银行信贷近10万亿元。GDP增长率完成政府提出的"保8"目标。

面对美国次贷危机突如其来的巨大影响,尤其2008年奥运会后经济开始出现快速滑落,政府高层提出"信心比黄金更重要",并于2009年10月21日国务院经济形势分析会议首次提出"管理好通货膨胀预期",这是继2007年我国政府在提出"稳定预期"后预期管理的进一步发展,标志着预期管理正式出现。2013年十八届三中全会首次在宏观调控中提出预期管理的要求,将宏观调控任务部署为"保持经济总量平衡,促进重大经济结构协调和生产力布局优化,减缓经济周期波动影响,防范区域性、系统性风险,稳定市场预

第十三章 国民经济预期管理

期,实现经济持续健康发展";[①] 2015 年底的中央经济工作会议以"实施宏观调控,要更加注重引导市场行为和社会心理预期"的论述明确了预期与调控的关系;[②] 2016 年进一步提出"社会主义市场经济条件下,宏观调控本质上是预期管理","稳预期的关键是稳政策",从而将预期管理进一步纳入宏观调控的范围。

二、完善预期管理实施路径

通过对预期管理的探索,逐渐明晰了完善预期管理的实施路径,主要有以下几方面。

(一)充分重视国民经济发展规划作用

一是充分重视国民经济总体规划。国民经济总体规划是规划期内政府对经济社会发展施加影响的整体规划框架,是对国民经济发展战略的具体落实,也是国家加强和改善宏观调控的重要手段。在我国经济实践中,以"五年规划"作为其表现形式。其中,作为规划目标表现形式的国民经济和社会发展指标,通过数字化的表达清晰地传递着预期与约束信息,直接影响着社会预期的形成与方向。从 1996 年以来的四个"五年"规划来看,其经济增长目标在规划期内都得以圆满完成;从年度情况看,扣除 2000~2002 年三年没有公布规划目标数据、2014 年和 2015 年没有完成经济增长目标外,其他年份的年度经济增长目标都得到了实现:"九五"时期预期增长目标为 8%、实际完成 8.3%;"十五"时期预期增长目标 7%、实际完成 9.5%。这一方面说明规划本身的科学合理,同时也说明在合理科学的规划的指引下,微观行为主体的预期、决策和行为会受到其直接的引导和约束,从而促成了宏观经济发展指标的实现。

二是高度重视国民经济具体规划。自"十一五"规划以来,规划目标的一个创新发展即是对指标进行预期性和约束性划分:预期性指标是指期望目标,主要依靠市场机制来实现;约束性指标则指需要政府通过各种手段来确保实现的指标。这种对由市场决定和政府托底的指标分类,实际上产生了"分类指引"的效果,对预期管理的实现与细分形成了较好的影响。在"十三五"规划中,人们可以发现越来越多的数据化指标,这无疑有利于引导公众预期的形成与走向。但对于预期管理来说,则取决于主要数据化指标。如美联储是否加息主要取决于经济增长率(2%),通货膨胀率(2%)和就业率(低于 5%)三大指标,其他则作为参考性指标。

(二)扩展预期管理主体

一是以货币部门和财政部门为主体。在全球经济预期管理实践中,货币部门充当预期管理的主力军几乎没有什么悬念。但宏观调控另一主体——财政部门(以及财政政策)是否应纳入预期管理实施之中则是一个值得探讨的问题。尤其在党的十八大及"十三五"规

[①] 新华社:《中共中央关于全面深化改革若干重大问题的决定》,载于《求是》2013 年第 22 期,第 8~17 页。
[②] 新华社:《着力加强结构性改革 引领经济发展新常态》,载于《新华日报》2015 年 12 月 22 日。

划中提出建立"以财政政策和货币政策为主要手段的宏观调控体系"之后,这一问题更显突出。首先需要明确的是,国外实践中财政政策在预期管理的"缺位",主要源自于世界经济疲弱背景下的各国财政政策"非常规"操作空间过于狭小(尤以欧盟为甚),而非来自理论层面的支撑。实质上,"扩张性财政政策+宽松货币政策"的政策组合对于实现预期管理强于单一的货币政策。实践上,我国近年来在利用财政政策进行预期管理上进行了大胆的实践。如通过"定向降税"实现"定向调控"进行的预期管理已初见成效;2016年"营改增"改革中明确对"北、上、广、深"二手房交易增值税缴纳区别于全国其他地区,也是预期管理的具体体现,从而成为中国预期管理不同于国外预期管理的颇具特色之处。坚持预期管理的"中国特色",应坚持在预期管理的实施中的货币和财政部门的双主体定位。

二是高度重视"发改部门"作用是中国实施预期管理的一大特色。国家发改委作为中国宏观调控主体"三驾马车"之一,专司长期战略规划,实际上发挥着对以货币政策、财政政策为主的传统宏观调控政策无力进行长期综合调控的补充之责。并且从现实经济运行机制来看,"发改部门"实际上是宏观调控的主导者与"领头羊",央行和财政部的政策制定与实施都不可避免地受其指导和约束。另外从权威性来看,举凡宏观调控创新、完善宏观调控体系的论述均来自发改委,"发改部门"事实上成为宏观调控中最有发言权的管理主体。由于预期管理效率直接受政策可信度影响,政策可信度又与政策部门权威性直接相关,因此,完善和加强"发改部门"的预期管理主体职能,有助于提高预期管理的效率。如面对2016年3月初的猪肉价格同比大幅上涨52.8%的局面,发改委及时发出预警,提醒由于较高的"猪粮比"可能会使得养殖户过度补栏(这在中国以往的经济生活中多次出现),导致生猪产能过度扩张,使生猪价格很快进入下跌通道,进行了一次"预期管理"的生动实践。当然,预期管理并非"发改部门"一家之责,必须得到相关部门的通力配合。

三是充分发挥各综合部门的作用。预期管理的核心在于影响公众预期,这与公众对政策承诺的可信度息息相关。但囿于我国市场经济发育程度的限制,宏观调控体系中的政策传导机制尚不完善,而新常态下的供给侧结构性改革对宏观调控任务从单目标到多目标、从总量到结构、从需求到"双侧"提出了新的更多要求。因此,为更好地实施预期管理,必须按"十三五规划"要求那样完善财政政策、货币政策、产业政策、区域政策、投资政策、消费政策和价格政策,建立协调配合的宏观调控政策体系,充分发挥"一行三会"、财政部、发改委、商务部、统计局及其他部委乃至协会等综合经济部门的作用,在具体工作中充分考虑预期因素,执行预期管理职能。

(三) 强化信心管理

一是强调"信心比黄金更重要"。信心是一种情绪因素,也可理解为一种经济资源,往往会直接影响预期的形成。尤其在危机时刻,由于不确定性超常增加,导致预期管理需借助"信心指引"得以实现,此时的预期管理就等同于信心管理。总结本次危机救助的教训与经验,可以发现信心管理的重要性。如2008年9月美国布什政府面对受"次贷危机"

第十三章 国民经济预期管理

影响已岌岌可及的"雷曼兄弟",并没有承担起进行信心管理的职责,而是以拒绝做出接管的姿态听之任之,导致公众信心崩溃、危机快速恶化;继而奥巴马政府上台,又继续宣称危机有进一步恶化的可能,导致信心崩溃不可收拾,也使后期一系列复苏经济的政策效果大打折扣。而反观我国,面对危机临危不惧,果断实施"四万亿"投资计划,引导公众树立"信心比黄金更重要"的信念,在表明政府的坚定立场的同时防止了信心的崩溃,从而极大地缓解了外部危机对中国经济的冲击。通过对比可以看出,预期管理从一定意义上说就是信心管理。

二是坚持信心管理是重要的政府管理。信心管理作为政府对国民经济管理的内容之一,其重要性对于当今中国尤为突出。作为世界第一人口大国,"万众一心"破解世上最大的发展问题,虽然有更大的难度,也会遭遇人类历史上从未出现的发展难题,但面对未来不确定性的茫然心态,加强信心管理自有其特殊重要的意义。特别是面对世界经济复苏低迷、全球贸易持续萎缩、贸易保护大有抬头之势、国际经济秩序面临重构的外围环境,国内主动下调经济增速的举措使已适应长期高增长环境的中国民众开始时出现了一定的不适应心理。2016年初,以人民币汇率短期贬值为背景,国外抨击中国经济"硬着陆"的宣传难免会影响甚至动摇民众对未来经济发展的信心。对此,中央媒体主动发声,七天六次炮轰"做空"中国的言论,对于稳定民心,平抑当时资本外流、汇率波动的局面发挥了很好的作用。不仅如此,近年来关于"中国梦"、"两个一百年"、"有信心、有能力保持经济中高速增长"、"中国不会落入中等收入陷阱"等一系列掷地有声的声音,无不为全社会树立信心,推动社会正能量的升腾,扎实推进各项经济工作,奠定了坚实的心理基础。

(四) 扩大预期管理范围

一是强化资本市场预期管理。在货币政策之外,预期管理存在广阔的拓展空间。由于资本市场本身具有"预期品"的特性,使得预期在资本价格形成与波动中有着更大更直接的作用空间。纵观中国股票市场之大起大落,皆可从预期视角一窥端倪。并且随着金融创新、市场环境的变化,资本市场对信息、预期的反应会愈发敏感,预期管理的重要性从正反两发面都得到了论证。实践反复证明,政策当局在预期管理的具体实施时一定要保持与市场的充分沟通,否则会扰乱市场预期,后续需要大量工作去弥补。比如中国股票市场于2016年开始实施的"熔断机制",从1月4日实施至1月8日被宣布暂停,在共计5天的实施期间内两次"熔断",不但没有起到稳定市场的作用,反而加速了市场的大幅波动。之所以本意稳定市场的机制却产生适得其反的效果,从表象上看是由于浓重的投机市场氛围、个人投资者占比高的主体结构,使得该机制下出现了更加强大的"磁吸效应",打破了"熔断机制"对市场稳定性的影响。但从更深的预期管理的角度分析,正是由于没有做到与市场充分沟通,从而导致了"磁吸效应"的无限放大。所以,在资本市场的发展中更应高度重视预期管理的作用,充分发挥其政策工具的正面导向作用。

二是强化房地产市场预期管理。房地产商品具有消费品与投资品双重属性,其价格波动不仅会受到经济运行的影响,还会受到各种舆论与心理预期的影响。因此,对市场预期给予引导，就成为稳定房地产市场的重要环节。我国房地产市场在预期影响与政策承诺不可置信地双重推动下，最终形成长期向上的动态发展，并随着时间推移市场中预期"自我实现"的特征愈发明显。"越调越涨"的"自加强"表现一方面反映经济行为人的"理性反映"，另一方面也说明宏观调控在预期管理失败后带来的政策低效。从2000年至今的房地产调控政策实施、房价基本表现及当时居民对房地产价格预期的简要情况来看，正是前期的政策效果没有得到保障，后续的政策效力逐步减弱，公众面对政策失信情况下的"理性"对策，使得房价出现了一轮高过一轮的上涨。正是在这样的大背景下，中央经济工作会议提出促进房地产市场平稳健康发展，坚持"房子是用来住的，不是用来炒的"的定位，对房地产市场实行预期管理，从而既抑制房地产泡沫又防止出现房价大起大落。

（五）利用大数据提质预期管理

一是利用大数据支撑前瞻性指引。宏观经济调控的效果与其是否见机早、行动快密切相关。作为宏观调控组成部分的预期管理本身蕴含着"前瞻"性指向，故对其行动时机提出了更高的要求。而行动时机的把握与数据占有程度直接相关，数据占有数量越大、准确程度越高、获取越及时，以其为基础的政策制定与实施的效果就会越好。实践过程中，预期管理发展滞后的一个原因就在于预期本身的心理属性所带来的计量困难。即使考虑通过大规模的问卷调查来获取预期数据，也并不能保证数据的真实性，况且有时行为人自己也可能并不能对自己的真实预期进行真实表达。因此，应用大数据技术从海量数据中直接挖掘经济行为人的"预期信息"，从而为预期管理提供更好的支撑。

二是关键在于信息提取。在利用大数据技术支撑预期管理的过程中，不能把大数据技术只局限于对原始数据进行预测改良，应更多考虑以大数据技术为中介，对以前难以捕捉的微观个体行为信息进行数字化和具象化抽取。尤其随着"机器学习"、人工智能的进一步发展，数据的获取要变得更加具有主动性，数据的准确率和可靠性要进一步提高。如原来无法进行统计、调查的多种信心数据，可以通过大数据技术"间接"获取。

三是有效开展国民经济预警管理。在通过大数据技术获取实时、海量数据后，进一步实施预期管理就有了基本数据保障。预期管理就会有的放失，准确性和灵活性都会大幅提升，同时也为预期管理监测、预警体系的建设形成基础支持。由于预期管理与国民经济预警管理有很多交集存在，其中内含有预期管理的思想，若通过大数据技术获取更加准确及时的信息，则可以有效减少预测误差的存在和影响，有效提升预警体系对经济周期拐点的解读判识能力，大幅提升国民经济预警体系的运行效率。

三、强化预期管理制度供给

（一）进一步完善宏观调控的"区间调控"

一是有效设置宏观调控目标区间。区间调控的实质是政府对宏观调控设置一个"识别区"，合理区间的上下限形成了宏观调控的触发条件。但由于经济运行不确定性因素的影

第十三章　国民经济预期管理

响,客观上要求对目标设置的临界点进行区间化处理。虽然区间调控相比于传统宏观调控实现了点目标到区间目标的转变,但在区间临界点选择上,仍需考虑区间问题。目标区间化可以给管理当局在政策制订和调控操作上预留更多的空间,更好地兼顾多元目标的平衡,更好地适应复杂多变的国际经济环境,也可以进一步淡化地方政府单纯追求经济增长的传统发展观念。但需注意,在"下限"指标(如 GDP 年度增速)区间化后,通货膨胀、失业率这些"上限"指标需不需要区间化,其他经济发展指标是否需要区间化,对此应持审慎态度。因为极端的"区间化"可能使区间调控名存实亡。实际上,只要存在目标区间的设置,则在经济运行接近临界值时都会产生类"磁吸效应"和"锚定效应",因此,在具体指标的区间设置上需要慎之又慎。

二是灵活开展定向调控和相机调控。随着我国的"黄金发展"势头逐渐减弱,宏观调控的"弹性空间"与"反应空间"趋于逐步收窄,此时经济运行如果击穿"下限",很可能会陷入系统化风险的困境。为此,需在区间调控之上,加大定向调控和相机调控的力度,以将系统性风险化解于未然。然则我国目前的定向调控对象目标仍然偏窄,多指向农村金融、小微金融等金融服务的薄弱环节,且以货币政策和金融政策为主,手段相对单一。从未来发展看,需从手段与内涵等方面对其进行完善与发展:在实施手段上,货币政策、财政政策、产业政策、社保政策、金融政策等都应被用于定向调控之中;在调控对象上,与经济转型和发展密切挂钩的重点热点都应该为定向支持的目标领域,如"大众创业、万众创新"、"互联网+"、"一带一路"、绿色发展等。

(二) 加强预期管理"硬"制度建设

一是明确预期管理的路径。预期管理主要通过影响预期形成的信息集对预期进行引导和塑造。而对信息集的影响主要通过经济政策本身和前瞻性指引这两个方面来实现:前者主要强调信息的间接传递,一般表现为经济政策的规则化、制度化和透明化,强调政策本身的可学习性等,最终表现形式为如泰勒规则、通货膨胀目标制、利率走廊机制等制度构建,这些可作为预期管理的"硬"制度;而后者更强调对信息的直接传递,但在现实中更多表现为信息披露、透明度建设和沟通平台建设与运行等,以达到前瞻性指引的目的,故可被认知为预期管理的"软"制度。

二是以建立利率走廊作为短期目标。传统宏观调控政策工具按现代预期管理思想来组织实施,皆属于预期管理"硬"制度建设范畴。如利率调整、存款准备金率调整的平滑实施、公开市场操作常态化、通货膨胀目标制和利率走廊机制建设以及定向降准、定向再贷款等一系列定向创新工具等。在我国预期管理的实践中,应分步推进利率走廊机制的建立:先是在隐性政策利率附近建立事实上的利率走廊,但对隐性政策利率"秘而不宣";然后逐步收窄利率走廊区间;最后直至取消基准存贷款利率,并宣布建立短期盯住政策利率和中长期参考广义货币供应量增长率的新政策框架。在短期目标的"利率走廊"机制逐步建立与完善后,进一步完善中长期目标的"硬"制度,并以前瞻性指引作为发展方向。

(三) 完善预期管理的"软"制度建设

一是完善主动型沟通举措。主要有：(1) 强化对外沟通意识，将沟通纳入政策工具范畴。主要是将对外沟通与业务工作相结合，使沟通纳入经济政策的"工具箱"；(2) 深化沟通内容，加大信息解读。沟通的有效性依赖于沟通信息的深度，在政策实施时要将政策制定依据和意图、执行效果对外加以解释，确保公众准确清晰理解，从而利于公众与政策当局形成一致预期；(3) 相机选择沟通方式与形式。沟通方式与力度的选择要根据受众、经济周期相机选择。一般而言，在经济上升阶段，委婉式的沟通对市场预期引导效果较好；而处于经济下行阶段，则需立场明确的沟通方式，明确传达政策意图、有效扭转市场悲观预期，从而带动经济走出低谷；(4) 建立受众反馈和媒体信息采集专业部门。通过该机制的建立，负责向受众进行信息反馈收集与分析，以及时跟踪市场预期，以更好的促进政策调整。

二是完善被动型沟通制度。被动型沟通主要表现为媒体报告与预期变量之间的关系。一方面，需在传统媒体渠道的基础上更加关注对"自媒体"渠道的使用，使两种渠道协作共进，提升信息传递效率，以达到引导预期之目的。另一方面，需要加强对预期管理过程中的各种"噪声"的整治。如可考虑对在公共媒体上发布宏观经济评论的机构进行必要的资质管理等。设立社会信息收集评估机构，专司对在公共媒体上发布的有关对宏观经济预判的信息进行评估。定期公布各种社会机构预判的偏差程度，并将结果予以公示；对于连续出现错误预判的机构，要给予必要的警示，甚至取消其在公共媒体上发布信息的资格。

三是推进政策透明度整体建设。完善的信息沟通为政策透明度整体建设形成了基础性铺垫，但政策透明度的影响因子不完全由信息沟通构成，应考虑从以下两方面推动透明度建设：一方面，要增强政策部门的独立性。保持相对独立性、减少政府干预，是提升政策透明度的根本途径。另一方面，要提高财经知识普及率。政策透明度建设的另一关键在于使受众对沟通的信息能够理解和接受，为此需要在全社会普及财经知识，否则会因对沟通信息不理解、理解不到位甚至误解无法对市场信号做出灵敏反应。因此，提高民众财经素养、增强对政策理解能力或解读能力就成为提升政策透明度建设中的必要一环。

(四) 加快建立预期管理体系

一是建立健全有效预期预警机制。预期预警机制具有信息收集与分析、预报、监测及信息发布等作用，依据对相关经济变量的实时跟踪、广泛而及时的取证调查、新技术手段融合使用，及时高效地获取社会预期信息，并对其进行评价、预测和预警，是进行预期管理体系建设的起点与基础。反应迅速、运行高效的预期预警机制一旦建立起来，就可对预期管理实施的时机、力度进行有效指导，对有效预期管理形成直接支持。建立有效的预期预警机制，应坚持信息公开透明的原则，及时向公众公布经济运行事实真相，引导公众形成正确预期。同时，预期指标和预警区间的选择与设置不仅是经验型的，更应具有时变特性，应根据经济发展的不同阶段、运行环境的不同状况进行不断调整与完善。在形成预期的信息获取中，要强化对新理论、新技术和新方法的使用，如大数据挖掘技术、神经经济

第十三章　国民经济预期管理

学相关理论等。

二是建立健全常态跟踪与沟通机制。建立健全常态跟踪与沟通对话机制，可以有效消除公众与预期管理主体之间的信息不对称，减少一致合理预期形成的阻碍。为此可通过大众传媒、网络交流以及各种座谈会、研讨会、见面会、交流会等形式，广泛进行定期和不定期的信息沟通，以达到协调预期、消除误解、把握民意和预期及时得到公众支持的目的。通过信息沟通机制，一方面，可及时了解预期主体利益诉求；另一方面，可及时调整预期主体心态，影响合理预期的形成。只有预期管理部门与预期主体经常信息沟通，形成科学有效的利益协调机制，预期管理才能形成较好效果。

三是建立健全预期反馈处理机制。实施预期管理后，要及时对预期管理实施情况、影响效果进行跟踪与反馈，对预期管理的经验与教训进行总结与归纳，供预期管理部门下一步决策参考。通过建立健全预期反馈处理机制，对于已经出现或将会出现的偏差"苗头"，防患于未然，及时采取有效措施予以纠正。由于这项工作牵涉多元主体、涉及广泛领域，并非一日之功，只有高度重视，常抓不懈，才能更好地实现预期管理的效果。

【复习思考题】

1. 预期管理与宏观调控的联系与区别。
2. 传统预期管理与现代预期管理的内涵与区别。
3. 预期形成的主要机制。
4. 预期传导机制的主要内容。
5. 预期管理的主要指标。
6. 预期管理的主要方法。
7. 完善预期管理实施路径。
8. 强化预期管理制度供给。

第十四章 国有经济资产管理

在经济新常态下,破解发展难题、坚持创新发展必须构建发展新体制,完善国有资产管理体制,而国有资产是实施国家战略的重要基础,国有经济资产管理是国民经济管理的一个重要组成部分。本章主要分析国有资产管理的作用和国有资产管理体制改革。

第一节 国有资产管理在国民经济管理中的地位和作用

一、国有资产和国有资产管理

(一)国有资产及其形成

国有资产即国家代表全体人民拥有所有权的各类资产,是属于国家所有的一切财产和财产权利的总称。国有资产可从广义和狭义两方面分析:广义的国有资产又称国有财产,是指国家通过投资、接受馈赠、凭借国家权力取得或依据法律认定的各种类型财产或财产权利;狭义的国有资产又称经营性国有资产,是投入社会再生产过程中从事生产经营活动并能够获得预期收益的各类资产,其存在于各类国有及国有控股、参股的企业之中,是国家作为出资者在企业依法拥有的资本及其权益。国家代表全体人民对各类国有资产拥有财产权,具体包括对国有资产的所有权、占有权、使用权、收益权和处置权。所有权是指各级政府对国家财产的支配权,又称最终产权或终极所有权;占有权是指行政事业单位和各类经济主体依法享有对国家财产的实际控制权;使用权是指为了满足社会生产、提供劳务或社会服务的需要而利用国家财产的权利;收益权是指获得国家财产使用成果的权利;处置权是指引起国有财产所有权主体、占有权主体变换的权利。

我国的国有资产主要通过以下几个途径形成:一是新民主主义革命时期的公营经济在新中国成立后自动转化而成的国有资产;二是依据法律取得的自然资源、没收官僚资本、征用和接管帝国主义在华资产等形成的国有资产;三是通过社会主义改造赎买民族资本形成的国有资产;四是国家投入资金形成的国有资产;五是接受外国馈赠、援助、转让形成的国有资产。

国有资产依据其性质可以被分为:一是经营性国有资产,主要是指国家对企业各种形

第十四章 国有经济资产管理

式的投资和投资收益所形成的资产,是投入到社会生产领域内属于国家所有的生产要素和经济资源;二是行政性国有资产,主要是指党政机关、事业单位和各人民团体持有的国有资产;三是资源型国有资产,主要是指自然生成的资本价值及利益(如土地、矿藏、森林、海洋等自然资源)以及部分与投资有关、部分天然形成的资产(如国家文物古迹、风景名胜区和自然保护区等)。依据不同的分类标准,国有资产还可以分为有形资产和无形资产、境内国有资产和境外国有资产、自然界固有的国有资产和人工创造的国有资产、中央政府管理的国有资产和地方政府管理的国有资产等。与国民经济管理相关的国有资产主要是指狭义的经营性国有资产。

(二) 国有资产管理

国有经济资产管理或资产管理,是对所有权属于国家的各类资产进行组织、配置、协调、监督和控制等一系列活动的总称。国有资产管理的内容:一是国有资产投资管理,主要是根据国民经济发展战略目标,合理确定国有资产投资的规模和结构,兴建各类国有企业,调控国民经济运行,实现国家宏观经济政策目标;二是国有资产经营管理,主要指选择恰当的经营方式以提高国有资产的经济效益、社会效益及生态效益,通过考核经营者业绩等方式实现国有资产的保值增值;三是国有资产收益分配管理,主要指国家作为资产所有者,依法取得国有资产的收益并对收益进行分配和处置;四是国有资产产权管理,主要指根据国民经济运行的客观需要对国有资本的布局进行战略调整,对国有资产存量进行盘整,清理低效无效资产,防止国有资产流失。

具体可分为:一是国有资产管理主体,又称国有产权主体,主要是指享有或者拥有国有资产财产权有关权利的国家、组织、单位、法人和自然人,即"由谁来代表国家"管理国有资产,目前在我国主要是各级政府的国有资产监督管理委员会;二是国有资产管理客体,主要是指国有资产管理的对象,亦即所有产权归国家所有的资产,目前主要是以企业形式存在的经营性国有资产;三是国有资产管理的总体目标,主要是指国民经济快速健康协调发展,当前具体的管理目标是提高国有资产收益、保护国有资产安全、优化国有资本布局以及促进国资本合理流动等;四是国有资产管理的手段,包括法律手段、经济手段和行政手段,根据当前经济体制改革的总体要求,将主要运营经济手段以管资本为主加强对国有资产的监督管理。

二、我国的国有资产管理体制

(一) 国有资产管理体制

国有资产管理体制是国家管理国有资产的制度化体现,是国家资产管理机构的设立和职责划分,以及国有资产管理和经营方式方法等有关制度的总称。国有资产管理体制可分为宏观层面和微观层面两个方面:前者反映政府内部所有者权能关系,后者反映国家与企业之间的产权关系。国有资产管理体制是国民经济管理体制的重要组成部分。

我国的国有资产管理依据国有资产监管机构的行政隶属划分为四个层级：第一个级别是中央人民政府即国务院；第二级别是各省、自治区、直辖市、计划单列市人民政府；第三个级别是地级市、区、自治州人民政府；第四个级别是县及县级市人民政府。

各级人民政府与同级的国有资产监管机构之间是授权与被授权的关系，中央级国有资产监管机构与省、市、县级相应机构之间是指导与被指导的关系，各级国有资产监管机构与各级国有资产经营机构之间是授权与被授权的关系。各级国有资产监管机构对同级国家出资企业履行所有者和占有使用者职能，国家出资企业对国有资产监管机构负责，履行国有资产保值增值的义务。国有资产经营机构经授权对其控股和参股的国家出资企业行使所有者和占有使用者职责，国家出资企业依据法人财产自主经营，履行公司法人义务，对股东负责。国有资产经营机构之间以及各级国家出资企业之间是独立法人之间的关系，可以建立产权交易关系，通过产权交易促进自由竞争和资本流动，实现资产优化配置。

（二）我国国有资产管理体制的层次

我国现行的国有资产管理体制可分为以下三个层级：

一是国有资产监督管理机构。主要是指代表国家统一行使资产所有者职能的专职机构。其作为政府直属特设机构，根据授权代表本级人民政府对监管企业依法履行出资人职责。《中华人民共和国企业国有资产法》第十一条规定："国务院国有资产监督管理机构和地方人民政府按照国务院的规定设立的国有资产监督管理机构，根据本级人民政府的授权，代表本级人民政府对国家出资企业履行出资人职责。国务院和地方人民政府根据需要，可以授权其他部门、机构代表本级人民政府对国家出资企业履行出资人职责。"

国有资产监督管理机构由各级政府设置，负责监督管理本级政府管辖的国有资产，履行国有资产所有者的职能，掌握国有资产管理的立法权、资产划拨权、处置审批权、收益调度权和监督权，负责包括国有资本金保值增值考核管理、产权界定、产权纠纷调处、产权登记、清产核资、资产评估、国有资产统计分析等以产权为核心的管理事项。国有资产监督管理机构要负责国有资产的保值增值、保障出资人权益和防止国有资产流失，向本级人民政府报告国有资产总量、结构、变动、收益等情况。国有资产监督管理委员会（简称"国资委"）受国务院委托依法履行出资人职责，是目前我国国有资产监管的主要机构。国有资产监管机构贯彻政企分开的原则，专司国有资产监管，不行使政府公共管理职能，只关心投资回报和企业是否履行社会职责。国有资产监管机构不干预企业自主经营权，不直接插手企业生产经营活动，主要采用市场化手段管理国有资产。

二是国有资产授权经营机构。主要是指由国家依法独资设立的企业法人或机关法人，对国家授权范围内的国有资产具体行使所有者和占有使用者权利，以持股运作等方式从事国有资产的投资和国有资本的运营。国有资产授权经营机构主要包括国有资本投资公司和国有资本运营公司，在国有资产监管机构的授权和监督下行使国有资产直接经营职能。

国有资产授权经营机构以国有资产的投资运营作为主要业务，通过持有和买卖股权（产权），以资本运营方式实现国有资产的优化配置和保值增值。国有资产授权经营机构不是行政部门，不具有任何行政职能，各级国有资产经营机构也不具有行政隶属关系。国有

第十四章　国有经济资产管理

资产授权经营机构的基本职责是经营和运作企业股权形式的国有资产,要依据国家产业政策和国民经济战略布局,实现国有资本的优化配置和产业结构的优化调整,通过对国有产权的优化重组,提高国有经济的活力、影响力和控制力。国有资产授权经营机构通过对国有产权的运作,调整国有资本投入的数量,改变国有资产收益的收缴和留存比例,以及利用国家控股参股比例的变化,引导社会资金的流向和流量,带动其他所有制经济形势的发展,发挥国有资本在民经济中的主导作用。

三是国有资产经营实施企业。主要是指占有和使用国有资产、直接生产产品或提供服务的各类国家出资企业。国家出资企业主要包括国有独资企业、国有独资公司、国有资本控股公司和国有资本参股公司。国有资产经营实施企业是国有资产经营机构的下属全资子公司和控股子公司,是依法建立的公司制企业法人。

国家出资企业的主要职责是依法经营,缴纳国有资产收益,对出资人和股东负责。国家出资企业要完善治理结构,设立监事会,实行民主管理,健全监督管理制度,建立健全财务会计等制度。截至2015年末,我国国家出资企业的资产总额超过119万亿元,其中所有者权益为40万亿元。这些国有资产主要分布在国防军工、石油电力、通信航运、矿产冶金和战略物资行业,即关系国民经济命脉的关键领域和重点行业。几乎全部的原油、天然气和乙烯生产、所有的基础电信服务、50%以上的发电量、超过60%的高附加值钢材、70%的水电设备、75%的火电设备都是依靠国有资产创造出来的。国有资产分布的领域,也是国家履行职能的领域,国有资产管理是国家履行职能的必要手段,应当符合国家履行职能的要求、反映国家职能活动范围并满足国家履行职能的需要。

三、国有资产管理的作用

(一) 促进经济增长

加强国有资产管理促进经济增长的作用主要体现在:

一是有效利用生产资源。加强国有资产管理,能够促进国家财力的有效利用:国有资产的投资管理可以提高资源的利用效率,促进资源的合理开发利用;国有资产的处置管理可以实现国有资产的重新组合和充分利用;国有资产的分配管理可以实现财力资源的优化配置。通过安排国有资产投资,可以调整产业结构,使有限的资源得到最合理的利用。对国有资产的收益分配进行管理也是优化资源配置的重要手段,国家通过组织国有资产收益可以调整国民收入初次分配格局。

二是有效扩充资本数量。国家资本的投入可以直接增加资本总量,并可以通过国有资本的带动作用,吸引社会闲散资金以及外国资金来进行经济建设,增加社会资本总量。加强对国家出资企业的国有资产管理,可以提高经济效益,提供更多的税收和投资收益,使国家可用于经济建设的资本量得到增加。

三是有效改进资本质量。国有资本用于固定资产更新、技术革新和高新技术产业的投入,可以有效地提高社会生产的技术水平,改进资本质量,推动生产力的进一步发展,为社会生产创造出更多的物质财富。加强对国有资产存量的管理可以有效地发挥现有国有资产的作用,对国有资产存量进行优化重组,可以充分利用国有资产,使之产生最大的经济效益。

四是优化国民经济区域和产业结构。国有资本的有效投入、合理投入和节约投入对国民经济区域和产业结构的优化和各产业部门的协调发展起着决定性的作用。通过国有资本投入可以促进西部大开发、东北地区等老工业基地振兴、中部地区崛起以及社会主义新农村建设,可以有效促进区域城乡协调发展。通过国有资本投入实施工业反哺农业城市、支持农村促进城乡统筹发展,可以缩小城乡差距,提高社会公平程度。

(二) 实现宏观调控的一般目标

加强对国有资产的管理,有助于宏观调控一般目标的实现,主要有:

一是实现物价稳定。国有资产管理能够对总供给与总需求的平衡起促进作用。国有资本是社会总需求的重要组成部分,当总需求过多时减少国家资本金的投入可以减少总需求,使经济总量趋于平衡,进而实现物价稳定;当总需求不足时增加国家资本金投入,可以增加总需求使经济总量趋于平衡,进而实现物价稳定。国有资产管理对成本推动型通货膨胀也能起到抑制作用。当生产资料供不应求从而导致生产资料价格上涨时,增加对生产资料生产企业的国家资本金投入,加强对国家出资企业的经营管理,有利于增加生产资料的供给,促进生产资料的供求平衡,进而促使生产资料价格趋于稳定。加强对国有产权的转让交易管理,有助于稳定资本市场的价格。当股票市场因股票供给不足而导致股票价格过高时,转让出售部分国有股权,可以使股票市场价格趋于正常;当股票市场股票供给过多,而出现股市低迷时,买进部分股票可以活跃股市,刺激股票投资。

二是充分就业。加强国有资产管理,可以有效地促进充分就业:增加国有资本金投入和兴建国有企业,可以提供更多的就业机会,使就业人口增加。加强国有资产存量的管理和充分利用,利用国有资产进行内涵扩大再生产,可以提高机器设备的利用率,增加就业数量;加强国有资产管理,调整国有资产投资结构,实施国有资产重组,积极发展基础产业,增加市场紧缺产品的生产,可以促进机器设备的充分利用和增加就业,解决结构性设备闲置和结构性失业问题。

三是国际收支平衡。国际收支平衡是指一个国家在一定时期内对外贸易和金融收支总额的平衡。加强国有资产管理有助于促进国际收支平衡:通过加强对国有外贸企业的国有资产管理,提高经济效益,能够增加出口;经营和管理外汇资产,进口先进设备和技术,有利于国内生产能力的提高,从而增加总供给,促进国际收支平衡;对于发展中国家来说,也可以通过国有企业保护国内幼稚产业和促进产业结构优化以免受外部冲击,实现国民经济的外部平衡。

四是促进社会公平。在税收制度无法有效控制收入分配时,国有资本可以通过国有企业的高产出和低价格实现低收入阶层社会福利的增加,从而实现国家公平目标。在社会福利与公共财政体制并不完善的条件下,国有资本较民间资本而言可以具有更强的社会福利效率;在市场经济制度并未完全建立时民间资本所具有的社会契约破坏动机会损害社会效

第十四章 国有经济资产管理

率,而国有资产管理能够缓解这种社会效率损害所带来的负面影响。

(三) 完善社会主义市场机制的特殊作用

国有资产管理主要通过放大国有资产的功能和作用,发挥其对完善社会主义市场机制的作用:

一是确保国计民生。国有资产是发展国家事业和提高人民生活水平的保障。由于"搭便车"问题的存在,市场本身不能提供具有非竞争性和非排他性的公共产品,这时需要国家来组织生产这些国计民生必需品。虽然政府可以通过订购的方式将公共产品的生产交给私人企业,但是由于不完全契约问题导致采购合同太复杂以至于现实中难以签订执行,因此政府建立国有企业直接生产的方式更有效率。有些具有较大正外部性的项目,以及一些虽然对国民收入贡献很小但社会价值巨大的项目,也应由国有企业来进行提供。自然垄断型的产业往往需要大规模和长期的资本投入,民营企业无力投资或投资不足,即使有私人资本进行经营,其利润最大化的经营策略也难免会造成社会福利的损失以及抑制技术的进步。国有资产的投资运营时能够兼顾经济目标和社会责任目标,国有企业是解决消费者和厂商对自然垄断产业产品的信息不对称问题的有效手段,国有资本的社会责任目标能降低生产者的道德风险,更倾向于保持产品质量并维护消费者权益。

二是壮大国民装备。国有资产管理为国民经济发展提供软硬两方面的装备:硬件主要指产业培育和升级,软件主要指对制度的替代和补充。国有资产管理通过建立竞争优势或完善市场基础设施的方式能够直接或间接地塑造产业竞争力。技术密集型产业前期研发费用非常高且具有很高的风险,国有资本能够弥补民间资本投入的不足,在技术研发方面的"溢出效应"能够为产业和经济发展带来正的外部性,促进产业的升级和优化,从而满足不断增长的市场需求并获得较高的持续发展速度,并提升经济增长质量。当市场没有形成完整的体系时,产品市场和资本市场的不确定性会导致民营企业的预期利润降低因而投资规模可能不足,国有资本可以带动高风险产业以至整个经济的发展。市场发育不全可能造成资源配置效率不足,国有资本能够一定程度上弥补市场机制的不完善,国有资产管理是政府参与经济和干预经济的重要工具和手段。国有资产管理还是政府与市场联系的纽带,有助于政府了解市场,推动法律、产权和资本市场等相关制度建设提高经济绩效。

三是保证国家安全。国有资产管理是保障国家安全的重要力量和手段。有些经济领域由于其特殊的重要性而不能让非国有资本控制,例如关系国家安全的通讯、金融、能源和军事工业等。如果由外国资本进入本国经济领域掌握和控制大量重要资源时,国家安全就会受到威胁。国有资本应当集中在能源、国防和通信等关键领域和行业,负担重要的能源和资源生产,并提供基础电信服务。军事工业需要国有资本的完全控制来保障国防安全。国有资产管理还能在经济危机时挽救民营经济,起到干预调节宏观经济以实现经济安全的作用。实践表明,国有资产管理在保证国民经济持续健康发展中发挥着重大作用,是抵御国际经济风险、维护国家经济安全的主要力量,是发展国民经济的重要支柱。在应对重大自然灾害事件和定点扶贫以及支援边疆建设中,国有资产管理都发挥了关键作用。

四是增强国际竞争力。国有资产管理促进国际竞争力的提高,一方面体现为国有企业的竞争力,另一方面也体现为国有经济主导的国家经济环境竞争力。经济发展所需的基础性行业通常具有规模大、固定资本投入多、专用性强的特点,由于进入和退出障碍比较大以及需要统一网络、规划和标准,民间资本实力不足而无力投资或投入不足,国有资本的投入能够保证这些行业获得足够的投入,形成较强的国际竞争力。利用国有资产管理对经济生活进行干预,能够纠正市场失灵,保障社会经济的平稳有序运行,这种对国民经济的稳定作用能够提高一个国家经济环境的竞争力。在经济衰退和危机时期,国有资产管理通过挽救危机中濒临倒闭的民营企业能起到稳定经济的作用,阻止经济危机的进一步扩大。市场经济越发达,社会化程度就越高,国家对经济的宏观调控就越重要,相对于财政、税收和货币政策等干预手段,国有资产管理具有其独特的优势。此外,单纯依靠市场机制难以实现国家的赶超目标,需要采取国家主导下的赶超战略,国有资产管理正是实施这一战略的重要制度安排。

第二节 国有资产管理的主要方式和基本理论

一、国有资产管理的主要方式

(一)国有资产产权管理

国有资产产权管理主要是指国有资产所有者和占有使用者或者其委托机构以国有资产所有权和占有使用权为依据,对国有资产的占有、使用、收益分配和转让处置以及对国有资本金投入形成的各种资产的运营过程,进行计划、组织、协调和监督的总称。国有产权管理,可以划分为直接管理和间接管理两类:直接管理是指国有产权管理主体,直接以国有产权作为管理客体或对象实施管理,例如国有产权的转让,出售管理国有股的交易管理等;间接管理是指国有产权管理主体运用产权手段,对国有资产的运营过程实施管理,例如通过制定国有资产管理法律、法规和政策制度,规定所有者、占有使用者、运营者和经营者的权利、义务和责任,对国有产权实施间接管理。

国有产权管理的基础是落实产权制度,即确立出资者的产权主体的法律地位,建立国有资产的授权经营体制,保障国家所有权和占有使用权,落实企业的经营使用权,同时健全企业法人财产制度,即企业作为法人财产的主体能够独立支配其财产并以法人财产自负盈亏、独立承担财产责任。国有产权管理的目标一方面是提高资源配置效率,即通过产权转让、出售划拨、股票交易等手段促进国有资产合理流动和优化组合,实现优化产业结构和国有资产的最佳配置;另一方面是实现国有资产的保值增值,即通过制定国有资产保值增值考核目标落实企业生产经营责任制和提高企业经济效益,确保国有资产的安全与保值增值。

第十四章　国有经济资产管理

（二）国有资产投资管理

国有资产投资管理主要是指将国家的资金和财产投入到物质生产领域，进入商品和劳务生产经营过程的活动。国有资产的投资管理是指对投资主体的确认、资本金的筹集、投资规模和投资方向的确定以及对投资过程进行决策、规划、组织、协调、监督和控制等活动的总称。

国有资产投资管理能够奠定国民经济的物质技术基础，国有资本的投入规模和方向，直接影响着国有经济的发展速度和国有资产的运营效益。国有资本的投入是国有经济发展的前提，国有经济的发展壮大使国有经济在国民经济体系中发挥主导地位。国民经济的协调发展需要合理的产业结构，而合理的产业结构如果单方面依靠市场的自发调节则要经历很长的时间，通过国有资产的投资管理能够相对迅速地调整产业结构。国有资产的投资管理还有助于增加财政收入，国有资本的投入一方面是国家主权所有的一般生产条件与商品生产经营结合起来，为国家税收提供了财源，另一方面是生产资料和劳务相结合，为增加投资收益提供了条件。

（三）国有资产收益管理

国有资产收益管理主要是指国家凭借国有资产所有权和占有使用权所应获得的投资回报的总称，包括经营利润、租金、股息、红利、资产占用费等收入形式。国有资产收益管理是指对国有资产收益的所有权主体、占有使用权主体、监督管理权主体和经营执行权主体进行确认并将国有资产收益在国有资产所有者、占有使用者、监督管理者、经营执行者和生产者的利益主体之间进行合理分配而进行的组织，指挥、协调、监督和控制等活动的总称。

国有资产收益管理的内容包括：（1）比例分配。合理确定国有资产收益在国家和企业之间的分配比例、国有资产收益上缴政府的比例、用于企业扩大再生产的积累和用于职工个人、集体消费的消费基金的比例。（2）收益分配。确保国有资产所有者获得投资收益，占有使用者获得红利收益，通过对国有资产收益进行科学的确认，确定国有资产收益的解缴渠道，监督国有资产收益的解缴，防止国有资产收益的流失。（3）合理使用企业留利。企业留利的所有权仍属于国家，因此应当对企业留利的使用进行监督。

（四）国有资产处置管理

国有资产处置管理主要是指对国有资产所有权和国有资产占有使用权进行处置以及对国有资产形态变化等经营处置和技术处置所进行的组织、指挥、协调、监督和控制等活动的总称。国有资产处置按其内容可分为产权处置和经营性处置两类：产权处置是指对国有资产的管理权、经营权的处置，国家通过行政授权委托特定的管理主体和经营主体，对国有资产行使所有者赋予的管理权和经营权；经营性处置是国有资产经营者为提高国有资产经营效益，对国家授予其经营的国有资产进行配置、重组、处理等具体的支配活动。

国有资产的处置管理促进国有资产的合理流动，并确保国有资产的安全和防止国有资产的流失。国有资产处置管理的内容包括：(1) 调整产业结构。为了优化产业结构，促进国有资产所有权和占有使用权的转移，使生产要素重新组合进而实现产业结构的调整。(2) 建立竞争机制。企业破产、拍卖、兼并是市场竞争的结果，国有产权的流动有助于使企业感到市场竞争的压力，促使企业加强经营管理，提高经济效益。(3) 提高资产质量。企业要提高经济效益，必须保证资产处于完整高效运转状态，因此技术改造、维修养护、充分利用资产是国有资产处置管理的重要内容。

二、我国国有资产管理的基本理论

（一）国有资产管理的指导思想

我国的国有资产管理要坚持社会主义市场经济改革方向，坚持完善社会主义基本经济制度，尊重市场经济规律和企业发展规律，正确处理好政府与市场的关系。完善国有资产管理体制，要以管资本为主加强国有资产监管，真正确立国有企业的市场主体地位，推进国有资产监管机构职能转变，改革国有资本授权经营体制，适应市场化、现代化、国际化新形势和经济发展新常态，不断增强国有经济活力、控制力、影响力和抗风险能力。

（二）国有资产管理的基本原则

一是坚持权责明确。实现政企分开、政资分开，依法理顺政府与国有企业的出资关系，实行所有权与经营权分离的现代企业制度。切实转变政府职能，依法确立国有企业的市场主体地位，建立健全现代企业制度。推动履行社会公共管理职能的部门与企业脱钩，实现经营性国有资产集中统一监管。

二是坚持突出重点。按照市场经济规则和现代企业制度要求，以管资本为主，以资本为纽带，以产权为基础，提高资本收益、维护资本安全、管好国有资本布局、规范资本运作。注重通过公司法人治理结构依法行使国有股东权利。

三是坚持放管结合。按照权责明确、监管高效、规范透明的要求，推进国有资产监管机构职能和监管方式转变。国有经济运行市场化与国有经济管理间接化相结合，增强国有经济活力，提高国有资本的投资和运营效率，切实防止国有资产流失，保证国有资产保值增值；建立科学的企业业绩考核指标体系，不断完善分类考核制度，提高国有资产管理考核指标的导向性和针对性。

四是坚持协调发展。处理好改革、发展、稳定的关系，突出改革和完善国有资产管理体制的系统性、协调性，以重点领域为突破口，先行试点，分步实施，统筹谋划，做好相关配套改革措施。落实国有资产监管机构的各项法定职责，完善国有资产监管机构的职能。健全国有资产监管法规体系，围绕进一步规范政府、国资监管机构与国有企业之间的关系，健全国家出资企业投资管理、财务管理、产权管理、风险管理等专项管理制度。

第十四章 国有经济资产管理

(三) 国有资产管理机构的职能定位

我国的国有资产监管机构作为政府直属特设机构，根据授权代表本级人民政府对监管企业依法履行出资人职责，贯彻政企分开的原则，专司国有资产监管，不行使政府公共管理职能，不干预企业自主经营权。其主要职能：(1) 国有资产监管以管资本为主，重点管好国有资本布局、规范资本运作、提高资本回报、维护资本安全，更好服务于国家战略目标，实现保值增值；(2) 国有资产管理要遵循市场机制，规范调整存量，科学配置增量，优化国有资本布局结构；(3) 对国有企业依据其功能定位进行分类监管，在战略规划制定、资本运作模式、人员选用机制、经营业绩考核等方面，实施更加精准有效的监督和管理。综合考核资本运营质量、效率和收益，以经济增加值为主，并将转型升级、创新驱动、合规经营、履行社会责任等纳入考核指标体系；(4) 推动监管企业不断优化公司法人治理结构，规范董事会运作、严格选派和管理股东代表和董事监事，将国有出资人意志有效体现在公司治理结构中；(5) 加强和改进外派监事会制度，建立健全国有企业的责任机制。按照事前规范制度、事中加强监控、事后强化问责的思路；(6) 建立健全国有资产监管的信息公开制度，通过统一的信息公开网络平台，依法及时准确披露国有资产的运营和监管情况。

(四) 国有资本授权经营体制

完善国有资产管理必须改革国有资本授权经营体制：(1) 以提升国有资本运营效率、提高国有资本回报为主要目标，建立国有资本运营公司，通过价值管理和股权运作等方式，促进国有资本的有序进退，保证国有资产的保值增值。(2) 以服务国家战略、提升产业竞争力为主要目标，改组设立国有资本投资公司，通过开展投资融资、产业培育和资本整合等方式，推动产业培育和转型升级，优化国有资本的布局结构。(3) 政府授权国有资产监管机构依法对国有资本投资、运营公司履行出资人职责。国有资产监管机构明确对国有资本投资和运营公司授权的内容、范围和方式，依法落实国有资本投资和运营公司董事会职权。(4) 国有资本投资和运营公司作为市场化运作的专业平台，对其出资企业行使股东的权利和职责，依法维护股东权益；按照责权对应原则切实承担起国有资产保值增值的任务，切实履行好出资人的职责；对企业的投资以财务性持股为主，主要通过财务管控模式重点管好国有资本流动和增值，也可以对战略性核心业务控股，通过以战略目标和财务效益为主的管控模式，重点管好所出资企业执行公司战略和资本回报状况。

(五) 国有资本的布局和运营

国有资本的布局坚持以市场为导向，实行有序进退、有所为有所不为：(1) 按照国有资本布局结构调整要求实行"三集中"。国有资本主要向涉及国计民生和国家安全的重要行业和关键领域集中，向提供国民装备的重点基础设施和前瞻性战略性产业集中，向能够提高国际竞争力的产业链关键环节和价值链高端领域集中。(2) 实现"三个一批"。优化国有资本的布局结构要提高国有资本的流动性,清理退出一批、重组整合一批、创新发展一批国有企业,根据市场优胜劣汰的原则建立健全市场化退出机制。及时处置低效无效资产,淘汰和化解落后产能和过剩产能,增强国有经济的整体功能和提升国有经济的运行效率;(3)加快"三个创新"。推动国有企业加快技术创新、管理创新和商业模式创新,使国有资本向拥有核心竞争力的优势企业集中;(4)实现"适当放开"。国有资本控股经营的自然垄断行业改革,根据其行业特点适时适当放开竞争性业务,实现国有资本和民间资本更好融合;(5)部分收益和股权弥补社保"缺口"。国有资本收益分配时要综合考虑经济社会发展的规划和产业政策的落实情况。国有资本收益和国有企业股权可以根据需要部分划转社会保障基金管理机构,用于弥补养老等社会保障资金的缺口。

第三节 我国国有资产管理体制的历史沿革及其改革

一、我国国有资产管理体制的历史沿革

(一)新中国成立以来的国有资产管理体制变革(1949~1977年)

新中国成立初期的国有资产主要来自于政府没收的官僚资本和敌伪财产,以及解放区建立起来的公营经济。社会主义改造的胜利使我国的社会经济结构发生了根本变化,公有制成为社会主义经济的主体。我国在这个时期建立起了高度集中统一的国有资产管理体制。国有资产管理的权力高度集中于中央政府,国有资产投资资金实行统收统支、无偿使用,国有资产管理的主要内容是对生产资料实行计划调拨和统一分配的实物管理。国有资产所有权、国家行政管理权与国有企业经营权高度集中,对国有企业按行政隶属关系"条条"管理。企业既没有生产经营自主权,也基本没有独立的经济利益,经营上只完成主管部门下达的任务,不考虑国有资产保值增值的目标和责任。

1958~1960年,针对中央集权过度的弊端我国对国有资产管理体制进行了改革,将中央部属企业、计划管理权限和基建审批权限下放到地方管理,并扩大地方在物资、资金和人事方面的权力。地方政府开始行使部分国有资产的管理权利,形成了中央专业部委的"条条"管理和地方政府的"块块"管理相结合的条块管理体制,即以地区综合平衡为基础、专业管理部门与地区政府相结合的国有资产管理体制。1961~1965年的国民经济调整时期,针对"大跃进"时期国有资产管理权力下放过度的混乱局面,中央上收了很多国有资产管理的权力,重新实行高度集中统一的国有资产管理体制。1966~1976年的"文化大革命"期间,国有资产的投资和运营权限又被大幅度下放给地方政府,与"大跃进"时期一样造成了很多混乱的局面,国民经济发展受到了很大影响。1976~1978年的拨乱反正对国有资产管理体制的一些混乱之处进行了纠正。

第十四章　国有经济资产管理

（二）改革开放以来的国有资产管理体制改革（1978年至今）

改革开放初期的国有资产管理体制改革以微观层面的经营体制改革为主，后来的改革以宏观层面的优化布局和完善国有资产管理体制为主：

一是"放权让利"阶段（1978~1984年）。这一阶段的国有资产管理体制改革以对国有资产经营的扩权让利为重点，主要目标是提高经营者的积极性，主要方向是调整国家与企业的利益分配关系。为此，对国有资产的投资逐步由财政拨款改为银行贷款（简称"拨改贷"），在国有资产的经营管理方面开始扩大国有企业的经营自主权，在国有资产的收益分配方式上实行"利润留成"、"盈亏包干"和"以税代利、自负盈亏"三种形式。这一时期国有资产的管理以微观层面的改革为主，没有从国有经济优化配置的宏观角度进行结构和布局调整，还没有对国家的社会经济管理者和国有资产所有者双重身份进行区分。这一阶段探索的实践表明，仅仅通过放权让利的方式提高企业经营的积极性难以真正搞活国有经济，必须从宏观上改革国有资产管理的体制，建立起现代企业制度才能搞好国有企业。

二是"两权分离"阶段（1984~1991年）。"两权分离"即国家的所有权与企业的经营权的分离。这个阶段的国有资产管理体制改革以承包经营责任制为重点，企业在完成上交国家利润任务和完成技术改造任务后，实行工资总额与经济效益挂钩。国有资产的投资开始遵循资金有偿使用的原则，由财政拨款改为银行贷款即"拨改贷"。国有资产的收益分配从原来的"税利并存"改为"以税代利"，税后利润完全归企业所有。国有资产的产权管理方面，把国有资产的所有权管理职能与政府行政管理职能相分离，组建了国家国有资产管理局统一行使国有资产所有权管理职能。1986年颁布的《企业破产法》对企业的破产边界、破产申请的提出等诸多方面进行了规定，对国有资产的流动和处置进行了规范。

三是社会主义市场经济体制建立初期（1992~2002年）。1992年党的十四大指出国有企业应成为同市场经济相适应的、政企分开的独立的市场主体和法人实体。1993年十四届三中全会提出建立对国有资产管理体制的改革目标是国家统一所有、政府分级监管和企业自主经营，首次提出了"政资分开"、政府的社会经济管理职能应与国有资产所有者的职能相分离。1997年十五大提出"从战略上调整国有经济布局"，国有资产管理体制改革开始进入宏观层面。1999年十五届四中全会提出要"按照国家所有、分级管理、授权经营、分工监管的原则，逐步建立国有资产管理、监督、营运体系和机制，建立与健全严格的责任制度"。2002年十六大提出"关系国民经济命脉和国家安全的大型国有企业、基础设施和重要自然资源等，由中央政府代表国家履行出资人职责，其他国有资产由地方政府代表国家履行出资人职责"。

四是深化国有资产管理体制改革（2003年至今）。2003年，国有资产管理体制改革的一个重大事件是成立了国有资产监督管理委员会（简称"国资委"），标志着国有资产管理从管理企业为主转变为管人、管事、管资产相结合，政府与企业由行政隶属关系向产权纽带关系转型。这一阶段的国有资产管理体制改革以建立和完善相关制度为主，逐步建立起国有资本经营预算制度和企业经营业绩考核体系,并进一步完善授权经营制度。随着国有资本经营预算制度的建立和完善,国有资本的收益分配制度也得到了规范。2008年颁布的《中华人民共和国企业国有资产法》将国有资产管理体制的内容以法律的形式进行了确认,明确了国有资产出资人的职责和国有资产出资人的权益,对国家出资企业的活动、管理者的选择与考核以及国有资本经营预算和国有资产监督等内容作了规定。2010年,国有资产管理开始实行经济增加值(EVA)的考核方式,对国有企业经营者使用资本的效率和创造价值能力进行考察。经济增加值是国有企业营业利润减去资本成本后的净值,国资委直属企业的资本成本率为5.5%,政策性企业的资本成本为4.1%。

2013年十八届三中全会进一步指明了国有资产管理体制的方向,即以管资本为主加强国有资产监管,组建国有资本运营公司和改组国有资本投资公司。2013年2月,国务院发布《关于深化收入分配制度改革的若干意见》,开始实施国有资本经营预算和收益分享制度,对国有资本收益的分配和使用进行了规定,扩大了国有资本收益的上交范围,提高了国有资本收益的上交比例,国有资本收益更多用于社会保障等民生支出。2015年8月24日,中共中央、国务院发布《关于深化国有企业改革的指导意见》,成为当前深化国有企业改革和国有资产管理体制改革的纲领性文件,在此基础上国务院及相关部门相继发布了《关于国有企业发展混合所有制经济的意见》《关于改革和完善国有资产管理体制的若干意见》《关于加强和改进企业国有资产监督防止国有资产流失的意见》和《关于国有企业功能界定与分类的指导意见》等。总的来说,目前国有资产管理体制改革以国有资本的布局和结构优化为重点,是国有资产管理体制的完善阶段。

二、深化国有资产管理体制改革

(一)基本原则

当前,深化我国的国有资产管理体制改革必须遵循的基本原则是"四个坚持":一是坚持高举中国特色社会主义伟大旗帜,坚持中国共产党的领导,坚持社会主义基本经济制度和市场经济改革方向;二是坚持发挥市场机制在资源配置中的决定性作用,减少使用行政手段替代市场手段,坚持政企分开和政资分开的改革方向,推动履行社会公共管理职能的部门与企业脱钩,确立国有企业的市场主体地位;三是坚持提升国民经济效率,促进国民经济持续稳定健康发展,要利用国有经济的影响力推动社会主义市场经济体系和现代企业制度的完善,进而推动中国特色社会主义事业的建设和发展;四是坚持以管资本为主加强国有资产监管,推进国有资产监管机构职能转变,真正确立国有企业的市场主体地位,要放大国有资本的功能并且要实现国有资本和民间资本的取长补短和相互促进,推动国有企业与民营企业的共同发展。

(二)改革目标

国有资产管理体制改革的目标:一是巩固社会主义经济制度。随着经济社会的发展和

第十四章　国有经济资产管理

技术文化等条件的改变，国家掌控和经营国有资产的方式必然要与时俱进，不断地改革以服务于社会主义事业的需要。二是促进社会主义市场经济发展。通过国有资产管理体制改革健全国有企业的现代企业制度使其成为合格的市场主体，以符合我国基本经济制度和社会主义市场经济发展的要求。三是实现国家治理的现代化。通过国有资产体制改革，培育更多具有核心竞争力和国际影响力的骨干企业，增强国有资本对社会经济的贡献程度，推动社会主义现代化事业的尽快实现。

（三）操作原则

深化国有资产管理体制改革原则是"四个坚持"：一是坚持权责明确。实现政企分开、政资分开，依法理顺政府与国有企业的出资关系，切实转变政府职能，推动履行社会公共管理职能的部门与企业脱钩，依法确立国有企业的市场主体地位，实行所有权与经营权分离的现代企业制度。二是坚持突出重点。按照市场经济规则和现代企业制度要求，以管资本为主，以资本为纽带，以产权为基础，提高资本收益、维护资本安全、管好国有资本布局、规范资本运作。注重通过公司法人治理结构依法行使国有股东权利。三是坚持放管结合。按照权责明确、监管高效、规范透明的要求，推进国有资产监管机构职能和监管方式转变。国有经济运行市场化与国有经济管理间接化相结合，利用市场机制增强国有经济活力，提高国有资本的投资和运营效率，建立科学的企业业绩考核指标体系，切实防止国有资产流失，保证国有资产保值增值。四是坚持协调发展。处理好改革、发展、稳定的关系，突出改革和完善国有资产管理体制的系统性、协调性，以重点领域为突破口，做好相关配套改革措施，围绕进一步规范政府、国资监管机构与国有企业之间的关系，健全国家出资企业投资管理、财务管理、产权管理、风险管理等专项管理制度。

（四）实施路径

推进我国国有资产管理改革的路径主要有：

一是分类推进国有企业改革。根据国有资本的战略定位和发展目标以及国有企业在经济社会发展中的作用特点，将国有企业分为商业类和公益类，不同类型企业的改革内容、发展方向、监管重点和责任考核都要有所不同；商业类国有企业应当按照市场化要求实行商业化运作，主要目标设定为增强国有经济活力、放大国有资本功能和实现国有资产的保值增值；公益类国有企业在运营管理中可以引入市场机制以提高公共服务效率和能力，但必要的产品或服务价格可以由政府调控，主要目标设定为保障民生、服务社会、提供公共产品和服务。

二是完善现代企业制度。其规范形式是有限责任公司和股份有限公司。完善现代企业制度的工作重点是大力推动国有企业改制上市，在充分竞争行业和领域的国有企业，原则上都要实行公司制股份制改革，积极引入其他国有资本或各类非国有资本实现股权多元化。与此同时，建立健全公司法人治理结构。扩大股东大会的影响力，提高董事会的决策控制力，增强经营层的执行力、监事会的监督力、党委会的引领力和工会、职代会的亲和力。

三是完善各类国有资产管理体制,以管资本为主加强国有资产监管,防止国有资产流失。其关键在于建立完善权责对等、运转协调、有效制衡的决策执行监督机制,包括内部监督、外部监督和社会监督机制:完善的内部监督应具备完善的企业内部监督体系,监事会、审计、纪检监察、巡视以及法律、财务等部门的监督职责明确;外部监督的目标是健全国有资本审计监督体系和制度,以及对企业国有资本的经常性审计制度,实现出资人监管、外派监事会监督和审计、纪检监察、巡视等监督力量高度整合,监督工作会商机制运行流畅;社会监督要实现国有资产和国有企业信息公开制度完善,设立统一的信息公开网络平台,依法依规、及时准确披露国有资本整体运营和监管、国有企业公司治理以及管理架构、经营情况、财务状况、关联交易、企业负责人薪酬等信息,使媒体舆论监督作用得到充分发挥,能够有效保障社会公众对企业国有资产运营的知情权和监督权。

四是健全国有资本合理流动机制,推进国有资本布局战略性调整,引导国有资本更多投向关系国家安全、国民经济命脉的重要行业和关键领域,重点提供公共服务、发展重要前瞻性战略性产业、保护生态环境、支持科技进步、保障国家安全。实行经营性国有资产集中统一监管,逐步将党政机关、事业单位所属企业的国有资本纳入经营性国有资产集中统一监管体系。国有资产管理体制改革还应加快建立健全股权流转和退出机制,健全完善国有资本合理流动机制。

【复习思考题】

1. 国有资产及其形式。
2. 国有资产管理及其内容。
3. 国有资产管理主体。
4. 我国国有资产管理体制及其层级。
5. 国有资产管理的作用。
6. 我国国有资产管理的主要方式。
7. 我国资产管理的基本理论。
8. 我国国有资产管理体制改革的历史沿革。
9. 深化国有资产管理体制改革。

第十五章 国民经济微观规制

国民经济管理不仅要实行宏观调控,而且还要实行微观规制。过去人们习惯只将国民经济运行与宏观调控结合在一起,而忽视了国民经济管理的另一个重要方面即微观规制。实践证明,在市场经济条件下,政府主要实行间接调控,不再直接干预微观经济活动即企业内部的管理,但这绝不等于说政府可以对微观经济主体完全"放任自流"。在社会主义市场经济条件下,政府在实行宏观调控的同时还必须进行微观规制,以实现政府的公共政策目标,保证国民经济健康运行,保护广大生产者和消费者的利益,保障社会安全。本章主要分析包括经济性规制和社会性规制在内的微观规制,以及通过改革规制体制、完善规制体系以促进规制效率的提高和社会福利的增进。

第一节 微观规制及其分类

一、微观规制与宏观调控

(一) 微观规制的内涵

微观规制是相对于宏观调控而言的,也即"规制",源于英文"Regulation",有时也被译作"管制"、"监管"、"规管"。许多学者基于不同角度对规制有过不同的定义:史普博认为,规制是行政机构制定并执行的直接干预市场机制或间接改变企业和消费者供需决策的一般规则或特殊行为;[1] 植草益认为,规制是社会公共机构依照一定的规则对企业的活动进行限制的行为;[2] 国内学者王俊豪对规制所下的定义是:具有法律地位的、相对独立的政府规制者(机构),依照一定的法规对被管制者(主要是企业)所采取的一系列行政管理与监督行为。[3] 总结国内外主要学者的观点,本章给出规制的一般定义:微观规制是市场经济体制中,政府规制机构为实现一定的经济或社会目标,依据一定的规则,通过司法、立法、行政或劝告等手段,对特定产业、微观经济行为主体或社会主体的经济或社

---

[1] [美]丹尼尔·F·史普博:《管制与市场》,余晖等译,三联书店、上海人民出版社1999年版,第45页。
[2] [日]植草益:《微观管制经济学》,朱绍文等译,中国发展出版社1992年版,第1~2页。
[3] 王俊豪:《政府管制经济学导论》,商务印书馆2013年版,第1页。

会活动进行限制、监督与规范。微观规制是现代市场经济不可或缺的制度安排。

分解这一概念，不难归纳出规制的构成要素：一是规制的主体（规制者）。主要指社会公共部门（特别是政府）通过立法或其他形式获取规制权。二是规制的客体（被规制者）。主要是包括企业在内的市场经济主体，以及个人、社会组织等社会主体。三是规制的方法和手段。主要是指规制者依据一定的规则或制度，对微观经济主体的行为进行限制、监督和规范的具体措施。

（二）微观规制与宏观调控的区别

微观规制与宏观调控有着本质的区别：一是目标不同。宏观调控的一般目标是经济增长、充分就业、物价稳定和国际收支平衡，微观规制的目标是资源有效配置、公平竞争、保护消费者免受垄断高价侵害、提高企业内部效率、企业财务的稳定化等经济目标，以及限制负外部性活动、保护劣势信息方权益、提高社会安全度和健康水平等社会性目标。二是对象不同。宏观调控的主要对象一般是GDP、失业率、物价指数、贸易顺差等宏观经济总量，着重解决宏观失灵和资源未充分利用问题，而微观规制的对象是特定产业、微观经济行为主体或社会主体的经济或社会行为，着重解决微观失灵和资源未最优配置问题。三是手段不同。宏观调控的主要手段包括财政、货币、产业和国际经济等，微观规制的主要手段包括最高限价、不对称规制、激励性规制等经济性规制手段，以及禁止、限制、标准、资格认证等社会性规制手段。四是调节特征不同。宏观调控政策有易变性、相机抉择性和间接引导性，微观规制政策有相对稳定性、规则性和直接强制性。

为了说明微观规制与宏观调控的区别，可以把与市场和企业相关的来源于政府的公共政策作如下排列：

（1）以保持经济稳定增长、防止经济较大波动为目的的财政、税收、货币金融等宏观经济政策；

（2）为保证社会公平与稳定，所实施的收入再分配和转移支付政策；

（3）防止市场不公平竞争、保证市场竞争效率的规制政策，如反垄断法、反不正当竞争法，和依法对企业的投资、价格等活动进行干预的政策；

（4）针对具有自然垄断性质的公用事业的进入、退出及定价行为所实施的规制政策；

（5）处理内部性和信息不对称的规制政策，如消费者权益保护，职业安全与卫生保护以及产品质量保护等；

（6）处理外部不经济的规制政策，如污染防治、环境与资源的保护；

（7）为促进社会发展、提高居民福利而进行的公共事业投资、公共服务提供及社会福利政策；

（8）与一定经济发展阶段相适应的，为振兴经济所制定的产业政策和科技振兴政策；

（9）其他政策，特别是劳动政策以及与土地、自然资源相关的政策。

在上述九项政府对经济活动的干预中，第（1）、第（2）项与宏观经济有关，其调控对象是作为宏观总量的国民经济活动，或国民收入分配；而第（3）~（6）项主要与微观经济活动有关，其目的是要维护公共利益或私人利益不受个体决策（生产、销售行为等）

第十五章　国民经济微观规制

的损害，是政府对微观经济主体（企业和消费者）进行规制，大部分属于经济性规制，其影响大则涉及某一产业的结构和行为（如进入规制），小则只涉及两个市场主体之间的交易行为（如消费者对产品质量的投诉）；第（7）、第（8）项则既是宏观经济政策的一个内容，同时也是对企业的微观规制，介于两者之间；第（9）项中一部分涉及社会性规制[①]。

深入分析上述九项国家干预政策，可将其分为以下不同类型：

第一，宏观调控政策。主要包括第（1）、第（2），以及第（7）、第（8）中的一部分内容；

第二，微观规制政策。政府为自然垄断、信息不完全、内部性和外部不经济等市场失灵而进行的规制活动，集中体现在政策第（3）~（6）项，以及第（9）项中的一部分内容。

二、规制的分类与目标

（一）规制的分类

规制根据不同的属性，可以分为不同的类：一是根据规制主体是否直接介入经济主体的决策，可以将规制分为直接规制和间接规制。直接规制是指由政府行政部门直接实施的政府干预，即对具有较强公共产品和外部不经济性以及严重影响社会公益的经济活动直接进行约束和规范，间接规制是指在维护市场经济主体自由决策的前提下，对某些阻碍市场机制效能发挥的行为加以规范，主要依据反垄断法、商法、民法等法律或奖惩机制，间接地对不公平竞争等行为进行制约；二是根据规制对象的不同性质，可以将规制分为经济性规制和社会性规制。下面，重点分析经济性规制和社会性规制。

1. 经济性规制的含义与规制行业

关于经济性规制的含义，以维斯卡为代表的经济学家认为是政府通过价格、产量、进入与退出等方面而对企业决策所实施的各种强制性制约；卡恩认为是行业所需并主要为其利益设计和操作的一种法规；植草益认为是指在自然垄断和存在信息不对称的领域，主要为了防止发生资源配置低效和确保利用者的公平利用，政府机关运用法律权限，通过许可和认可等手段，对企业的退出、价格、服务的数量和质量、投资、财务会计等有关行为加以制约和规范。

本书认为经济性规制是指在自然垄断和存在经济信息不对称的行业或产业，为了防止资源配置低效率和确保公民的使用权利，政府规制机构运用法律手段，通过许可和认可等方式，对企业的进入、退出及产品或服务的价格、投资、质量等有关行为进行规范和限制。经济性规制的领域主要包括公用事业、通信、网络交通、金融保险等自然垄断性或经济信息不对称行业（见表15-1），主要内容包括价格规制、进入和退出规制、投资规制、质量规制等。

---

① 植草益：《微观规制经济学》，中国发展出版社1992年版，第19~20页。

表 15-1　　　　　　　　　　　经济性规制的主要行业

公用事业	邮电广播	交通运输	保险金融
电力	邮政	国家铁路	商业银行
城市供水	地区通信	地方铁路	信托投资公司
城市燃气	无线移动通信	航空运输	农村信用社
城市供热	无线电广播	水路运输	证券
城市公交、地铁	有线电视	公路运输	期货
城市出租车	卫星电视广播	管道运输	保险

2. 社会性规制的含义与规制对象

本书认为，社会性规制是以保障劳动者和消费者的安全、健康、卫生和环境保护、防止灾害为目的，为科教文卫等产品和服务质量以及生产活动制定一定的标准，并禁止和限制特定社会行为的公共规制。美国学者维斯库斯在《反垄断与管制经济学》中指出，"健康、安全与环境等方面的管制是针对我们环境中的风险、工作场所的风险和所消费产品的风险而制定的……是通过直接的政府管制而实行的"①。因此社会性规制通常被称作 HSE 管制（Health，Safety and Environment Regulation），即把健康、安全与环境方面的政府干预称之为社会性规制。其主要对象包括消费者与生产者保护、健康卫生、保护环境以及防止公害等（见表 15-2），这些物品或服务的共同特征是对人体健康安全卫生或社会安全等构成直接损害。

表 15-2　　　　　　　　　　　社会性规制的主要对象

健康、卫生	交通、工作场所安全	防止公害、保护环境	确保教育、文化、福利
医药、食品	防止劳动灾害、疾病	防止公害	提高教育质量
卫生服务质量	交通安全	环境保护	职业道德
化妆品	消防	防止自然灾害	提高福利服务
消费生活用品安全	枪炮取缔	产业灾害防治	文化保护

社会性规制侧重于政府干预市场过程的社会性效果，主要关注经济与社会活动对自然、社会所形成的危害和风险，进而对劳动者和消费者的安全、健康、卫生所造成的损害。这些关注使社会性规制表现为主要干预人们利用自然的方式、企业的生产方式、生产环境和科教文卫产品及食品质量、公民的特定行为以及市场主体（包括生产者和消费者）各种交易的签约方式，从而力图避免自然过程、社会生产过程、人们签约过程以及特殊行为对社会可能造成的不安全、不健康的危害和风险。

---

① 陈甬军等译：《反垄断与管制经济学》，机械工业出版社 2004 年版。

第十五章 国民经济微观规制

（二）规制的目标

1. 经济性规制的目标

一是实现资源有效配置。资源有效配置是指以投入要素的最佳组合来生产出"最优的"产品数量组合，达到成本最小化、收益最大化的目标。在存在垄断及垄断利润的情况下，垄断者可以通过掠夺性定价、交叉补贴等方法阻止其他竞争者进入，这种情况下，其他资源不能进入本行业提供生产或服务，资源不能得到有效配置。在科研开发等存在正外部性的领域，如果没有专利保护等经济规制措施，则企业不会进行科研投入，从而也达不到鼓励企业将经济资源投资于科研开发的目的。

二是提高社会分配效率。对于垄断领域，如果缺乏有效的经济规制，则垄断企业会滥用市场支配力通过垄断定价、价格歧视、内部交叉补贴，以及对顾客有差别地提供服务来获取垄断利润，将消费者剩余转化为企业的利润，增加了社会分配的不公平性，扩大了社会收入差距。需要通过经济性规制避免这种收入再分配，提高社会分配效率。

三是促进企业内部效率。企业内部效率一般包括：（1）技术效率。即在现有可以利用的技术条件下，实现投入要素（人、财、物力）的最优组合所形成的效率。（2）组织效率。即以最优的生产规模组织生产所形成的生产效率。（3）配送效率。即以最优的配送系统进行发送所带来的配送效率。（4）设备利用效率。即实现尽可能高的设备利用率（负荷率）所带来的设备利用效率。经济性规制的企业大多是一些市场结构具有垄断性的企业，这些企业由于其垄断性特点和垄断地位，竞争的外部压力较小，提高内部效率的动力不足。需要通过政府规制，增加市场竞争性，或通过激励性规制等方法来促使企业提升其内部效率。

四是维护企业发展潜力。随着国民经济的发展，对垄断产业（如电信）的需求有加速增长的趋势，需要这些产业的经营企业不断进行大规模的投资，以提高市场供给能力。因此规制的目的不仅仅是保护消费者的利益不受侵犯，而且需要保持企业财务的稳定性，让企业收支实现平衡，能够筹措到一定的内部资金和外部资金来确保资本成本，和进行必要的、适当的投资，从而使企业得到可持续发展，保证供给的连续性。当然，这种企业发展潜力也可以通过低价规制，企业亏损部分由政府财政补贴来实现企业财务的稳定性。

2. 社会性规制的目标

从社会性规制的内涵可知，社会性规制的意义在于避免由于外部性、内部性和信息不对称而引起的各种危害，比如环境污染、自然灾害、各种事故造成的健康和安全问题，食品药品及卫生服务质量对安全和健康的损害，虚假金融信息造成的经济风险和危机等。社会性规制的最终目标是保证人民的安全和健康，提高人民的寿命质量和生活水平，主要有：

一是限制负外部性活动，保障人类社会可持续发展。现实社会中，主要是人们活动对自然环境产生的负面影响，产生了自然环境污染和自然资源枯竭等全球性的重大问题，危害人类社会的可持续发展，但没有付出相应的代价。20世纪80年代以来，人们越来越关注由自身破坏行为造成的环境和资源问题，明确地提出了可持续发展的观念，关注人类自身和自然界的永续发展。但保护自然环境，实现可持续发展的目标，无法由市场的竞争机制和个人行为解决，必须由政府进行公共规制来实现，即通过立法、监督执法和提高人们可持续发展的自觉性来实现对环境的保护。

二是保护信息劣势方权益，提高社会安全度和健康水平。在经济活动中处于交易两端的人们对于交易所掌握的信息是不对称的，信息优势方出于趋利目的可能存在道德风险而侵害信息劣势方的合法权益，对信息劣势方构成威胁，导致安全风险和健康风险问题。因此，世界各国在社会性管制过程中都将信息劣势方权益保护作为规制的重要目标，立法规定金融资产、广告质量的优良度，食品药品及卫生服务的质量，规定从业人员的职业标准以及劳动场所的安全标准等，改善市场交易双方的信息不对称状态，保证消费者和生产者的安全度和健康水平。

三是激励正外部性活动，发挥正外部性效应。在科教文卫等社会事业部门，存在着大量的正外部性。如基础教育、基础研究、科技创新、预防接种等部门，由于私人部门的个人收益小于其个人成本，而社会收益却大于其社会成本，所以通常是由政府举办或通过社会性规制来提高这种正外部性。例如，通过专利技术保护法律规制，能够有效地避免发明被侵权，从而激励个体从事发明创造的积极性；又如，一些中小学教师在课堂上不讲主课，专门留一部分在星期天自办的收费辅导班中讲授，从而降低了教育正外部性效果，并增加了学生课外负担，这种现象需要政府通过教育规制等社会性规制来解决。[①]

四是降低交易成本，提高市场交易质量。根据科斯定理，现代市场中的市场交易，只要产权界定清楚，市场机制就会使双方圆满的完成交易任务。但在现实中，有时会由于交易成本太高而无法完成交易。交易成本是在市场交易活动中用于收集整理和传递信息、观察和监督竞争对手、考察和选定合作对象、广告和宣传、谈判和订立契约、注册和法律诉讼以及决策失误损失等各种费用，可以概括为信息通信成本、时间机会成本和签约风险成本三大类。为了减少和节约这些交易成本，降低市场交易风险，需要政府统一规范交易方式，规制签约过程，以便通过节省交易费用保护合理竞争，提高社会交易质量。

第二节 经济性规制

一、经济性规制的必要性

国民经济系统运行是以微观经济为基础的，为保证国民经济系统的顺利运行，需要对其进行微观经济规制。具体而言，微观规制的必要性主要体现在：

一是减少自然垄断与垄断定价。丹尼尔·史普博（Dannidl F. Spulber）在《管制与市场》中给自然垄断的定义为：自然垄断通常是指这样一种生产技术特征：面对一定规模的

---

① 王雅丽、毕乐强：《公共规制经济学》，清华大学出版社2011年版，第140~141页，第223~225页。

第十五章 国民经济微观规制

市场需求,与两家或更多的企业相比,某单个企业能够以更低的成本供应市场。自然垄断起因于规模经济或多样产品生产经济。植草益在其《微观规制经济学》中将自然垄断定义为:自然垄断是指由于存在资源稀缺性和规模经济性、范围经济及成本劣加性(或"成本弱增性"),使提供单一产品和服务的企业或联合起来提供多种产品和服务的企业形成一家公司(垄断)或极少数公司(寡头垄断)的概率很高。总之,自然垄断的基本特征是网络经济、规模经济、范围经济、关联经济(Economics of Sequence)、大量沉淀成本、普遍服务、可维持性和边界性。典型的自然垄断产业有电信、电力、铁路运输、自来水、管道煤气等,这些产业共同的特点是一家企业提供某种特殊的产品或服务最有效率。因而通过进入规制严格控制进入企业的数量,可以减少重复建设,避免资源的无谓浪费,提高资源配置效率。但是,一旦垄断企业居于垄断地位从而拥有一定的市场势力,则可能实行垄断定价,会使消费者剩余的一部分成为企业利润而进行收入不公平分配,也会由于缺少竞争压力而缺乏降低成本提高效率的积极性,从而损害资源配置效率。因而需要通过进入规制和价格规制,防止企业滥用市场支配地位,进而实现资源有效配置。

二是促进市场竞争。由于市场本身不能保证竞争的自由和公平,加之自然垄断和信息不完全的存在,使得少数企业可少数企业可凭借雄厚的经济实力对生产和市场进行控制,或以垄断协议制定垄断价格,并在一定的市场领域内限制竞争行为。市场的不充分竞争会扰乱市场的优胜劣汰规则,危害公平竞争的市场秩序,损害消费者的正当权益,而且,它还会破坏资源优化配置的市场运行机制,最终抑制经济发展的动力。经济性规制可通过制定反垄断法、反不正当竞争法,和依据民法对企业的投资、价格等活动进行干预,防止市场不公平竞争、保证市场竞争效率。另外,自然垄断产业的部分业务属于竞争性业务(见表 15-3),可以通过放松市场准入,进行市场化改革,实现有效竞争。

表 15-3　　　　　　　　　　自然垄断产业的业务划分

自然垄断产业	竞争性业务	非竞争性业务
自来水	自来水生产、供应、销售	自来水供应管道网络
燃气	燃气生产、储存、分销	供气管道
轨道公交	车辆运行、维护、票务业务	线路网络
民航	民航客运、货运、机场、航油、航材	航线管制、空中管制、空中通信
电信	长途电话、移动电话、数据传播、增值服务	本地电话网、无缆网
电力	电力生产、供应、分配	电力输送
铁路	货运、客运、通信服务、桥梁建设、铁轨铺设	路轨网、通信网

资料来源:胡鞍钢:《反垄断:一场深刻的社会经济变革》,载于《中国改革》2001 年第 7 期。

三是激励企业内部效率。如果市场结构是自然垄断型的,由于企业居于垄断地位,缺乏竞争压力,因而造成企业提高内部效率积极性的退化,不利于企业技术进步和成本降低。这就需要政府提供激励性规制来确保企业内部效率的提高,进而提高劳动生产率,促进技术进步。

四是降低经济信息不对称性。在金融、保险等行业中，普遍存在较严重的经济信息不对称现象。这种经济信息不对称主要体现在金融机构与金融产品需求者之间风险识别和规避方面的地位和能力不同。政府规制可以较有效地解决金融经营中的信息不对称问题，避免金融运行的较大波动。

五是保证普遍服务。普遍服务是指国家为了维护全体公民都能够享受公共服务，缩小贫富差距，通过制定法律政策，使得包括农村、边远或其他高成本地区的人们，都能以普遍可以接受的价格，获得某种能够满足基本生活需求和发展的服务。普遍服务主要涉及垄断性公益性行业，如邮政、电信、电力、供水等。普遍服务主要包括服务的普遍性、接入的平等性及用户承受性三方面内容。由于提供普遍服务的成本往往较高，而服务价格往往受政府规制，所以企业提供的积极性较低。因此必须通过政府规制，才能保证特定产业的普遍服务。

二、经济性规制的主要内容

经济性规制是侧重于政府干预市场过程的经济性效果而定义的，它关注生产和市场过程中的不理想状况，即市场价格不合理的形成过程、市场主体不合理的生产过程以及经济主体要素收益不合理的分配过程。经济性规制的主要内容包括：

一是价格规制。为了避免具有市场势力的企业制定垄断价格损失社会总福利，规制者根据一定的方法（主要是投资回报率规制和价格上限规制），规定或限制特定产业或特定业务领域的产品或服务在一定时期内的价格，规定价格调整的周期。

二是进入和退出规制。为了维持产业的规模经济性和成本弱增性，也为了保持合理的市场结构，规制者需要限制新企业进入某一特定产业；同时，为保证供给的稳定性，还要限制企业任意退出某一产业。这一规制可通过发放许可证，实行审批制，或制定较高的进入标准来实现。

三是投资规制。主要指规制者既要鼓励企业投资，以满足不断增长的产品或服务需求，又要防止企业间过度竞争、重复投资，还要对投资品的最优组合进行规制，以保证投资效率和效益。需要说明的是，投资规制和进入退出规制在内容上有一定的交叉。

四是质量规制。主要指规制者通过制定质量标准等方法限制和约束企业生产产品或提供服务的质量。质量规制在20世纪70年代后发展很快，各个国家都建立了自己的质量规制体制和体系，但由于许多产品或服务的质量具有综合性，不容易简单定义和直观认定，因而在规制实践中，很难将这些质量要素进行综合。因此，在一些被规制的产业中，往往不单独实行质量管制，而是把质量规制和价格规制相联系，即在价格管制中包括质量管制。如果被规制企业没有达到质量标准，或者消费者对质量的投诉太多，规制者就要通过降低规制价格水平或处以赔偿罚款补偿等方法进行规制。

在上述四个方面的规制中，价格管制和进入管制是最基本的规制。由于各个被规制产业的技术经济特征存在很大的差异，这就决定了同一规制内容在各个产业也存在很大的

第十五章 国民经济微观规制

差异。

三、经济性规制的主要方法

（一）价格规制

1. 价格水平规制

对于自然垄断产业来说，如果允许企业自行定价，追逐利润最大化的企业就会按照边际收益等于边际成本的利润最大化原则制定一个垄断高价。为了防止自然垄断企业利用自然垄断地位，制定垄断高价，扭曲资源配置从而造成效率损失，必须对自然垄断企业进行价格规制（见图15-1）。

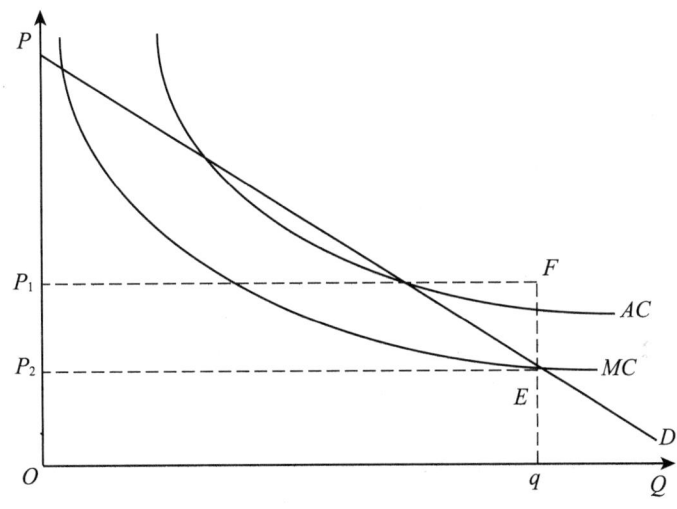

图 15-1　不同定价方式下的规制价格水平

如图15-1所示，按照经济学基本原理，为实现帕累托最优效率，达到促进社会分配效率目标，应该按照边际成本决定价格水平。但是，由于自然垄断产业具有显著的规模经济性，在一定范围内表现为成本曲线一直向右下方倾斜，平均成本线位于边际成本线的上方。其中，边际成本线（MC）和需求曲线相交于E，与E点相对应的P_1就是按照边际成本决定的规制价格水平，E点在平均成本线的下方，与平均成本线的垂直距离为EF。如果按照边际成本定价决定价格水平，就会使企业发生亏损，影响企业可持续经营。而采取补贴亏损的办法，会因为存在财政税收成本，而导致社会福利损失。为了保证企业的生产积极性，可以选择平均成本定价方式确定规制价格，即将规制价格定在平均成本线和需求曲线的交点相对应的价格水平P_1上。然而，这种定价方式虽使企业摆脱了亏损状态，却会造成一定的社会福利损失，只是这种损失相对较小。

一种典型的价格水平方法是投资回报率规制。就是在成本中加上合理的或"公正"的正常利润所制定的价格。具体做法：被规制企业首先向规制者提出提高价格（或投资回报率）的申请，规制机构经过一段考察期，根据影响价格的因素变化情况，对企业提出的价格（或投资回报率）水平作必要调整，最后确定企业的投资回报率，作为企业在某一特定时期内定价的依据。如果企业只生产一种产品（或服务），则投资回报率价格由以下价格规制模型为：

$$R(pq) = C + S(RB) \tag{15-1}$$

如果企业经营多种（n 种）产品，则价格规制模型：

$$R(\sum_{i=1}^{n} p_i q_i) = C + S(RB) \tag{15-2}$$

其中，R 为企业收入函数，它决定于产品价格和数量之积；C 为成本费用；S 为政府规定的投资回报率；RB 为投资回报率基数，即企业的投资总额。

显然，在企业只生产一种产品（或服务）的情况下，规制价格等于企业总收入除以总产量，即 $P = R/Q$；而在企业经营多种产品的情况下，总收入除以总产量只是所有产品（或服务）的综合价格，对每种具体产品（或服务）的价格还要通过价格结构规制才能确定。

从式（15-1）和式（15-2）的右边可见，由于企业的成本费用一般容易估算，规制者对企业价格规制的难点是确定投资回报率水平和投资回报率基数。确定投资回报率水平要找到一个合适的 S 值，使企业能取得正常的投资回报；确定投资回报率基数要合理确定资本投资的范围和计量方法，它直接关系到企业在一定 S 值下的利润总额。

另一种典型的价格水平规制方法是价格上限规制。它是传统的投资回报率规制的替代方式。价格上限规制在英国应用比较成熟，目前已成为各国实践中最有影响的激励性规制方法。价格上限规制类似于在规制机构和被规制企业之间签订价格变动合同。规定价格上限，使价格原则上只能在这个限度下变动。这一规制主要采用 $RPI-X$ 模型，RPI 表示价格指数，即通货膨胀率，X 由规制者确定，表示在一定时期内生产效率增长的百分比。例如，若某年通货膨胀率是 4%（即 $RPI=4\%$），X 固定为 3%，那么，企业提价的最高幅度是 1%。

这一模型意味着企业在任何一年中制定的名义价格取决于 RPI 与 X 的相对值。若 $RPI-X$ 是负值，则企业就要降价，幅度为 $RPI-X$ 的绝对值。这样，设企业本期的价格为 P_t，下期的规制价格 P_{t+1} 的值由下式确定：

$$P_{t+1} = P_t(1 + RPI - X) \tag{15-3}$$

在这一模型当中，X 值的确定比较关键，不同产业有不同的 X 值，同一产业的不同业务也会有不同的 X 值，而且 X 值并不是一成不变，政府可以根据情况确定几年调整一次 X 值。不断变化的 X 值一方面使得企业提高生产效率的压力不断增加，消费者从中受益；另一方面也使价格规制政策的操作难度加大，政策的连贯性和稳定性有一定程度的降低。

可以看出，投资回报率规制和价格上限规制有很大的差别：一是规制对象不同；二是对节约成本的激励不同；三是对被规制企业产品质量的影响不同；四是规制的时间间隔不同，价格上限规制间隔一般是 3~5 年。但是，两种价格水平规制的方法也具有相似之处：

第十五章 国民经济微观规制

一是二者的目的都是避免被规制企业采取限制产量、提高价格、减少消费者剩余、减少社会福利等行为；二是从价格规制制定过程所考虑的因素看，两种规制模型没有实质性的差异。

2. 价格结构规制

即使企业只生产一种产品或提供一种服务，大型自然垄断企业一般也要面对不同的需求群体。这些群体由于对产品需求的时间、空间、消费量、质量的不同而形成一定的需求结构。企业根据需求结构，针对不同的需求索取不同的价格，这些不同的价格水平就构成了价格结构。企业针对不同的消费群体进行的差别定价占有了绝大部分的消费者剩余，从而严重扭曲分配效率，因而必须对自然垄断企业的这种价格结构加以规制。价格结构规制的目标和任务就是，充分考虑需求结构对规制价格的影响，制定出与需求结构相适应的规制价格结构，并据此监督企业把共同成本合理地分摊到产品或服务之中，由不同的用户来承担。

如果被规制企业生产的不是单一产品，而是一系列产品，在产品生产的过程中，许多成本是"共同成本"，比如自来水产业的生产设备、管网等的运行成本就具有共同成本的性质。对于生产一系列产品的垄断企业来说，不同的消费者需求的商品不同，其对所需求商品的弹性各异。为了获得更多的利润，垄断企业在制定不同产品价格时往往会对需求弹性小的消费品制定高价，而对需求弹性大的消费品制定低价，造成消费者在分担企业成本方面的不合理性，因而同样应该进行价格结构规制。

对于生产多种产品的企业来说，最优偏离边际成本的定价方法为拉姆赛定价。主要是在收支平衡的前提条件下实现福利最大化，即在销售收入等于总成本、利润为零的收支平衡条件下，生产者剩余和消费者剩余最大化时得出的价格。

对价格结构规制具有选择性：一是增进社会福利。一般来说，垄断产业的差别定价会增加社会总福利水平（生产者和消费者剩余之和）。但往往以分配的不公平为代价，第一、第二级差别定价会使生产者全部或部分地占有消费者剩余，而在第三级差别定价中，生产者和高需求弹性消费者福利的提高又是以低需求弹性消费者福利受损为代价的，在这种情况下，政府对自然垄断产业的规制就必须在效率和公平之间进行权衡。二是自然垄断产业的某些差别定价行为也具有合理性。例如在自来水产业，无论是生产阶段还是输送阶段都具有规模经济效应，这样对使用量大的商用型用户制定较低的价格水平是适宜的；而在电力行业，用电高峰期时发电的边际成本比非高峰期要高出很多，这时高峰期的电价也应相应提高；而且大多数自然垄断产业都具有巨大的固定成本，例如电信业的通信网络、电力产业的电厂和输电线路、煤气和自来水产业的管网的建设和运行成本等，都具有"共同成本"的性质，因为它们可以向不同类型的用户提供产品或服务。由于不同类型的用户有不同的需求，需求的差异又会产生成本的差异，如果企业的差别定价能反映这些成本的差异，就是合理的。三是垄断企业通过差别定价获得的额外利润也可用于其他方面以增加社会福利。如果增加的这部分利润补偿了研究和开发新产品和生产过程的成本，就会鼓励创新。同样，增加的这部分利润也会因为补偿了创建品牌的成本，而鼓励产品的多样性。而且，由于价格差别而增加的利润，也会因补偿了生产的固定成本和进入成本，从而鼓励进入和竞争。

(二) 进入规制

进入规制是指在垄断产业中，政府允许一家或极少数几家公司进入该产业；或者政府从防止过度竞争的立场出发，根据整个产业的供求平衡情况来限制新企业进入该产业；或在存在信息不对称的产业，对新企业（包括从业者）的进入进行限制。进入规制的主要方法有：进入许可制、注册制和申报制、非对称规制等。

传统观点认为，自然垄断产业由于具有规模经济、范围经济和网络经济的特点，其产品或服务由一家企业提供是最有效率的，为了保证其他企业不进入这个产业，规制部门必须采取人为的手段限制其他企业的进入。但实践表明，虽然自然垄断产业具有显著的规模经济性，然则由一家或少数企业进行垄断经营会扼杀竞争活力。因此，规模经济与竞争活力便构成了自然垄断产业进入规制的两难选择。解决这一难题的政策思路是，以规模经济与竞争活力相兼容的有效竞争作为政府制定自然垄断产业进入规制政策的主要经济依据。

可竞争市场理论认为，在可竞争市场内，市场机制的作用范围并不像传统竞争理论认为的那样，在厂商很少的市场不能发挥竞争作用。可竞争市场是指来自潜在进入者的竞争压力对市场供给者的行为产生很大约束的市场。如果市场上厂商足够多，实际竞争就足以保证市场效率，就是完全可竞争市场。如果一个市场是可竞争的，就必定不存在严重的进入和退出障碍，从而来自潜在进入者的潜在竞争，采取所谓"打了就跑"的战略，能够起到与实际竞争一样的作用，从而对市场现有厂商行为产生有力的约束，保证市场效率。因此，只要政府放松进入规制，新企业进入市场的潜在威胁自然会迫使产业内原有垄断企业提高效率，即使只有一家厂商，可竞争市场仍然能够实现良好的经济效率。

但是，市场的"可竞争性"是有条件的：一是自由进入和退出，主要标志是沉淀成本为零。相对于现有企业，潜在进入者在生产技术、产品质量和成本等方面不存在劣势，但实际上退出自由比进入自由更重要，对退出的限制将会阻止进入，从而减少来自潜在进入者的竞争威胁。二是潜在进入者能够采取"打了就跑"的策略。主要根据现有企业的价格水平评价进入市场的盈利性，甚至一个短暂的赢利机会都会吸引潜在进入者进入市场参与竞争，而在价格下降到无利可图时，它们可以带着已获得的利润离开市场，亦即具有快速进出市场的能力，更重要的是在撤出市场时并不存在沉淀成本，因而不存在退出市场的障碍。三是与在市场中的厂商一样，潜在进入者能不受限制地获得相同的生产技术，为同一市场提供服务。也就是说，潜在进入者不存在技术上的劣势，也不必承担额外的进入成本。

可竞争市场理论提出后，经过鲍莫尔、潘扎尔等人的努力，迅速得到传播，它为探索许多产业组织和政府规制问题提供了一种分析工具。在这一分析框架里，规制不再是用政府命令取代竞争，以取得良好的经济效率，而是在详细分析现实市场可竞争性的基础上，运用进入规制手段来促进市场的可竞争性，以取得良好的经济绩效。如果现实世界完全符合该理论的假设条件，那么，完全可以依靠潜在竞争与现实竞争的力量达到社会资源的最优配置和经济效益的极大化。

尽管有的经济学家对可竞争市场理论严格的假设条件颇有微辞，但是这一理论在实践

第十五章 国民经济微观规制

中仍然产生了相当大的影响。自 20 世纪 80 年代以来，美国的一些经济学家运用该理论对美国的电信、航空、铁路等产业进行实证分析的结果表明，由于这些产业的大部分资产都有流动性和可转售的特点，其具有的可竞争程度比人们想象的要大。因此，根据可竞争市场的前提条件，结合政府实施进入规制和放松规制的实践，政府在实施进入规制政策的过程中，有以下几个方面的原则和方法应该注意：

一是尽可能使市场的进入和退出变得容易。可竞争性分析表明，限制进入或退出将妨碍市场的可竞争性，最终损害经济效率。而传统的规制政策不仅对进入实行限制，而且也不允许受管制的亏损企业退出，如禁止亏损的航空公司放弃亏本航线。决策者这样做的理由通常是为了维护公共利益。然而，根据可竞争市场理论，即使确实是出于公共利益的需要，直接对被规制企业提供补贴比禁止退出更有利于提高效率，因为禁止退出会鼓励交叉补贴。为促进市场的可竞争性，必须消除妨碍潜在进入者进入市场的法律，使潜在竞争尽可能地起作用。潜在进入者对利润机会的迅速反应有效地约束了在位企业的行为。因此，进入程序应该是透明的、规范的书面程序，当存在利润机会时，进入程序应该尽可能地缩短进入过程。

二是利用有关的规制政策消除沉淀成本的不利影响。为了消除产业内原有企业的不利影响，要么确保各企业以合理的价格平等地得到沉淀设备，要么把产业的沉淀资本较大部分与可竞争部分分离开来，对资本的沉淀性较大部分实施规制，对可竞争部分给予更大的进入和定价自由。同时，也可以通过制度创新，降低转移和出售资产的难度，以降低沉淀成本对可竞争性的不利影响。

三是对原有企业和新企业的规制应遵循非对称规制原则。所谓非对称性规制是指在政府进入规制调整的背景下，随着新企业进入原有自然垄断部门，规制当局对既存企业与新企业采取差别化的、旨在扶持新进入企业的规范及约束措施。因为即使进入是完全自由的，由于在位厂商具有某种"先占优势"，潜在进入者和在位厂商的地位事实上也是不平等的。这种不平等将严重损害潜在竞争的作用，因而应通过对原有企业和进入者实行不对称规制加以抵消。特别应抑制在位企业对进入的价格反应，因为在位厂商的反应性定价会阻止由利润机会引起的进入行为，同时在一定程度上使进入保持某种"不确定性"。

四是应保持定价政策和进入政策的协调。在规制实践和放松规制的过程中，仅仅通过取消各种进入限制使进入更容易，就能够促进可竞争性。但是，进入政策必须与其他政策特别是价格规制政策相协调才能有效地提高市场效率。

（三）激励性规制

激励性规制是针对传统规制制度的缺陷、在保持原有规制框架的条件下，给予被规制企业提高内部效率的激励。从 19 世纪末规制产生开始，经过 60 多年的实践后，通过理论和实证研究，人们发现对各个领域的规制并未取得理想的效果。这一方面引发了 20 世纪 70 年代之后的放松规制运动，另一方面也促使规制者不断改进规制的方法，提高规制效率，其中最重要的途径就是实行激励性规制。其主要方法包括价格上限、特许投标竞争、区域间比较竞争和直接竞争等。

传统规制方法效率低下的原因是没有考虑规制中存在的信息不对称问题。比如，在进行回报率规制时，规制者很难了解企业的成本信息和市场的需求信息，这样制定的价格规制的政策很容易使规制者被"俘虏"，导致规制为生产者服务，成为企业追逐利润的手段。

进入20世纪70年代以来，随着委托—代理理论、博弈论以及信息经济学等微观经济学的前沿理论和分析方法被广泛运用于规制经济学的研究中，以激励性规制为主要内容的新规制理论应运而生。激励性规制是将规制问题纳入委托—代理的分析框架，研究在规制者与被规制企业信息不对称的情况下，规制者如何进行规制合同的设计，以激励企业降低成本，提高社会福利。

以对铁路的规制为例。铁路的平均成本既取决于外生变量（逆向选择参数），也取决于内生变量（道德风险参数）：外生变量可以理解为决定成本的技术，企业掌握这一信息，而规制者不掌握这个信息，以利润最大化为目标的企业会向规制者努力隐藏自己的真实成本；内生变量是企业的努力程度，规制者无法观察，也无法写入规制合同。因此，企业在决定努力程度时存在着较大的自由度，但可能带来企业的低效率。激励性规制就是设计一定的机制，在存在"逆向选择"和"道德风险"的情况下，使企业效率达到最高。

解决规制者和被规制企业之间信息不对称问题存在两种机制：信号传递和信息甄别。在规制者与被规制企业之间的关系中，经常使用的机制是信息甄别机制。主要是规制者利用不同的合同主动去甄别不同类型的企业，即规制者针对不同的企业提供若干个合同（合同菜单），不同类型的企业会选择不同的合同。比如存在高成本/低成本两个企业，政府提供价格上限和服务成本两个合同。如果价格上限合同使低成本企业利润等于零或者微利，则效率低而成本高的企业就不会选择价格上限合同，因为这种情形下它大多数会产生亏损，所以会选择服务成本合同；相反，效率高而成本低的企业就会选择价格上限合同，因为可以通过努力取得大于零的利润。

在规制问题中，规制机构和被规制企业作为代理人不会主动支付成本传递自己掌握的私人信息。假设代理人隐瞒信息所获得的信息租金为 R，委托人如果想使代理人传递它所掌握的信息，那么，就必须给代理人相应的补偿。也就是作为代理人的报酬中还要加上信息租金 R，才能使代理人主动支付成本 R 传递相关信息给公众和广大消费者。获得信息后的公众才能对规制的实施、改革、解除进行决策，也才能使被规制企业的价格等于边际成本，从而提高资源配置效率。

可见，激励性规制的实质是给予企业一定的自由裁量权，促进企业降低成本、提高质量、改善服务，诱导企业追求社会福利最大化。典型激励性规制方法是基于业绩指标的价格上限和价格调整等激励规制方法。如果将引入竞争看作是一种外在激励，激励性规制方法还包括特许投标竞争、区域间比较竞争和直接竞争等。

不同的激励规制方法激励强度不同：一是高强度激励机制。主要是指在边际上企业承受较高比例的成本。如果企业的实际成本增加1元，政府的总补偿低于1元；或者在边际上企业的总货币补偿几乎不随实际成本的变化而变化，这样企业的实际成本增加只有它自己承担；反之亦然。企业降低成本的获利也大多由它自己获得，从而激励企业努力降低成本，获得较大利润。二是低强度激励机制。主要是指在边际上企业承受较低比例的成本，

第十五章 国民经济微观规制

或不承担增加的成本。如果企业的实际成本增加 1 元，政府的总补偿也增加 1 元，企业的利润不受成本等因素的影响，这样企业基本不能获得超额利润（信息租金），但这种激励的不是设定缺乏降低成本的激励，激励强度非常弱。

影响激励强度的因素有很多，主要有：一是产品质量。由于高强度激励会导致企业选择降低服务和产品质量，因而无法严格控制产品或服务质量、不能制定质量标准的行业最好选择低激励强度合同以保证产品质量。二是规制承诺与重新谈判。规制合同期限一般小于 5 年，合同到期后就要重新谈判，而重新谈判会引发"棘轮效应"，即一个合同期限内企业如果选择降低成本，在合同到期修改合同时，企业会面对更苛刻的合同，因此好的绩效就会受到惩罚。另外，提前重新谈判更会降低激励强度：一种情况是企业得到了很高的利润，规制者迫于压力提前重新谈判，这样会加重"棘轮效应"；另一种情况是企业亏损或有可能破产时会提前重新谈判。无论哪种情况，提前重新谈判都对低效率有利，所以，提前修改合同会降低激励规制合同的激励强度。三是规制收买。公众和规制者之间的委托—代理关系使规制者有可能为了最大化自身利益而被企业收买，高激励合同更容易导致规制收买，如果这种收买后果严重，政府应采用低激励强度的规制合同。

第三节 社会性规制

一、社会性规制的必要性

与经济性规制相比，社会性规制产生较晚、但近期发展较快。经济发达国家在 20 世纪初开始对健康、安全及环境等领域进行规制，主要是在食品和医药部门。20 世纪 70 年代后社会性规制开始得到扩展，各个领域的社会性规制机构开始建立，如美国环境保护署、公路交通安全署、消费品安全委员会、职业安全与健康管理局和原子能规制委员会等。80 年代后，社会性规制得到了迅速发展，在经济性规制不断放松的同时，社会性规制反而得到进一步加强。其主要原因：一是随着经济的快速发展，出现了大量的环境、健康和社会安全问题；二是随着生活水平的提高，人们对自己的生命价值和生活质量日渐关注，越来越多的人希望对危害自身健康卫生的行为进行规制。关于物品的分类如表 15-4 所示。

表 15-4　　　　　　　　　　　　　物品的分类

	排他性	非排他性
竞用性	纯私人物品，如食品、衣服、汽车等	部分公共资源，如公共牧场、河流等
非竞用性	准公共物品和含外部性的私人和公共物品，如有线电视、学校、医院等	纯公共物品，如国防、消防、广播、公共卫生等

资料来源：周建亮：《城市基础设施民营化的政府监管》，同济大学出版社 2010 年版。

社会性规制的必要性主要表现在：

一是信息不对称。由于专业分工与劳动分工的不同、信息搜集成本的存在以及技术限制，市场交易活动中的不同参与者所拥有的信息是不对称的。占有较多相关信息的一方处于信息优势方，反之处于信息劣势方。信息优势方出于某种考虑可能会利用信息优势对信息劣势方构成损害，比如与买方相比，卖方对产品的成本、质量及其他相关信息有更多的了解，可能会通过隐藏信息、制定高价、提供伪劣产品损害消费者的权益。另外，信息不对称还会引起次品市场、逆向选择以及道德风险等不良后果。因此，规制机构需要将保护信息劣势方的权益作为重要的规制目标，并以立法形式规定产品和服务的质量标准、从业人员的职业标准以及劳动场所的安全标准等，确保安全、卫生与健康。

值得指出的是，关于产品和服务的质量，社会性规制主要针对对人体健康安全卫生或社会安全等构成直接损害的产品或服务进行规制，如食品药品、教科文卫等；而一般产品或服务的质量，则属于经济性规制范畴，如制造业原料、成品质量、生产性服务（研发、设计、售后）等。

二是外部性的存在。外部性是指正常的价格体系不能全面反映一个经济活动者对其他经济活动福祉的影响，产生一方对另一方"不以市场为媒介"的溢出效应。科斯认为其主要原因在于产权的缺失和交易费用的存在。具体而言，引起外部收益的是正外部性，引起外部成本的是负外部性。随着生产技术不断进步和经济社会的快速发展，许多经济行为经常会产生外部性，造成资源配置扭曲。比如企业在生产过程中将没有进行处理的废水、废弃排放到自然界当中，造成环境的污染和破坏，进而对人类的身体健康和生存发展带来威胁，但污染方没有支付相应的成本或受到相应的处罚。因此，需要规制机构对其进行管制，约束其负外部性行为，进而保障人类的可持续发展。另外，当经济主体的活动对外界产生正外部性时，即所支付的成本如果得不到相应的补偿，势必会影响该经济主体的积极性。因此，规制机构需要将其纳入社会性管制目标，促使其继续从事正外部性活动。

三是公共资源和公共产权的存在。公共资源是指自然生成或自然存在的资源，其所有权由全体社会成员共同享有，能为人类提供生存、发展、享受等自然条件。但由于公共产权的存在，可能会造成公共资源的滥用。比如"公地的悲剧"，正是由于每个人从过度放牧中获得的利润远大于其个人承担的成本，甚至个人不承担牧场退化的成本，最后导致牧区所有人都遭受无牧可放的灾难性后果。因此，在公共产权的条件下，市场机制难以达到社会收益最大化，个人或企业行为很容易对外界带来负外部性影响。在此情形下，需要政府对公共资源的使用进行必要的规制，通过合理规划限制放牧数量。在公有资源社区所有权情形下，条件允许时可以把所有权清晰化到个人。此外，政府也可以通过税收来规定公有资源的合理使用量，以保证公共资源的可持续发展。

四是"非价值物品"市场的产生。对一般物品，竞争性市场能够达到资源配置效率状态，但竞争性市场也会产生一些不希望出现的产品，如毒品、性交易、杀伤性武器等。这些依照道德伦理规范而应在一定程度上或全面限制和禁止其生产和销售的物品，称为"非价值物品"。政府规制机构要根据公平和正义的标准采取具体政策来干预其活动，或者依法取缔这些"非价值性物品"。

第十五章 国民经济微观规制

二、社会性规制的主要内容

与经济性规制相比较，社会性规制的一个重要特点就是它的横向制约功能，即社会性规制不是以特定行业为规制对象，而是围绕一定的规制目标，实行的跨行业、全方位的规制，其内容非常丰富。具体而言，社会性规制的内容主要包括：

一是健康、卫生规制。主要是针对直接关系消费者生命与健康的食品、医疗药品和化妆品实行最严格的规制。以缓解这些领域的信息不对称问题，防止医疗卫生事故发生、疾病流行、确保患者安全和保证公民的健康权力不受侵犯。

二是交通、工作场所安全规制。主要包括两类：一是设施标准规制。主要针对工作场所中的基本和常用设备，要求其处于清洁和安全的正常运转状态；二是作业标准规制。具体包括健康标准、安全标准和福利标准，比如对工作场所的通风、温度、光照以及活动空间等规制。

三是防止公害与保护环境。社会公害和环境污染属于负外部效应，如果施害者和受害者之间的产权缺乏很好的界定，双方的契约选择就可能受到限制，从而使由外部不经济造成的损害不能得到很好的解决。理论上有制定污染标准、排污收费和排污权交易等规制方式，但实践中各国多采用制定污染标准来预防因规划和建设项目实施后对环境造成的外部效应，以促进经济、社会和环境的协调发展。①

四是确保教育、文化、福利。加强教育、文化和福利规制主要包括提高教育质量和社会福利，以及增强社会职业道德等，它是提高正外部性、促进社会进步的重要手段。教师、律师等从业人员的行为决定着这些领域正外部性的发挥程度，需要特别的法律规制来保障其行为符合职业道德要求。此外，需要通过文化保护、提高福利服务等途径来提升社会整体福利水平（见表 15-5）。

表 15-5　　　　　　　　　　社会性规制的主要内容

目录	具体内容及相关法律
健康、卫生	1. 确保健康、卫生（药品法、医疗法、传染病预防法、检疫法、水道法、有关废弃物的处理与清扫方面的法律等） 2. 麻药取缔（取缔麻药法、大麻麻药法、鸦片法、兴奋剂麻药法等） 3. 保护消费者（消费生活用品安全法、家庭用品质量表示法、食品卫生法）
交通、工作场所安全	1. 防止劳动灾害、疾病（劳动基本法、劳动基准法、劳动安全卫生法等） 2. 交通安全（道路交通法、道路运输车辆法、海洋交通安全法、船舶安全法、港口管理法、海上冲突预防法、水上遇难救护法、航空法等） 3. 消防（消防法） 4. 枪炮取缔（枪炮刀剑类持有等取缔法）

---

① 王俊豪：《管制经济学原理》，高等教育出版社 2014 年版。

续表

目录	具体内容及相关法律
防止公害、保护环境	1. 防止公害（大气污染防治法、水质污染防治法、噪声防治法、震动管制法、矿山安全法、金属矿山等公害对策法等） 2. 环境保护（自然环境保护法、自然公园法、水产资源保护法等） 3. 防止自然灾害（国土利用法、港湾法、沿岸法、河川法、森林法、矿山法等） 4. 产业灾害防治（核燃料、原子堆规则法、高压气取缔法、液化石油气安全法等）
确保教育、文化、福利	1. 提高教育质量（学校教育法、私立学校法、社会教育法等） 2. 职业道德（律师法、教师法等） 3. 提高福利服务（社会福利事业法、老人福利法、残疾人就业促进法等） 4. 文化保护（文物保护法、关于保护古都的历史性风土的特别措施法等）

资料来源：[日] 植草益：《微观规制经济学》，中国发展出版社1992年版。

三、社会性规制的主要方法

社会性规制的特性决定了它的规制方法主要是直接规制，但是也有相对程度的间接规制。主要有：

一是禁止特定行为，主要是指通过法规直接禁止那些被社会公认有可能引起危害和不良后果的社会行为。例如，关于麻药的法律禁止了对麻药的随意使用；关于枪支、炮、刀、剑类武器的法规严格限定了其使用范围等。由于导致外部不经济的一些行为会引发伤害人的结果，也属于禁止的特定行为之列。例如禁止企业非法排放"三废"的行为；禁止人们随意丢弃垃圾等。

二是营业活动限制，主要是指通过政府的批准、认可制度对提供特殊产品和有可能产生危害的社会经营活动的限制。如生产军械（公共产品）、城市煤气（准公共物品）、毒品（非价值物品）等有关的经营活动。它们或者可能容易产生危害，或者可能容易产生外部不经济现象而产生社会危害。对这些具有特殊属性的经营活动，政府要制定对其限制的法规，依据法规对其实施社会性规制，即实施对这些营业活动的分配、批准和认可。

三是职业资格制度，主要是指国家为了确保消费者利益，对从事与健康、安全、环境联系密切的职业单位和个人的专门知识、经验、技能等进行认定、证明并发给职业证明的制度。通常有三种形态：（1）根据行业特点和职业道德要求而对某些专业人员是否具有职业资格的一种认定。例如医生、律师、会计师等，只有取得从事该项业务的资格证书，才可以进入该行业从业。（2）对管理某些具有危险性、责任性和艰难性等特殊活动的人员是否具有从业条件和水平的一种认定。例如制造高压气的安全负责人、制造火药类产品的安全负责人、运转原子反应堆的负责人等，要求具有高度的责任心、敏锐的观察力和过硬的技术水平。（3）对取得一定专业知识的技能者的一种社会公证。如规定各种专业学校的毕业生，必须经过一定方式的考核，才能授予其一定的名称和称号，例如信息处理技师、卫

第十五章 国民经济微观规制

生检查技师等。职业资格制度是限制特定营业活动的最常用的手段。

四是标准认证和检查制度,主要是政府从确保产品的安全性、机械设备的安全运转和操作的目的出发,对其结构、强度、性能等方面定出安全标准,特别是评估其爆炸性、可燃性特点。对没有打上符合标准的标志或者没有经过鉴定的产品,禁止其销售和使用。与此同时,还规定了两方面的检查制度:一是针对于上述活动有关的单位和个人,规定了各种检查义务制度,要求当事人在生产等社会活动中,对上述方面实行定期检查、使用前检查和使用后检查等;二是规制机构的监督、鉴定检查制度。这种制度要求规制机构对上述活动施行定期的普查或不定期的抽查活动,严防各种危害生产的可能性。比如,在污染排放方面,经常使用排污标准检查制度,对超标排污实行惩罚,保证环境的安全。

五是信息公开制度,主要指对那些存在信息不对称的企业(或职业者),规制机构有权要求其向消费者尽量详细地公开与其所提供产品或服务有关的业务信息;或按照法律规定,消费者有权向卖方索取自己应该知道的有关产品和服务的信息。如居民买房向房地产公司索取相关资料,购买食品要求公开其产品原料和保质期等。

六是收费补偿制度,主要是把外部性损害内部化的一种做法。如对有可能引起火灾、环境损害以及利用自然资源的经济行为征收定额费用(如排污费用等)和资源补偿费(如矿山资源补偿);通过收费补偿影响企业的生产成本,从而使企业尽量降低对环境、资源的破坏。

上述六种制度形式,其中前三种被认为是基本的规制方式,后三种则是对前三种规制方式的补充和具体化。

第四节 微观规制体系和规制改革

一、微观规制体系

在规制经济学中,政府规制体系是指为实现规制的特定经济或社会目标,而对经济主体或社会主体活动施加影响的一整套机制和组织机构的总和。具体包括三大体系。

(一) 微观规制的法律体系

植草益认为,以最大的可能性矫正市场失灵为目的的法律制度的建立,是制度设计。[①] 即现代市场经济中,国家干预是以法律为依据的。是法制经济和法治经济的统一。为了保证公平和效率,政府规制必须以法律为依据,运用经济、法律和必要的行政手段具体执行。

规制法律体系主要包括:一是基本法律,主要确立规制法律体系的基础,统一规范规

---

① [日] 植草益:《微观规制经济学》,中国发展出版社1992年版。

制行为;二是单项法律法规,主要是各种具体的经济性规制的社会性规制的法律法规;三是法律实施细则,在规制法律的实施过程中会遇到许多具体问题,应根据具体情况制定实施细则,以利具体操作;四是规范政府规制行为的法律体系,政府的规制行为也应该纳入法律的范畴,依法对政府规制行为进行约束和限制,即应该依法界定政府规制机构的权力、规范政府规制机构的行为、明确政府规制机构的责任。此外,还要健全对规制人员的法律监督。

(二) 微观规制的机构体系

微观规制的机构体系主要包括:一是行政机关(国务院、职能行政管理部门及地方公共团体),主要依据反垄断法、反不正当竞争法和劳动法等经济法律对市场经济主体进行的规制;二是司法机关(法院、检察院等),主要依据民法、刑法等对国民行为进行的规制;三是立法机关,主要对行政机关或公营企业行为进行的规制。

在市场经济条件下,规制机构具有以下特征:一是独立性,主要是指规制机构"由具有专业技能的人在不受政治家或行业说客不恰当的干预下贯彻政策,独立管理,并按照特定的运行规则对结果负责"[①];二是针对性,主要是指规制机构是针对具体问题或事件设置的组织机构,如"三鹿奶粉事件"促使中国食品安全委员会的成立;三是法规性,主要是指规制机构本身必须依法成立,规制行为必须有立法支持。其中独立性规制机构的设立不仅在经济、组织上具有合理性,更适应了现代分权理论的要求,削弱了行政权力。

(三) 微观规制的监督体系

不论什么样的规制体制,必然存在既定的规制权力的分配格局,不论谁去规制,谁拥有规制权,都必须对规制权力所有者进行监督。对规制者进行监督的实质就是"规制"规制者,监督权的最终所有者是公众。公众对规制者的监督就是指公众通过监督进而限制规制者的规制行为,使规制者能够尽职尽责,通过规制使社会福利达到最大。但是公众监督规制者也存在信息不对称的问题,即规制者是信息优势一方,公众作为信息劣势一方很难对规制者的规制行为进行准确的判断。所以,设计规制的监督体系非常重要,既涉及规制权力所有者之间怎样互相制衡,也涉及如何让公众行使监督权,通过政治体制改革创新更好地对规制者进行监督。

二、微观规制改革

(一) 我国微观规制的现状

在传统计划经济体制下,政府主管部门对所有产业进行直接管理,站在中立立场上的微观规制活动并不存在,真正意义上的规制制度在改革开放以后才逐步建立起来。虽然目

---

① 肖兴志:《自然垄断产业改革模式研究》,东北财经大学出版社2003年版,第186~187页。

第十五章 国民经济微观规制

前我国的规制体制和规制体系还不完善，当下的微观规制活动还带有转轨的显著特点，但是政府微观规制改革还是取得了较大的进展：

一是规制主体（规制者）逐步确立。目前我国主要的规制主体（规制者）是中央政府，地方政府也通过地方立法等途径实施特定规制，但主要是在中央政府的垂直领导下具体执行行业性的规制政策。另外，随着市场经济的完善，消费者的微观主体身份逐渐成熟，开始对促进规制发挥一定程度的作用。

二是规制客体（被规制者）行为开始规范。规制客体即被规制对象，主要是指企业和社会组织。目前，企业的市场主体和法人实体地位逐渐确立，对微观规制的适应性不断增强。

三是规制方法多样化。改革开放以来，在经济性规制和社会性规制方面都取得了很大的进展。如在经济性规制方面，价格规制、进入规制不断规范，激励性规制逐渐开始实行；在社会性规制方面，政府在食品药品质量、劳动安全、保护环境等方面做了大量的工作。

四是规制的法律体系开始建立。近些年，我国在微观规制立法方面取得了一定进展，执法规制体系不断完善。

（二）我国微观规制存在的主要问题

具体来说，我国微观规制存在的主要问题：

一是规制主体不完善，规制权力配置不尽合理。中央政府（以及地方政府）作为规制者身兼宏观调控、微观规制和微观管理三种职能，没有形成独立的规制机构。而且现有规制机构在履行职能时，往往受到各方面的干扰，不论从纵向（中央和地方）还是从横向（规制机构之间）角度看，规制权（如定价权、标准设立权、投资审批权、反垄断调查权）的分配都过于分散，由此造成政出多门、"多龙治水"，降低了规制效率，提高了规制成本，甚至出现规制者被"俘获"的问题。

二是规制客体（企业）存在"非市场化"行为。目前企业行为还有很多方面不符合市场经济要求，表现出"非市场经济"特征。比如有些企业在进入、退出、价格、竞争等方面呈无序状态，在价格、会计等方面存在不规范现象，有些企业行为存在严重的负外部性，质量、不安全问题时有发生。

三是规制方法不够先进。不论经济性规制还是社会性规制，在规制方法上还存在很多的欠缺，导致规制效果不理想。

四是规制法律体系建设滞后。与发达国家相比存在着明显差距，主要表现在：立法不足、法律责任过轻、立法程序不透明、执法不严、违法不究等现象仍然存在。

五是规制效果不尽人意。规制缺位和规制越位并存，表现为：规制法规供给不足，侵害消费者权益、威胁其安全卫生的行为屡禁不止；行政部门越位干预、行政审批过多过滥的现象依然存在。

（三）深化微观规制改革的总体思路

一是放宽市场准入，引入激励性规制。市场准入改革应区别竞争性环节和垄断环节，实施分离辅业,精干主业的改革;放宽竞争性环节的市场准入,以发展、效率、公平为出发点,促进合理竞争;而在不易引入竞争的自然垄断领域或存在严重信息不对称的领域,应进一步加强规制、引入激励性规制。同时,改革政府单一投资的融资机制,建立多元化、多层次的投融资体制,鼓励非国有资本以投资参股、项目融资及联营合作等方式进入垄断领域。另外,政府要创造良好的投资环境,注意保护投资人的合法权益。

二是合理配置规制权,健全规制体系。关于规制主体之间的权力配置,主要有三种选择:(1)设立特定产业规制机构,对本产业行使规制权。这种模式在美国(联邦政府层面)和大部分欧洲国家使用。(2)设立综合性的产业规制机构,对数个相关领域行使规制权。这种模式在澳大利亚和美国许多州政府被大量采用。(3)不设立任何形式的规制机构,而是由反垄断机构行使规制权。典型国家是新西兰。相对而言,第三种模式是极其特殊的模式,在绝大部分国家都难以采用。而第一种模式和第二种模式虽然各有利弊,但采用第一种模式的国家比较多,设立综合性产业规制机构也成为一些国家规制改革的一个主要方向。根据我国的具体情况可分步实施:在完善独立规制机构的基础上,逐步设立综合性的规制机构,比如,对于交通运输业的规制,可以将铁路、公路、水运、民航的规制集中在一个规制部门进行,即对相关领域进行统一规制。另外,要完善社会监督机制和价格听证制度,培养一支高素质的专业人员,加强对规制机构的监督,保证各监管机构的协调运作。

三是深化企业改革,为了避免企业出现"非市场经济行为"。为此应完善企业的委托代理机制,主要从两个方面着手:(1)以政企分开、政资分开为基础,健全现代企业委托代理的外部治理机制,包括建立竞争性产品和要素市场、竞争性的经理市场和竞争性股票市场;(2)完善公司法人治理结构。按照外部市场竞争提供的充分信息,制定并实施对经理人员的激励计划,使企业真正成为自主经营、自负盈亏、自我发展、充满活力的独立的法人实体;(3)保证重大决策的正确性,减少责任不对等可能带来的危害。

四是培育消费者的维权意识,加强普遍服务性规制。实行高效的社会性规制,必须不断提高劳动者、消费者的自我保护意识或维权意识,对社会性规制十分重要。同时,普遍服务性是增加社会普遍福利,促进社会公平发展的基础。因此,政府要加强普遍服务性规制,特别是公共产品供给方面,以保护群众切身利益。

五是完善规制方法,主要是价格规制和进入规制。在价格规制方面:(1)进行价格规制主体和价格规制程序的改革,将价格规制的权力赋予独立的规制机构,规制机构依法进行价格规制;(2)进一步实施价格规制方法的改革。由于回报率规制有明显的缺点,现在很多规制机构对价格规制多采用价格上限法,但由于独立、透明、公正的规制体制的建立可能存在一个较长的发育期,如果以价格上限规制代替成本加成规制,必须辅之以信息披露、听证程序、质量监督等规制技术,这样才能降低新建立的规制机构的工作压力和规制成本。在进入规制方面,当务之急是要放松对竞争性领域和可竞争性领域的进入规制,同时加强自然垄断领域的进入规制,从而保证资源配置效率。

六是加强健康、安全、环境方面的社会性规制。加强社会性规制主要有:(1)进一步完善社会性规制的独立机构或部门;(2)完善社会性规制的各种标准,包括产品质量标

第十五章 国民经济微观规制

准、劳动场所安全标准、环境保护标准；(3) 健全社会性规制所需的各种法律体系等。

【复习思考题】

1. 举例说明微观规制与宏观调控的区别。
2. 经济性规制的含义与规制行业。
3. 社会性规制的含义与规制对象。
4. 经济性规制的目标。
5. 社会性规制的目标。
6. 经济性规制的必要性。
7. 经济性规制的主要内容。
8. 经济性规制的主要方法。
9. 社会性规制的必要性。
10. 社会性规制的主要内容。
11. 社会性规制的主要方法。

第一版后记

本书是"十一五"国家级规制教材、国家"211工程"重点研究项目、《国民经济学系列丛书》之一。为了完成好编写任务，编写组全体成员高度重视，查阅了大量国内外资料，全面根据国内最新研究动态，并运用大量前期研究成果，力使本书达到国内最新研究水平。

本书主编为国务院学位委员会应用经济学学科评议组（国民经济学专业）成员、全国高校第一届国家级教学名师林木西教授和全国文科首批长江学者特聘教授、全国国民经济学学科唯一的一位长江学者黄泰岩教授。著名经济学家、全国国民经济学学科创建人之一张今声教授亲自参与本书编写并担任本书顾问。著名经济学家马树才教授也亲自撰稿并担任部分内容的统稿。

本书编写大纲由林木西教授、黄泰岩教授提出，经与张今声教授和马树才教授反复讨论，最后由林木西教授总纂，并经黄泰岩教授商议确定。

本书是集本劳动的结晶。每章初稿的作者为：绪论：林木西；第一章：张今声；第二章：杨爱兵；第三章：张静；第四章、第五章：林木西、刘海莺；第六章：刘兆博；第七章：周健；第八章：陈瑾玫；第九章：张虹；第十章：第一节：张华新，第二节：曹艳秋；第十一章：马树才。

初稿完成后分头进行了统稿。第一篇（第一~第三章）：张今声；第二篇（第四~第七章）：林木西；第三篇（第八~第十一章）：马树才。

在此基础上，由林木西教授和黄泰岩教授对全书进行统稿，最后由林木西教授定稿，并对部分章节进行了较大幅度的修改。

本书修改过程中得到很多人的帮助。王璐同志承担了部分书稿的打字、校对工作，部分博士生参与了校对工作。

本书出版得到了经济科学出版社吕萍副总编的大力支持。

在此一并表示感谢！

作　者
2009年3月于沈阳

第二版后记

本书是"十一五"国家级规划教材、国家精品教材、国家"211工程"三期重点学科建设项目、《国民经济学系列丛书》之一。为了完成好修订任务，编写组全体成员高度重视，查阅了大量的国内外资料，全面把握国内最新研究动态，并运用了本团队的一些前期研究成果，力争使本书达到国内最新研究水平。

本书主编为国务院学位委员会应用经济学学科评议组（国民经济学专业）成员、全国高校第一届国家级教学名师、全国先进工作者林木西教授和全国文科首批长江学者特聘教授、全国国民经济学学科唯一一位长江学者黄泰岩教授。全国著名经济学家、我国国民经济学学科创建人之一张今声教授亲自参与编写并为本书作序。著名经济学家马树才教授也亲自撰稿并担任部分篇章的统稿。

本书修订大纲由林木西教授、黄泰岩教授提出，经与张今声教授和马树才教授讨论，最后由林木西教授总纂，并经与黄泰岩教授商议确定。

本书是集体劳动的结晶。各章初稿的作者为：绪论：林木西；第一章：张今声；第二章：杨爱兵、张桂文；第三章：张静；第四章、第五章：林木西、刘海莺；第六章：刘兆博、林木西；第七章：周健；第八章：陈瑾玫；第九章：张虹；第十章：马树才；第十一章：张华新；第十二章：曹艳秋。

初稿完成后分头进行了统稿。第一篇（第一～第三章）：张今声；第二篇（第四～第七章）：林木西；第三篇（第八～第十二章）：马树才。

最后，由林木西教授定稿，并对部分章节进行了一定幅度的增删、修改。

王璐同志承担了部分书稿的资料汇集、打字、校对工作。

本书出版得到了经济科学出版社吕萍副总编的大力支持。

在此一并表示感谢！

主　编
2010年5月于沈阳

第三版后记

本版教材从 2016 年编写到 2017 年出版，前后历经一年多的时间。在此期间，全国著名经济学家、管理学家张今声教授始终给予高度关注和大力支持，他在患病之后直到逝世前夕还一直惦记着本书的修订，使修订组全体成员深受感动。本书的修订出版也是对先生的最好纪念。

本书主编为国务院学位委员会第六、第七届学科评议组应用经济学组成员（国民经济学学科）、全国新一轮"长江学者奖励计划"第一位国民经济学学科特聘教授、"万人计划"第一批教学名师林木西教授和全国文科首批、全国国民经济学学科第一位长江学者特聘教授、中央民族大学校长黄泰岩教授。

本书修订大纲由林木西教授、黄泰岩教授提出，经与张今声教授和马树才教授讨论，最后由林木西教授总纂，并经与黄泰岩教授商定。

本书是辽宁大学经济学院教授、副教授和经济学博士集体攻关的结果。各章的撰写者为：绪论：林木西、赵德起；第一章：张今声；第二章：杨爱兵、张桂文；第三章：张静；第四章：林木西、刘海莺；第五章：张华新；第六章：和军；第七章：周健；第八章：张静；第九章：张虹；第十章：陈瑾玫；第十一章：马树才；第十二章：吴振华；第十三章：赵根宏；第十四章：闵乐；第十五章：和军。

最后，由林木西教授定稿，并对部分章节进行了一定幅度的增删、修改。

王璐副研究员承担了全部书稿的汇集、打字和校对工作。

本书出版得到了中国财经出版传媒集团副总经理、经济科学出版社党委书记、社长吕萍总编辑的大力支持。

在此一并表示感谢！

林木西
2017 年 8 月于沈阳